高校篮球

运动教程

GAOXIAO LANQIU

YUNDONG JIAOCHENG

主　编　刘青松

副主编　段笑林　宋正华

参　编　刘　岗　赵国栋　吴海涛

　　　　王晓娟　李洪超

中国水利水电出版社

www.waterpub.com.cn

内 容 提 要

　　篮球运动是世界上广泛开展的球类运动之一,也是高校体育教学的重要内容,对促进学生全面发展方面有着极大的价值。本书对篮球运动的多方面知识进行分析研究,涉及篮球运动起源发展、教学训练、游戏竞赛等方面的内容,能够丰富篮球运动的理论研究,并对高校学生的篮球运动实践起到积极的指导作用。

图书在版编目（ＣＩＰ）数据

高校篮球运动教程 / 刘青松主编. -- 北京 ： 中国
水利水电出版社，2014.7（2022.10重印）
ISBN 978-7-5170-2277-0

Ⅰ. ①高… Ⅱ. ①刘… Ⅲ. ①篮球运动－高等学校－
教材 Ⅳ. ①G841

中国版本图书馆CIP数据核字(2014)第155628号

策划编辑:杨庆川　责任编辑:杨元泓　封面设计:马静静

书　　名	高校篮球运动教程
作　　者	主　编　刘青松
	副主编　段笑林　宋正华
出版发行	中国水利水电出版社
	（北京市海淀区玉渊潭南路 1 号 D 座 100038）
	网址:www.waterpub.com.cn
	E-mail:mchannel@263.net（万水）
	sales@mwr.gov.cn
	电话：(010)68545888(营销中心)、82562819（万水）
经　　售	北京科水图书销售有限公司
	电话:(010)63202643、68545874
	全国各地新华书店和相关出版物销售网点
排　　版	北京鑫海胜蓝数码科技有限公司
印　　刷	三河市人民印务有限公司
规　　格	184mm×260mm　16 开本　32.75 印张　838 千字
版　　次	2015 年 1 月第 1 版　2022年10月第2次印刷
印　　数	3001-4001册
定　　价	118.00 元

凡购买我社图书,如有缺页、倒页、脱页的,本社发行部负责调换

前　言

　　篮球是一项对抗激烈、对技战术水平要求较高的综合性运动项目,经常参加篮球运动不仅能增强自己的体质,同时还能满足自己的心理需求,丰富自己的业余文化生活。因此,篮球运动一直以来深受人们的欢迎和喜爱。而在高校中,同样也受到大学生的青睐,几乎所有的高校都开设了篮球课,学习篮球的学生也是非常之多,在大学校园篮球场上时时处处可见大学生参加篮球运动的身影。

　　目前,市面上关于篮球运动的书籍非常之多,可谓玲琅满目,但大部分内容都比较陈旧、杂乱无章,理论与实践部分存在着一定的脱节现象,这在一定程度上制约和影响着大学生学习篮球运动的质量和效果。鉴于此,特编写了《高校篮球运动教程》一书,以期为丰富大学生的篮球理论知识,提高大学生的篮球运动实践能力提供必要的帮助。

　　本书主要从篮球理论知识、技能训练和竞赛管理三条主线展开阐述与研究,这种理论与实践的高度结合能保证大学生学习篮球运动的科学性。具体来说,本书共分为十七章,第一章为篮球运动概述,主要阐述了篮球运动的起源与发展、特点与价值以及发展趋势;第二章为篮球运动的科学基础,主要阐述了篮球运动的生理学基础、心理学基础与运动学基础;第三、四章为篮球运动的教学与训练理论,重点阐述了篮球运动教学与训练的原则与方法、教学文件的制定、训练计划的制定以及教学质量与训练水平的测评等内容,为大学生参加篮球运动实践提供了必要的理论指导;第五章为篮球运动的安全营养保健,主要讲述了篮球运动疲劳、运动损伤与疾病、营养补充等知识,为大学生参加篮球运动提供了一定的安全保障;第六章为篮球运动的技战术原理,主要阐述了篮球运动的技战术基本知识、篮球技战术的结构、分类及应用等内容。第七至十三章主要介绍的是篮球运动的基本功、技战术的教学与训练,体能与心理训练,以及比赛的分析与训练和游戏教学与训练等内容,通过对这些实践内容的详细阐述,能帮助大学生在参加篮球实践的过程中少走弯路,提高学习与训练的效率和科学性。第十四章为篮球运动员培养与选材,主要阐述了篮球运动中锋、后卫的培养和青少年篮球运动员的选材与训练;第十五章为篮球运动队伍的管理研究,随着现代篮球竞技水平的日益提高,建立一支高素质的篮球队伍对于篮球比赛成绩的提高和篮球运动的发展都具有极大的推动作用。本章在介绍了体育管理的基本知识和篮球运动队管理的基本理论后,重点阐述了篮球运动员和教练员是如何管理的。第十六章为篮球运动竞赛的组织与管理,主要阐述了篮球运动竞赛的基本方法、制度与组织等基本知识;第十七章为篮球运动规则与裁判法的介绍以及对裁判员培养的阐述,能帮助大学生更好地熟悉篮球比赛规则,进而帮助其更好地参加篮球锻炼和欣赏篮球赛事。

　　本书内容丰富,结构严谨,逻辑清晰,注重理论与实践的高度结合,集系统性、科学性、实用性为一体,不失为一本指导大学生参加篮球运动教学与训练的好书。

本书在编写的过程中,参考和采用了大量的有关篮球运动方面的书籍和资料,在此向有关专家和学者致以诚挚的谢意。另外,由于编者时间和精力有限,书中难免存在遗漏和不妥之处,恳请广大读者批评指正。

编者

2014 年 5 月

目　　录

第一章　篮球运动概述

第一节　篮球运动的起源与发展

一、篮球运动的起源

篮球运动的产生与发展是与一定的历史环境分不开的。19世纪中叶开始的工业革命极大地促进了生产劳动技术的创新,并且大大地提高了当时的社会生产力。在这种形势下,人们的思想观念逐渐发生变化,追求健康、文明、进步和富裕的生活方式成为时代发展的新潮流。另外,美国由于经济的发展和国力的增强,科教文化事业也受到了空前的重视。这些都为篮球运动起源于美国奠定了基础。

1885年,在美国马萨诸塞州的一所名为斯普林菲尔德学院有一位体育教师名叫詹姆士·奈史密斯,他非常重视青少年身心的全面发展,尤其是通过体育锻炼来达到培养学生心智的目的。但是由于马萨诸塞州的地理因素,导致这个地区的冬季通常较为寒冷,又恰逢特大的暴风雨,因此使得在美国比较流行的棒球运动无法开展,一到这个季节,原本在户外的体育课就不得不转为在室内进行古典体操运动。从参与古典体操运动的学生数越来越少的情况来看,学生们普遍对这项运动感到厌烦。为解决这一问题,奈史密斯博士根据学生在大学时代大多都有运动经历的特点和冬季室外开展活动困难的情况,考虑设计一项适合冬季在室内进行比赛的运动项目。而这一运动项目,就是现代篮球运动的雏形。

在当时,奈史密斯博士根据实际情况,为篮球运动的设计提出了三个基本要求:第一,保持文明,去除野蛮。通过"文明"的运动设计,将人们对当时的体育运动比如像橄榄球运动中各种粗野行为的恐惧心理消除掉;第二,新设计的运动应是不受季节气候影响而可在室内和晚上进行的体育活动,能够使足球、棒球等运动受季节、气候影响难以进行的缺陷得到充分的弥补;第三,要不断改进训练内容和方法,让不同年龄、性别的人都参与到篮球运动中来。

受以上各方面要求影响,奈史密斯博士在1891年12月,从工人和儿童用球向桃篮内做投准的游戏以及他小时候在家乡玩耍时用石头向立在高处岩石上的石块抛掷"打落野鸭子"的游戏中受到启发,并且综合了曲棍球、橄榄球、足球等游戏的特点,设计了以投掷准确性程度来计分并决定胜负的新的游戏。在此基础上组织成一种在一定地面范围的场地两端设置两个竹制桃筐,展开投篮的游戏,篮球运动由此而生。

最初的这种游戏运动没有规则和限制,后来,为了避免游戏中出现粗野的身体接触,奈史密斯博士规定了最原始的四条规则:第一,使用足球式的柔软圆形球;第二,必须用手传递,不得用拳打、脚踢和头顶，也不得抱着球跑动；第三，避免粗野动作，不得拉、打、推对方；第四，投掷的目标应设置在空中，呈水平状态。这些最初的规则为以后篮球运动规则的不断完善奠定了基础。

综上所述，现代篮球运动是由运动游戏发展而来的，正是这个在当时看似有趣、可玩性很强的游戏，发展到今天成为了在世界范围内最具有影响力的运动之一。

二、篮球运动的发展

篮球运动发展至今，已经走过了一百多年的历程。而对于这一百多年的发展却可以发现几个重要的节点。根据这些节点，可以将这一漫长的历程分为五个时期。每个时期都有不同的发展特点。

（一）世界篮球运动的发展

1. 初创探索时期

19世纪90年代至20世纪20年代是篮球运动的初创探索时期。篮球运动自产生后很快便广为传播。起初由北美地区开始，最先广泛流行的是美国和加拿大的许多地方。此后1892年传入墨西哥，1893年传入法国，1895年传入英国、中国，1896年传入巴西，1897年传入捷克斯洛伐克等国。1904年第3届奥运会在美国圣路易斯举行，美国青年会男子篮球队首次进行了篮球表演赛。此后，篮球运动逐步在中美洲、亚洲、欧洲和大洋洲开展起来。

初创试行期是篮球运动发展的第一个时期，这一时期篮球运动发展的特点主要表现在以下两个方面。

（1）初始无明确游戏规则，无人数、场地设备限制。初创期的篮球运动，无明确的竞赛规则，场地大小不等，活动人数也不限，仅在一块狭长的空地两端各放一只桃筐，竞赛时把参加者分成人数相等的两队，分别以横排站在场地两端界限外，当主持竞赛者在边线中点把近似现代足球大小的球抛向场地中心点后，两队便集体向球落地点奔跑抢球，随即展开攻守对抗。竞赛以球进筐后为得1分，累计的得分多者胜，而每进一球后都需要按开始时的程序重新开始。为使游戏比赛合理进行，1892年奈史密斯对比赛场地作了分三段区域的规定（通常以进攻为例称为后场、中场和前场）。同时确定了比赛的要求，如不准个人持球跑、限制攻守对抗中队员间身体接触部位，以及对悬空的篮筐装置明确了要求等。

（2）在活动实践中逐渐增加了一些关于场地设备、人数等的规则要求。具体来说，主要表现在三个方面：第一，场地有了大小规定；第二，篮筐可设置于地面，也可悬于空间靠挂；第三，游戏时动作行为也有了简单的要求等。

在比赛规则方面，其重要的规定有：第一，比赛时间分为前后两节，各15分钟，节间休息5分钟；第二，某一方队员累计犯规三次时，判对方投中一个球；第三，可以用单、双手运球，但不允许用脚踢球，不准用手或脚对对方队员进行打、推、拉、绊、捶，违者记一次犯规，若第二次犯规就判犯规者停止比赛，直至对方投进一个球后方允许进入场地参赛；第四，故意或具有伤害性的犯规时，取消犯规者该场比赛的资格，而且不得换人；第五，掷界外球规定在5秒内完成，超过5秒时，裁判员可判为违例，由对方发界外球；第六，比赛结束双方打成平局时，若双方队长同意，可延长比赛时间直至先投进一个球的队为胜等。

后来,比赛规则又历经几次变化,比赛场地也随之得到了进一步的改进,具体来说,主要体现在以下几个方面:首先,增画了各种区位的限制线,比如中圈以及罚球线,不久又增加了中线;其次,篮圈也使用了较规范的铁圈,篮圈后部的挡网也由木质制作的不规则的挡板替代并与篮圈连接,近似于现代所使用的篮板装置。比赛场地有了进一步的改进之后,受此影响,竞赛程序也有了一定的变化,如竞赛程序改由中圈跳球开始,比赛中的队员也有锋、卫的位置分工,前锋、中锋在前场进攻,后卫负责守卫本篮以及把球传给中场和前场的中锋与前锋,篮球游戏在试行中不断得以完善。

1904 年,第一次篮球表演赛出现在第三届奥运会上。至 20 世纪 20 年代末,篮球运动一些基本的规则得到了确定,如上场队员已基本定为 5 名,球场有了电灯泡式的限制区,罚球时的攻、守队员分列站位。此时攻守技术较简单,普遍是双手做几个传、投的基本动作,竞赛中主要是以单兵作战为主要攻守形式,战术配合还在朦胧时期,篮球运动处于初创阶段。但是在 1891—1920 年,由于篮球运动显著的趣味性特点,使得其在美国各类学校中得到了迅速的推广,在这样迅速的发展势头下,1926 年职业篮球队联赛开始举办。另外,这一时期,随着美国文化、宗教的扩张,通过基督教青年会组织以及教师、留学生间的交往,篮球运动开始先后向美洲、欧洲、亚洲、澳洲及非洲个别国家和地区逐渐传播,为下一时期的进一步发展打下了坚实的基础。

2. 完善传播时期

20 世纪 30—40 年代是篮球运动的完善传播时期,这一时期篮球运动的发展特点主要表现在以下几个方面。

(1)篮球运动得到广泛传播后,逐渐被各国青年人所喜爱,并于 1932 年在日内瓦成立了国际业余篮球联合会。

(2)初步制定了篮球比赛的规则,明确规定了上场参赛的人数和时间,篮球场地、设备进一步规范,进一步划分了比赛场地的不同区域,并在 1936 年第 11 届奥运会上列为男子竞赛的正式体育竞赛项目。

(3)掀起了第一次发展高潮的标志是攻守技术动作增多,开始出现基础战术配合。

在 20 世纪 30 年代以前,篮球运动的技术还较为单调,而且基本没有战术的参与,更多的是依靠强壮的身体和身高优势强行进攻。进入 20 世纪 30 年代以后,篮球运动中单兵作战的基本形式逐渐被掩护、协防等几个人的相互配合所充实。

篮球运动向世界五大洲传播以后,逐渐被各国青年人所喜爱,为了适应并推动世界各国篮球运动的普及与发展,1932 年 6 月 8 日在瑞士的日内瓦,葡萄牙、阿根廷等欧美八个国家的代表酝酿组织国际业余篮球联合会,会上以美国大学生篮球竞赛规则为基础,初步制定了国际间统一的13 条竞赛规则:规定竞赛人数稳定为 5 人;在场地上增改了进攻限制区(即当时将电灯泡罚球区扩大为直线罚球区的 3 秒限制区;进攻投篮时防守者犯规,若投中则加罚一次球,若未投中则加罚两次球;竞赛时间由女子为 8 分钟、男子为 10 分钟一节共赛四节,改为 20 分钟一节共赛两节;进攻队在后场得球必须在 10 秒钟内过中线,并不得再回后场等。这一时期,篮球运动,攻守技术动作增多,基础战术配合也开始出现,这也在一定程度上标志着第一次发展高潮的到来。

1936 年第 11 届奥运会将男子篮球列入正式比赛项目,奥运会后国际业余篮球协会宣告成立,对比赛规则作了统一规定并不断充实。这也标志着竞技篮球运动正式诞生,并成为一项现代竞技运动,开始登上国际竞技舞台。

　　到了 20 世纪 40 年代,在篮球技战术的不断演进、发展和高大队员的涌现这两方面原因的影响下,比赛规则又得到了进一步的充实和修改。其中,改进较为显著的有这样几个方面。

　　(1)严格了侵人犯规罚则和违例罚则。

　　(2)篮板有了规范的长方形和扇形两种(图 1-1、图 1-2)。

　　(3)球场上的中圈分为跳圈和禁圈两个同心圈,球场罚球区的两侧至端线,明确分设了争抢篮板球的队员分区站位线等(图 1-3)。

　　除上述三点改进外,篮球运动的技战术也得到了较好的发展,并且逐渐成立体系,向着集体对抗性方向发展。到 40 年代末,很多战术阵型和配合打法被世界各国的篮球队所运用,其中,较为突出的战术主要有:进攻中的快攻、掩护、策应战术,防守中的人盯人防守、区域联防等,这也标志着篮球运动在国际间进入完善、推广的新时期。

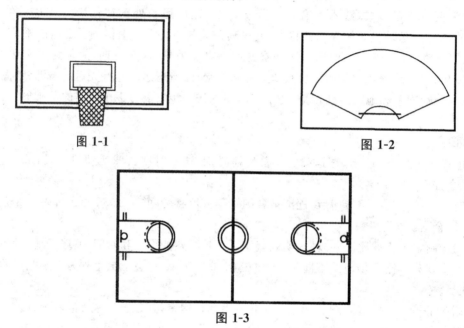

图 1-1　　　　　　　　　　　　　　　　图 1-2

图 1-3

3. 普及发展时期

　　20 世纪 50—60 年代末是篮球运动的普及发展时期,这一时期篮球运动发展的特点主要表现为以下两个方面。

　　(1)全球近百个国家与地区已经开始广泛流行篮球运动,各大洲国家组织了频繁的竞赛活动,男女世界篮球锦标赛试行,篮球运动逐渐得到广泛普及。

　　(2)篮球技战术创新发展,比赛场地设施及处罚规则进一步完善,进一步促进运动技术、战术的快速发展,形成了科学的攻防体系。

　　进入 20 世纪 50—60 年代后,篮球运动在全球近百个国家与地区的广泛普及,囊括了大部分发达国家和发展中国家。在这一阶段越来越多的各种级别的篮球赛事被组织起来,这其中,世界篮球最高荣誉的男女世界篮球锦标赛也开始试举办,篮球运动逐渐家喻户晓。

　　随着篮球运动的普及,篮球运动技术、战术的创新发展,规则对技战术的不断制约和相互促进,篮球运动员的高度开始成为现代篮球竞赛中决定胜负的重要因素之一。由此,一种固定型的利用高大队员强攻篮下的中锋打法风靡一时。1950 年和 1953 年分别在阿根廷与智利举行了第一届世界男、女篮球锦标赛,这两届比赛均呈现出了高大球员雄霸篮坛的趋势,这在一定程度上冲击了国际篮球运动,并且使得篮球规则在场地、区域划分和时间上对进攻队加强新的限制,其中,表现得较为突出的有:第一,20 世纪 50 年代将篮下门字形限制区扩大成梯形限制区(图 1-4),一次进攻限制为 30 秒;第二,进入 20 世纪 60 年代中期也曾一度取消中场线,后又恢复了中场线。攻守区域的限制、高度与速度的交叉渗透互相促进,有力地推动了攻守技术、战术的全面发展。比如进攻中的"∞"字移动掩护突破进攻、快攻等与防守中的全场人盯人防守,便成为当时以小打大、以快制高的重要手段。到了 20 世纪 60 年代末,世界篮球运动的战术打法开始呈现出不同的特点,其中,较为显著的有三种类型:一种是以美国队为代表的高度与技巧相结合的美洲型打法,一种是以苏联队为代表的高度、力量和速度相结合的欧洲型打法,还有一种是以韩国、中国队为代表的矮、快、准、灵相结合的亚洲型打法。这三种战术打法的出现标志着篮球运动进入普及与发展时期。

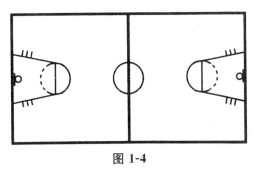

图 1-4

4. 全面提高时期

20 世纪 70—80 年代是篮球运动的全面提高时期,这一时期篮球运动的发展特点主要表现在以下几个方面。

(1)篮球运动员个人高度、技术的有机统一和队伍整体高空战术配合的形成,地面与空间协同组合的战术配合及速度与高度的对抗日趋激烈,高智慧、高技巧、高强度、高对抗、高速度、高比分的抗争成为篮球运动这一时期发展的新趋势。

(2)随着篮球比赛规则的数次修改,增加了追加罚球和 3 分球的规定,调整了进攻时间,提高了攻防转换速度,重新构建了篮球技战术新体系。

(3)出现第二次发展高潮,其标志是 20 世纪 70 年代中期女子篮球运动被列为第 21 届奥运会竞技项目,并逐步向男子化靠拢。

20 世纪 70 年代以后,身高优势越发被篮球界所重视,2 米以上队员大量涌现于篮坛,篮球竞赛的空间争夺进一步激烈。为此,规则对高大队员在进攻时作出了更多的限制与要求,以利于调动防守和身高处于劣势队伍的积极性。在 1973—1978 年间,竞赛规则又有了进一步的调整和改进,具体来说,主要体现在两个方面:一方面是对犯规作出了数次调整;另一方面则是增设追加罚球的规定。这促使防守和进攻技术与战术在新的制约条件下,向既重视高度又重视速度、既促进进攻又鼓励防守,使攻守平衡发展,同时又有力地促使运动员由习常的体能素质、身体形态、技术应用型向技巧、智慧以及多变的综合型方向发展。进攻中全面的对抗技术、快速技术、高空技术在结合运用应变中进入技艺化,全面技术与整体性、综合性、频繁移动穿插掩护的运动打法取代了传统的单一的攻击性技术、机械的战术配合和相对固定阵型的打法;防守更具有破坏性和威胁力,贴身步步站位,积极抢时、抢距、抢位、身体有关部位主动用力的破坏性个体防守和带混合性、摧灭力强的集约性防守战术逐渐取代了个人运用的远距斜步和弓箭步蹲站式干扰性防守和单一的整体阵形式防守战术。尤其 1976 年第 21 届奥运会增加了女子篮球比赛(女篮由此正式列入奥运会竞赛项目)和 1978 年第 8 届增加了男子世界篮球锦标赛后,逐渐展示出了现代篮球运动向立体型的当代化发展的新特点、新趋势,具体来说,主要表现为:高身材、高技巧、高速度、多变化、大比分、高空技术。到 20 世纪 80 年代,这一趋势和特点则更为突出与明显,为此,20 世纪 80 年代中期,又对篮球竞赛进攻时间、犯规罚则等规则作出了新的修改,场地规定了远投区和 3 分球规定等(图 1-5),现代篮球运动进入更高水平的全面提高和发展时期。

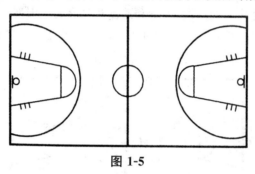

图 1-5

5. 创新攀登时期

20 世纪 90 年代到 21 世纪初是篮球运动的创新攀登时期,这一时期篮球运动发展的特点主要表现在以下几个方面。

(1)世界篮球运动向科技化、竞技化、智谋化、多变化、凶悍化、技艺化、职业化、产业化融于一体的当代化方向发展。

(2)篮球规则进一步丰富和完善。对比赛场地区域、速度、高空争拼及攻守技术、战术合理的运用,乃至全场比赛的时间、方式都进行了新的规定。

(3)篮球运动技战术进一步创新,技术丰富,力求实效,阵型多变,运动员内外攻守区域分位趋向模糊,高空争夺更趋凶悍,竞技艺术更显观赏性。

进入 20 世纪 90 年代,国际奥委会解除了禁止职业运动员参加奥运会的禁令。在此后的第25 届西班牙巴塞罗那奥运会上,以乔丹、约翰逊等为代表的美国"梦之队"向世界展示了最高水平的篮球技艺,他们引发了国际篮球界巨大的轰动,他们将这项运动技艺展现得更加充实完美,战术打法更为精练、多变、实用。这也标志着世界篮球运动第三次发展高潮的掀起,具体来说,主要表现为:世界篮球运动朝着创新、攀登,寓科技化、智谋化、竞技化、技艺化、凶悍化、多变化、职业化、产业化于一体的当代化方向发展。同时,这也在一定程度上说明了当代化篮球运动整体内容结构与优秀运动队伍身体与体能结构、综合智能与技能,以及运动员个体的体能、智能与掌握和运用篮球技术、战术的能力结构发生了质的变化。在此基础上,针对运动员制空能力增强、空间拼抢激烈等状况,为了达到使比赛的空间争夺更合理、更激烈、更安全、更具观赏性的目的,1994 年国际篮球联合会对篮球竞赛规则又作了一些修改。另外,鉴于运动员身体高度的普遍增长、制空争夺凶悍的原因,又针对性地缩小了篮板周边,并增加胶皮保护圈。

受世界篮球运动大环境的影响,这一时期女子篮球运动也得到了一定程度的发展,并开始逐步走向职业化。美国于 1995 年率先组织了女子职业俱乐部（WNBA），举办了女子职业联赛。在欧洲、亚洲等地也陆续出现女子职业俱乐部，举办女子职业联赛。

后来，国际篮球联合会又更新了篮球比赛新的规则，主要包括以下几个方面：第一，比赛分为四节，每节比赛时间 10 分钟；第二，将球队每次进攻的时间从 30 秒钟缩短为 24 秒钟；第三，球由后场进入前场的时间限制为 8 秒钟；第四，各队每节如果有四次犯规，对以后发生的所有犯规都要处以两次罚球；第五，奥运会和世界锦标赛实行 3 人裁判制度；第六，各队交替拥有球权等。

综上所述，进入 21 世纪后，现代篮球运动开始向着智、高、快、全、准、狠、变和技战术运用多样化的方向发展，逐渐建立和形成了自己的产业化体系，对篮球运动的发展以及整个国民经济的增长都具有重要的意义。

（二）我国篮球运动的发展

篮球传入我国的时间大约在 1895 年，当时最早开展这项运动的是天津市。天津市也就成为了我国篮球运动的发源地。受不同时期政治、经济、文化和教育等各方面因素的影响和制约，我国篮球运动的发展大致可以分为以下三个时期。

1. 新中国成立前的缓慢传播时期

在新中国成立前，受历史、环境和当时经济等方面的制约和影响，我国的篮球运动发展得比较缓慢。总体来看，这一时期我国的篮球运动基本上处于一种放任自流的状态。经过近 10 年的传播，篮球运动才逐渐成为 20 世纪初大、中学校的主要体育活动并从学校传入社会。篮球运动得到了初步的发展和转播，并且开始逐渐开始举办篮球比赛，这也在一定程度上促进了篮球运动的进一步传播和发展。1910 年旧中国举行的第 1 届全运会上男子篮球被列为表演项目；1914 年第 2 届全运会上男子篮球被列为正式比赛项目；1924 年第 3 届全运会上女子篮球被列为正式比赛项目。此后，在华北等地区性运动会上，篮球运动也最先被列为正式比赛项目。我国男子篮球队曾参加了 10 次远东运动会的比赛，并在 1912 年第 5 届远东运动会上获得冠军。1936 年和 1948 年，我国曾派篮球队参加第 11 届和第 14 届奥运会比赛。中国篮球协会于 1936 年奥运会期间正式成为国际业余篮球联合会成员。这是我国篮球运动的进步。

20 世纪 20 年代初期，我国篮球技战术水平非常低下，直到 20 世纪 30 年代后，篮球技术才有了一定程度的发展，传球的方式增多，有双手反弹传球、单手勾手和单手背后传球。投篮方式也增多了，有单手定位投篮、单手勾手投篮、行进间单手投篮和转身跳起双手腹前投篮。运球技术也有所发展，如变向运球等。在战术方面，1927 年以后有了五人分区联防。1930 年，在旧中国第 4 届全运会上，上海队采用人盯人防守和快攻的自由式打法，1935 年以后流行"8"字战术。

这一时期，我国的篮球运动与军队、革命运动还有一定的联系。20 世纪 30 年代后期，在革命根据地，篮球运动已成为深受广大人民群众和红军、八路军将士喜爱的运动项目。当时特别引人注目的是在国内享有盛誉的八路军 120 师师长贺龙和政委关向应亲自组建的"战斗篮球队"，以及抗日军政大学三分校以东北干部为主组成的"东干篮球队"，纪律严明、宗旨明确、体能良好、斗志顽强、打法泼辣、技术朴实是他们共同的特点，这使得革命军人的优良道德品质和战斗风格得到了充分的反映，并给根据地军民留下了深刻的印象。在这样的背景和形势下，我国的篮球运动得到了初步发展。

1945 年抗日战争胜利后，天津、北京、上海以及东北等地区涌现出不少新的篮球队。新中国成立后,我国体育事业的蓬勃发展和群众性篮球运动的普及、运动技术水平的迅速提高为篮球运动进步发展奠定了坚实的基础。

1948 年中国参加了在英国伦敦举办的第 14 届奥运会篮球比赛,本届比赛共有 23 个国家参加,最终经过激烈角逐,中国队获得第 18 名。这个成绩虽然不能算是理想,但是对于起步较晚的中国篮球来说,让人看到了发展的前景和希望。

2. 新中国成立后的普及、复苏时期

新中国成立后,篮球运动受到政府和领导的高度重视,在"普及与提高相结合"的方针指引下,篮球运动广泛地开展。与学校、工厂、企业、机关、部队、农村这些单位都组建了篮球队,有些还在业余时间进行了系统的训练。

20 世纪 50 年代初,中央体训班篮球队在北京成立,这对于我国篮球运动水平的进一步提高具有非常积极的促进作用。为加强篮球运动的国际交流,1950 年 12 月 24 日,苏联国家篮球队访问了我国北京、天津、上海、南京、广州、武昌、沈阳、哈尔滨 8 个城市,与这 8 个城市中的多支队伍共进行了 33 场比赛,比赛结果是我国球队输掉了绝大部分比赛。在交流和对比之下,直接暴露了我国篮球竞技水平整体较为落后的状况。为了摆脱这一落后局面,主管部门采取了一系列的措施,具体来说,主要包括:进一步加速组建专业队伍,学习先进经验和打法,更新束缚自己的传统观点,积极参加国际比赛。经过一段时间的努力,在短期内取得了显著的成效,并且在国际交往中战胜了不少欧洲强队,也出现了一些优秀的篮球运动员,比如,黄柏龄等优秀运动员的技艺表演在中国篮球历史上写下了光辉的一笔。不久,各大地区都组建了篮球集训队,这也预示着中国的篮球运动进入了一个新的发展时期。

自 1955 年全国篮球联赛制度开始实行以后,我国篮球运动开始有了不同阶段的训练指导思想,并建立了相对稳定的分级竞赛制度。1956 年,我国曾多次召开篮球训练工作会议,明确提出"积极、主动、快速、灵活、准确"的训练方针,从这以后,我国篮球运动开始走上有计划的系统训练,技术水平也得到极大地提高。在以后举行的篮球比赛中,我国篮球运动员都取得了理想的成绩,并且逐渐形成了自己的独特风格。1959 年,新中国举办的第 1 届全国运动会篮球比赛中,四川男队、北京女队分别获得冠军。当时我国篮球在技术、战术上逐步形成了以"快攻"、"跳投"、"紧逼防守"为制胜法宝的独特风格。经过多年实践,在总结我国篮球运动发展历程和对比世界篮球运动发展现状的基础上,确立了篮球运动的训练指导思想,使我国篮球运动在思想建设、理论建设、队伍建设、赛制建设、科学研究等方面有了明确的目标和方向。1966 年"文化大革命"前夕,我国篮球运动已接近世界先进水平,战胜了不少欧洲强队。但是,后来,由于受到"文革"的影响,我国的篮球运动再次陷入了低谷,与篮球发达国家的差距进一步加大。

1972 年,我国举行了全国五项球类比赛大会;同年底,篮、排、足三大球训练工作会议在北京召开,会议提出了"积极主动,勇猛顽强,快速、灵活、全面、准确"的技术风格。

1975 年,中国篮球协会在亚洲业余篮球联合会取得了合法席位;次年,国际业余篮球联合会通过决议,恢复中国篮球协会的合法席位,并承认中华人民共和国篮球协会是中国唯一合法组织;1979 年,我国实行改革开放政策,我国篮球界深化改革,严格训练,严格管理,篮球运动进入最佳发展时期,在世界性及洲际性竞赛中不断获得优异成绩。然而,到了 20 世纪 90 年代中后期,我国的篮球运动整体上呈现出划破的状态,具体来说,女篮状态不够稳定,男篮与世界先进水平还有一定差距。

3. 改革创新时期

20 世纪 90 年代中期以后,随着改革开放的逐步深入以及人们思想观念的变化,我国的篮球运动开始进入了市场化的发展道路。在这一时期我国的篮球运动得到了迅速的发展与提高,加快了与国际篮球运动接轨的步伐。

1995 年,在国家体委"坚持正确方向,抓住有利时机,继续深化改革,发展体育事业"的精神指导下,坚持篮球运动"积极稳妥,健康有序"的改革方针,及时有效地抓住了外商注资的契机,与外资集团合作。在 1996 年创造了我国职业化联赛的开端,这是一次大胆的改革尝试,即举办了由前卫体协、吉林、北京体师、上海交大等 8 个省市、部队、学校组队参加的男子"职业"篮球联赛(当时称 CNBA 职业联赛),但遗憾的是这个联赛开始不久后就因故暂停了。此后,中国篮协认为联赛是国家篮球水平的基础,决定再一次对联赛竞赛制度进行改革,并以全国男篮甲级联赛赛制改革为基础,以职业化、商业化为导向,全面加速篮球竞赛体制改革的进程。1997 年,国家体委成立了篮球运动管理中心,这在篮球运动的管理体制改革上迈出了重要的一步。随后把传统的全国甲级联赛改为中国男子篮球职业联赛(China Basketball Association,英文简称 CBA),简称中职篮。通过 5 年的改革实践和努力,我国篮球事业拥有了新的生机和活力,不仅摆脱了初始阶段的困境,而且还展现出更为广阔光明的发展趋势。CBA 联赛的成功进行,吸引了各个年龄段的篮球爱好者和社会的关注,特别是在球队实力接近、比赛悬念丛生的 2000~2001 赛季中,以"小巨人"姚明、"追风少年"王治郅、"战神"刘玉栋和"虎王"孙军等人的出色表现,有效地扩大了中国篮球联赛和中国篮球在世界的影响力。21 世纪后,我国篮球运动的产业化发展步伐进一步加快,开始迈出职业化、产业化发展的新步伐。

第二节　篮球运动的特点与价值

一、篮球运动的特点

篮球运动之所以受到全世界许多国家和地区人们的欢迎和喜爱,其主要原因在于其本身独特而鲜明的特点。篮球运动的特点表现在以下几个方面。

(一)健身性特点

在篮球运动中,只有通过不断的跑动和弹跳,才能控制场上的局面,给本方带来得分或完成防守任务,因此,这些都需要有健壮的身体才能完成,而长期坚持参加篮球运动对于增强自己的体质水平也是非常有帮助的。

篮球运动比赛异常激烈,适合各种不同层次的人群参与。通过不同水平的篮球比赛、训练和锻炼,能有效地促进人的生理机能保持向上的状态,特别是内脏器官和感官的功能及中枢神经的支配能力。另外,篮球运动是一项集体运动项目,篮球比赛也必须经过全体队员和教练员的默契配合来完成,而不会仅仅依靠一个人的能力就能取得很好的成绩。这种默契配合能培养人的积极进取精神、团结协作精神和集体主义精神,有助于人的心理素质也获得相应的提高和健康的发展。

(二)娱乐性特点

篮球运动是由游戏发展而来的,属于一种人们喜闻乐见的全民健身娱乐手段,因此其本身具有较强的娱乐性特点。篮球运动在一百多年的演变进程中,它的娱乐性特征始终占有着一定的位置和分量,这一特征是篮球运动赖以生存和发展的重要因素,打篮球的人能从中得到自我价值的体现,愉悦身心,促进身心健康的发展,而观看篮球比赛的人也能从中得到鼓舞、力量和快乐。篮球运动丰富了人们的生活,使人们得到自信和满足。

(三)多元性特点

现代篮球运动内容结构的多元性和综合化,形成了独特的理论体系和技术、战术实践系统,使篮球已成为一门交叉的边缘性学科课程,篮球运动方面的知识向多元化发展。它要求特殊的运动意识、集体的团队精神、个性气质、身体形态条件、生理机能、心理品质、道德作风、全面身体素质、专项技术与战术配合方法体系及实战能力等。

(四)集体性特点

篮球运动属于一种对抗激烈的集体性运动,只有团队之间的密切配合才能取得比赛的胜利,因此篮球运动具有集体性特点。篮球运动包含各种对抗,但都是以个人对抗为基础的。在个人对抗中,每个人的对抗都有自己的目的,如跑位、掩护、挡人等。这种对抗组成千变万化的全队对抗和战术目的。要想在比赛中占据优势和取得胜利,球队不仅要有精湛的个人技术,更要有默契的集体配合,它是"5个人",甚至是13个人的运动(竞技比赛中可报名12名球员,另一人为主教练)。因此,篮球运动特别提倡"队"的意识和集体主义精神。只有将个人的力量汇集在一起形成整体才能取得比赛的胜利。

(五)快速性特点

篮球比赛规则规定一次进攻必须在24秒内完成,否则就属于犯规。因此这对篮球运动提出了快速的要求。这种快速涵盖的内容很多,如继续加快进攻速度,争取主动控制权;继续提高运用技术和战术间衔接的速度;继续提高攻守转换速度等。这些都将给现代篮球运动以快的新含意。高质量的快速技术,有节奏的快速转换攻守配合,快速、强攻、巧扣、高比分仍是各国优秀篮球队伍成为篮球强国必须努力的奋斗目标。

(六)开放性特点

篮球运动比赛中,技战术运用的条件和时机千差万别,每时每刻都会发生不同程度的变化。技术动作的组合结构与练习过程中的技术动作组合结构总因时间、位置、对手等外部情境的不同而发生变化。战术配合也不能完全按教练指令和事先安排而一成不变,许多情况要求运动员(队)根据场上情况适时加以判断、抉择,灵活地贯彻教练员的意图。因此,篮球运动表现出强烈的开放性特点。

在篮球运动技能中,技术是篮球运动的基础,直接关系到运动员篮球运动技能水平的提高和战术的发挥;身体素质是提高动作质量、难度和对抗能力的身体条件;经验意识是把握技术动作节奏、时机和合理运用技术的思想条件。它们有机结合、相互依托才能构成外显的竞技能力。

（七）多变性特点

篮球运动是用手来控制球的，而要想取得比赛的胜利就必须要投篮得分，投篮得分的形式也是多种多样的，并围绕着投篮得分展开攻守对抗。因此，技术动作复杂多样。这些技术在比赛中的运用均是组合形式的，其活动结构形式是多元化。由于比赛情况的复杂多变，使技术组合呈现随机性、多样性与无确定性的特点。

篮球比赛场上的形势是千变万化的，围绕着空间瞬时变化展开的地面与空间、单兵与集体配合相结合的攻守立体型对抗方式，是现代篮球运动的重要特征之一。固定的模式、不变的打法是无法对付多变的情况的，由此造就了篮球战术的灵活性与机动性。运动员必须善于根据主客观情况的发展变化，随机应变，提高临场应变的能力，灵活运用战术和变换战术。这样才能取得比赛的最终胜利。

（八）观赏性特点

篮球比赛对抗激烈，比赛中运动员各种技战术能力的发挥吸引着人们的眼球，因此篮球运动具有很高的技艺性与观赏性，它以独特的活动形式展示出人的心灵气质和优美形态。明星队员的出现也可以为比赛注入强心剂，增强比赛的观赏性。同时，场上的比赛千变万化，实力相当的两支球队在比赛中互相紧咬比分，你争我夺，甚至比赛在最后两秒钟时都有可能发生结果的逆转，比赛的不确定性大大增强。除此之外，篮球比赛中失败者的沮丧、胜利者的喜悦，都使人难以忘怀，这种极强的观赏价值使篮球运动充满了活力和魅力，也是篮球运动赖以发展的基础之一。

篮球运动中涌现出了众多的球星，如 NBA 前球员乔丹、约翰逊，现役球员詹姆斯、科比等世界优秀篮球运动员，他们将篮球技术、智慧的运用与应变升华到了艺术化的境界，使对手难以制约，充分体现出了个人的才华，使得篮球比赛激烈又富有较强的观赏性。

（九）商业性特点

职业篮球运动进入奥运会篮球赛和世界锦标赛，是世界篮球运动的一大发展和进步。随着篮球运动职业化程度的深入发展，篮球运动在世界范围内进入商品化，这就必然促使篮球竞赛走上商业化发展的轨道，运动员和运动队的技能水平等都将成为商品。因此国内外重大篮球竞赛组织者以电视转播，广告宣传，经营饮料、营养品、运动服装、体育器材、体育彩票等方面进行体育经纪活动，并通过经纪人开展赢利性经营和操作。篮球运动的这种商业化发展，成为篮球运动未来很长一段时间的发展主流。

（十）职业性特点

在职业篮球俱乐部成立以后，篮球运动水平不断得到提高，与此同时竞赛规则也在不断发展与完善。现代篮球运动的职业化发展正在逐步而深入的进行中。

运动员智能、体能和技战术水平的不断提高，对推动篮球赛事的职业化进程起到了新的催化作用。20 世纪 80—90 年代，职业篮球俱乐部如雨后春笋般在美洲、欧洲、澳洲、亚洲等地区建立起来，特别是在国际奥委会同意美国 NBA 职业球员参加国际大赛后，全球职业化篮球已发展为一项新的产业。这是新世纪篮球运动发展的一个新的特点。

发展到现在,职业篮球俱乐部多数为私人老板所有,俱乐部体制内的球员好似"市场里的商品",可以根据需要自由"买卖"。当然,俱乐部之间也可以通过转会或租借得到自己想要的对方球队的球员。目前我国的职业篮球得到了一定程度的发展,但其职业化程度与篮球发达国家相比并不高,而且也没有达到完全的市场化,需要采取必要的措施和手段大力发展。

二、篮球运动的价值

(一)促进身体健康的价值

篮球运动是一项注重对抗和团队作战的综合性运动项目,其特点非常鲜明,在篮球比赛中,攻守双方对抗异常激烈,技战术运用随机应变,要求运动员必须具备良好的反应速度、动作速度、耐力及柔韧等素质。在人体的各种素质中,力量是其他素质的根本和基础,力量素质的发展对运动员掌握高难技术、提高场上拼抢及对抗能力都有着重要的作用;速度素质是争取时间与空间优势的重要条件;灵敏素质是运动技能和各种素质在运动过程中综合能力的表现,运动员在各种突变环境下人体能否迅速、准确、协调地改变姿势和运动方向是以其为基础的。在篮球运动中,运动速度快、奔跑时间长、运动重复次数多、对抗强度大,对运动员长时间内保持运动的能力提出了要求,即要求运动员必须具有较强的耐力素质。在篮球运动中,运动员需要做各种动作,如起动、跳跃、转身跨步等,这使运动员的各关节、韧带和肌肉经受大幅度伸缩变化和抗强拉伸的锻炼,从而提高了人体的柔韧性和柔韧素质。

综上所述,经常参加篮球运动锻炼可以全面提高人的身体素质。篮球运动具有变化性的特点,不仅指的是场上情况的瞬息万变,还指篮球技战术运用的复杂性。篮球运动对运动员多种协调技术动作的掌握和随机应变的能力提出了要求,而经常参加篮球运动,也可以促进运动员对技术动作的掌握和随机应变能力的培养。通过篮球运动的锻炼,人体的各器官的功能可以得到提高。篮球运动有助于人的视野开阔,这就会提高各感受器的功能,提高广泛分配和集中注意能力及空间、时间和定向能力。在篮球运动中,动作节奏经常变化,这会使人的神经中枢的灵活性、协调性得到提高,对协调、支配各器官的能力也有一定的作用。在篮球运动中,高强度对抗贯穿始终,在运动中,人体的新陈代谢加速,体内能源物质的转换速度也得到提高,从而使心脏、血管、呼吸、消化等器官的功能增强,促进人体内各系统工作能力的提高。进行篮球运动,时间可长可短,比赛中需要快速奔跑、突然与连续起跳、敏捷的反应与力量抗衡,相对于其他项目篮球运动具有全面性、均衡性的特点,对人的机体起着良好的综合性的影响,使身体各部位肌肉结实、发达、匀称。

总体来看,篮球运动促进身体健康的价值主要表现在以下几个方面。

1. 篮球运动对身体形态和机能的价值

(1)改善身体形态

篮球运动对人的身体形态的改善主要体现在以下几个方面:第一,对骨骼的改善。人们通过参加适宜的篮球运动锻炼,使骨承受一定负荷的刺激,能够促进血液循环,改善骨的营养供给,加快骺软骨的增生和骨化增长,从而促进骨的生长发育;第二,经常参加篮球运动,对于发育中的骨骼,具有明显的促进其骨密质形成的作用;第三,对骨松质的发展也具有重要的作用。大量的研究表明,篮球锻炼使骨小梁新骨形成增加,骨小梁排列更有序化。篮球运动对人体的身体状态的重要作用还体现在篮球运动对肌肉的作用上。骨骼肌是实现人体运动的器官。大量的研究和实践证明,通过参加运动锻炼可使人的骨骼肌的形态、结构及功能发生一系列适应性变化,具体表现在以下几个方面:篮球运动能够使肌肉体积增加;篮球运动可以促使肌腱和韧带中的细胞增生,也可使肌外膜、肌束膜和肌内膜增厚,肌肉变得结实,抗牵拉强度提高,从而增强肌肉抗断能力;作为一项集力量、爆发力、耐力、速度、灵敏性和柔韧性于一体的运动项目,篮球运动可使肌纤维得到最大限度的发展,而且快肌纤维增粗明显。篮球运动还可以增强肌肉收缩能力,篮球运动通过改善和提高肌群的协调性,使肌肉收缩能以最有效、最经济的方式来完成某一动作,肌肉收缩的效率得到充分发挥。另外,经常参加篮球运动,一方面会使肌肉中的线粒体数量增多,体积增大,肌肉有氧氧化生成 ATP 的能力增加;另一方面会使肌糖原含量增多,增加肌肉内能源储备,可以延缓运动性疲劳的产生,有利于肌肉进行紧张持久的工作。此外,篮球运动对身体成分的作用也是篮球运动对身体形态作用的体现。

(2)增强心血管系统机能

篮球运动属于一项时间较长、强度较大的运动项目,经常参加篮球运动能够有效增强人们的心肌收缩力。另外,在参加篮球运动的过程中,肌肉活动需要消耗大量的氧气和营养物质,同时产生较多的二氧化碳等代谢产物,血液循环加快使心肌增厚,心腔扩大,篮球运动还有利于静脉血液回流,使心脏舒张末期的容积增加,这些都是篮球运动对参与者心脏泵血功能的作用。经常参加篮球运动,动脉血管壁的中膜增厚,平滑肌和弹性纤维增多,大动脉的弹性纤维增长占优势,中等动脉的平滑肌细胞增长占优势,同时使心脏周围毛细血管的数量增加,心室肌毛细血管密度增大,冠状动脉增粗,有利于心肌的血液供应和对氧的利用,作为一种运动,它使血氧饱和度增高,肌红蛋白增加,机体内含氧量增强,这都体现了篮球运动对锻炼者血液循环系统功能的作用。篮球运动还对微循环系统有着重要作用。在进行篮球运动时,肌肉中的代谢产物增多,促使毛细血管开放增多,有利于肌肉获得更多的氧,以适应代谢的需要。

(3)增强呼吸系统机能

经常参加篮球运动,能使呼吸肌得到发展、胸围加大、呼吸深度加深、肺和胸廓弹性增强、安静时呼吸次数降低、肺活量增大。经常参加篮球运动,人的肺活量明显增加,有氧运动能力得到显著提高,这说明篮球运动对改善机体的生理机能有积极的影响。篮球运动可导致安静时呼吸深度增加,而呼吸频率下降,肺泡通气量和气体交换率加大,即肺通气更有效。人体通过呼吸系统摄取到氧气,还要通过心血管系统把氧输送到组织器官。经常参加篮球运动还可以使肌肉中的毛细血管增加、线粒体数目增多和体积增大,促进静脉血液回流和有氧氧化酶的活性增加,并可提高肌红蛋白含量和最大吸氧量。

2. 篮球运动对身体素质的价值

(1)提高有氧代谢能力

经常参加篮球运动,还可以有效提高人的有氧代谢能力。由于篮球比赛中经常出现犯规、暂停、换人、球出界等情况,因此比赛中断的情况时有发生,在这样的情况下,运动员可以利用这些时间获得短暂的休整,所以在比赛中大部分时间都以有氧代谢供能为主。作为普通人参加篮球运动或篮球比赛,运动强度要大大小于专业篮球运动员,其有氧代谢提供的能量比例更大。因此,经常参加篮球运动可以有效提高肺泡通气量,提高呼吸效率,改善心血管机能,促进组织器官中氧化酶活性升高,增强利用氧的能力。

（2）增强肌肉力量

经常参加篮球运动还能够增强人的肌肉力量,使人体的肌红纤维增粗,合成 ATP 能力也得到增强,肌肉持续工作时间延长,从而增强肌肉耐力。

（3）增强身体的柔韧性

柔韧性素质是指人体关节活动幅度的大小,以及跨过关节的韧带、肌腱、肌肉、皮肤及其他组织的弹性和伸展能力的作用。因此,经常参加篮球运动能有效增强人体的柔韧性。篮球运动中的跑、跳、投、传每一个动作,都需要全身的参与。运动员在场上的位置不同,对全身各关节柔韧性要求也不同。因此,全身各关节的柔韧性在每一个动作中都有具体作用,哪一个部位的不协调都会影响技术动作的发挥。

3. 篮球运动对身体运动素质的价值

（1）发展速度和爆发力

经常参加篮球运动还有有效改善和发展人的速度和爆发能力的作用。在参加篮球比赛的过程中,当进攻队员传球或投篮时,需要非常迅速、准确地作出判断,并同时作出相应的技术动作,这就是良好的反应速度。经常参加篮球运动可以提高感受器的敏感程度,感受器越敏感,越能缩短对各种信号刺激的感受,优化传导途径,提高中枢神经系统的兴奋性,使反应时间缩短。篮球运动员的攻防转换、运球上篮的速度、长传快攻上篮的跑动速度等,可使神经兴奋与抑制过程灵活性提高、转换能力增强、人体两脚交换频率增快,位移速度也就加快了。篮球运动对爆发力素质的影响主要体现在加大起动速度和提高弹跳能力上。篮球运动员通过各种快速、灵活、突变的脚部动作,在全身协调配合下,使身体的位置、方向和速度发生变化,并运用基本技术,才可更好地达到进攻时摆脱防守,防守时防住对手,以争取攻、守主动的目的。因此,经常参加篮球锻炼可以提高起动速度。现代篮球运动争夺高空优势尤为重要,因而运动员在瞬间的变化中通过合理的技术争夺篮板球、抢断、封盖等,都需要具备良好的弹跳力,实践证明,经常从事篮球运动能提高弹跳能力。

（2）发展力量和弹跳力

篮球运动是由一系列跑、跳、投、争抢篮板球和防守等动作组成的,为了使自己跑得快、跳得高,运动员需要具备充分的大肌群力量,通过腿、臂、肩、背、腰以及整个躯干的各肌群有机的协调配合,才会产生最佳的做功效果。因此,经常参加篮球运动可以有效提高人的力量素质。在篮球比赛中,运动员为了更好地完成各项任务,弹跳力成为不可缺少的一种素质。队员为了适应比赛的需要,必须具备连续跳的能力,不断提高弹跳力素质,经过不断的弹跳,参与者的弹跳力素质得到提高。

（3）发展耐力素质

经常参加篮球运动可以有效提高人的速度耐力,发展一般耐力素质。篮球比赛是一项长时间,高、中、低强度重复交替进行的非周期性运动项目,运动员需要有长时间反复进行短距离、高强度运动的能力。所以,经常参加篮球运动,能提高速度耐力素质。经常参加篮球运动,能使机体有氧氧化能力提高,血乳酸清除能力加快,同时脑对血乳酸的耐受力得到提高。实践证明,经常参加篮球运动,有利于发展一般耐力素质。

（二）提高心理素质的价值

1. 培养人的情商

情商是一种非智力因素,通常表现为协作配合能力、处理人际关系的能力、组织管理能力、解决问题的能力以及承受挫折的能力等。情商作为一种非智力因素,对参与者的学习、工作、生活以及事业的成功都很重要。篮球运动有明显的对抗性、集体性规律和统一性规律,参加篮球运动可以培养参与者充沛的体力和精力、良好的心理承受能力、公平的竞争意识、广泛的社会交往能力,从而使其以较高的情商去应对学习和生活中的困难。参加篮球运动,可以培养团结拼搏、乐于奉献、积极向上的优良品质;在篮球规则的约束下,有利于形成文明的行为方式和良好的体育道德风尚;在篮球竞赛过程中,有利于培养克服困难、善于创新的精神。有利于培养科学、文明、健康的生活态度。

2. 培养人的健康幸福感

健康幸福感也称心理自我良好感,是指与积极参加身体锻炼有关的某种兴奋、自信和自尊的情绪和态度体验。积极参加体育锻炼者比不运动者的自我感受和评价更积极,这主要是由于锻炼身体产生了内心愉快和乐趣的结果。锻炼身体对健康幸福感产生积极影响的原因有生理的、心理的和社会的,也可能是三者综合作用的结果。在篮球运动中,当一个技术或战术运用成功,或者取得比赛胜利后,个体会以自我欣赏的方式传递其成就信息于大脑,体验成就效应,从而产生自我成就的认识和情感体验,产生愉快、振奋和健康幸福感。

3. 减轻人的焦虑和抑郁症状

焦虑是一种对当前或预计的威胁所反映出的恐惧和不安的情绪状态。与紧张、焦虑等消极情绪相比,抑郁属更深层的复合性负情绪,它可能是伴随人生价值的失落感而产生的悲伤、恐惧、焦虑及羞愧甚至负罪感,其持续时间更长,给人带来的痛苦更大。在篮球运动过程中,人们通过自然的相互交流,会相互信任、相互鼓励。通过参加篮球运动,不仅可以增进快乐、调节情绪、振奋精神,而且这种积极的情绪状态可以使人自信、自尊、自豪、自强,并使烦恼、焦虑、抑郁、自卑等不良情绪得以解除。所以,长期参加篮球运动,对于那些神经衰弱、歇斯底里等精神疾病患者来说,具有一定的改善和治疗作用。

4. 塑造和健全人格

人格精神即指包括气质、能力、性格和理想、信念、动机、兴趣、人生观等各方面能够得到协调与平衡发展,人格作为人的整体的精神面貌能够完整、协调、和谐地表现出来。[①] 篮球运动从宏观上看是群体的竞争,从微观上看又是群体中个体之间的身体冲突和技巧智能的直接对抗。篮球运动中的每一个环节,都要求个体在充分发挥自身特点和水平的基础上,构成整体实力,或者说群体的默契配合依赖于个体的技巧和智能的充分发挥。篮球运动复杂多变,每一个瞬间都要求个体必须做出正确的观察判断,独立果断地选择个人战术行动。篮球比赛中,运动员运用技战

---

① 　张瑞林. 篮球运动. 北京:高等教育出版社,2005

术的时机很重要。个体失误的累加往往会影响局势的发展。篮球运动的这种特点表明,艰难中需要勇气,常态下需要创新,只有个性鲜明、人格独立的人才敢于冒险和创新,才有可能在极端复杂困难的条件下坚持与强有力的对手进行顽强的斗争,并取得比赛的最终胜利,创造出意想不到的成功。篮球比赛的竞争可以最直接、最富有力度地表现人的本质力量。因此,通过篮球比赛,不仅能够锻炼人们坚忍不拔、勇敢顽强、吃苦耐劳的意志品质,而且对人的自觉性、目的性、果断性以及自制力、坚持力、创造性等均有极大的影响,所以篮球运动可以实现人的个性的自由发展。运动中需要观察对手,分析判断,扬长避短,创造优势,把握时机,敢于胜利,这也是现代人人格精神的内涵,是激烈的社会竞争中必须具备的基本素质。

5. 创造良好的情绪体验

篮球运动中自始至终贯穿着比赛双方在身体素质、技战术水平、心理智能等多方面的对抗和竞争,在规则允许的范围内攻击对手,战胜对手,获取胜利。篮球运动富有趣味和激情,在运动过程中,通过锻炼者娴熟的运球、巧妙的传球、准确的投篮、果断的抢断、高超的扣篮与封盖,再加上攻守交错、对抗变换,给人以美的感受,无论是参与者还是观看者都会经历"尖峰时刻",得到良好的情绪体验。

6. 丰富人们的文化娱乐生活

在日常的工作学习中,人们面临着各种各样的压力,对人们的心理健康造成一定的危害。篮球运动可以作为人们休闲的一种手段,通过篮球运动,人们的压力得到释放,从而可以以最佳的状态重新投入到工作学习中去。即使不亲自参与运动,人们通过观看篮球比赛也可以得到精神上的享受,篮球比赛十分激烈,扣人心弦,加上运动员高超的技术表演以及球队精妙的战术配合,使篮球运动成为非常有魅力的运动,通过观赏比赛,人们得到了美的享受,得到了极大的满足。篮球运动使人们得到放松,并丰富了人们的文化娱乐生活。

(三)较强的社会价值

1. 篮球运动对社会成员的教育作用

(1)篮球运动对价值观的影响

篮球运动具有强烈的教育性。因为它是一项集体运动项目,对培养学生的组织性、纪律性、集体主义精神和机智灵活的应变能力具有显著的作用。由于绝大多数青少年都具有较强的上进心、好奇心、活泼好动等心理特征,所以大多数青少年都喜欢参加篮球活动。学校组织一些篮球竞赛活动,有助于培养学生的竞争意识和开拓精神。参加篮球运动能激励广大青少年力争上游、奋勇拼搏的竞争精神,也有助于培养他们的责任感、义务感和集体荣誉感。篮球竞赛能给广大学生带来精神上的满足和感情上的愉快,激发他们锻炼身体的愿望。篮球运动的教育价值体现在篮球运动能够增强集体意识,强调人与人之间的相互配合、相互信任、相互协作;篮球运动能够培养运动者良好的行为规范和良好的组织能力;篮球运动能提高人的智能和体能;篮球运动有助于自我改进和自我发展,激励学生不断战胜自我,接受新的挑战。篮球运动可以促进人格的培养和个性的完善,形成良好的人生价值观。

（2）篮球运动对竞争能力和合作意识的培养

在篮球运动中充满着竞争与合作，只有在运动中学会竞争与合作，发扬团队协作精神，才可能在比赛中取得最后的胜利。篮球运动是集体项目，比赛中贯穿着集体的协同配合。篮球运动中的传切、掩护、突分和策应配合，综合多变的防守战术体系，都要靠全队的密切合作、协同配合才能完成。通过篮球运动，会让学生明白，必须抛弃狭隘的内耗意识，把眼光投向更大的环境，真正懂得合作与竞争是团队获得健康发展的必要条件。

（3）篮球运动对创新意识和创新能力的培养

篮球技战术的不断变化就是不断创新的过程。篮球运动员在比赛中的技术运用，必须随着比赛的变化而变化，要果断、快速地作出应答，通过观察进行分析判断，做出行之有效的组合动作。从运动结构看，篮球技术中有些动作是相对固定的，但在实际运用中，整个技术动作又表现出很多不固定的动作成分。在相同的条件下，队员做出的动作组合往往是不同的，这就需要篮球运动员随机应变，在比赛中创造出新的、巧妙的动作及配合。因此，篮球运动有利于培养高职学生良好的思维能力、应变能力和创新精神。同时，篮球运动既是一个高度协同的全面抗衡，又是个人斗智的竞技较量，队员们可以在球场上依据自身的特点尽显个人的技术和才智。从这个意义上说，篮球运动有助于培养学生的竞争意识和开拓精神。这些优秀品质不仅表现在球场上，而且也会迁移到日常的工作和生活中，有利于培养敢于尝试、不断创新的精神。

2. 篮球运动对社会规范的作用

篮球运动有一定的规则，参与者必须在规则的规定下进行运动。规则对于篮球运动是十分必要的，攻击性是人性的一大特点，篮球运动也是一项对抗激烈的运动，如果没有规则的制约，可以想象篮球运动中定会出现一些粗野的动作和不礼貌、不道德的行为。规则的出现，是对参与者行为的控制，它保证了双方在公平合理的条件下进行对抗，限制了不合理行为的出现。通过篮球运动，人们在规则下运动，这对参与者有着个人行为规范化的教育功能，使参与者获得对现代社会生活方式的规范与演练，使人们健康文明的社会行为习惯得到培养。在篮球运动中，个体行为要符合规则，要自觉养成遵守规则的行为习惯。个体的行为要体现敬业精神，表现出踏踏实实、全力以赴的精神风范，取得社会规范的认同；要学会控制侵人犯规行为。[①] 在比赛激烈对抗的情况下，发生身体碰撞是在所难免的，但参与者的动作要合理，其目的应是力争获得球或有利的位置，绝不能故意害人伤人。在篮球比赛中，对于一些常常因情绪过激而发生暴力行为，都有着严厉的惩罚措施，同时还会受到社会规范、社会公德的谴责，严重的还要受到法律的制裁。这种惩罚措施对篮球运动参与者有着一定的震慑作用，使参与者们按照篮球运动的规则进行运动，从而有利于社会规范的形成。

3. 篮球运动对经济的作用

篮球运动是体育的重要组成部分，体育产业的发展离不开篮球运动的发展。体育产业兴起，而作为其重要内容的篮球运动，由于普及广、发展快、影响力大，具有极大的发展潜力。尤其是近些年来，篮球运动的职业化、商业化进程加快，篮球运动对体育产业的贡献与日俱增，随着篮球运动的进一步发展，篮球运动的巨大经济价值将得到进一步体现。

---

① 黄迎乒，张振东. 体育锻炼与欣赏——篮球. 郑州：郑州大学出版社，2005

4. 篮球运动对社会交往的作用

篮球运动是一项团体运动,自然涉及到人与人的交往,通过篮球比赛,还会涉及到球队与球队之间的交往,甚至是国家与国家之间的交往,篮球运动可以促进社会交往的进行。由于篮球运动在世界范围内开展,已成为社会交往的重要手段。人与人、团体与团体、国家与国家,通过篮球运动,建立起了理解、信任、团结和友谊的关系。对于国家与国家来说,人种不同、肤色不同,语言也不同,为相互之间的交流增加了障碍,但篮球可以成为各个国家之间共同的"语言",通过亲身体验或者观看篮球比赛,人们对篮球运动的理解是一致的,人们在共同的参与中得到欢乐、愉悦和满足,相识并了解,从而产生了共同语言,建立起了良好的关系。

5. 篮球运动对终身体育的作用

篮球运动对终身体育有着重要的作用。篮球运动深受人们喜爱,因为通过篮球,人们可以获得身心的发展。随着社会的发展和生活节奏的加快,人们面临着巨大的压力,各种文明病对人们产生了威胁,体育运动成为人们缓解压力、保持健康的最有效方式之一。尤其是篮球运动,对场地器材的要求较低,其消费水平较适合广大消费人群,很容易普及。于是人们纷纷亲自参与到篮球运动中来,体验运动的乐趣。人们在篮球运动中的奔跑跳跃、抛掷运投、攻防抢打,使身体得到了锻炼,使身心得到了愉悦。篮球运动,给人们带来了极大的好处。要想取得理想的效果,必须持之以恒。终身体育的理念就是主张体育锻炼要持之以恒,目前,终身体育的理念已经深入人心。篮球作为全民健身的项目之一,深受广大群众的喜爱,它不仅内容丰富,锻炼价值高,而且对增强体质,提高人体的各项机能都有积极作用。它既是一种保健性项目,又是人们进行积极休息的一种良好手段,同时对提高人的身体素质和人体机能产生特殊的影响。篮球运动是一项全民健身终身体育的项目,由于它的开展比较容易,必将对终身体育的发展有着积极的促进作用。

第三节　篮球运动的发展趋势

一、智能化方向发展

篮球运动强调运动员的智谋,即要求运动员、教练员掌握科学文化,形成个性化的独特篮球智慧,这就是篮球运动的智能化发展。

篮球是体育科学中的一门重要的学科。篮球运动的过程充满着哲理,充满着矛盾和矛盾的相互转化,因此,认识与解决矛盾就要靠知识,靠智慧,有谋略,有方法,善于预测,善于应变。两强相遇,智勇结合者胜。如果说足球运动能体现勇和猛的话,那么篮球运动则更能体现出勇中寓智、猛中显巧。这里,智是基础,勇是手段,有谋有略、智勇双全才能化险为夷,克敌制胜。所以说篮球运动是一项智慧运动,善于打篮球,用头脑打球,用意识打球,用灵感打球,已成为世界优秀运动员的必由之路。只有用头脑、用意识打球才会使自己更充分地显示出独特的运动才华,变得更聪明。张伯伦、约翰逊、乔丹等世界优秀运动员之所以能在不同时期将自己的技艺在激烈复杂的球场上表现得淋漓尽致,不仅在于他们有出众的身体和技术,而且在于他们有文化、有智慧、有个人作战的谋略,使其在任何复杂情况下都能沉着、镇静、应时变化自己既定的设想和方法,而且善于将自己的谋略与高超的技艺结合起来调动对方,在任何困难环境下最终达到预定的目的,使人感到他们用智慧打球,打聪明球,显示出他们的人格魅力和技艺风格。

发展到现在,篮球运动对抗愈来愈激烈,运动员在比赛中的对抗和碰撞越来越多,运动员只有有胆识、有智慧、有技艺、动脑子、善思考,才能不断超越自我、充实自我,才能提高自己的技能水平。总体来看,篮球运动的智能化发展是不可磨灭的。

二、比赛对抗日益激烈

进入 21 世纪后,篮球运动攻守对抗日趋激烈,攻防节奏日益加快,在这样的情况下,只有敢于和善于拼斗才能得分,进而取得比赛的胜利,所以自篮球运动立规以来,传统地倡导勇敢进攻,强调大胆投篮,是无可非议的。为此,随着进攻意识的普遍增强,在世界范围内不断围绕强化进攻创新发展了许多进攻理论、技术与战术,并由此不断改变组建球队的人员配置,形成现代篮球比赛智、高、快、准、全、狠、变的普遍特点。随着拼斗性进攻的这一发展走向,必然相辅相成地刺激各国教练员同时考虑到防守的技术、战术创新和提倡拼斗精神,普遍把运动员强悍作风反映在整体与个体防守拼斗能力的提高和控制篮板球拼斗能力强弱上,将其视为衡量整体实力强弱和能否获得全局优势的标志,并对应地变革和创新种种拼斗性防守技术与战术,如提倡运用平步追防,身体主动用力抢位、堵截与积极错位抢断的个人防守技术,防守中不断采用综合防守战术制约对手,从而使现代篮球比赛类似战争中短兵格斗,增强了专项竞技魅力和观赏的文化、教育价值。拼斗性观念的确立,促使国际篮坛一时呈现出呼唤"拼斗、拼斗""防守、防守""篮板球、篮板球"的意识与行动。现代篮球比赛防守过程的主动性、凶悍性、力量性和破坏性更日趋激烈,防守的个人技战术与技能及整体配合的创新发展在加速。首先是防守理论观点创新,意识加强,提出了"进攻好能得分赢球,而同时防守好才能获冠军"的防守新观点。为此,为以强壮的体魄、正确的动机、符实的信念和坚韧的毅力、凶悍的作风为基础的个人防守技术与能力的训练更为重视;其次是防守战术阵势综合多变,普遍以抢断球、封盖球和抢篮板球为重点组建杀伤力强的凶悍性防守战术配合,形成控内(控制篮下地面与空间)、堵外(以身体为墙扩大防区),促使无球队员不能随意向篮下和有球区穿插反跑或挡插,以求将其挤离有球区和球篮,切断进攻点、面、线的联系,伺机抢断、追截,对有球队员全力凶悍追击,近身平步扩展地面防守位置区域,积极判断进攻意图,身体主动用力,凶狠封、逼、盖、追,终止其投篮、传球、运球行动方位,破坏其设想中的攻击目的;再次是在重视个人防守能力提高的同时,还普遍十分重视防守策略和防守整体协同配合,最大的变化是由攻转守速度加快,当前场抢篮板球失机后,对获球的进攻者的行动限制意识与干扰行动加强,进入阵地防守时则全力追防对方的核心进攻组织者,并以卡两侧、堵中路打乱其正常落位布阵,逼使其进攻速度减缓,进攻区域外移,一旦局部防守失利、失机,则整体或临近防守收缩,及时调整变化防守阵型,力求每一次防守协同行动都能做到机动性高、破坏性大、杀伤力强。总之,只有具备了出色的对抗能力,才能取得比赛的主动,进而取得比赛的胜利。

比赛实践显示,现代篮球精神上的凶悍拼斗意识对于转变传统竞技比赛观念和扎实掌握实战本领更显重要,以此为基础,强化培养训练具有现代篮球对抗意识和掌握拼斗的本领,才能适应现代篮球近身凶悍格斗的发展趋势。正由于进攻拼斗能力提高,所带来的防守拼斗观念与技战术的变化,使当代化的篮球竞技比赛对抗拼斗更为凶悍激烈,从而形成优秀球星们的"职业修养＋人格魅力＋篮球理念＋攻守意识＋凶悍意志＋体能力量＋技能特艺＋智慧谋略"等多元化的成才体系。为此,重视提高拼斗意识和拼斗意志的教育与训练水平,创新攻守技术、战术手段,将成为教练员思考的新课题。

三、运动员的"高度化"发展

运动员的高度化发展,即重视运动员自然高度和提高制空能力的发展。"无高不篮球",21世纪的现代篮球竞技比赛无可非议地将继续是巨人群体展开的大拼搏,要求以身高、体重、壮悍、力量和技巧去制空,这是篮球运动竞赛形式本质特征所决定的;不高无优势,已是篮球比赛的客观事实。但高的内涵不仅仅停留在运动员身体形态高度上,而是随着空间争夺的激烈冲撞,要求高大运动员高中有壮(强悍、有体重、有力量),壮中有巧(灵活机敏、有智慧),高、壮、快、巧、准结合为一体,这正是世界优秀高大运动员的特点。由此,高智慧、高形态、高速度、高体能、高强度、高空配合、高比分也成为现代篮球竞技的基本表现形式。

现代篮球运动注重高度化发展,主要体现在以下几个方面。

第一,国内外强队普遍重视球队整体平均身高的增长。世界男子强队平均身高稳定在2.05米左右,中锋队员保持在2.10～2.20米,超高度的中锋队员达2.20～2.30米,全队2米以上的队员通常保持6～8名;女子队平均身高稳定在1.90米左右,中锋队员保持在1.90～2.00米,全队1.90米以上的队员通常保持在4～6名。因而形成得高水平的高中锋即"得天下"的论点被实践认可。

第二,重视运动员制空能力的提高,强化力量和弹跳能力的增长,以使自己的攻守都处于制空的优势状态。因此,随着高大运动员的大量增多,制空能力提高,空间拼斗更为激烈,防守时空间封盖与拼抢、进攻时立体型的空间配合和超高度的不同角度的技巧性扣篮,使现代篮球运动绚丽多彩,充实了现代篮球运动的技术和战术内容。

第三,普遍重视高大运动员综合性、多元化的特殊训练。一方面强化高、壮、快、巧体能素质训练,以适应高空拼斗,扩大立体性空间与地面拼斗的范围;另一方面重视高大运动员力量、弹跳、速度和个人技能与能力个性特点的培养,以提高他们在本队基本战术打法中的适应性和机动应变的需要。

现代篮球运动攻防日趋激烈,要求运动员必须具备快速攻防转换的能力,因此,许多优秀教练员都强调既要重视高大运动员个体技艺特长训练,又要十分重视个体意识和体能全面训练,使他们内外结合,高矮相比无绝对差异,高个子能做小个子的动作,能里能外进行攻防,能快能缓适应战术调整。这一篮球训练思想和观念将在未来得到深入的贯彻与发展。

四、投篮的准确性进一步提高

要想取得篮球比赛的胜利就必须要投篮,并且要提高投篮的准确性,要求运动员以投篮准确展演技艺、拼争胜负依靠准确的意识进一步增强。

投篮的准确性是取得比赛胜利的关键,众多国际大赛高比分的形成就在于投篮的准确性。我国著名书法家欧阳中石为篮球运动诞生一百周年的题词中写道:"百载争高下,一球定输赢"。

可见作为一位文人对篮球真谛的理解。这1分的胜负包括着无数的准字内容:一是表现为3分球投手多,命中率普遍提高,投距远,投点广;二是攻守转换快,特别是进攻速度加快、次数增多,投篮机会增多,远、中、近都布有强投攻击手;三是十分重视投篮基本功训练,即要求投篮技术方法不单一、能变化,更要求动作扎实、正确和规范,而且要求在训练中对抗条件下投篮的高数量和高质量(据资料显示,世界强队每天要求运动员在对抗条件下进行投篮训练,一般在6.50米外区域的不同角度定时定量投进500～600个球,这意味着每名运动员一天要投1 000～1 500次,而在投进的500个球中的命中率要达到55%～70%,以此保障在正式比赛中全队整体投篮命中率在45%～50%,全队场次总得分不少于90分)。故世界优秀篮球队都培育出了一批优秀投篮手,他们掌握的投篮技术已达到艺术化的水平,普遍具有在对抗条件下投篮方式多、变化多、机会多、区点多、出手点高、心态稳、投速快、突然性强和命中率指数大的特点。通常情况下,一个篮球运动队拥有的明星球员越多,就标志着该队伍的整体实力越强。

现代篮球运动投篮的"准",还要求掌握个体动作既规范又准确,扩大"准"的全面要求,例如运用技术时机的准确性高,转换技术、战术判断时间的准确性高,特别是外围3分球投篮命中率提高。远、中、近多点,多面投篮相呼应,已成为战术变化的基础和转危为安、反败为胜的主要手段。

五、篮球比赛进攻速度进一步加快

现代篮球运动还非常重视进攻的速度,即普遍重视以速度争取时间并把握节奏、控制主动。发展到现在,篮球运动既强调提高整体攻守阶段速度,又强调有节奏地加快攻守转换速度,从而使快攻反击次数增多,快攻得分率提高。特别是普遍重视提高高大队员参与快攻的全面意识和速度,在高速度、高强度中对抗拼搏,在高速度下转换技术与战术,在高速度、高强度对抗中保持较高的投篮命中率,以速度争取主动,以争取时间来控制空间,赢得胜利,这些已是现代篮球比赛对抗的又一特点和趋势。

总之,随着篮球规则不断对进攻时间进行限制,进攻必须提高速度,因而无论进攻与防守的地面制约以及制空高度、制空能力都将继续增长,势必对攻守转换提出更严格的时间要求。对此,世界篮球运动必然会全方位地提高快的意识,革新在快速运动中运用新的技战术的手段与行动要求。例如,美国NBA球队和其他世界强队在转入进攻阶段时,通常以4～6秒钟的时间将球推至前场,至前场后以3～5次过渡性或战术性传球(运球)即捕捉时机投篮结束攻击,总计平均一次攻击约20秒钟的时间。据统计,NBA球赛从在前场的迂回捕捉时机到进攻结束,所耗时间为10～15秒钟,而在很多情况下,由后场快速推至前场,乘对方立足未稳之机便准确投篮结束进攻。像这样在高速度下的反复攻击成功,必然造成高强度和高比分的出现。这一趋势也必将在21世纪使得比赛规则对进攻时间的限制提出更高的要求,促使运动员更加增强快的意识,提高运用技术和转换技术的速率,强化攻守转换的整体速度,快攻将进一步发展,阵地进攻将进一步精炼而有实效,个人投篮强攻能力将进一步提高,比赛也将随之进一步紧张激烈。这一趋势不仅适用于制空属劣势的球队,而且制空有优势的球队也将更为重视提高速度,使高度与速度结合得更完美,促进当代篮球运动向更高层次攀登。

六、强调运动员的全面素质和能力

现代篮球运动要求在提高运动员全面素质与能力的基础上并有所特长,拥有全面多能性的明星队员成为每个篮球运动队的追求。随着世界篮球运动对抗强度的进一步发展,各国普遍重视运动员个体与球队整体的全面素质、素养和技能能力综合化、多样化的全面提高,具体表现在以下几个方面。

第一,球队成员整体的社会文化氛围浓厚。世界强队的队员都具有较全面的文化基础知识,他们对现代篮球运动有较正确而深刻的理性认识,科学知识的熏陶与渗透使他们的思维、想象、观察、判断、决策和对新事物的接受力、承受力大大加强,而且敬业、拼搏、奋进精神突出。

第二,重视体能素质水平的全面提高。特别重视每名运动员制空高度和意识的提高,同时又重视其他专项身体体能,如体重、力量、速度、灵活性、反应力、心理承受力等的提高,尤其是拼抢力量和快速爆发力量的提高,这是衡量其体能训练水平高低与能力强弱的标志,从而使许多特高大运动员达到既高又壮、又悍、又捷、又敏的要求。

第三,掌握与运用全面而具有杀伤力的攻守技术进行比赛对抗意识强。当今世界篮球运动的一个重要发展趋势是运动员重视对抗、敢于对抗、善于对抗,主动争取对抗的意识十分强烈,在普遍重视进攻对抗的同时,十分重视防守中和抢篮板球时的对抗。认为防守是基础,进攻是根本,要求全队攻守平衡,做到攻得准、守得牢。而且要求每名优秀运动员攻守技术全面,做到能攻善防。21世纪以来,国际篮球界更呼吁重视防守,以适应规则的变化,不断呼吁防守、防守,篮板球、篮板球,抢断、抢断,封盖、封盖,以致提出了"进攻能赢一场球,而防守能获冠军"的理念。

第四,全面扎实掌握手、脚、腰、眼的基本功。这是全面型运动员在对抗中运用与应变技术和组合战术的基础,是促使自己不断在实战中提炼创新、变异发展,从而形成自己技术特长绝招和个人技术风格及特殊的技艺,是培养成突出球星的保障。例如,NBA前公牛队球星乔丹的全面素质、绝伦的球技、独特的跨步仰身时间差的跳起投篮;皮蓬的防守、抢断,有计谋的技巧性的助攻;罗德曼的制空抢篮板球能力;奥尼尔的篮下强攻;马龙的大刀阔斧的攻防和凶悍拼杀;哈达威、坎普的智谋性的转换速度;斯托克顿的场上指挥组织能力等个人特技,被观众誉为一个时期NBA不同类型球队的篮球"技师",成为篮球爱好者追崇的球星偶像。20世纪50年代我国优秀运动员钱澄海的助攻传球、杨伯镛的跳接晃身交叉步突破左手跳投和底线上篮,以及70年代中国女篮队员宋晓波的巧打、丛学娣的3分远投;20世纪90年代至21世纪初期中国男篮队员孙军的全面技术、胡卫东的3分球和刘玉栋的中投与强攻,以及姚明、王治郅、巴特尔的篮下攻防,都具有技艺化的水准,形成本队进攻战术的主要攻击核心。

所以,全面素质、全面技术的提高和拥有球星数量的多少与质量层次的高低,是球队实力对比的标志,而培养全面的球星和具有特殊技艺的球星,已成为现代篮球运动制胜的必需。俗话说"千军易得,一将难求",其内涵道理也在于此。

七、技战术的多样化发展

现代篮球运动还非常重视技战术的多样化发展,即要求战术阵势机动化、应变多样化、攻守配合实效化。在篮球比赛中,战术的选择与组织都强调针对性,力求扬长避短,与本队和对手实际以及世界篮球发展趋势和攻守过程中的时间观念、空间意识结合,普遍重视一个"快"字,突出一个"精"字,立足一个"变"字,达到一个"准"字,即在最短的时间、最快的速度下变化、组合最强的战斗力,取得最佳的效果。因此,世界高水平球队的比赛布阵落位迅速,阵势不一,都力求在对手防守阵势尚未成形之时展开全面攻击,并在攻击时随机应变。由此,攻守转换进一步加快,变化进一步莫测,加之由于世界强队普遍重视对防守杀伤力的研究和技战术的创新发展,防守区域较前扩大,防守变化中的攻击性和破坏性普遍提高,促使世界强队革新过去传统的机械性战术分位组织的整体套路模式的打法,强调在运动中伺机变化,在局部区域采用以两三个人参与为主体的机动配合。如个人伺机突破、投篮,或两个人之间的掩护、策应投篮,以及三个人之间的挡插三角进攻配合等;防守战术则向以人为主的集约性、综合性的凶悍而破坏力强的整体型方式发展。据世界大赛的统计,实力相当的男子队每场比赛各队进攻次数平均在 120 次左右,其中 60% 左右是个人变化攻击和运用两三个人变换配合结束攻击,得分占全队总得分的 60%~65%,罚球得分占 20%~25%,其他快攻和整体型的阵地配合得分占 15%~20%;而我国甲 A 职业联赛的现状也与世界篮球运动现状发展的趋势相似,其中八一队更为明显。由于个人战术变化攻击能力提高,得分能力加强,两三个人之间的战术组织既机动又简便快速,便于应变,因此攻击的威胁性强,成功率高。《宋史·岳飞传》中有"阵而后战,兵法之常,运用之妙,存乎一心"之言,可见攻守过程无阵不战,然而运用阵势要无套化,要善于变化,有明确的针对性,要有利于发扬整体和运动员个人特长。

美国 NBA 公牛队前教练员菲尔·杰克逊的布阵独到之处,就在于他能巧妙地把队员个体与整体阵型、局部与全局进行综合构思,力求攻守战术组织有层次,并成体系、求平衡。例如,进攻时公牛队通常以"1—2—2"或"2—2—1"阵势落位后,五人移动跑位,最终形成由乔丹、皮蓬、罗德曼三点为支点的三角进攻法,并随着形势的变化而形成乔丹与其他点的另一种三角进攻配合;防守时公牛队通常运用被人称为"五人太极形"的布阵,轮换紧迫对方主攻手,严密限制对手整体行动方位,力拼前后场篮板球,从而使对方的球星无可奈何,导致其全队进攻部署在公牛队的防守体系面前解体,从而保障公牛王朝的业绩。

总之,现代篮球技战术越来越趋于多样化发展,要将技战术配合与全队统一起来进行。在战术指导思想上既不能忽视传统的整体行动,又要更重视个体和两三人的作战组合,战术配合力求简练、快速、机动、多变、杀伤力强。传统固定套路和队员固定分位的战术配合也将相对模糊,对运动员将要求技术更全面、战术意识更聪慧。

八、重视教练员的培养和发展

教练员对一个篮球运动队的发展来说是至关重要的,现代篮球运动一个重要的发展趋势就是高度重视教练员的培养与发展。每个篮球队都希望能聘用把握篮球运动发展规律、有个性篮球理念和管理、训练风格特点的智谋型教练员做统帅。

大量的实践经验表明:"帅乏智,卒不悍,战必溃。"因此,组军先择帅,练兵先育帅,有强帅才能无弱兵。篮球竞赛不是战争却又极似战争,是一种无硝烟的立体型"战争"。比赛的胜败也是球队综合实力的反映,既反映运动员的智能结构、技能能力、体能条件与水平,又反映教练员的智慧、谋略、综合专业层次和才能水平。为此,世界各国篮球界都十分重视寻求和选聘具有篮球专项个性人格魅力、独特的现代篮球理论造诣和组织训练、管理与指挥才华的教练员任职。然而

"千军易得，名帅难求"，这不仅反映在我国当今高水平篮球队伍的实践中，而且反映在世界篮球强国行列的球队中，都深感理想的教练员匮乏，特别是缺乏具有篮球职业个性气质、风度、修养，有现代科技智慧、谋略，形成自己独特篮球理念、哲理和理论体系的执教之道，有实战指挥的谋略才华乃至特殊魅力的教练员。高智慧、高修养、高素质、高水平的教练员，不仅直接影响球队的组建和凝聚、战术风格的形成和发展，而且特别是在比赛的攻坚战危急时刻，统帅者大智大勇、胸有成竹、镇静自若的风度威慑神态能够产生鼓舞士气、调整全队心态的效应，而比赛中及时地运用计谋、变换阵法、调整阵容，更能起到化险为夷、转败为胜、力挽狂澜的作用。这既反映教练员智勇双全的专业才干，又充分显示他自身良好的专业人格个性修养。可见现代篮球竞赛既是运动员场上的较量对抗，又是教练员日常训练、管理和比赛场上综合智慧、才干的搏斗。例如，美国NBA职业队集中了美国最优秀的教练员，形成了一个强大的篮球智星群体，他们各具个性特点和风范，各有自己的篮球理念、理论观点和实践经历与经验，像美国著名的篮球教练员博比·奈特，曾被公认为美国最佳教练员，更具有自己独特的篮球哲学思想和实践才华；在俄罗斯，著名教练员老、少戈麦尔斯基，也可谓一个时期世界级篮球统帅中的明星。而20世纪90年代以来，在NBA职业赛中最具影响力的教练员之一菲尔·杰克逊，由于他用智慧、才干、人格魅力去团聚乔丹、皮蓬、罗德曼，以及奥尼尔、科比、马龙等世界超级球星，一个时期在征战NBA总决赛中，开创了"公牛王朝"和"湖人时代"。

在现代篮球高速发展的今天，教练员的培养成为全世界一个热议的课题，受到高度重视。优秀球员非常之多，然而优秀教练员可谓难得，尤其是拥有一批聪慧、好学、善思、正身、敬业、自强、无畏、通道，具有个性人格魅力素质、修养和现代科技智商层次较高的教练员、队员，已是一国一地篮球运动兴旺发达和一场关键性比赛胜败的基本保障。强将手下无弱兵，这已是一种共识。

综上所述，只有将以上八个方面相互融合、高度统一，遵循篮球运动发展的基本规律，建设一支富有全面性并有自己鲜明特点的篮球运动队，才能在现代篮球高度化发展的今天立足。

第二章 篮球运动的科学基础

第一节 篮球运动的生理学基础

一、能量代谢

(一)人体运动时能量的供应

1. 运动时能量的直接来源

人体运动时能量的直接来源是来自体内一种特殊的高能磷酸化合物——三磷酸腺苷(ATP)。肌肉活动时,肌肉中的 ATP 在酶的催化下,首先迅速分解为二磷酸腺苷与磷酸,同时放出能量供肌肉收缩。但是人体肌肉内 ATP 含量甚微,只能供极短时间消耗,因此肌肉要持续运动,就需及时补充 ATP。最终补充体内 ATP 消耗的是糖、脂肪、蛋白质等体内能量物质。

2. 人体运动时三个供能系统

人体运动时,当 ATP 分解放能后需要及时补充,补充的途径是磷酸肌酸(CP)分解、糖的无氧酵解及糖与脂肪的有氧代谢。生理学上称之为人体运动时三个供能系统。人体从事的各种不同运动项目,其能量供应都分别属于这三个供能系统,而发展这三个供能系统的方法又各不相同。

(1)磷酸原系统(ATP-CP 系统)

这个系统是当 ATP 分解放能后,CP 立刻分解放能以补充 ATP 的再合成,这一过程十分迅速,不需要氧气也不会产生乳酸,因此也称非乳酸供能系统。但这个供能系统持续供能时间很短,生理学研究证明,全身肌肉的 ATP-CP 系统供能能力仅能持续 8 秒钟左右。这一系统供能能力的强弱,主要和绝对速度有关,如果要提高 100 米、200 米跑的绝对速度,就要发展磷酸原系统的供能能力。发展这一系统供能能力的训练,最好是采用每次持续 10 秒以内的全速跑进行重复练习,中间间歇休息 30 秒以上。如果间歇短于 30 秒,由于磷酸原系统恢复不足,就会产生乳酸积累。

(2)乳酸能供能系统

当人体肌肉快速运动时间持续较长后(超过 8~10 秒),磷酸原系统供能能力已不能及时供 ATP 补充,于是动用肌糖原进行无氧酵解供能。这一系统供能不需氧,但产生乳酸积累。人体乳酸能系统供能能力最大持续时间约 33 秒左右。乳酸能系统供能能力的优劣主要和速度耐力有关。中距离跑主要需要速度耐力。要提高速度耐力,就要发展乳酸能供能系统的能力,而最适宜的手段是全速(或接近全速)跑 30～60 秒,间歇休息 2～3 分钟。这种手段能使血乳酸达到最高水平,能锻炼和提高对高血乳酸的耐受能力,提高乳酸能系统供能能力。

(3)有氧供能系统

人体在氧供应充分的条件下运动时,主要由糖和脂肪有氧代谢供能。长距离跑等耐力项目需要此系统的供能能力,不少球类运动员也需要良好的有氧代谢能力。这一供能能力主要与人体心肺功能有关,是耐力素质的基础。要提高有氧供能系统的供能能力,主要宜采用较长时间的中等强度或较低强度的匀速跑,或较长段落的中速间歇训练等手段。

从事任何一种运动时,事实上很少可能是仅属于一种供能系统供能,大多数情况下是上述三个供能系统均参与供能,只不过不同的运动项目,三个供能系统所占的比例各不相同。如 100 米跑,主要是磷酸原系统及乳酸能系统供能;长跑则主要由有氧供能系统供能;400 跑等练习以乳酸能系统供能为主;1 500 米跑则对三个供能系统均有较高要求。因此,在锻炼中应根据自己的特点,主要发展哪一个系统的供能能力,恰当地选择练习手段与方法。

(二)影响能量代谢的因素

影响能量代谢的因素有肌肉活动、精神活动、食物的特殊动力作用和环境温度等。

1. 肌肉活动

肌肉活动对能量代谢的影响最为显著。机体任何轻微的活动都可提高代谢率。人在运动或劳动时耗氧量显著增加,因为肌肉活动需要补给能量,而能量则来自大量营养物质的氧化,导致机体耗氧量的增加。机体耗氧量的增加与肌肉活动的强度呈正比例关系,耗氧量最多时可达安静时的 10～20 倍。肌肉活动的强度称为肌肉工作的强度,也就是劳动强度。劳动强度通常用单位时间内机体的产热量来表示,也就是说,可以把能量代谢率作为评估劳动强度的指标。

2. 精神活动

脑的重量只占体重的 2%,但在安静状态下,却有 15% 左右的循环血量进入脑循环系统,这说明脑组织的代谢水平是很高的。据测定,在安静状态下,100 克脑组织的耗氧量为 3.5 毫升/分钟(氧化的葡萄糖量为 4.5 毫克/分钟),此值接近安静肌肉组织耗氧量的 20 倍,脑组织的代谢率虽然如此之高,但据测定,在睡眠中和在活跃的精神活动情况下,脑中葡萄糖的代谢率却几乎没有差异。可见,在精神活动中,中枢神经系统本身的代谢率即使有些增强,其程度也是可以忽略的。

人在平静地思考问题时,能量代谢受到的影响并不大,产热量增加一般不超过 4%。但在精神处于紧张状态,如烦恼、恐惧或强烈情绪激动时,由于随之出现的无意识的肌紧张以及刺激代谢的激素释放增多等原因,产热量可以显著增加。因此,在测定基础代谢率时,受试者必须摒除精神紧张的影响。

3. 食物的特殊动力作用

在安静状态下摄入食物后,人体释放的热量比摄入的食物本身氧化后所产生的热量要多。

例如摄入能产100千焦热量的蛋白质后,人体实际产热量为130千焦,额外多产生了30千焦热量,表明进食蛋白质后,机体产热量超过了蛋白质氧化后产热量的30%。食物能使机体产生"额外"热量的现象称为食物的特殊动力作用。糖类或脂肪的食物特殊动力作用为其产热量的4%~6%,即进食能产100千焦热量的糖类或脂肪后,机体产热量为104~106千焦。而混合食物可使产热量增加10%左右。这种额外增加的热量不能被利用来做功,只能用于维持体温。因此,为了补充体内额外的热量消耗,机体必须多进食一些食物补充这份多消耗的能量。

食物特殊动力作用的机制尚未完全了解。这种现象在进食后1小时左右开始,并延续7~8小时。有人将氨基酸注入静脉内,可出现与经口给予相同的代谢率增值现象,这些事实使人们推想,食后的"额外"热量可能来源于肝处理蛋白质分解产物时"额外"消耗的能量。因此,有人认为肝在接脱氨基反应中消耗了能量可能是"额外"热量产生的原因。

4. 环境温度

人安静时的能量代谢,在20℃~30℃的环境中最为稳定。实验证明,当环境温度低于20℃时,代谢率开始有所增加,在10℃以下,代谢率便显著增加。环境温度低时代谢率增加,主要是由于寒冷刺激反射引起寒颤以及肌肉紧张增强。在20℃~30℃时代谢稳定,主要是由于肌肉松弛的结果。当环境温度为30℃~45℃时,代谢率又会逐渐增加。这可能是因为体内化学过程的反应速度有所增加的缘故,这时还有发汗功能旺盛及呼吸、循环功能增强等因素的作用。

(三)运动时能源物质的消耗与补充

人体运动时直接消耗ATP,但最终消耗的是糖、脂肪和蛋白质(主要是糖和脂肪)。

1. 糖与脂肪的供能特点及比例

糖和脂肪是运动中合成ATP的主要来源,但不同持续时间和强度的运动,两者供能特点和比例并不相同。因为糖能进行无氧酵解和有氧代谢,而脂肪不能无氧酵解,只能进行有氧代谢。正是这一特点造成不同运动中二者供能比例的不同。

(1)运动强度和运动持续时间

时间短、强度大的运动,主要是消耗糖。因为时间短、强度大的运动(如短跑等)主要是无氧代谢过程。持续时间长、强度较小的运动(如长跑、步行等)中脂肪的消耗比例逐渐增加,在马拉松跑等长时间持续运动的后期,大约80%的ATP供能来自脂肪的氧化。因此,对肥胖而想消耗体内多余脂肪的人来说,应进行一些强度不大但持续时间长一些的体育运动,如慢跑、较长时间步行、篮球运动等,以增加脂肪的消耗量。

(2)膳食的类型

从营养观点来看,两种经常变换、调配适合而足量的饮食,可以保证身体进行有效的机体活动。经常食用牛奶、肉、鱼、蔬菜水果和粮食制品,能够满足从事力量或耐力锻炼的需要。当进行力量项目锻炼时,蛋白质和无机盐类的需要量可以略为增加。运动或比赛前如食物中含糖高一些(或称高糖膳食),有助于比赛开始后糖能源的利用,运动能力比食用普通膳食者有所提高。

2. 运动竞赛前的糖补充

在运动竞赛开始前若干天,通过调整膳食结构,使肌糖原含量增加,称糖补充(或肌糖原补充),这对提高运动能力取得良好成绩有重要意义。

调整膳食,达到肌糖原补充目的的方法有三种,可以根据实际情况选择使用。

(1)临赛前3～4天从吃普通膳食改为吃高糖类膳食,这样可使每千克肌肉中糖原的贮量从原来的15克增加到25克。在赛前吃高糖膳食的3～4天中,不要进行大运动量或消耗过大的耗竭性运动,但可以安排做一些一般性的运动。

(2)在吃高糖膳食的前几天,进行剧烈的运动,使肌肉中原有的肌糖原尽可能多的消耗,然后吃3～4天高糖膳食,同时只做一些一般性运动,这样可使赛前肌糖原含量增加1倍。

(3)先采用上述方法进行剧烈的运动,使肌肉中原有的肌糖原尽可能多地消耗,接着让运动员吃3天低糖高蛋白膳食,同时继续进行耗竭性运动,使糖原进一步消耗,临赛前最后3～4天不进行耗竭性运动,同时给以高糖膳食,这种方法可使肌糖原贮量增至50克/千克肌肉。

这几种方法都可使赛前肌糖原贮量增加,但第三种方法对身体素质要求比较高。在低糖高脂膳食时会有疲劳感,可在重大比赛时使用。至于平时比赛时用哪一种方法补充肌糖原,应根据个人体质状况、比赛激烈程度及饮食习惯等合理安排。

(四)运动后能量物质的恢复

运动时体内代谢过程加强,以不断满足运动时能源的需要,运动中及运动停止后,能量物质需要不断进行补充与恢复。能量物质的恢复过程大致可分为三个阶段。

第一阶段是运动进行当中,恢复过程就已开始。这时机体一边进行锻炼而消耗,同时也进行能量物质的恢复补充。但由于锻炼中消耗多,此时的恢复跟不上消耗的量,因此能量物质贮备逐渐下降。

第二阶段是运动结束后。此时体内能量物质消耗逐渐减少,而恢复过程却不断加强,锻炼中消耗的能量物质不断得到补充,直至补充到锻炼前的原有水平。

第三阶段是超量恢复阶段。能量物质恢复到原来水平时并未停止,而是继续恢复补充,在一段时间中,能量物质的恢复可超过原来贮备的水平,比锻炼前能量物质的贮备量还要多,称超量恢复。过一段时间后能量物质的贮备又回到原来水平。如果经常坚持体育锻炼,体内能量物质不断消耗,而恢复过程也不断加强,超量恢复便可以达到更高的程度,体质也就随着超量恢复的不断提高而获得不断增强。

二、物质代谢

(一)糖代谢

1. 糖对人体的作用

糖是人体组织细胞的重要组成成分,是人体所需能量的重要来源,人体每天所需能量的

70%以上是由食物中的糖提供的,而且糖在氧化时所需的氧较脂肪和蛋白质少,因此成为肌肉和大脑组织细胞活动所需能源的首选,是人体最经济的供能物质。糖在体内除供应能量外,还可以转变成蛋白质和脂肪。脑组织耗能较多,在通常的生理情况下,脑组织所消耗的能量均来自糖的有氧氧化,因而脑组织对缺氧非常敏感,并且脑组织细胞中糖原的贮存量极少,代谢消耗的糖主要依靠摄取血糖来补给,所以脑细胞的功能对血糖水平有较大的依赖性。

2. 糖在体内的代谢过程

当进行篮球运动运动时,首先动用肌糖原,当肌糖原耗尽且血糖下降时,肝糖原才被动员分解入血(图 2-1)。糖原贮备与动员供能的关系为:肌糖原贮备最多,为 350～400 克,肝糖原贮备与血糖关系密切,为 75～90 克。

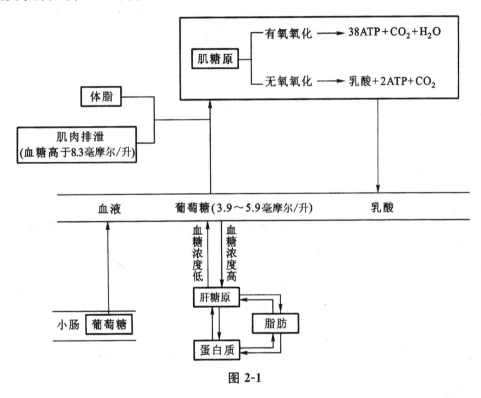

图 2-1

3. 运动时人体血糖的变化

(1)运动对血糖的影响

正常人安静状态下血糖浓度的变化范围在 3.9～5.9 毫摩尔/升,经常进行篮球训练的人与正常人无区别。长时间的篮球训练可引起血糖水平下降,训练者会出现运动能力下降的现象。

通过对参与不同练习持续时间的篮球运动时血糖浓度变化的研究发现,在不同练习时间的篮球运动训练中,血糖浓度的变化趋势是不一样的。在一般持续时间的篮球运动练习后,练习者的血糖水平会呈现出上升的趋势,而在较长持续时间的篮球运动练习后,练习者的血糖浓度会呈现出下降的趋势,且篮球运动比赛后,练习者的血糖浓度下降更为明显。

产生上述不同血糖浓度变化的原因主要是由于训练内容、训练强度的不同,以及由此而引起的神经系统兴奋性的不同所造成的。在一般持续时间的篮球运动中,虽然个体会通过篮球运动引起较高的神经系统兴奋性,促进肝糖原分解进入血液,但由于运动持续的时间并不长,个体所消耗的葡萄糖量少于从肝糖原动员的量,因此,血糖水平比运动前有所升高。而在持续较长时间的篮球运动训练或比赛中,个体所消耗的糖量大于糖原转化为葡萄糖的量,从而出现血糖下降的情况。

(2)补糖对篮球运动的影响

以篮球运动为例,由于运动强度和量都较大,能量消耗较多,训练前和训练过程中科学合理补充糖,可以大大提高竞技篮球运动的训练效果。研究结果表明,血糖水平的变化与训练前服糖时间的关系较为密切,训练前 2 小时服糖的效果较好,因为这种服糖方式,在训练开始前补充进入人体内的糖已完成肌、肝糖原的合成过程,在训练开始后,肌、肝糖原进入血糖供给需要,保持较高的血糖水平。

在训练前 1 小时之内,不要大量补糖,因为此时补糖所引起的血糖升高,可导致胰岛素的大量分泌,而后者有很强的降血糖的作用,反而使血糖浓度下降,从而降低运动能力,产生不良的训练效果。

在训练过程中,最好饮用低浓度的含糖饮料,一方面是由于低浓度的饮料可促进渗透吸收作用,另一方面胃在短时间内只能排空少量的液体,而高浓度的糖水,会延长胃排空时间,对训练不利,也对糖吸收不利。

(二)脂肪代谢

1. 脂肪对人体的作用

脂肪大部分贮存在皮下结缔组织、内脏器官周围、肠系膜等处,身体内贮存的脂肪不是恒定不变的,而是不断地进行更新的,一般脂肪约占体重的 10%～20%,肥胖的人可达到 40%～50%。脂肪除由食物中获得外,还可以在体内由糖或蛋白质转变而成。脂肪除作为含能量最多的物质外,还可以起到保护器官、减少摩擦和防止体温散失等作用。篮球运动本身对脂肪的含量较为"计较",因此应对人体内脂肪的代谢过程全面了解。

人体内的脂类分真脂和类脂两大类,食物中常用的动植物脂肪都是真脂。

真脂是甘油及脂肪酸组成的甘油酯,其主要生理功能为供给机体热能,供给机体必需的不饱和脂肪酸,这些不饱和脂肪酸是细胞膜、酶、线粒体及脂蛋白的重要组成成分,对生殖及性成熟有一定的促进作用。

类脂是组织和细胞的组成成分,包括磷脂与固醇类。磷脂中有卵磷脂、脑磷脂及神经磷脂。磷脂与固醇都具有很高的生理价值,在篮球运动运动员营养中有特殊的作用。卵磷脂是构成原生质的重要成分,并因其分子中带有胆碱,有提高机体抗缺氧的能力,而固醇是构成胆固醇、维生素 D、性激素和肾上腺皮质激素的原料。胆固醇是不饱和脂肪酸的运输工具,但类脂不能作为能源供能。

2. 脂肪在体内代谢的过程(图 2-2)

3. 运动中脂肪代谢

在篮球运动运动实践中,关于脂肪代谢的研究的总的趋势认为,只有长时间的有氧运动才能动员脂肪供能,随运动时间延长,脂肪供能比例增加;有氧运动可提高机体氧化利用脂肪酸供能能力;长期运动可改善血脂,降低血浆中 LDL,增加血浆中 HDL 含量;长期运动可减少体脂的积累,改善身体成分。

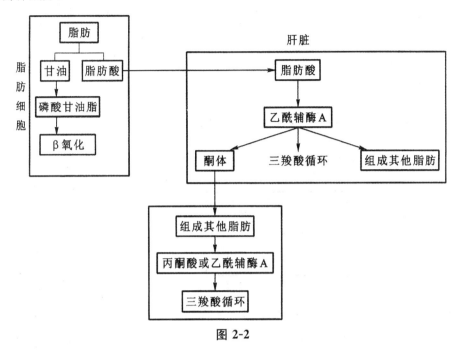

图 2-2

(三)蛋白质代谢

1. 蛋白质对人体的作用

蛋白质主要由氨基酸构成,氨基酸主要用于建造、修补和重新合成细胞成分以实现自我更新;也用于合成酶、激素等生物活性物质,也可作为机体的能源物质。同时,蛋白质是肌肉组织的主要组成成分。

2. 蛋白质在体内的代谢过程(图 2-3)

蛋白质的代谢过程中不像糖和脂肪那样能在体内贮存,所以正常成人每日摄取蛋白质的量与他每天所消耗的量几乎是相等的。

在进行篮球运动时,机体会进行蛋白质分解和合成代谢,通过篮球运动一方面消耗掉部分的蛋白质,也必将破坏许多组织细胞,从而加强蛋白质的修补和再生过程。因此,篮球运动员必须要有针对性地增加一些蛋白质的补充,以保证篮球运动的效果和篮球运动员的肌肉质量。

蛋白质是骨骼肌纤维的主要成分,蛋白质是由结构较为简单的氨基酸组成的,各种不同的氨基酸组成不同种类和营养价值各异的蛋白质。目前已知的氨基酸约有 30 种,其中有 8 种为必需氨基酸(包括赖氨酸、苯丙氨酸、亮氨酸、异亮氨酸、苏氨酸、蛋氨酸、缬氨酸、色氨酸)和 3 种半必需氨基酸(包括组氨酸、精氨酸、胱氨酸)。

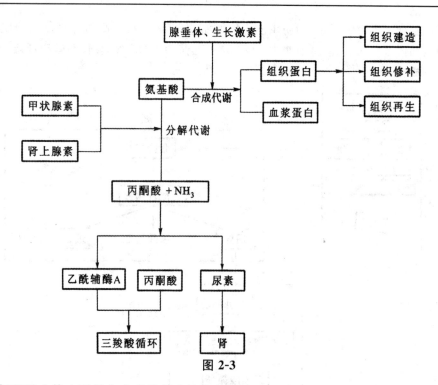

图 2-3

必需氨基酸在体内不能合成或其合成的速度不能满足代谢的需要,必须由膳食供给。在进行篮球运动后,缺乏任何一种必需氨基酸时,容易引起机体出现疲劳,它的缺乏还可导致其他氨基酸不能被利用,因此,篮球运动员在补充蛋白质的过程中,一定要考虑其补充蛋白质的成分。大量实验研究表明,比例为 2:1:1 的亮氨酸、异亮氨酸和缬氨酸 3 种氨基酸的混合物,在促进肌肉力量的增长方面是最基本和最关键的物质,可以满足篮球运动大强度负荷练习后机体对蛋白质的需求。因此,蛋白质常作为篮球运动大强度训练后较为理想的营养补剂。其中的亮氨酸不仅是肌蛋白的结构分子,而且能升高体内三大关键促合成激素的释放,同时还能抑制分解效应。其次,它还可诱发生长激素、胰岛素的分泌,创造良好的激素环境,阻遏皮质醇与受体结合,能抑制由于篮球运动诱发的不利于肌细胞的破坏因素。它还能非激素式地促进肌纤维内主要蛋白的新陈代谢。因此,它的使用可最大限度地减少蛋白质在体内的分解和破坏,其结果可以大幅度增长肌肉力量。由于它促进蛋白合成的作用,造就了它不是篮球运动前服用的营养补剂,其最佳的服用时间是在篮球运动后的恢复期(图 2-4)。

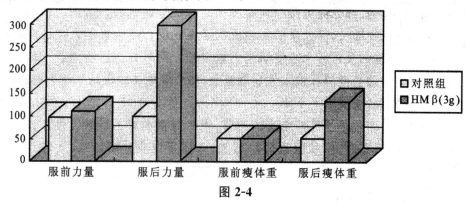

图 2-4

半必需氨基酸在某些情况下如代谢障碍时,内源性合成不足,需要膳食提供,它的存在可减少必需氨基酸的需要量。另外,精氨酸又是体内合成肌酸的前提,它在体内含量的高低,在一定范围内影响到体内肌酸的含量,而肌酸是篮球运动大强度训练所需的重要能量物质,因此,它们的含量直接影响到篮球运动大强度训练的质量(图 2-5)。

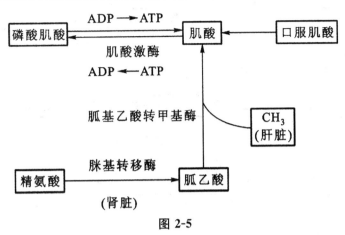

图 2-5

机体可利用谷氨酸、缬氨酸和异亮氨酸合成出谷氨酰胺。谷氨酰胺并不是必需氨基酸,但却是肌纤维扩容不可缺乏的分子底物。在合成肌肉蛋白的所有氨基酸中谷氨酰胺占了 60%,所以篮球运动运动员肌肉力量和质量的关键是谷氨酰胺充足与否,因此可以在篮球运动过程中补充谷氨酰胺以提高训练的强度及质量。几乎所有的其他氨基酸都仅含有一个氮原子,而谷氨酰胺含有两氮原子,所以它具有最高的生物价,当释放一个氮原子后,它变成谷氨酸,基于这一点,它可被视作氮原子的传递单位。在篮球运动大强度训练后,肌肉内的谷氨酰胺含量会失掉 40% 以上,所以在超负荷训练后补充谷氨酰胺是使肌肉疲劳快速恢复的重要手段之一。总之,不论在篮球运动前还是训练后补充谷氨酰胺均可收到良好的效果。而教练员最为关心的补充的量的问题应该根据篮球运动不同项目、不同性别、不同训练内容以及不同篮球运动员的吸收情况,与科研人员密切配合,加强生理指标的检测,有针对性地寻找到不同篮球运动员补充营养补剂的数量和服用时间以及与篮球运动强度的关系。

值得注意的是,部分教练员和运动员错误地认为增加蛋白质营养会促进肌肉组织的增长,但大量的实验证明必须在进行渐进性的力量训练前提下,合理地补充蛋白质营养才能使肌肉力量增长。而只在比赛前或赛前调整期才大量补充氨基酸甚至静脉输入大量氨基酸,均会导致体内酸碱平衡失调。反而引起篮球运动者功能水平下降。

蛋白质的代谢过程受几种激素的调节,甲状腺素和肾上腺素能促进蛋白质的分解,表现为甲亢时,甲状腺素分泌增加,人体蛋白质分解增加,人体逐渐消瘦;而生长激素分泌增加时,表现为人体蛋白质合成增加,肌肉健壮。因此在篮球运动运动中,注意运动负荷调节、运动营养补充的同时,应注意蛋白质代谢过程受激素调节的影响,这样才能做到在全面而有针对性地增长肌肉。

(四)糖、脂肪、蛋白质代谢三者之间的关系

在运动中糖、蛋白质和脂肪在体内除了供能外,还参与许多重要的生理活动。这三类物质在神经和激素的影响下,相互依存、相互制约、相互转化,共处于一个统一体。这种关系在它们的代谢反应中明显地反映出来。这些物质的代谢过程包括很多化学反应步骤,其中有些代谢中间产

物,如丙酮酸、乙酰辅酶 A 等就是糖、蛋白质、脂肪相互转化的交叉点(图 2-6)。

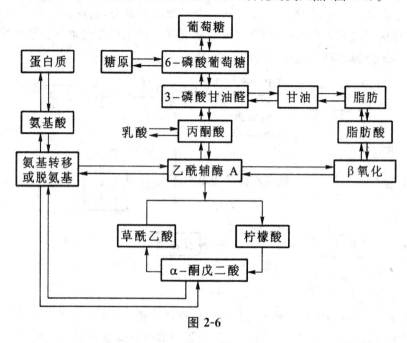

图 2-6

三、肌肉运动

(一)肌肉概述

1. 肌肉运动的分类

根据肌肉用力方式和效果的不同,可将肌肉运动分为动力性运动形式和静力性运动形式。

(1)动力性运动形式

肌肉收缩产生的力使关节位置改变,肌肉长度有变化,这类运动称为动力性运动。可分为向心运动和离心运动。

①离心运动

肌肉在阻力作用下逐渐被拉长,阻力大于肌力,使运动环节朝肌肉拉力相反方向运动叫离心运动。

②向心运动

肌肉收缩克服阻力,肌力大于阻力,使运动环节朝肌肉拉力方向运动叫向心运动。

(2)静力性运动形式

肌肉持续收缩,长度不变,使关节在某种位置上固定,以维持一定姿势,称为静力性运动形式。它又可分为支持工作、加固工作和固定工作。

①支持工作

支持工作是指位于关节某一侧的肌肉持续收缩,以平衡阻力矩,使关节保持一定姿势工作,如肋木悬垂举腿动作中腹肌、髂腰肌所做的工作。

②加固工作

加固工作是指位于关节周围的肌肉同时持续收缩,以对抗关节由于外力牵拉作用而分离的工作,如肋木悬垂时肩、肘、腕关节周围肌肉所做的工作。

③固定工作

固定工作是指关节运动轴两侧相互对抗的肌肉同时持续收缩,使关节保持固定的工作。

2. 肌肉的特性

(1)收缩性

肌肉具有高度发达的收缩性。正常情况下,肌肉的收缩是由神经冲动引起的,每一肌纤维都接受来自脊髓的运动神经元的支配。一个运动神经元连同它的全部神经末梢所支配的肌纤维称为运动单位。肌肉收缩表现在长度的缩短和张力的变化。肌肉有两种状态,即静止状态和运动状态。肌肉在静止状态,并不是完全放松的,其中少数运动单位还轮流的起作用,使肌肉保持轻微的收缩,即保持一定的紧张度,这对维持人体姿势极为重要。肌肉在运动状态时,参与活动的运动单位增多,肌纤维明显缩短,肌肉周径增粗。肌肉收缩时肌纤维长度比静止时要减短 $1/3\sim1/2$。

(2)伸展性与弹性

肌肉在外力作用下,可以被拉长,这种特性叫做伸展性。当外力解除后,被拉长的肌肉又可恢复原状,这种特性叫做弹性。肌肉的伸展性与弹性同柔韧性密切相关,在体育运动中,有目的、有计划地发展肌肉的伸展性和弹性,对于加大运动幅度、增强关节柔韧性和预防肌肉拉伤有着重要意义。

(3)粘滞性

肌肉的粘滞性是肌肉在收缩或拉长时,肌纤维之间或肌肉、肌群之间发生摩擦的外在表现,它使肌肉在收缩或拉长时会产生阻力,并额外消耗一定的能量。肌肉粘滞性的大小与温度有关,温度低时粘滞性大,反之则小。因此在气温低的季节进行训练或比赛,必须首先做好充分的准备活动,以增加体温,从而可减小肌肉的粘滞性,提高肌肉收缩和放松的速度,并可避免肌肉拉伤。

(二)肌肉运动时的能量供应

糖和脂肪分解代谢释放能量是人体运动时所需能量的来源,糖和脂肪被称为能源物质。它们所释放的能量,不能直接被应用于肌肉收缩,而是以通过 ADP(二磷酸腺苷)合成 ATP(三磷酸腺苷)的方式,将能量贮存于 ATP 分子结构中。肌肉收缩时,ATP 水解生成 ADP,同时放出能量供肌肉收缩做机械功。ATP 可视为传递能量的物质,是肌肉收缩时的直接供能者。ATP 在肌肉中的含量约为 6 毫摩尔/千克肌肉,研究表明,体育训练不能提高 ATP 含量,剧烈运动 $1\sim2$ 秒,即可使其耗竭。运动能持续进行,是由于 ATP 不断消耗的同时又不断再合成,处于动态循环转化状态。人体内 ATP 与 ADP 同时存在,且 ATP/ADP 比值基本稳定,当 ATP/ADP 比值减小时,可促使肌肉中另一种贮能物质——CP(磷酸肌酸)分解放能,供 ADP 再合成 ATP;当比值增大时,肌肉中 ATP 分子上的能量又可转移到肌酸分子结构上重新生成 CP,这种 ATP 与 CP 之间的能量转换称 ATP-CP 系统。肌肉中 CP 含量约为 ATP 的 3 倍(17 毫摩尔/千克肌肉)。体育训练可提高 CP 含量,受过良好训练者,肌肉 CP 含量可高达 30 毫摩尔/千克肌肉。一般认为,肌肉中 CP 耗竭能维持剧烈运动 $5\sim20$ 秒所需能量。受过速度训练者,其 CP 含量及其合成速度比常人高,CP是人体速度素质的物质基础。采用短时间大强度的间歇运动训练对提高肌肉中CP含量有明显效果。ATP合成时的根本能源来自物质分解代谢。缺氧时,由糖酵解供能。氧充足时,进行有氧分解代谢供能。

糖酵解供能又称乳酸供能,是由葡萄糖或肌糖原分解为乳酸时放出的能量。乳酸的积累可导致疲劳。乳酸供能是速度耐力素质的基础,人在从事时间较长、运动强度大的身体练习时,乳酸供能比例较大。

有氧代谢供能指糖(葡萄糖或肌糖原)和脂肪彻底氧化分解成二氧化碳和水,并释放出大量能量,此能量供ADP合成ATP。除糖和脂肪可氧化供能外,蛋白质也可氧化供能,但比例较小。运动初期糖是主要的供能物质,随着时间的延长,脂肪供能比例增加,有氧供能是耐力运动的基础(图2-7)。

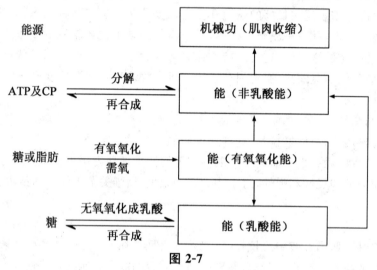

图 2-7

无氧供能和有氧供能是人体在不同强度下,根据需氧量的不同,所表现出的两种供能方式,两者紧密相连,不可分割,只是比例有所不同。如持续10秒以内的最大强度运动几乎完全依靠无氧供能;持续几十分钟甚至几小时的运动,有氧供能占主导地位;而在800米跑中,有氧供能和无氧供能的比例相差不大。

(三)影响肌肉力量的因素

1.肌肉的生理横断面

横切一块肌肉的断面叫做解剖横断面,横切一块肌肉所有肌纤维的断面总和则叫做生理横断面,其面积的大小为横切所有肌纤维的线段总和与肌肉平均厚度相乘的积。据德国生理学家Fiek研究表明,人体肌肉每平方厘米生理横断面的最大力量为6～10千克。而美国Morris研究表明,男子平均为9.2千克,女子平均为7.1千克。肌肉生理横断面愈大,肌肉的力量就愈大。在运动实践中,常用体围的增减估计一个人肌肉力量的增减。例如,一个运动员开始时的上臂围是28厘米,经过一段时间训练后,上臂围达到30厘米,则说明上臂力量通过锻炼得到了提高。

2. 肌肉的初长度

肌肉在收缩之前的长度叫做肌肉初长度。实践证明,肌肉预先稍许拉长或拉长到最大限度时,所产生的力量都不大,只有肌肉处于适宜的初长度(感到便于用力时),才能产生最大的力量。所以在投掷运动中,要做好身体超越器械的动作,以便肌肉更好地发挥力量。有人对小腿三头肌进行过研究,即预先拉长小腿三头肌,使足背屈 $60°$ 后再进行跖屈,这时小腿三头肌的收缩力量能从 384 千克增加到 598 千克。

3. 中枢神经系统的机能状态

中枢神经系统可以通过两种方式改变肌肉收缩的力量:①使不同数量的运动单位参加工作;②改变神经冲动的频率。支配肌肉的运动神经元数目不变,由中枢神经系统发出的神经冲动频率增高,肌肉收缩产生的力量也可增大。实验证明,有训练的优秀运动员在最大用力时,神经系统可动员 90％的肌纤维参与工作。而一般人最大用力时只能动员 60％的肌纤维参与工作。

4. 年龄

10—12 岁以前,男女儿童力量的性别差异不大,10—12 岁以后,随着年龄的增长,肌肉力量值上升得很快,同时男女性别差异表现得很明显。一个人一生中最大的力量值约在 30 岁左右,30 岁以后肌肉力量逐渐下降。坚持力量练习的人不仅可减缓肌肉力量、耐力下降趋势,还可减缓体脂随年龄增加的趋势。

(四)肌肉工作的杠杆原理

人体在运动中的动作,都是以骨为杠杆、关节为支点、肌肉收缩为动力来完成的。从力学的角度说,肌肉工作是完全遵循杠杆原理的。

人体杠杆具有三个点:支点、力点和阻力点。

由支点至肌拉力作用线的垂直距离,称为拉力臂。肌拉力与拉力臂的乘积为肌力矩;阻力与阻力臂的乘积为阻力矩。肌力矩和阻力矩分别表示肌力和阻力对骨杠杆所产生转动作用的大小。在肌肉工作中,肌力矩和阻力矩的关系大致有三种情况:第一种,肌力矩等于阻力矩——肌肉做静力工作;第二种,肌力矩大于阻力矩——肌肉做向心工作;第三种,肌力矩小于阻力矩——肌肉做离心工作。

四、心率与吸氧量

(一)心率

人体在进行篮球运动时,其心血管系统会受到一定程度的影响,其中心率是反映这一影响的重要指标。

心率是反映心脏功能强弱的标志,篮球运动带给心脏功能的影响可通过心率的变化来判断。人体运动时,循环功能的主要变化是心输出量的增加、各组织器官的血流量重新分配,特别是骨骼肌的血流量迅速增加,以满足其代谢增强时的能量供给。心脏具有一定的储备力,平日心输出量大约只有最大输出量的 1/4。篮球运动及平常的锻炼可增大这种力量,即增大心肌力量,进而增加心输出量,从而提高人体活动能力。

每分钟心脏搏动的次数,即所谓的心率。心率是运动生理学中最常用而又简单易测的一项生理指标。在篮球运动实践中,心率常用来反映篮球运动强度和篮球运动训练对人体的影响,并用于篮球运动员的自我监督或医务监督中。健康成年人的心率为:男 65~75 次/分;女 70~80 次/分,但随着年龄、性别、体能水平、训练水平和生理状况的不同而有所不同。当人体由卧位转为站位时,进食后、体温升高、情绪紧张、疼痛刺激、缺氧、运动或劳动等都可使心率加快。在肌肉活动时,心率的增加与运动强度有关,而且增加的幅度还与运动持续时间、体能水平、训练水平有关。一般来说运动强度越大,心率就越高,两者成正比例关系。但心率值是有极限的,正常人的心率最高值为 180~200 次/分(平均值为 195 次/分)。

对于经常参加篮球运动的锻炼者而言,其心率上升迅速,恢复也迅速。而不经常参加篮球运动的人,其心率上升缓慢,恢复也缓慢。长期坚持篮球运动的人,安静状态下心率可比正常人略低些,尤其是优秀篮球运动员静息时心率常在 50 次/分钟以下。究其原因,一是控制心脏活动能力的中枢神经系统对运动的一种适应性反应;二是心脏容积增大,心肌收缩力加强,使每搏输出量增多。因此,心搏增加和减少是心脏功能的重要标志。用这种心率与一般人做比较,可以发现,运动员心脏负担比较小,因为它每分钟少跳 20~30 次,每天可少跳二三百万次,这说明心脏工作的效率高且节约能量,心脏每次收缩后有一个较长时间的舒张期,从而使心脏得到充分休息,有效地防止心脏过度疲劳,形成一种自然的防御机制。

对于经常参与篮球运动锻炼者来说,其心率会逐渐减少,这也是其长期参与运动训练心脏功能获得改善的一种良好反应。锻炼者进行运动可以将心率值作为判断运动程度的参考指标。

(二)吸氧量

1. 氧运输系统

人体维持生命和健康离不开呼吸活动。而机体在新陈代谢过程中,需要不断地从外界环境中摄取氧气并排出二氧化碳,这种机体与环境之间的气体交换称为呼吸。人体氧的摄入需要氧运输系统的配合,氧运输系统对人的健康及生命活动有十分重要的作用,它把氧气从体外吸入体内并运送到各器官组织,供人体生命活动的需要。氧运输系统包括呼吸系统、血液系统和心血管系统。

在氧运输系统中,呼吸系统是重要的组成部分,其主要机能是实现机体与外界环境的气体交换,以使血液中的氧化分压(P_O)、二氧化碳分压(P_{CO_2})、氢离子(H^+)浓度维持在正常生命活动所允许的范围之内。呼吸系统把氧气从体外吸入体内,氧气进入血液与血液中的血红蛋白结合,由心脏这个血液循环的动力站不停推动,使血液流遍全身,将氧送到各组织器官。

就心血管系统的功能而言,其在人体的整个氧运输系统中处于最重要的地位。其中,心脏是推动血液不断向前流动的动力,血管则是血液流动的管道,起着运输血液与物质交换的重要作用。健康成年人每分钟心跳约 75 次,心脏每搏动一次大约向血管射血 70 毫升,心脏每分钟大约向血管射血 5 升(称心排血量)。心脏射出的血液在血管内流动时对血管壁有一定侧压力,这就是血压,血压可随年龄、性别和体内生理状况的变化而有所变动。呼吸系统、血液系统及心血管系统共同组成人体氧运输系统,保证了生命活动对氧的需要。

氧运输系统各个环节的功能能力对人体从外界环境摄取氧气的能力具有重要的影响和制约

作用。氧的运输与人体的呼吸有关。人体主要的呼吸肌为隔肌和肋间外肌。当隔肌收缩时腹部随之起伏,肋间外肌收缩时胸壁随之起伏。因此,以隔肌运动为主的呼吸形式称腹式呼吸,以肋间外肌运动为主的呼吸运动称胸式呼吸。成人的呼吸一般都是混合式的。此外,锻炼者的年龄、生理状态、运动专项等因素也是影响其呼吸形式的重要因素。在进行运动时,锻炼者要根据动作的特点灵活转变呼吸形式,以利于提高动作质量和运动成绩。

2. 最大吸氧量

衡量人体氧运输系统功能的强弱,运用呼吸系统或心血管系统的一些指标是一种选择,而最大吸氧量是另一选择,它是衡量氧运输系统整体功能常用的综合性指标。人体在剧烈运动时,呼吸和循环系统功能达到最大能力时,人体每分钟所能摄取的氧量,即最大吸氧量。简单地说,就是运动时每分钟能够吸入并被身体利用的氧的最大量。最大吸氧量是个人的最大有氧代谢能力的直接反映,是一个人氧运输系统功能的强弱的重要标志。

(1)正常值

普通健康人最大吸氧量每分钟 2～3 升,而经常参与篮球运动的人或运动员可达 4～5 升,优秀的耐力运动员甚至可达到 6～7 升,最大吸氧量受多方面因素的影响,随着年龄、性别、健康状况、训练水平、疾病以及遗传等的不同而有所不同。

(2)最大吸氧量与运动能力

经常从事篮球运动锻炼的人,其运动能力通常与其最大吸氧量有着十分密切的关系。锻炼者在运动时,其肌肉的激烈活动使得机体对氧的需要比平时大大增加。因此,人体的最大摄氧能力的高低直接影响着运动能力,尤其是以有氧代谢为主的耐力性运动与最大吸氧量关系更紧密。所以,经常参与篮球运动者比不经常参加篮球运动者最大吸氧量要大。

五、运动的生理调控以及运动恢复与超量恢复

(一)运动的生理调控

作为运动生理学的重要内容,运动的生理调控与人体的神经系统具有十分密切的关系。神经系统是人体的指挥部,在它的调节下,各系统发挥功能,肌肉进行活动,运动得以完成。人体的感受器官接受内外的光、声、嗅、味、触、压、温度、痛觉等刺激,将其转化为神经冲动,经传入神经传入中枢神经,通过中枢神经对传入信息的综合分析,产生感觉和相应反应,通过传出神经传至各器官,实现活动。

人体的生理活动在运动过程中会呈现出整体性的特点。例如,篮球运动中,跑、跳、投等技术动作都是在神经系统的控制下由肌肉的收缩和放松来实现的;同时,呼吸及循环等系统的功能要大大加强,以保证营养和氧气的供应,其程度要和肌肉活动的程度相匹配。全身各器官系统活动都体现了人体生理活动的整体性。

反射是中枢神经系统的基本活动方式,其主要包括非条件反射和条件反射两种。其中,条件反射是运动技能形成的基础。运动技能形成实际上就是运动条件反射建立的过程。与一般简单的运动条件反射不同,运动技能建立的是连锁的、本体感受性的运动条件反射过程。锻炼者运动技能的发展常常会受到多种因素的影响,要发展运动技能,加速运动条件反射的建立,需要对这

些因素进行分析。

(1)大脑皮层的兴奋状态。大脑皮层有关学习部位必须达到适宜的兴奋状态,才易于建立运动条件反射。在学习技术过程中,应充分调动学习的积极性,培养兴趣和爱好,使大脑皮层始终处于适宜的兴奋状态,以达到掌握技能的效果。

(2)充分利用抽象思维。抽象思维在运动技能形成过程中的作用是显著的。在学习过程中要把智力运用与运动系统活动结合起来,经常对所学动作进行分析、回忆、想象、对比。

(3)充分利用多通道感觉信息。即利用视、听、触、压等本体感觉,对其进行综合分析就有利于运动技能的形成。

(4)消除防御反射。在运动技能的形成发展中,可能会因难度和失误产生胆怯心理。可采用多种措施,过一段时间的练习后再做正式动作,建立信心和勇气,加快动作的掌握。

(5)排除干扰。运动技能发展易受外界环境变化、新异刺激或思想因素等影响,应尽量减少这种干扰。

(二)运动恢复与超量恢复

人体在篮球运动及运动结束后,各种生理功能和能量物质逐渐恢复到运动前状态的功能变化过程,即运动恢复过程。运动时体内代谢过程加强,在运动中及运动停止后能量物质都在不断进行补充和恢复,只是运动中的能量消耗大于补充,恢复曲线呈下降趋势;运动后的体内能量消耗慢而小于补充,恢复曲线呈上升趋势。超量恢复曲线具体内容可参考图2-8。

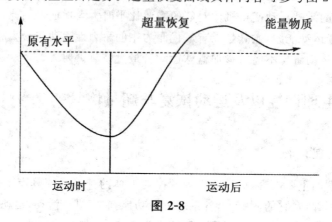

图 2-8

人体在承受了大负荷的运动之后,能量物质恢复不仅能到原有水平,而且达到安静水平后并没有停止,还是继续补充,在一段时间内的能量物质恢复可超过原来贮备水平,比运动前的能量物质的储备量还要多,这种现象叫"超量恢复"。

超量恢复现象并不是在恢复期始终存在的,而是保持一段时间后又回到原有水平。运动强度的大小对能量消耗有直接影响,同时对超量恢复出现的强弱也有直接影响,运动强度大超量恢复明显,相反则超量恢复就弱或根本不出现。

超量恢复学说是运动训练学中大运动量训练原理的主要理论依据之一。认识和掌握这种运动效应产生的生理机制,遵循这条训练的规律原则,在篮球运动中,安排好负荷量,把握住超量恢复时机,对于加大运动负荷,达到最好的训练效果以及在比赛中取得最佳成绩起着尤为重要的作用。

第二节 篮球运动的心理学基础

一、动机

动机是指推动一个人进行活动的心理动因或内部动力。它可以维持人的活动,并满足个体的念头、愿望或理想等要素,将该活动引导至一定的目标。动机是个体的心理内在过程,外在的行为是这种内在过程发生作用的结果。

动机往往与需要有着密切的联系,同时也有着一定的差异。在静态需要状态下,尚不构成动机,而只有当愿望或需要激起人进行活动并维持这种活动时,需要才开始转换为活动的动机。这就是说,动机是由需要转化而来的,是更加明确化和清晰化的需要的表现。

(一)动机的分类和功能

1.动机的分类

根据不同的分类标准,动机可以被分为以下三种不同的种类。

(1)生物动机和社会动机。生物动机与社会动机的分类是根据需要的种类和对象来决定的。生物性动机是指以因饥饿、口渴而产生的生物性需要为基础的动机;社会性动机是指以成就动机、交往动机为基础的动机。同时,根据动机所追求的对象,也可将动机分为物质性动机和精神性动机。这种分类方法注重动机与需要的关系,认为需要的性质决定动机的性质。

(2)直接动机和间接动机。直接动机和间接动机的分类这是根据兴趣的特点来决定的。以直接兴趣为基础,指向活动过程本身的动机是直接动机;以间接兴趣为基础,指向活动的结果的动机是间接动机。例如,有的大学生对自己选择运动项目本身有着浓厚的兴趣,并认为这项运动对他的身体机能的发展有着积极的作用,从中可以最大限度地发挥自己的潜能,体现自己的实力,体验到一种强烈的满足感。这种训练动机就属于直接动机,即指向训练本身的动机。与此同时,有部分大学生把训练仅仅看成是有助于竞赛的胜利,认为训练是为战胜对手所必须克服的困难,而实际上他对训练本身并不感兴趣。这种指向训练的结果的动机就属于间接动机。一个运动员在训练中往往同时受到这两种动机的驱动。

(3)外部动机和内部动机。内外部动机是根据动机的来源而分的。客观外部原因的动机称为外部动机;主观内部原因的动机称为内部动机。社会性需要是外部动机的基础,它是汲取外部力量的动机,是从外部对行为的驱动。人通过特定的活动获得相应的外部奖励或避免受到惩罚以满足自己的社会性需要。行为的动力来自外部的动员力量。而内部动机以生物性需要为基础,人们通过参加活动,展现自己的能力,实现自我价值,它是汲取内部力量的动机,是从内部对行为的驱动。如果最终在活动中取得了成功,那么这种活动连同取得的成功就构成了一种内部奖励,对人起到激发作用。行为的动力来自内部的自我动员。

一般说来,内部与外部动机对于人参与篮球运动起着重大的作用。现代的高校大学生参加篮球运动或比赛几乎已经不属于单一的内部或外部的奖励了。也就是说其动机既有外部的又有内部的,篮球运动员的运动表现同时受到这两种因素的影响(图 2-9)。所以,篮球运动的魅力就在于它能使人们在自己选择的活动中受到一种对于自身身体对抗能力受到挑战时产生的兴奋感以及身体素质和运动技术能力不断提高的满足感。从这个意义上说,内部动机或许具有更重要的作用。

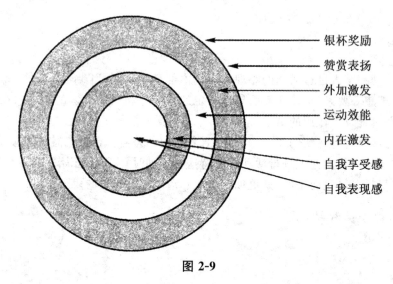

银杯奖励
赞赏表扬
外加激发
运动效能
内在激发
自我享受感
自我表现感

图 2-9

2. 动机的功能

动机作为活动趋向的一种动力源泉,其具有以下三种功能。

(1)激发功能。动机具有激发人的行为的作用,它是个体能动性的一个主要方面,并能推动个体产生某种活动,使个体由静止状态转向活动状态。例如,成就动机可以驱使大学生参加学校组织的运动会的比赛,以求在体育竞赛中取得好成绩后,在人际交往中获得别人的肯定和赞许;或为某种考试在自习室里苦读等行为。

(2)指向功能。动机能驱使人选择一定的目标,驱使行为指向该目标。例如,成就动机可以驱使一个大学生把夺得学校体育比赛的冠军作为目标。那么,他就会为达到这一目标而采取刻苦训练的行为。不同的动机,活动的方向和它所追求的目标也不同。

(3)维持功能与调节功能。当人的某种活动受到动机的驱使以后,动机将会按照最终目标继续维持着这种活动进行下去,并调节着活动的强度和持续时间。如果最终目标达成,那么动机将会终止人的这种活动;如果最终目标未达成,动机将驱使有机体维持或加强这种活动,或转换活动方向以达到目标。

(二)动机与需要、目的之间的关系

1. 动机与需要

动机与需要的联系非常紧密。绝大部分人的动机,都是依靠需要来具体表现的。但是需要和动机也有细微的差别,其主要表现为以下两个方面。

(1)动机是需要的动态表现,需要处于静态时则不成为动机。也就是说,当需要在还没有转化为动机之前,此时人还不会有所活动;只有当需要转化为动机之后,人才能开始活动。例如,人

饿了想吃到食物,但还要根据环境条件和本人条件来决定通过什么样的活动去找食物,是去食堂,是自己做,还是叫外卖或是亲自去外面的饭馆吃。如果食堂已过开饭时间,自己做又没有必要的炊具,上饭馆去又觉得比较贵,那就只好叫外卖。如果你还没有根据条件来决定究竟选择上述三种活动中的哪一种时,你就只是有了吃饭的需要,还没有形成动机。如果你已经根据条件决定了如何选择叫外卖的活动时,你才真正产生了上饭馆吃饭的动机,或者说吃东西的需要已经转换成了上饭馆吃饭的动机。

(2)行为并非全部由需要引起,一些并非属于需要的心理因素(如偶尔产生的某个念头、一时的情绪冲动等)也有可能成为行为的动因。例如,一位运动员正在课堂里上运动技术的理论课程,但是突然联想到家里的一位亲人的不幸遭遇,顿时使心里萌生出了很多惆怅情绪,于是他上课的思维可能出现了短暂的中断。这种干扰的念头与情绪也是一种动机,但不是需要,至少不是当前活动的需要。

2. 动机与目的

动机与目的相辅相成,他们之间既有区别又有联系。动机是驱使人们去活动的内部原因,而目的则是人们通过活动所要达到的结果。如上面的一个吃饭的例子所阐述的事情,产生了叫外卖吃饭的动机之后,还要进一步决定叫什么样的外卖、具体吃什么菜的问题,这样才能使活动得以具体进行,因为周边的饭馆很多,相应的菜品也就很多,食品的种类和价格差异也很大,不单单是饭前,还要兼顾考虑到送餐费的问题。此时,吃东西的需要就进一步由叫外卖的动机转换成到最终吃什么菜的目的。动机与目的的关系表现为如下几方面。

(1)动机和目的可能是完全一致的。

(2)动机和目的是可以相互转换的(因此目的也常常具有动机的功能)。

(3)有时,目的相同,动机不同;也有时,动机相同,目的不同。

比如,一些人都以选择某一运动专项为目的,有的人是因为这一运动专项人才缺乏,参与其中更有出类拔萃的希望;有的人则是因为这一专项适合自己的兴趣;还有的人是因为这一运动专项有一个自己最为喜爱的知名运动员。

(三)驱力与诱因

心理学界在研究动机问题时,驱力与诱因是动机的两个重要概念,这两个概念长期占有统治地位。驱力指驱使有机体进入活动,与身体的生理需要相联系的内部激起状态,是从"身后"对行为的推动。这类似于上面提到的内部需要。诱因指引起个体动机,并能满足个体需求的外在刺激,是从"身前"对行为的拉动。这类似于上面提到的环境因素。例如在实验中,可以让受过训练的小狗通过笔直的小窄桥跑到放有食物的目标处。当然,小狗是可以嗅到终点处有食物的。为使小狗跑得更快,可以有以下两种方法激发它的动机。

(1)可以增加它们对食物的需求程度,驱使小狗最快地获取食物,如在试验前增加喂食间隔时间。24小时没进食的小狗比刚吃饱食物的小狗跑得更快。这就是运用饥饿增加驱力的方法。驱力是小狗获取食物的内在动力,增加驱力就是增加小狗的内部动机,驱力越大,动机越强,小狗跑得就越快。注意,需要导致驱力,但绝不等于驱力,这种驱力也要控制在一个合理的范围内,在这个试验中如果小狗不吃食物的时间很长,尽管它对食物的需求会变得很高,但长时间的挨饿会使它虚弱不堪,此时驱力不但不会上升,反而还会逐渐减少。

（2）可以通过增加外部奖励的办法，诱使小狗获取食物。例如可以提高食物放置处食物的数量和质量。食物的数量越多、品种越好（可以将原先放置的狗粮换成香肠、熟食等）的食物更具吸引力，小狗跑得也就更快。这就是增加诱因的方法。诱因是小狗获取食物的外在动力，在一定范围内增加诱因，有可能增加小狗的外部动机，使其相应的行为表现得更加明显。

动机就是驱力和诱因、推动和拉动两种作用相结合的产物。

二、应激、唤醒及焦虑

（一）应激

应激又称为压力，是指在机体遇到丁扰自己平衡状态或者超越自己应对能力的刺激时，所表现出的特定或非特定反应过程。应激过程主要包括应激刺激、应激认知评价和应激反应三个部分。应激刺激是应激过程的起始，产生刺激的因素很多，如裁判误判、身体不适等内在和外在的刺激因素。所发生的应激反应的适应性变化包括生理的、行为的、情绪的以及认知上的改变。当这些认知改变体现出来后就属于应激反应，如裁判误判后可能会引发争吵。但是由于人与人之间的差异，所产生的应激反应也有很大的区别，应激过程受到很多因素的影响，如图 2-10 所示。

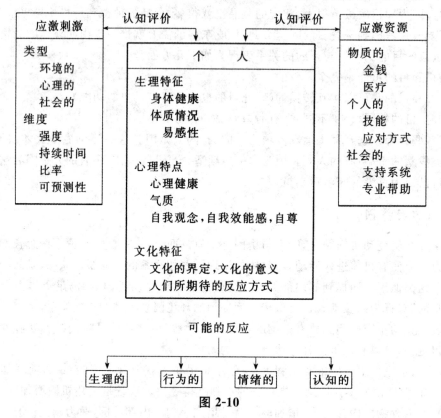

图 2-10

从图中可以看出，应激过程非常复杂，影响的因素很多。对应激刺激和应激资源的评价等应激因素都受到人的生理、心理和文化特点的制约和影响。对应激刺激（威胁）的反应也有很大的区别，有些反应具有适应性，有些反应不具有适应性，甚至带有毁灭性。

1. 应激刺激

一个人从出生开始就开始不断地适应新的生活,不断地接受应激刺激,然后认知并逐渐适应。所以从应激的角度看,人的一生就是由一个接一个的应激过程组成的,而这些刺激我们称之为生活事件,如高考、恋爱、应聘、结婚、生子、生病、亲人去世、运动比赛等。这些事件对自己的应对能力都具有刺激作用,使身心感到不适应。无论生活事件是积极的还是消极的,都会打破生活的平衡性,当我们逐渐适应新的生活,就是完成了一个应激过程。

2. 应激认知评价

同样一个事件发生在不同人的身上,所产生的反应有时会大相径庭。这就是应激刺激相同,但应激认知评价不同,所产生的应激反应就会有很大的差异性。所谓认知评价是指个体对应激事件和可利用的应对资源的判断。个体对自己与他人之间的关系或自己与环境之间的关系作出的判断。实际上是面对应激刺激时,都会对应激进行性质分析和评价,然后才会做出应激反应。事件本身并不具备应激性,是个体对事件的解释才让事件更加具有了应激性。

个体在面对应激事件时,认知评价通常由两部分组成:第一评价和第二评价。

(1)第一评价。第一评价是个体对应激事件严重性的最初评判,主要评价的内容包括对事件的认识、本身与所发生事件的关系、事件对自己是否有威胁、是否采取应对措施等。

(2)第二评价。当第一评价确认要采取行动后,才会进行第二评价,第二评价是个体对自己可以利用的个人或社会资源以及需要采取什么行动的评价,主要评价的内容包括自身是否有能力应对这件事、可以寻求谁的帮助、具体采取哪些行动等。

3. 应激反应

(1)应激的生理性反应

对应激刺激机体所产生的生理性反应主要包括紧急反应和一般适应征候群。对这两种反应的分析研究如下。

①紧急反应。

所谓的紧急反应是指有机体面对突然的威胁(内在和外在)时,身体的自主神经系统自动调节器官活动,具有呼吸加快加深、心跳加快、血管收缩、血压升高等表现。

在出现紧急状况后,各个系统所产生的反应主要包括以下几个方面。

其一,自主神经系统促使肾上腺分泌肾上腺素和去甲肾上腺素。这两种激素与多种情绪有关,情绪是产生认知评价的结果和表现,如肾上腺素在恐惧中起到重要作用,去甲肾上腺素与愤怒密切相关。通过激素调节身体其他器官执行特殊功能,如脾脏会释放较多的红血球加速血液凝结;骨髓会制造更多的白血球以抵抗感染等。

其二,自主神经系统还会促进内啡酞的分泌,内啡酞类似于吗啡,可以麻醉神经减低疼痛程度。比如在运动时受伤,在最初痛感可能会比较低,以至于运动员会忽略受伤,继续比赛,但这往往会加重损伤程度。

其三,脑垂体受到应激刺激后也会分泌两种激素。一种是甲状腺刺激激素,它会刺激甲状腺制造更多的能量以供身体之需;另一种是促肾上腺皮质激素,它会刺激肾上腺的皮质分泌类固醇。类固醇具有促进肝脏分解糖类进入血液的作用,促肾上腺皮质激素除了刺激分泌类固醇还会传递信息至身体各种器官,分泌出大约 30 种激素,而每一种激素均参与身体"备战状态"的调整。

②一般适应征候群。

相关学者通过实验研究发现,应激刺激的因素很多,但是机体在维持平衡所需要的适应性上都是相同的。除了对特定的刺激的特殊反应外,针对一些非特定性适应性生理唤醒反应,这种持续性威胁应激反应被称为一般适应征候群,主要包括以下三个阶段(图 2-11)。

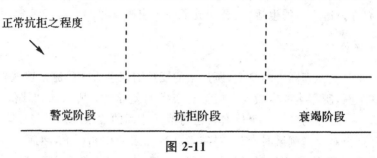

图 2-11

第一阶段:警觉阶段。警觉阶段是由各种生理变化组成的,所有的生理变化可使机体系统维持平衡。无论应激刺激的性质是什么,所产生的警觉反应都是由相同的一般形态的生理和生化变化所组成的。警觉反应与紧急反应不同,如果机体继续处于应激环境中,警觉反应就会逐渐变为抗拒反应,即进入一般适应征候群的第二阶段。

第二阶段:抗拒阶段。在抗拒阶段,个体的警觉反应症状消失,被搅乱的生理过程也逐渐恢复到了正常状态。在抗拒阶段个体对原先的应激刺激有了较大的抵抗能力,但是对其他应激刺激的抵抗能力却降低了。这时,即使轻微的刺激也会造成强烈的反应。

第三阶段:衰竭阶段。当应激刺激对机体具有强大的伤害性时,机体在经过一段时间的抵抗后无法维持下去,就会逐渐进入衰竭阶段。这时脑垂体前叶和肾上腺皮质分泌激素降低,警觉反应所表现的症状又重新出现。如果应激刺激还在持续,那么就会导致有机体死亡。当然,在现实生活中,应激刺激很少能够持续到衰竭阶段,一般在抗拒阶段就已经解除。

(2)应激的心理性反应

心理反应相对于生理反应具有可控制性,因为生理反应是自动化的和可预测的固定反应,而心理反应则是后天习得的,取决于我们对环境的知觉与评价以及我们应对应激刺激的能力。心理性反应的主要包括行为反应、情绪反应、认知反应。

①行为反应。应激刺激引起的身体反应可以集中动员身体能量,可以适应较大的身体消耗。这在机体进行大强度运动时非常重要。而当遇到应激刺激时,机体有时会做出一些行为反应,以保护自己或者发泄情绪。如一些人在愤怒时,以吃东西来发泄。当遇到危险时,会产生自卫行为等。

②情绪反应。应激刺激可以诱发积极情绪反应,也可以诱发消极情绪反应。积极的情绪反应包括精神振奋,但更普遍的是消极的情绪反应,包括暴躁、愤怒、焦虑、忧郁和沮丧等。消极的情绪会促使个体以各种直接或者间接的方式降低不愉快的程度。

③认知反应。应激刺激能够引起的身体反应可以促使个体提高警觉程度,集中注意,对环境线索更加敏感,这种反应叫做认知反应。当发生应激刺激时,身体反应可以促使个体缩小注意范围,应激刺激越强烈,这种效应就越明显。通过对应激刺激的分析和判断,作出准确的反应。如

在球类运动时中，由于运动员需要同时注意和分析多个对手、多个队友的位置、移动及其与球、场地的关系，因此，如果应激刺激引起过强的身体反应，而导致注意范围的过度缩小，则可能阻碍运动操作。除了外部的情况分析，运动员还要进行内部信息的提取和分析，如在关键时刻回忆教练的叮嘱和训练过程中所准备的有效战术。

4. 应激的应对方式

(1)积极应对和消极应对

根据应对的指向性，可以将其分为积极应对和消极应对。

①积极应对。积极应对方式指个体在面临应激事件时采用积极的态度和情绪找出解决问题方法的应对方式。积极的应对措施可以帮助个体改变问题本身、调整对应激事件的认知评价和解决应激事件引起的反应。

②消极应对。消极应对方式指个体在面临应激事件时采取消极的态度和情绪，如回避、等待、发泄、试图忘记、自我安慰或幻想等解决问题的应对方式。消极的应对措施在一定程度上也能帮助个体缓解应激反应。

(2)问题定向应对和情绪定向应对

根据应对行为的目的，可以将其分为两种应对方式，即问题定向应对和情绪定向应对。

①问题定向应对。问题定向应对是指针对应激刺激所带来的问题进行直接行动的解决措施，如分析问题原因，并想办法处理，或者制订一份克服困难的行动计划并按计划去做等，以改变应激事件或个体与应激事件的关系。这种应对方式主要是针对可控性较大的应激事件。

②情绪定向应对。情绪定向应对主要是为了平复应激事件所带来的情绪反应，并不试图改变应激事件或个体与应激事件的关系。情绪定向应对对于可控性较小的应激事件较为适宜和有效，当运动员在遭遇比赛失利时，可以采用情绪定向应对。

(3)社会支持

社会支持应对方式是个体在应对应激事件时最重要的资源。包括来自家庭、朋友、同学以及社会的情感性的支持，如爱、关心、尊重、接纳等；物质性的支持，如金钱、住房、食物等；信息性的支持，如建议、反馈、消息等。

(二)唤醒

唤醒是指有机体总的生理性激活的不同状态或者不同程度。这种状态是人体进行活动的基础，受神经系统控制。当机体受到内部或外部刺激时，感受器将冲动传导到神经中枢，主要的传导途径有两种。一种是特异性神经通路，它沿着延髓背侧，经中脑、间脑到达大脑皮层的特定区域，引起特定的感觉，如各种视觉或听觉的产生。第二种是非特异性神经通路，它沿着延髓腹侧，贯穿延髓、中脑、间脑的脑干网状结构，弥散性地投射到大脑皮层广大区域，引起皮层下所经部位及皮层的兴奋状态，称之为唤醒或激活。

1. 唤醒的分类

唤醒的表现有脑电唤醒、植物唤醒、行为唤醒三种表现形式。

(1)脑电唤醒

脑电唤醒，是指刺激可以使脑电出现去同步化的低压快波。

（2）行为唤醒

行为唤醒，是指非麻醉动物唤醒时都伴随的行为变化。

（3）植物唤醒

植物性唤醒，是指自主神经系统的活动。

从以上三种表现形式可以看出，三者可以并存也可以独立存在。唤醒对于维持与改变大脑皮层的兴奋性，保持觉醒状态有重要作用，它为注意力的保持与集中以及意识状态提供能量。

2. 唤醒与运动表现的关系

唤醒水平和运动表现之间的关系是个非常重要的研究课题，目前已有多种理论从不同的视角来解释唤醒水平与运动表现之间的关系，以下主要介绍倒 U 型假说、运动焦虑定向理论、内驱力理论和个人最佳功能区理论。

（1）倒 U 曲线模式

倒 U 曲线模式是根据倒 U 型理论体现的一种唤醒与运动表现关系的模式。这种模式主要用来解释觉醒状态和表现的关系。其觉醒状态所表现的曲线关系称倒 U 形式，如图 2-12 所示。在每个阶段前，运动表现会随着觉醒状态的提升而提高，到达某个兴奋点时，运动表现达到最佳水平。但超过这一兴奋点后，觉醒水平持续提高，但运动表现却逐渐衰退。这种倒 U 字型的关系反映出，当个体在最适当的觉醒水平时会有最佳的表现，然而在太高或太低的觉醒水平时，表现都不佳。具体的倒 U 型理论主要包括以下两个方面。

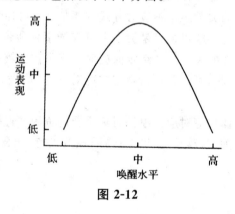

图 2-12

①不同唤醒水平与运动表现之间的关系

理论认为当机体由昏昏欲睡的低唤醒水平到中等唤醒水平的临界点以前，随着唤醒水平的提高运动表现水平也随之提高。但当唤醒水平超过临界点后，唤醒水平的提高将会导致运动表现水平的下降。因此，中等程度的唤醒对运动表现最为有利。

支持倒 U 型假说的相关研究者通过试验研究对其进行证实。有一项技能追踪实验研究，研究者设置了高、中、低三种应激情境，然后把被试者分配到情境中，测量其生理性指标以确定被试者的唤醒水平。研究发现，通过对三种情境下的唤醒状态的对比，中度唤醒水平更加有利于运动水平的发挥，这为倒 U 型假说提供了实践依据。还有很多的试验都证实了此假说的科学性。如对 145 名高中男子篮球运动员的现场调研，在对被试者的整个后半赛季的赛前状态焦虑得分测量唤醒水平的指标的试验研究中，每场比赛后教练都要求篮球运动员对其表现进行评估，通过对评估的分析得出，当运动员处于中等唤醒水平时，最有可能得到表现优秀的评价，在低等和高等唤醒水平时，表现评价一般。综上所述,很多研究都证实了在中等唤醒状态下运动表现最佳的理论科学性。

②不同工作任务性质在唤醒水平和运动表现关系

倒 U 型假说还预测涉及到了工作任务性质在唤醒水平和运动表现关系中的重要作用。通过对有关唤醒水平与任务性质关系的研究得出以下三个结论:稍高于平均水平的唤醒对所有的运动任务都是适宜的;高水平唤醒对力量、耐力和速度性运动项目起促进作用;高水平唤醒对比较复杂、精细、且要求协调、稳定的任务起阻碍作用。

研究者认为完成体能成分为主的任务时,最佳唤醒水平要求处于较高的位置;完成任务的技能成分越多,最佳唤醒水平要求处于越低的位置。

从上述内容可以看出,唤醒水平与运动关系之间的关系非常复杂,不仅受到了唤醒水平和运动项目性质影响,不同的技能水平和个性差异也是影响其关系的重要因素。

(2)个体最佳功能区(IZOF)理论

个体最佳功能区理论与倒 U 型理论的区别在于:个体最佳功能区理论是针对个体而言的,而倒 U 型理论体现的是整体规律。在相关研究学者的研究中发现,每个运动员的唤醒水平与运动最佳表现水平的关系有很大的差异性,于是提出了每个人都存在一个个人最佳功能区段,当唤醒水平处于这个区段时,运动员有更多的机会获得最佳运动表现。有个实验选择了 46 个优秀女划船运动员,采用斯皮尔伯格的状态焦虑量表(SAI)的俄语版本测定其平均最佳赛前状态焦虑值,得出所有被试者的焦虑值平均水平是 43.80,而针对每个个体的试验中,个体的赛前焦虑值从 26 到 67 不等。因此,可以看出,某些运动员的焦虑值极低,另外一些则很高。所以可以得出,个人最佳功能区理论注重个体的差异,对运动实践的指导意义在于要重视每一个运动员赛前的最佳唤醒水平,帮助他们到达各自的最佳功能区。

(3)运动焦虑的逆转理论

运动焦虑逆转理论既是关于人格的理论,又是关于唤醒的理论。这个理论是为了描述个体既是被目的所控制的又是被超目的所控制的。所谓目的型个体就是人格定向为目标型、人生态度很严谨的个体。而超目的型个体则是人格定向为趋乐型、对人生持及时行乐态度的个体。

但是这个理论又指出目的型或超目的型取向都不是稳定不变的特质或人格气质。个体可以表现为两者中的任何一个,并没有固定的取向。

根据他们的描述,逆转理论和驱力理论及倒 U 理论相关,并有着这两种理论的某些特征。在内驱力理论中,有机体通过对食物、水或性的需要而使驱力(焦虑)得以缓解。内驱力可以让有机体从中被唤醒的状态转入放松的状态。在倒 U 理论中,有机体通过升高唤醒而克服厌倦感。在这种情况下,唤醒适度的提升会带来理想的心理兴奋状态。结合以上两种情况,就会让个体产生一种享乐主义的目标,以兴奋放松的状态代替焦虑厌倦的状态。

(三)焦虑

在运动心理学中,焦虑与紧张、唤醒、担忧、应激、兴奋等词被认为是同义词。焦虑指人由于不能达到目标或不能克服障碍,而体验到身体和心理的平衡状态受到威胁,形成的一种紧张、担忧并带有恐惧的情绪状态。与应激、唤醒的不同在于焦虑更多地从心理学方面来描述,应激和唤醒更多地从生理学方面来描述。焦虑含有三种主要成分,分别为威胁、不确定性和担忧的认知表征,情绪体验,以及生理唤醒。

在运动心理学领域,焦虑、唤醒和应激概念相似,非常容易混淆。其区别在于应激是一个过程。应激事件引起的生理反应,会使个体的唤醒水平提高;应激事件引起的情绪反应,会使个体的焦虑水平提高。唤醒更多时候是指个体的生理激活状态,而焦虑作为一种较为强烈的情绪体验,一定会引起生理唤醒水平的增高。

人在焦虑时心率、血压、皮电等都会发生变化,人在出现焦虑时会提高唤醒水平。焦虑被认为与对环境的威胁评价有关,是个体的人格特质与环境交互作用的结果;焦虑大多与结果的消极性有关,或与结果的不确定性有关。

1. 焦虑的分类

(1)状态焦虑和特质焦虑

焦虑可以区分为短暂的情绪状态焦虑和特质焦虑。

①状态焦虑。

所谓的状态焦虑是一种瞬间情绪状态,特点是由紧张和忧虑所造成的一些可意识到的主观感觉,是高度自主的神经系统的活动。状态焦虑有着不同的强度,随时都在波动。例如在进行一场大型比赛时,运动员对比赛情境的认识、对自己技能的评价、对比赛经验的多少都会影响到比赛前的状态,当稍微有一些消极影响时,就会产生焦虑情绪。

②特质焦虑。

特质焦虑是一种个性特质,是指在各种情境中产生焦虑反应的倾向。也就是说,一个人无论在何种情境中都预先具有一种以特殊的情绪反应方式和反应程度来对待事物的倾向时,从而显示出跨情境反应的一致性。例如,当某个运动员在日常的训练中常常出现情绪紧张、焦躁不安的情绪倾向时,那么他的特质焦虑程度是较高的;如果运动员日常生活中遇事都沉着冷静,那么他的特质焦虑程度是较低的。

(2)躯体焦虑和认知焦虑

焦虑可能包含认知忧虑和情绪唤醒两种成分。根据焦虑在内容上的多维性,将焦虑分为躯体焦虑和认知焦虑。

①躯体焦虑。

躯体焦虑是焦虑的生理性特征,是由自主神经系统的唤醒所引起的体验,通过心跳加快、呼吸短促、手心冰凉潮湿、胃部不舒服、头脑不清晰,或肌肉紧张感的提高而表现出来。

②认知焦虑。

认知焦虑是焦虑的认知性特征,是指个体在主观上认知到有某种危险或威胁情境的担忧,主要以担忧失败、对自己说一些消极的话和不愉快的视觉想象为特征。认知焦虑通常是由个体对自己能力的消极评价或对活动结果的消极期望引起的。

躯体焦虑和认知焦虑两者虽然从概念上看是独立的,但在应激情境中可能存在共变的关系。

2. 焦虑的影响因素

影响运动焦虑的因素主要有两种,即个人因素和情境因素。

(1)个人因素

①认知评价。一个人对自己运动水平的认知评价决定了运动时的情绪。当运动员觉得自己的运动水平高于对手时,通常不会产生焦虑情绪,但是当认为自己的运动水平低于对手时,焦虑就会出现。

②期望。运动员会保持一定的有关成功的希望和梦想。技能水平高的运动员都有一个成功的历史,这是他们过去的辉煌,但正是由于这种过去的辉煌,会让他们期望自己在以后会有一个更好的成绩。这就形成了压力,也是焦虑的根源。

③应对方式。一些应对策略的使用或不使用,如对裁判解释过多,只能增加焦虑。对一些应激源采取忽视不理的态度能减少焦虑;考虑一些运动员自身不能控制的因素会增加焦虑。

④完美主义。很多的完美主义者对事件的期许程度往往很高,也很少表现满意,这些个体大都属于高焦虑者。

⑤害怕成功,害怕失败。有时,运动员以前成功或失败的经历会引起焦虑。运动员和非运动员相似地可能喜爱失败而不是成功,以避免社会结果。责任和成功可能带来对未来的期望。相反,许多运动员害怕失败。害怕受伤和担心不能实现重要的他人的期望(如教练、父母、观众)是焦虑的普遍来源。

⑥低自信心。很明显,高自信新的运动员比低自信新的运动员焦虑水平低。

(2)情境因素

①竞争。竞争过程存在很多的风险和威胁,因为它包含有对一个人的能力的内在的外在的评价。能力感的需要是生活的基本的和自然的动机。因此,竞争是满足这个需要的潜在威胁。

②压力。在一个稳定情境中,提升成绩的重要性会让参与者的压力增大,焦虑情绪也会随之升高。

③计划。对于篮球运动员而言,有清晰明确的计划会大大降低其焦虑感。

三、认知过程

对于篮球运动员而言,其参与篮球运动的认知过程往往会经历感知过程、记忆过程和思维过程三个阶段。

(一)感知过程

1. 一般感知过程

(1)视觉

首先,从人的分析器的角度来看,视觉对球类运动员具有重要意义。球、对方队员、同伴队员始终都在不停地运动,要准确地观察这些空间、方位和距离上迅速变化的各种关系,才有可能建立正确的行动定向。有研究报告,优秀篮球运动员的闪光临界融合频率值高于一般运动员和普通人。这一值的高低反映了视觉对光刺激在时间变化上的分辨能力,该值越高,表明时间的视觉敏度越高。还有研究报告,优秀足球运动员的深度视觉判断能力高于一般足球运动员。深度知觉的作用是估计客体间的深度距离及其变化情况。如果一个足球前卫欲将球传给 30 米外本队的一个前锋队员,他首先必须对该前锋队员和防守他的对方后卫队员处于一种什么位置关系做出准确的判断(平行还是超出 0.5 米或 1 米),然后才能决定这球是否应该传并选择最佳的落点位置。决策的依据之一就是深度知觉。[①]

① 　马启伟,张力为. 体育运动心理学. 杭州:浙江教育出版社,2002

一些较大场地的球类项目,拥有广阔的视野是十分重要的。这里所指的视野,主要是头部保持不动的情况下,眼睛注视前方所能看到的范围。也有专门的仪器(视野计)可测量单眼或双眼的视野,以度为单位。

研究表明,不同项目的参加者,其瞬间感知觉客体的数量不同。

(2)触觉

有些项目需要参与者具备良好的"球感",这就需要参与者有很强的触觉敏感性。如篮球、手球的触觉体现在手掌和手指皮肤上。这种皮肤上的触觉仅仅是基础,要想取得良好的效果,还必须经过长时间的专门性的训练。

通常情况下,采用两点阈的测试方法,测量皮肤触觉的敏感性。主要是排除被试者的视觉参与,同时对某一区域的皮肤进行两点刺激,如果这两点有一定的距离,被试者就会对这两点产生知觉,如果缩短距离,甚至互相接近到某一程度,被试者者就分辨不出是两个点,而产生一点的感觉。我们将这一临界值(两点的距离)就被称为两点阈(或两点阈限)。实验表明,全身各部位的两点阈有很大差异,个体之间也存有不同。

(3)平衡觉

日常生活中,人们处于清醒状态时,头部是与地面保持垂直的,即使偏离,其幅度也相对较小。但是在一些难度大的动作中,如跳水、技巧、体操、武术和花样滑冰以及撑竿跳高等项目,参加者经常要完成一些倒立、旋转和空翻动作,并且在做动作时,身体还需要保持一定的姿势。这种违背正常的同步活动(有时是快速不停地变换),对参加者的平衡知觉能力要求极高。因为想要维持身体的平衡,首先要具备精确感知自我身体位置变化情况的能力。

2. 复杂感知过程

(1)空间知觉

空间知觉是反映物体空间特性的知觉,包括形状知觉、大小知觉、距离知觉、立体知觉、方位知觉等。我们看到一个篮球,就可以知道它是圆的,比足球、排球、手球都大,还可以知道它距离我们有多远,是一个球体,在我们的什么方向。可以设想,运动场上的所有活动,随时都需要在空间知觉的帮助下进行。如投篮、击球、扣球、传球、抢断球、突破过人等。在完成这些活动前,运动员必须首先判断出球、对方队员、同伴队员和自己的空间特征情况和彼此间的关系。

(2)时间知觉

时间知觉能够对客观事物运动和变化做出延续性和顺序性的反映,同时也是一种复杂的知觉,能够感知时间长短、快慢、节奏和先后次序关系。人们在产生的时间知觉,主要依据人体内部的生理变化和自然界的周期性变化。这种时间知觉的意义主要表现在以下几方面。

①时间知觉与情绪。人们主体的情绪和态度往往会影响人对时间的估计和判断。如在篮球等主要以时间判定胜负的项目中,比分的不同,双方对于时间的知觉也不相同。比分领先的一方更倾向于时间过得慢,而落后方感到时间过得快。在篮球等项目中,裁判负责掌握时间,参加者有时会因时间问题与裁判员发生争执,领先方希望尽快结束,落后方希望继续比赛。

②时间知觉与时机掌握。在许多运动项目中都会遇到这种情况。篮球中的时间差上篮,就是利用对方的脚步移动知觉的误差来达到顺利上篮得分的目的。

③时间知觉与节奏知觉。节奏知觉也是一种时间知觉。在大部分以周期性运动为主的项目中,往往要求参与者能够有效地控制好节奏,利用身体的节拍性运动和计数活动,来估计时间的

长短。人们习惯于伴随节拍性动作或用口头计数方法对节奏进行刺激,这时所产生的动觉刺激也为衡量时间提供信号,补充和提高了知觉时间的能力。

事实表明,当运动分析器出现障碍时缺乏动觉刺激,会导致节奏控制困难,影响知觉时间延续性的准确性。对某些要求精确知觉时间的活动,人们借助口头节奏提高估计时间的准确性。

（3）运动知觉

人脑对外界物体和机体自身运动的反映,称为运动知觉。在运动项目中,有很多都是外界物品,如球类项目中的球、对手等。如果外界物体存在多,会导致参加者产生复杂的运动知觉。因此,运动过程中要求有很高的运动知觉发展水平。

人体一些外部器官能够完成对外界物体的知觉。而运动分析器主要完成机体自身运动的知觉。其感受器部分主要分布在肌腱和韧带中的感觉神经末梢。当机体进行一定的活动时,感受器会受到影响和牵拉,使神经产生冲动,并传递给大脑神经中枢,产生对自身机体运动的知觉。

（二）记忆过程

1. 短时运动记忆

根据相关实验研究证明,运动反应的记忆也有一个遗忘过程,大概在1分钟左右完成。练习次数的增加,能够降低遗忘程度。此外,训练后再进行技术的心理演练,可能会有助于短时记忆的改善或使短时记瞄专为长时记忆。

此外,研究还证明:前摄干扰（或顺向干扰）对短时运动记忆会产生一定的影响。在统一进行学习之前,其他技术掌握的多少对后一个运动的学习会产生很大的影响,这种前摄干扰同语言技能学习过程是一致的。

2. 长时运动记忆

根据研究实验显示,一旦熟练地掌握了连续性的技能,通常会记忆很长时间,在我们的日常生活中,这种情况很多。如已经熟练掌握篮球运动技术,尽管较长一段时间不接触,但重新运动也会得心应手。

与连续性技能不同,非连续性技能的长时记忆测验成绩则很差。

3. 运动记忆的信息加工

技能水平、知识经验与刺激信息之间的相互作用,对运动记忆有很大影响。技能水平与刺激信息之间有明显的相互作用。运动员回忆比赛信息的成绩要好于一般人;优秀运动员要好于一般运动员。同样,如果不遵循规律,随意设置,再进行回忆,其被试者的成绩没有明显的差别。专业知识和经验在很大程度上影响着记忆。对专业运动的理解和想象能力也会对运动记忆发挥作用。

（三）思维过程

思维是人脑对客观现实一种间接反映和概括,它借助于语言来实现,是认识的高级阶段。思维能力在智力当中占有主导及核心的地位。

1. 操作思维

通常情况下,人们的思维分为三种,即直观动作思维、具体形象思维和抽象逻辑思维,这也是由思维的抽象性特点决定的。无论从哪个角度看,直观动作思维是人类最初发展的思维形式。其对个体的发展主要向两个方向转化,一是它在思维中的成分逐渐减少,让位于具体形象思维;二是发展方向逐步向高水平发展。

操作思维是伴随操作活动的思维,思维和操作是紧密相连的,两者相辅相成。我们日常生活中的体育运动及体育比赛都离不开操作思维。形象思维和抽象逻辑思维是操作思维的一部分内容,将过去的知识经验作为中介,有明确的自我意识(思维的批判性)的作用。只有参加者具有发达的操作思维,才能更好地掌握和表现运动技能,这在开放性运动技能中表现得尤为突出。

2. 运动水平与操作思维的关系

由于操作思维对于运动技能的掌握具有一定的特殊作用。我们可以看出,在参加者认知特征的评定中,操作思维测验应比一般智力测验具有更好的预测效度。

用三个筹码的测验方法,对篮球参加者进行研究。结果发现,体育学院篮球班学生的操作思维要比专业篮球运动员操作思维成绩差,体育学院篮球班学生操作思维的步数和时间的成绩均优于师范学院非体育系学生,这说明运动操作水平在一定程度上影响着操作思维。

3. 运动预测

所谓的运动预测是指对不完整信息的加工过程。在某些情况下,运动预测决定了运动成绩,如为了能够接住传球,接球队员必须对位置进行准确的判断和估计,这其中也许并没有完整的信息作为依靠,只是通过统计推断来估计和判断来球的方向和位置。

(四)动作技能的形成过程

运动技能的形成需要一个阶段和过程,本身具有自身的特点,一般来说,我们把运动技能分为三个过程。

1. 动作认知过程

在最初学习技能时,参加者的神经过程处于泛化(或类化)阶段,其中主要有以下几个特点。
(1)意识的参与较多。
(2)内抑制过程的建立还未精确。
(3)注意范围并不广阔,较低的知觉准确性。
(4)不协调的动作,尤其是肌肉紧张与放松配合不好。
(5)较多无用的动作,整个动作显得忙乱紧张,在空间、时间上动作的完成都不精确。
(6)能初步利用结果的反馈信息,但只能利用非常明显的线索。
在这一过程中,参加者首先应从动作的模仿学习开始,并且较多地利用视觉来控制动作。因此,此时动作性会较差,控制能力不强,难以发现自己动作的缺点和错误。

2. 动作联系过程

参加者经过一段时间的学习后,在已经掌握若干个局部动作的基础上,再进行动作的串联。这时,练习者的神经过程逐渐形成了分化性抑制(或差别抑制),即条件反射性反应的前提必须具有一定的条件刺激,而近似刺激具有抑制作用,对条件反射不起作用。

近似刺激在相应皮质细胞内形成的抑制过程叫分化性抑制。分化性抑制具有以下特点。

(1)在空间和时间上,兴奋和抑制过程表现的更加准确,内抑制过程加强,分化、延缓及消退抑制都得到发展。

(2)注意的范围有所扩大。

(3)紧张程度较低,动作之间的干扰减少。

(4)多余动作减少,动作的准确性提高。

(5)识别错误动作的能力也有所加强。

(6)初步形成了一定的技能,但在动作之间的衔接处常出现间断、停顿和不协调现象。

在此过程中,参加者的注意力主要集中在技能的细节上,通过思维分析,概括动作的本质特征,逐步意识到整个动作,并将其完善,再把若干个动作进行结合。这时视知觉虽然起一定作用,但并不是主要的,肌肉运动感觉逐渐清晰明确,可以根据肌肉运动感觉来分析判断。

3. 动作完善过程

在这一过程中,参加者已建立了固有的动作定型,并且神经过程的兴奋与抑制更加集中与精确,对于一系列动作已经形成了完整的有机系统,都能通过连锁的形式将各动作表现出来,扩大自动化程度,此时的意识只对个别动作有调节作用。此外,参加者对环境变化信息的加工也扩大了注意范围,但是对动作本身的注意很少,减弱了视觉的控制,加强了动作控制,并能及时发现和纠正动作的错误。

第三节 篮球运动的运动学基础

一、篮球运动中肌肉的工作形式

所谓的肌肉工作,是指肌肉收缩使环节运动、做功,或者使人体保持一定姿势;不做功,但也消耗能量的过程。

(一)肌肉工作的对立统一关系

在篮球运动中,人体的姿势或者动作都基本上是由数块或数群肌肉协调地参加工作而完成的。以参加工作的肌肉所起的作用为主要依据,可以将肌肉大致分为原动肌、对抗肌、固定肌、中和肌。它们之间的关系具体表现为以下几个方面。

1. 原动肌

直接完成动作的肌群,即所谓的原动肌。

2. 固定肌

固定原动肌一端附着点所在骨的肌肉称为固定肌。固定肌使主动肌的拉力方向朝着它们的固定点,其作用是使肌肉的拉力方向保持一定。

固定肌的工作形式主要有两种,一种是作用相反的两群肌肉共同作用,使环节保持固定不动。较为典型的例子是,屈大腿时,腹肌和腰背肌收缩,从不同方向共同固定躯干和骨盆,使屈大腿肌肉的起点固定。另一种则是一群肌肉与某些外力的共同作用。

3. 对抗肌

与原动肌作用相反的肌群在"弯举"动作中,肱三头肌是肱肌的对抗肌。原动肌和对抗肌不是固定不变的,而是随着环节运动方向的改变而改变。

对抗肌工作的主要内容体现在以下方面:不仅有拮抗原动肌工作的方面,而且还有协调原动肌工作的方面。如快速动作的结束阶段,对抗肌适当地收缩紧张,制动或延缓环节的运动速度,以避免关节周围软组织损伤。

4. 中和肌

中和肌工作的形式也可以分为两种情况:一种是当原动肌有多种功能时,别的一些肌肉参加工作,抵消原动肌的一些功能,使动作更准确,这些肌肉称为中和肌。

(二)单关节肌、多关节肌的概念以及工作特点

以肌肉跨过多少关节为主要依据,可以将肌肉分为两大类,即单关节肌和多关节肌。其中,单关节肌是指只跨过一个关节的肌肉,只作用于一个关节,作用比较简单,如臀大肌、大收肌、肱三角肌等;多关节肌是指跨过两个或两个以上关节的肌肉,如肱二头肌、肱三头肌、前臂的屈指屈腕肌群等,是常见的这种类型肌肉。下面我们就详细介绍以下多关节肌的工作特点。

1. 多关节肌工作时有功能性"主动不足"和"被动不足"现象

关节肌功能性"主动不足",是指多关节肌在一个环节运动时已经缩短,在另一个环节运动时再继续缩短有困难的现象。如伸大腿以后再屈小腿感到费力的原因之一是股后肌群出现功能性"主动不足"。相反,多关节肌功能性"被动不足"是指多关节肌在一个环节运动时已经被拉长,在另一个环节运动时不能再继续拉长的现象。如伸小腿后再屈大腿感到费力的另一个原因是股后肌群出现功能性"被动不足",即股后肌群在膝关节处已被拉长,再要在髋关节处拉长有困难。

多关节肌的功能性"主动不足"和"被动不足"是对肌肉力量和柔韧素质具有一定的影响和作用。因此,为了能够更好地发展力量和柔韧素质,在进行运动的过程中,一定要注意设计或选择一些相关的练习,来进一步发展这种状况。

在篮球运动学练中,学练者应采用合理的技术动作,以避免出现多关节肌肉功能性"主动不足"和功能性"被动不足",使多关节肌的力量或伸展性集中作用于一个环节上,以取得较好的运动效果。

2. 多关节肌的相反作用

所谓多关节肌的相反作用,是指多关节肌收缩时,使一个环节做屈的运动,同时使相邻环节做伸的运动。这种作用多表现于下肢多关节肌。以股后肌群收缩为例,收缩时,使小腿膝关节处屈,大腿在髋关节处伸。因为下肢相邻肢体的屈伸方向相反,如大腿向前屈,小腿向后屈,足向前伸(背屈)等。因此,下肢多关节肌的这种工作特点符合于人体下肢直立行走的要求。

3. 多关节肌的相同作用

多关节肌的相同的作用,是指多关节肌收缩时使两个相邻环节做同一方向的运动。这种作用多表现于上肢的多关节肌,其中,比较有代表性的有肱二头肌收缩,使前臂、上臂做屈的运动;指深屈肌收缩,使手、指做屈的运动。上肢多关节肌的这种特点符合人体上肢抓、握、拉的动作要求,这主要是由于上肢相邻环节的屈伸方向相同,前臂、上臂向前屈。

(三)肌肉工作的分类

肌肉力是力的一种。力虽然能够引起运动或使运动发生变化,但并非所有力都大得足以产生这种作用。以肌肉拉力的作用为主要依据,可以将肌肉力分为两种,即动力和静力;其中,动力是指肌肉收缩时自身长度有明显变化,所产生的使肌体有位移运动的力。静力是指肌肉收缩时,自身长度基本无变化,所产生使肢体保持在一定的位置上,没有位移运动的力。

因此,以肌肉工作时力的作用为主要依据,可以将肌肉工作分为动力工作和静力工作两种。

1. 动力工作

肌肉工作时所产生的力能够引起坏节位置或环节运动发生变化,肌肉的长度也发生明显改变,肌肉的这种工作称为动力工作。肌肉做动力工作时的特点,是肌肉的收缩和舒张交替进行,肌肉的长度和力的作用不断地改变。

以肌肉做动力工作时抗阻力的情况为主要依据,可以将动力工作分为两种,一种是克制工作,另一种则是退让工作,具体如下。

(1)退让工作

退让工作即肌肉离心工作,收缩力小于阻力,环节背着肌肉的拉力方向运动,肌肉被拉长,做负的工作。

(2)克制工作

克制工作即肌肉向心工作,收缩力大于阻力,环节朝肌肉的拉力方向运动,肌肉缩短,做正的工作。

2. 静力工作

肌肉收缩时所产生的力,足以平衡阻力,使环节保持一定的姿势,肌肉做静力工作时的特点,是肌肉较长时间处于持续性的收缩紧张状态,肌肉长度和力的作用比较恒定。以肌肉做静力工作时平衡阻力的状况为主要依据,可以将静力工作分为固定工作、加固工作和支持工作三种类型。

(1)固定工作

作用相反的两群肌肉共同收缩,使受力作用的环节固定不动,称为固定工作。其中,较为具有代表性主要有:手倒立和举重物时的屈肘肌、伸肘肌;负重屈肘练习时的屈上臂肌和伸上臂肌做的都是固定工作。

(2)加固工作

关节周围的肌肉持续收缩,防止相邻环节由于外力作用而在关节处互相脱离。肌肉的这种工作,称为加固工作。较为具有代表性的是悬垂和提重物时,肩关节、肘关节、手关节周围的肌肉收缩做的是加固工作。

(3)支持工作

位于关节基本轴同一侧的肌肉保持持续性收缩,平衡阻力矩(动力矩和阻力矩相等),使环节保持一定的姿势不动。肌肉的这种工作称为支持工作。

具体来说,支持工作具体可分为以下两种。

第一种:肌肉保持缩短状态的支持工作。如前控腿练习时,屈大腿的肌肉做的工作属于缩短状态的支持工作。两臂侧平举时三角肌、冈上肌也做这种工作。

第二种:肌肉保持拉长状态的支持工作。如马步站桩时股四头肌做的就是这种工作。

二、篮球运动技能的生理本质及其形成过程

对于篮球运动员而言,运动学基础主要是指篮球运动技能基础。所谓运动技能,是指人体在运动中掌握和有效地完成专门动作的能力,也就是准确的时间和空间里大脑精确支配肌肉收缩的能力。提高运动技能依靠运动员对人体机能客观规律的深刻认识和自觉运用。

(一)篮球运动技能的生理本质

1. 形成运动条件反射与运动技能

(1)运动的反射本质

有关研究表示,人的所有运动都是从感觉开始,随之产生心理活动,最后表达为肌肉的效应活动的一种反射。还有学者认为随意运动的生理机理是暂时性神经联系,并用狗作为研究对象建立食物—运动条件反射证明,大脑皮层动觉细胞可与皮质所有其他中枢建立暂时性神经联系,包括内、外刺激引起皮质细胞兴奋的代表区在内。运动的生理机理是以大脑皮质活动为基础的暂时性神经联系。所以,学习和掌握运动技能,其生理本质就是建立运动条件反射的过程。

(2)运动条件反射形成的生理机理假说

运动条件反射的形成是通过很多简单的非条件反射综合而成的。随着大脑和各个器官的发育,在这些非条件反射的基础上,通过听觉、视觉、触觉和本体感觉与条件刺激物多次结合,就形成了简单的运动条件反射。人形成运动技能就是形成连锁的、复杂的、本体感受性的运动条件反射。

运动技能与一般运动条件反射并不是等同的,运动技能区别在于其复杂性、连锁性和本体感受性。

①复杂性

运动技能是有多个中枢参与形成运动条件反射活动(运动中枢、视觉中枢、听觉中枢、皮肤感觉中枢和内脏活动中枢)。

②连锁性

运动技能的反射活动是连续的,前一个动作的结束便是后一动作的开始。

③本体感受性

在条件反射过程中,肌肉的传入冲动(本体感受性冲动)起到重要作用,没有这种传入冲动,条件刺激得不到强化,同时由运动中枢发放神经冲动传至肌肉效应器官引起活动的复杂过程条件反射就不能形成,也就无法掌握运动技能。

因此,运动技能与条件反射的关系主要表现为:运动技能就是建立复杂的、连锁的、本体感受性的运动条件反射。

2. 运动技能的信息传递与处理

所谓信息处理,是指人对外界环境刺激到发生反应的过程。在这个过程中人就是信息处理器,人对外界环境的刺激到发生反应的过程就是信息处理的过程。这一过程对篮球运动员学习篮球运动技能也起着至关重要的作用。

形成和再现运动技能的信息源(刺激)分别来自体内和体外。

(1)体内信息来源来自大脑皮质一般解释区。大脑的一般解释区由躯体感觉、视觉和听觉的联合区组成。一般解释区位置在颞叶后上方,角回的前方。一般解释区是视觉、动觉、听觉的汇合区,具有各种不同的感觉体验和分析能力,信号是由这里转移到脑的运动部位以控制具体的运动。

(2)体外信息源来自篮球运动学习的过程中。教师或教练发出信息(包括信息的强度、形式、数量等),传输给篮球运动员(传输手段包括示范、讲解、录像等),篮球运动员通过感觉器官,经大脑皮质分析综合形成初步的概念。

(二)篮球运动技能的形成过程

篮球运动技能的形成,要从简单到复杂,并有其建立、形成、巩固和发展的阶段性变化和生理规律,只是每一阶段的长短随动作的复杂程度而不同。一般说来,其技能形成过程可划分为初步学习阶段、改进提高阶段和巩固阶段。运动技能形成后,就会得到不断的发展,从而实现对动作的熟练运用。

1. 初步学习阶段

一个动作的最终完成,最开始都是需要从教师或教练的讲解示范,到自我实践,然后获得一个感性认识,但是对运动的技能的内在规律并没有很深的认识。由于人体对外界的刺激,通过感受器(特别是本体感觉)传到大脑皮质,引起大脑皮质细胞的强烈兴奋,另外因为皮质内抑制尚未确立,所以大脑皮质中的兴奋与抑制都呈现扩散状态,使条件反射暂时联系不稳定,出现泛化现象。在这个阶段表现在肌肉的外表活动往往是动作僵硬,不协调,出现多余和错误的动作,而且做动作很费力。这些现象是大脑皮质细胞兴奋扩散的结果。对此,教师或教练应以正确的动作示范来榜示学生正确掌握动作,抓住动作的主要环节和篮球运动员掌握动作中存在的主要问题进行教学,不应过多强调动作细节。

2. 改进提高阶段

通过对篮球运动技术动作的初步掌握后,篮球运动初学者对该运动技能的内在规律也有了初步的理解,逐渐消除了一些不协调和错误的动作。这时候,大脑皮质运动中枢兴奋和抑制过程逐渐集中,由于抑制过程加强,特别是分化抑制得到发展。因此练习过程中的大部分错误动作得到纠正,能比较顺利连贯地完成完整动作技术。这是初步建立了动力定型。但定型还尚不巩固,如果有新异刺激产生,多余动作和错误动作可能重新出现。在这个阶段,教师或教练要特别注意纠正错误动作,让学生更加准确地掌握动作。

3. 巩固阶段

改进提高阶段建立在反复学练的基础上,运动条件反射系统已经巩固,大脑皮质的兴奋和抑制在时间和空间上更加集中和精确。此时,不仅动作准确、优美,而且某些环节还可出现不需要意志支配就能做出动作。在环境条件变化时,动作技术也不易受破坏,同时由于内脏器官的活动与动作配合得很好,完成练习时也感到省力和轻松自如。

从上述内容可以看出,篮球运动技能形成的三个过程是相互联系的,每个阶段都没有明显的界限。运动技术水平高的篮球运动员在学习掌握新动作时,初步学习阶段这一过程就会很短,对动作的精细分化能力很强,形成运动技能快。相比之下,初学者在新动作的学习时,初步学习阶段的过程较长,掌握动作较慢。

第三章 篮球运动的教学理论

第一节 篮球运动教学概述

一、我国高校篮球教学的发展

随着篮球运动的不断普及,高校篮球教学也得到了一定的发展。为了更好地了解我国高校篮球教学的发展,可以将其发展过程大致分为四个阶段,具体如下。

(一)最初建立体系并普及的阶段

我国高校篮球教学发展的第一个阶段是 1949—1965 年。随着新中国的成立,体育事业也开始逐渐发展起来,我国政府也开始对体育事业的发展引起高度的重视。20 世纪 50 年代初,为了响应党和政府提出的"发展体育运动,增强人民体质"和"身体好,学习好,工作好"的号召,我国教育部门通过一系列的决策和措施,使篮球运动逐渐成为了各级学校的重要体育教学内容,并列入教学大纲。这一时期,学校篮球教学得到了一定程度的普及和发展,具体来说,主要体现在两个方面:一方面是在体育课上安排了篮球教学的内容,另一方面则是自发组织开展校内外篮球竞赛活动。

(二)遭受挫折与缓慢发展阶段

我国高校篮球教学发展的第二个阶段是 1966—1978 年。高校篮球教学在这一阶段主要两个因素的影响,一个是政治因素,一个是客观条件。首先是政治因素,从 1966 年到 1969 年这一时期,由于受"十年动乱"的影响,全国体育行政机构和教育机构已经不能照常上课,出现了陆续停课的现象,当然,高校篮球教学也没能逃脱这一厄运,受到了严重的挫折。直到 1970 年以后,学校篮球运动才开始逐渐从受挫时期恢复过来,但也只限于一部分业余体校、体育院校和高校体育系。另外,由于学校篮球教学的基础本来就弱,再加上场地、器材、师资等客观条件的限制,最终导致了高校篮球教学发展的速度极其缓慢。

(三)迅速复苏与全面提高阶段

我国高校篮球教学发展的第三个阶段是 1979—1995 年。这一时期,由于相关政策和措施的贯彻与实施,学校篮球教学开始迅速复苏。在 1979 年公布施行的《全国学生体育运动竞赛制度》中,明确地将篮球列为重点项目;在 1985 年底下发的《关于开展课余训练,提高学校运动技术水平的规划》中,将篮球教学确定为该文件的一个重要内容。同时,随着篮球教学发展的逐渐复苏,也在很大程度上对课余篮球训练、竞赛的发展起到了积极的推动作用。1983 年出台的《体育传统项目学校试行办法》里,有相当部分内容对篮球传统学校的发展进行了进一步的规范。同时,篮球传统学校的良好建设与发展,也在一定程度上对篮球运动发展起到了积极的促进作用,不仅较好地推动了基层篮球运动的发展,而且还为高校篮球运动创造了非常好的发展机会。

(四)不断改革与创新阶段

我国高校篮球教学发展的第四个阶段是 1996 年至今。这一时期学校篮球教学改革创新主要在高校篮球竞赛的发展方面得到较为充分的体现,其中主要的竞赛有:全国大学生运动会篮球比赛、全国大学生篮球联赛、三人篮球赛、大学生男子篮球超级联赛等。随着篮球运动的不断发展,人才培养模式也得到了进一步的优化,其中,最具有代表性的就是"CUBA",这是一种以体校、小学—中学—大学为主线的新的发展形式,这一发展形式开创了我国篮球竞技人才培养模式,不仅对体育和教育的有机结合起到了积极的推动作用,还标志着一种新的校园体育文化建立了起来。

二、我国高校篮球教学的改革进程

(一)高校篮球教学改革的社会背景

我国高校篮球教学改革是在一定的社会背景下进行的,具体来说,高校篮球教学改革的社会背景主要表现在两个方面:一方面,是 20 世纪 80 年代以前一直沿袭的比较落后的教学体系;另一方面,则是 20 世纪 80 年代以后各方面全面发展的需要。

20 世纪 80 年代以前,由于我国篮球运动教学体系没有较为独立的发展,有很多方面都是借鉴、参考的苏联早 30 年的一些构架,该国传统的体育教学论和教育学专家的教育学理论是主要的理论基础。我国篮球界的一些学者也对我国的篮球教学体系进行了不断的补充和完善,包括教学目标、教学模式、教学方法、教材内容、教学组织以及教学的评价等,都始终没有从实质上摆脱原本的理论框架,其变革的意义也就微乎其微了。除了以上原因外,20 世纪 80 年代以前我国与国际社会的练习较少,交流也相对较少,这就导致了国外新的技术信息很难获得,再加上当时受到固步自封的思想观念的影响,体育教育界也不同程度地存在着一些思想桎梏,这就在很大程度上阻碍了高校篮球教学状态的发展和优化。

20 世纪 80 年代以后,随着改革开放的大力实施,经济建设得到了较大的发展,科学技术也有了一定程度的提高,各行各业蓬勃发展,当然,篮球运动方面也得到了一定的发展,一些思想桎梏和落后观念也有了较大的突破和发展。这些都为高校篮球教学的改革奠定了基础。在学校教育改革过程中,人们也不断对世界篮球运动水平较高国家的理论、技术与战术进行积极的学习和吸收,使得思想和理论研究方面都有了较大程度的发展和进步。需要特别指出的是,随着学校教育的改革,篮球教学领域也开始逐渐将各国现代教育和教学思想大量地引进来,通过结合我国我国情和教学现状,经过我国教育界和体育界众多专家、学者以及体育方面的教师的研究和讨论,将没用、不符合我国国情的部分舍弃掉,吸取其较为先进、有用的部分,从而使先进的理论知识与实践需要有机地结合起来,使高校篮球教学的质量和效率得到进一步的改善和提高。在篮球教学实践中,逐渐应用许多先进的教学理论,能够显著提高篮球教学的质量和效率。

(二)高校篮球教学改革的内容

由于高校篮球教学实践中的弊端存在已久,必须通过改革将这些弊端清除掉,才能够进一步提高教学工作的效率,这也是我国篮球教学改革的核心任务。以我国篮球教学的具体情况为主要依据,可以将改革的主要内容概括为教学思想、教学观念、教学内容、教学模式以及教学方法这几个方面,具体如下。

1. 教学思想和教学观念

由于篮球教学改革是理论与实践相结合的科学探索过程,因此,必须要在一定理论指导的基础上进行篮球教学改革。教学观念不仅是教学的理想和信念在人们头脑中的反映,而且还是对教学进行理性思考的结果,因此,又被称为教学理念。人们受到客观条件、思想观念以及知识体系等因素的影响,教学理论和思想观念也有一定的差别,因此,必将对教学过程产生不同的认识和看法,从而使教学目的观念、过程观和质量观的形成也产生一定的差异性,对篮球教学的实践行为有着非常直接的影响。由此可以看出,教学思想观念的变革是篮球教学改革实践活动的重要指导,意义重大。

通过大量对篮球教学思想和教学观念改革的深入研究,可以将高校篮球教学思想和教学观念的内容大致归纳为三个方面,具体如下。

(1)篮球运动规律的理论

篮球运动规律的理论主要包括两个方面,一个是篮球运动观,一个是篮球技术技能观。新的篮球运动规律的理论在一定程度上积极推动着整个篮球教材体系的革新,这样就能够使构建的教材体系得到进一步的优化,并且使之与篮球运动的规律更加相符。篮球运动规律的理论是关于对篮球运动规律的再认识,对篮球教材的体系能否适应篮球运动的发展趋势起着非常关键的决定性作用。

(2)篮球教学过程中师生之间教与学的相关活动

所谓的篮球教学过程中师生之间教与学的相关活动是对篮球教学主、客体关系及教学过程的再认识,对学生学习的动机和积极性有很大的影响和作用。从新的教学观的角度来看,在高校篮球教学活动中,学习的主体是学生,而教学过程的主导则是教师和教练员。因此,只有将主体与主导之间的关系处理好,才能够在一定程度上提高教学质量。

(3)篮球教学过程中篮球技能习得规律的理论

对篮球技能性质和习得规律的再认识,就是所谓的篮球教学过程中篮球技能习得规律的理论,它对教学效率和教学过程的组织有一定的影响和作用。对篮球教学过程中篮球技能习得规律的理论的研究有很多,但大多数研究的内容都涉及到传统的篮球教学方法,这些研究都尝试性地以现代科学研究成果这一依据来对篮球技能学习的本质进行理解和认识,并且以教学的效率和质量的提高这一理论为主要依据,来使新的篮球教学方法和模式得以建立起来,从而不断提高高校篮球教学的质量和效率。

2. 教学内容、教学模式与教学方法

许多改革方案要想能够更加科学、合理地组合创建传统的篮球教学内容和教学方法,要符合

两个方面的条件:一方面,要以现代教学思想和教学理论维护为依据;另一方面,要与新的篮球课程教学目标与对象的特点有机地结合起来,这样就能够将篮球运动的规律更加充分地体现出来,与学生习得篮球技能的规律也更加吻合。如果改革方案做得好,达到提高教学质量的目的是非常有可能的。

在我国篮球教学改革的实践中,与篮球教学方法改革相关的研究有很多,显得比较先进,但是同时,也有比较滞后的,比如,与教材内容改革相关的研究。在现今科学技术和新的教学理念的冲击下,我国篮球教学内容的落后性和弊端也越来越凸显了出来,因此,教学内容方面的改革也就被提上了日程。首先,是对篮球运动规律的研究和改进,篮球教材体系中增加了篮球运动员的基本功、篮球运动员的科学选材、篮球意识的培养以及篮球比赛的攻守转换等方面的内容,这些新的篮球教学理念为了我国篮球运动的发展起到了积极的推动作用。其次,是对滥取教材中技术分类的研究和完善,当时部分学者提出了重新科学构建篮球教材技术分类体系的研究命题,这对于篮球运动的发展来说也具有重要的意义。

除了以上几个问题,篮球教师的科研命题还有一个,就是非常重要的关于教学手段的研究。对于教学手段的研究,其研究动向表现出了几个较为显著的特点:第一,继承性与创新性相结合,只有首先继承了前人的成功经验,才能够在此基础上进行改进,换句话说,就是肯定传统教法的可取之处,然后对此进行有创造性的改进;第二,综合性与实践性相结合,具体来说,就是将研究的重点由教学的某一点转向全方位,其中,对篮球教学过程组织最优化的研究就充分体现了这一特点;第三,科学性与先进性相结合,高科技电化手段大量进入篮球运动的教学领域,使篮球教学的可利用资源得到了极大的丰富。

(三)高校篮球教学改革取得的经验及注意事项

高校篮球教学的改革一直在进行,并且受到多方面的支持。在不断的改革和研究中,我国高校篮球教学改革工作已经取得了初步的成果。通过与改革的实践相结合,可以将经验总结为以下几个方面,并且提出了相应的一些注意事项。

第一,必须从篮球运动规律和篮球教学理论研究的角度出发来进行篮球教学改革,通过学习研究教育教学的科学理论将改革的基本依据确立下来,树立现代教学观念和思想,从而使改革成为自觉的行动。

第二,进行篮球教学改革的主要目的是更准确和更深刻地认识篮球教学的规律,进一步提高教学的质量和效益,而不是标新立异,只讲求形式。

第三,进行篮球教学改革要与教学的具体情况相结合,把改革作为篮球教学训练的经常性工作。这主要是由于篮球教学改革是一个边实践边探索的研究过程。

第四,在篮球教学改革的过程中,要使成果的开发应用研究得到加强,并且大面积地推广和应用来自改革实践的理论成果。

第五,在篮球教学改革的过程中,要客观地分析篮球教学实践多年来存在的弊端,以达到兴利除弊的目的,通过不断的创新为篮球运动的发展起到积极的推动作用。

三、高校篮球教学的基本现状

目前,随着篮球运动的不断发展,我国高校体育课程中最受学生欢迎的项目便是篮球运动。

尽管我国篮球运动在高校中已经非常普及了,而且篮球教学也开展得较为广泛,但是,篮球教学中还存在着一些不足,可以将这些大致总结为以下三个方面。

（一）教学内容与学生的实际需要不符

在我国的高校中,已经广泛开展了篮球选项课。在篮球选项课的教学过程中,教学都是以教材内容安排为主要依据按部就班地进行的,而学生的理论知识、技术和战术的学习也是按老师的要求完成的。由于在篮球教学过程中对技术过于重视,按技术形成规律的教学,不符合学生学习的情况和实际需要,另外,这种按部就班的教学通常比较枯燥,容易挫伤学生的积极性和主动性。

（二）呆板的教学方式对学生创造力的发挥产生妨碍作用

我国的篮球选项课中,较为普遍的现象是对教师的主导地位过分强调,忽略了学生的主体地位。由于教师按照课本上固定的内容过于死板地要求学生,过于规范化、一体化的教学组织管理,使得课堂教学程式化、强制化、教学手段与方法过于呆板,从而压抑了学生个性,导致无法使学生的天性得到很好地发挥,最终导致了学生本来最喜欢和最欢迎的篮球专项课程不再受到学生的青睐。总的来说,这种呆板的、不切合实际的教学方式对学生的个性化发展起到了一定的影响和抑制。因此,在篮球教学过程中,一定要注重学生的个性化发展,区别对待,而不是用死板的固定标准去限制学生的发展。

（三）陈旧的教学评价模式严重影响学生学习的积极性

在进行篮球选项课的过程中,主要通过由老师统一进行素质测试、专项考核、理论考试以及平时成绩测试的陈旧的评价模式来评价学生学习的效果。由于高校之间的侧重点有一定的区别,因此具体的考核标准和和比重也会有一定的差异。尽管考试项目能够对学生的学习兴趣和积极主动性有积极的刺激作用,但是,同样也具有一定的消极影响,即将学生的学习内容限定为教材内容,脱离了素质教育的教学模式。最终导致的后果就是,教师很难准确掌握学生的身心特点以及对篮球技战术的运用能力情况,无法较为客观地对学习效果进行反馈,导致以后的教学继续陷入到这样的恶性循环中,学生的积极性受到损害。

四、我国高校篮球教学的发展趋势

通过对我国高校篮球教学现状的分析可以看出,尽管我国高校篮球教学还存在一些不足和问题,但是,发展前景还是非常好的,只要明确目标,通过科学、合理的措施能够使我国篮球教学水平有进一步的提升。我国篮球教学的发展趋势主要在以下几个方面得到充分的体现。

（一）篮球教学改革向着更加全面化的方向发展

对于未来的高校篮球教学,不仅要将教学改革更加坚决地向前推进,而且还要在实践中不断创新,从而使篮球教学内容和教学形式都变得更加灵活、多样,使学生们学习、参与篮球教学的兴趣和积极性都得到进一步的提高,从而使学生的篮球知识和技能也得到更好的加强。

(二)篮球教学组织方式朝着更加多样化的方向发展

高校篮球运动与中小学是有一定区别的,高校篮球运动场地、器材相对较为齐全,而且高校学生还能够根据自己的实际情况较为灵活地安排课程,因此,参与篮球活动的时间随意性很大。鉴于此,为了使学生能够更加合理地运用闲暇时间,不断丰富学生的课外活动内容,可以以自愿、自由、自主、自立的原则为主要依据,建立起更加多种多样的组织形式,比如,实行以学生院系为基本单位的篮球联赛、不定时举办篮球文化节、在高校组织篮球育俱乐部等。除此之外,高校领导也要在高度重视篮球教学的同时,采取一些可行性较强的措施。比如,积极配合学生参篮球竞赛活动,最大程度地给学生创造客观条件,另外,还要在能力范围内,通过对篮球运动场地及提供相应配套设施的更新和建设,使教师和学生参与篮球运动的积极性和主动性得到尽可能的提高,从而以篮球为主要媒介,使学生建立良好的终身体育意识。

(三)通过师生关系的优化营造出更加和谐的教学氛围

在教学过程中,教师是主导,学生是主体,只有两者较好地融入在一起,才能够增加两者之间的感情。教师的主导性与学生的主体性是相互联系的,只有教师发挥好主导作用,才能够使学生的主体性更好的实现,而学生主体性更好地实现也能够在一定程度上促进教师主导型的更好的发挥。课堂气氛对教学效果的好坏有着一定的影响,通常较为活跃与和谐的课堂氛围,教学效果就会相对较好。同时,在篮球教学过程中,教师可以适当地将主动权交给学生,让学生充分参与篮球教学活动,从而更好地促使学生将自己的想法提出来,增强学生对篮球教学的积极性和主动性。

(四)篮球人才培养体制向着更加完善化的方向发展

随着篮球运动教学的不断发展,篮球运动人才的培养体制也需要进一步优化。目前,我国篮球人才培养的现状主要体现在两个方面,一个是篮球知识技能以及比赛能力,另一个则是日常的学习。篮球队员的技战术运用能力主要可以通过训练和比赛逐渐提高。而学习方面,首先,教务处应把篮球队员是具体情况(包括平时的学习情况、考试安排和考试成绩)及时反馈到体育部,体育部经过分析和整理,将这些情况再及时反馈给校长,然后校长再根据这些情况通知教务处组织教师对篮球队员进行有针对性的考前或赛后辅导;其次,篮球队员时刻都重视自己的学习,全面提高自己的学习成绩,从而能够更加积极主动地投入到学习中。根据上述分析可以得出,我国高校篮球运动人才培养要想更加完善化,"体教结合"的体制是最佳选择。

(五)篮球运动的投入途径要向着更加多元化的方向发展

作为上层建筑,篮球运动要想得到更好的发展,一定的经济基础是必不可少的重要支撑。在当前这一社会形势下,就要求高校篮球必须逐渐走向市场,扩展篮球运动的资金来源途径。寻找校企合作是高校篮球运动募集资金的重要途径之一,具体来说,就是高校组建学校篮球队,以挂企业牌子的方式来获得企业资助。另外,将高校篮球队作为一个产品来进行包装和推广也是一条非常好的募集资金的方式,这种方式是一种社会化、产业化的运作模式,能够通过形成高校篮球运动的品牌效应,来对高校篮球教学的发展起到积极的促进作用。

第二节　篮球运动教学的原则与方法

一、高校篮球教学的原则

教学原则是教学规律的总结和概括,这就要求在教学活动中一定要遵循教学原则。篮球教学的原则可以大致分为两类,一类是教学中都要遵循的一般教学原则,另一类则是篮球教学所特有的专项教学原则,具体如下。

(一)一般教学原则

高校篮球教学的一般教学原则主要包括直观性原则、渐进性原则、自觉性原则,具体如下。

1. 直观性原则

所谓的直观性原则,就是指利用学生的感官和已有的经验,通过各种简单的途径对篮球技术战术的生动表象和感觉有一定的了解和认识,并将这些内容与积极的思维相结合,从而达到更好地掌握篮球技术、战术和技能,发展思维能力的目的。在篮球教学中,使用较为广泛的直观教学方式主要有动作示范、沙盘演示、技战术图片、电影、录像等。

感觉是认识的基础,因此,在篮球教学中,如果直观性原则运用得好,往往能够进一步促进教学效果的提高,意义重大。但是,在篮球教学中贯彻直观性原则时,有两个方面需要注意:一方面,要注意确定明确的目的;另一方面,要求做到通过有效形式将学生的学习积极性和创造能力有效地激发出来。

2. 渐进性原则

所谓的渐进原则,就是指按照学科的逻辑系统和学生的认知规律进行教学活动,具体来说,就是由简单到复杂,由低级到高级,由单一向综合发展,在这样的规律指导下能够使学生循序渐进地掌握关于篮球的基本知识、基本技术战术和运用能力,从而形成严密的逻辑思维体系。因此,在进行篮球的知识技能教学时,一定要由浅入深地进行。

为了更好地贯彻渐进性原则,取得更好的教学效果,有两个方面需要注意:一方面,一定要注意教学内容的系统性;另一方面,一定要科学合理地安排运动负荷。

3. 自觉性原则

所谓的自觉性原则,就是在教学过程中,教师通过充分调动学生的学习积极性,使学生的学习自觉性得到启发,并且取得最佳的学习效果。学生是教学过程中的主体,因此,在篮球的教学活动中贯彻自觉积极性原则是非常有必要的。要通过采取各种措施和手段充分调动学生的学习主动性,引导他们积极思考,勇于探索,刻苦练习,能够很好地增强他们对篮球理论、技术、战术等内容的学习的自觉性,从而使他们观察、分析和解决问题的能力也得到有效提高。

在篮球教学活动中,要贯彻自觉性原则,首先要使学生明确他们的学习目的,从而调动起他们的学习主动性。另外,较为和谐的师生关系和良好的学习氛围,也能够增强学生的学习自觉性。

（二）专项教学原则

高校篮球教学应遵循的专项教学原则主要包括以下几个方面。

1. 学习技术动作与实战对抗运用相结合的原则

篮球技术对抗性和开放性的特点，在很大程度上决定了一定要将实战对抗能力放在篮球教学过程的重要地位。贯彻这一教学原则，学生不要仅仅将技术视为固定程序的身体操作，而是应该在习得篮球技能时首先建立起对抗的概念和技术实效的概念。从认知策略的方角度上来说，技术动作的学习与实战运用相结合发展，与开放性运动技能教学的规律是非常相符的。从另外一个角度来说，篮球技能形成与发展的普遍规律就是在不断的适应和实战中进行学习，由此可以看出，只有将技术动作的学习与实战运用的能力培养发展结合起来，才有可能取得较为理想的专项学习效果。

2. 技术个体化和区别对待的原则

技术动作的规范性是篮球教学普遍追求的目标。但是，学生作为篮球教学的主体，其在行为习惯、身体素质、身体形态、智力和在篮球方面的经验和了解等方面都存在一定的差异性，因此，"技术的规范化"的个体表现的差异性也相对较大。由于使初学者通过练习，形成符合自身条件的动作完成方式是高校篮球的教学目的，因此，篮球教学要在规范化的基础上遵循技术的个体化原则，允许学生之间存在技术动作上的细微差别。但是，需要注意的是，要以学习对象的具体情况为主要依据来有针对性地选择适当的教学方法，掌握好适当的学习速度，从而使区别对待原则得到更好的贯彻。

3. 专门性知觉优先发展的原则

篮球运动特有的运动环境的构成因素主要包括球、同伴、场地、器材等。专门性知觉发展的过程就是对环境和器材的感知，其中，对于专门性直觉优先发展主要是指手指、手腕对球的控制能力，这在篮球教学活动中具有非常重要的作用和意义。为了确保技术动作的学习，在教学过程中通常采用大量的熟悉"球性"的练习来优先发展专门性知觉。由此可以看出，专门性知觉优先发展是篮球运动所特有的教学原则，应该严格遵守。

二、高校篮球教学的方法

所谓的教学方法，就是教学过程中师生之间进行信息交流，教师向学生传授有关知识技能时所采用的技术手段。以现代教学理论和篮球教学的实践经验为主要依据，可以将篮球教学方法分为两大类，一类是常规方法，一类是现代方法。在高校篮球教学过程中，往往将两大类教学方法综合起来进行运用。

（一）常规方法

广大教师多年教学实践中行之有效的经验概括和总结，就是常规方法，它是现代方法的基础，其教学意义重大，一定要重视起来。篮球运动常规方法具有程式简单、讲究方法配合的显著特点,并且对教学双边活动中教师教授知识技能的方法非常重视。篮球教学过程中经常使用的常规法主要有讲解法、演示法、练习法和纠错法等,具体如下。

1. 讲解法

在教学过程中,为了使学生通过听来感知教学的内容,采用简练准确的语言来对一些教学的相关内容进行分析的方法,就是所谓的讲解法。具体来说,讲解的内容主要包括:技术动作的方法和要领、战术配合的方法和要求,以及运用过程中的注意事项等。

在运用此方法时有连个方面需要注意:一方面,要掌握好讲解的时机,突出重点;另一方面,讲解的内容要与学生的知识掌握程度相符。

2. 演示法

教学过程中适时地示范技术动作和战术配合方法,并且通过投影、幻灯、挂图和录像等电化媒体手段的运用,达到使学生通过观看来直观地感知教学内容的目的的方法,就是所谓的演示法。在篮球教学的实践中,通常都是将示范与讲解结合起来使用的。另外,在运用此方法时,不仅要注意示范的面、示范的队形,而且还要注意示范的动作的正确性。

3. 练习法

在讲解与示范的基础上,通过组织学生进行身体练习而达到掌握篮球技能的目的的方法,就是所谓的练习法。以不同的划分依据,可以对练习法进行不同的分类。比如,以练习的形式为主要依据,可以将练习法分为简单条件下的练习、完整练习、分解练习、复杂条件下的练习;以篮球运动特点为主要依据,则可以将练习法分为个人技术练习、对抗性练习和配合性练习等。在运用此方法时,要注意练习的强度、密度和运动量安排要科学、合理,并且将追求实效性作为主要目的。

4. 纠错法

在教学过程中,学生在进行技战术的练习时出现错误,此时教师对学生错误的纠正采用的方法,就是所谓的纠错法。在篮球教学实践中,只有先将产生错误的原因找到,才能够有针对性地采取相关措施进行纠正。通常情况下,比较常见的纠错形式主要有两种,一种是诱导法,一种是条件限制法。

以上这四种教学方法是一个统一的体系,在运用教学方法时,只有根据实际情况和需要将这几种方法相互配合起来使用,才能够达到实现教学整体功能的目的,只是单一地使用某一种方法是不可能取得理想的运用效果的。其整个方法体系构成的常规教学模式如图3-1所示。

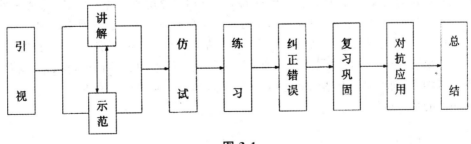

图 3-1

（二）现代方法

篮球教学的现代方法是近年来发展起来的以现代教学理论为依据的教学方法，具体来说，就是将当代信息论、系统论和控制论运用于教学实践中。现代方法主要针对传统教学中存在的某些弊端，通过合理的教学设计，在教学过程中将教师的主导作用和学生的主体作用最大程度的发挥出来，采用启发和诱导的方法，将学生学习的积极性和主动性充分调动起来，提高教学效率，在传授知识技术的同时注重培养学生的能力。

篮球教学的现代方法主要有掌握学习教学法、指导发现教学法、程序教学法、合作学习教学法以及案例教学法五种，具体如下。

1. 掌握学习教学法

以教学的目的任务和初始测量的结果为主要依据，将所教授的篮球教材内容分解成为具有不同层次的目标体系，就是所谓的目标分类体系。然后再以目标分类体系为主要依据制定出相应的评价标准。对教学状态的评价贯穿于教学的整个过程，包括教学开始、过程之中和教学结束。其中，教学开始的评价是初始评价，过程之中的评价是形成性评价，教学结束的评价是终结性评价。评价结束后，要将评价结果整理好反馈给教师和学生，使教师能够对教学目标的完成度一直保持充分的了解，并且通过采取重复教学、调整、强化和个别辅导等具体措施，使教学目标能够分层次地实现，从而达到所有学生的知识和技能都有一定程度的提高的目的。

具体来说，掌握学习教学法的整体模式如图 3-2 所示。

2. 合作学习教学法

从社会学习的理论的角度上来说，篮球教学组织可以说是一个社会活动的过程。这一教学方法的具体运用步骤为：教学开始后，请学生自愿分成人数不等的若干个小组，练习时要以小组为单位结成"伙伴对子"，要求小组内的技术骨干要起到带头作用，互帮互助。

为了取得较为理想的教学效果，需要注意的是，教学过程中的活动方式要多种多样，从而使学生能够更好地掌握篮球教学的内容，使学习成为学生之间合作的活动，最终让学生不仅能够按时完成学习任务，还能够喜欢这样的学习环境和人际关系。

3. 程序教学法

程序教学法，也被称为学导式教学法或小步子教学法。具体来说，这种教学方法以认知规律和技能形成的规律为主要依据，可以将篮球技战术教学内容分解成为若干个相互联系的小步子，使之成为便于学习的逻辑序列，并且建立相应的评价信息反馈系统。程序教学法的主要步骤是：教学开始以后，学生以小步子的方式进行学习，学习结束后对学习的情况进行及时的评价，然后再按照评价结果及时反馈学习效果如何。如果达到了这一阶段的教学目标，那么就按照正常进度进行下一步学习；而如果没有达到既定的教学目标，那么就应该返回去重新学习，并根据实际情况配以相应的校正措施。

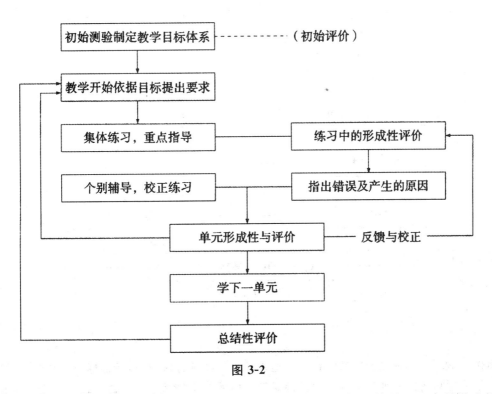

图 3-2

　　一般来说,在篮球技术教学中采用这种新学法往往能取得较好的效果。程序教学法的整体模式如图 3-3 所示。

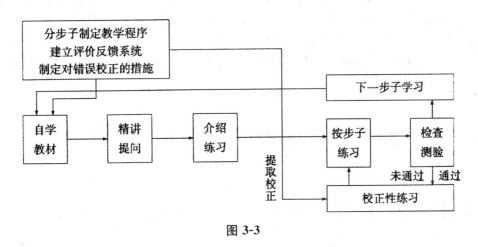

图 3-3

4. 指导发现教学法

　　关于指导发现法,主要包括两个方面,因此,可以从两个方面进行理解:一方面,是教师的指导,教师以指导语的方式改造所授篮球教材内容,从而达到使学生自行解决的程度,并且将一些相关的观察和分析的直观感知材料提供给学生;另一方面,是学生对问题的发现,学生通过在课前预习篮球知识、经历和理解,发现一些解决不了的问题,并且将其带到到课堂上寻找解答方案,而教师这时候要给予学生一定的指导以解决问题,最后采用分析和归纳的方法对这些问题进行总结。一般情况下,这种方法对于学习篮球战术、理解攻防关系和掌握技术要点较为适用,如果运用得好,往往能够取得较为理想的效果。

指导发现教学法的整体教学模式如图3-4所示。

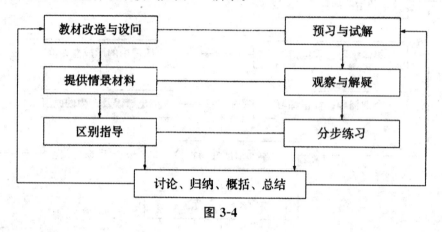

图 3-4

5. 案例教学法

案例教学法是一种在篮球教学过程中运用较为广泛的方法,其对于篮球战术配合教学、篮球竞赛组织编排和篮球规则与裁判方法的教学等内容的教学较为适用。这种教学方法的主要运用步骤是:首先按照教学大纲的要求,有针对性地选择篮球比赛中比较精彩的典型案例作为教材内容,并且在教学过程中对这些案例进行深入的分析,这样不仅能够让学生尽快地建立起相关概念,而且还能够使课堂气氛更加活跃,然后组织集体练习,最后达到掌握的目的。

另外,由于运用这种方法时,需要注意案例的选择不仅要能充分反映教学内容,而且还要具有典型意义,并且对学生的篮球运动基础也有一定的要求,因此可以说,案例教学法在篮球专修课的教学中采用较为合适。

第三节 篮球运动教学课与教学文件

一、高校篮球教学课的组织实施

关于高校篮球教学课的组织实施主要包括三个方面,即课的类型、课的组织、课的类型。这里所说的教学课是一个广义上的课,其包括两个部分,一个是理论知识的教学,一个是实践训练的教学。只有将课的理论与实践都熟练地掌握好,才能够取得理想的教学效果。下面就对教学课的组织与实施进行详细的分析和介绍。

(一)课的组织

在训练课的组织、控制和完成质量方面,都离不开教师,在这期间,教师起主导作用。由此可以得出,教师在组织训练时,首先要严于律己,以身作则;其次要做到诚恳热情,与学生成为交心的好朋友,这就要求教师不仅要关心学生的生活、歇息、思想活动,而且还要关心学生的技术水平;再次,不仅要做好一个称职的教育者、鼓励者,而且还要做一个虚心受教的受教育者,通过虚心地听取学生意见,将学生最真实的想法和需要综合起来,集思广益,把自己的意图、想法和要求告诉学生,使之成为学生自律、自觉的行为,这样不仅能够使训练效果得到较大程度的提高,而且还能够将学生的智力充分发挥出来,可以说,意义重大。

1. 课的组织的基本要求

在组织课时,一定要注重训练课的进行,因为上好训练课,是完成训练计划、提高训练水平、贯彻科学系统的训练的关键。训练课是在教学大纲的内容、顺序、要求和进度安排的指导下进行的,因此,一定要准确把握教学大纲的思想和精神。训练课的进行不是随意而为的,而是以学生运动员的心理和生理特点、篮球运动的特点以及运动规律为主要依据而有针对性地进行的。具体来说,课的组织应该做到以下几个方面的要求。

(1)加强学生的理论知识学习

使学生的理论知识学习得到进一步加强,需要从以下两个方面入手。

首先,要对学生的思想政治教育进行加强,明确训练的目的任务,使他们的训练积极性被充分调动起来,增强他们的荣誉感和责任感。在篮球训练过程中,教师需要完成的事情有很多,主要包括:坚持严格要求,严格训练;对运动员经常出现的问题要及时发现,并提出切实可行的解决方法;激励运动员尽可能地完成训练任务;等等。这部分在训练课中是非常重要的环节,是进行实践练习的基础和指导。

其次,教师还要在教学过程中全面贯彻党的教育方针,培养学生高尚的道德和意志品质。这也是一名合格的运动员最起码的素质。除此之外,还要根据学生的时机情况,有针对性地选择和运用各种方法、手段,将篮球运动的基本理论与技术传授给学生,使他们的各种实际能力得到提升,增进健康,增强体质。另外,还要使每次课都要承上启下,互相联系,只有这样,才能够使教学的完整性和系统性得到保证。

(2)加强学生的实践练习,提高综合运动能力和素质

篮球教学有自己的特点,要想顺利完成教学任务,就必须在组织上采取相应的有效措施。但是由于客观条件不尽相同,所采取的措施也就不尽相同。比如,有的学校,场地、器材少,班的人数又多,因此,这就要求在组织练习时就要从实际出发,使练习方法尽可能地灵活多变,这样不仅能使运动量得到一定的保证,而且还能使学生的积极性得到有效的提高。

在篮球教学课中,由于练习较为分散,照顾和组织管理工作的难度较大,这就要求尽可能地培养一些学生骨干,这样可以方便进行分组练习。有学生骨干带领、组织、帮助小组同学练习,不仅能够对教师进行教学活动起到良好的帮助作用,协助教师更好地完成教学任务,而且还能够在一定程度上使这些学生骨干的分析、组织、管理能力得到有效的增强,使他们发现问题、分析问题和解决问题的能力得到有效的提高,从而为我国的体育事业培养高素质、高水平的体育人才。

众所周知,篮球运动是集体性、对抗性很强的运动项目,在比赛和练习过程中,常常容易出现一些思想问题、场上作风问题、违反纪律问题等负面现象和做法。因此,在篮球课中,一定要注重思想方面的教育,严格要求学生的思想和作风,严格禁止负面现象和行为的出现,使篮球教学课能够顺利进行。

2. 课的组织的主要内容

训练课的组织主要包括运动员的组织、练习的组织、课的时间的安排以及运动负荷的安排四个方面的内容,具体如下。

(1)运动员的组织

这方面内容可以分为两种形式,一种是集体(全队或小组)训练,另一种是个人训练。通常来说,这两种训练形式往往是结合起来用的。

(2)练习的组织

这一组织内容主要是指训练课作业进行的程序和作业内容的安排,通常来说,都是首先进行基本技术练习,其次进行战术配合,再次进行全队战术训练,最后再进行教学比赛的训练。

(3)课的时间安排

一堂体育课的时间一般有两种,一种是 45 分钟,一种是 90 分钟。对课的时间的合理运用,对教学任务的完成以及教学活动的顺利开展有非常重要的作用和影响。对课是时间的安排,通常情况下,60% 的时间用于学习内容,40% 的时间则用来复习和巩固学习内容。

(4)运动负荷的安排

运动负荷的安排在训练课中是非常重要的环节之一。训练内容的组织安排是否得当,是否符合科学和客观规律,在很大程度上对一堂训练课的成功与否起着决定性的作用。当然,运动负荷的控制也不例外。在篮球训练课中,合理安排运动负荷和如何进行大运动负荷训练是一个必可避免的且非常重要的问题。解决好这一问题,不仅能够使学生的身体素质有很大程度的提高,在技术和战术训练水平方面也会大大提升,这非常符合实践的需要。由此可以看出,首先要根据学生的实际情况来确定运动负荷;其次运动负荷的增长要遵循循序渐进的原则,由小到大。另外,还要根据不同时期、训练阶段的任务将每次课的负荷强度和密度确定下来。一般来说,一次课应出现几次负荷高峰。通常情况下,进入到基本部分的前段时就应出现第一个高峰(较高),第二个高峰出现在到基本部分后段时。除此之外,保持训练的完整性和系统性也是需要注意的一个重要方面。

(二)课的类型

所谓课的类型,就是指课的种类,课的类型对课的功能起着很重要的决定性作用,即课的类型不同,其功能也不尽相同。深入认识课的分类,恰当选择课的类型,能够在一定程度上帮助教师对各类课的性能有更好的了解和认识。教学目标要贯彻在每一节课上,这样才能够使各类课的功能得到充分发挥,使教学过程的完整性得以保证,从而使教学效率和保证教学质量得以提高。

这里所说的课主要分为两种,一种是教学课,一种是训练课。这两种类型课又可以分为不同的具体类型,具体如下。

1. 教学课的类型

教学课的类型主要有理论课,实践课,考试、考查课,实习课,具体如下。

(1)理论课

理论课,主要是指对理论知识的教学课。这种类型的教学课可以采取的教学形式主要有:讲授课、自学答疑课和讨论课等。具体可根据实际情况进行有针对性的选择。

（2）实践课

实践课，是对篮球技术、战术以及比赛等的实践练习教学课。这种类型的教学课可以采取的教学形式主要有：技术教学课、战术教学课、教学比赛等。另外，还可以以实际情况和需要为主要依据选择和运用其他类型的教学课。

（3）考试、考查课

考试、考查课，是对所学的理论知识与实践知识进行考核和评价的教学课。这种类型的教学课可以采取的教学形式主要有：口试、笔试、技评、达标与比赛和作业等。

（4）实习课

实习课，是对所学的有关教学以及比赛的相关知识进行实习的教学课。这种类型的教学课可采取的教学形式主要有：教学实习、竞赛组织和裁判实习等。也可以根据实际情况选用其他教学形式。

2. 训练课的类型

训练课的类型大致可以分为身体训练课，技术、战术训练课，比赛训练课，综合训练课，调整恢复训练课，测验课。下面就对这六种训练课的类型进行简要的介绍。

（1）身体训练课

主要是对身体素质的训练，其主要目的是发展运动素质，使身体机能水平有一定的提高，从而适应较高强度的训练和比赛。

（2）技术、战术训练课

主要是对篮球的技术和战术的训练。提高技术、战术水平，以及技战术的综合运用能力，是这一类型训练课的主要目的。

（3）比赛训练课

主要是对比赛中各项能力的训练。对运动员技战术的灵活运用能力和比赛适应能力，是这一类型训练课的主要目的。

（4）综合训练课

主要是对以上三种训练课内容的综合。即将几种训练课的形式结合起来进行，其主要目的是使身体素质、技战术以及比赛等多方面的综合水平和能力有所提高。

（5）调整、恢复训练课

主要是对训练过后身体机能的恢复和调整。这一类型训练课主要用于过渡期，用来消除疲劳、恢复体力，从而使技术水平得到保持。

（6）测验课

主要是对摄体素质指标以及运动水平指标的检测。通过对各种指标的测验，来对训练水平进行评定，是这一类型训练课的主要目的。

（三）课的结构

课的类型在很大程度上决定着课的结构，可以说，有什么样的课的类型，就有什么样的课的结构。

所谓课的结构，是课堂教学与训练的内部组织形式，具体是指课的组成部分以及进行的顺序和时间的分配。课的结构理论具有非常重要的作用和意义,掌握和运用好它,不仅能够帮助教师合理地规划和操作教学训练程序,对教学训练的时间进行科学的分配,对教与学、训与练的活动进行全面协调,更加严谨地组织教学内容,使教学课堂显得更加紧凑,并且能够在规定的时间内,更加有效地完成教学任务。

1. 理论课的结构

理论课的结构可以分为两个部分,一个是新授课,一个是复习课。下面就对这两种理论课的结构进行简要的介绍。

(1)新授课

新授课的结构通常有四部分,即组织教学、导入新课、讲授新课和布置作业。其中,非常重要的核心环节是讲授新课,这一部分往往使教师花时间,费力气。通常情况下,在这部分中,教师单纯讲解的时间占13%～15%,因为时间太长会影响学生的练习时间,不利于教学效果的取得。

(2)复习课

帮助学生巩固已学过的知识,进一步强化,并加深理解,融会贯通,是复习课的主要目的。复习课的基本结构主要有三个方面:一个是组织教学,提出复习的目的和要求;一个是运用多种方法复习;还有一个是小结。

2. 实践(训练)课的结构

在篮球教学过程中,不论是实践课还是训练课,通常都由准备部分、基本部分和结束部分三个部分组成。下面就从目的、任务、内容组织方法、时间安排等几个方面对这三个部分进行详细的分析和介绍。

(1)准备部分

①主要目的。

使学生从生理、心理上尽快进入工作状态,为顺利完成课的任务做好准备,以避免学习状态不佳,是教学课的准备部分主要目的。

训练课的准备部分主要目的是使学生从生理和心理上做好承受较大和最大运动负荷的准备,以避免运动损伤的发生。

②主要任务。

教学课的准备部分的任务主要有两个方面,一方面,是组织学生,集中注意力,以提高教学效率;另一方面,是加强神经系统、内脏器官及各肌肉群的活动,提高其兴奋性,以增强课堂的学习气氛。

③主要内容。

首先由班长、队长或值日生整队并清点出席人数,向教师报告;教师进行考勤检查,并将本次课的任务与要求向学生进行较为简要的说明。准备部分的训练内容主要取决于基本部分的教学、训练内容,换句话说,就是根据基本部分的教学、训练内容的需要,选择准备活动的练习。通常情况下,准备部分的练习内容,主要是由走、跑、跳、各种控制球、支配球和徒手体操、游戏的练习组成的。训练课不仅要做一般准备活动,而且还要根据实际需要做专门的准备活动。

④组织方法。

通常情况下,都会采用集体形式进行课的组织,但并不是所有教学和训练都是以集体的形式进行的,也有特殊情况,比如,训练课有时根据需要也可以给一定时间做个人的特殊准备活动,具体要根据实际情况和需要进行灵活的变通和调整。

⑤时间安排。

在教师的组织下做好进入训练状态的准备是准备部分的主要目的,其中,身体准备活动是一堂训练课中不可缺少的重要部分之一,这部分的时间通常会安排15~20分钟。准备活动的具体内容具有非常重要的作用和意义,主要表现在两个方面:一方面,能够使学生集中注意力,充分放松身体;另一方面,能够为基本部分的活动打下一定的基础。

(2)基本部分

①主要目的。

发展身体素质,形成、巩固和提高技战术水平和技能发挥水平,培养良好地道德意志品质,是教学课的主要目的。

训练课的主要目的不仅包括教学课的主要目的,而且还致力于提高比赛能力和适应能力。

②主要任务。

教学课基本部分的任务主要有三个方面:一方面,是以教学大纲、训练计划的要求为主要依据,通过不断创造各种有利条件,使学生掌握和提高技战术水平和技能,同时,也要有针对性地提高其运用能力;一方面,要循序渐进地加大运动量和强度,发展运动素质,增强体质,提高篮球意识、技巧和运动水平;另一方面,要进一步加强思想教育和心理训练,培养学生良好作风和拼搏精神。

③主要内容。

教学课的主要内容是以教学大纲的内容、教学进度的安排为主要依据,通过对学生情况的了解和认识,有针对性地选择各种发展身体素质的练习、提高技战术水平的练习以及培养各种比赛能力和适应能力的练习。

以训练计划的安排为主要依据,通过各种各样的练习和比赛,比如,个人的、小组的、全队的身体练习、技术和战术练习、教学比赛、对外比赛等,来发展各项素质和能力,以提高实践能力,这就是教学课基本部分的主要内容。除此之外,还要根据各个时期的具体任务,循序渐进地增加运动负荷量和运动强度,更大程度地增强运动员的各项素质和能力。

④组织方法。

基本部分的组织方法通常都是以合理安排教材内容为主要途径,来组织教学活动的。教学课进行教材内容的安排时,通常都是先教新教材,然后复习旧教材,进行知识的巩固和强化,运动量较大的教学比赛或者发展身体素质的专门练习放到最后进行。在进行实践课的教学时,要以课的任务和学生的具体情况以及课的时间、场地、器材等条件为主要依据,来有针对性地选择较为合适的练习方法和手段。

需要注意的是,在教学过程中,要遵循循序渐进的原则,具体来说,应该做到以下两个方面的要求:一方面,进行技术教学时,要先教单个动作,然后再将单个技术动作组合起来进行练习,比如攻守对抗练习,最后将这些技术动作运用到比赛中;另一方面,进行战术教学时,要先教基础配合,后教全队配合战术,最后将这些简单与复杂的战术运用到比赛中。

⑤时间安排。

教学课(两节课连上的)的时间安排一般在70分钟左右。训练课的时间安排通常占全课时的70%左右。

(3)结束部分

①主要目的。

使教学工作能够有组织地结束,使学生从学习状态逐渐恢复到相对安静、放松的状态,是教学课结束部分的主要目的。

具体来说,训练课的结束部分其主要目的则主要是通过使体内积存的乳酸加速排除,使运动时的氧债得到一定的补偿,使参加运动的肌肉尽快地恢复到运动前的状态,而最终使运动员从生理上逐渐由运动状态平复下来,从心理上由激状态逐渐恢复到平静状态。

②主要内容。

激烈的训练结束后,应该适当地做一些整理活动,以使学生由激烈的运动生理状态和紧张兴奋的心理状态逐渐缓和、平复下来,恢复到训练前的状态。结束部分的主要内容有:关于慢跑、游戏、放松练习和注意力转换的练习,除此之外,一些运动量不大的罚球、投篮练习也是较为合适的选择。具体要根据实际情况和需要进行有针对性的选择和运用。

另外,教学课结束前,还要进行小结和讲评工作,主要有两种形式:一种是由教师对本次教学课进行小结;另一种是由师生共同对本次教学课进行小结。对小结的要求主要有三个方面:第一,要简短扼要,有针对性;第二,要以表扬为主,批评为辅;第三,要以正面教育为主,尽量不进行负面教育,以免起到反作用。

③时间安排。

一般情况下,教学课结束部分的时间是5~10分钟,训练课结束部分的时间是15分钟左右。

3. 训练课实施应注意的事项

在训练课的实践中,为了保证训练课的顺利进行和效果,需要注意以下几个方面。

(1)要对运动负荷进行科学合理的安排

在训练课中,对运动负荷的合理安排以及进行大运动负荷训练,这不仅是训练工作中的一个非常重要的方面,而且还对学生身体素质和技战术训练水平的迅速提高有很大的影响,有利于学生逐步适应实践需要。训练课的内容安排得是否科学、合理、负荷运动规律,在很大程度上决定着这堂训练课是否成功,当然,运动负荷的控制也不例外。

(2)要有充足的训练时间作保证

高校篮球队训练不像专门的篮球训练,具有其自身的特点,即队员不仅要进行篮球运动训练,还要参加文化课学习,因此,充足的运动训练时间是非常重要的。一般情况下,高校篮球训练的时间是1.5~2小时。这就要求教师要在有限的时间里,科学、合理地控制好运动量,掌握好篮球训练效果,从而确保训练任务的完成。

(3)要保证采取的训练方法和手段是科学合理的

教师要组织好一堂训练课,不仅要确定好明确的目的、任务,还要以此为依据采用科学合理的训练方法和手段,来对各项练习进行安排和组织。换句话说,只有正确掌握科学的训练方法,运用合理的训练手段,才能取得较理想的训练效果,才能使技战术水平和身体素质的提高得到保证。

（4）要有针对性地选用理想的组织形式

篮球运动训练的组织形式有很多，训练课是篮球运动训练的基本组织形式，除此之外，个人训练、早操等也是篮球运动训练的重要组织形式，与集体训练课互为补充。

提高运动员的技战术熟练程度，进一步改进个人技术动作的缺点和不足，发展各项运动素质和能力，是个人训练的主要目的。个人训练作业对集体训练起着补充和辅助的作用，通过运动员的独立思考和反复实践，逐渐领悟技战术的运用技巧和规律，并逐渐形成自身独特的风格。需要注意的是，安排个人训练作业一定要以运动员的实际情况、教学任务、目的等为依据，有针对性地进行安排，从而取得理想的训练效果。

早操是学生训练生活中非常重要的一个环节。其具有非常重要的作用和功能，具体表现在三个方面：第一，能够增进健康、消除疲劳；第二，能够为完成当日的训练任务做好生理和心理上的准备；第三，能够增强运动器官的发展，进一步改进和强化技术动作。早操的内容主要包括：跑步、徒手操、辅助性练习、专门练习（基本功练习）等。具体要根据训练任务、目标、客观条件以及学生的实际情况等进行有针对性地选择和运用。需要注意的是，早操的时间和运动负荷要适宜，避免对学习和训练产生不利的影响。

二、高校篮球教学文件的制定

（一）教学大纲

篮球课程需要根据教学单位（教研室、组）和教师个人组织篮球课程教学工作进行的，而教师教学工作的正常进行则是需要教学大纲的指导的。教学大纲主要对课程教学的基本任务进行了规定，对课程教学工作的主导思想进行了充分体现，对教学的知识范围、教学时数进行了限定，并且对课程的考核方法和标准进行了确定。因此可以说，教学大纲是衡量教学任务完成情况进行衡量的主要依据。科学合理的教学大纲的制定对于篮球教学为学校的培养目标起到了非常积极的促进作用。

1. 教学大纲的结构和内容

一般来说，教学大纲主要由说明、正文以及参考文献目录三个部分组成。这三个部分的主要内容如下。

（1）说明

说明的主要内容包括本大纲的使用范围和对象，制定大纲的指导思想、原则，使用时应注意的问题三个方面。

（2）正文

正文的主要内容包括五个方面：第一，本门课程的教学目的、任务；第二，为完成教学任务而采取的主要措施以及考核的内容和方法；第三，教学内容的细目提要与基本要求、时数分配与各部分的比重；第四，组织教法的形式、方法、要求；第五，教材编选的原则。

（3）参考文献目录

参考文献目录是对主要的参考文献的相关情况的介绍，主要包括参考文献的作者、名称、题目、出版单位名称与机构、出版日期等方面。

2. 制定教学大纲的基本要求

在制定教学大纲时，为了保证教学大纲的科学性、合理性，需要做到以下几个方面的基本要求。

第一，以实际情况为主要依据，对教学计划所规定的培养目标和要求进行落实，并且明确提出教学目的任务。

第二，一定要确保教学内容的科学性、先进性和系统性。

第三，要以篮球运动的特点、本课程的任务和时数为主要依据，确定教材内容，并且要更加重视基本理论、基本技术与基本技能方面的教学训练与培养。

第四，要纵观整个教学过程，以教学内容的重要性为主要依据，对课时数进行合理的分配，使理论与实践的适当比例得到有力保证，确保完成教学任务，达到教学目标。

第五，考试内容要与学生的学习情况相符，要求做到以基本理论、基本技术与技能为重点。

(二)教学进度

以教学大纲的任务、内容和时数分配为主要依据，将教材内容具体地落实到每次课的教学文件中，即为教学进度。由此可以看出，在篮球教学进度中，教学内容逻辑的确定依据具体来说，就是篮球知识技能认知学习的基本规律，因此，能够将教学方法和教学策略充分反映出来。教学进度的科学、合理的制定，能够积极有效地促进教学质量与效果的提高。

1. 教学进度格式

在篮球教学过程中，教学进度的格式有很多，其中，较为常用的主要有两种，一种是名称式，另一种是符号式。

(1)名称式教学进度

在制定进度时，以课的顺序为依据将各类教材的名称填入表格的教学内容栏内，并且在课程类型内填写采用的组织方式，其中，理论讲授、实践教学和研讨等都要用到名称式教学进度。另外，还可以将一些其他相关事项填入备注栏中(表 3-1)。

表 3-1　名称式教学进度表

课次	教学内容	课程类型	备注
1			
2			
3			

(2)符号式教学进度

以编号顺序为主要依据将教材内容逐个列入教学内容栏内，然后再根据出现的先后顺序在相应的课次栏内画上"√"号。为了保证教学进度的合理性，一定要注意排列组合的科学性，只有这样才能够将每次课的教材安排和整个教材排列顺序及数量充分反映出来(表 3-2)。

表 3-2　符号式教学进度表

内容＼次数		一		二		三		四		五		六		七		八		九	
		1	2	3	4	5	6	7	8	9	1	1	1	1	1	1	1	1	1
理论部分	1											○		○		○		○	
	2																		
技术部分	1	△	×																
	2																		
战术部分	1																		
	2	△	×	×	×														
考核																		⊕	⊕

注："○"为理论课　"△"为新上课　"×"为复习课　"⊕"为考核

2. 制定教学进度的基本要求

教学进度能够在一定程度上影响着教学效果和教学质量,要使教学进度达到最佳的指导效果,在制定教学进度时,必须做到以下几方面的要求。

(1)要遵循循序渐进的原则

教学进度中,要根据教学的实际情况和教学需要合理分配每次课的不同教学内容分量以及合理搭配,还要遵循循序渐进的教学原则,逐渐提高学生的篮球技战术运用能力。

(2)在全面的基础上将教学重点突出出来

教学进度的制定要以教学大纲的要求和运动技能形成的规律这两个方面为主要依据,将教材内容安排到适当的位置。为了更加科学、合理地进行整个教学过程,要在全面考虑的基础上,有针对性地突出教学的重点内容。

(3)要将理论与实践科学合理地统一起来

理论课与实践课要合理安排,相互配合,应本着理论指导实践的精神,有针对性地安排好理论课教学。

(4)要以合理的逻辑关系和迁移原理为指导

在学习教材时,一定要注意充分体现出篮球运动知识单元和技术的合理逻辑关系。另外,学习教材时迁移原理的积极作用也是需要注意的一个重要方面,这样能够使消极的干扰得到有效的避免。

(三)教案

教案,就是我们日常所说的课时计划,是教师根据教学进度编制而成的。在教学过程中,教案具有非常重要的作用和意义。教案是教师上课的依据,同时,对于教师积累资料、总结经验、提高对教学规律的认识也具有非常积极的促进作用。除此之外,通过教案,还能够对教师的工作态度、业务水平等进行检查和考核。

1. 编写教案的要点

教案编写的过程是非常复杂的,涉及很多方面的因素,一般来说,在编写教案时,要重点对以下几方面要点进行重要把握。

（1）对教学大纲进行认真钻研

以教学计划为主要依据，通过纲要的形式编制关于教学内容的指导性文件，就是教学大纲。钻研教学大纲的意义主要体现在两个方面：首先，可以使教师对本学科的教学目的和任务有一个整体的了解和认识，这对于备课方向的正确地把握以及备课对总的目标要求的体现都非常有利；其次，能够使教师从总体结构上对本学科的知识体系进行了解，并且掌握各部分之间的内在联系，从而达到全面安排、'突出重点的目的。

（2）对教材进行仔细的研究

教材是教学大纲的具体化，不仅是教师教学的主要依据，而且还是学生学习的主要内容，因此，仔细研究教材是非常有必要的。为了满足不同的教学需要，研究教材的方式也有所不同，主要有两种形式：一是通览教材，就是在教师接受教学任务后，将教科书浏览一遍，将基本的结构和内容熟练掌握，并且对教材的编写意图要有所了解；二是精读教材，就是在授课之前，对教材进行仔细阅读和钻研，从而达到对教材内容耳熟能详的程度。

（3）将教学目标确定下来

教学目标是对教学结束时学生必须获得的学习结果或终点行为的预期。教学目标是一个整体，具体有不同的层次构成。以教学目标表述的抽象程度，可以将教学目标分为终极教学目标、中程教学目标、具体教学目标三个类型。

（4）对教学情境有充分的了解

为了使教案的编写能够更加科学、合理、可行，就必须对教学情境有一定的了解。"知己知彼"就充分体现出了解教学情境的重要性。具体来说，所谓的"知己"就是教师以自身的条件为主要依据来对教材进行深入细致的钻研；而"知彼"则是指对教学情境的深入了解。要达到理想的了解教学情境的效果，不仅要对学生有一定了解，而且还要对教学的场地和设备也有较好的了解。对教学情境有了较好的了解，对于教师根据多数学生的基本状况和个别学生的特殊情况，针对性地、恰当地确定教学的难点有非常积极的促进作用，然后综合教学重点、难点、教学情境，就能够对教学目标进行适当的调整，使教案的可行性更强，从而为理想的教学效果的取得奠定基础。

（5）对教学方法进行科学合理的选择

教学方法主要包括两个方面，即教师"教"的方式和学生"学"的方式，只有将两者较好地结合在一起，才能够取得理想的教学效果。科学、合理的教学方法是教学任务完成的重要途径。如果能够确定可行性较强的教学方法，能够在很大程度上提高学生对教学内容的吸收效果，达到全面增强身心素质的目的。但是，在选择教学方法时需要注意综合运用几种教学方法，尽量避免只运用某一种的弊端。

（6）对教学过程进行切合实际的设计

教学过程就是师生双边活动的过程，具体来说，一个是教师以发展学生的能力、进行思想教育为主要目的，而向学生有目的、有计划地传授知识和技能的过程；另一个则是学生在教师的指导下主动积极学习的过程。教学编写过程中非常重要的一步就是对教学过程的设计，因为教学过程设计得情况能够直接影响到教学任务的完成情况。

2. 教案的格式

在编写教案时，要注意格式的运用。一般来说，常见的教案的格式主要有两种，一种是表格式教案,一种是条文式教案。具体可以根据实际情况进行有针对性的选择。

(1)表格式教案

表格式教案是在确定了课的任务之后,按表格各栏的先后顺序,将每一部分的教学内容、组织教法、练习次数、运动量以及其他有关事项填入表格的形式。除此之外,还要注意在课后填写小结。表 3-3 就是表格式教案的基本形式。

表 3-3 表格式教案

上课时间: 　年　月　日　　　　　　　　授课老师:

班级			第　　周	场地器材与媒体	场地:
人数		男	第　　次课		器材:
		女			媒体:
教材内容				教学任务或教学目标	
重点难点					

教学过程	教学内容和达成目标	教学组织与方法		练习	
		教练员教法	学员学法	次数	时间
作业和参考文献推荐					
病弱处理					
课后小结					

（2）条文式教案

条纹式教案对于理论课的教学较为适用，除填写表格式课时计划规定的项目外，以讲授提纲与组织教法的方式配合理论课讲稿共同使用。

3. 编写教案的基本要求

教案编写的好坏，能够在一定程度上对教学效果产生影响。为了使教案的科学性和可行性得到有力保证，在编写教案时，需要做到以下几方面的要求。

第一，要明确本课的主要教学任务。教学任务以及教学目标的确定，是要以培养目标和大纲、进度的具体要求、教材的性质与学生的实际情况为主要依据的。

第二，要做到区别对待，因材施教。

第三，要对本课的客观条件有一个充分的了解，主要内容包括学生的人数、学生原来的基础、接受能力以及场地、器材、设备等。另外，还要注意合理选择和运用教法步骤、练习方法以及适当的练习次数和运动负荷。

第四，要在保证教学的完整性和系统性、做好课次之间的衔接、承上启下的基础上，遵循循序渐进的原则。

第五，要以本课的主要任务为依据来将合理的课的组织模式教法确定下来。这主要是由于严谨的教学组织形式是课堂顺利进行的重要保证。

第四节　篮球运动教学质量的测评

教学质量的测量与评价是教学管理的主要手段之一。在篮球教学训练中，经常对技术、战术、身体素质、战术意识等指标进行测量，对测验所得数据进行分析、对比，其结果可用于教学评价。教师和教练员可以依据测量的结果对教学、训练过程进行客观的分析，进而使教学工作得到调整和改进。因此，篮球教学评价是以一定的标准为主要依据，对在篮球教学过程中所采集到的系列信息进行判断的过程。

一、篮球教学测量评价的目的

对篮球教学质量进行测量与评价并不是可有可无的，其是有一定目的的。具体来说，可以将其大致概括为两个方面，具体如下。

（一）监控教学质量

采用科学的手段和方法对篮球教学过程进行测量与评价，对于有效地控制篮球教学过程具有重要意义。通过对教学过程中的各个环节的测量与评价，能够将教学中存在的问题及时发现出来，将评价的结果反馈给教师和教学管理部门，使其能够以此为主要依据，对教学工作作出及时、正确的调整和改进，从而使教学任务的完成得到有力的保证。教学过程评价主要由两部分构成，一个是阶段性教学工作，另一个是阶段性学习效果评价。一般来说，评价的内容有教师教学文件齐备情况，备课质量，教学组织，教法运用，作业与辅导，学生参加篮球课学习的主动性、学习兴趣、技术掌握情况等。这些内容通过简单的可观测指标来进行测量,获得教学过程中反映上述内容的有效信息,对信息进行科学分析,与常模(往届相同指标)参照标准进行对比,就可得出相对准确的评价结论。

(二)评价教学效果

篮球教学的效果评价,就是对教学任务实际完成情况进行的评价。具体来说,就是以教学大纲的有关规定为主要依据,采用大纲规定的方法对所有学生进行严格的考核,得到学生的学习成绩有效信息,对这些信息进行对比分析,使教师和学生都能够及时、准确地掌握教学的实际效果,从而对教学工作和学习行为进行有针对性的改进和调整,从而达到不断提高教学质量的目的。

二、篮球教学评价的内容

篮球教学评价的内容,通常为教学过程的可观测指标。首先要对指标含义进行界定,然后确定分级指标,并以指标的重要程度为主要依据进行加权,赋予相应的权重,制成过程评价指标体系和评价量表,从而为采用模糊评判的方法进行评价提供一定的帮助。具体来说,篮球教学评价的内容主要包括以下几个方面。

(一)对教学目标进行评定

对教学目标的评定主要包括两个方面的内容:一方面,是目标制定的合理性评定;另一方面,是教学目标达成情况的评定。合理性评定是对教学大纲和课时计划中确定的篮球教学目的任务进行客观分析,判断大纲的教学目标是否符合教学计划的规定,课时计划的目标是否符合大纲的规定。达成情况评定是指在教学过程中进行的对阶段目标完成情况和教学结束后进行的对教学任务完成情况的测量与分析,通过评价来准确地把握教学的进程,并对教学的效果作出客观的估计。

(二)对理论知识掌握情况进行评定

通过考核了解学生掌握篮球理论的情况,是理论知识评定的主要目的。一般来说,采用的测量方法主要有两种,即笔试和口试。另外,撰写论文也是较为常用的一种形式。下面就对这三种方法进行简要介绍。

1. 笔试

笔试分闭卷和开卷两种。闭卷主要考核学生对记忆性篮球知识的掌握程度,开卷主要考核学生运用知识分析问题和解决问题的能力。前者适用于低年级学生理论考核,后者适用于高年级学生的理论考核。

2. 口试

口试的方法对于各年级学生都是适用的。一般来说,低年级可以通过课堂提问的形式进行,高年级可以采用专题答辩的形式进行。通过口试对学生掌握篮球理论知识的深度和广度、分析和解决问题的能力及语言表达能力进行充分的了解。

3. 撰写论文

撰写论文是一种对综合能力进行考核的方法。必须把学习掌握的知识与篮球运动实践结合起来，是撰写论文的主要特点。因此，主要是对学生在理论知识的理解深度以及在实践中运用的能力进行充分的了解。

（三）对技术、战术掌握情况进行评定

采用一定的方法对学生学习掌握篮球技术、战术情况进行测量，是教学过程的重要环节。在课程教学过程中和结束时进行的临场实践考试，测量的主要内容是技术、战术学习与掌握情况的信息。技术测量的内容包括两个方面：一方面，是学生经过学习后完成定量技术指标的能力，即技术达标，如命中次数和运球跑动的速度等和技术评定；另一方面，是学生经过学习后完成定性指标的能力，即技术评定，如投篮技术动作的规范性、防守动作姿势的规范性和对抗的能力等。

（四）对其他内容进行评定

篮球教学测量与评价的内容很多，在不同教学层面上要求有不同的测量与评价内容。例如，教学起始状态的测量与评价，主要对学生学习篮球课程前的基础情况进行分析，在篮球教学实践中大量采用；篮球意识的测量与评定，主要对通过教学训练，学生在篮球意识水平方面提高的情况进行分析；裁判能力的评定，主要对学生通过学习所达到的裁判能力进行测量，授予相应的等级裁判员称号；篮球运动能力的评定，通过参加比赛和获得的比赛名次，对学生的篮球运动能力进行判定，授予相应的等级运动员称号等。无论进行何种内容的测量与评价，都必须采用与之相适应的方法，从而使测量与评价的真实性得到有力的保证。

三、篮球教学测量与评价的原则和方法

（一）篮球教学测量与评价的原则

篮球教学的测量与评价要遵循科学性与可行性相结合的原则。科学性集中表现在测量的可靠性、有效性和客观性三个方面。其中，可行性是指评价的过程与方法和篮球教学的实际情况相符，现有的条件能够保证实现评价的目标，在教学实践中能够应用。将科学性与可行性有机结合起来，就要求学习掌握有关测量与评价的基本知识，熟悉篮球教学的基本规律，在不断的实践探索中构建篮球教学的评价体系。

为了保证评价的科学性和准确性，必须测量到可用于评价的信息。指标是信息的载体，在设定测量指标和方法时，需要遵循的原则主要有三个方面，即可靠性原则、有效性原则以及客观性原则。

1. 测量的可靠性原则

重复使用同一考试方法衡量学生成绩时，所得到的结果的一致程度，就是所谓的可靠性。对同一批学生反复多次进行同一方法的测验，测得的结果具有高度的一致性，说明测量的可靠性较高；反之，则说明测试的结果缺乏可靠性。

2. 测量的有效性原则

测量的方法与拟测量内容之间的一致性程度，就是所谓的有效性。有效性的程度能够将拟测事物的本质特征反映出来。因此，选择的测量与评价指标必须具有明确的指标含义。测量篮球技能的方法很多，要注意可行性，选用哪种方法能够准确地反映教学大纲规定的技能考试内容，要经过有效性的检验。

3. 测量的客观性原则

在篮球考试中，若干个主试教师对学生完成篮球技能评价的一致程度，就是所谓的测量的客观性，也就是评价或评分的可靠性。主试教师们的评分一致程度高，说明大家的评价看法一致，尺度掌握相近，这样的测量结果客观性较强；反之，说明分歧较大，测量的结果缺乏客观性。客观性差的测量结果，其可靠性必然差，不能对教学作出准确的评价。

（二）篮球教学测量与评价的方法

1. 定性指标的设计与实施

那些无法用具体度量单位来衡量而又必须测量的指标，就是所谓的定性指标。在篮球教学实践中，定性评价指标被大量采用，各类篮球课程的考试、考核中采用的技术评定就属于定性指标。以篮球技能教学的特点为主要依据，可以将定性指标分为两大类：一类是技术动作完成的规范程度指标，依据预先确定的技术规格进行分数赋值，测量时由多名主试教师根据受试学生完成技术的实际情况来评定分数；另一类是技术动作完成的熟练程度指标，依据主试专家的经验进行分数赋值。定性指标的分数赋值通常要进行细化，使其表示技术若干环节的完成情况。下面以投篮技术的考核为参考实例，说明定性指标的设计与实施方法。

（1）测量与评价的内容：跳起投篮技术。

（2）指标选择：1分钟内连续投篮时完成动作的规范性得分。

（3）指标含义：学生在1分钟内连续进行跳起投篮时技术动作的规范性和稳定性能力。

（4）数据采集方法：聘请若干名非任课教师同时对受试者技术完成情况进行技术评定。分数取值为去掉一个最高分、一个最低分，取剩余分数的平均分。

（5）测量方法：受试者在以球篮中心垂直投影点为圆心、以4.23米距离为半径的弧线外，进行为时1分钟的连续跳起投篮。球出手后应立即冲抢篮板球，接球后采用运球的方法移动至线外，接球急停做下一次跳起投篮。连续往复进行，到1分钟止。

（6）评分标准如表3-4所示。

表 3-4   1 分钟跳起投篮技术评定分数参考实例表

技术环节	评分点	得分
投篮用力与手法(20分)	手法正确,用力精确	17~20
	手法较正确,不熟练	12~16
	手法不正确	11 以下
起跳动作与腾空(20分)	动作正确,起跳有力	17~20
	动作较正确,力量差	12~16
	动作不正确	11 以下
整体姿势规范性(5分)	姿势正确,整体性好	5
	姿势正确,不够协调	3
	姿势错误	2 以下
连续与熟练性(5分)	动作连贯,非常熟练	5
	动作连贯,尚熟练	3
	动作不连贯,不熟练	2 以下
总计分数	50 分	

2. 定量指标的设计与实施

那些可以用具体度量单位来衡量的指标,就是所谓的定量指标,如命中次数、跑动速度和跳起高度等。篮球教学中采用的定量指标可以大致分为三大类,即速度指标、高度指标和准确性指标。各类指标的选用依据测量与评价的目的而定,如测量技术熟练性可采用速度指标,测量弹跳能力可采用高度指标,测量投篮和传球可采用准确性指标。采用定量指标进行教学测量与评价,必须事先依据一定的样本制定出测量的方法和评价标准,使方法与受试对象的总体水平相适应。评分表的制定可采用统计学的方法,使分数赋值具有较好的区分度,客观反应受试者的实际水平。下面以运球跑动投篮技术考核作为供参考的实例,对定量指标的设计与实施方法进行详细的分析和说明。

(1)测量与评价的内容:运球跑动投篮技术。

(2)指标选择:半场四次运球跑动投篮的速度。单位为时间。

(3)指标含义:连续完成四次快速跑动投篮技术的熟练性和能力。

(4)数据采集方法:三名主试教师用秒表计时,去掉最高和最低成绩,取中间成绩,依据查分表进行分数赋值。

(5)测量方法:受试者在边线中点持球站立,起动用外侧手运球跑动投篮,投篮的方式不限。投中后(如不中须补中)立即抢篮板球向对侧边线中点用外侧手运球移动,至中线并踩到线后快速折回,用外侧手运球跑动投篮。往返两次,投中四次篮后结束。主试者在受试者起动时开表,至第四次投中篮时停表。

(6)成绩查分如表 3-5 所示。

表 3-5　运球往返投篮技术测验达标评分参考实例表

男生		女生	
成绩(秒)	得分	成绩(秒)	得分
29	10	34	10
30	9	35	9
31	8	36	8
32	7	37	7
33	6	38	6
34	5	40	5
37	4	42	4
39	3	45	3

注:如成绩在两个分数之间,则按上一个分数计算。

第四章　篮球运动的训练理论

第一节　篮球运动训练概述

一、篮球运动训练的理论

(一)周期训练理论

在体育运动训练中,周期训练理论是安排训练和制定训练计划的基础。这种理论是从事体育运动训练事业的相关人员通过对运动训练规律的深刻认识而提出的,其依据是训练适应性的形成规律、竞技状态发展规律、疲劳与恢复规律。

周期性运动训练运用在篮球运动训练中主要是以循环往复的方式进行。这种循环和重复并不是一种简单的重复,而是一种在打好每一个动作基础的前提下不断提高训练的要求,从而使运动员不断提高竞技能力与水平。周期性是运动训练的基本规律之一,它的实质在于系统地重复各个完整的训练单元,包括训练课、小周期、中周期、大周期。以周期为基础来安排训练就能把训练任务、方法和手段系统化,并能保证其连贯性。

1. 训练适应原理

训练适应,是指由运动而产生的有机体与施加负荷的外环境不断取得平衡的过程。其基本特征主要包括以下几点。

(1)普遍性。普遍性是指机体在形态、机能、运动素质、技术、战术和心理过程等方面都能发生训练适应现象。

(2)特殊性。特殊性是指机体对训练适应的特殊性,表现在不同性质的运动负荷可以引起特殊的适应性变化。

(3)连续性。连续性是指由于机体在形态机能、运动素质、技术、战术、心理等方面的适应具有异时性的特点,便导致了机体全面适应以渐进积累的方式而形成。

(4)异时性。异时性是指机体由于运动训练而产生适应性变化需要一定的时间,而机体各个方面的训练适应现象出现的时间也有所不同。机体在机能上的适应性变化往往先于结构的适应变化。

2. 竞技状态的形成原理

竞技状态，是指运动员获取优异成绩的最适宜状态。竞技状态并不是一种客观实体，但它却真正的存在并影响着运动员的竞技表现，如两名实力相差无几的选手对决，通常是当时状态较好的运动员获胜。竞技状态的形成与发展是一个连续的发展变化过程，主要包括以下几个阶段。

第一阶段是初步形成竞技状态阶段。此阶段又分为两个小的阶段：前一个阶段为"形成竞技状态前提条件阶段"，前提条件包括有机体机能水平不断提高，运动素质得到全面发展，专项运动技术、战术的形成和心理素质的初步养成；后一个阶段为"初步形成竞技状态阶段"，这一阶段竞技状态的形成、发展具有专项化的特点，彼此有机、和谐地结合起来，形成了一个完整的统一体，基本上形成了竞技状态。

第二阶段是发展和保持竞技状态阶段。这一阶段的主要任务是进一步发展和保持竞技状态，并使运动员在参加重大比赛前，通过赛前调控和热身赛等手段，达到最佳竞技状态。

第三阶段是竞技状态暂时消失阶段。此阶段中竞技状态暂时消失，运动员进入调整、恢复阶段，并为进入下一次竞技状态周期做好准备。

（二）训练调控理论

1. 超量恢复原理

超量恢复理论，是指在运动后的恢复过程中，会出现被消耗的能源物质含量不仅能恢复到原有水平，而且在一段时间内超过原有水平的情况。超量恢复理论在调控中的作用主要表现在以下两个方面。

（1）超量恢复是对未来重复进行较大运动负荷时能源物质再一次耗尽的一种预防性、保护性机制，是机体对运动负荷产生训练适应的第一阶段。在运动训练中，这一理论已经得到了广泛的运用，如间歇训练的间歇休息时间的掌握，就是根据恢复原理和规律选择反应的时间，使间歇休息中物质能得到一定程度的恢复。既能保证刺激强度，又能为进一步运动提供物质保证。

（2）超量恢复也为肌糖原填充法提供了理论依据。通过糖原负荷法，即在比赛前一周进行衰竭性训练，随后三天进行高蛋白、高脂肪膳食，使肌糖原水平下降，同时提高肌糖原的活动，最后三天进行高糖膳食。在这一周时间内完成一定的运动量和强度，并注意减少或防止肌糖原的多余消耗，使肌糖原产生明显的超量恢复，从而大大提高运动员的竞技能力。

2. 应激性原理

应激是人体对于外部强负荷刺激（包括生理和心理刺激）的一种生理和心理的综合反应，它是指当有机体受到异常刺激时，身体就会引起一种紧张的心理状态，这种状态称为应激。

将应激学说应用于运动训练中，不只是为了防御机体的衰竭过程发生，避免过度训练，更重要的是对运动负荷后恢复期中如何改变酶的活性和细胞的通透性，从而对恢复过程进行调整，以加强合成代谢，加速适应的过程。因此，在运动训练中，不但要掌握应激过程中肾上腺皮质系统的活动，而且要充分提高垂体性腺系统在合成代谢中的机能。运动应激提高人体机能的适应过程一般包括机体能源储备能力、机体调节能力和机体防御能力等。而运动应激的核心是激素调节，即由激素调节引起酶活性改变和机能储备提高，以及机体免疫能力提高等适应过程。

3. 恢复性原理

在恢复过程中,恢复的各个阶段基本上是一致的,但在恢复的时间上却表现出明显的异时性特点,这对运动训练的安排与调控具有极为重要的作用。这种异时性主要表现在以下方面。

(1)不同的能源物质的恢复速度不同。篮球运动活动是以 ATP-CP 和乳酸系统为主。

(2)不同的运动负荷恢复的速度不同。负荷越大,恢复越慢,负荷强度比负荷量恢复得快。

(3)不同的器官的恢复速度不同。首先是大脑和神经中枢的恢复,其次是心血管系统的恢复。最后是肌肉和心理的恢复。

(4)不同训练水平的运动员恢复的速度不同。训练水平越高,恢复速度越快,反之越慢。

在运动训练中,运动活动之后的恢复过程具有时值不等现象,即机体各种机能的恢复和超量恢复不是同时发生的。根据恢复过程的规律,在运动训练实践中会出现两种不同的恢复类型。完全恢复是指负荷后人体机能恢复到或超过原有水平时进行下一次训练。完全恢复用于下列训练过程:①协调和注意力集中训练;②最大力量训练;③反应和速度训练;④技术训练;⑤比赛练习。另一种是不完全恢复,是指负荷后人体机能已大部分恢复,但尚未达到原有水平时进行下一次训练。不完全恢复用于下列训练过程:①速度耐力训练;②力量耐力训练;③专项耐力训练;④意志力训练。

4. 运动负荷训练原理

运动负荷,是指运动训练中运动员有机体承受运动刺激并由此产生的机体内部生理效应和心理效应的一系列变化的应答过程。

没有运动负荷的训练就不能称之为训练,甚至不能称之为体育运动。运动负荷是体育运动的基本特点之一,是运动训练负荷的特征,是给运动员的负荷能冲击自身的"生理极限",最大限度地挖掘其内在潜力。具体表现在以下方面。

(1)负荷水平的极限化。

(2)负荷水平的动态化。

(3)负荷内容的专门化。

(4)负荷内容的定向化。

(5)负荷量度的个体化。

运动负荷具有以下共同的特征。

(1)个体性。由于运动员的生理机能、素质、技术和战术要求的不同,他们所承受负荷的能力也不同,因而安排的运动负荷应具有明显的个体性特点。

(2)目的性与选择性。任何负荷结构都有它一定的目的性和功能特点,根据训练任务和目的来选择。

(3)定量性与等级性。负荷的表示有两种方法,一种是以大、中、小定性方式表示,另一种是以具体的定量方式表示。在训练中,为了提高负荷调控的精确性和科学性,越来越趋向各负荷量度的定量化。

(4)调控的综合性。同一个总负荷可以由不同的量和强度组合而成。

(5)负荷的动态性。运动负荷是一个持续的过程,这与训练过程的持续性直接有关。运动负荷表现出的动态性有负荷的连续性与系统性、负荷的节奏性、负荷的周期性的特征。例如,当运动员在训练周期中时,由于每天的训练较为系统,运动员的身体状态保持的就相对良好,此时可以按照训练计划适度加量;如果当运动员进入假期后,再开始训练时就需要降低运动负荷以使其身体慢慢适应。

二、篮球运动训练内容与任务

(一)篮球运动训练的内容

任何一项体育运动训练都会有训练内容,这些内容具有很强的针对性。篮球训练的内容主要包括身体训练、技术训练、战术训练以及心理训练等。具体训练内容的选择应根据球队的发展方向、训练任务、运动员的条件、训练时间和场地器材等情况来确定。

1. 身体训练

身体训练是指运用各种身体练习,有效地影响人体各组织、器官机能代谢及形态结构,从而达到促进健康、提高竞技能力目的的训练。

(1)身体训练的内容

篮球运动中的身体训练包括一般身体训练和专项身体训练。

①一般身体训练

一般身体训练是指在篮球运动训练中,运用多种非专项身体练习的手段。目的在于增进运动员身体健康,改善身体形态,提高各器官系统的机能水平,全面发展各项运动素质,为专项训练打下基础。

②专项身体训练

专项身体训练是指在篮球运动训练中,采用与篮球运动特点相似的方法进行的速度、力量、耐力、柔韧、灵敏、弹跳素质的专门训练。

A. 速度训练:篮球运动所要求的速度,是在短距离内能迅速发挥的最快速度,并能控制重心,及时变化。因此,篮球运动员的速度训练应以提高各种情况下的起动速度,快跑的速度,变化方向、变换动作和各种曲线跑的技术和频率,以增加跑的强度为主。

速度素质训练采用的方法:重复训练法、时间感觉训练法、比赛法和游戏法等。

B. 力量训练:篮球比赛的对抗性越来越强,身体接触越来越频繁,强壮和力量就成了占据主动和优势的重要因素之一。因此,篮球运动员必须具有很好的绝对力量和爆发力量。

一般力量训练的方法:静力性(等长)训练法、动力性(等张)训练法、超等长训练法、等动性训练法、退让性训练法、组合训练法。

随着力量训练方法的发展,根据力量素质成分的需要,可将各种力量训练方法进行组合,并采用相应的负荷安排。

训练方法:最大力量训练法、快速力量训练法、反应法、力量耐力法、电刺激法等。

C. 耐力训练:篮球运动具有比赛场次多、比赛时间长、速度快、奔跑距离长、动作重复次数多、对抗强度大等特点,要求运动员具有在较长时间内保持高强度工作的能力,所以篮球运动员必须达到较高的耐力水平,尤其是专项的速度耐力。

训练方法:有氧耐力训练法、无氧耐力训练法、肌肉耐力训练法等。

D. 柔韧训练:篮球运动中经常有快速奔跑、急停与跳跃、转身、跨步、空中动作的变化、地面位置的争夺与控制都要求运动员的各关节、韧带和肌肉具有大幅度伸缩变化和抗强拉伸的坚韧程度,特别是肩关节、躯干、髋关节、膝关节及踝关节的灵活性,更是篮球运动员必备的柔韧素质。

训练方法:主动性训练法和被动性训练法。

E. 灵敏训练:篮球运动要求运动员具有反应速度快、应变能力强和动作灵活多变的能力。通过对灵敏素质的训练,可使大脑皮层的灵活性及神经过程的相互转换能力都得到提高。因此,在训练中,应建立多种多样的动力定型,这样才能使运动员具有随机应变、针对不同情况迅速做出各种不同反应的能力。

训练方法:与其他素质的训练结合进行。

F. 弹跳训练:弹跳力是篮球运动员的一项重要的身体素质,弹跳力强,不仅可以增加争夺空间的能力,而且有助于掌握高难的技术动作。篮球比赛中,抢断球、争抢篮板球、盖帽和补篮、跳投、扣篮时,既要跳得高,又要跳得及时和连续跳,这是争取空间优势所必备的条件。

训练方法:发展下肢力量以伸膝肌、伸踝肌为主,注意提高股后肌群的力量和伸展性的方法;在提高伸膝肌、伸踝肌的向心收缩力量和速度的基础上,加强其离心收缩力量的方法;在力量练习中采用大重量、少次数的方法;用速度练习改善肌肉机能,同时提高股后肌群的力量和伸展性,提高起跳技术的训练方法。

(2)身体训练的基本要求

①在多年训练过程中,要合理地、全面地、有计划地安排身体训练。

②身体训练要根据篮球运动专项特点、训练对象、训练时期、比赛要求、训练条件等具体要求,进行科学合理的安排。

③身体训练要与篮球技术、战术、恢复、心理训练相结合。

2. 技术训练

任何正确战术意图和先进战术配合的实现,都要求运动员必须掌握一定数量和质量的技术动作作保证,只有技术掌握得扎实、熟练、全面,才能保证战术的多变性和高质量。所以说,篮球技术是篮球战术的基础。

(1)技术训练的内容

篮球技术的内容主要有进攻和防守两大类。每一类技术中,既有基本技术(单个技术),又有组合技术和位置技术。技术训练的基本方法有讲解示范法、心理训练法、完整与分解练习法、变换法、重复法、组合法、间歇法等。

(2)技术训练的基本要求

①技术训练应遵循从易到难、从简单到复杂的原则。先练习单个技术动作,再进行组合技术练习,然后根据运动员的特点和位置分工,进行专门的位置技术练习,逐步形成和发展个人技术特长。

②基本技术训练应贯彻始终。基本技术是掌握复杂技术和创新的基础。因此,运动员应该长期、系统地坚持基本技术训练,使基本技术与高难技术结合起来,不断提高技术水平。

③技术训练要全面安排,突出重点,发展个人技术特点。技术全面就是要求运动员全面掌握各种技术。在掌握全面技术的基础上,还要培养运动员的技术特长。

④技术训练要运用现代的科学理论知识和技术手段。随着篮球运动的发展;新的技术不断

替代旧的技术,在训练中要不断地提高训练的科学化水平,从而使运动员的竞技能力得到充分的发展。

⑤技术训练要适应篮球比赛规则的发展变化,严格按照规则规定进行训练。

⑥技术训练要与战术训练相结合。技术训练要以战术训练为背景,要适应战术的具体要求,运用战术局部配合的各种练习方法、手段,提高技术动作质量并培养战术意识。

⑦要充分利用运动技术间的积极迁移。在技术训练中,应根据技术动作结构的相似性和难易程度,安排技术练习的先后顺序,使其产生积极影响,促进新技术的形成。

3.战术训练

战术训练是指根据本队的实际情况和训练目标,在选择与设计战术打法的基础上,按战术基本结构、组织形式、配合方法进行系统的练习、运用和提高的一种教育过程。

(1)战术训练的目的

使运动员具有一定的战术素养,全面、熟练地掌握各种基础配合和整体战术配合阵势与方法,能在实战中应用。

(2)战术训练的内容

篮球战术训练的内容主要有进攻和防守两大类,每类战术中又有基础战术配合和全队战术配合,每种战术都可以在全场和半场范围内组织进行,而每一个战术又有多种战术阵形与方法。

(3)战术训练的基本要求

①要树立正确的以辩证唯物主义为指导的战术指导思想。战术指导思想是制定战术的准则。战术训练要正确处理高度和速度、进攻与防守、内线与外线、局部与全局、个人与整体的关系。在设计战术方案时,既要根据战术的发展,又要结合本队的实际情况。通过战术训练,建立本队的战术体系,形成本队的战术风格。

②战术训练应该遵循从易到难、从简到繁的原则,合理地安排战术训练内容的顺序。一般情况下,先练进攻,后练防守;先练局部战术配合,再练全队战术配合;全队战术训练先采用完整演示法,后用分解法,再用完整法。这种训练过程有助于整体地掌握战术。

③要十分重视培养运动员的战术意识。比赛中的情况瞬息万变,要求运动员根据临场情况的变化,及时、准确地观察判断,并迅速、果断地决定自己与同伴合理配合的行动。这就需要通过训练和比赛培养运动员机动灵活的战术意识。

④战术训练要与身体训练、技术训练、恢复训练、心理训练、智力训练相结合。要在战术训练中不断提高训练的水平。

⑤要把基础战术训练同整体战术训练结合起来。把基本战术训练与多种应变性战术结合起来才能适应比赛中战术变化的要求。

4.比赛训练

比赛训练是指组织竞争性的、有胜负结果的、以最大强度完成练习的一种训练。

(1)比赛训练的目的

在对抗条件下形成正确地进行比赛的能力。通过比赛训练促使运动员最大限度地动员自己的力量,改善个人技术及与同伴的配合,提高战术意识,培养运动员沉着、冷静、机智、果断的品质和顽强拼搏的精神。

（2）比赛训练的形式与内容

篮球比赛训练有教学比赛、检查性比赛、适应性比赛等。篮球比赛训练的方法有以下几种。

①采用"加分"或"扣分"的手段,鼓励或限制运动员在比赛训练中运用某些技术。

②采用模拟某一比赛对手的方法进行比赛训练。

③模拟比赛关键时刻的打法。

④采用调配比赛阵容的方法,设计不同的上场阵容。

⑤采取战术"暗号"的方法,提高运动员的战术变换能力。

⑥限制比赛规则中规定的时间。

（3）比赛训练的基本要求

①比赛训练的目的要明确,要求要具体。

②比赛训练过程中,要使运动员进入"角色"并全力以赴。

③教练员在比赛中要具体指导,并做好技术、战术统计和录像工作。

④比赛训练后,要善于运用统计资料进行分析研究,让运动员从个人和全队的角度进行全面总结。

5. 心理训练

心理训练是指有意识地对篮球运动员心理过程和个性心理特征施加影响,帮助运动员学会调节自己心理状态的各种方法,使之能更好地参加训练和完成复杂比赛任务的训练过程。

（1）心理训练的目的

培养运动员具有适应篮球比赛和训练中所需要的各种心理品质,克服在训练和比赛中出现的各种心理障碍,激起运动员从事训练和比赛的良好动机,提高自我控制、集中注意力和防止各种干扰的能力,使运动员能在训练和比赛的各种困难条件下,具有积极的、适宜的、稳定的心理状态,从而保证训练的成果在比赛中表现出来,创造优异的成绩。

（2）心理训练的形式与内容

篮球运动心理训练有一般心理训练、准备参加比赛的心理训练和比赛中的心理训练。在安排心理训练时,必须考虑它们之间的条件和相互依赖的关系,才能圆满地完成心理训练的任务。

心理训练的方法很多,在篮球运动训练中,主要采用的有模拟训练、放松训练、自我暗示训练、集中注意力训练、生物反馈训练、系统脱敏训练等。

（3）心理训练的基本要求

①对运动员进行心理训练的任务、内容、方法、要求的安排,都要由易到难,由简到繁,逐步深化,不断提高,这样才能收到良好的心理训练效果。

②要想获得良好的心理训练效果,必须激发运动员心理训练的需要,自觉地投入心理训练。

③心理训练必须与身体、技术、战术训练及思想政治教育等有机结合起来进行,只有这样,心理训练的目的才能实现。

④要科学地选择和运用心理训练手段处理好心理训练中的各种反应,以便及时调整和巩固心理训练效果,防止发生副作用。

⑤必须根据运动员的个性特征进行心理调理训练,这样才能获得良好的心理状态。

（二）篮球训练的任务

篮球运动训练应完成以下任务。

（1）贯彻综合素质教育，培养篮球运动员热爱篮球事业和顽强拼搏、勇攀世界篮球运动高峰的雄心壮志，团结友爱的集体主义精神，为国争光的爱国主义精神和优良的体育道德风尚。

（2）提高运动员参加篮球训练和比赛的良好心理品质。

（3）提高运动员篮球专项技术、战术素养和水平，掌握篮球运动的理论知识。

（4）促进身体素质发展，改善身体形态，提高有机体的机能能力。

第二节 篮球运动训练的原则与方法

一、篮球运动训练的原则

（一）周期性原则

由于体育运动训练是一个系统、规律、重复性强的活动，因此，几乎所有的体育运动项目训练都要遵循周期性原则。篮球运动训练也不例外，它是运动员在一定时期的训练过程中以周而复始循环的方式进行，后一个循环在前一个循环的基础上，不断提高训练的要求，使学生在周而复始的循环训练中练成过硬的技术和心理素质，以便创造优异的运动成绩。

作为一名篮球运动员，尤其是高校篮球运动队的学生，对于他们的要求就比参与篮球课程的学生要更加严格。为保持良好的运动状态，需要给他们安排一周多次甚至是每天进行训练。对于这类学生来讲，三天没有参加训练状态就会开始出现下滑，一周没有系统训练就会给其带来体能等各项身体素质和手感下降的困扰，此后便要耗费更多的时间加以恢复。所以，当一名学生因伤告别赛场几个月后，要想重回赛场，就必须再进行几个月的高强度训练才能逐步回到伤前水平。

（二）自觉性与积极性原则

在篮球运动训练中，一方面重视对学生技战术的训练，另一方面还要注重对他们参加训练的自觉性和积极性给予适当的引导，促使学生对篮球训练形成深刻的认识，自觉、主动地参与训练。并积极地对训练的内容进行思考，创造性地完成训练任务。在训练过程中，帮助学生对训练目的产生深刻认识是教练员的重点工作，通过启发教育和采取各种有力措施，不断提高他们的自觉积极性，促使运动员刻苦地进行训练。

（三）训练负荷合理性原则

篮球运动训练为了达到一定的训练效果，就必须具备相应的训练负荷，使学生的身体不断适应更高水平的刺激，逐步提高竞技水平。

在训练过程中训练负荷的设定要以训练任务、对象水平与要求为依据，再通过科学地论证后进行,在各个训练环节中提高运动负荷量,直至达到最大负荷要求。为此,首先要根据训练任务和对象水平及每个练习的目的、要求、负荷来考虑运动负荷的安排。在训练过程中,运动负荷要经过加大、适应、再加大、再适应,循环往复的过程逐步提高。对于负荷增减的决定权在于篮球教师,他们对学生身体或技术等信息掌握得较为清楚。这也就要求体育教师要明确运动负荷对运动训练的意义。

(四)集体训练与个人训练相结合原则

全队训练是教练员在训练中,根据全队必须掌握的技术、战术,组织全队进行集体练习或比赛。篮球运动是由每队5名学生组成的团队运动,这就足以说明个人的能力不管多大,也不能在大部分时间内决定比赛的结果,而全队的力量又是由每一个学生个体汇集而成。因此,全队训练的目的在于提高队员之间技术、战术组合和在对抗下配合的能力。

个人训练是学生在篮球训练过程中进行个人技术等方面的训练。由于学生之间存在个体差异,这就使得对每一个学生的要求和训练的技战术特点也要有所区别。

篮球训练要根据学生的个人特点,有针对性地确定训练内容,选择训练方法、手段和安排运动负荷。并且要经常性地将全队训练与个人训练相结合,这样可以更好地将个人训练的成果带到全队训练中检验,而在团队训练中发现的新问题又可以在个人训练中着重解决。

(五)一般训练与专项训练相结合原则

一般训练是学生参与任何体育运动训练普遍运用的基础性训练,通过多种多样的身体练习来达到提高自身各器官系统的机能,使自身的运动素质得到全面的发展,实现身体形态和一般心理品质的改进和发展的目的。

专项训练是学生在篮球运动训练中以篮球专项的技术动作、战术方法,提高篮球专项运动所需要的器官系统的机能,发展篮球专项所需要的身体素质或心理素质等。

一般训练与专项训练相结合原则是学生在训练过程中,根据专项的特点、自身的训练水平和不同训练过程的任务,把一般训练和专项训练进行合理的结合,使二者之间协调发展。

(六)训练与比赛相结合原则

体育运动训练的最终目的是练就能够上场比赛并获得优异成绩的运动员。因此,在篮球运动训练中就需要在日常的训练中贯彻从实战出发的理念,并将训练与比赛进行有机的结合。组织教学比赛就是最好的训练与比赛相结合的方法,通过这种以赛带练的训练方法来发现训练中可能疏漏的问题,如此可以有效地促进学生技、战术水平的提高。从训练与比赛的关系来说,训练的主要目的是为了比赛。训练的任务是创造条件、改变条件、变换环境、增强实力。通过比赛让学生取得实践经验,提高运用技、战术的能力。在比赛中提高竞技能力,也是一种重要的训练手段。

二、篮球运动训练的方法

(一)连续训练法

连续训练法,是指在相对较长的时间里,用较稳定的强度,无间歇地持续进行练习的方法。

连续训练可以在一定时期内用相对稳定的练习强度进行练习,此后根据需要逐渐加量以使学生身体得到更进一步的发展。连续练习法在篮球训练中经常被用来提高学生的身体素质和进步巩固技术。

（二）重复训练法

重复训练法,是指对某种动作采用同一运动负荷和相同间歇时间进行多次练习的训练方法。重复训练法的训练目的是为了增加学生运动负荷和巩固学生已掌握的技能。重复训练法在篮球训练中多用于练习技术动作,如投篮、运球和传球等。训练中对同种动作的重复次数可以直接影响机体功能和巩固机能的发展。重复次数的多少应依据学生所能承受的运动负荷量、负荷强度、完成动作所需的练习量等因素来进行确定。

（三）循环训练法

循环训练法,是指根据训练的具体任务,建立若干练习站（点）,学生按照既定的顺序、路线,依次完成每站（点）的练习,周而复始地进行训练的方法。循环训练法的每一站都有预先确定的练习内容、要求和负荷参数,并且可结合其他训练方法形成不同的循环训练方案。循环训练法是一种练习的组织形式,是其他训练方法的一种综合运用形式。

（四）间歇训练法

间歇训练法,是指重复练习之间按严格规定的间歇时间休息后再进行练习的方法。训练中练习间歇时间的长短的依据可以是训练的目的、训练的强度、学生的训练水平和身体状况等。

另外,间歇训练法还可以是几种技术、战术之间的间歇。之所以存在这种间歇训练,其主要原因在于,学生在练习某种技术到一定程度时经常会遇到“瓶颈”,即学生通常所说的“突然对这项技术没有了感觉”。此时,教师可以适时暂停该学生对这项技术的练习,从而改变练习项目,待过一段时间后再重新回到“瓶颈”动作的练习。

（五）变换训练法

变换训练法,是指在变化的条件下进行针对性训练的方法。变换训练中的“变换”是指的对训练的环境条件、速度、强调动作等进行适当的改变。千篇一律的训练主观、客观环境会让学生有疲劳感,如果适时对某一个或某几个环节进行适当的变化,会明显增加学生的新鲜感,这样对机体的影响也必然随之而变化,如将日常的腹肌训练由单纯的仰卧起坐改为“推小车”游戏。这种方法对学生中枢神经系统的协调性和机体调节的灵活性具有特殊的作用。变换既可以是周期性活动的连续变换训练,也可以是非周期性的间歇变换训练。

（六）比赛训练法

比赛训练法,是指通过组织教学比赛的方式达到高度模拟实战效果以提高和巩固运动员训练效果的方法。

长期训练再加上接受重复训练法、循环训练法等教学的学生很可能会感到枯燥、乏味,甚至导致对篮球运动失去兴趣,而参加比赛则会很大程度的调动学生的积极性,激发学生的斗志,培养学生为取得优秀成绩而积极向上、不畏艰难的优良品质。

由于篮球运动中的技战术打法非常多,所以所学技战术能否在比赛中获得良好应用是训练的重要课题。因此,以赛带练的比赛训练法在篮球训练中就是一种非常常见的训练方法。它的形式也是多种多样,有教学比赛、检查比赛、测验性比赛等。但是在选择具体的比赛训练方法时,一定要以教学任务为根据,注意运动负荷的调节,严格按照既定的规则要求进行。

第三节 篮球运动训练计划的制定

一、篮球运动多年训练计划的制定

多年训练计划可以称得上是体育运动训练的总体规划,通常这一计划由高校体育主管部门,或者是上一级的教育部体育委员会制定。对于篮球运动项目来讲,在制定多年训练计划时要根据学生的身体条件、技战术基础以及心理特征等的基本情况进行,与此同时还要考虑到学生之间的个体差异。多年训练计划制定的目的是使学生达到"从小培养,打好基础,系统训练,积极提高"的篮球运动效果。

(一)多年训练计划的内容

多年训练计划的主要内容包括以下几个方面:
(1)学生的身体素质、心理素质、思想意志、学生年龄和生理特点等的分析。学生基本技术情况的分析。
(2)训练目标和训练任务、比赛安排和成绩要求等。
(3)学生各阶段的训练任务、训练技术指标及主要措施。
(4)学生各阶段的测量和评价训练水平,选择全面考核的措施。

(二)多年训练计划的记录

篮球多年训练计划的记录方式可以选择用表格列出或用文字阐述。计划的记录应特别明确训练目的和训练任务,注意训练步骤与训练时间的安排要适当。除此之外还要科学合理的安排各项训练指标、测验手段和训练负荷。制定训练计划过程中,应尽可能用数据或百分比标明相关项目,以此使得计划记录看起来更加直观、明晰。

二、篮球运动全年训练计划的制定

(一)全年训练计划的任务

篮球全年训练的总任务应根据学生的基本情况,在总结上一学年训练的基础上提出的对运动素质、技术、战术等各项训练指标和参赛成绩的更高要求,以及训练工作的检查、监督等措施以保证总目标的实现。

（二）全年训练计划的类型

1. 单周期计划

篮球单周期计划指按一个完整的大周期组织实施的全年训练，具体包含准备期、比赛期和过渡期三个阶段。

2. 双周期计划

篮球双周期计划指按两个完整的大周期组织实施的全年训练。篮球双周期实际上是由两个连接在一起的较短的单周期组成的，两个较短单周期间有一个不长的减量和准备阶段。准备阶段大约可以用时 2～3 个月时间，在此阶段使学生总体竞技能力或竞技能力的某一个方面明显变化，并在 1.5～2 个月的时间内，参加一系列比赛，使学生的竞技能力充分地表现出来，再加上 0.5～1 个月的减量或短时间的准备阶段，完成一个大周期的训练。这样一个大周期一共需要 5～7 个月。

3. 多周期计划

篮球多周期训练计划指按上述两种训练周期组织全年训练的计划。

多周期训练目标要求学生能在将近 3 个月的时间内，明显提高竞技能力，并能在比赛中充分表现出来。在制定高校篮球多周期训练计划时，要适时安排 3 次左右的教学赛以检验学生的训练水平。在这几场教学赛中，最重要的一场应安排在最后一个周期。

在全年训练计划的类型中，要针对不同的计划类型制定不同的训练任务（表 4-1）。

表 4-1　全年训练计划的类型及任务

训练计划类型		时间跨度	基本任务
年度训练计划	单周期	6～12 月	准备并参加 1 次或 1 组重要比赛
	双周期	每个周期 4～6 个月	准备并参加 2 次或 2 组重要比赛
	多周期	各周期 3～5 个月	准备并参加 3 次或 3 组以上重要比赛

（三）全年训练计划的周期

为了在篮球运动的全面训练计划中将训练安排得更加科学、严谨，可以按照准备期、比赛期和过渡期三个时期安排阶段训练计划。三个时期的训练任务具体如下。

（1）准备期：在这期间的主要任务是提高学生的技术、机能、素质、心理等方面的水平，最终达到竞技状态的初步形成。准备期分为两个阶段，即一般准备阶段（发展一般身体素质和掌握技术）和专门准备阶段（提高专项素质和技术）。

（2）比赛期：主要任务是发展专项素质，完善专项技术，提高比赛能力，形成和保持良好的竞技状态。

（3）过渡期：主要任务是消除比赛所积累的疲劳，促进机体恢复。采用负荷量和较小的积极性休息和一般身体训练。

这三个时期在全年训练计划中组成了一个整体。它们之间既有区别又有联系。一般情况下，为保证整个训练都能严格按照程序监控条件下进行，不会对个别时期的计划进行调整。如果由于某种原因必须要改变时，也要在保证尽量不破坏各个时期的主体任务的情况下进行。

三、阶段训练计划的制定

篮球阶段训练计划的主要目的在于保证学期计划中各个时期的训练任务的完成，除此之外，它还有衔接和及时调整各个时期的训练内容的作用。在制定计划时，要明确具体而周密的训练任务、训练内容和运动训练负荷。为更加清晰地将阶段训练计划表现出来，可以按照表 4-2 所示，认真填写相应内容。

表 4-2　阶段训练计划表

_____队_____阶段训练计划　　　　　　　　主教练：_____

上阶段训练的基本情况分析					
本阶段任务与训练重点					
训练安排	类　别		训练内容	训练方法	训练单元	比重（%）
训练安排	身体训练	一般				
训练安排	身体训练	专业				
训练安排	技　术					
训练安排	战　术					
训练安排	名　称					
训练安排	名次指标					
训练负荷曲线						
训练进度					
备　注					

年　　月　　日制订

四、周训练计划的制定

篮球周训练计划与多年计划、全年计划和阶段计划相比更为具体、详细，是具有一定完整性和重复性的计划。

固定训练课次数是周训练计划中主要的训练内容。为了达到满意的训练效果，体育教师需要对周训练计划进行科学合理的安排，即在不同时期和阶段中，以及训练任务、要求、完成和恢复等不同情况下,合理安排一周的技、战术训练内容和负荷内容。

（一）周训练计划的类型

在篮球周训练计划中,为了使训练更具有针对性,一般可以根据不同时期安排不同类型的训练计划。具体可以分为基本周训练计划、赛前诱导周训练计划、比赛周训练计划和恢复周训练计划四种。这四种类型的周训练计划与篮球训练比赛的准备期、比赛期和过渡期的训练相对应。

（二）周训练计划的任务

首先,学生要完成周训练计划中最基本的训练任务。其次,周训练计划任务并不是一成不变的,如在周训练计划执行中教师发现了问题,还要综合考虑训练的系统性和各训练周间的相互关系,以及在周训练计划中不同训练内容和不同训练负荷之间的合理搭配。这样考虑的目的在于为了更好地避免有难度的训练或负荷过于集中在某一时期,从而引起学生过度疲劳。下面即为不同时期的周训练内容的主要任务。

1. 基本周训练

基本周训练的目的在于通过训练负荷的增加致使学生对更强刺激的适应,以期稳步提高学生的篮球竞技水平。在基本训练周中可以根据需要适当增加强度和训练量。基本周训练类型是全年训练中采用最多的类型。

2. 赛前诱导周训练

赛前诱导周训练的目的是为了给学生的身体做好充足的准备以应对不久后到来的比赛,使其能把训练过程中所获得的各项竞技能力集中到专项上去,为比赛前的专门训练做准备。

3. 比赛周训练

比赛周训练的目的是为了使学生能够在赛前几天得到最后的调整训练时间,其目的在于巩固之前训练中的成果和良好状态,使其在参加比赛时达到最佳竞技状态。比赛周训练一般以比赛日为训练周的最后一天,向前数一个星期来计算训练时间。

4. 恢复周训练

恢复周训练的目的是为给参加比赛的学生一定时期的身体恢复准备的。在恢复周中会采用一些中低等强度的恢复性训练方法,使学生的身体得以逐渐恢复到正常状态,以此达到消除学生生理和心理上疲劳的目的。

（三）周训练计划的负荷安排

与周训练计划任务的分类方法一致,周训练计划的负荷安排也依据基本周、赛前诱导周、比赛周和恢复周的分类进行安排。

1. 基本周的负荷安排

基本周训练的主要任务是在科学合理的基础上逐渐加大学生训练强度和训练量。要想达成既定目标主要可以采用以下三种方法。

(1)在保证训练量不变或相应减少的情况下提高训练强度。

(2)在保证训练强度不变或相应减少的情况下提高训练量。

(3)在训练量和训练强度都保持不变的情况下,通过负荷的累加效应给机体以更深刻的刺激。

2. 赛前诱导周的负荷安排

适当减少训练量,提高训练强度。如果原来量就不大,也可保持原来的训练量。避免同时增加训练量和强度。

3. 比赛周的负荷安排

负荷安排主要围绕着使学生身体在比赛日时能处于最佳的状态来进行。负荷的组合方式依据专项特点和运动员赛前的状态而定。一般来说,总的负荷水平不高。在比赛日之前,为保证体能不被训练过度消耗,应保持或降低训练量和训练强度。

4. 恢复周的负荷安排

降低训练的强度,大幅度地减小或适当保持一定水平的训练量。

(四)周训练计划的内容

1. 基本周训练内容

在基本周训练中,可以采取任何篮球训练方法,并合理交替保持系统的持续训练。为全面提高学生竞技能力,可以多选择以发展一般身体素质和专项素质的训练手段。在技术训练中,采用分解和完整技术练习相结合的方法,促进学生运动技能的不断改进。

2. 赛前诱导周训练内容

与基本训练周训练一样,但练习内容更加专项化,训练课的组织形式接近专项的比赛特点。一般身体训练的比例减少,专项身体训练的比例增加。在技术训练中,增加完整练习的比例,促进运动员专项竞技能力的有效发展。

3. 比赛周训练内容

主要是在赛前1~3天安排恢复性的中、低强度的一般或专项训练,在赛前3~5天安排高强度的专项训练,使学生在比赛中能充分发挥通过之前的艰苦训练所获得的竞技能力。

4. 恢复周训练内容

在恢复周的训练内容中以安排一些一般性的身体练习为主。其中,组织参与篮球游戏是非常好的项目,这可以更好地达到消除运动员生理和心理上疲劳的目的。

(五)周训练计划的记录

为较为清晰明确地知晓周训练计划中的内容,一般可以采用周训练计划表予以详细记录。

记录格式可以参考表 4-3。

表 4-3 周训练计划表

_____年_____月_____日至_____年_____月_____日				
_____训练阶段 第_____周 周的类型_____				
主要任务				
星期	主要任务	内容手段	负荷	恢复措施

篮球周训练计划与阶段训练计划、全年训练计划和多年训练计划相比,具有更加灵活多变的特点。在篮球周训练计划的实施过程中,教练可以随时根据学生训练情况及时调整计划,如对每周训练计划的任务、训练次数、训练时间、课程内容和运动负荷进行科学合理的安排。但总体训练任务和目标仍旧需要在阶段训练计划的框架内。

五、课时训练计划的制定

(一)课时训练计划的内容

课时训练计划是教练对每一堂训练课的具体安排,在计划中包括了训练任务、训练内容、训练方法、训练手段的选择与运用;训练课时间分配和各阶段的组织;准备部分的活动内容与要求;基本部分的训练内容、时间安排和具体要求;结束部分的整理活动内容与要求,以及课程总结和布置作业等。

(二)课时训练计划的组成

课时训练计划是体育教师最常用到的计划方案,它是体育教师开展教学活动的行动参考,同时也是体育教师多年执教所汇总出的经验"秘籍"。一般课时训练计划分为准备部分、基本部分和结束部分。其具体作用如下。

(1)准备部分。准备部分的最大作用是让学生的身体从相对静止的状态逐渐变为可以适应运动的状态。除对于生理上的作用外,准备部分还对学生的心理起到作用,即调动学生情绪、调整心理状态以适应即将开始的体育教学活动。

(2)基本部分。基本部分是课的主体,按照训练任务及训练内容的安排顺序进行,其间运动负荷必须有一次或几次达到高峰。

(3)结束部分。在结束部分中,教师要组织学生做整理活动以逐渐降低运动负荷量,让学生身体保持慢慢回落到相对安静的状态,以便其在训练课过后能有良好的状态从事其他活动。

课时训练计划的三个组成部分在时间占用比、训练内容和任务、组织形式等方面既有区别又有联系,因此,课时训练计划就需要更加详细的安排。为了更好地展现课时训练计划,可以参考

表 4-4 中的形式制定课时训练计划表。

表 4-4　课时训练计划表

日期：＿＿年＿＿月＿＿日		地点：＿＿＿＿＿＿		
课时任务：				
课的部分	时间	内容手段	组织形式	负荷要求
准备部分				
基本部分				
结束部分				
小结：				

六、自我训练计划的制定

训练计划通常由体育教师完成，然而实际上只有学生本身才最客观地了解自己对运动技术掌握的情况，因此可以认为当学生掌握一定的体育训练计划制定方法后，可以自我制定训练计划。学生在制定自我训练计划时，首先要对自身的身体素质状况有一个全面的认识和考量，然后根据实际情况制定一个长期的、连贯的、循序渐进的训练计划。具体训练计划的制定应分为以下三个阶段。

（一）基础练习阶段

在基础练习阶段中安排篮球技术基本功训练，以求增加学生的球感和单一篮球运动技术的巩固与提高。

（二）组合练习阶段

在组合练习阶段中要以组合技术训练为主，并根据第一阶段锻炼反应有针对性地训练。可以将两种或两种以上的同类技术进行串联，串联的依据为经常在实战中遇到的情况的应对方法。例如，场上司职攻击后卫的学生，就可以更多地将运球、突破、变向、转身、换手、上篮等技术动作相结合，以此为在未来实战中进行应用打好基础。

（三）适当增加对抗内容

篮球运动的一大特点就是它具备高强度的对抗性，在每一回合的攻防中，都要面对身体上、技术上和战术上的全面对抗。因此，在这种情况下就要求学生在自我训练计划中一定不能忽视对抗的存在。加入对抗训练的方法可以是寻找一两名学生辅助练习。

除此之外，训练计划应有练习时间的安排，每周至少练习 3 次，每次不少于 40 分钟，其中前 10 分钟做热身准备，然后正式练习。训练强度控制在心率 150 次/分钟左右。

第四节　篮球运动训练水平的测评

训练水平,是指运动员经过系统训练后,有机体对运动训练适应能力的程度。训练水平可以在运动素质、技术、战术、智力和心理素质等方面表现出来。通常运动员的训练与其运动能力成正比。为了判断运动员在某一阶段中的训练水平,可以通过组织专门的测量项目针对运动员各组织器官、机能系统、运动素质、技术、战术、心理、智能等方面的相关测量数据,并根据测量资料进行分析与评定。

一、篮球运动训练水平测量与评价的基本内容

(一)测量与评价的基本内容

首先要确定的是影响训练水平的因素有很多,由此可以明确测量与评定的内容就必须是这类因素。在篮球运动训练中,影响训练水平的因素包括学生的身体形态、机能、运动素质、技术和战术、心理品质与意志品质、智力的发展水平等。

(二)测量与评价的基本要求

1. 测量的基本要求

(1)测量方法与手段要简便易行。

(2)采用的基本方法必须具有可靠性、有效性、客观性。

(3)测量的方法应符合篮球运动的要求,并能反映训练水平的主要因素。如篮球运动员跑的特点是短距离多、变速多,以视觉信号为刺激物多等。

(4)制定测试的细则,严格遵守操作规程。

(5)在安排测量时间时,要考虑运动员的体力情况与精神状态。

2. 评价的基本要求

(1)对测量的各项数据,必须进行统计学处理。

(2)确定或制定评价运动员训练的具体标准。评价是通过对标准的对比来判断测量的结果,并对这一结果给以一定的分析与评价。

(3)对各种测量指标要进行综合分析,只有在全面分析各项指标的基础上,才能够对运动员的训练水平作出正确的评价。

(4)尽可能地用图表来表示评定的结果。

二、篮球运动训练水平的简易测量与评价方法

(一)主观评价

主观评价,是指参加篮球运动的学生采用自我检查的方法,对训练结束后身体的反应作出的

评价。主观评价主要包括以下内容。

1. 排汗量

篮球运动训练和比赛会消耗人体大量的能力，与此同时人在参与篮球运动过程中便会排出大量的汗。因此，排汗量就是对学生运动负荷进行评价的一项指标。

在正常情况下，人体一昼夜共会排出大约 700 毫升的汗液，散发大约 400 卡路里的热量，但在运动时人体的新陈代谢会加快，相应的其排汗量也会适度增加。若运动负荷适中，正常的排汗状态应为适量排汗，而且身体感觉良好。但如果出现了排汗量增多，甚至出虚汗、夜间盗汗等情况时，则表明运动负荷过大，需要适当调整。

另外需要注意的是，影响排汗量的因素较多，如训练时室内外的气温、单位训练时间内的训练强度、个人技术特点、补水量的多少以及精神系统的状态有关。因此，在排汗量评价中还要将这些因素考虑其中，才能有利于得出更准确的评价结果。

2. 情绪状况

情绪属于心理学的范畴。心理学对于体育运动有着莫大的影响，其中最重要的莫过于一个人的情绪好坏会对他的健康产生严重的影响，从而间接地影响其在运动训练中的状态。如果运动训练负荷安排适中，学生将不会对训练产生负面情绪，而是以积极的心态投入到训练当中。在训练结束后会感到精神饱满，情绪乐观；如若在运动前缺乏热情，情绪低落，甚至厌倦运动，则应视为运动负荷过大。

3. 自我感觉

自我感觉是练习者对运动负荷进行评价的一个最直接依据。练习者在锻炼后稍有疲劳感，肌肉略有酸痛感，但经过休息精神饱满，体力充沛，心情舒畅，渴望参加锻炼，就说明运动负荷适宜；相反，若经过一夜休息，仍感疲劳、精神面貌不振，甚至困倦、头晕、易怒、局部关节肌肉酸痛、胸闷，甚至恶心呕吐、厌倦、害怕锻炼，则属不良反应，说明运动负荷过大或内容安排不合理，应及时调整休息。

4. 食欲

人体在运动训练中会消耗大量的能量，因此，当学生完成训练后一般都会食欲大振，饭量也会相应增加（一般在训练结束后不会立刻产生饥饿感，最强烈的饥饿感大多出现在运动结束后半小时或一小时后）。但是如果运动负荷过大，或内容安排不合理，则会在运动后食欲不振，甚至厌食，必须及时调整运动负荷，以免对身体健康造成影响。

5. 睡眠

睡眠是生理所必需的，是大脑和身体恢复的重要形式。在新规定的人体健康标准中也对睡眠质量做出了表述，即良好的睡眠应是入睡快，睡醒后感到精力充沛。睡眠质量的好坏对检查人体健康状况和运动负荷是否适宜具有重要意义，若经常失眠，夜间不安稳，易醒，多梦，则说明运动员负荷过大，要及时调整。

（二）客观评价

客观评价，是指锻炼者采用量化的指标对锻炼效果进行评价。科学地掌握客观指标对于及时调整运动负荷及合理地安排运动内容具有重要的指导意义。客观评价可以用锻炼强度指数来确定运动负荷强度的大小（表4-5）。

锻炼强度指数＝运动时的平均脉搏（次/分钟）/安静时脉搏（次/分钟）

表 4-5　锻炼负荷强度指数表

锻炼负荷强度	大强度	较大强度	中强度	小强度	较小强度
指数	2 以上	1.8～2	1.5～1.8	1.2～1.5	1.2 以下

除以上在运动中测量脉搏，还要及时掌握恢复情况。运动会使人体功能产生一系列变化，但即使是大运动负荷也应在2～3天内恢复。检查身体是否恢复，最简便的方法是在早晨起床后的基础状态下进行脉搏、血压的检查。如运动负荷适宜，晨脉变化不超出正常的3～4次/分钟，血压变化范围上下应在10毫米汞柱以内。如果在锻炼后的几日内脉搏、血压持续上升，则说明运动负荷偏大，可能会引起疲劳过度。

三、篮球运动训练水平的具体测量与评价方法

（一）身体形态的测量与评价

身体形态，是指人体外部的形状特征，它反映了人体的生长发育水平、体质水平以及营养状况。反映身体形态发育的指标有身高、体重、坐高、胸围、臂围、腰围、腿围、肩宽、骨盆宽和体脂率等，其中身高、体重和胸围在体质测量中为基本指标，而其他指标则可根据需要和具体条件加以选用。

1. 身高

身高，是指人站立时头顶正中线上最高点到地面的最大垂直距离。它是反映人体骨骼的发育状况和人体纵向发育水平的重要指标。测量身高可采用身高计。测量时，受试者赤足以立正姿势站立，两足跟、骶部及两肩胛骨之间的脊柱与身高计立柱相接触，两眼平视前方，耳屏上缘与眼眶下缘保持在同一水平面上。测量者两眼与水平压板呈水平位读数，以厘米为单位，精确到小数点后1位。测量误差不得超过0.5厘米。

人的身高在重力作用下，一天内的变动在正负1.5厘米左右，清晨起床时最高，夜晚最低。因此，测量身高的时间最好在上午10时。人在一生中，30岁时身高最高，40岁后身高减低0.5厘米，60岁时身高减低2厘米，70岁时身高减低3厘米。

2. 体重

体重，是指人体横向发育水平的指标。它反映人体骨骼、肌肉、脂肪及内脏器官重量的综合情况和肌肉发育程度。体重大小受年龄、性别、身高、季节、生活条件、体育锻炼、疾病等因素的影

响。在测量体重时,男子只穿短裤,女子穿短裤、背心,并应在测量前排空大小便。体重以千克为单位,精确到小数点后 1 位,测试误差不得超过 0.1 千克。

成年人的标准体重可按下列公式计算:体重(千克)=身高(厘米)-100。一般情况下,受试者的体重不超过标准体重上下 15% 属正常,否则即为体重过重或体重不足。

3. 胸围

胸围,是指人体宽度和围度最有代表性的测量指标。它可反映胸廓的大小和胸部、背部肌肉的发育情况。测量胸围时,受试者应自然站立,平静呼吸。测试者将带尺绕胸廓一周,在背部置带尺上缘于肩胛下角的下缘,在胸部置带尺下缘于乳头上缘。已发育成熟的女性,带尺应置于乳头上方第四肋骨与胸骨连接处。从侧面看,带尺应呈水平。在呼气之末,吸气尚未开始时读数,以厘米为单位,精确到小数点后 1 位,测量误差不得超过 1 厘米。

4. 体型

布罗卡指数=W-(L-100),D1~15 范围内为匀称,最佳指数男为 5~8,女为 3~5。L 代表身高,W 代表体重。

5. 腿围(大、小腿围)、臂围(上臂围、前臂围)

腿围和臂围指标可以间接反映上、下肢的肌肉力量,而肌肉力量是速度、弹跳和灵活性的基础。

6. 呼吸差

呼吸差,是指深吸气胸围与深呼气胸围的差值。它也可以反映人体生长发育状况和呼吸肌力量的大小。测量时,受试者在平静胸围的基础上,做最大的吸气,于深吸气末时记下深吸气胸围,接着再做深呼气,于深呼气末时记下深呼气胸围,即胸围的最小值。在测量过程中,带尺要贴住皮肤,随深吸气和深呼气时的胸廓运动放松和收紧带尺,并保持住带尺的位置。受试者吸气时不要耸肩,呼气时不要弓背弯腰。呼吸差一般人为 6~8 厘米,常锻炼者可达 8~10 厘米,运动员可达 12 厘米以上。游泳和长跑对呼吸差改善较明显。呼吸差大小可反映呼吸系统机能,呼吸差越大,呼吸机能越好。

(二)身体机能的测量与评价

1. 心率

心率是心脏周期性收缩活动的频率,以次/分表示。测量心率最简易的方法是计算脉搏。脉搏的频率即脉率,在正常情况下是和心率一致的。因此,在运动实践中多用测量脉搏的方法代替心率测量。心率与吸氧量呈线性关系。因此,心率快慢能反映运动量和强度的大小。

2. 血压

血压是大动脉内的血流对血管壁产生的侧压力,它是由心室射血和外周阻力两者相互作用的结果。通常用上臂肱动脉血压代表血压。

3. 肺活量

肺活量，是指一个人全力吸气后所呼出的最大气量。肺活量是一种常用的反映呼吸机能的指标，它的数值与性别、年龄、身高、体重、肺组织的健全程度以及锻炼水平等因素有关。它和身高、体重、胸围成正相关，一般情况下，体重和胸围大的人，肺活量也大。测量肺活量时，受试者取站立姿势，然后手握住肺活量计的吹气嘴，做最大吸气后对准肺活量计的吹气嘴做最大的呼气，直到不能再呼气为止。测试者按指示器或显示器读数。每人可测量三次，每次间隔时间为 15 秒，选最大值记录，精确到 10 位数，误差不得超过 200 毫升。肺活量反映的是静态气量，与呼吸的深度有关。正常成年人的肺活量，男性为 4 000～4 500 毫升，女性为 2 600～3 200 毫升。

4. 心电图

在确定运动员心电图特点之前，首先应查明心电图上的改变是否属病理现象。因为在实践中发现，运动员心电图上的改变很多。

5. 血红蛋白

血红蛋白是人体血液红细胞中含有的含铁蛋白质，它的主要生理功能是携带氧气。在运动中人体的氧气供应是否充足，将直接影响到人体的运动能力。因此，测量血红蛋白则成为评定运动员机能的指标。

6. 血乳酸

乳酸是糖代谢（无氧酵解）的重要产物，在进行肌肉活动时其生成率和训练水平、负荷强度、运动持续时间、糖原含量、环境温度以及缺氧等因素有密切关系。

7. 尿蛋白

尿蛋白，是指尿液中的蛋白质。运动员的尿蛋白含量与一般常人无差异。运动引起尿蛋白增加的现象，称为运动性尿蛋白。

8. 血尿素

蛋白质和氨基酸等含氧物质在分解代谢中，先脱下氨基，氨在肝脏转变为无毒的尿素，经血液循环至肝脏排出体外。正常人其生成和排泄处于平衡状态中，故血尿素保持相对恒定。运动时肌肉中能量平衡遭到破坏，蛋白质及氨基酸的分解代谢加强，尿素生成增多而使血中含量升高。

9. 反应时

反应时，是指从对感受器施加刺激起到肌肉产生收缩的一段时间。机体的一切生理过程，无不受神经系统的支配与调节。人在运动时，通过运动神经的传导，支配骨骼肌产生相应的动作。反应时越短，机体对刺激的反应愈迅速，灵活性也愈高。

（三）身体素质的测量与评价

1. 力量测量

可用各种专门的测力计来测握力、背力、上下肢力量。如无测力计,可用引体向上、俯卧撑测上肢力量,用仰卧起坐测腹肌力量。还要结合篮球专项特点测量某些专项力量,如篮球传远可测臂力,投篮的投远、投准(按投篮技术规格要求)可测手腕、指和前臂的力量。可用原地纵跳和助跑摸高测下肢力量和弹跳力。

2. 耐力测量

可用 300 米、越野跑作为一般耐力测量指标。可用反复折回跑、反复滑步练习、二人直线全场反复传球练习(如 3～5 个往返)作为专项耐力的测量指标。

3. 速度测量

可用专门测量仪器测量视觉反应速度,还可以用 100 米、200 米作为一般速度的测量指标。还要测量结合篮球特点的专项速度,如 30 米跑、变向跑、折回跑、短距离滑步和直线、曲线运球等。

4. 柔韧性测量

篮球运动员的柔韧性是非常重要的,它可以减少损伤,增大运动幅度。柔韧性测量主要有以下两种方法。

(1)肩部柔韧性测量

握棒或绳向后和向前做翻手动作,根据双手之间的最短距离评定其肩部柔韧性的好坏。

(2)髋部柔韧性测量

根据劈腿(纵、横两种)以臀部与地面的距离评定其成绩。

为了评定运动员身体训练水平,需运用统计等标准百分法或累进计分法专门的评分表,根据测量所得数据进行查表,即可评定其训练水平。

（四）技术水平的测量与评价

1. 基础技术水平的测量与评价

研究表明,采用以下几项测验,能够比较准确地反映篮球运动员的基础训练水平。

(1)十点二十次跳投(简称跳投)。

(2)对墙双手胸前快速传接球(简称传球)。

(3)"Z"字形跑(简称"Z"形跑)。

(4)跨步双脚起跳摸高(简称摸高)。

(5)防守脚步移动(简称脚步移动)。

(6)综合运球(简称运球)。

2. 攻防技术的测量与评价

篮球攻防技术的测量与评定,在实际当中主要是根据比赛的技术统计来进行。

(1)比赛效率:指一名队员或全队在比赛中的效果。凡投中一球、罚中二分、抢到一次篮板球、抢断一次球、一次助攻、一次协防等,各计正 1 分。一次失误、违例、一次失守等各计负 1 分。正分加负分除以该队员上场时间(以分钟为单位),就是该队员的比赛效率。其计算公式为:

$$个人效率数 = \frac{(个人正分) + (个人负分)}{该队员上场时间};全队效率数 = \frac{(全队正分) + (全队负分)}{200 分钟(一场比赛时间)}$$

(2)投篮次数:指一场比赛中某方投篮的累计数。比赛中投篮次数的多少,决定着比赛攻守速度的快慢,以及失误次数的多少。比赛速度快,攻守回合多。失误少,则投篮次数多,反之,投篮次数就少。

(3)投篮命中率:是指投篮次数和投中次数之间的比值。其计算公式为:

$$投篮命中率 = \frac{投中次数}{投篮次数} \times 100\%$$

(4)罚球命中率:是指罚球次数和罚中次数之间的比值。其计算公式为:

$$罚球命中率 = \frac{罚中次数}{罚球次数} \times 100\%$$

(5)篮板球获得率:是指本方获得篮板球次数和双方总篮板球次数间的比值。其计算公式为:

$$篮板球获得率 = \frac{本方获得篮板球次数}{本方获得篮板球次数 + 对方获得篮板球次数} \times 100\%$$

(6)进攻成功率:是指积分与进攻次数之间的比值,其计算公式为:

$$进攻成功率 = \frac{总积分}{进攻次数} \times 100\%$$

(7)防守成功率:是指比赛中防守次数与防守成功次数之间的比值。其计算公式为:

$$防守成功率 = \frac{防守成功次数}{防守次数(对方进攻次数)} \times 100\%$$

(8)助攻:是指某队员在持球时或运球过程中,以巧妙的传球协助同伴创造的较好的投篮机会。助攻次数的多少,反映了队员技术掌握、运用的能力及配合意识的强弱。

(9)抢断球:是指防守队员从对方手中抢到球、打掉球或截获传球后控制住球。抢断球次的多少,反映了一名队员在防守过程中,防守的积极性、主动性和攻击性的程度。

(10)失误和违例:控制球的队员由于个人行动不当而失去控球权,为该队员失误或违例。失误和违例次数的多少,反映了一名队员或一个队技术水平的高低以及在对抗激烈的竞赛中运用技术的能力。

(五)战术水平的测量与评价

战术水平的测量与评价主要是根据比赛中运动员战术行动的合理性和所起的作用来进行的。

1. 进攻方面

个人攻击意识和能力,配合意识和能力,调整位置、助攻传球意识和能力等。

2. 防守方面

防守的策略和攻击性,协防意识和能力。

(六)心理机能的测量与评价

1. 运动焦虑的测量

运动焦虑产生时常伴随着不同的心理和生理反应,如思维混乱、注意力过度狭窄、感知觉迟顿、表象模糊、想像力缺乏、心跳加快、血压升高、呼吸深度加强、肌肉颤抖、出汗、尿频、失眠、无食欲等,因此,对焦虑的测量可以采用多种方法,目前常用的方法如下。

(1)皮电测量

人在紧张时,毛细血管收缩,汗腺活动增强,皮肤出汗,从而产生皮肤电阻变大、电流量增高的现象。通过对皮肤电的变化就可以对焦虑进行测量。

(2)脑电测量

以放松与紧张时脑电图中的阿尔法波与贝塔波的变化进行测量,以鉴定焦虑及焦虑的程度。

(3)肌电测量

心理紧张还会伴随肌肉紧张的变化。通过肌电的测量可以发现运动员的心理紧张状态。

(4)生化测量

人在紧张时,某些腺体分泌的激素(如肾上腺素、去甲肾上腺素)就会增加,在血和尿中可以测得这些变化。

(5)血压测量

血压升高是心理紧张的表现之一。

(6)心率测量

心跳加快、心律不齐等变化都是焦虑增加的表现。

(7)问卷调查

用设计良好的问卷对运动员在赛前或赛中的状态焦虑感受进行书面调查,以诊断和鉴定运动员的焦虑水平。

2. 反应能力的测量

(1)落尺法

主要测试运动员的视动反应。此方法的优点是简单易行,不足是准确性稍差。

(2)神经机能测试法

此方法可以测试运动员的简单反应时(光反应时、声反应时)和选择反应时。简单反应时主要是测试被试者对简单刺激作出快速反应的能力,选择反应时主要测试被试者对某一刺激从多种刺激中选择出来并作出快速反应的能力。

(3)综合反应测试法

主要测量运动员视觉—动觉调节,手、脚协调配合反应的敏捷性和准确性。

3. 动觉方位的测试

动觉方位指的是大脑对躯干和四肢位置变化的反映。动觉方位感受性也是运动技能形成、改进和提高的心理因素之一,对运动员准确地完成动作有重要意义。动觉方位感受性的测试主要是在排除视觉的情况下根据动觉表象进行的。

4. 深度知觉的测试

深度知觉是人脑对知觉对象的深度与主客体的距离的反映。深度知觉是以视觉为主,并由动觉和视觉的协同活动来实现。在篮球运动中,运动员对知觉对象的判断能力具有极其重要的意义。因此,深度知觉可作为选择和诊断篮球运动员心理素质的一个指标。

5. 肌肉用力感觉的测试

肌肉用力感觉是肌肉收缩的程度在大脑中的反映。它是运动技能形成的最基本的心理成分,是准确地完成技术、提高技能质量的保证,是发现和纠正误差的必备前提。肌肉用力感觉的测试一般都是在遮眼排除视觉的情况下复制出指定的肌肉用力,复制的误差越小肌肉感觉越准确。

6. 注意分配的测试

篮球运动员不仅视野要广阔、注意范围要大,而且要有比较强的注意分配的能力,要具备在同一时间内将注意分配在球、攻防队员的位置与意图等活动的能力,合理地完成传、接、运、投、突等技术动作。

7. 操作思维的测试

操作思维是运动员在完成技、战术过程中所进行的思维。它是篮球运动员能否有效地完成技、战术配合的一个重要保证。操作思维的测试主要采用三筹码的方法进行,主要测量运动员操作思维的准确性和敏捷性。

第五章　篮球运动的安全营养保健

第一节　篮球运动的疲劳与消除

一、运动性疲劳概述

(一)运动性疲劳的概念与分类

1. 运动性疲劳的概念

疲劳是一种与人的生理和心理因素有关的综合性症状。当任务超出个人的能力,或一个人的情绪消极时,人的生理上和心理上都会很快地产生疲劳。人体的疲劳有体力和脑力之分,即以身体紧张为主的身体疲劳和以精神紧张为主的精神疲劳。

运动疲劳是指在运动过程中,机体的能力或工作效率下降,不能维持在特定水平上,或不能维持预定运动强度的生理过程。运动性疲劳是由运动引起的一种特有生理现象。运动后出现的正常疲劳对身体并无损害,而且它是对身体的一种保护性信号或称保险阀,它提示人们不要过度疲劳。

2. 运动性疲劳的分类

(1)根据疲劳发生的性质分类

可以把疲劳划分为生理性疲劳、病理性疲劳、心理性疲劳三类。

①生理性疲劳。生理性疲劳是由身体活动或肌肉活动过量引起的工作能力及身体机能的暂时性降低的现象。生理性疲劳一般发生在以肌肉活动为主的各种运动训练、体力活动以及工作、学习和日常生活中。常表现出肌力下降、肌肉酸痛、肌肉和关节僵硬等症状。

②病理性疲劳。病理性疲劳被称为过度疲劳,它是指在日常生活、工作或运动中,长期从事因刺激强度过大、时间过长、节奏过单调的体力或脑力等活动而带来的身体机能及神经功能调节紊乱和各器官的组织学改变,并导致思维及活动能力降低的现象。无论在以肌肉活动为主还是在以脑力活动为主的各项运动训练、体育锻炼以及工作、学习和日常生活之中都可能发生。病情严重者还可能出现厌世情绪,甚至出现个别人轻生自杀或过劳死的情况。

③心理性疲劳。心理性疲劳是指在日常生活、工作或运动中,精神负担重,神经紧张性高,思想压力大而引起神经能量消耗加大,导致神经系统机能能力暂时性降低的现象。心理性疲劳一

般发生在以脑力活动为主的运动训练、体育锻炼以及工作、学习和日常生活之中。其主观症状有注意力不集中，记忆力障碍，理解、推理困难，脑力活动迟钝、不准确。行为改变表现为动作迟缓，不灵敏，动作的协调能力下降，失眠，烦躁与不安等。

（2）根据疲劳发生的生理学和心理学特点分类

可将疲劳划分为脑力性疲劳、感觉性疲劳、情绪性疲劳、体力性疲劳四类。

①脑力性疲劳。脑力性疲劳是由于机体神经高度紧张、脑细胞高度兴奋，活跃而能量消耗加剧，以致大脑思维工作能力暂时性降低的疲劳。

②感觉性疲劳。由于分析器高度紧张而能量消耗加剧，以致机体各感觉机能暂时降低的疲劳为感觉性疲劳。

③情绪性疲劳。情绪疲劳是指在日常生活、工作或运动等体力及脑力活动中，因精神和体力负担重、思想压力大以及情绪高昂激动而能量消耗加大，以致机体情绪暂时处于低落的现象。

④体力性疲劳。日常生活、工作或运动等体力活动中，因肌肉能量消耗加大而使肌肉工作能力暂时性降低的现象我们称之为体力性疲劳。

（3）根据运动性疲劳发生的部位分类

可分为中枢疲劳和外周疲劳两大类。

①中枢疲劳。中枢疲劳是指自脑至脊髓所产生的疲劳，即由于运动神经中枢紊乱，兴奋性下降而引起。

②外周疲劳。外周疲劳是指运动神经以下部位所产生的疲劳，主要表现为肌肉疲劳、肌力下降等。

（二）运动性疲劳的表现与判定

1. 运动性疲劳的表现

（1）生理性疲劳的表现

生理性疲劳后会出现各种各样的症状，但是在从事不同的体育运动项目时，在每个个体表现出来的疲劳症状的差异是很大的。

①生理性疲劳的自觉症状：头部沉重，头昏眼花，眩晕，全身乏力，动作迟钝，注意力和精力不集中，呼吸困难、紊乱，心情焦急，脚步沉重，口舌发干、发粘，打哈欠，出冷汗，心悸、恶心甚至呕吐，有时出现肌肉痉挛或疼痛，眼睛疲劳，视线模糊等。

②生理性疲劳的客观体征：动作僵硬，不协调，运动积极性下降，步法紊乱，判断力和反应速度下降，运动单调，动作失误增多，在运动过程中发生肌肉痉挛，力量不足，斗志下降等。

③过度生理性疲劳表现：精神萎靡，对周围事物兴趣下降，食欲减退，饮食量下降，失眠，情绪不稳，对运动产生排斥心理反应。血液微循环出现血液粘滞现象，组织渗出，使肌肉膨胀僵硬，肌肉酸痛麻木，关节活动困难，骨骼坚固性受到不良影响。外周血中 T 淋巴细胞和单核细胞数减少，免疫监视细胞的活性受抑制，损害非特异性免疫力，使特异性免疫的建立能力减弱。严重者出现血尿、蛋白尿和心律不齐（表 5-1）。

表 5-1 疲劳程度判断的标志

内容	轻度疲劳	中度疲劳	重度疲劳
自我感觉	无任何不舒服	疲乏、腿痛、心悸	除疲乏、腿痛、心悸外,尚有头痛、胸痛、恶心甚至呕吐等现象。这些现象持续时间相当久
面色	稍红	相当红	十分苍白,有时呈紫蓝色
排汗量	不多	甚多,特别是肩带部分	非常多,尤其是整个躯干,在颞部以及汗衫、衬衣上可出现白色盐迹
呼吸	中等度加快	显著加快	显著加快,且表浅,有时呼吸节律紊乱
动作	步态稳定	步伐摇摆不稳	摇摆现象显著,行进时往往掉队,出现不协调的动作
注意力	比较好,能正确执行指令	执行口令不准确,改变方向时发生错误	执行口令缓慢,只有大声口令才能接受

（2）心理性疲劳的表现

①早期疲劳。大脑兴奋性提高,内抑制能力减弱。表面上看,人的工作速度在加快,各种次要活动（如起身喝水、上厕所）频率增多。有些人开始烦躁不安,另一些人则显得很兴奋,实际上都有疲劳的早期表现,即心不在焉,注意力不集中,精细工作时出现错误的次数增加。

②中度疲劳。大脑皮层兴奋性和内抑制能力都减弱,表现为瞌睡,打哈欠,头昏脑胀,全身无力,肌肉松弛。如继续工作,则会出现烦躁不安,易激怒和发脾气,对周围的很小刺激都很敏感。工作效率降低,容易出现各种显而易见的错误。

③慢性疲劳。又称为过劳,那大脑皮层处于高度抑制状态。面色苍白,萎靡不振,手部震颤,记忆力和注意力全面减退,工作速度减慢,逻辑思维、抽象判断和想像能力出现明显障碍。

2. 运动性疲劳的判定

运动疲劳一般采用主观感觉或者一些生理生化指标来判定。人体运动时的主观体力感觉与工作负荷、心功能、耗氧量、代谢产物堆积等多种因素密切相关,因此,运动时的自我体力感觉是判断运动性疲劳的重要标志。

（1）主观感觉判定法

①自我体力感觉判定法

人体运动时的主观体力感觉与工作负荷、心功能、耗氧量、代谢产物堆积等多种因素密切相关,因此,运动时的自我体力感觉是判断运动性疲劳的重要标志。1973 年,瑞典生理学家冈奈尔·鲍格制定了判断疲劳的主观用力感觉等级表（RPE）。鲍格认为,在运动时来自肌肉、呼吸、疼痛、心血管各方面的刺激,都会传到大脑,引起大脑响应感觉系统的应激。因此,测试这种主观判断是判断运动性疲劳的重要标志。这种判定方法使原来粗略的疲劳定性分析变为较精确的半定量分析。1982 年,他又提出一个新量表,更适合于无氧运动或缺氧时自觉反应的需要（表 5-2）。

表 5-2　主观运动强度判定表(RPE)

RPE 值	主观运动感觉特征	强度(%)	体力(%)
6	安静		
7	非常轻松	7.1	40
8	非常轻松	14.3	45
9	很轻松	21.4	50
10	很轻松	28.6	55
11	轻松	35.7	60
12	轻松	42.9	65
13	稍费力	50.0	70
14	稍费力	57.2	75
15	费力	64.3	80
16	费力	71.5	85
17	很费力	78.6	90
18	很费力	85.8	95
19	非常费力	93.1	100
20	非常费力	100.0	105

该表利用运动感觉确定运动负荷强度,按自我感觉分为 6～20 级,并以 RPE 值乘以 10 为接近当时负荷者的心率水平。许多研究者对运动实验时的 RPE 与各项客观检查指标,如心率、血乳酸、最大吸氧量等作了比较,发现主观用力感觉和上述生理指标密切相关,RPE 心率之间的相关系数为 0.8～0.9。

②疲劳自觉症状测定法

日本产业卫生学会提出的疲劳自觉症状的具体调查内容如表 5-3 所示。疲劳症状主要分为身体、精神和神经感觉三项,每一项又分为 10 种。在实践中,调查表可预先发给受试验者,对运动前、运动中和运动后分别记述,最后计算分析 A、B、C 各项有自觉症状者所占的比例。

表 5-3　疲劳自觉症状调查表

姓名:	年龄:	记录:	年　月　日
运动内容:			
种类	身体症状(A)	精神症状(B)	神经感觉症状(C)
1	头重	头脑不清	眼睛疲倦
2	头痛	思想不集中	眼睛发干、发滞
3	全身不适	不爱说话	动作不灵活、失误
4	打哈欠	焦躁	站立不稳

续表

姓名：	年龄：	记录：	年　月　日
运动内容：			
种类	身体症状（A）	精神症状（B）	神经感觉症状（C）
5	腿软	精神涣散	味觉变化
6	身体某处不适	对事物冷淡	眩晕
7	出冷汗	常忘事	眼皮或肌肉发抖
8	口干	易出错	耳鸣、听力下降
9	呼吸困难	对事不放心	手脚打战
10	肩痛	困倦	动作不准确

可以根据体力或脑力疲劳的不同特点，参考表中各指标，症状总数越多，疲劳程度越深。在调查疲劳自觉症状的基础上，还应根据运动的特点，结合其他指标的测定，综合对疲劳状况和疲劳程度进行分析判断。

（2）生理生化指标判定法

①心率

心率是评定运动性疲劳最简易的指标，一般常用基础心率、运动后即刻心率和恢复期心率对疲劳进行评价。

基础心率：基础心率是基础状态下的心率，即清晨、清醒状态下、起床前、静卧时的心率，一般用脉搏表示，机体功能正常时基础心率相对稳定。如果大运动负荷训练后，经过一夜的休息，基础心率较平时增加 5～10 次/分以上，则认为有疲劳累积现象；如果连续几天持续增加，则应调整运动负荷。在选用基础心率作为评定疲劳指标时，应排除惊吓、恶梦、睡眠等其他因素的影响。

运动中心率：可采用遥测心率方法测定运动中的心率变化，或用运动后即刻心率代替运动中的心率。按照训练－适应理论，随着训练水平的提高，完成同样运动负荷时，心率有逐渐减少的趋势。一般情况下，如果从事同样强度的定量负荷，运动中心率增加，则表示身体机能状态不佳。

运动后心率恢复：人体进行一定强度运动后，经过一段时间休息，心率可恢复到运动前状态，身体疲劳时，心血管系统机能下降，可使运动后心率恢复时间延长，因此，可将定量负荷后的心率恢复时间作为疲劳诊断指标。如进行 30 秒 20 次深蹲的定量负荷运动，一般心率可在运动后 3 分钟内恢复到运动前水平，而身体疲劳时，这种恢复时间会明显延长。

②肌肉功能测量

疲劳时参与工作的肌肉（或肌群）的力量会下降。因此，测定工作前后的肌肉力量，可判断参加工作的肌肉是否出现疲劳及其疲劳的程度。

背肌力与握力：早晚各测一次，求出其数值差。如次日早晨已恢复，可判断为正常肌肉疲劳。

呼吸肌耐力：可连续测定受试者 5 次肺活量，每次测定间隔 15～30 秒，记录每一次的肺活量值，疲劳时肺活量逐次下降。

肌肉硬度：骨骼肌疲劳时不仅收缩机能下降，而且肌肉的放松能力也下降，表现为肌肉疲劳时，肌肉不能充分放松，肌肉硬度增加。用肌肉硬度计可以测定肌肉收缩及放松状态的硬度，或肌肉附近组织的硬度。

③膝跳反射阈

随着疲劳的增加，膝跳反射的敏感性发生变化，引起膝跳反射所需的叩击力量增加。因此，可根据运动前后膝跳反射的敏感性评价疲劳。通过测定由疲劳造成的反射机能钝化程度来判断疲劳的方法，不仅适于体力疲劳测定，也适宜判断精神疲劳。让被试者坐在椅子上，小腿下垂，检测者用医用小硬橡胶锤，按照规定的冲击力敲打被试者膝部髌韧带的中央，从角度计5°让小锤落下，以后每次增加下落角度5°，间隔5秒，测定时观察引起膝腱反射动作的最小落下角度的阈值（称为膝腱反射阈值）。当人体疲劳时，膝腱反射阈值（即落锤落下角度）增大，一般强度疲劳时，运动前后阈值差5°～10°；中度疲劳时，为10°～15°；重度疲劳时，可达15°～30°。

④血液指标测量

血红蛋白：我国成人血红蛋白正常值：男性为120～160克/升，女性为110～150克/升。在一般运动员中，男性低于120克/升和女性低于110克/升标准时诊断为贫血，可出现倦乏无力、头晕等各种疲劳症状。常居高原者，血红蛋白不能充分转变成高铁血红蛋白，使结果偏高。

血糖：血糖测定是评定运动耐力素质、疲劳发生及程度的一种方法。如马拉松赛跑时，运动员多因血糖下降而中途退场、被迫终止比赛。成绩优异者，血糖不下降或下降很少。

血乳酸：安静时，人体静脉血里有乳酸物质的量浓度为0.45～1.3毫摩尔/升。剧烈运动时，肌肉内糖的无氧分解加强，血乳酸浓度显著升高，因此，可直接应用运动后血乳酸的浓度来评定无氧代谢的能力，观察疲劳程度。

血尿素：尿素是人体内蛋白质和氨基酸代谢的终产物。检测运动员在长时间运动时和恢复期的血尿素变化，可以了解蛋白质和氨基酸代谢的供能和合成情况，以此评定运动员身体机能、运动量是否适宜、运动后疲劳程度，以及疲劳产生后，体内在特定的条件下蛋白质的代谢水平。血尿素变化与运动负荷量的关系较负荷强度更密切，当负荷量越大时，血尿素增加越明显，恢复也较慢。

⑤尿液指标测量

尿蛋白：正常人在安静时尿中蛋白质含量甚微（日排出量＜150毫克，一般为40～80毫克），常规检验方法不能检出，故通常称为阴性。运动能使尿中蛋白质排出量增加呈阳性，称为运动性尿蛋白。运动性尿蛋白属于功能性尿蛋白，一般在24小时内可自行消失。运动后尿中蛋白质的排泄量因机体机能状态、运动负荷的不同而不同，因此可根据运动后尿蛋白排泄量和组成成分来评定运动员身体机能状态及其适应情况。一般取运动后和次日晨尿做检验来评定其疲劳和恢复程度。如果晨尿中蛋白质含量较高或超过正常值，可能是过度疲劳或过度训练的表现。运动性尿蛋白存在很大的个体差异性，但个体本身具有相对稳定性，所以应用尿蛋白指标时，一要注意个体特征，二要和其他指标相对照。

尿胆原：尿胆原是血红蛋白分解的代谢产物。在一般情况下，人每天由红细胞破坏而释放出来的血红蛋白约8克，经代谢约有终产物胆色素280毫克，尿胆原排泄量与运动负荷、肝功能、肾功能及其肾小管腔的酸碱度等因素有关。运动员在大运动负荷时，体内溶血增多，尿胆原排出量增加。运动员血红蛋白下降，尿胆原增加时是机能水平下降的表现。

尿肌酐：尿肌酐是肌酸的代谢产物，24小时排出量相当稳定，不受食物蛋白质及尿量的影响。正常成年男子每天排出1～1.8克，女子为0.7～1克。24小时每千克体重排出肌酐的毫克数，称为肌酐系数，男性为18～32，女性为10～25。尿肌酐日排出量反映了骨骼肌酸磷酸的贮存量,运动员经过一阶段训练后,肌酐系数可能增加,这反映肌肉的 CP 浓度或肌肉发达的程度提高。所以,运动员尿肌酐系数高于不经常运动者,但短时剧烈运动或过量运动发生疲劳时,尿肌酐数值可增加明显。因此,测定尿肌酐系数,是检测和判断运动性疲劳与程度的方法之一。

⑥唾液 pH 值测量

由于长时间剧烈运动后,乳酸生成增多,血液 pH 值下降,使唾液 pH 值也下降,因此,测定唾液 pH 值可用于判断运动性疲劳。

综上所述,疲劳是一种复杂的生理现象,其表现形式多样,个体差异性大,而且不同原因形成的疲劳,其灵敏性指标也不一样,因此,指标的选取也有特异性。只有找出好的评价指标,找出指标与运动强度、负荷量、自我感觉之间的相关性,才能全面、系统、准确地评价疲劳,进而采取恢复手段。

二、篮球运动疲劳产生的原因

高校篮球运动疲劳产生的原因有多种,其主要与人体多方面的因素及生理变化有关。高校篮球运动疲劳产生的直接原因主要有以下三方面。

(一)运动能力与身体素质的变化

人体的运动能力和身体素质与身体各器官、系统功能紧密相关。身体素质就是人体各器官、系统的功能在肌肉工作中的综合反映。各器官功能的下降,运动能力与身体素质便会受到影响。如在耐力性运动中心肺功能下降,承受耐力负荷的能力当然会降低,机体就会产生疲劳从而降低工作能力。

(二)体内能源物质消耗过多和身体各器官功能的降低

通过研究发现,人体从事运动导致疲劳时体内能源物质往往消耗较多。如快速运动 2~3 分钟至非常疲劳时,肌肉内的磷酸肌酸可降低至接近最低点;而长时间的持续运动中,由于糖的大量消耗,肌糖原及血糖含量均大幅度下降。能源贮备的消耗与减少,会引起各器官功能的降低。加上肌肉活动时代谢产物的堆积,水、盐代谢变化以及内环境稳定性失调等影响,机体工作能力下降而导致疲劳的产生。

(三)精神意志因素的影响

运动中人体各器官、系统的活动都是在神经系统指挥下完成的,神经系统功能的降低,神经细胞抑制过程的加强都会使疲劳加深。此时人的情绪意志状态与人体功能潜力的充分动员关系极大。其实人体在感到疲劳时,机体往往尚有很大功能潜力,能源物质远未耗尽,良好的情绪意志因素可起到动员机体潜力,推迟疲劳发生的作用。

高校篮球运动员出现这些疲劳症状时,应注意及时休息,并对运动内容进行必要的调整,才有利于疲劳的恢复。运动能力下降是暂时的,经过休息可以恢复,它与过度训练和某些疾病不同。

三、篮球运动后疲劳的消除

(一)合理补充营养

运动性疲劳产生的重要原因就是能源物质的大量消耗,因而营养物质的适当补充,可以促进机体疲劳的恢复和消除。

1. 糖的补充

人体中糖是运动的基本功能物质。运动能力直接受肌糖原储量多少的影响,因此机体应重视糖的补充。吃果糖对肝糖原的恢复速度大于吃葡萄糖。

2. 蛋白质的补充

蛋白质作为生命的物质基础,是一切细胞和组织结构的重要成分,大运动量训练时应注意蛋白质的补充,特别是必须有氨基酸的补充。

3. 碱性盐类的补充

大强度运动中,由于产生乳酸等代谢产物,使肌肉中的 pH 值下降,导致肌肉疲劳。因此运动后适当地补充碱性盐类,可以提高运动者耐乳酸的能力,提高负氧债的能力。

碱性盐的使用:碳酸氢钠 0.2～0.3 克/千克体重,运动前 30～60 分钟加在足够的水或饮料中使用;磷酸盐可以提高运动员的运动能力,促进训练后恢复,可于赛前 3～4 时食用磷酸钠,每次 1 克,1 天 4 次,最后一次应在赛前 2～3 时服用。

4. 维生素的补充

当人体缺乏维生素时,会影响运动者的运动能力,因此应注意维生素的补充,尤其是维生素 B_1、维生素 B_2、维生素 B_6、维生素 C、维生素 E 的补充,但达到每日的推荐量即可,不可过多服用,以免产生毒性作用。

人体内的微量元素含量极少,仅占体重的 0.05‰～0.1‰,但微量元素是维生素和酶的必需因子,构成某些激素,并参与激素的作用,影响蛋白质和核酸的代谢与合成。运动者常用的微量元素补充剂为施尔康,每日服 1～2 粒。

(二)活动性手段消除身体各部位疲劳

1. 全身疲劳消除法

作用:消除全身疲劳;解除身体的压迫感;强化肠胃功能;增强耐力。
方法:
(1)仰卧在地板或床上,双手呈十字水平推开。
(2)双腿并拢,举到头部上端。
(3)把脚尖放在头前的地方静止 6 秒。

（4）慢慢地把双腿复归原处。

时间:30秒。

2. 肩部疲劳消除法

作用:消除肩部酸痛;消除身体疲劳;增强活力,强化脊背、心脏的机能。

方法:

（1）仰卧。

（2）屈膝。

（3）用肩部和脚掌支撑身体。

（4）在酸痛的肩部停留10秒。

时间:动作需1分钟。

注意:当感到身体全部重量都压在了肩部时,把腰部高高抬起。这时要用头顶支撑身体,便能锻炼脖子的肌肉。

3. 腰部疲劳消除法

作用:能消除腰部的酸痛和疲劳,使身体富有柔软性;能扩张胸部。

方法:

（1）屈膝跪地或跪在床上,用双手抓住自己的脚脖子,身体后仰,胸部前倾。此时要注意深呼吸,保持此姿势6秒。

（2）腰部的淋巴按摩法:俯卧,轻轻按摩脊椎骨、腰部和臀部,要特别注意按摩淋巴停滞的地方。

时间:动作需做5次,每次6秒。

4. 胳膊疲劳消除法

作用:能消除胳膊的酸痛和疲劳,能消除懒倦。

方法:

（1）用手掌轻轻地摩挲整个酸痛的胳膊。

（2）按顺序先按摩小臂、肘部、三角肌;在按摩过程中用手指满指尖寻找硬化部分,然后利用淋巴按摩法按摩。

（3）要特别注意按摩胳膊上发麻和发硬的地方。

（4）按摩肩部。

（5）还可运用前后摇动胳膊的运动疗法。

时间:3分钟。

注意:用手指横着按摩较容易发现胳膊的僵化肌肉;使劲按摩完一个地方后,再轻轻用手掌擦抚一下,使淋巴顺畅;肘部酸痛时,要以胳膊三角肌为中心进行按摩。

5. 大腿疲劳消除法

作用:能消除大腿和脚部疲劳,消除脚部浮肿。

方法:

(1)坐下后弯曲一条腿。

(2)用淋巴按摩法从脚脖子往上按摩。

(3)要特别注意轻轻地按摩膝盖后部。

时间:按摩 3 分钟。

(三)消除肌肉迟发性酸痛的持续静力牵张练习

静力牵张练习可以缓解运动后迟发性肌肉酸痛和肌肉僵硬,使肌肉放松,并可加强骨骼肌蛋白质的合成过程,促进骨骼肌变化的恢复。

静力牵张伸展练习要以静为主,动静结合。开始进行静力牵张伸展练习时,伸展动作的速度要比较缓慢,伸展幅度要适当。牵张练习持续时间约 1 分钟左右,间歇 1 分钟,重复 2~3 次为 1 组。牵张时间的长短、重复组数的多少,以及每天进行牵张练习的次数,可根据负荷大小而定。静力牵张伸展练习最好在主项训练结束后立即进行。牵张后可适当配合揉捏、抖动等按摩手法,有利于消除牵张引起的不适感。

(四)拔罐及刮痧疗法

拔罐及刮痧疗法通过刺激人体的经穴,可以改善血液循环,促进新陈代谢,有利于组织代谢产物的排泄,使疲劳得以消除。

(五)理疗

常用红外线、生物频谱仪、TDP 灯、生物信息治疗仪等消除运动后的疲劳。理疗可以促进血液循环,改善血液供应,有利于营养物质的吸收和代谢产物的排泄,达到消除疲劳的目的。

(六)吸氧及空气负离子疗法

吸氧能够促进新陈代谢,改善微循环,有助于消除疲劳。对于有条件的篮球运动健身者来说,大运动量训练后可采用高压氧治疗,对消除疲劳有明显的效果。空气负离子能改善肺的换气功能,增加氧吸收量和二氧化碳排出量,改善大脑机能,刺激造血机能,使红血球、血红蛋白、血小板增加,血流速度加快,心搏输出量加大,扩张毛细血管,加速乳酸的代谢,因此有助于疲劳的消除。

总而言之,要想获得好的消除疲劳的效果,必须根据个人的具体情况,加以综合运用。单独采用以上任何一种方法消除运动疲劳,其效果都不够理想。

第二节　篮球运动的常见损伤与疾病

一、篮球运动常见损伤的预防与处理

(一)篮球运动常见损伤产生的原因

了解篮球运动的损伤可以提前预防篮球运动员受损伤。篮球运动受伤的原因很多,大体可以归结以下几个方面。

1. 篮球运动常见损伤的外在病因

（1）间接作用力

由于篮球比赛中队员之间身体接触频繁、对抗性较强,间接作用力(包括传导作用力、扭转和剪切应力及杠杆作用力)就成为篮球运动员软组织损伤的首要致伤因素,常引起扭伤、拉伤等,重者也可导致骨折和脱位。运动员因间接作用力而受伤的最主要情况之一,是队员缺乏自我保护意识和行之有效的自我保护专门练习。

（2）教练员的不合理训练

因为训练的不合理而直接导致运动员训练程度不高而受伤的病案在年轻(新)运动员中最为明显。主要表现为许多年轻运动员在完成技术动作时存在不规范、不合理,主动肌与对抗肌收缩不协调,以及自我保护能力较差等原因,因此他们受伤的几率比老运动员几率明显的大。要求教练员对于年龄较小、个子很高、体形单薄、动作迟缓的运动员要着重专门训练其协调性。

（3）直接暴力

直接暴力致伤具有突发性的特点,常由于对手的无意识习惯动作,或有意犯规动作导致的,最常出现的作用力点是与对手的肘或膝部发生直接冲撞,造成身体某部位的受伤,所引起的损伤类型的挫伤,受伤局部多伴有皮下出血而形成的血肿和淤斑,如胸壁挫伤、股四头肌下血肿等病况。

（4）慢性劳损

慢性劳损是运动员身体局部过度活动、长期负重,或某部受到持续、反复的外力作用而造成的慢性积累性损伤,老队员在这方面伤病是最为突出的。慢性劳损致病大多数发于人体活动枢纽的腰部和反复受到牵拉、应力作用的髌骨,具有病情很难治疗、伤病不易治愈和队员又不能停训的特点。慢性劳损还与不科学的运动训练、新伤的治疗没有完全恢复以及重复受伤有很大的关系。

2. 篮球运动常见损伤的内在病因

（1）运动员生物学机能状态不佳

由于过度训练、处于生物周期性低潮期、疾病、女运动员经期等因素,使运动员的生理机能出现不良的状态,运动员在训练时往往注意力不够集中,动作协调性下降,肌肉、关节的本体感受性降低,竞技状态低下,此时对抗能力和运动能力减弱,因而在激烈的拼抢过程中极易受伤。此外,在大强度、大运动量的训练中也容易造成心血管、呼吸等系统的"内伤"和过度疲劳综合症。

（2）技术动作的缺点和错误

篮球运动过程中,运动员的技术动作违反人体结构与功能特点及运动时的力学原理,就很容易受伤,这是刚参加系统训练或学习新动作时发生损伤的最主要的原因。

（3）缺乏充分的准备活动或整理活动

运动员在比赛和训练前充分做好准备活动,是预防外伤和内伤非常关键的因素。在篮球比赛(训练)的开始阶段,由于对方队员导致的扭伤、拉伤病例中,绝大多数属运动员自己没有充分做好准备活动。特别是在环境温度较低、停训时间较长的情况下,肌肉的黏滞性大,动作僵硬,肌肉及其纤维结缔组织更容易被拉伤。在训练或比赛开始后,随着双方的激烈拼抢,生理负荷强度在很短的时间里快速的升高,运动员的内脏机能跟不上运动系统的速度,从而会出现"极点"现象,影响队员技、战术水平的正常发挥。充分做好准备活动,能有效地预防内脏机能的生理惰性的现象,将"极点"现象造成的不良影响呈现最低程度。此外,重视训练后的整理活动,也是获取训练效果的很好方式,它还可起到防止肌肉僵硬,消除体内运动性代谢产物,促进心血管、呼吸系统机能的快速恢复,预防运动性损伤的重要作用。

（4）肌肉收缩力引发

肌肉收缩力引发的损伤在年轻运动员的伤病中常常遇到,受伤过程往往是由于队员技术动作僵硬和不合理、主动肌群和被动肌群收缩不协调,或身体大,小肌群力量的不协调所造成的。受伤多被撕裂伤,累及部位多为肌腹、肌肉与肌腱过渡部位,以及肌腱附着处。

3. 篮球运动常见损伤的其他影响原因

（1）篮球运动本身的技术特点

篮球运动本身就对人体有一定的损伤,篮球最易伤膝关节。篮球运动基本技术动作如滑步、急停、转身、变向跑和起跳上篮等,这些动作都要求膝关节处于半蹲位进行屈伸和扭转,因此就容易受伤。

（2）医务监督

调查资料表明,医务监督工作较为薄弱的球队,其新队员出现过度训练综合征和意外受伤、老队员出现慢性积累性损伤的病案,不仅数量会大增,而且在该队运动性伤痛总数中所占的比例,明显比其他伤病监测工作较好的球队多。所以,提高教练员和运动员的医务监督意识,让其主动配合医学科技人员开展运动性伤病的监测工作,将有助于教练员准确掌握运动员的身体状况,合理安排运动量,从而有效地预防运动性伤病的出现。

（3）场地、器材条件

篮球运动场地滑或不平坦、灯光不适宜,是造成运动员摔伤和扭、拉伤的重要原因。

灯光暗淡影响运动员视力判断,会造成移动、完成技术和战术动作时出现身体失控而造成受伤。地面过硬就会极易诱发运动员出现胫腓骨疲劳性骨膜炎和跟（底）痛症,也会间接地加重损伤的程度。

篮架未用软物包裹、球场边线外障碍物过分靠近,以及灯光照明不够,也是运动场所不安全的重要原因,有时也会引发意外伤害。排除场地、器材条件中不安全的隐患,虽是后勤保障部门的本职工作,但对于教练员和运动员而言,养成在训练和比赛前有意识地检查灯光、场地、器材的习惯,对于预防运动中损伤的发生具有重要的实际意义。还有运动员服装与运动鞋袜不合适,也会导致意外伤害事故,必须予以重视。

（4）环境气候的影响

如气温过高容易引起疲劳和中暑,气温过低则容易导致冻伤,或者因为潮湿高热引起大量的出汗,发生肌肉痉挛或虚脱。

（二）篮球运动常见损伤的预防

造成运动损伤的原因是多方面的,预防措施也必须是综合性的。采取切实有效的综合措施,努力消除各种致伤因素,才能达到以防为主,防患于未然的目的。下面从几个方面谈谈预防的方法。

1．准备活动要科学

准备活动要充分,有针对性,既要做一般准备活动,也要做专项准备活动。准备活动的最后部分内容,应与即将进行的运动紧密联系。对运动中负担较大和易伤的部位,要特别做好准备活动。在运动间歇时间较长时,也应在运动前再次做好准备活动。准备活动的内容与量应依训练内容、比赛情况、个人机体状况、气象条件等而定。

机体兴奋性较低时,或气温较低,肌肉韧带较僵时,准备活动要充分些。有伤的部位,准备活动要小心谨慎。

准备活动结束与正式运动的间隔,以 1～4 分钟为宜,准备活动的时间与量,以 20 分钟左右,或身体觉得发热、微微出汗为好。在准备活动中,要注意力集中,动作认真。

2．思想重视

篮球运动锻炼的目的是促进身体的生长和发育,增强体质,提高健康水平、篮球运动参加者要明确体育运动的目的,在思想上重视对运动损伤的预防和懂得如何进行预防。

3．拒绝在疲劳状态下大运动量训练

运动量、运动强度和动作难度必须与身体状况和训练水平相适应。要遵守循序渐进和区别对待的原则。学习动作时,要从简到繁,由易到难,从分解动作到完整动作。

合理安排运动量,尤其要注意局部负担量和伤后的体育锻炼问题。教练员要注意大运动量训练后,应有所调整,及时观察运动员的训练反应,发现有疲劳状态产生时,要及时调整量和强度的安排,以防损伤的出现。

4．易伤部位需加强训练

有针对性地加强易伤和相对较薄弱部位的肌肉力量和伸展性练习,提高它们的功能,是积极预防运动损伤的一种有效手段。例如,预防膝关节损伤,必须加强大腿肌肉力量的训练,不仅注意股四头肌,也要注意大腿后面的肌群,它们对增强膝关节的稳定性和保护膝关节有重要作用。

在发展肌肉力量的同时,要注意发展肌肉的伸展性,这可防止肌肉拉伤。而预防关节扭伤,要增强关节周围的肌肉和韧带,以加强关节的稳定性。

5．加强保护和自我保护

运动员要学会自我保护的方法,防止损伤的出现。例如,当重心不稳而快摔倒后的一瞬间,要立即低头、屈肘、团身,以肩背部着地,顺势滚翻,绝不可用手直臂撑地,以免发生腕部或前臂骨及肘关节脱位等。

在进行力量器械练习时,应有懂得保护方法的人或教练员在旁进行保护,以防意外事故的发生。

6．进行医务监督及使用安全合适的设备

经常参加篮球运动的人要定期进行详细的体格检查。在参加大型篮球比赛的前后,还要进行补充检查和复查,以便根据体育锻炼者的身体功能状况,提出合理的建议。伤病初愈的人参加篮球运动时,应根据医生的意见进行。

在进行篮球运动的过程中要做好自我监督,随时注意自己的身体有无疲劳征象(如头晕、疲乏感等),特别要注意运动器官的局部反映(如局部肌肉有无酸痛、僵硬,关节有无疼痛等)。当有不良反应时,要及时调整运动量。

要经常认真地对运动场地设备进行安全检查,不应在不合要求的场地上或穿着不合适的服装及鞋子进行运动。

7. 及时治疗运动损伤

许多运动员在出现轻度运动损伤后仍照常训练,以致出现新的损伤,或形成劳损。当然,损伤不严重的时候,是可以坚持训练,但要注意积极配合治疗,边治边练。可做一些理疗,也可以通过按摩的方法治疗。同时,在伤后的训练过程中,应运用支持带和护膝进行保护,这样可以减轻受伤所承受的负担。

8. 严格裁判,禁止粗野动作

任何违反规则的粗暴行为都会增加损伤发生的概率。因此,裁判员要严格遵守篮球裁判规则,同时在球场上运动员应该自觉遵守篮球运动规则,在正确的规则下尽量避免伤害的发生。

(三)篮球运动常见损伤的处理

1. 膝关节半月板损伤

(1)原因与症状

在膝关节屈伸过程中若同时伴有膝关节的扭转内外翻动作时,半月板本身就出现不一致的矛盾活动,使半月板在股骨髁与胫骨平台之间发生剧烈研磨,容易造成损伤。篮球运动中,当膝关节屈曲,小腿固定于外展、外旋位,大腿突然内收、内旋并伸直膝关节时,就可能引起内侧半月板损伤。此外,膝关节突然猛力过伸及腘肌腱的前后割裂,可引起半月板前角损伤或半月板边缘分离。半月板损伤表现为压迫性疼痛、疼症。可动区域受到限制,膝关节不能伸曲等。

(2)处理方法

急性以制动、消肿止痛的冷敷方法为主,严重者要加压包扎2~3周的时间;慢性,严格避免重复受伤动作,以免再次受伤。

2. 膝关节内侧副韧带损伤

(1)原因与症状

膝关节是由股骨、胫骨及髌骨构成,它部位较浅,是人体中结构最复杂、关节面最大、杠杆作用最强、负重大、不稳定、而易受伤的屈成关节。几乎所有的体育运动,都会给膝关节造成很大的压力。从膝关节的构造机制上看,韧带发生损伤的时候是非常多的。膝关节做伸展动作时,不论从外侧或者内侧都容易受到外来的压力。膝关节侧方的韧带称为胫侧副韧带,特别是内侧胫侧副韧带最容易发生扭伤及完全性断裂。膝关节的损伤完全是由外力所引起的。膝关节在承受外力时,支撑髌关节的韧带发生异常的活动而产生挫伤。伤后膝内侧剧痛,随即又可减轻,随后疼痛又逐渐加重。出现皮下淤血,如深层断裂或合并半月板或十字韧带损伤,膝关节出现血肿,局部压痛。

(2)处理方法

伤后应立即用氯乙烷或冰袋局部冰敷,而后用棉花夹板包扎固定、或用海绵、或棉花和绷卷作加压包扎,并抬高伤肢以减少出血、肿胀。

3．大腿肌肉拉伤

(1)原因与症状

肌肉拉伤是由于过多地使用肌肉及给予了肌肉超负荷的压力所造成的损伤。肌肉拉伤按其受伤程度不同分为连接在肌肉上的多数肌纤维由于过度伸展被拉伤(轻度)、一部分发生断裂(中度)、完全断裂和筋断裂(重度)。大腿肌肉在做跑、跳等急性动作时最易拉伤。症状轻者,停止运动后不疼痛,如果继续运动将会加重症状。严重时走路都会很困难,甚至出现皮下淤斑,大腿迅速肿胀,肌肉出现收缩肌形。

(2)处理方法

肌肉微细损伤或伴有少量肌纤维撕裂者,伤后应迅速给予冷敷,局部加压包扎,休息时应抬高患肢。24～48 小时后可开始理疗和按摩,按摩时手法宜轻柔,伤部仅能做些轻推摩,伤部周围可做揉、捏、搓等,同时配合点压穴位(宜取伤周穴位)。如肌肉大部或完全断裂者,在局部加压包扎并适当固定患肢后,应马上送往医院诊治。

4．肘关节骨折

(1)原因与症状

肘关节的骨折是在牵拉手臂、肘被扭曲摔倒、受到直接撞击时发生。手被拉伸摔倒时肱骨也会发生骨折。前臂及腕关节的骨头也会发生像骨折一样的损伤。肘关节骨折会出现淤血、肿胀、肌肉痉挛,关节活动异常等症状。

(2)处理方法

止血、绑缚绷带。如很严重立即送往医院进行手术。

5．腕关节的骨折

(1)原因与症状

引起外伤性骨折的暴力,按其作用的性质和方式,可分为直接、传达、牵拉和积累性暴力四种。腕关节的骨折是指桡骨和尺骨下端的骨折,发生的机制同腕关节的受伤有共同点,是摔倒时掌心触地引起的。腕关节骨折会出现关节活动异常,疼痛、损伤、皮下淤血、肿胀、肌肉痉挛、畸形等症状。

(2)处理方法

不要轻易挪动躯体或四肢,如果出血则先止血,打 120 急救电话立即送往医院。

6．掌指间关节扭伤

(1)原因与症状

如果关节活动过度,把与邻近骨头连接固定在一起的韧带撕裂时,就可能造成扭伤,尤其是膝关节、踝关节以及手指关节。由于手指受到侧向的外力冲击或受到暴力作用使关节过伸所致。

篮球运动中因手指经常受到球的撞击,或因接球技术动作的错误而发生掌指关节的扭伤,引起侧副韧带和关节囊的损伤或撕裂,一般多发生在第一掌指关节和其他各指的近侧指间关节,有时伴有撕脱骨折。扭挫伤的典型症状是局部肿胀痛楚、伤处明显压痛、关节屈伸不利、皮肤青紫,日久失治者常因风寒湿邪反复发作。

（2）处理方法

立即冷敷患部,将伤指屈曲固定,用弹性绷带包住扭伤部位2～4周。

7. 腰背部的扭伤

（1）原因与症状

急性腰扭伤包括肌肉、筋膜、韧带和椎间关节等软组织的损伤,其中约有90％的病例发生在腰骶部及骶、髂关节。腰骶部为人体躯干连接下肢的桥梁,负重大,活动多,在篮球运动中遭受外伤的机会最多。多是重力超越了躯干一时所能承担的能力造成的,尤其是当肌肉力量不足,提取重物是姿势不正确、或负荷过重时更易发生。脊柱运动一时超越了正常的生理范围,或当技术动作发生错误或疲劳时也容易发生。腰背部的扭伤分为急性和慢性两种。急性腰背疼痛,会有突然的剧烈痛感,在受力瞬间感到腰像被"截断了"似的痛或听到响声;慢性腰背疼痛是因为身体姿势不正确使用或疲劳造成的,症状较轻有酸痛感。

（2）处理方法

腰部急性扭伤后,腰后垫上一个小枕头躺在床上休息,以使肌肉韧带处于松弛状态,同时用冰块冷敷,有助于消除背部肌肉的肿胀及紧绷。

8. 髌骨劳损

（1）原因与症状

髌骨劳损是指髌骨软骨软化症和髌骨张腱末端病的统称。此伤在篮球、排球运动员中发病率最高。在篮球运动中,篮球的滑步、防守、急停、进攻和上篮;跳高、跳远的踏跳和最后一步制动等,若运动量安排不当,在一次或一段时间内膝关节的这种负荷过多,都可能发生这种损伤。早期或轻型病例,在大运动量训练后感到膝痛和膝软,但休息后症状多可消失。随着病变的进展,疼痛逐渐加重,准备活动后症状常可减轻,运动结束后又加重,休息后又可减轻。续后出现持续痛,个别严重者走路和静坐时也痛。主要表现为半蹲和上下楼梯痛,甚至在半蹲"发力"时突然坐下或跌倒。膝关节常有不同程度的积液。髌骨周缘有压痛。

（2）处理方法

髌骨劳损属于慢性劳损,运动时应充分做好准备活动,同时绑缚带松紧的绷带。

9. 关节脱位

（1）原因与症状

通常在篮球运动过程中的对抗,摔倒时手撑地会引起肘关节或肩关节脱位。关节脱位通常伴有关节囊撕裂,关节周围的软组织损伤或破裂。关节脱位后,关节完全不能够活动,甚至发生肌肉痉挛现象,并且伴随着关节畸形,关节内发生血肿。此时受伤关节疼痛,有压痛和肿胀。如果复位不及时,血肿会机化而发生关节粘连,增加关节复位的困难。

（2）处理方法

应马上用夹板和绷带在脱位所形成的姿势下固定伤肢,如果没有夹板,可用纸板、绷带或布巾,将伤肢固定在本人的躯干或健肢上,防止震动,并尽快送医院治疗。必须注意的是,如果没有把握做好整复处理时,切忌不可随意做整复手术,以免加重损伤,增加疼痛。

10. 踝关节扭伤

（1）原因与症状

扭伤这是一种间接外力所致的闭合性损伤。是在外力作用下使关节发生超越正常范围的活动而造成的关节内外侧韧带损伤。在篮球运动中,由于场地不平,以及跳起落地时身体失去平衡等原因,使踝关节发生过度内翻(旋后),引起外侧韧带的过度牵扯、部分断裂或完全断裂。伤后踝关节外侧疼痛、迅速肿胀,并逐渐延及踝关节前部,若距腓前韧带撕裂,关节出现普通肿胀,致使行走时疼痛,足跟不敢着地,或只能用足的外缘着地。局部疼痛,肿胀;若伤及骨膜,则整个关节肿胀;若伤及皮下血管则出现青紫,出现关节功能障碍,局部有压痛。牵拉受伤韧带时疼痛加重。若出现关节松动,关节可被拉开或患有"卡住"感,应考虑韧带完全断裂和其他组织合并损伤。

（2）处理方法

立即冷敷,用绷带加压包扎,在 24 小时以后才可以做轻度活动,在踝关节扭伤 24 小时以后,根据伤情可选用外敷中药、针灸、按摩、药物痛点注射及支持带固定等方法治疗。

二、篮球运动常见疾病的防治

对于高校篮球运动员而言,运动性疾病是篮球运动中不可避免的。导致高校篮球运动员运动性疾病的原因主要是机体对篮球运动的应激因子不适应或是篮球运动训练安排不适合,而造成的体内机能紊乱、机能异常、综合症或疾病。如运动训练、过度紧张、肌肉痉挛、运动性贫血、运动性腹痛、运动性中署等。

（一）过度训练

在篮球训练过程中,高校篮球运动员训练不当往往会导致运动性疾病的产生。运动性疾病是一种训练与恢复、运动与运动能力、应激与应激耐受性之间的失衡状态。从运动疲劳的程度进行分类,过度训练可分为短期过度训练和过度训练综合症。短期过度训练经过 1~2 周恢复,运动能力能够恢复或超过原来水平。而过度训练综合症则表现为持续的运动能力、免疫力下降,易感染,持续疲劳,且情绪低落、易烦躁等症状。

1. 原因与症状

造成高校篮球运动员过度训练的常见原因主要有以下几种。

（1）运动量增加过快。比较常见的现象是教练员为了追求快出成绩,未根据运动员,尤其是少年运动员的身体状况和训练水平循序渐进地增加运动量。有时运动员为了急于出成绩,随意增加量造成运动量增加过快。这些运动员常出现局部肌肉和韧带的劳损症状。

（2）运动量超过身体负荷。由于平时缺少锻炼,体质水平维持在一个较低的程度,而一旦需要大量运动时,出现不适应的现象。

(3)糖原不足。由于持续大强度训练肌糖原供不应求,刺激支链氨基酸和游离脂肪酸氧化供能,支链氨基酸的减少引起血浆游离色氨酸比值升高,大量色氨酸进入大脑,产生 5-羟色胺,5-羟色胺是公认的中枢疲劳的神经递质,因此加速了疲劳的发生。

(4)缺乏全面训练基础。这一原因造成的过度训练多见于运动新手。他们缺乏身体全面训练的基础就集中专项训练,再加上运动训练安排不当,容易造成过度训练。

(5)连续大运动量训练缺乏必要的间隙。大运动量训练是提高运动员训练水平和技术所必需的。这已为多数学者的研究和实践所公认。但当大运动量训练持续过久,又缺乏必要的节奏和间隙,超过身体的机能潜力,破坏了内在的稳定,就会造成身体的过度疲劳状态,训练后易发生过度训练。

(6)患病后训练开始过早和/或训练量过大。不少运动员是在感冒后过早训练或训练量过大而造成的。因此患病后,尤其在感冒等所谓“小病”后,遵守训练原则是很重要的。

(7)自由基学说。自由基代谢失衡对细胞膜结构、线粒体功能等有很大损害,并直接影响到细胞氧化还原功能,导致运动疲劳。

(8)生活制度的破坏。运动员训练后得不到充分的休息或社会活动过多或开夜车工作、娱乐等,破坏了有规律的生活制度,身体过度劳累,引起过度训练。

当篮球运动员训练过度时,主要会出现以下症状。

(1)神经精神症状。过度训练所表现出的神经精神症状主要有睡眠障碍(失眠、多梦、易惊醒等)、头痛、头晕、无训练欲望、心情烦躁、易激怒以及记忆力下降等。

(2)心血管系统症状。高校篮球运动员发生过度训练时,常常会出现心悸、心慌、胸闷、气短、心前区不适式疼痛,以及心律不齐、血压增高且不稳定、血红蛋白下降、恢复期延长等症状。早期或轻度患者还主要表现为一系列的神经症状、生理障碍,如身体软弱无力、倦怠、精神不振、无训练欲望甚至厌烦训练,心理上有压抑感且缺乏信心。有的运动员表现为情绪波动较大,爱激动和发脾气,或反应迟钝,对周围事情淡漠健忘,失眠或嗜睡现象,注意力不集中等。

(3)肌肉骨骼系统症状。过度训练在肌肉骨骼系统方面的症状常表现为:肌肉持续酸痛、压痛、肌肉僵硬,易出现肌肉痉挛、肌肉微细损伤等。当出现下肢过度训练时可表现为过度使用症状;出现应激性骨膜炎,小腿间隔综合征,张力性骨折、跟腱、髌腱周围炎等。

(4)消化系统症状。过度训练在消化系统方面的症状主要表现为:食欲下降、恶心、呕吐、肝区疼痛,严重时可出现胃肠道功能紊乱。个别运动员可出现上消化道或下消化道出血症状。

(5)全身及其他系统的症状。过度训练的高校篮球运动员常表现为全身乏力、体重下降;易发生感冒、腹泻、低热、运动后蛋白尿、运动性血尿、运动性头痛等。甚至易患肝炎等传染病。

(6)运动成绩和体力下降。个人项目中运动成绩下降比较明显,负荷能力下降,尤其最大负荷能力和最大乳酸水平下降。集体项目运动员常表现为反应迟钝、动作不灵活和协调能力下降等。

上述过度训练表现出的各种症状的轻重与运动量大小尤其运动强度大小,具有十分密切的关系。开始时仅在大运动量训练后出现,若未及时采取措施,则症状逐渐加重。在中、小运动量训练后就可出现。

2. 预防

高校篮球运动员预防过度训练，可采取以下几项措施。

（1）高校篮球运动员在锻炼前要进行全面的身体检查，以了解目前的身体健康情况，尤其是心血管和呼吸系统的机能状况。平时如不经常锻炼，也不了解科学锻炼的知识与方法，急于求成地去进行练习，不但无益于健康，反而很容易损伤身体。因此，正式锻炼前必须进行身体检查，为锻炼的方式与运动负荷的选用提供客观的依据。

（2）运动训练前要做好充分的准备活动，运动训练结束后要做好整理活动。运动前的准备活动是十分有必要进行的，它可以提高身体各器官系统的活性，使身体逐步适应运动时所要达到的强度要求。运动后进行一些恢复性的整理活动，可使运动中比较兴奋的器官逐步地平静下来。运动结束后可进行一些恢复性慢跑、柔韧性放松、局部按摩等。

（3）高校篮球运动员应注意合理安排运动训练和休息，注意劳逸结合，两者不可偏废，要做到动态平衡，即经常要调节好运动训练和休息的时间，要根据身体反应、外界环境和条件的变化不断进行调整，这样可以避免因两者安排不当造成意外。

（4）高校篮球运动员在运动训练时应避免某一肢体或器官负荷过重。练习时最好有多个部位参加运动，或每次运动采用多种形式，以使身体各部位得到活动的机会。活动时呼吸要自然，注意发展腹式呼吸，尽量避免屏气或过分用力。

（5）运动训练要循序渐进，持之以恒。开始运动时，运动量要小些，有 10~14 天的观察反应期。对没有运动习惯的人，参加运动后，可能不适应，表现为劳累、肌肉酸痛、食欲稍减，甚至睡眠不佳。适应后再逐渐增加运动量，每增加一级负荷量，都要有一段适应期。对多数人来讲，一般运动量的增加不是直线上升的，而是波浪式渐进的，增加运动量时应以延长运动训练时间为主，不宜强调加快速度。同时，运动训练一定要系统地进行，要持之以恒。只有这样的运动训练才能使身体结构和机能发生有利的变化，增强体质。

（6）在运动训练过程中，高校篮球运动员要注意合理的饮食搭配，多吃些营养丰富易消化的食物，以保证运动时体力消耗的补充，减少由于食量增加而给消化系统带来的负荷。运动训练时体内水分消耗过多，运动后要适当地补充水分。

（7）高校篮球运动员在运动训练时应注意记录每天或隔天的自我感觉，对比前、后的脉搏和血压数值，晨起的脉搏、食欲和睡眠情况等，有了这些记录，便于自我监督。

3. 治疗方法

（1）补充各种营养物质，包括高能量物质、高糖、蛋白质、维生素以及微量元素等。

（2）保证充足的睡眠和休息时间。宜采用各种积极性休息的措施来消除体力和精神上的紧张，如温水浴、桑拿、按摩、听轻音乐、放松性休闲等。

（3）服用各种营养补剂等。

（二）过度紧张

1. 原因与症状

高校篮球运动员出现过度紧张的原因主要有以下几种。

（1）脑供血不足。剧烈运动时，大量的血液流经四肢和体表，脑供血相对不足，出现一时性的脑缺血所致，或是精神紧张，脑血管痉挛所致。如在举重时，胸腔及肺内压骤然剧增，造成回心血量减少，心输出量锐减，而导致短暂的脑供血不足。

（2）心功能不全和心肌损害。过度紧张出现急性心功能不全和心肌损伤者，一是由于胸部受到直接打击，如拳击、足球等，血管运动神经反射作用引起心源性休克。二是由于原患有某些心脏病，如马凡氏综合征、风湿性心脏病、病毒性心肌炎、肥厚性心脏病、冠状动脉先天发育畸形等，引起心肌缺血、心肌梗塞和急性心力衰竭。

（3）急性胃肠道综合征。运动所导致的急性胃肠道症状可以说是过度紧张的一种类型。由于激烈运动和精神紧张，交感神经兴奋，胃肠血管收缩，流经胃肠血管的血量大大减少，导致胃血管痉挛，胃黏膜出血性糜烂或溃疡，即"运动应激性溃疡"。或者是由于运动员或健身者患有消化道疾病，因剧烈运动和情绪紧张诱发出血。

一般篮球运动员出现过度紧张，主要有以下几个方面的症状。

（1）昏厥型。在篮球运动中或运动后，由于供血量的减少或脑血管的痉挛，引起脑部突然供血不足而发生的暂时性知觉丧失。高校篮球运动员在昏倒前，常常表现为全身软弱、头晕、耳鸣、眼前发黑、面色苍白。昏倒后，意识丧失或模糊不清，面色苍白、手足发凉、出冷汗、脉率增快或正常、血压降低或正常、呼吸慢或增快。清醒后全身无力、精神不佳，常伴有头痛、恶心呕吐、耳鸣、面色苍白、手足发凉、冷汗出、脉细数等。

（2）脑血管痉挛。该症状表现为篮球运动中或运动后突发一侧肢体麻木，动作不灵或麻痹，常伴有剧烈的头痛、恶心、呕吐等。

（3）急性心脏功能不全和心肌损害。表现为运动后出现头晕、目眩，步态不稳，面色苍白，口唇发绀，身体迅速衰弱，呼吸困难，并有恶心、呕吐、咳嗽、咯血、胸痛、右季肋部疼痛、脉细数弱甚至意识丧失。检查时心律不齐，血压下降等。

（4）急性胃肠功能紊乱及运动应激性溃疡。急性胃肠功能紊乱是过度紧张中最常见的一种，常在剧烈运动后即刻或短时间内发病，出现恶心、呕吐、头痛及头晕、面色苍白、呈衰弱状态，呕吐物为食物、黏液及水，大便潜血试验阳性。有的人在运动后仅有恶心或不适感，仍可少量进食；有的人在运动后 8～10 小时发生呕吐。体检时，腹部有轻微压痛，脉搏稍快，血压多数正常。运动后发生呕吐的原因，可能不是因为胃酸过多，而是运动时发生的物理原因所引起。

（5）运动后猝死。在篮球运动中或运动后，症状出现后 30 秒内死亡称为即刻死，症状出现后 24 小时内死亡称为猝死。

2. 预防

篮球运动基础较差者，不可勉强参加激烈、紧张的运动或比赛，活动前要做好充分的准备活动，并注重坚强身体素质的训练，运动量的增加要做到循序渐进。患病时应积极治疗并注意休息，避免剧烈运动，必要时要定期做身体检查。伤病初愈或因其他原因中断篮球运动后再重新参加运动时，要逐渐增加运动量，不要马上进行大强度运动或剧烈比赛。在参加体力负担较重的比赛前，应遵医嘱时刻注意身体的状态，参加篮球运动应禁止高血压、心脏病患者和身体不合格者参加。

3. 治疗方法

轻度的过度紧张,应将病人安静平卧,并注意保暖,可服用热糖水或镇静剂,一般经短时间休息即可恢复。对有心功能不全的病人,应处半卧位,保持安静,并针刺或掐点内关、足三里等穴。如果有昏迷,可针刺或掐点人中、百会、合谷、涌泉等穴,并送医院治疗。

(三)肌肉痉挛

1. 原因与症状

对于高校篮球运动员而言,肌肉痉挛产生的原因主要有以下几种。

(1)局部肌肉负荷过大,肌肉收缩失控。大运动量或大强度训练后,肌肉连续收缩或长时间处于运动状态,肌肉收缩舒张失调,连续快速地收缩,放松时间太短,特别是局部肌肉负担过大,或重复练习间歇时间短,容易使肌肉发生疲劳,引起肌肉痉挛。

(2)大量排汗。大量排汗是导致肌肉出现痉挛的主要原因之一。夏天长时间从事剧烈运动,因温度过高,身体大量排汗,影响体内水盐代谢,电解质丢失过多,使体内氯化钠含量下降,引起肌肉神经过度兴奋,细胞膜的电位不停地变化,往往会导致肌肉痉挛。

(3)运动性肌肉损伤。肌肉在自身黏滞性较高时,如收缩过猛,引起局部肌肉纤维及结缔组织的细微损伤,并伴有肌纤维痉挛。其他还有致痛物质、缺血等,也可引起肌肉痉挛。

(4)寒冷刺激。在寒冷温度中进行体育锻炼,如果准备活动不充分,肌肉突然受到寒冷空气(或冰凉的水)刺激时,兴奋性会增强,易发生强直性收缩而引起痉挛。

除此之外,比赛中准备活动不充分,训练或比赛前神经系统、各器官和肌肉还未完全进入工作状态,如对局部肌肉连续刺激,并且刺激强度过大,就容易发生痉挛。又如精神紧张或训练水平较低时,体力不支时也很容易出现肌肉痉挛。

在篮球运动中,肌肉痉挛发病较急,局部发生不自主肌肉强直收缩,僵硬,疼痛难忍,而且一时不易缓解,痉挛肌肉所涉及的关节,伸屈功能有一定的障碍。

2. 预防

对于肌肉痉挛的预防,高校篮球运动员可参考以下几个方面。

(1)应加强身体锻炼,提高身体的耐寒能力和耐久力。游泳特别是冬泳前,应先用冷水淋湿全身以适应冷水刺激。水温低时,游泳时间不宜太长,更不能在水中停止运动和停留太长时间。

(2)在运动前特别是在大运动量或大强度训练时,应做好充分的准备活动,遵循循序渐进的原则。可适当按摩容易发生痉挛的肌肉。当身体处于疲劳、饥饿或伤病时,应适当减少运动量,不宜进行剧烈运动。

(3)夏季运动时,出汗过多,应注意适当补充淡盐开水和维生素。冬季室外锻炼时要注意保暖。必要时补充维生素 E,适当补钙,可吃钙片,多吃含乳酸和氨基酸的奶制品、瘦肉、虾皮、豆制品等食品。

3. 治疗方法

(1)紧急处理

①股四头肌痉挛:患者就地俯卧,两臂自然放于体侧,尽量抬起伤肢,屈小腿,术者一手扶胫

骨上端,一手做局部按摩。

②大腿后群肌肉、小腿腓肠肌痉挛:患者就地仰卧,两臂自然放于体侧,将伤肢抬起,与躯干约成 120°,术者一手扶踝关节跟腱部,一手握住脚前掌,连续突然发力使踝关节屈伸,拉长腓肠肌,直到痉挛消除。待缓解后,配合局部按压、揉捏、点掐、针刺有关穴位等,效果会更好。

③屈拇、屈趾肌痉挛:出现该症状时,应用力将足趾背伸。最好由同伴协助,但切忌施力过猛。游泳中发生腓肠肌痉挛时,患者应吸一口气,仰浮水面,用抽筋肢体对侧的手握住抽筋肢体的足趾,用力向身体方向拉,同时用同侧的手掌压在抽筋肢体的膝盖上,帮助将膝伸直,即可缓解。

④腰背竖脊肌痉挛:患者坐在地上,两腿伸直。术者两手扶于肩胛处适度发力使上体前屈,待痉挛消除后做局部轻微按摩。

如果以上措施不能在短时间内消除肌肉痉挛,应马上送医院治疗。

(2)推拿按摩法

①牵拉捏摩法:患者取仰卧位,术者立于患者身旁。术者首先将患者踝关节背伸,即向上勾脚,将膝关节伸直,用手向后牵拉脚部,持续到痉挛缓解为止。痉挛解除后,可将膝部屈起,用手掌推小腿肌肉 1～2 分钟,然后再用捏法,按摩小腿肌肉 1～2 分钟,使局部肌肉得到放松。

②点按揉捏法:患者取仰卧位,术者立于患者身旁。术者点按患者委中、承山穴各 1 分钟,然后按压膝关节上下端一次,再将踝关节屈伸一次,最后用按揉法、揉捏法按摩膝、腓肠肌 4 分钟左右。

③捏拿旋转法:患者取坐位,屈膝,小腿肌肉放松,术者立于患者身旁。术者用手掌自上而下推小腿肌肉,要有一定力度,由表及里。以拇指和余四指的对合力,由上至下捏拿小腿肌肉,以手掌自上而下旋转揉动小腿肌肉。按摩 1～2 分钟。

④按压叩击法:患者取坐位,术者立于患者身旁。术者将被按摩的小腿放在对侧的大腿上。以拇指自上而下,按而拨动小腿肌肉,握拳叩击小腿肌肉。

⑤重推捏拿法:患者取俯卧位,术者可采用重推、揉捏、叩打、点穴、滚、提拿法,在患侧小腿后侧腓肠肌处,重点在痉挛酸痛处,由上而下往返按摩 10 次;再用指按揉委中、阳陵泉、昆仑、承山、太溪及阿是穴。

上述每种手法按摩 1～2 分钟。按摩后应感觉轻快,酸痛基本消失。

(3)针灸治疗

①取双侧足三里、承山、委中、浮郄、合阳、跗阳等穴,用泻法,得气后留针 25 分钟。一日 1 次,连续治疗 7 次为 1 疗程。

②针刺阳陵泉透阴陵泉、太冲、承山等穴,将艾条插在针柄上实施温针灸,待燃毕留针 25～30 分钟,一日 1 次,继续治疗 7 次。

还可用热敷、电疗等,有助于缓解痉挛。

(四)运动性贫血

1. 原因与症状

导致高校篮球运动员发生运动性贫血的原因和机理较为复杂,其主要与下述因素有密切的关系。

(1)血红蛋白合成减少。血红蛋白合成不可缺少铁、蛋白质、维生寨 B_{12} 和叶酸等物质。当剧烈运动时,能量大量损耗,对无机盐、蛋白质、维生素和铁的需要量增加,而铁、蛋白质、维生素 B_{12} 和叶酸的摄入量不足,影响血红蛋白的合成。特别是大量排汗、耐力性运动项目中若出现运动性血尿,女运动员月经期铁的丢失,以及大便中铁的丢失,更容易导致运动性贫血。

(2)血浆稀释引起相对贫血。耐力运动员的运动训练,如竞走、长跑等,特别是女青少年运动员容易发生溶血或血红置白尿,引起血浆容量的明显增加,出现相对的血液稀释状态,引起相对贫血。

(3)红细胞破坏增加。在剧烈运动时,由于体温升高,血酸度增加,儿茶酚胺分泌增多等,可引起红细胞的滤过性和变形性改变,使红细胞的脆性增加,红细胞易于破裂、溶血;由于剧烈运动时血流加速,挤压或牵伸造成相应部位微细血管,红细胞与血管壁之间撞击摩擦加剧易造成红细胞破裂,致使红细胞的新生与衰亡之间的平衡遭到破坏,从而导致运动性贫血。

(4)长时间、大运动量运动项目。长距离径赛如竞走、长跑、马拉松,以及举重、柔道、跆拳道、摔跤等运动项目,运动性贫血的发病率大大高于其他运动项目。从事灵巧型项目的运动员,如体操、跳水运动员,以及舞蹈演员也多见运动性贫血,这可能与控制摄入量,维持较轻体重有密切的关系。

(5)急、慢性失血。在激烈的篮球运动训练和比赛中,胃肠道出血、血尿、血红蛋白尿、痔疮、组织或内脏损伤、女运动员月经过多等都会造成不同程度的急、慢性失血,从而导致运动员出现运动性贫血。

高校篮球运动员出现运动性贫血时,其主要表现为以下症状。

(1)轻度运动性贫血。在安静状态或中小运动量时不出现症状或症状不明显,仅在大运动量时才出现某些症状。

(2)中度和重度运动性贫血,会出现头晕、恶心、呕吐、气喘、体力下降、疲倦、训练后感觉明显、眼花、头痛、记忆力下降、食欲下降等症状;运动中或运动后出现心悸、气促、心跳加快、脸色苍白,女运动员可出现月经紊乱或闭经。

体检时,会发现皮肤、黏膜、指甲等出现苍白症状。安静时心率加快,心尖可听到收缩期吹风样杂音,血液检查 RBC 低于正常值,Hb 低于正常值。

2. 预防

遵循循序渐进和个别对待原则,合理调整膳食,并加强医务监督。如运动时经常有头晕现象时,应及时诊断医治,以利于正常参加体育运动。

3. 治疗方法

在篮球运动中(后)出现头晕、无力、恶心等现象时,应适当减小运动量,必要时暂停运动,并补充富含蛋白质和铁的食物,口服硫酸亚铁,这对缺铁性贫血的治疗有良好的效果。

(五)运动性昏厥

1. 原因与症状

造成运动性晕厥的主要原因有以下几种。

（1）脑源性晕厥。发生在有脑血管先天性畸形、脑动脉血管粥样硬化和颈椎病的练习者和教练中，运动时脑部血管可发生一时性广泛缺血而出现晕厥。有高血压病的人参加激烈运动，可引起脑内小动脉痉挛、水肿和意识丧失。

（2）血管减压性晕厥。血管减压性晕厥也称单纯性晕厥，可以发生在正常人中。发病率占各类型晕厥的首位。发作前有情绪不稳定或强烈的精神刺激等因素，引起动脉压和全身骨骼肌肉的阻力降低，大脑血液灌注量减少出现晕厥。年轻女性运动员以及新入队的队员参加大型比赛，赛前紧张状态易促进本病发生。运动员在过度疲劳、伤病恢复期以及停训后突然参加大强度的训练和比赛都很容易发生血管减压性昏厥。

（3）心源性晕厥。心源性昏厥多发生于足球、篮球、自行车、网球、冰球、马拉松等运动项目中。其在青年和中老年中均有发生，多以中老年居多。其发作与体位无关，主要是因为运动时心肌耗氧量增加，由于多种原因引起冠状动脉供血不足发生心肌缺血，导致心脏功能障碍，脑组织供血不足，引起晕厥。运动可激发没有器质性心脏病的人发生心律失常，导致心脏射血功能障碍，脑组织供血不足，引起晕厥。又如主动脉瓣或瓣下狭窄的人常在运动或体力劳动时发生晕厥。先天性心脏病人运动后由于明显的动脉低氧可导致晕厥。

（4）低血糖性晕厥。在经历了长时间剧烈的篮球运动后，篮球运动员常常因体内血糖消耗而产生低血糖反应。有器质性或功能性低血糖病史的高校篮球运动员，在篮球运动时易诱发低血糖。如果不能够及时补充糖，会影响到脑组织的能量供应，导致晕厥甚至昏迷。

（5）体位性低血压晕厥。体位性低血压晕厥又称重力性休克性晕厥。当运动员以下肢为主进行运动时，下肢肌肉的毛细血管大量扩张，其供血量比安静时增加20～30倍。此时，如果在大强度的训练或激烈的比赛中或比赛后立即停止不动，由于下肢毛细血管和静脉失去了肌肉收缩时对它们的节律性挤压作用，加上血液本身受到的重力影响，导致大量血液积聚在下肢舒张的血管中，造成回心血流量和心输出量的减少，使脑部相对供血不足引起晕厥，出现体位性低血压晕厥。或身体由水平位突然变为直立位时，由于体位突然变动，导致回心血量骤减和动脉血压下降，出现了暂时性脑缺血，也可发生体位性低血压晕厥。

（6）迷走反射性晕厥。迷走反射性晕厥又称血管抑制性晕厥，主要是由于大赛前情绪过于紧张激动，或竞赛中遭遇伤痛或强烈的精神刺激，通过交感神经反射，而诱发短暂的内脏血管扩张，回心血量减少，心输出量减少，血压下降，导致大脑供血不足而引起晕厥。

（7）运动性中暑晕厥。在高温、高湿环境中，高校篮球运动员进行篮球运动时体内产热较多，如果不能有效地散发体内过多的热量，运动员的体温调节能力下降，体温升高。此外，由于大量出汗脱水、体内水、电解质失衡以及血容量减少，引起血压下降、脑供血不足和意识丧失，发生中暑昏厥。

在篮球运动训练或比赛中，篮球运动员发生运动性中暑的程度不同所表现的症状也各不相同。

轻度晕厥的临床症状：一般在昏倒片刻之后清醒，精神不佳，头晕、头痛、乏力、恶心、呕吐。

中度晕厥的临床症状：主要表现为晕厥前全身软弱无力、头晕、耳鸣、眼前发黑、面色苍白、出冷汗。有时伴有紫绀、呼吸困难、颈静脉怒张，心率、心律、心音和心电图多有异常表现。或有心悸、胸痛等症状。

重度晕厥的临床症状：昏倒后意识丧失，手足发凉、脉率上升或正常、血压下降或正常、呼吸加快或减弱（一般昏倒数秒，长者3～4小时）。无抽搐、大小便失禁，瞳孔大小正常，对光反射正常。无心、肺、腹及神经系统等病史。

（1）血管减压性晕厥。血管减压性晕厥的明显诱因，如情绪不稳定、疲劳等，发作前有出汗、流涎、心动徐缓等前驱症状，上述症状持续数十秒至数分钟后意识丧失。血压下降，脉搏缓弱，意识丧失约几秒至几十秒可自行苏醒。

（2）心源性晕厥。心源性晕厥的明显诱因，如用力、情绪不稳定、疲劳等，发作与体位无关，发作前有出汗、流涎、心动徐缓等前驱症状，出现眼黑、心悸、胸痛、面色苍白合并紫绀、呼吸困难、颈静脉怒张，血压下降，心率、心音和脉搏有改变，心电图多有异常表现等。当心脏恢复搏动，脉搏可触及时，脸色突然转红。上述症状持续数十秒至数分钟后意识丧失。脉搏缓弱，意识丧失几秒至几十秒可自行苏醒。

（3）脑源性晕厥。脑源性晕厥的发生伴有头痛、眩晕、呕吐、抽搐，有时伴有失语、轻偏瘫、患侧视力减退或失明等。

（4）体位性低血压晕厥。体位性低血压晕厥往往发生在水平位置运动突然变直立位的运动项目中，由于体位的突然变动，肌肉泵和血管调节功能发生障碍，致使回心血量骤减和动脉血压下降，出现了暂时性脑缺血，意识突然丧失，无前驱症状。可发生在完成游泳比赛后的站立位。

（5）低血糖性晕厥。低血糖性晕厥的前驱症状表现为头晕、无力、饥饿感、震颤、恶心、冷汗、心动过速和行为慌乱等，晕厥历时较长，补充糖后意识可恢复。

（6）运动性中暑晕厥。练习者在炎热夏天进行训练和比赛时，初始表现一般为头昏、头痛、胸闷、大汗、严重口渴、恶心、呕吐、心动过速和肌肉痉挛等，体温可高达40℃以上，有的面色苍白、皮肤湿冷、脉细弱、血压下降、瞳孔缩小，有病理反射。如没有降温措施而继续运动，可出现晕厥甚至死亡。

（7）迷走反射性晕厥。迷走反射性晕厥的前驱症状表现为眩晕、恶心、面色苍白、出汗、肢体发软等，持续数分钟继而突然意识丧失，可在数秒或数分钟后自然苏醒。体检查不出器质性疾病，也不留后遗症状。

2. 预防

平时要坚持篮球运动，以增强体质；久蹲后不要突然起立；不要带病参加剧烈运动；疾跑后不要立即停下来；不要在饥饿的情况下参加剧烈运动。

3. 治疗方法

当篮球运动员发生晕厥时，应迅速使其平卧，足略高于头部，并进行由小腿向心脏方向推摩或拍击。同时用手指点压人中、合谷等穴位，必要时给氨水闻嗅。如有呕吐，应将患者头偏向一侧。如停止呼吸，马上进行人工呼吸。轻度休克者，应由同伴搀扶慢慢走一段时间，帮助进行深呼吸。

（六）运动性腹痛

1. 原因与症状

高校篮球运动员发生运动性腹痛的原因主要有以下几种。

（1）腹内外疾病。腹外疾病多表现为右下肺炎、胸膜炎等，运动后引起反射性或牵扯性腹痛。

腹内疾病如胃炎、肝炎、胆囊炎、阑尾炎、泌尿系统结石、肠道蛔虫、胆道蛔虫等,由于运动时血液流向四肢和体表,内脏血管的收缩、缺氧、新陈代谢产物的刺激,腹膜炎症、胆道平滑肌的痉挛性收缩、腔道过度膨胀以及炎症或出血的刺激等因素,均可引起腹痛。

(2)胃肠道局部血液循环障碍。当剧烈运动和情绪紧张时,由于交感神经兴奋,大量的血液流向体表和四肢,胃肠道血管收缩,胃肠道局部血液循环发生障碍,循环血量减少,导致胃肠道缺血、缺氧,胃壁、肠壁和肠系膜上的神经受到牵扯,使胃肠道平滑肌发生痉挛引起腹痛。此时的腹痛症状表现为钝痛、胀痛甚至绞痛。

(3)心血管系统血液动力学障碍。进行大强度、剧烈运动时,心血管系统的机能水平难以适应运动的负荷和强度,心脏负荷加重,心脏搏动不充分或无力,影响了心腔内血液的排空和静脉血液回流,导致下腔静脉压力上升,肝脾静脉回流受阻,血液瘀积在肝脾内,肝脾的张力增大,使其被膜上的神经受到牵扯而导致肝区或脾区疼痛。

(4)饮食刺激。饭后过早地进行运动,胃肠蠕动会加快、加强,此时便立即进行剧烈运动,大量血液就会从胃肠道流向四肢肌肉,造成腹腔内脏器官的相对缺血,因保护性反应产生腹部疼痛。同时饭后胃中充满食物,或者运动前饮食、饮水过多或空腹运动,或有不良的饮食习惯,以及胃酸或冷空气对胃的刺激等,腰腹部肌肉过度收缩,腹压增高,也将引起腹部疼痛等。

运动前食入易产生胀气或难消化的食物,如豆类、薯类、韭菜、牛肉等,常常导致肠蠕动加快加强或肠痉挛。饮食刺激所造成的疼痛常常表现为胀痛或阵发性绞痛,疼痛部位多在脐周围。宿便刺激也可引起肠痉挛,其疼痛部位多在左下腹。

此外,日常锻炼不足或训练水平低,准备活动不足、过度紧张、运动时呼吸节奏掌握不好、速度突然过快以及运动时腹部受凉等,都可导致胃肠功能紊乱,胃肠道平滑肌发生痉挛,引起运动性腹痛。

高校篮球运动员发生运动性腹痛时常表现出以下症状。

(1)临床症状。安静时不痛,运动中或结束时腹痛。一般无其他伴随症状。大多数运动员在运动负荷小、运动强度低、运动速度慢时腹痛不明显。

(2)因腹痛的性质、部位不同,腹痛也表现为不同的症状。阑尾炎多表现为转移性疼痛等;肝、脾痛多表现为胀痛或钝痛或牵扯痛;胃肠痉挛、结石病多表现为痉挛性疼痛或绞痛;肠道蛔虫多表现为持续性胀痛阵发性加剧。

2. 预防

高校篮球运动员在平时应注意加强全面的身体训练,提高生理机能水平。运动前要充分做好准备活动,运动中注意呼吸节律。在进行辅助练习是,如慢跑,应合理分配体力,注意控制速度。合理安排膳食,饭后须经过一定时间后才可进行剧烈运动,运动前不宜过饱或过饥,也不要饮水过度。运动时要遵循篮球运动的科学性原则、循序渐进原则。对于各种疾患引起的腹痛,应就医检查确诊,彻底治疗,疾病未愈之前,应在医生指导下进行篮球运动。

3. 治疗方法

对于篮球运动中经常出现腹痛的高校篮球运动员要慎重对待。首先要了解腹痛的性质、部位,根据腹痛的部位与运动负荷的关系,来判断是由疾病引起的,还是与运动有关的生理原因引起的,做到有的放矢。出现腹痛时应立即降低负荷强度,减慢速度,调整呼吸和动作节奏,按摩腹部,按压足三里、内管、三阴交等穴位,如果无效或疼痛反而加重,应立即停止运动,及时送往医院检查。

(七)运动性血尿

1. 原因与症状

关于运动性血尿的发病原因,很多学者认为与以下几种因素有关。

(1)外伤。不少学者强调外伤在运动性血尿发生中的作用。在剧烈运动时,因肾脏血管收缩,导致肾小球基底膜细胞间隙加大,通透性增强,血液中的红细胞过滤到肾小球囊腔内而引起。冲撞性运动使泌尿系统,特别是肾脏受到直接或间接地挤压、牵扯或打击,导致肾组织和血管的微细外伤而引起血尿。

(2)泌尿系统有器质性疾病。泌尿系统器质性疾病,如肾炎、泌尿系统感染或结石等,在进行剧烈的篮球运动时,对这些器质性疾病刺激增加,易使其损伤或加剧其改变而导致血尿。

(3)肾血管收缩造成的缺血、缺氧。高校篮球运动员在进行篮球运动时,全身血液的重新分配,肾上腺素和去甲肾上腺素分泌量增多,往往会造成大量血液流向心肺系统和运动系统,肾脏血流量相对减少,造成肾小球供血相对不足,使其机能一时性障碍,造成肾小球毛细血管壁通透性增加,其滤过功能受影响,导致红血球、蛋白等物质漏出。同时,由于肾上腺素和去甲肾上腺素分泌增加,肾血管收缩造成的肾缺血、缺氧,大量乳酸使肾小球通透性增加,出现红细胞外溢,形成运动性血尿。

(4)肾静脉压增高。在直立位下,高校篮球运动员连续长时间的蹬地动作,又由于肾周围脂肪较少(如长跑运动员),导致肾脏位置下移,肾静脉与下腔静脉之间的角度变锐,在两静脉交叉处容易发生扭曲,引起肾静脉压增加,红细胞溢出,出现血尿。

高校篮球运动员发生运动性血尿时,其通常表现为以下症状。

(1)篮球运动后骤然出现血尿,其严重程度与运动员身体适应能力、负荷量、运动强度、情绪,机能状态、性别和运动时的自然环境(如温度、湿度、海拔等)等因素密切相关。多数表现为镜下血尿,少数呈肉眼血尿,小便颜色为樱桃红色、或红葡萄酒色、或褐色、或浓茶色等。

(2)临床症状表现:全身乏力、头晕、肢体沉重感、尿道有烧灼感、偶感腰部不适等。血尿的严重程度与运动负荷和运动强度密切相关。

(3)停止运动后,血尿迅速消失,绝大多数在 3 天内血尿停止。

(4)血液化验、肾功能检查、腹部 X 线检查等均属正常。

此外,运动性血尿要与泌尿系统疾病有所鉴别,包括泌尿系统结石、泌尿系统感染、肾小球肾炎、泌尿系统结核(肾结核、膀胱结核)等。泌尿系统疾病所致的血尿,其血尿程度与运动负荷无明显关系,同时伴有尿频、尿急、尿痛、腰痛、浮肿、发热、脓尿等。

2. 预防

针对运动性血尿的预防,高校篮球运动员可参考以下几个方面。

(1)应坚持循序渐进的原则。合理安排运动负荷,运动量、运动强度和动作难度必须与身体水平相适应。避免骤然加大负荷和训练强度,避免过度训练。

(2)在剧烈运动过程中应进行适当的水分补充。特别要注意运动器官负荷量和伤后的体育锻炼。可用弹性腿套或弹性护踝套,以缓冲地面对足底的应力,减少对红细胞的破坏。

(3)加强篮球运动员的医务监督,定期进行体格检查。赛前体检,特别是尿常规检查,每周1次。

3. 治疗方法

(1)一般处理

运动后无任何症状,仅出现镜下血尿,如果是一时运动量过大所致,可适当调整运动量和运动强度,减少跑跳动作,加强医务监督,定期验尿。如果出现肉眼血尿,不论有无症状,均应暂时停止剧烈运动,做相关检查。如有器质性改变,应按病情轻重,及时治疗。运动性血尿,一般休息1周后可完全消除。

(2)西医治疗

可试用一般止血药。注射安络血、ATP、VB$_{12}$肌注;VK 止血。

(3)中医治疗

①下焦瘀热证:该症状表现为尿血,小便频数,赤涩热痛,舌红苔黄,脉数等。治宜凉血止血,利水通淋,可用小蓟饮子加减,水煎,温服,一日1剂,一日3次。

②血热证:该症状表现为尿血、鼻衄、咳血、呕血、便血和崩漏等。血色鲜红,发热,舌红,苔黄,脉数等,治宜清热凉血、散瘀止血,可用荷叶丸,一次9克,一日3次,空腹,温开水送服。

(八)运动性中暑

1. 原因与症状

对高校篮球运动员而言,其发生运动性中暑的原因有以下几种。

(1)热痉挛产生原因。运动中机体大量排汗,失水失盐过多以致电解质平衡紊乱,发生肌肉疼痛和痉挛。

(2)热射病产生原因。热射病是发生在高热环境中的一种急性病。运动时,体内产热较多,如果天气温度和湿度较高,且空气不流通,散热就会受到影响,热量在体内大量积累,会造成体温大大升高,水、盐代谢出现紊乱,严重影响体内的生理机能以及中枢神经系统的机能活动。

(3)日射病产生原因。由于阳光直接照射头部而引起的机体强烈反应。

(4)循环衰竭产生原因。由于运动时机体失水过多,使血容量减少,如果心脏功能和血管舒张调节不能适应,可导致周围循环衰竭而发生中暑。

运动性中暑有轻重之分。重症中暑又分为热射病、日射病和热痉挛。不同的症状表现如下。

(1)轻症中暑症状。体温常常在38℃以上,头晕、口渴、面色潮红、大量出汗、皮肤灼热等,或出现四肢湿冷、面色苍白、血压下降、脉搏增快等。

(2)重症中暑症状。热痉挛:热痉挛与高温无直接关系,多发生在剧烈劳动与运动后。由于大量出汗,氯化钠(盐类)丧失过多,导致血钠、氯化物降低,血钾亦可降低,而引起肌肉疼痛和痉挛,称为热痉挛(俗称抽筋)。轻者只是对称性肌肉抽搐,口渴,尿少,但体温正常。重者大肌群也发生痉挛,并呈阵发性。负荷较重的肢体肌肉最易发生痉挛。

热射病:热射病的症状轻重不等,轻者仅呈虚弱状态,重者有高热和虚脱。一般发病急,体温上升,大量冷汗,继而无汗、呼吸浅快、脉搏细速、躁动不安、神志模糊、血压下降,重者可引起昏迷,体温高达 41℃以上,脉搏极快,而呼吸短促,最重者可因心力衰竭或呼吸衰竭而致死。

日射病:其主要是因强烈的阳光照射头部,而造成颅内温度增高引起机体的强烈反应。主要表现为剧烈头痛、头晕、恶心、呕吐、耳鸣、眼花、烦躁不安、神志障碍,脉搏细而频速、血压降低等,重者发生昏迷,体温可轻度增高。

2. 预防

高校篮球运动员在高温炎热季节进行篮球运动时,应当减少运动量和运动时间。夏天在室外锻炼时,应戴白帽,穿浅色、宽松、通风性能好的运动服。准备清凉消暑或低糖含盐饮料,并准备急救药品,发现中暑症状,立即停止运动,及时处理。

3. 治疗方法

高校篮球运动员一旦出现中暑症状,首先必须对其进行降温,迅速将患者移到凉爽、通风的地方,平卧休息,头部稍垫高,松解衣服,全身扇风,头部冷敷,用温水或酒精擦身,服饮盐开水或清凉饮料,必要时服解热药物。肌肉痉挛者主要是牵引痉挛的肌肉,补充盐和水。头痛剧烈者,针刺或点太阳穴、风池、合谷、足三里等穴。如有昏迷,可刺激人中急救,对四肢进行重推摩和揉捏,必要时一面急救,一面迅速送医院治疗。

第三节　篮球运动的合理营养补充

一、运动与营养的关系

对于人体而言,所需营养素约有 50 种,脂肪、蛋白质、糖、矿物质、维生素、水和膳食纤维七大类营养素是维持生命的物质基础,没有这些营养素,便无法维持生命。这些营养素在体内的功能各不相同,主要有三个方面,一方面是供给能量以满足人体生理活动和体力活动对能量的需要;另一方面是在体内物质代谢中起调节作用;再一方面是作为构建和修补身体组织的材料。

(一)运动与蛋白质

蛋白质主要由碳、氧、氢、氮四种元素组成,其元素组成的最大特点是含有氮。有些蛋白质还含有硫、磷、铁等其他元素。上述这些元素按一定结构组成氨基酸。氨基酸是蛋白质的组成单位。自然界中的氨基酸主要有 20 多种,通过不同的组合形成了种类繁多的蛋白质。

通过食物中蛋白质含量和优劣的对比,动物性食物蛋白质含量高、质量好,如蛋、奶、鱼、瘦肉等。植物性食物中富含蛋白质的主要是谷类和豆类,谷类是我们的主食,是我国人民膳食蛋白质的主要来源。蛋白质含量居中(约 10%),大豆则含有丰富的优质蛋白质。蔬菜水果等食品蛋白质含量很低,在蛋白质营养中作用很小。

蛋白质和人体进行篮球运动的能力有密切的关系,如氧的运输与储存、肌肉收缩、各种生理机能的调节等。此外,蛋白质可为运动时肌肉耗能提供 5%~15% 的能量。如果进行长时间的篮球运动将会耗尽体内储存的糖,这是时候就会分解体内的蛋白质作为能量来源,而运动员在赛后更加需要蛋白质来修复损耗的肌肉组织。蛋白质的补充可选择支链氨基酸、谷氨酰胺和增肌粉等蛋白质和氨基酸补剂。

(二)运动与脂肪

脂类是由四碳以上的脂肪酸和醇等组成的酯类及其衍生物,主要包括中性脂肪和类脂质。脂肪仅指脂类中的中性脂肪,是甘油和三分子脂肪酸组成的酯。在人们日常生活中,所说的膳食脂类主要包括磷脂、甘油三酯和胆固醇。

脂肪并没有供给量的标准,因为我国地域条件不同,各地区的经济发展水平和饮食习惯也会存在很大的差异,所以,脂肪的实际摄入量有很多区别。我国营养学会建议膳食脂肪供给量不宜超过总能量的 30%,其中单不饱和、饱和、多不饱和脂肪酸的比例应为 1:1:1。亚油酸提供的能量能达到总能量的 1%~2% 即可满足人体对必需脂肪酸的需要。

(1)在运动过程中,人体组织内的甘油三酯被动员后,游离脂肪酸在血液中的浓度变化可分为三个时期:循环期、代谢期、恢复期。

(2)篮球运动对体内脂肪的代谢有很好的改善作用,可以降低血脂含量,减少体脂和减轻体重,还可增加血液中高密度脂蛋白的含量,使血浆中胆固醇和甘油三酯下降。在进行篮球运动时机体的能量消耗增加,骨骼肌、心肌摄取游离脂肪酸增多,从而进入肝脏的脂肪酸减少,使体内甘油三酯合成降低。运动能够提高体内脂蛋白脂肪酶活性,清除甘油三酯的功能加强,因而使血脂含量下降。

(三)运动与糖

糖可以直接被机体利用,因此在运动中占有很重要的位置。糖是由碳、氢、氧三种元素组成的一类化合物,又被称为碳水化合物,其中氢和氧的比例与水分子中氢和氧的比例相同。根据分子结构的繁简,糖可分为三类:单糖、双糖和多糖。单糖是最简单的糖,易溶于水,可直接被人体吸收利用,最常见的单糖有葡萄糖、果糖和半乳糖。双糖是由两分子单糖脱去一分子水缩合而成的糖,易溶于水,它需要分解成单糖才能被身体吸收,最常见的双糖是麦芽糖、蔗糖、乳糖。多糖是由许多单糖分子结合而成的高分子化合物,无甜味,不溶于水,多糖主要包括淀粉、糖精、糖原和膳食纤维,淀粉是谷类、薯类、豆类食物的主要成分,淀粉在消化酶的作用下可分解成糊精,经过机体的进一步消化成为葡萄糖后被吸收。

在能量代谢中,糖具有非常重要的作用,且糖是进行篮球运动时的主要供能物质,对人体运动能力有很大的影响。运动时肌肉的摄糖量可为安静时的 20 倍以上,体内糖原的储存量与运动能力成正比关系。运动前和运动中合理的补充糖,可以减少糖原消耗,提高血糖水平,有利于提高运动成绩。

(四)运动与维生素

维生素是人体中含量很少的一类低分子化合物,是有重要生物活性作用的物质。对机体而言它是维持其正常生命活动不可缺少的物质。虽然它不是机体组织结构的成分,也不提供热能,但它却在机体的生长、发育、代谢过程中起着重要的作用,是维持许多机体功能方面起关键作用的物质。

每种维生素都有各自不同的特殊功能,缺一不可。每类维生素之间都不可代替,缺乏任何一种维生素都有可能引起某种特殊的疾病。由于多数维生素不能由人体自行合成或合成量不足,因此大部分维生素必须从食物中获得。主要来源是牛奶、鸡蛋、粗粮、动物肝脏、植物油、各种蔬菜、水果等。茶叶中也含有多种维生素,其中维生素 C 的含量最多。

维生素的摄取并不是越多越好,因此在摄取量的控制上要非常重视,以避免对身体产生损害。现如今,无论是大学生还是上班族学习和工作的任务都非常繁重,思想压力大,容易出现身体疲劳和神经紧张等症状,而维生素对调节机体代谢、提高机体的反映能力、促进身体发育、提高适应能力等方面有着重要的作用,因此应重视对维生素的足量摄取。例如,对维生素 B_1 的需要量就要高于常人,必须给予足量的供给,缺乏时容易导致疲劳恢复能力下降、脾气暴躁、神经质等不良后果。另外,在一些经济发展迅速的地区,人们的生活节奏变的较快、时间更加紧张等,没有时间对自己的膳食营养进行调理和规划,常以快餐或方便面等作为主要食物的来源。常吃方便面,热能和脂肪勉强能够满足机体需要,但由于没有蔬菜水果的搭配,长期下去会导致缺乏维生素,机体内许多酶的活性下降,免疫力低下,抗病能力差。经常吃的快餐多为经过加工和热处理的食品,由于大部分维生素的性质极不稳定,在这类食物烹调过程中会致使多种维生素的丧失。因此,不建议高校篮球运动员经常食用快餐和方便面,而应尽可能增加膳食中的食物种类,以保证各种维生素的足量摄取。

对人体的代谢与身体发育来说,维生素有着重要的意义,但是摄入量要控制得当。摄入过少会引起缺乏症,过多则容易引发中毒现象,必须严格按照机体需要量摄入。同时机体应主要通过食物摄入维生素,在食物补充适量的情况下不必另外补充维生素制剂。

(五)运动与水

水是构成细胞和液体的重要成分,是人体最重要的营养素,在人体中它也是所占数量最多的成分,约占体重的 50%～60%。人若不吃食物,只喝水可以生存数十日,但不喝水只能存活数日。人体新陈代谢的一切生物化学反应都必须在水的介质中进行。水的形式主要有两种:一部分水与细胞内的其他物质相结合,叫做结合水;大部分水以游离的形式存在叫做自由水。

由于受到年龄、劳动强度、环境温度以及持续时间等各种因素的影响,人们对水的需求量也会有所不同。大多数情况下,正常成人每日约需水 2 500 毫升。人体主要通过饮水和进食食物获得水分。碳水化合物、脂肪和蛋白质代谢过程中也产生一部分水,称为代谢水,但数量较少。

水对人的身体具有至关重要的作用,因此,在学生进行篮球运动时也需要重视补水,以避免影响运动效果。其主要作用有以下几个方面。

1. 有助于保持水平衡

满足失水量及保持水分平衡是运动员水分摄取量的基本原则,当人在感觉口渴时,往往已失去相当1%体重的水分。学生在进行篮球运动时,为了预防失水,要采取少量多次补充的饮水方法。

2. 排汗量和排汗率

学生在炎热的环境下进行篮球运动训练时,物质代谢产热过程激烈,加上外环境热的作用,使内环境变化大,体温明显升高,为了排除体内多余热量保持内环境平衡,需要通过排汗带出热量,水分的流失就会导致内环境部分生理反应下降,运动能力也会随之下降。因此,维持内环境相对稳定与保持运动能力十分重要。

3. 失水会影响运动能力

水会严重影响运动能力,当人体内的失水量达到体重的 2％时,工作能力会下降 10％～15％。失水量为体重的 5％时,运动员的运动能力可下降 10％～30％。

(六)运动与无机盐

除主要组成蛋白质、脂肪和碳水化合物等有机物的碳、氢、氧、氮四种元素之外,其余各种元素大部分以无机化合物的形式在体内起作用,统称为无机盐,也叫做矿物质。也有一些元素是体内有机化合物(如激素、酶、血红蛋白)的组成成分。这些无机盐根据它们在人体内含量的多寡分为常量元素和微量元素。体内含量大于体重的 0.01％的称为常量元素,它们都是人体必需的元素,主要包括七种:钙、钠、磷、镁、钾、氯、硫。含量小于体重的 0.01％的称为微量元素,种类很多,目前人们认为必需的微量元素有 14 种,它们是锌、铁、铜、铬、锰、钼、钴、锡、碘、钒、镍、硒、氟、硅。微量元素在体内含量极少但是生理功能却很重要。

与其他营养素一样,无机盐的摄取也需要坚持适量的原则,每种矿物质发挥其生理功能都有它在体内一定的适宜范围,小于这一范围可能出现缺乏症状,大于这一范围则可能引起中毒,因此,一定要很好地掌握它们的摄入量。

1. 钙

钙是人体必需的常量元素之一。婴儿体内含钙 25～30 克。成人体内含钙 850～1 200 克,相当于体重的 1.5％～2.0％。

钙的吸收和利用。在肠道内,钙的吸收并不完全,食物中约 70％～80％的钙会随粪便排出。一方面,由于膳食中的植酸和草酸与钙结合成为不溶解难吸收的钙盐。谷类食物含植酸较高,如苋菜、菠菜、竹笋等,含草酸较高。膳食中纤维素过高也会降低钙的吸收率。另一方面,蔬菜水果中的维生素 C,膳食中的维生素 D,膳食中钙与磷的比例适宜(1∶1)以及牛奶中的乳糖等因素均可促进钙的吸收。另外,在进行篮球运动过程中也可促进钙的吸收和储备。当人体缺钙或钙需要量大时,钙的吸收率也会相应增高。

2. 铁

铁在人体内的含量为:男性 3～3.5 克,女性 2～2.5 克。根据在体内的功能状态可分成功能铁和储存铁两部分。功能铁存在于血红蛋白肌红蛋白和一些酶中,约占体内总铁量的 70％。其余约 30％为储存铁,主要储存在肝、脾和骨髓中。

铁在食物中的存在形式主要有两种血红素铁和非血红素铁,这两种形式的铁在小肠内的吸收率不同,影响它们的因素也不同。血红素铁存在于动物的肌肉、血液和内脏中,其吸收率可达 20％以上,且不受膳食中其他成分的影响。铁的吸收除受其化学形式和膳食因素影响外还与身体的铁营养状况有关。体内铁的吸收率受到体内铁储备量的影响,充足时吸收率很低,缺乏或需要量增高时吸收率增高。这种现象在非血红素铁的吸收中表现的更为显著。非血红素铁主要存在于植物性食物中。这种铁需要在胃酸作用下还原成亚铁离子才能被吸收。食物中的植酸盐、磷酸盐、草酸盐、鞣酸和膳食纤维都会干扰其吸收,因此吸收率很低,一般只有 1％～5％被吸收。在膳食中促进铁吸收的因素包括:蔬菜水果中的维生素 C,某些氨基酸以及鱼、肉类中的某些成分。由于目前还未具体找到这些成分,暂时称它为"肉类因子"。牛奶和蛋类食品中不存在"肉类因子"。

另外,铁是血红蛋白的组成成分,有氧运动中血红蛋白运输氧的能力将会对运动能力有着很大的影响。

3. 锌

在人体中,锌广泛分布在身体的各个组织中,含量约占 2~3 克。已经发现有 50 多种酶含锌或与锌有关。锌能够促进生长发育,参与核酸和蛋白质的合成,可促进细胞生长、分裂和分化,也是性器官发育不可缺少的微量元素;改善味觉,增进食欲;增强对疾病的抵抗力。篮球运动过程中,对锌的需求量也是很大的,它可以帮助人体内的各种生理反应顺利的进行。

锌在十二指肠被吸收,由于膳食中的草酸、植酸和过多的膳食纤维都会干扰锌的吸收,因此吸收率较低,只有 20%~30%。膳食中植酸、钙和锌结合成络合物而降低锌的吸收率。发酵可破坏谷类食物中的植酸,提高锌的吸收率。

(七)运动与膳食纤维

在植物性食物中,膳食纤维含有一些不能为人体消化酶所分解的物质。它们不能被机体吸收利用,但却是维持身体健康所必需的,这类物质主要包括半纤维素、纤维素、木质素、果胶、琼脂等,营养学上统称之为"膳食纤维"。

食物纤维可分为两类:水溶性纤维和非水溶性纤维。水溶性膳食纤维则包括:果胶、植物胶、黏质。非水溶性膳食纤维(在食物营养成分表中称为粗纤维)包括:纤维素、萄半纤维素、木质素。

食物纤维对人体健康具有一定的生理意义,它的供给量不足会对人体健康产生不利的影响。膳食纤维摄入量过多会影响某些营养成分的吸收利用,使食物中的营养素遭受损失。在运动中膳食纤维也有很大的作用。

食物纤维广泛存在于豆类、谷类、蔬菜、果皮等食物中,主要食物包括五谷类、豆类、蔬菜类、根茎类、水果类。

二、篮球运动的营养消耗与补充

(一)蛋白质的消耗和补充

1. 蛋白质的消耗

篮球运动状态下,运动者体内蛋白质的分解和合成代谢增加,蛋白质的消耗自然大增。这是因为运动使器官肥大、酶活性提高、激素调节活跃造成的。由于蛋白质食物的特别动力作用强,蛋白过多可使机体代谢率增高,并增加水分的需要量,所以运动前蛋白质的摄入不宜过多。

2. 蛋白质的补充

(1)补充蛋白质的意义
①帮助损伤的组织快速修复和再生。

②促进肌肉蛋白质合成,增强力量。

③促进抗体、补体和白细胞的形成,提高免疫机能。

④调节许多代谢过程,如酸碱平衡、体液平衡、营养素的输送等。

⑤当糖原储存大量消耗时,氨基酸分解代谢可以直接参与供能。

⑥氨基酸还可以进行糖异生,维持运动中血糖水平,有助于提高运动持久力。

综上可知,氨基酸、蛋白质缺乏都将削弱运动机能,所以补充优质蛋白质和某些特殊氨基酸,对提高运动人体代谢能力具有重要的作用。

(2)蛋白质的补充及需要量

篮球运动者需要有很强的力量耐力,因此在进行耐力训练过程中,食糖、能量摄入充足时,每日所需蛋白质的量是 1.0～1.8 克/千克体重。运动水平越高,需要量增加越多。连续数天大负荷耐力运动时,每日补充蛋白质 1.0 克/千克体重,身体仍然出现负氮平衡,这表明体内蛋白质分解多于补充;而以 1.5 克/千克体重摄入蛋白质时,身体处于正氮平衡。

在篮球运动项目中,对于蛋白质的供给量运动者要比普通人多。在力量负荷较小的情况下每日需要蛋白质 1.0～1.6 克/千克体重。

篮球运动者需选择优质蛋白的食物以满足机体需要,蛋白质食物提供的热量可占总摄能量的 18%。

(3)氨基酸的补充

①谷氨酰胺

对于篮球运动者来说,谷氨酰胺是增长肌肉和力量的必需营养素,它的主要功能包括以下几方面。

A. 谷氨酰胺是强有力的胰岛素分泌刺激剂。

B. 谷氨酰胺是有效的抗分解代谢剂,当肌内谷氨酰胺浓度较高时,其他氨基酸不能再进入谷氨酰胺产生的环节中,从而利于蛋白的合成;另外,谷氨酰胺还起维持体内氨基酸平衡的作用,使机体合成更多的蛋白质。

C. 谷氨酰胺是免疫系统所有细胞复制都需要的原料。谷氨酰胺具有增强免疫力的作用,对于大强度训练引起运动者免疫系统功能下降有积极的恢复作用。

通常来说,运动后不可直接补充谷氨酰胺,因为服用后会增加机体的氨负担。α-酮戊二酸是谷氨酰胺的前体物质,机体能利用鸟氨酸与 α-酮戊二酸合成谷氨酰胺。这两种氨基酸结合在一起使用,在胰岛素、生长激素的分泌调节中发挥的作用更大。

②支链氨基酸

支链氨基酸的主要功能表现在以下几个方面。

A. 支链氨基酸可以直接用做细胞燃料,参与长时间持续运动的能量供应,减少耐力性运动时肌肉蛋白质的降解速率。

B. 可以降低游离色氨酸进入大脑的速度,减少 5-羟色胺的生成,维持大脑的正常兴奋性,延缓中枢出现疲劳现象。

(4)蛋白质和氨基酸补充过量的副作用

一般来说,每日低于 2.0 克/千克体重的蛋白质摄入量,不会有任何副作用。但过高的蛋白质摄入则会对人体有潜在的副作用,特别是有肝、肾疾患或者患病史的学生更要避免。主要的副作用有以下几个方面。

①加重肾脏的负担,容易引发肾脏疾病。

②增加体液排出量,还有可能附带过多的脂肪摄入。

③增加尿钙排出量,对于摄能量低下和闭经的女生危害更大。

④诱导肝脏内线粒体发生形态学变化,以致发展成病态。

⑤如果是以单一氨基酸的形式补充蛋白质,还能引起蛋白质代谢失调,血氨升高等。

(二)糖的消耗和补充

1. 糖的消耗

参加篮球运动时,糖类是热能的主要来源之一,它在篮球运动中的利用程度决定了运动者是否能具备良好的耐久力,从而顺利完成规定的运动强度,达到一个很好的运动效果。糖类耗氧少、易消化,代谢的产物主要是水和二氧化碳,在篮球运动时会随时被排出,补充不及时,就会形成供需脱节,在没有及时补充而又继续运动的情况下,对糖类的大量需要只能来自体内贮备的糖原,从而造成糖原枯竭,对于学生来说这种情况这可能是致命的。

2. 糖的补充

(1)运动补糖的意义

①长时间运动中补糖,还可预防和延缓中枢性疲劳的发生。

②补糖可维持血糖浓度,有利于减少应激激素,稳定免疫功能。

③运动后补糖可以加强肝糖原和肌糖原的合成与储存,促进疲劳消除和体能的恢复。

④高水平的糖原储备可使学生提高抗疲劳能力。运动前或赛前补糖旨在优化肌肉和肝脏糖原储备,维持运动时血糖稳定,保障几小时内快速运动能力和长时间运动末期的冲刺力。

⑤运动中补糖,可以显著改善糖代谢环境,保持运动中血糖浓度,维持高的糖氧化速率,节省肝糖原,减少蛋白质消耗,提高运动能力。

(2)运动补糖的方法

①运动前补糖

在篮球运动前数日可增加膳食中糖类食物,或者在运动前1~4小时/千克体重补糖1~5克。但应该避免在运动前30~90分钟补糖,以防止运动时血中胰岛素升高。

②运动中补糖

篮球运动过程中,每隔20分钟补充含糖饮料或容易吸收的含糖食物,补糖量一般不大于20~60克/小时或1克/分钟,通常采用少量多次饮用含糖饮料。

③运动后补糖

大强度的篮球运动结束之后,补糖的时间开始得越早效果越好。因为运动后6小时以内,肌肉中糖原合成酶活性高,可有效地促进糖原的合成。理想的方法是在运动后即刻、运动后2小时内以及每隔1~2小时连续补糖。运动后补糖量为0.75~1.0克/千克体重,详细内容见表5-4。

表 5-4　运动后补糖安排

	时间	数量	备注
运动前	在大运动负荷前一周或数日内,也可采用在赛前 1～4 小时	大运动量前数日内按 10 克/千克补糖;或在赛前 1～4 小时补糖 1～5 克/小时	应补充低聚糖,主要以果糖和葡萄糖为宜
运动中	每隔 20 分钟补糖一次,少量多次饮用含糖饮料	一般不大于 60 克/小时或 1 克/分钟	
运动后	理想的是在运动后即刻、运动后 2 小时内以及每隔 1～2 小时连续补糖	0.75～1.0 克/千克体重,24 小时内补糖总量达到 9～16 克/千克体重	开始补糖时间越早,效果越好

(三)维生素的消耗和补充

1. 维生素的消耗

篮球运动时体内物质代谢过程加强,对维生素的需要量也会增加。维生素的需要量与运动量、机能状态和营养水平有关。剧烈的运动可使维生素缺乏症提前发生或症状加重,并且由于篮球运动者对维生素缺乏的耐受力要比正常人差,所以运动应补充维生素。

2. 维生素的补充

(1)需要补充维生素的原因

对于维生素的缺乏情况,运动者比一般人的耐受性要差。通常情况下,维生素需要决定于运动负荷、机能状态和营养水平。运动时需要增加维生素的主要原因主要有以下几点。

①激烈运动加速水溶性维生素从汗、尿排泄,尤其是维生素 C 的排泄。

②运动时,机体能量消耗大大增加,加速了物质能量代谢过程,同时也加快了各组织的更新,使维生素利用和消耗增多。

③运动引起线粒体的数量和体积增大,酶和功能蛋白质数量增多,参与这些物质更新的维生素的需要量增加。

(2)与运动关系密切的维生素

①维生素 A

维生素 A 是形成眼视网膜中视紫质的原料,具有保护角膜上皮防止角质化的作用。篮球运动员由于需要灵敏的视力观察能力,因此维生素 A 不足必然影响其运动能力。缺乏维生素 A 时会产生夜盲症、角膜炎、皮肤角化等疾病。

②维生素 B_1

维生素 B_1 是糖代谢中丙酮酸等氧化脱羧所必需的辅酶的组成成分。其还与神经递质乙酰胆碱的合成与分解有关。维生素 B_1 缺乏时,运动后的丙酮酸及乳酸堆积,使机体容易疲劳,并可引起乳酸脱氢酶活力减低,影响骨骼肌与心脏的功能。缺乏维生素 B_1 将会导致机体疲劳,肌力下降、胸闷、气短、心悸,下肢水肿等。缺乏维生素 B_1 将会出现角膜炎、口舌炎症,神经机能低下,体内代谢不正常等症状。

③维生素 B_2

维生素 B_2 是构成体内多种呼吸酶的辅酶的成分,与体内的氧化还原反应和细胞呼吸有关。维生素 B_2 缺乏的运动者,容易出现肌肉无力、耐久力受损害、疲劳等症状。

④维生素 B_6

维生素 B_6 又称磷酸吡多醛,是氨基酸脱羧酶的辅酶,参与蛋白质的分解与合成。它与运动能力,特别是力量素质有关。缺乏维生素 B_6 将会导致神经机能低下,有时抽搐的现象。

⑤维生素 B_{12}

维生素 B_{12} 是一组合钴的钴胺素生理活性物质,参与同型半胱氨酸甲基化转变为蛋氨酸和甲基丙氨酸—琥珀酸异构化过程。缺乏维生素 B_{12} 的人较少见。维生素 B_{12} 参与细胞的核酸代谢,与机体的造血过程有关,当维生素 B_{12} 缺乏时,细胞的平均容量增加,血红蛋白浓度下降,可诱发巨幼红细胞贫血,使氧的运输能力下降,影响最大有氧能力和亚极量运动能力,同时也可引起神经系统损害。缺乏维生素 B_{12} 将会引起恶性贫血,胎儿红细胞及血小板再生不良,脑与神经障碍。

⑥维生素 C

维生素 C 具有很强的还原性,参与氨基酸和蛋白质的代谢。运动使机体的维生素 C 代谢加强,短时间运动后血液维生素 C 的含量升高,但长时间的篮球运动后下降。不同的运动负荷后,不论血中维生素量是降低还是升高,组织维生素 C 均表现为减少。运动机体维生素 C 不足时,白细胞的吞噬功能下降。篮球运动者在过度训练时,血液维生素 C 的水平和白细胞吞噬功能都下降。维生素 C 还有消除疲劳、提高耐力以及促进创伤愈合等作用。

⑦维生素 E

维生素 E 具有抗氧化的作用,促进蛋白质的合成和防止肌肉萎缩等生物学作用,可提高肌肉力量。缺乏维生素 E 会导致细胞寿命缩短。

⑧维生素 PP

维生素 PP 又叫尼克酰胺,它是构成脱氢酶的辅酶的成分,在机体代谢中起重要作用的辅酶 I(NAD+)和辅酶 II(NAD+)的组成成分中就含有尼克酰胺。其在机体内的有氧和无氧代谢,脂肪和蛋白质代谢中起重要作用,与运动者的无氧和有氧耐力有关。缺乏维生素 PP 会生癞皮病(皮炎、舌炎、食欲不振,烦躁失眠,腹泻等)。

(四)无机盐的消耗和补充

1. 无机盐的消耗

在篮球运动中,体内的微量元素与矿物质的代谢均可能发生变化。运动量大时,尿中钾、磷和氯化钠排出量减少,而钙的排出量增加。如果篮球运动者对负荷的运动量适应,体内矿物质的变动幅度将降低。

2. 无机盐的补充

大多数情况下,人体内的电解质处于相对比较恒定的状态。在短时间激烈运动时,体内不会出现因电解质大量丢失而导致电解质缺乏的现象。但是在炎热的环境经过长时间的篮球运动训练,由于代谢产热和热环境的双重作用,可使人体的内热蓄积,体温增高,排汗成为散热的主要途径。大量排汗引起多种电解质丢失。为保持这些物质的代谢平衡必须采取合理措施加以补充,否则会导致机体内稳态失调,从而引起一系列生理生化功能障碍,影响运动能力。下面简要介绍与篮球运动关系密切的几种无机盐的补充情况。

(1)铁(Fe)

成人身体总铁含量为 3.5~4.0 克。篮球运动者由于铁的需要量高、丢失增加,再加上摄入不足,普遍存在铁营养状况不良。因此,运动者膳食中应加强铁的摄入。

(2)锌(Zn)

关于锌的含量,红细胞约为血浆的 10 倍,其主要以碳酸酐酶和其他含锌金属酶类的形式存在。锌的主要功能在于它是多种酶的组成成分和激活剂,调节体内各种代谢。且锌可以影响睾酮的产生和运输。所以,它与篮球运动能力之间具有非常密切的关系。

(3)钾(K)

在成人体内总钾含量约为 117 克左右。大部分存在于细胞内液,只有约 2% 存在于细胞外液。当血钾浓度降低时,脑垂体生长素输出下降,造成肌肉生长减慢。口服钾可迅速恢复生长素水平和促胰岛素样生长因子水平。

(4)铜(Cu)

铜是很多金属酶,如超氧化物歧化酶(SOD)等的辅助因子,参与机体内的多种生理代谢反应,如铜缺乏时影响铁的动员和运输,会出现小细胞性低血色素贫血。

(5)硒(Se)

作为谷胱甘肽过氧化物酶的辅助因子的硒,具有消除过氧化物,增强维生素 E 的抗氧化能力等作用,因此它与篮球运动也有着非常密切的关系。运动者硒的剂量是推荐摄入量的 4 倍,即每天约 200 微克。

(五)水的消耗和补充

1. 水的消耗

在参加篮球运动时,出汗有调节体热平衡的功效,而水的耗费是通过大量出汗实现的。运动时出汗的多少与运动项目以及气温、热辐射强度、温度、气压、单位时间运动量及饮食中的含盐量有关。

2. 水的补充

在篮球运动时体内产生的热量会增加,机体为了防止体温过高,通常会以出汗的方式进行散热,并通过相应机制使尿量减少。从而导致体液和电解质的丢失,使体内正常的水平衡和电解质平衡遭到破坏,引起不同程度的脱水。

(1)运动补液的意义

掌握好补液的时间,对运动能力具有很大的影响。脱水后补液的时间越迟,运动能力的降低越严重。运动时当失水速度达到 275 毫升/小时的脱水阈时,就会引起机体发生脱水。有关研究已表明,篮球运动属于间歇性运动项目,间歇性运动项目运动者的相对出汗率不仅不比耐力性运动项目运动者低,而且还可高于耐力性运动项目。在进行篮球运动前和运动中合理补液,可以维持血浆容量,防止运动中心率和体温的过度升高,从而有助于提高运动能力。

（2）补液的原则

①预防性原则

补液期间遵循预防性原则补充可以避免脱水的发生，防止运动能力的下降。

②少量多次原则

补液按照少量多次的原则，可以避免一次性大量补液对胃肠道和心血管系统造成的负担加重。

③补大于失原则

为保持最大的运动能力和最迅速地恢复体力，补液的总量一定要大于失水的总量，特别是钠的补充量一定要大于丢失的量。

（3）补液的方法

①运动前补液

篮球运动前补充的饮料中可含有一定量的电解质和糖，应根据具体情况来确定补液的量，如在运动前 2 小时可以饮用 400～600 毫升的含电解质和糖的运动饮料。要少量多次摄入，每次 100～200 毫升。不要在短时间内大量饮水，否则会造成恶心和排尿，对运动不利。

②运动中补液

在篮球运动过程中出汗量会较大，运动前的补液不足以维持体液的平衡，为预防脱水的发生，有必要在运动中补液。运动中补液应采取少量多次的方法，可以每隔 15～20 分钟，补充含糖和电解质的运动饮料 150～300 毫升。补液的总量不超过 800 毫升/小时。

③运动后补液

篮球运动后补液又称复水。运动者在运动中补充的液体往往小于丢失的体液量，因此运动后要及时补液。运动后补液也要遵循少量多次的原则，切忌暴饮。含有糖和电解质的运动饮料是补充液体中不可缺少的。补液中钠含量的高低也会影响补液的需要量。钠的浓度过高就会致使尿量减少，因为钠离子在体内能留住水分，从而帮助体液的恢复，减少补液量。运动后的体液恢复以摄取含糖和电解质饮料效果最佳，饮料的糖含量可为 5%～10%，钠盐含量 30～40 毫摩尔/升，以获得快速复水。

（4）补液的注意事项

①不要采用盐片补钠，盐片会刺激胃肠道，加重脱水，还可引起腹泻。

②不要在短时间内大量饮水，否则会造成恶心和排尿，对运动训练或比赛不利。

③不可一次性大量补液，否则可能会造成胃部不适等症状。

④不可只饮用白水。饮用白水虽然一时解渴，但可造成血浆渗透压的降低，增加排尿量，缓机体的复水过程。同时，暴饮白水还会稀释胃液，影响食欲和消化功能（表 5-5）。

表 5-5　运动前、中、后补液的注意事项

	方法	注意事项
运动前	运动前 2 小时可饮用 400～600 毫升含电解质和糖的运动饮料。也可在运动前 15～20 分钟补液 400～700 毫升，要少量多次摄入，每次 100～200 毫升	不能短时间内大量饮液

	方法	注意事项
运动中	补液的总量不超过 800 毫升/小时。运动中补液必须少量多次地进行,可以每隔 15～20 分钟,补液 150～300 毫升	不要饮液过多
运动后	补充含糖 5％～10％和含钠 30～40 毫克当量的运动饮料	不要用盐片补钠;防止暴饮白水

(5)运动饮料的要求

补液就需要理想的运动饮料,理想运动饮料要具备三个条件:一是促进饮用;二是提供能量,增进运动能力;三是迅速恢复和维持体液平衡。因此,应含有适当的糖浓度、最佳的糖组合和多种可转运的糖,并具有合理的渗透压浓度以促进胃排空和小肠吸收,满足快速补充体液和能量的需要。具体有以下几个要求。

①饮料中的糖含量

运动饮料中糖的含量应保持在 4％～8％之间。可使用葡萄糖、低聚糖、蔗糖、短链淀粉等。低聚糖的吸收速度比单糖和双糖慢,可延长耐力运动中糖的供应时间。

②饮料中的钠盐含量

由于运动饮料中含少量钠盐,故有利于糖和水分的吸收。运动饮料中的钠盐含量一般低于汗液中的钠盐含量,钠含量约为 20～60 毫摩尔/升。

③饮料的渗透压

运动饮料中,电解质和糖的浓度越大渗透压就会越大,致使饮料在胃的排空减慢。由于汗液中电解质含量或渗透压低于血浆,因此当汗液在大量丢失时,血浆中的水分丢失相对电解质来说较多,所以补充的饮料应该是低渗性的或等渗的,以 250～370 毫渗透压为好。

④饮料的温度

运动饮料在高温环境下的温度应保持低于环境的温度。温度为 5℃～13℃的饮料,除了有降低体温的功能外,也有较好的口感。过凉的饮料可刺激胃部,引起不适。

除了以上营养的消耗和补充,机体进行篮球运动时,还要消耗热能和脂肪。经常参加篮球运动的人热能代谢快,特别是在运动过程中,运动者的热能消耗比一般的劳动者强度高很多,这主要是因为运动量的骤然增大和常伴有缺氧运动造成的。脂肪是运动中热能的主要来源之一,在篮球运动状态下,机体对脂肪的利用显著增加,特别是在寒冷条件下的健身运动项目更是如此。

三、篮球运动营养补充的误区

(一)注重口渴补水,忽略补充体液的科学性

研究实践表明,运动中血容量会因机体脱水而下降,心脏负担增加,而体液丢失一旦达到体重的 2％～3％,就会降低机体的运动能力。高校学生在进行篮球运动时,由于对合理补水知识的缺乏,而错误的认为口渴是脱水的表现。实际上,当学生感到口渴时,其体液缺乏就已经达到体重的 2％～3％,此时运动能力已经受到损害。此外,学生在补水时还要注意矿物质、维生素和碳水化合物的补充。

（二）注重晚餐的丰盛，忽略早餐的多样性和重要性

一日三餐热能的分配要与高校学生参与篮球运动的运动量一致，早餐是最容易被学生所忽视的，甚至根本不吃早餐，出现"早简晚盛"的现象。学生早餐的热能仅占全天的 19％，而晚餐的比例远远高于合理的摄入比例。早餐和午餐的不合理比例也导致了机体各种营养素的摄入出现失衡和严重的不足，使机体内各种营养物质得不到及时的恢复，就会对学生在运动时的能量供应产生非常不利的影响。因此无论从营养角度还是从运动角度，高校学生都要对早餐的多样性进行高度重视。

（三）蛋白质补充过多，忽略碳水化合物摄入

蛋白质做为维持生命活动最重要的营养素，得到了大多数学生的重视，使得许多学生把摄入更多的蛋白质作为促进身体机能恢复的重要标准。大多数高校学生认为：饮食中摄入的肉越多，越有营养；相反，对于主食如米、面和一些新鲜的含碳水化合物等 70％以上的食物基本都会被完全忽略。

（四）强调宏量营养素摄入，忽略了微量营养素的供给

高校学生在进行篮球运动时，往往会产生这样一个误区，认为在饮食结构上只要吃高脂肪、高蛋白、高热量的食品就可以加强营养，过分强调宏量营养素的补充。而其中脂肪和蛋白质的摄入量过多会对运动能力产生非常不利的影响。高蛋白质和高脂肪的饮食不仅会造成热能摄入过剩，还会增加机体内脏器官的负担，对机体吸收其他营养素产生影响。同时还也会造成学生体质酸化，对机体的恢复能力产生影响。

（五）注重特殊营养的补充，忽略基础营养摄入

在篮球运动过程中，特殊营养的补充往往会得到学生的过分重视，认为提高身体机能就只要补充特殊营养就可以了，而忽视了饮食营养的基础作用，造成基础饮食营养摄入非常的不合理。事实上学生只有在保证良好基础营养的前提下，再根据身体和运动特点，去补充特殊营养才能使营养的作用发挥到最大。

第六章　篮球运动的技战术原理

第一节　篮球运动技战术概述

一、篮球运动技术概述

(一)篮球运动技术概念

篮球运动技术的基本含义,需要从动作方法和实际运用这两个方面来加以解释。

篮球运动技术,指的是在篮球比赛中运动员为了进攻与防守所采用的专门动作方法。篮球运动技术包括移动动作(指跑、跳、急停、转身等无球的动作方法)、控制支配球动作(指接球、传球、运球、投篮等有球的动作方法)和争夺球动作(指抢球、打球、断球、抢篮板球等动作方法),以及由这些动作以各种各样的组合的方式所组成的动作体系。篮球运动技术是理想化的动作模式,有其动作的规范,既要符合篮球竞赛规则的要求,又要适应攻守对抗的需要,还要符合人体运动科学的原理,并且运动员在比赛中的运用还要加上他们不同的个人特点。满足所有这一切的要求便能达到解决比赛中攻守的具体任务,从而表现出技术动作方法上的专门性和合理性。

篮球运动技术又是运动员在比赛攻守对抗情况下合理运用专门动作的能力。它不仅是动作模式的重复,更是队员有意识的运动行为和操作技巧。因此,运动员在比赛中必须独立地、果断地去运用技术动作与同伴配合,同对手抗衡,在比赛中去争取时间和空间的主动。技术也是场上队员智能、体能、技能、经验和创造能力等的综合体现,反映出他们运用专门动作的技巧性和实效性。

篮球技术是进行篮球比赛的基本手段,双方运动员都以技术动作进行对抗。动作表现为运动,动作过程表现为运动过程,两者以现象和本质两个不同角度存在于对抗的过程之中,并作为竞技的手段发挥其攻守相互制约的作用。篮球技术也是运动员比赛行为的核心。运动员的智慧、技能、运动素质、心理品质和道德作风等都是通过篮球技术集中表现出来的,是竞技水平最显著的标志。篮球技术又是篮球战术的基础,任何战术意图和战术方法的实现,都需要掌握相应而熟练准确的技术动作和应变能力来保证。从根本上来讲,战术就是运动员和运动员之间技术运用的组织形式与方法。所有这些正说明篮球技术在篮球运动中的重要地位和作用。

（二）篮球运动技术的基本特征

1. 身体动作与控制支配球的结合

篮球技术区别于其他运动项目技术的最显著特点，就是运动者用手直接控制和支配球，并与全身协调配合组成各种专门动作，最后通过手部的动作控制、支配球的运行和争夺获球，使身体动作与控制支配球融合为一体，展现出篮球技术的魅力。

2. 动态与对抗的结合

篮球运动竞赛本身就是一个攻守对抗的动态过程，一切篮球技术动作都是在动态和对抗中操作，快速、准确、实用、多变，充分表明了在争取时空主动上的合理性和创造性，两者的结合则是篮球技术又一特征。

3. 相对稳定与随机应变的结合

任何运动技术都具有相对稳定的动作环节，篮球运动技术也不例外，但它又是必须随着环境的变化而变化，随着对手的变化而变化，并要及时做出应答动作的开放性技能。它要求在攻守对抗中的各种不同条件下去组合动作，随机应变创造性地完成攻守任务。

4. 规范性与个体差异的结合

任何运动技术都必须符合科学的原理而具有一定的规范性，某些动作环节的规范影响着球的运行和效果，所以技术动作必须按规律来操作。然而，队员有个体的差异性而表现出不同动作的特点和风格。在训练与比赛中不能强求动作外形的模式，而要讲求实效。规范性与个体差异相结合的特征，也是其他竞技运动项目技术共同具有的特征，只不过篮球技术更为突出。特别是一些具有特长技术的运动员的动作往往也不是很规范的，但在场上却极为实用，而且这些特长的技术动作往往是他们成名的要素。

（三）篮球运动技术发展概略

1. 篮球技术发展概况

篮球技术在初创和传播时期，仅有传接球、运球、投篮、争球几类动作，数量很少而且简单。经过约半个世纪的实践与完善，篮球技术已形成了进攻技术和防守技术两大类，各大类又各自有多类动作，各类动作的方法已由少变多，并建立了一个比较完整的篮球技术动作体系。随后，人们对技术的认识，由感性阶段上升到理性阶段，在分类、分析、运用上都有了一定的研究，进入 20 世纪 50 年代，由于队员高度与技术的同步发展，对进攻技术推动较大，跳投、持球突破等技术的普遍运用，中锋技术的迅速提高，篮下对抗更趋激烈，进攻为主的打法在当时极为流行，使篮球技术发展到一个新的阶段。之后，人们对攻守对抗的规律有了进一步的认识，从防守和身体素质方面加强发展，重攻轻守的打法渐渐得到了遏制。防守观念的更新促进了防守技术的发展，在人、球、篮之间的位置关系和防守移动步法上、抢、打、断、盖等技术的运用方面也都有了新的突破。到 20 世纪 70 年代中期，世界篮球运动开始流行攻守平衡的理论，在世界各国篮球界引起强烈的反响,从而推动了篮球技术继续向前发展。这种发展使篮球比赛的对抗性大大增强,篮球技术也有了长足的进步与提高。20世纪90年代,国际篮联关于允许职业球员参加世界大赛的决议,对篮球技术进一步交流与发展也起着积极的推动作用。综上所述,篮球技术的发展,经历了一个从低级向高级发展的过程,呈现出连续性与阶段性的特点,始终不断地向着更高水平前进。

2. 影响篮球技术发展的因素

篮球技术的发展是一个实践过程,推动着技术的改进、完善与创新。在这个过程中,人与人之间的一种特殊关系与篮球技术的发展息息相关。因为篮球技术最终的体现是赛场上运动员的实践,所以运动员是篮球技术主体的操作者,直接影响着篮球运动技术的质量与发展,而指导者的组织、身教、经验等对篮球技术的发展起着重要的作用。另外,值得注意的是,科研人员对篮球技术的研究也越来越发挥着积极的作用。这里,无论是运动员,还是指导者或者科研人员都是人,所以人是最重要的因素,从设计到实践,从教学到训练,从改进到完善,从研究到创新,是促进篮球技术发展的内在动力。当然,除了人的因素外,物质上的要素同样重要,如场地、器材、设备等在一定程度上也促进篮球技术的发展。篮球是竞技性运动项目,竞赛规则对篮球技术的发展有着导向的作用,影响着攻守技术之间平衡与不平衡的发展。由于规则的一些具体规定,在一定的时间内也直接制约和推动着某些篮球技术与战术的发展速度。篮球竞赛所创造的竞技环境与条件,也使篮球技术得以表现发挥、广泛交流、相互学习和共同提高。尤其篮球竞赛的商业化发展趋势,也使篮球技术受到市场价值规律的驱动而产生积极的影响。当今体育科学中的许多基础学科和边缘学科的发展,使得它们的理论与方法为研究篮球技术的理论和动作方法的更新提供了依据,起到了指导和论证的作用。同时在教学、训练、竞赛、科研等领域中,运用一些先进的科技手段,也对篮球技术的发展有着促进的作用。

3. 篮球技术风格和流派

技术风格,是指运动员或一个队的整个技术系统上的成熟而定型化的特点。技术系统是技术风格的内核,特长技术是技术风格的突出表现。我国篮球运动早期有南北的不同风格之分,以世界范围来讲也有所谓美洲、欧洲和亚洲队的不同风格或流派,其实质就是从各国、各地区实际出发所形成的打法不一、风格不同而已,世界篮球运动依然呈现着一种向智、高、快、准、狠、巧、变的趋势和几种流派、多种多样打法的方向发展。

现代竞技篮球运动的发展的基本特点之一是技术不断演变创新。技术创新是篮球技术发展的重要途径之一。技术创新是以运动技术为对象,在原有技术的基础上对动作的形式、结构、功能及运用进行改变的创造性活动。从篮球技术的发展来看,由双手到单手的运用,跳投、持球突破技术的出现,空中盖帽、扣篮的发展等等,都是技术创新的结果,直接影响着篮球技术整体水平的提高,增添了制胜因素和动作组合的形式,能有效地制约已有的技术,推动篮球技术不断向前发展。最重要的是,要明确篮球运动的发展趋势与独特规律特征,在此前提下才能创新出新的篮球的理论与方法,建立并提高现代篮球观的创造思维能力,这些能力包括想像力、多向思维、联想思维、灵感捕捉等,还要加强篮球的技法实践,进而去挖掘人体的潜能,积极攀登篮球技术的高峰。

二、篮球运动战术概述

(一)篮球运动战术的概念

篮球运动战术是篮球比赛中队员和和队员之间有策略、有组织、有意识地协同运用技术进行攻守对抗的布阵行动,其中篮球技术是基础,在一定的战术指导思想和战术意识支配下的集体攻守的方法。方法是行动的内在要求,形式是行动的外部表现,而队员的能力是战术行动的实质。由于篮球竞赛是在一定时间与空间内以球为争夺物进行攻守对抗的竞技活动,随着球权的控制与争夺,双方不攻即守,攻守交替、攻守转换,由此有进攻战术和防守战术之分,而且组织形式多种多样,方式方法千变万化,争夺范围时小时大,在实践中不断发展、创新,经过人们的总结、整理,从而构成比较完整的篮球战术体系。

篮球战术是篮球运动的重要组成部分,是比赛中发挥集体力量和个人作用的手段。篮球战术的目的是把队员组织起来,保证整体实力和特长的发挥,制约对方,掌握比赛的主动,争取比赛的胜利。

(二)篮球运动战术的特征

篮球战术作为双方队员在比赛中的对抗行动,有着许多的特征。篮球运动所表现出的特征有如下几点。

1. 目的性和针对性的统一

任何战术组织和运用都具有明确的制胜目的,都要从本队的实际出发,根据队员的身体、技术等条件,正确选择符合本队水平的攻守战术形式和方法。同时战术的运用又必须采取针锋相对的方法去制约和限制对方,而且还要根据比赛情况的变化及时加以调整,才能争取比赛的主动权,进一步去夺取胜利。所以说战术的目的性和针对性的统一,是篮球比赛的显著特征之一。

2. 原则性和机动性的统一

任何战术行动都是在同对手的制约和反制约、限制和反限制中进行的。因此,一方面,队员必须在统一的思想支配下,协调地行动,发挥集体的优势和力量;另一方面,由于比赛形势错综复杂、瞬息万变,就要在行动上有统一的原则和要求,又要允许队员个人有机动灵活的变化,才能把握战机,克敌制胜。所谓"阵而后战,兵法之举。运用之妙,存乎一心",正是这一特征的运用要求。

3. 多样性和综合性的统一

篮球战术的特点表现为进攻战术手段的多元机动和防守战术方法的综合运用。由于篮球比赛日趋激烈,促使战术发展和更新,内容与形式不断丰富。为了完成比赛中的战术任务,对付不同形式的攻守战术和适应各种临场情况,必须掌握多样化的战术形式与方法,才能争取主动。战术的综合运用表现有两个方面:一方面反映在战术行动上的统一,即进攻与防守的统一(即在进攻行动中包含防守的成分,防守行动又蕴含进攻的意图)、配合行动与个人行动的统一、技术与战术的统一；另一方面表现在战术运用上的综合，即用一种进攻战术对付多种防守战术（如移动进攻法）和利用混合防守、综合防守对付不同特点的进攻战术。因此，战术行动的多样性和综合性的统一，是现代篮球战术的基本特征。

4. 个体性和整体性的统一

篮球比赛中的战术在大多数情况下是以一种集体行动展现的，但实际上，球场上每名队员的战术行动，一方面，是个体的活动，反映队员个性的技术运用能力和特长，具有明显的个性化特征；另一方面，每名队员的活动又都不是孤立进行的，而是在同伴活动的背景下实施的，除了自己的技术能力，更需要队友掩护或者帮助。所以比赛战术的实现，不仅依赖于队员个人活动的合理性和创造性的发挥，而且也必须依靠队员之间的协同配合才能实现。因此，任何战术行动都是在个体活动中体现出整体协同的特征，这正是个体性和整体性的统一。这就要求要在日常训练中处理好整体与个体之间的辩证关系，要在注重发挥集体力量的同时，注意队员个人特点和能力的培养，现代篮球比赛中明星队员作用的日益突出，正反映这一特征。

（三）篮球运动战术在比赛中的相关因素

对立统一规律是篮球比赛和篮球战术组织运用的理论基础，进攻与防守这一对基本矛盾贯穿在比赛的全过程之中，当然也表现在双方运用战术的较量之中，它们相互对抗、相互制约、相互促进、相互发展。在实施战术的过程中，必须明确一些具有密切联系的关系，诸如战略与战术、战术与技术、战术与谋略、意识与行动等。

1. 战略与战术的关系

战略和战术是否得当，在很大程度上决定着篮球比赛的胜负。战略是对比赛全局的策划与指导，是领导比赛的艺术；而战术则是比赛中所采取的具体行动，是队员作战的才能。虽然它们都是研究解决比赛的理论与实践问题，但各自研究的范围和内容有所不同。从整个比赛全局来看，战略占主导地位，比赛的目标要考全局的战略考虑来决定，而战术则应服从于战略。但同时战略目标的实现不得不依赖于战术任务完成的质量。因此，战略与战术这两者既是从属关系，又是依存关系，相辅相成。

2. 战术与技术的关系

技术是战术的基础，是实施战术的手段。队员掌握的技术越全面，特长越突出，战术的实施就越有保证。篮球战术依赖于一定数量与质量的技术，没有技术就没有战术。另外，战术又是技术运用的组织形式，也为技术的发挥创造条件。由于战术的需要，某些特定的战术必然要求有相应熟练而准确的技术，甚至需要技术的创新来实现。它们之间是内容与形式的辩证关系，不断地指导着实践。战术运用的实质是在比赛中通过组合与配合的方法去创造机会或是相互帮助，而机会的把握和协同的动作都是要通过队员的技术来实现的。从这个意义上讲，战术对于确定球队的发展方向、风格和特点，推动球队技术的进步都起着重要的作用。

3. 战术与谋略的关系

篮球比赛中的谋略，是指具体的计策计谋，是体现队员篮球意识中施计或应变的思维活动，也是在比赛中对战术运用的一瞬间决定的方案,它是队员智慧的瞬间表现,化谋略为正确的行动去战胜对手,争取主动,这对完成具体的攻守任务和整个比赛获胜的目标而言,两者是紧密联系、缺一不可的。对抗出智慧、对抗出谋略,竞技篮球比赛本身就是智慧的竞争,再好的战术若由无谋、无术的人去运用,也不可能在复杂对抗中取胜。

4. 意识与行动的关系

篮球战术意识与战术行动有着密切的关系。战术意识应理解为队员在篮球比赛中对战术运用规律性的认识与正确行动,它是篮球意识的核心。战术意识越强,实现战术的可能性越大,越能在比赛中根据对具体情况的观察及时作出正确的判断和应答,能动地、果断地配合同伴或独立地完成本队的战术意图。战术意识是队员在篮球运动实践中逐步积累与丰富起来的,行动则是队员在场上的运动行为。从战术角度而言,战术行动反映着队员的竞技能力和经验,行动反过来也促进意识的培养。在比赛中意识支配行动,行动反映意识,两者辩证统一,意行于比赛中一瞬间。

由此可见,篮球战术是篮球运动员的运动意识、谋智、身体及其机能活动能力(包括意志、作风、素养、素质)、技巧、协同配合、应变能力这所有一切捏合起来的综合体,是球队战斗力的源泉。

第二节 篮球运动技战术结构原理

一、篮球运动技术结构原理

技术原理,是指把有关人体运动科学的某些带有普遍性的规律和原理作为研究运动技术的理论依据与运动技术动作相结合,进一步认识技术动作的科学结构,从而发展与发挥人体的和技术本身所具有的最大潜力与效率。

(一)篮球运动技术结构的依据

篮球技术是以人体的骨骼肌肉活动为基础所构成的有目的的运动动作的合理结构,人体解剖学和运动学、动力学的知识体系是动作结构的理论基础。为了研究技术动作的原理,应进一步了解人体运动器官系统的力学特性、骨关节和肌肉的杠杆活动、肌肉活动中的协同与对抗,以及人体运动时主要关节活动相互间的关系等。人体运动中的动作又要服从力学某些定律和原理,要结合篮球技术动作的特点加以利用。在篮球运动中,如何利用惯性、作用力与反作用力、平衡、身体重心等来快速地完成移动动作,如何利用动量、冲量和动量守恒定律去研究在攻守双方身体接触或碰撞时保持相对的平衡去有效地完成手上的动作。球的运动也是一种力的表现,只不过是人体的力转移到球体而产生球的加速度和缓冲的运动,篮球技术是以手持球完成动作,但是,除了手最后直接给球体的力外,还受动作结构中其他运动动作的影响,如力矩、出手角度、随球动作等等,这些都会使球的运动方向、速度、旋转、抛物线以及反射角产生变化。以上提示,可以从人体解剖学和生物力学的角度去描述和分析技术动作的结构,掌握人的位移和球在空中运行的规律,从而指导运动员协调、经济、省力地去完成技术动作。

（二）篮球运动技术形成的基本原理

篮球技术形成的生理机制是以人的大脑皮层运动为基础的运动条件反射暂时性神经联系，这一带有普遍意义的生理学原理，指导着人们学习和掌握技术和技能。生理学中的应激学说把运动技能的形成看作"刺激——应答——适应"的过程，认为机体对刺激的反应有"警觉——抵抗——衰竭"三个阶段。根据这一原理，运动训练刺激的生理过程分为直接"反应——适应——恢复"三个阶段，从而用来提高人体的工作能力。认知心理学中的痕迹学说认为运动技能的学习与掌握是通过"记忆"和"知觉"两种痕迹的作用。反馈学说则主张运动技能形成过程既是动作的反复操作，又是经验的反馈，并强调理论的反馈。以上的生理学和心理学的理论是篮球技术形成、改进与完善的重要理论依据，对实践具有指导意义。

在篮球技术形成的过程中，有两个问题必须给予重视，即观察能力与"球感"的训练。视觉是技术动作的前导，人的视觉范围大小反映了视觉机能状况，是对刺激物的方向、距离等得到的感知，这种空间感是迅速作出判断与行动的前提，视觉作为"感觉系"的前沿，对技术动作的运用更为重要。因此，必须在训练中加强观察能力的培养。应该指出，完成技术动作的快慢与反应时有关，反应时由感觉（接受刺激）、决定（思维判断）、运动（动作开始）三个时间所组成，运动时开始于反应时的结束，运动时是开始动作到完成动作的这段时间，而应答时是反应时和运动时之和。人的反应有快慢，但可以通过长期的训练得到一定的改善，同时随着其他素质的提高和经验的积累而得以弥补。这些理论是训练技术的重要依据。关于"球感"则对技术的掌握与提高具有重要的作用，是通过长期刻苦磨炼所获得的一种专门化的复合知觉，这种复合知觉是在训练中视觉分析器、运动分析器、触觉分析器对各种刺激物进行精细分析并在大脑皮层中形成复杂稳固的神经联系的结果。对球的性能和球的运动规律的认识，特别是要不断地实践是提高"球感"的唯一途径。必须加强基本功训练，长期不练，"球感"则会消退，甚至因情绪、疲劳等也会减弱。"球感"也是篮球运动员的一种重要的心理标志。这些理论为基本功训练提供了重要的依据。

（三）篮球运动技术与人文社会学

篮球运动是一项充满哲学原理的运动，无论高与矮、大与小、攻与守、快与慢、强与弱、胜与负等等都是相对的、矛盾对立的，又是统一的。体育人文社会学中一些学科的理论与方法对篮球技术具有支撑指导性意义。因此说辩证唯物主义的哲学世界观、方法论是篮球领域中居领导地位的理论基础，为篮球技术宏观上的研究提供了理论和方法上的重要依据，使我们能以全面、辩证的观点从整体上去认识篮球技术的概念、特征、地位、作用及其相互间的关系等，如对篮球技术结构特征的论证，通过对篮球技术的外部现象加以归纳，从特殊到一般的认识；篮球技术动作有位移的和非位移的、支撑状态的和无支撑状态的、周期性的和非周期性的、双手的和单手的动作等，运动成分和运动要素多种多样；篮球技术在方法上有单个动作和组合动作，而组合动作又有有球的组合、无球的组合、有球无球的混合组合，篮球技术在完成形式上多属组合形式，有动作先后的组合、并列的组合，具有综合性的特点。以上三点得出"多元综合是篮球技术结构的特征"的结论。体育美学认为，人们从事任何运动项目，根本目的是通过完成各种技术动作而得以健身强体，其中包含着多种美学的因素。在竞技中，每一次技术动作的姿态、灵巧、协调、敏捷和准确等，都给予人们一种美的感受。球场上每一次争夺所表现出的顽强拼搏、克服困难和积极进取等也给人们一种鼓舞和力量,是一种心灵美的表现。因此,技术美也是精神文明建设的内容,现代体育以运动技术反映人们的审美意识、文化修养、道德作风等,技术美也是人们的一种追求。这些,对篮球技术来讲,都是有现实意义的。

二、篮球运动战术结构原理

篮球战术结构,是指战术行动的各个组成部分的搭配。篮球战术是由技术、阵势和方法三个基本要素构成的。但由于战术行动是以人为主体的对抗活动,以动作表现于运动过程,因此,在比赛中也就必然受内在的指导思想和战术意识的支配。可见,指导思想与战术意识也应包括在战术结构之中。

（一）战术指导思想

战术指导思想是教练员制定战术计划、确定战术方案、形成战术特点的理想模式和行动的准则。战术指导思想是篮球战术的核心,比赛中战术能否奏效,关键在于指导思想是否正确。正确的战术指导思想来自教练员对篮球运动规律和客观实际的正确认识和把握。战术指导思想有两种不同层次的含义:一种是比较持久的、贯穿于训练和比赛活动全过程的指导原则,称之为长期性战术指导思想,如积极主动、勇敢顽强、快速灵活、全面准确等口号实际上就是在全队中注入了这种战术指导思想;另一种则是近期的、比较有针对性的、主要是在一个赛季或者一次重大比赛前所提出的战术方法的原则,如稳扎稳打、以快制高、以外制内、内外结合等。确立本队的长期的战术指导思想,是球队建设的重要任务,它可以使教练员有计划、有步骤地进行战术训练,从而形成自己的战术风格和体系。战术指导思想是战术内容的核心和前提,对于本队战术的形成和运用具有重要的指导意义。

（二）战术意识

战术意识是人在战术活动中形成心理反映的高级形式,是人脑对战术活动的应答和反应,是运动员根据比赛场上出现的情况而产生的思维和反应,并通过具体的行动表现出来。战术意识是战术思维能力的反映,它是运动员在参加篮球实践活动中逐渐积累和丰富起来的,从而能够在比赛中自觉地、能动地按照战术意图和比赛实际情况,支配和控制自己的比赛行动。篮球比赛中,战术意识具有定向、抉择、反馈、支配等作用,队员的战术意识越强,实现战术的可能性也就越大,从而越能反映运动员的战术能力和行动效果。

（三）基础技术

技术是战术的基础,队员和队员之间有目的、有意识地在球场一定区域、条件和时机运用技术才能构成战术。技术越全面、熟练、准确和实用,战术的实现越有保证。技术和战术两者之间紧密相连,而且常常作为同一现象存在于比赛之中。运动活动理论认为,动作和行动是构成比赛活动的基本要素,动作又是构成行动的最基本的元素。

（四）基本阵势

阵势,是指战术活动中具有稳定的形态和行动的方式。战术阵势是战术行动的外部表现,一种战术阵势反映一定的战术内容,所以阵势是战术的基本要素之一。每一种战术形式都有专用的词予以命名,具有比较明确的概念及实用范围、相对完整的活动过程和稳定的时空特征。比如"8"字进攻法,表现出队员移动路线的特点和进攻的连续性;防守中区域联防的"2—1—2""2—3""3—2"等阵势,用来对付不同特长的进攻。战术阵势可以从对抗范围、攻守节奏、对抗程度上去理解,如全场的、半场的,速度快的、速度慢的,紧逼的、松动的,积极的、消极的等等,从而体现出各种攻守战术的特点。

(五)运用方法

篮球运动的战术运用方法是完成战术行动的原则、要求和程序,是战术行动构成的内在的基本要素,即队员位置的部署、球和人移动的路线、攻击区域、配合时机、层次及变化等。它规定了人、球移动的方向和路线,技术动作的选择与组合,行动的时机与时间及技术运用要求等。战术方法是从实践中规范出来的活动程序,既依赖于队员的技术运用能力,又需要有一定的阵势来保证队员技术的发挥。

可见,技术是战术的物质载体和实际内容,是战术的基础;阵势是战术的外在表现,一定的形式反映一定的内容;方法是队员间协同完成战术行动的具体手段、要求和程序,是战术的核心。战术指导思想是要通过全队战术行动来贯彻的,它是战术的灵魂,而战术意识是队员战术思维活动与应答能力的反映,意识支配行动,行动反映意识,两者互动的关系对战术运用具有主要的影响。上述要素之间的结构关系,可以用图 6-1 来表示。明确战术要素的内涵及其相互的影响与制约,对认识、掌握和实施战术行动具有十分重要的意义。

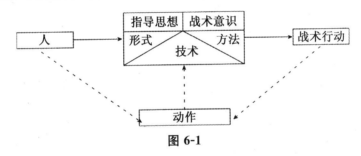

图 6-1

第三节　篮球运动技战术分类体系

一、篮球运动技术分类体系

篮球运动分类与分析是用科学的方法去区别篮球运动本体内容和把握认识这些内容的一种思维方法。对篮球运动的分类,一般按从简单到复杂和由特殊到一般的原则,从现象中找出它们的相同和不同之处,再进行分组分类,并使之系统化,从而进一步了解其各类的属性、结构、特点、作用以及与同类或不同类事物之间的关系等等。

（一）篮球运动技术分类方法

篮球运动发明初期的技术,只有简单的屈指可数的几项基本动作,在百余年的发展过程中,动作方法逐渐增多,各有所用,用中多变,丰富多彩。随之,运用某一概念和标准加以归类将其区分,明确各自的隶属关系,进一步构成比较完整的篮球运动体系,如早期的递球法,经过长期实践加以区分并概括为接球、传球两类动作,尽管它们之间存在着有传必有接的相互依存关系,但在动作结构和作用上各不相同,并都隶属于进攻技术范畴。篮球技术分类有利于科学地组织教学与训练和更深刻地去认识各类技术动作及相互间的关系。

篮球技术分类目前主要以攻守对立统一的规律、人体运动科学的原理和技术动作的任务为依据。首先将各类技术动作划分为进攻技术和防守技术两大类,进攻与防守两大类技术又各自包括动作结构类似和作用相同的若干类动作,各类动作也各自有许多不同的动作方法。篮球技术分类基本上是按此体系进行系统化的。

篮球技术主要有以下两种分类方法。

1. 按动作结构分类

按动作结构分类的方法是以动作的运动学结构和动力学结构的类似特点为主要依据进行分类的,这也是篮球运动发明后一直沿用的分类方法,形成了如图 6-2 所示的篮球技术系统化的分类网络。我国从 20 世纪 50 年代起也一直沿用这种动作结构类归的分类方法。到 20 世纪 80 年代,我国各类篮球教材则进行了重新归类区分,如图 6-3 所示。虽然这样的篮球技术分类在我国被广泛认可和应用,但其分类仍有一些不足之处,需要加以修改和调整。

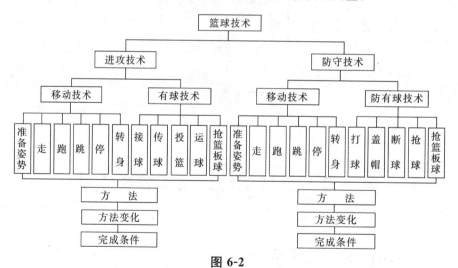

图 6-2

2. 按攻守目的分类

按攻守目的分类方法是在各类动作的基础上,以解决进攻和防守的具体任务为目的,把两个或两个以上的动作组合成系列单位再加以分类的。早在 20 世纪 50 年代美国出版的一本篮球书籍中,已把进攻队员的个人动作和防守队员的个人动作列入篮球比赛基础的内容,并作为分类的一个重要层次。随后数十年的运动实践中应变组合频繁出现,其实用价值逐渐引起普遍的重视,人们不断地总结,丰富了组合的内容,并纳入教学与训练之中。随后篮球组合技术理论的提出,就是以竞技实用为依据对篮球技术分类所进行的一次探索,其中所列的组合技术分类还有待充实和完善。

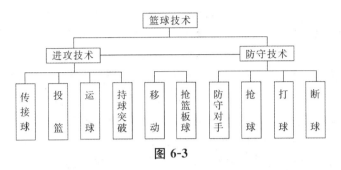

图 6-3

(二)篮球运动技术分析方法

技术是理想化了的动作模式,是从运动实践中发展、检验和概括的结果,它服从一定的规律,讲求实效。技术分析是技术教学与训练的一个重要前提,也是对技术诊断、评价和创新必不可少的方法之一。技术分析要从合理性、实效性、优化发展和个体差异等原则出发,针对运动员掌握与运用技术动作的实际进行具体的分析,以促进技术不断提高和整体技术的发展。

一般来讲,技术分析以动作模式为参照体,也就是说,分析者首先应对具体的技术动作有一个影像,不是对动作方法过程或动作要领的一般了解,而是比较详细地了解该动作过程各运动阶段中动作的活动及变化,形成一个正确的动作概念并明确各运动阶段之间的相互关系,从而能在观察中有目的、有步骤、有标准地去加以对比分析,指出优缺点,发现并解决问题。动作基本结构的分析能进一步描述技术动作中各运动阶段的动作活动及相互的关系,它是从时间上按运动动作的完成顺序分为准备、过程、结束三个运动阶段(周期性动作只有主要和过渡两个运动阶段)分别进行分析,并从动作质量特征和数量特征方面加以解释。例如,对双手扣篮的描述,主要有三点:第一,扣篮是投篮动作的新发展,双手扣篮是扣篮动作的基本方法;第二,扣篮动作的特点是将球直接从上向下扣入篮圈,不同于一般的投篮动作,球的运行无旋转,是直线下落;第三,准备阶段的预摆动作是在跳起的同时双手持球迅速屈肘上举至头上高过篮圈 30 厘米以上,入篮角大于 60°,预摆速度快,制动时几乎没有停顿地转入主要阶段的用力,当球举至最高点时迅速向前伸臂,前臂快速向下急促屈腕,使发力点作用在球体的上方,将球从上向下扣入篮圈,腕指带有鞭打动作,幅度小而快,球的冲量大,球出手后转入结束阶段要用双手抓住篮圈,保持身体在空中相对的平衡后轻轻落地。以上作为扣篮的一个基本动作模式,供观察中进行对比分析。

篮球运动技术分析方法有以下几点。

1. 技术观察法

观察是技术分析的基本手段,有简单观察和复杂观察两种。简单观察是分析者直接通过视觉接收运动员所完成动作的信息,并以自己建立的动作概念、经验和敏锐的判断及时进行分析,迅速向运动员反馈信息。复杂观察则借助录像、电影及其他媒体器材获得动作的信息,其优点是可以重复观察,反复比较,能较精确地分析,但传递信息较慢。

2. 结构分析法

结构分析法包括功能解剖学和生物力学(运动学、动力学)的分析方法,主要在实验室进行,需要有一定的器材设备,能对动作进行精确、科学的分析。其优点是测量结果高度精确,在科学上有较高的说服力,但需花费大量的人力、物力和财力,有时要受到实验地点的限制,如功能解剖学的分析,先把技术动作拍成电影图片,再划分技术动作的各运动阶段,然后根据解剖学知识,把各个运动动作的用力肌肉标出,具体分析这些肌肉的工作形式,进一步从功能解剖学的角度确认该技术动作有哪些肌肉参加工作,以什么方式进行工作;另一种是肌电图分析,通过肌电图可以观察到动作过程中肌肉在什么时间参加工作和以什么样的顺序参加工作,为教学、训练提供科学的依据。又如运动生物力学分析可以对技术动作的运动学特征进行测试、计算等。例如,持球突破蹬跨的生物力学分析:蹬跨是持球突破的关键环节,蹬跨起动快慢取决于合理的站立姿势、站立姿势的支撑面大小的比例、身体重心离地面的高低与平衡等。因此,持球突破前采取什么样的姿势很重要。有关持球突破动作的生物力学分析,曾有人在三维测力台上对受测者做原地持球交叉步突破技术的最后蹬地动作进行测试,测其蹬地方向力值、角度和时间等项目,分别记录测试结果并进行计算和分析。根据三维力值曲线图可以看出受测者左右用力曲线波峰结果,受测者左右用力曲线波峰较小,不影响动作的完成。而技术较好的受测者,竖直方向力值较大,水平前后方向上曲线峰波明显,蹬地力值上升较快,时间较短,说明爆发力强。测试结果认为:快速有力的蹬地是持球突破成功的关键,蹬地力量的大小和方向起着决定性作用。通过实验数据比较水平竖直方向力值的差异,得出蹬地水平分力越大,蹬地角度越小,越能使支撑脚获得更大的前冲力的结论。根据牛顿第二定律 F=ma,可以导出 F·cosα·t=mv。在质量不变的情况下水平速度与蹬力、蹬地时间成正比,与蹬地角度成反比。欲获得较快的向前冲力与速度,主要依靠减小蹬地角来实现,蹬地角决定了水平分力。持球突破时蹬地角是关键之一,测试结果显示在 60°左右比较适宜。根据冲量公式 W=F·T,在冲量一定的情况下,时间越短,作用力越大。蹬地时间反映了受测者的爆发力,反应的快慢与蹬地时间也有关。以上生物力学的分析,可以推论出持球突破前的站立姿势:两脚开立,与肩同宽,身体重心前移至支撑面的边缘,下肢与躯干的夹角要减小成前倾状,膝关节的弯曲加深,降低身体重心,减小两腿蹬地的夹角有利于用力蹬地起动,兼顾了接近最不稳定的平衡和能够产生最适宜蹬地用力的两个相互对立的要求。

3. 控制分析法

这种分析方法是对运动员所表现出的技术动作特征,从生理学和心理学的角度进行描述与剖析,如动作技能形成各阶段兴奋与抑制、疲劳与恢复、感觉、意志、情绪等现象。发现并确定影响技术形成、提高和发挥的生理因素与心理因素,从而采取针对性的措施和手段加以控制。

4. 统计分析法

统计分析法是一种有计划、有准备地对运动员在训练或比赛中技术动作掌握与运用的情况进行数据统计,经过数学处理作定量分析。这种方法简便易行,有说服力。

以上分析方法,在一种方法不足以说明或解决问题时,可以运用几种方法进行综合分析,以求得到全面、准确、科学的结论。从事篮球运动的教师、教练员、科研人员应进一步掌握分析方法的知识,结合工作的条件和实际情况,懂得用哪些方法能针对具体的技术动作进行深入的分析,与哪方面的专家合作可以解决棘手的问题。

二、篮球运动战术分类体系

篮球战术体系,是指由相互联系、相互制约的攻守战术构成的一个整体。篮球战术,随着篮球技术的发展、比赛规则的演变、竞赛制度的改革、运动员体能体质的提高,不断由简单到复杂,由低级到高级,通过队员在比赛中激烈的攻守对抗实践,人们不断地进行总结与创新,把在篮球竞赛中所展开的一系列有目的、有成效的个人和集体的行动加以归类,构成了一个内容丰富、阵势多样、结构完整的篮球战术体系。

(一)篮球运动战术体系的结构

根据篮球运动的对抗特征,通常将篮球战术分为进攻与防守两大系统(20 世纪 90 年代开始,篮球战术发展分为进攻、防守与攻守转换三大系统),再根据参与战术行动的区域与人数,可将其分为个人行动、配合行动和整体行动三个层次,从而把战术方法和阵势构成一个完整的系统网络。将复杂的、多种多样的战术,按性质、区域、人数特点和作用相似地加以归类,明确各自隶属关系,并加以网络化,可对篮球战术体系的结构有一个直观的了解(图 6-4)。

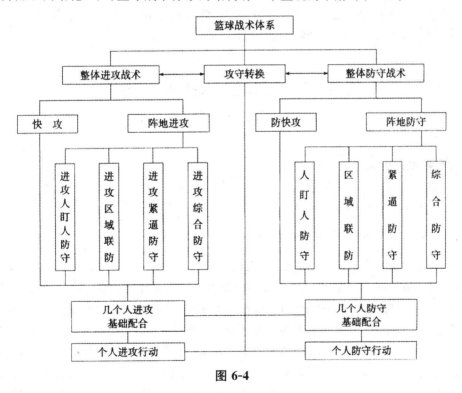

图 6-4

(二)篮球运动战术体系的内容

根据篮球战术体系的三个层次,可分别列出篮球战术的具体内容如下。

1. 个人行动

（1）个人进攻行动

摆脱、切入、助攻、突破、攻篮等。

（2）个人防守行动

防守无球队员、防守有球队员等。

2. 配合行动

进攻基础配合：传切、掩护、策应和突分配合等。防守基础配合：抢过、穿过、绕过、交换、关门、夹击、补防等。

3. 整体行动

（1）全队进攻战术

快攻、阵地进攻（进攻人盯人防守、进攻区域联防、进攻紧逼防守等）。

（2）全队防守战术

防快攻、阵地防守（人盯人防守、区域联防、紧逼防守、综合防守等）。

每一种攻守战术中，由于运用目的、区域、范围、阵势的不同，每种类型还包含许许多多具体的、不同形式的战术配合各有其原则、方法、要求及变化。

第四节　篮球运动技战术运用

一、篮球运动技术运用

篮球技术运用，是指运动员个人在比赛行动中合理使用技术动作的表现与发挥。

（一）篮球运动技术运用的基础

由于篮球比赛是双方运动员在同场竞技，相互制约进行攻守对抗，所以技术运用是在动态、干扰、破坏、应变等情况下去完成动作，它要最大限度地去适应比赛中变化的要求，它没有固定的动作组合程序，而是随着环境变化而变化，合理地去组合动作，完成攻守的具体任务。比赛实践证明，队员技术运用得好坏，主要取决两个方面：第一，智谋、意识、全面、快速、准确、应变实用是比赛对技术的要求，只有先掌握规范、熟练的单个技术，再掌握大量的组合动作，才能在比赛中应付复杂多变的情况，只有严格于动作的开始，勤学苦练，才能灵活于实际运用之中；第二，良好的身体素质与体能是技术运用的保证。篮球比赛速度日益加快，对抗争夺日益激烈，很多动作都是在快速中、高空中、身体接触中完成的，这不仅要求有全面、良好的身体素质，而且要有持续良好的机体机能，从而在整个比赛中争取时间与空间的主动，在身体对抗接触中控制好身体平衡，稳定地发挥技术水平；第三，良好的心理素质对技术运用有着极为重要的作用，主要包括篮球意识、意志品质和情绪，这在很大程度上决定着篮球技术的发挥。意识支配行动，对技术运用起着指向、抉择、支配作用,意志品质坚定、有信心克服困难对技术运用有着积极、激励的作用。情绪稳定,说明有很好的自控能力,能排除内部与外部的干扰和影响,保证技术动作的正常操作,激发斗志是发挥技术水平的先决条件。以上三点缺一不可,它们相互影响,相互促进,是篮球技术运用的基础。

(二)篮球运动技术运用的特点

运用篮球技术,必须善于观察场上情况,准确判断,掌握时机、运用时机、创造时机,在行动中能根据具体情况,做到快慢结合、真假结合、刚柔结合、稳准结合,才能合理地、有效地运用技术、发挥水平,去争取比赛的主动与胜利。篮球技术运用的特点主要表现为以下方面。

1. 快速性

篮球比赛速度日趋加快,双方在攻守交错中对抗,必须果断迅速地作出决断并付诸行动,否则错过时机,场上情况又会发生变化。机不可失,决断与行动必须迅速统一,这样才能取得主动与优势。

2. 组合性

篮球技术在比赛中运用时,几乎都是动作组合的运用,而不是单个动作或固定程序的运用。必须根据不同情况,采用先后组合、同步组合、无球组合、有球组合等去应付比赛中各种各样的变化,去完成攻守的具体任务。

3. 多变性

篮球技术运用不仅有动作组合的多样性,还在于行动中的多变性,表现在动作操作上的主变、应变、静中变、动中变以及在方向、速度、路线、节奏、幅度等方面的变化,最后达到准确性要求。实效与多变是技术运用的核心,也是最为突出的表现。

二、篮球运动战术的设计运用

篮球运动战术设计,是指一个队所选择与运用的战术打法。各队在选择与运用某种战术时,都会有其不同的原则、内容与形式,战术设计也就是部署与实施的具体方案,并反映出本队的技术水平与风格。战术设计是每名教练员必须认真解决的主要问题,必须周密思考和精心策划,与队员一起讨论、实践、修正、创新,以符合实际,发挥队员特长,满足战术打法的设计要求,并在比赛中验证所确定的战术打法的实效性和优越性。

(一)篮球运动战术设计的依据与原则

1. 篮球运动战术设计的主要依据

(1)符合现代篮球战术发展的方向。
(2)符合本队的战术指导思想。
(3)符合本队实际技术水平。

2. 篮球运动战术设计的原则

(1)长远性和近期性相结合的原则

所选择并设计的战术打法要和本队长远的奋斗目标、指导思想联系起来,和阶段性、年度性的训练计划与近期的比赛任务联系起来,要有逐渐形成本队打法与风格的思考。

(2)均衡性和连续性相结合的原则

篮球战术打法的设计,要从整个比赛攻守动态的过程来考虑,如从攻守过程的整体出发,在战术开始发动到结束的转换过程中,对队员位置的分布和移动的原则、各个环节之间的关系、强侧与弱侧、主攻与辅攻、内线与外线、快与慢、配合与配合等,都要注意攻守相对地平衡,以便于转化;要注意衔接与变化和具体实施中的连续性,要能有序而不乱,有变而不慌。

(3)原则性和机动性相结合的原则

原则性在于坚持以自己的战术指导思想所设计的打法和贯彻所选择的战术方法的实质,任凭千变万化都要以本队战术打法为主,而辅以其他一些应变的措施,机动灵活地运用。所谓机动性,是指要发挥队员在比赛中的主观能动性,能根据具体情况,采取应变的或创造性的打法来完成战术的任务。机动作战并非个人随心所欲,而是融于战术的原则性之中,以求实效。

(4)针对性与优化性相结合的原则

战术设计应有明确的目标,既要攻守相对,又要针对对手,在战术结构与环节上要以己之长攻彼之短。同时,在阵容结构上要优化组合,既要使全队竞技实力得以发挥,又要能有效地制约对方;既要有突破一点带动全局的设计,又要有各种各样的搭配,随机应变,出奇制胜。

(二)篮球运动战术设计的程序

1. 确立战术理念

战术理念是教练员的战术思想的精髓,是带有个性篮球思维的特点,每位教练员都应根据当代篮球运动的竞技特征和规律,把握前沿趋势,与自己的执教实践融为一体,形成自己的现代篮球战术的新理念,这种带有个性理念的意识再从本队的实际出发,具体地明确球队的战术构建的指导思想,进而符合实际地确定行之有效、能最大限度发挥全队成员技艺、体能等综合潜能的战术模式。

2. 提出战术模式

战术设计的第一步是提出战术模式构想。教练员根据本队确立的战术指导思想,对所选择的战术打法提出初步设想。这是一个对战术配合的选择、组合的认识过程,对于本队战术的形成具有主要的影响。要研究战术的实质与原则,要结合实践经验,紧密联系本队的技术水平与特长进行阵容的优化组合搭配,相应地提出实施战术打法上的方案、变化和要求,还要认真分析战术打法的可行性。

3. 制定战术环节

制定战术环节是战术打法设计的重要步骤。每一种攻守战术都是由繁简不同的战术环节构成的,战术打法设计得好坏取决于战术环节的要求是否明确、合理。因此,必须细致周密地考虑,诸如基本阵势、全队移动路线、基本配合、队员位置职责、球的支配、攻击时机、打法变化、攻守转换等等。

为了保证战术打法的质量,在整个战术中还要注意攻守平衡、主攻辅攻、内外结合、快慢结合、配合衔接等问题,同时还应提出应变的方案与措施。

4. 战术设计的方法与要求

在战术打法设计上,首先是教练员要认真构想,提出战术打法模式,详细制定战术环节与要求。然后要依靠教练员班子和队员,共同进行认真细致的研究与分析,并求得统一认识。总之,战术要贯彻本队的战术指导思想,要有自己的特点,要符合本队的实际水平,使之有利于在训练与比赛中去实施,在实践中进行检验,并进行修正与完善。战术打法设计正如《孙子兵法》所说:一曰度、二曰量、三曰数、四曰称、五曰胜。也就是说,只有经过预测、分析、计算、权衡后,才能用优势兵力去争取比赛的胜利。

(三)篮球运动战术的运用

1. 篮球战术运用的指导思想

篮球比赛变化多端,即所谓“兵无常势”。所以,在战术运用中,要正确认识与处理战略与战术、技术与战术、战术与谋略、意识与行动等几个关系。要运用“两点论”去认识比赛中的复杂多变,诸如进攻与防守、快攻与阵地进攻、内线与外线、正面与侧面、左翼与右翼、区域与盯人、紧逼与松动、扩大与缩小、高度与速度、分散与集中、常规与特殊等等,从中找出规律,更好地在比赛中审时度势,捕捉战机,争取时间与空间的主动。同时,还要注意矛盾的主要方面与次要方面,分清主次和相互关系,以及在一定条件下主次之间的相互转化。要贯彻本队的战术指导思想,从实际出发,以己所长,攻彼之短,充分发挥队员的主观能动性,机动灵活地运用战术,打出风格,打出水平。

2. 篮球战术实施的过程

篮球战术实施,不论是在进攻或防守过程中,都是由开始组织、配合攻击、结束转换三个阶段构成。

开始组织阶段:主要是在上一回合攻守结束后,下一回合的开始阶段。主要是双方各自转入有组织的攻守,根据所运用的战术,迅速组织形成一定的队形和阵势,过渡到配合攻击阶段。

配合攻击阶段:主要是有组织地通过队员之间的协同动作进行攻击或制约对方的行动。进攻以投篮为目的,防守以争夺控制球权而展开对抗,各种攻守战术行动的具体内容包括运用的配合方法、主攻的方向和防守的突破、攻击时机的捕捉、配合的变化、帮助与合作等等。

结束转换阶段:主要是在完成攻击的同时,如何转入下一回合,如何迅速有效地连续展开攻守对抗。从这个角度来讲,投篮不是进攻战术的最后结束,获球也不是防守的最终目的。抢篮板球应是攻守战术方法的重要组成部分,获球只是攻守转换的信号。与此同时,全队整体行动中还要注意保持攻守平衡,以利组织下一次的攻守行动。

不论是进攻还是防守的各个阶段的行动程序,在比赛中并不是一成不变的。由于比赛情况的复杂多变,时机的出现有其必然性和偶然性,个人与集体对抗的积极性、本方与对方的失误等都有可能出现直接攻篮或获球而导致攻守的变化。因此,为了更好地实现战术意图,控制比赛进程与节奏,达到实效的目的,明确所运用的战术方法在攻守过程中如何实施、如何应变是十分必要的。

3. 做好赛前战术准备

赛前战术准备是教练员经过认真分析思考,根据本队与对方的具体情况,有针对性地制定出比赛中实施某种战术的方案,这是教练员带队参赛中不可缺少的环节。赛前战术准备的主要任务和内容是确定战术方案、进行战术部署和对队员进行适当的心理调整。

(1)确定战术方案

确定战术方案的目的是使队员知道在比赛中如何去实施所选择的战术打法。打法的确定来源于周密的调查研究和合理地组织力量。

(2)进行战术部署

在确定战术方案的基础上,需要进一步进行战术打法的部署,宣布上场阵容(主力阵容)及一般替换原则,明确主要的战术打法,提出关键环节和具体要求,分析比赛中可能出现的各种情况,指出应变的战术变化,明确比赛过程的不同阶段、不同态势中战术运用的策略和有关注意事项,以及如何把握战术变化的原则和时机等等。

(3)心理状态调整

心理状态调整的目的在于帮助队员以最佳的心理状态投入比赛,为此要进行激发积极的比赛动机和竞争精神的心理动员,针对比赛过程的不同心理反应加以适当调整,使其心理上具备承受各种压力的能力。

(4)战术运用的原则性与灵活性

每名队员在战术运用中都要坚决贯彻战术指导思想和教练员的意图,必要时要规定战术纪律,以达到统一思想、统一行动的目的,既要强调以整体战术行动为主的原则,又要以临场情况为依据允许个人果断地行动,要把原则性和灵活性结合起来,充分发挥个人与集体两方面积极性。特别是现代篮球比赛对抗激烈,情况复杂,具有较大的随机性和不确定性,因此,队员在比赛中要善于根据不同的态势,因势利导,随机应变。比赛中的战术应变是战术运用的核心和灵魂,切忌按固定的模式以不变的战术打法束缚自己的行动和对付多变的局面。所以,战术运用的原则性和灵活性是指挥比赛和参加比赛的一个重要法则。

(5)战术运用与谋略

所谓谋略,是指克敌制胜、灵活用法、巧妙用兵。《孙子兵法》之《计篇》中提到:"兵者,诡道也。"而《谋攻篇》中又提到了"上兵伐谋"。我国古代兵法中的谋略思想,是民族智慧的结晶,对篮球战术的运用具有很强的指导意义,如关于攻守、进退、奇正、强弱、虚实、刚柔等的论述,以及关于知己知彼、避实就虚、欲擒故纵、声东击西、兵贵神速、兵不厌诈、审时度势、出其不意、先发制人、扬长避短等来源于兵家的成语所包含的深刻哲理和内涵,对于战术运用和战术决策都有着深刻的影响。

篮球竞赛中攻与守的抗衡,不仅是实力的对抗,也是智力和心理的较量。战术运用中的谋略,不仅反映教练员的指导思想与策略,更重要的是体现在队员的战术行动上,是队员对比赛规律的认识和智慧的表现。

第七章 篮球运动基本功教学与训练

第一节 篮球运动基本功概述

一、篮球基本功的含义

篮球基本功,是指篮球运动员在学习、掌握运用技术时,身体各部位协调配合所表现出来的能力。基本功是运动员学习、掌握和运用技术的基础。古人云:"由基而入道","功到自然成",其意思就是要想在事业上有成就,就必须脚踏实地地学习基础的东西。一名出色的篮球明星都是经过长期艰苦练习基本技术战术,才能使他在篮球赛场上出手不凡或是在逆境中扭转战局。

与其他运动项目不同,篮球比赛是以投篮命中为核心,具有激烈对抗和快速多变特点的集体竞赛项目。篮球赛场上形势万变,运动员的智慧、技巧、身体素质、心理品质等都是通过技术动作在比赛中表现出来的。因此,篮球运动最基本、最简单、最本质的东西存在于技术动作之中。尽管篮球动作变化多种多样,但从其分类来看,最关键的规律部分是以手对球的控制支配能力为主要内容,配以脚步动作、腰身的协调、眼睛的观察和快速的思维来完成各种攻守动作。由此可见,掌握基本的篮球基本功对运动员技战术水平的提高具有重要的意义。

二、篮球基本功的作用

(一)有利于技术水平的提高

篮球基本功是篮球技术中带有共性的技能,与篮球技术之间有着密切的关系。可以说,具有较好的基本功,对篮球技术的学习、掌握和提高具有重要的推动作用。而熟练地掌握篮球的各类技术,是组织多种多样战术所必须具备的条件。比赛的双方是通过各自不同的战术方法来达到相互制约战胜对手的目的,而要实现战术目的,关键是提高掌握基本功和各类技术的质量。

(二)有利于特长技术的形成

基本功是掌握全面技术的基础,而特长技术是在掌握全面技术的过程中逐渐形成的。只有在具备全面技术的基础上形成的特长技术,才能在实战中根据自己的特点和球场上的变化,创造性地应用和发展创新各种变异性的动作,显示出灵活多变的威力。

（三）能有效地避免运动损伤

篮球运动属于一项高强度对抗的集体性项目,比赛中往往会出现一些运动损伤,这是不可避免的。但从实践中可以发现,具有扎实基本功功底的运动员,由于他们在基本功训练中掌握技术结构合理、身体的灵活性和协调性都很突出,在比赛中可以运用灵活的脚步动作避开冲撞,在训练和比赛中遇到难以闪躲而被冲撞时,在倒地的瞬间他们也可以运用协调、灵活的自我保护动作来减缓撞击的力量,避免或减轻伤害程度。

第二节　篮球运动基本功教学与训练的内容

篮球运动基本功教学与训练的内容主要包括三大部分,即专门动作及质量、专门意识及反应能力和专门素质及实际水平,它们又分别包括较多的具体内容。篮球基本功教学与训练的内容之间既有区别又有联系,相互影响、相互作用,共同促进着篮球运动员技战术水平的提高。

一、手功

手功是篮球运动员在学习和掌握基本技术时,双手对球体的大小、重量、软硬度、弹性等的特殊适应能力及控制球和支配球的能力,特别是手指、手腕的集中爆发用力的能力。在现代篮球比赛中,高难度的投篮、绝妙的传球和多变的运球技术,要求运动员手控制球的能力要强,支配球的方法要多,运用与应变的技巧要高,这就需要有扎实的手上基本功。手上的功夫是篮球基本功的关键内容。运动实践证明,运动员除要具有高度的篮球专门意识修养和体能素质外,手指指端触觉感应力和手指肌肉的弹性、关节的灵活性和韧带的柔韧性都要好,手部各肌肉、关节、韧带在几个技术环节组成一个完整动作的过程中,综合协调身体各部位用力的特殊能力要强。手的活动能力强,就能合理地掌握球体的性能和运动规律,随时调节用力的部位和力的大小,以控制球体飞行的方向、距离、角度、路线、弧度和速度,从而达到目标准确的目的。为了有助于探讨篮球运动员手上基本功训练的科学体系、内容和方法,在总结国内外优秀教练员和运动员对手上基本功训练的实践经验的基础上,可把手的基本功归纳为"三功""五类""十八式"。"三功"即指功、腕功、臂功,"五类"即传、接、投、运、抢五类手上攻守技术动作,"十八式"即寓于"三功""五类"动作之中的仰、翻、转、抖、拨、弹、点、抄、展、摆、屈、勾、拍、推、抓、拉、打、挑技术环节。其中手指功的感应力和弹拨动作、手腕功的灵活翻转动作、手臂功的柔韧展摆动作,以及它们的专门力量,则是手上基本功的关键环节。

由于"十八式"中像手腕功的仰、翻、转、抖、屈,手指功的拨、弹、点、抄,手臂功的展、摆、屈等,在运用中并不是以单一的动作出现,而是伴以指、腕、臂三部位的几个环节相结合和衔接,才能做出传、接、投、运、抢等不同的技术动作,而且有时各技术环节在快速衔接中其分辨度又甚微,如手指的弹与点,手指与手腕的屈、抓、勾等,所以我们把"十八式"技术环节分为以下六组。

第一组:仰、翻、转。

第二组:抖、拨。

第三组:弹、点、抄。

第四组:展、摆、屈、勾。

第五组:拍、推、抓、拉。

第六组:打、挑。

（一）仰、翻、转

仰、翻、转是属于手指、手腕和手臂紧密衔接不可分割的技术环节,通常又与手指的弹、拨、抄、点,以及手腕的仰、屈、展等技术环节组成不同方法的接、传、投、抢等完整动作。它体现在双手胸前传球、运球推进时的仰腕翻转抄球和推点传球、双手胸前投篮、行进间单手或双手的低手投篮、单手反手投篮、双手抢球等技术动作中。翻、转动作以双手胸前传球的翻、转动作为例,传球时要以手腕外翻带动前臂转动,即翻腕时大拇指迅速弹拨,给球以初速度,同时手腕主动向前伸展,前臂内转,肘关节根据传球的距离向出手方向做不同幅度的伸展动作。

翻腕时要有力,前臂转动时肘关节要前送。指、腕、臂各部位在翻、转过程中要连贯、柔和、一致。

（二）抖、拨

抖、拨是手腕与手指部位两个不同的技术环节。抖,是指投篮或传球时手腕短促用力的爆发性动作,它微妙地寓于手腕与前臂的翻转动作之中,是内含的用力动作。拨是投篮和传球中手指出球时的特殊用力方法,是比较明显的一种表象性的用力动作。抖腕的快速有力为指拨动作奠定了发力的基础,而手指快速柔和的弹拨能力,有助于加快抖腕的速度。所以说抖与拨是紧密衔接的广泛寓于传球、投篮、盖帽、跳球、变向运球等各种完整动作之中的重要技术环节。而手指的弹拨更起着调节力量、控制和支配球体运动的关键作用。

（三）弹、点、抄

弹、点、抄这三个手部动作广泛应用于传球、投篮、补篮、跳球、抢篮板球等动作之中。在具体完成动作过程中,通常与手腕的翻、转、抖、屈,手指的拨、抄、推、拍,以及手臂的屈、展、摆等技术环节连接成各种完整的攻守动作,如运球中的弹点传球、翻腕摆臂抄手传球、弹点补篮和跳球弹拨等。

弹与点两个技术是相互联系在一起的,共同组成投篮和传球的最后出手动作。按动作的运动规律来说,拨弹动作在前,靠手指屈伸的弹力给球力量,而点的动作是弹击动作的后继,主要是当球离手前一瞬间用食指、中指指端部位,加力点球使之加速运动。而抄接球和抄传球及抄抢篮板球时,手指要尽量张开,以扩大与球体的接触面,有助于单手控制球,同时前臂与手腕转翻要迅速,以带动整个手臂的充分伸展。

注意手指由自然弯曲到快速伸展,要既柔和又有力。球离手指指端一瞬间要主动弹点球,以求加速和调节球体运动。抄手接传球和抢篮板球时要注意手指、手腕的抓勾与手臂的屈收或挥摆动作有机结合。

（四）展、摆、屈、勾

展、摆、屈、勾是由指、腕、肘、肩各部位关节参与活动的技术环节,也都是传、接、投、运、抢等各类手上动作的技术基础,如抢篮板球、跃身抢断球和投篮时手指的拨、弹、点等动作,都要求肩、腕、指各部位关节和韧带的充分伸展,以扩大控制球和控制空间的面积。而运球中的方向、高度、速度、距离的变化,既要靠手指与手腕的屈伸,又要靠手臂灵活地做不同速度和幅度的屈伸动作来合理调整。在投篮出手一瞬间,手腕柔和前屈与手指弹拨,更是调节球体运动的重要因素。

展、摆、屈、勾四个技术环节通常以成串动作来反映。它们的共性是肩、肘、腕、指各部位关节的灵活性和协调性。展时关节要放松,尽量使手臂展开伸直。摆时要靠手臂展开伸直后肩、肘关节的高度灵活性,既要摆得快又要摆得宽,以使手臂伸展后的制空面大。屈收时主要靠上述手部四个关节有力而快速地收缩,相比展与摆而言,屈收时的关节处于稍紧张的状态。勾时主要靠指端的控制力,与指根部位的关节及手指、手腕前屈后与前臂形成的钩形角度,角度愈小,手指和手腕的韧带就拉得愈长而关节相对愈紧张。其中展与摆的动作幅度和速率、屈与勾的力量与角度,对完成上述四个技术环节的质量起着决定性作用。

(五)拍、推、抓、拉

拍、推、抓、拉也是由肩、肘、腕、指各部位关节参与活动,由手指体现控制与支配球能力的技术环节。主要应用在运球变化速度、高度、节奏、方向、落点等过程中。例如,拍是一切运球技术最基础的动作,推是运球加速推进的关键,抓与拉是改变方向和节奏的主要环节。因此,正确熟练地掌握上述四个技术环节,又能与手指的拨、弹、点、抄等协同运用,有利于全面掌握传、接、投、运、抢等各类技术动作,也就能更好地促进手指感应力和控制与支配能力的提高。

拍击球时手指要自然弯曲,以手腕柔和屈伸,带动肘关节和前臂转动,并以手指指根以上部位拍击球的不同部位;推球时手腕要稍仰起,并主动向运球前进方向送腕,以带动肘关节和前臂前移,使推球的力量加大、速度增快;抓与拉是靠手指末节的用力抓球和手腕自然弯曲的动作将球勾抓住,并与前臂快速拉收及脚步移动相配合,来调节运球前进的速度与方向。所以在用手指与手腕勾抓球时,要注意及时改变手指触球的部位,并相应减慢移动中的前冲速度。

(六)打、挑

打、挑是防守中常用的两个攻击性较强的手上动作,是对持球队员的破坏动作,在比赛中非常常用。

挑球时要结合短促快速的箭步移动靠近对手,同时迅速伸臂,用手指与手腕屈伸的动作(掌心向上,用手指屈收挑球;掌心向下,用手指、手腕屈压打球)将对方手中的球打掉。

打、挑球时判断要准确,移动要突然,展臂要快速,指腕动作的幅度要小而有力,并不失身体平衡。

二、脚功

脚功,是指在完成篮球各种移动的基本技术的过程中脚部和腿部所展现出的动作技能,它是一种转移身体重心、变化速度和身体方向的脚步控制能力,以及双脚自由支撑和改变身体在地面与空间的位置,维持身体平衡的特殊技能和能力的总称。

篮球运动虽然是一项展示多类手上动作的技艺,但现代篮球运动已是一项全方位的动态性活动,在比赛攻守对抗中争夺主动权的主要手段是速度,高强度下的高速度攻防依靠扎实的脚上功夫。速度是竞技运动的一个标志,提高移动速度则是提高全面速度的基础。兵家说"兵贵神速"，篮球比赛中同样只有利用自身速度来制约对手的速度才能取得比赛中的主动权，只有脚上基本功多样而扎实才能在进攻时摆脱对手的防守，在防守时才能控制对手的移动速度，而不被对手甩掉。尽管现代篮球运动在高度上非常重视保持制空的优势，但事实证明只有在比赛中将高度与速度相结合，高度才能显示出更大的威力。篮球运动在竞赛中要求的速度最突出的特点是：不同的步法、不同的频率、不同的节奏、不同的方向、不同的姿势，要求起动快、急停快、变向快、起跳快、转身快。在攻守对抗中，双方在速度上争夺的只是一肩半步的优势，脚步移动的快慢很关键。由此可见，脚上功夫是关系到能否掌握全面攻防技术的带基础性和全面性的问题。

从篮球技术结构来看，几乎所有的篮球技术都是由脚步和手法这两个关键部分紧密结合构成的，但脚步又是手法的基础。正如习武人所说："脚不稳，事则乱。"脚步动作正确熟练与否，不仅影响着手上的动作质量和变化能力，而且更影响着各项技术之间的衔接效果。可以说，脚步动作是篮球技术的基础，具有灵活快速的步法，才能掌握快速、灵活的技术。脚步基本功包括蹲、蹬、转、跨、跑、跳。

（一）蹲

蹲，是指运动员在球场上屈膝、弯腰的蹲身姿势。保持正确的攻守姿势，是比赛中争取时间、抢占地面与空间位置、随机变化行动和维持身体平衡的重要保证。

蹲的姿势应是两脚左右（或前后斜线）开立约同肩宽，用脚掌内侧着地。两膝微屈稍内收，膝关节与脚尖方向基本一致。抬头含胸上体略前倾，眼睛环顾四方。两臂自然屈肘置于体侧，身体重心的投影落在两脚之间。这种姿势实质上是既能保持稳定的身体重心，又能快速移动、转移身体重心的一种最佳准备姿势。在训练中，首先应把降低重心和转移身体重心放在主要位置。一名篮球运动员如果身体重心降不下去、重心转移迟缓，他就很难适应篮球比赛中快速、多变的战术要求。要想保持身体在快速多变跑动中的稳定性，只有在低重心的情况下才可以实现。转移重心是改变动作、决定变速变向的关键环节，在篮球技术中，身体重心的转移分左右转移、前后转移、上下转移。例如，通常防守持球突破和运球队员时，双膝弯曲度略大些，重心要低，两脚开距应稍宽，上体前倾角度要大些；防守投篮队员时（特别是处于防内线的投篮队员时），膝屈度则稍小，重心略高，两脚开距更有针对性，上体应稍挺直；通常在进攻中做运球或持球突破时，膝屈度稍大，重心要低，两脚开距也应稍宽；在外围做投篮动作时，膝屈度则稍小，上体略挺直，重心可稍提高，两脚的距离既要考虑到投篮攻击，又要有利于转换移动动作。在做双脚一步急停接球后，运用交叉步或顺步突破时，身体重心主要是左右转移的。然而无论做任何一个攻击动作，蹲身姿势都不能过死，脚掌和踝、膝等腿部各关节，都要始终保持富有弹性的机动状态，以利于随时向不同方向、位置迅速起动和转移身体重心，变换动作。

（二）蹬

蹬是寓于跑、跳、停、转、滑等各类移动步法中的一个微妙的内含性技术环节。它是一切移动步法起动的发力基础。蹬地时要充分运用下肢的力量给予地面作用力，地面又给人体一个大小相等、方向相反的支撑反作用力来推动人体的各种位移。它是位移的决定性动作环节，是各种移动步法的发力基础。蹬地虽然只是前脚掌最后对地面施加力的动作环节，但它需要整个下肢（髋、膝、踝各关节、肌肉的工作）以及腰胯和全身的协调配合来加大蹬地对地面的作用力，并获得地面的支撑反作用力克服人体重力和惯性力，保证人体重心的迅速转移和各种位移的变化。脚的不同部位的用力,影响人体重心转移和位移的方向,蹬地力量的大小决定人体运动速度的快慢,如比赛时由于要随时改变跑动的方向达到攻守战术的目的,在变向时双脚蹬踏用力主要是前脚掌内外侧的侧蹬动作,在侧蹬时身体向另一侧倾斜的角度越大,身体重心也就要越低,做弧线跑时,内侧脚用的是前脚掌的外侧蹬踏地面,而外侧脚用的是前脚掌的内侧蹬踏地面。

(三)转

转是借助支撑腿与摆动腿协同蹬碾地面而转动身体改变位置的一种专门性动作,也是在篮球攻守技术中运用最为广泛的动作。利用身体的转动来改变身体方向作为完成下一个动作的过渡手段。转时要求既快又稳。转动得快从理论上讲是缩短旋转的半径,但为了保持一定的稳定,在转动的过程中,髋、膝、踝关节都要保持一定的弯曲度,以降低重心,身体不可上下起伏波动。必须特别注意要运用前脚掌作为转动的轴,决不可以用脚跟做轴。

转动技术动作难度较大的是,快速跑动中急停前转身折回跑(也称往返跑),对这样一个最基本的转体动作,也不能忽视技术规范细节的要求:在急停转身前的第一步,上体稍向后仰,同时身体重心下降,脚尖转向50°～70°,而在第二步踏地时已完成180°转体,面向返回方向。

(四)跨

跨步动作是在抢前占位的急停变向中经常运用的步法,它是指两腿之间跨出去的角度、幅度及速度。在实战中,为争取攻守的主动权,双方争夺的是时间和空间。在此时间上要夺得优势,就必须起动要快、变向要快、急停要快、持球突破要快等等,这在一定程度上取决于"跨",如果跨不出去、跨得太小或太大或跨的速度太慢,都不能很好地完成这些技术,如边线跨步单脚急停接球后顺步突破的衔接动作,以及在各种情况下抢前跨步接球与后转身突破等。这些技术动作的质量都取决于:第一是接球后重心要低,跨步要有一定的幅度,跨得出去;第二是动作衔接要紧密,要有速度的变化,只有这样才能在实战中占有一肩半步的优势。

(五)跑

跑是比赛中争取时间、争抢时间、改变身体方向位置、摆脱或控制对手,以及协同组成攻守战术配合的主要手段。跑动中两膝自然弯曲,身体重心自然降低,上体稍前倾,用全脚掌或前脚掌着地。两臂要自然协同快速摆动,眼睛要环视球场四周。

篮球运动由于受场地面积的限制和战术组织的要求,在攻守对抗过程中,较长距离的直线跑动是很有限的,而绝大多数的情况是快速起动、快跑、急起、急停、曲线跑、变向跑、侧身跑、转体跑,相当多的情况是6～8米弧形线上的跑动,这是篮球运动在竞赛中的一个突出的特点。所以,为适应多种类型的跑,篮球运动员在场上跑时重心不宜太高,而要相对保持较低重心,平稳地跑动。

(六)跳

跳同样是比赛中争取时间、控制空间与地面位置的重要移动手段。特别是现代篮球比赛空间争夺与空间配合十分激烈和微妙,运动员跳起制空能力的强弱,既是衡量专项体能训练水平高低,又是预测能否掌握与运用高超技术展开全面抗衡能力的客观标志。在比赛中必须要求运动员连续不停地、不加手臂摆动地起跳去争夺空间优势,有时又要求运动员不加助跑的、原地单脚或双脚向上方或向侧方起跳去封盖或抢断球,有时又要求运动员在起跳后腾空或飞越时完成各种技术动作,这些都是篮球运动本身的特点所决定的,因此,跳在基本功中是不可忽略的。

三、腰功

腰功,是指在各项篮球技术中,用腰部动作控制身体平衡和掌握重心转移去完成各类相关篮球技术的能力。腰是支持人体运动的主干,它起着联系上体与下肢进行整体活动的枢纽作用,也是调节人体各部位综合用力、控制身体平衡、转移重心的重要环节。特别是随着现代篮球比赛对抗强度的不断提高和高空技术与战术的进一步发展,要求运动员在掌握运用技术、战术和抢占地面位置及争夺时间与空间优势时,都要依赖于腰腹部强劲的爆发力、柔韧性和灵活性。

一般来说,腰功主要包括伸展、收屈、扭转等几个动作。

(一)伸展

伸展是腰、胸、腹、背综合用力使上体自由向前上方伸展的专门动作。伸展能力对一名篮球运动员来讲具有特殊的重要作用,这是由篮球运动项目的特点决定的。因为众多的技术动作都对运动员的伸展能力提出了较高的要求,如高空篮板球争夺和空中扣篮、防守中抢断球、各种投篮和接传球技术动作,没有较好的伸展能力就很难达到技术动作的规范要求。

(二)收屈

收屈是腰、腹、背综合发力收腹、含胸、弯腰的动作。它与腰的伸展能力有同等重要作用。腰腹部的伸展与收屈能力对扩大地面与空间的控制范围,提高各种攻守动作的爆发力和柔韧性,都起着决定性作用,如抢篮板球的运动员在做各种技术动作时,躯体最大限度地伸展和收屈,既要伸得出去又要收得回来,是体现篮球运动技术较为突出的特点。再如在接球的瞬间跨出一大步,此时身体的有关部位肌肉要放松达到伸展的要求,但在接球后,腰腹要迅速收屈降低重心,双腿弯曲,保持稳定的基本姿势,为下个技术动作做好准备,并迅速过渡到下个技术动作。腰部的收屈与伸展是相互交替的过程,它在调整、维持身体平衡和衔接技术动作中具有主导作用。

(三)扭转

扭转是靠腰、背部突然发力扭动上体,使身体前后左右变移方向和位置的动作。人体的任何转动,在脚掌蹬踏地面的同时,必须用腰腹扭转带动身体,尤其是后转体,运用腰腹力量显得最为突出。而转体动作在篮球技术中运用得最为广泛,基本功的质量在很大程度上是取决于腰腹的技能。

四、眼功

眼功,是指运用眼睛观察及运用眼角余光扩大视野的能力。表现于视觉的准确性,视野的广阔度和了解全场情况的速度。它反映出篮球运动员的一种特殊的观察能力。观察得准确、范围大、内容多，也就得到的信息准确，就越有助于决策。眼功一般来说可分为瞄视、扫视、环视、虚视等内容。

（一）瞄视

瞄视是篮球运动员必须最先掌握的一种最基础的短距离迎面观察物像的视觉技能。它的特点是视物距离较近，并相对固定，正面对物像。主要运用于定位、定点投篮时对篮圈、篮板的瞄准，或应用于对近身攻防队员的观察。

根据比赛中运动员瞄视的特点，可以分为瞬时瞄和定时瞄两种形式。

1. 瞬时瞄

瞬时瞄是一种极短时间内不眨眼的迎面观察法。它主要运用于比赛中持球与不持球队员，在大强度、高速度对抗条件下，一经捕捉到投篮时机，即瞬时对视物（球篮、篮距、对手、同伴）作出完整准确的视察判断，并果断决定自己投篮方式，出手角度、速度、力量、抛物线等投篮技术的合理运用，以及其他生理与心理行动上的调整应变。而这种由最初对象的瞄视观察判断，到最后作出投篮行动决断的全过程，只是稍纵即逝的一瞬间。

2. 定时瞄

定时瞄是一种相对有一定时间去注视物像的迎面视察法。通常用于罚球和获得充裕时间从容投篮时。由于定时瞄视物的时间较长，视速反应相对缓慢，物像就较清晰地集中在两眼的视网膜上。为此，对初学者和青少年进行视觉训练时，可从定时瞄开始打下瞄视基础，掌握瞄视要领，并逐渐对球场上不同位置、角度和距离的视物（人、球、篮）建立起牢固的视觉条件反射，不断提高视觉反应速度。

瞬时瞄和定时瞄的区别在于瞄视时间的长短和决断行动速度的快慢。

（二）扫视

扫视是篮球运动员一种特殊的视距较远、视速反应较快的视觉技能。随着现代篮球运动攻守转化速度的全面提高，在几秒钟内往往会出现两个以上的攻守回合，因此，在攻守转化的一瞬间，运动员扫视观察能力的强弱，便直接影响攻守转化的速度。扫视观察速度快、判断准，能及时做出反应行动，那么必然有助于攻守转化速度的提高。尤其当突然改变视察方向和视察对象时，扫视观察便成为运动员瞬间捕捉攻守战机和观察物像的主要手段。

扫视在比赛中的运用可分为以下两种情况。

1. 由守转攻时

在由守转攻的一瞬间，转攻的队员为了迅速地组合并布置力量，就必须通过每名队员快速的直线平面扫视，来协同掌握转防对手的撤防布置和他们各自的行动踪影，以此及时相应作出自己的进攻方向、移动路线、协同配合的形式和结束进攻的点与面的连接的选择。扫视观察技能对中锋队员具有更为重要的战术意义，由于他们相对占有一定的身高优势，又身处近篮区，扫视观察能力便成为他们能否以身高优势去为全队创造更多攻守优势的重要保障。

2. 由攻转守时

在由攻转守时,扫视是瞬时掌握对手进攻动向、缩短撤防布置时间、及时采取防守对策是达到全面瓦解对方进攻设想的关键。尤其在采取全场紧逼时,扫视观察判断的反应能力,是及时控制对手和变防守中被动为主动的重要保证。扫视快、视野宽、判断准才能对被防对手的行踪看得清、追得紧、控得严。

(三)环视

环视是篮球运动员在比赛过程中运用最多,并最富有攻守性的一种以两眼视轴共转地迅速移动视线,环顾视物的视觉技能。它的特点是主要依靠两眼的眼角余光,在同一时间内环视多点和多面,而这种环视观察,仅仅把物像的形影和衣服的色彩作为视觉反应的依据。因此,环视被运动员广泛运用于攻守争夺的全过程。例如,在防守无球的进攻队员时,为了避免因转体扭头导致不能遵循"他、球、我"三兼顾的防守原则,因此,绝大部分时间内都应采用眼角余光去环视物像,借以调整防守位置和行动。同样,进攻队员无论在做传、投、运、突动作,还是在做不持球进攻的跑位、摆脱、空切、掩护、策应、冲抢等攻击行动,也主要依靠环视观察来捕捉战机。正如某些运动员进行传球助攻时,为了避免暴露助攻目标,也总是以余光环视主攻目标,以眼球正视伴攻方向迷惑对手,从而形成一点多面的视野范围,以便捕捉更多的助攻机会。

(四)虚视

虚视是基于上述三种观察技能的一种综合性的应变性视觉技能,即借助眼睛的斜、转、睁、眯等动作,与面部、腰部、手部、脚部的各种动作结合,使对手真假难辨,从而主动制造出种种攻守机会,如进攻时"视东击西,视人袭球"、防守时"视前防后,视上堵下"等,这便是有声有色的眼睛假动作攻击。然而这一视觉技能的形成,除了进行必要的专门性训练外,更多的是靠运动员积累比赛中的经验。

第三节 篮球运动基本功教学与训练的方法

一、手功学练

(一)双、单手持球翻转手腕、手指练习

(1)双手胸前持球,肘自然下垂,上臂靠近胸两侧,运用肘关节做轴,前臂轻微向前推动时,双手手腕翻起;当前臂向后收回时,双手手腕复原。运用前臂的反复前后推拉,练习手腕关节翻动的灵活性。

(2)双手头上持球,手腕翻起,运用上臂向上伸展推动前臂,同时手腕借用手臂力量翻起,轻轻地将球推出,离手10~20厘米,然后双手仍在头上接到球,继续反复练习。

(3)两臂侧平举,手心向上,右手持球,主要运用手指、手腕力量将球经头上轻轻传到左手,在

传球用力时,肘关节一定要伸直,强制运用手腕、手指力量将球传出。

(4)单双手对墙传球:面对墙50厘米站立,运用单手或双手持球,举球高过头部,迫使手腕翻起,主要运用手指、手腕力量轻巧地向墙上连续传球。

(5)单手持球滚转:将球托起过头,运用手指、手腕左右转动力量,使球在手掌上左右滚转。左右手交替做。

(6)单手直臂持球手腕反转练习:单手持球,手臂向同侧伸直,手腕做反转动作。注意手指、手腕要控制住球,防止球掉下。

(7)胯下前后反弹抓球:双腿分开站立,双手持球于体前,用手指、手腕的力量使球经过胯下反弹传向体后,双手在体后接球后。用同样的方法,将球经胯下反弹传向体前,双手在体前接球,连续反复做。

(8)跨步胯下内"8"字、外"8"字绕球:向前做行进间跨步,同时用单手将球从前跨腿的内侧(内"8"字)或外侧(外"8"字),在胯下将球交递给另一只手。左右连续交换做。要求单手接球后顺势向同侧后上方摆动,幅度越大越好,这时手指、手腕一定要控制好球,全身协调用力。

跨步可向前做顺步,也可向左右做交叉跨,以加大难度。

(二)运球练习

(1)变速运球:身体重心下降,手臂伸直,只限运用手指、手腕轻巧快慢结合地变速运球。球的反弹高度限制在5~20厘米之间。

(2)体前左右推拉运球:先在原地用右手运球,球的反弹高度在50厘米左右,运用手腕力量向左推球,然后及时转动手腕将球拉回到原地,球在左右移动过程中始终控制在体前80厘米的范围内,运用手腕的连续翻转将球控制在体前左右移动。

(3)体侧前后推拉运球:开始用右手在身体右侧运球,然后手腕仰起推球向前,再迅速屈腕将球拉回原位。运用手腕的连续屈伸使球在体侧前后移动。

(4)胯下左右手"8"字运球:两脚左右分开比肩稍宽站立,重心下降,右手体侧运球,右手臂向体后绕,同时运用手腕翻转动作将球通过胯下反弹到身体的左前方,左手接球后继续在身体左侧运球,而后左手臂向体后绕,运用左手腕的翻转动作将球再通过胯下反弹到身体的右前方。

(5)行进间左右手交替运球抄球:向前跑动中用右手在身体右侧运一次球后,随着身体向前移动,迅速用右手将球抄起,交给左手向左做同样的动作。左右交替进行。注意运球不宜过高,抄球要快。

(6)原地左右手向左右两侧大跨度地运抄球:原地持球,两脚左右开立,成基本姿势,左手在身体左侧运球一次后迅速将球抓抄回来交给右手在身体的右侧运球一次,右手向右做同样的抓抄动作。左右反复交替做。要求运球时手臂尽力向身体的左右伸展,抓抄球时要利用手指、手腕、前臂依次卷曲的动作将球收回到胸前交另一只手。

(三)传球练习

(1)背后传球:两脚平行站立,右手持球,右手臂向体后摆动,运用手指、手腕快速转动拨球的力量,将球从背后经过头上方传至体前左手的位置。左右手反复连续做。在将球引向背后的传球过程中,不能有弯腰的动作;在球出手的刹那要求运用手腕的转动和手指拨球的力量,使球由背后传向体前。

（2）头上双手传球：双手持球，两臂伸直高举头上，传球时两臂不要弯曲，更不要向后摆动，将全身力量集中于手指和手腕，运用手指和手腕的快速抖动将球传出。

（3）单手直臂传球：右手持球，直臂右侧上举，肘关节要伸直，不要弯曲，不要向后摆动，运用手指和手腕快速抖动的力量将球传出。

（4）五个人一组，每人持握一个球，其中四人各相隔 50 厘米成扇形站立，另一人面对扇形队相距 5 米居中站立。练习时居中者快速交替轮转向前面的四人做双手胸前或单手胸前传接球。要求传球时夹紧手臂，只允许用手腕抖动和手指弹拨的力量将球传出。

（5）在快速运球过程中，向固定或不固定的目标做弹点传球或抄手传球，如沿球场四周快速运球中，向场中央做弹点和抄手传球。

（四）打、跳等其他练习

（1）双手托住球的底部，将球轻轻抛起后，左右手交替用食指、中指、无名指向上挑弹球至胸前或额前上方。也可以双手持握球后，直臂前平举或上举或下垂，用两手食指、中指、无名指快速交替弹点球。可以原地练习也可以在行进间练习。练习时手与球的距离要不断变化。

（2）自己或同伴向高空抛球后，原地或移动中跳起，伸展单臂，用手指和手腕勾抓球。练习时，接球和抛球者要互相协同配合，尤其是接球者更应注意选择有利于练习摆、展、屈、勾等动作的位置、角度和时间，以求体会细微动作环节，真正做到手臂摆幅大、展得开、屈收快、勾得牢。

（3）在 4 米范围的场地上，四周各挂一个吊球（或各站一名持球队员），居中站一防守队员，按教练员的特殊要求，向四个方向移动，进行打、挑球练习。打球后迅速返回原位。

（4）组成特定的练习形式进行打、挑球练习。例如，一人连续跳起投篮，另一人防守，伺机跳起做打球练习。也可以一人运球上篮，另一人在跟防中或打运球时的球，或打伸臂举球时的球，或打投篮出手后的球。

（5）用重球或杠铃、哑铃等重器材定时定量做手腕与手臂的专门性力量练习，并结合各部关节做仰、屈、推、摆、翻、转等柔韧性练习。器材的重量、练习的速率和重复的次数，要根据不同技术环节的生理结构和技术结构特点进行全面的调整。

（6）单手或双手捏抓硬度大、弹性较足的小橡皮球，或定时定量连续用手指抓放铅球和沙袋。练习时手臂可以随意屈伸，抓放球的部位可以忽高忽低。

二、脚功学练

（一）转移重心练习

身体重心的转移与比赛中的任何一个行动都有着非常密切的直接联系，是解决起动速度最关键的问题。

（1）左右转移重心：两脚原地平行站立，距离比肩宽 20～30 厘米，重心下降，上体前倾，腰部放松，头抬起，两臂自然张开，肘微屈，利用两脚掌的蹬踏做重心的左右移动，同时特别注意运用腰髋带动身体转移重心，重点体会腰髋带动和两脚蹬踏的协调用力感觉。在左右蹬踏的重心移动中，身体重心要保持在一个水平线上，决不能上下波动。左右转移的速度不要过快，要掌握快慢不同的节奏。

（2）前后转移重心：取原地两脚前后站立姿势，身体重心下降，上体微前倾，两臂自然张开，可依据教练员快慢不同的节奏，运用脚掌蹬与踏的腰髋带动的力量向前、后转移身体重心。训练中重点体会快速起动时重心由后脚脚掌移向前脚脚掌协调用力的感觉。

（3）上下移动重心：两脚平行站立和前后站立交替运用。此练习要求身体重心下降到大小腿（膝部）弯曲的角度在90°以内。同样根据教练员的信号节奏，利用蹬踏脚掌、提腰、收腹上下移动重心。腰腹的快速屈伸是训练中重点解决的问题，同时身体重心的下降要达到最高要求。

以上三个练习是基本功中的基本功，基础中的基础。从练习的形式上看都极为简单，但就是要在"简练之中见真功"。能否在不同的节奏中将蹬踏和腰、腹、髋的力量非常协调地运用到突然起动的动作中，这是显示脚功深浅的一个重要标志。

（4）双脚跳停结合左右转移重心：在慢速地向前跑动中做双脚跳停动作，跳起高度10～20厘米，在跳起短暂的腾空时间要特别注意提腰动作，落地要求像一个弹簧，两脚掌着地时，要利用踝关节、膝关节和腰腹的力量缓解落地时向前的冲击力量，两臂自然张开保持身体平衡。落地后重心保持在两脚中间，然后做左右转移重心，并结合突然起动动作。

（5）两步急停结合转移重心：在慢速跑动中利用两步急停动作缓解向前的冲力和调整身体的平衡。在双脚落地时，成前后站立姿势，身体重心在两脚之间，然后前后转移重心，可结合在不同速度下做起动急停练习，体会重心转移。

（二）降低重心练习

（1）横跨步单脚急停降重心：两脚原地分开平行站立，左脚用力蹬踏，右脚向右跨出一步急停。单脚急停的难度较大，因此，在练习中必须重视急停动作规范的要求：第一，左脚发力蹬踏右脚向右跨出，腾空时要提腰展臂为平衡落地创造条件。第二，单脚落地时，提腰和收腹动作的协调，以及脚掌、踝关节、膝关节力量的运用，是一个完整的系列的组合技巧，目的是把单脚落地时的冲击力量减缓到最低程度。第三，为使落地后重心稳定，便于衔接下一个技术动作，要求身体重心下降。最佳重心的高度应是膝关节弯曲到接近90°。第四，在右脚落地的同时左脚要跟上，以便保持身体平衡，然后右脚用力蹬踏，左脚向左跨出一步，技术要求与前同。

（2）跑动中捡地面球：在一个直径6～8米的圆周上，等距离地放置3～4个球。要求在慢速跑动中屈膝降低重心，捡起地面上的球，然后再将球放到下一个球的位置上，同时捡起第二个球，依次进行。在顺时针跑动中，捡球时左脚在前右脚在后（球在身体的右侧），要求右膝距地面20～30厘米，以降身体重心。

（3）跑动中接地滚球：教练员站在一个直径6～8米的圆周中心手持球，队员在圆周上按照规定的速度跑动，教练员向圆周方向传出在地面上滚动的球，队员接球的技术动作规范同练习（2），接到球后用单手或双手把球传给教练员。接传球动作都在跑动中进行。

（4）胯下拨地滚球：跨步前进，同时双手交替拨地滚球呈8字路线，使球在两腿之间滚动前进。

（三）蹬转练习

（1）踝关节蹬转：双手叉腰，两腿左右分开直立，宽度与肩相同。开始做提踵动作，要求双脚跟尽力向上提起，身体重心置于前脚掌上。在提踵动作做到一定数量后，转变为双脚跟向外转动张开，然后再向内收回。此动作主要是训练踝关节的灵活性，是各种变向动作中最基本的蹬转动作。

（2）转体转髋：两脚左右分开站立，距离比肩宽20～30厘米，重心下降，成半蹲姿势，上体稍前倾，双手持球于胸前，利用蹬踏和腰髋的力量，带动身体在原地以前脚掌为轴左右转动。在向左转动时，左右脚尖同时指向左前方，身体重心要求达到最低限度。

（3）转体跨步：预备姿势与前相同，首先以左脚为轴，右脚掌蹬踏向左前方跨出一大步，然后仍然利用左脚为轴，右脚再利用脚掌蹬踏和腰腹向后收缩的协调力量后撤到原位。此训练的重点要求是：第一，注意脚掌在原地转动中的轴心作用；第二，后撤步时腰腹与蹬踏的协调配合动作。变换轴心脚反复练习。

（4）后撤步：两脚平行站立，重心下降，两臂抬起，重心移到左脚，同时右脚蹬踏，利用腰腹的带动力量，右脚向后撤步，然后左脚蹬踏，利用腰腹的带动力量，左脚向后撤步。左右脚连续交替进行，重点要求做好左右脚在蹬踏时与腰腹力量运用中的协调配合动作。

（5）侧滑步结合变向跨步：开始向右前方做右脚在前、左脚在后的侧滑步，然后右脚做侧蹬送髋，同时左脚向左前方跨出一大步，形成左脚在前、右脚在后的滑步动作。在滑动两三步后，左脚再做侧蹬送髋动作，同时右脚向前方跨出一大步，继续做滑步动作，一直连续反复做下去。重点要求是左右脚的侧蹬与送髋的协调配合。

（6）交叉步转体：两脚平行站立，开始时右脚向左前方交叉跨出一步，此时以左脚掌为轴，在地面转动。当右脚在左脚的左前方着地后，变为轴心脚，此时左脚抬起向右脚的右前方跨出一步，以右脚为轴，在原地转动，而后反复进行。

（四）跑的练习

篮球运动由于受场地、规则等限制，队员在比赛中的跑动具有非常突出的特点。速度是比赛中争取主动权的最主要因素之一，而在篮球场上表现速度的最大特点是利用急起、急停、变速和变向等多种的跑动形式来争夺攻守的主动权。

（1）曲线跑：曲线跑是篮球实战中最主要的一种跑动形式。它的技术结构特点是：在弧线跑动中，外侧脚是用前脚掌的内侧蹬地，而内侧脚是用前脚掌的外侧蹬地，身体向内倾斜的角度是依据弧线的大小而改变。

练习时可在场地内设置一定数量的障碍物，障碍物之间的距离可以根据队员的训练水平而定，可以选择等距离或不规则距离以增加训练难度。

（2）小"8"字跑：给每名队员在地面设间距为2米的两个点，要求在两点之间做"8"字形的跑动。这种方式主要是训练队员在短而快的频率中变向跑动的技能。

（3）变向加速跑。

①由后退跑变向前加速跑。

②由横滑步变向前加速跑。

教练员手持球站在一个点上，队员与教练员保持一定距离，做后退跑或做横滑步等动作，在看到教练员抛出的球后，迅速转变向前急速起动去接反弹球或空中球，接球的难度由教练员掌握。在急速起动技术动作中，要注意后蹬送髋的腰腹协调用力动作。

（4）交叉跨步跑：此练习主要是训练左右脚掌外侧蹬踏的能力。开始时，右脚向左前方跨跳，利用右脚掌的外侧着地，随之运用右脚蹬踏，左脚向身体右前方跨跳，利用左脚掌外侧着地，然后再运用左脚蹬踏，右脚再向身体左前方跨跳，反复进行。

(5)多种变向跑(图 7-1):重点要求是注意转变方向中运用侧蹬、后蹬的同时与腰、髋、腹协调用力的技巧。在转变方向时,脚尖和膝关节必须指向跑动的目标,否则容易拉伤、扭伤腿部肌肉。

由 A 点起跑至 B 点做放松慢跑,在 B 点做侧蹬变向加速。

由 B 点至 C 点做加速跑,在 C 点做后转身变向。

由 C 点至 D 点做加速跑,在 D 点做后转身。

由 D 点至 E 点做后退跑,再由 E 点至 F 点做弧形侧身加速跑。

由 F 点至 G 点做左右脚连续变换抢前步,在 G 点做后转身。

由 G 点至 H 点做连续后撤步,到 H 点转身。

由 H 点到 I 点做往返跑。

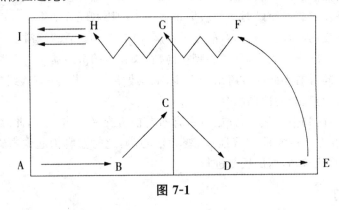

图 7-1

(五)跳的练习

(1)原地双脚或单脚连续起跳摸高。

(2)教练员与运动员面对面站立,距离 3~5 米,教练员向运动员前后左右传高吊球,运动员借助一两步滑步向不同方向起跳,用单、双手接球或击球。教练员传球可采取从定向到不定向、从不连续到连续的办法来加大难度。

(3)两人跳起空中接传球。传球距离可逐渐增加。

(4)队员排成一路纵队,助跑单脚或双脚起跳空中接篮板球后,立即将球向篮板抛去,下一名队员重复以上动作。

三、腰功学练

(一)伸展练习

(1)左右伸展:两腿分开比肩宽站立,成半蹲姿势,要求膝部屈成 90°角。向右侧伸展时,左腿蹬直,左脚掌紧贴地面,上体及右臂尽力向右侧伸展,这是最关键的要求,要达到最大限度的伸展程度。左右侧反复进行。

(2)上展下屈:两腿分开站立与肩同宽,下蹲后双臂抱膝,快速站起,两臂高举,腰腹做到最大限度的伸展,同时脚跟提起。下蹲与站起的节奏要适当,重点要求是伸展的幅度大。

（3）持球伸展：两腿分开站立，手中持球，右脚向右跨出一大步，右手持球向脚右前方做伸展动作，此时左腿伸直，脚掌紧贴地面，右膝屈成 90°角。然后右腿收回原位，左脚再向左侧跨出一大步，右腿蹬直，脚掌紧贴地面，左手持球向左前方做伸展动作。在向左右做伸展动作时，要求做到最大限度的伸展，要把腰、腹、臂尽力伸展开。左右变换动作，不要求速度，最主要的是要求伸展动作的质量。

（二）转动练习

（1）左脚掌为轴心，右脚向前迈出一步，在右脚掌落地时，利用右脚掌的蹬踏和腰腹带动的协调力量，向后撤回右脚，重点体会脚的蹬踏和腰腹协调用力的技巧。在反复做一定数量后，改用右脚掌为轴，左脚向前迈出一步，利用左脚掌的蹬踏和腰腹带动的协调力量，向后撤回左脚。左右脚交换练习。

（2）空中转体：两脚原地站立，两臂抬起，肘微屈，下蹲做原地双脚踏跳，在空中利用腰腹力量转体 180°～360°。落地时，注意运用提腰收腹的动作。在空中转体的难度可以逐渐增加，空中左右转体的动作要交替进行。

四、眼功学练

通常情况下，眼功训练要结合技战术进行，如运球进攻的运动员，要及时把球传到有利于进攻的同伴手中，这就要求运球队员的余光视觉范围大；又如防守时无论是防守持球人或防守无球人，都要用余光来环视观察周围的情况，了解人、球、篮的区位，以便破坏对手的掩护或保持正确的防守位置。所以在练习各项基本技术时，教练员都可以根据该项技术的特点，在运动员余光视觉范围内制造一些情况，如运动员在运球时，可在尽可能大的范围内，让同伴或对手变换位置，让运球运动员及时传球给同伴，或说出变换位置后同伴的名字等，以扩大眼角的余光视觉范围。

五、篮球基本功学练的注意事项

在眼、手、腰、脚、脑基本功中，眼睛是前导，手是关键，腰是枢纽，脚是基础，脑是精髓，彼此互为作用，相互影响。因此，进行任何一种基本功的训练，都要求手、脚、腰、眼的高度合一。例如，在练习运球提高手功训练中，除了要求运动员以正确的手法完成运球动作外，还必须要求下肢和腰腹有协调的配合，脚步动作的蹬、转、跨等动作与手指运球相协调，腰部要随球的高、低、运、停来控制重心，同时还必须要求队员注意观察全场情况，随时将信号传入大脑，使脚、腰做出适合场上情况变化的行动。基本功训练中应注意以下几个问题。

（一）训练要严格、认真

在基本功训练中，教练员严格要求运动员，运动员也要认真训练严格要求自己。要讲究技术动作规格，动作要做得准确、合理而一丝不苟。只有在训练时，集中精力，严肃认真，科学而合理安排运动量，日积月累，才能练好基本功。

（二）坚持长期的训练

勤学苦练是练好基本功的唯一途径。练基本功必须不怕苦反复练习，并在次数和质量上都有严格要求。练任何一个动作都要有次数的规定和质量的要求，对各部位的训练要求要具体，磨炼得愈严，在技术方面的造诣就会愈高，比赛时的收效就更好。

（三）训练要把握好主次

在进行基本功训练时，要少而精并注意抓重点。篮球基本功的内容繁多，要根据篮球运动的特点和运动员的自身条件，抓住主要内容进行训练。坚持经常练、反复练，随着熟练程度的提高要不断加大练习的难度，逐步提高对动作的要求。

（四）讲究实用性

篮球基本功训练，要根据不同内容，除单独个人练习外，要重视集体训练、配合训练和对抗训练，结合基本功训练与技术训练、战术训练、身体训练，时刻把掌握技术与运用技术相结合。

第八章　篮球运动基本技术教学与训练

第一节　篮球运动进攻技术教学与训练

一、运球技术的教学与训练

(一)运球技术的动作原理分析

运球技术是篮球进攻技术中的基本技术,是组织全队进攻配合和突破防守的重要手段。运球技术的关键是手对球的控制支配能力,脚步移动的熟练程度以及手、脚、身体三者的紧密配合。其基本技术要点主要包括身体姿势、手臂动作、球的落点和手脚协调配合四个方面。

1. 身体姿势

篮球运动员在运球时,应保持两脚前后开立,两膝做相应的弯曲,距离约与肩宽,侧身上体稍向前倾,抬头平视,非运球手臂屈肘平抬,肩向前,用以保护球。

2. 手臂动作

篮球运动员运球时,五指自然张开尽量扩大控制球面积,用手指和指根以上部位触球,掌心空出,手指、手腕要尽量放松。当手与球接触的一刹那,应屈前臂,伸手腕,手指放松,缓冲球向上的反弹力量,控制球的反弹高度和速度;当球在手中短暂停留后,应迅速伸前臂,屈手腕,手指柔和地按拍球,使球向前进的方向运行。

3. 球的落点

在运球过程中,因运球的方向、速度以及防守情况的不同会出现不同的落点。变向运球其落点基本位于异侧体侧或侧前方;在对方无人防守或消极防守情况下的直线高运球,球的落点在运球手的同侧前外侧,速度越快,落点越靠前,离自身越远,反之越近;在对方积极防守情况下运球的落点应在体侧或后方,以便保护球;而胯下运球的落点位于胯下两脚之间的地面上。

4. 手脚协调配合

篮球运动员在运球时,应使移动速度和运球速度协调一致,同时还应保持合理的运动节奏,并注意身体重心的控制。在移动速度不变的情况下,能否保持脚步动作和手脚动作协调一致,在速度上同步进行,其中按拍球的部位、力量大小的运用以及落点选择是关键所在。脚步移动越快,按拍球的部位越是靠后下方,落点越远,反弹起来的力量越大。反之,部位越靠上,落点越近,力量就越小。

(二)运球技术的教学

1. 运球技术的具体方法

(1)高运球

运球时两腿微屈,上体稍前倾,眼平视,以肘关节为轴,前臂自然伸屈,用手腕、手指柔和而有力地按拍球的后上方。球的落点控制在运球的手臂的同侧脚的外侧前方,使球的反弹高度于胸腹之间。在高运球时,运动员推按球要用力,手脚配合要协调(图 8-1)。

图 8-1

(2)低运球

运球时,两腿应迅速弯曲,重心下降,上体前倾,球的落点在体侧,用上体和腿保护球,同时,用手腕和手指短促地按拍球的后上方,使球控制在膝关节的高度。在低运球时,运动员应降低重心,目视前方,注意保护球(图 8-2)。

图 8-2

(3)体前变向变速运球

如果运球队员从对手右侧突破,应先向对手左侧运球,当对手向左侧移动时,运球队员突然向右侧变向,用右手按拍球的右侧上方,同时,右脚向左前方跨出,用肩挡住对手,接着迅速换左手按拍球的后上方,从对手的右侧运球超越防守。运动员在运球时,应将重心降低,转体探肩,蹬跨有力,换手变向后要加速(图 8-3)。

图 8-3

（4）运球急停急起

在快速运球中突然急停时，采用两步急停，使身体重心降低，手按拍球的前上部，使球停止向前运行。运球急起时，两脚用力后蹬，上体急剧前倾，迅速起动，同时，按拍球的后上部，人、球同步快速前进。在运球急停急起时，运动员应降低重心，合理控制球，上体前倾（图 8-4）。

图 8-4

（5）体前变向不换手运球

突破对方前，先将球从右侧拨至体前中间位置，当对手向侧移动堵截时，迅速将球拨回右侧，左脚向右前方跨出，同时右手向前运球，加速前进。运动员在突破时注意保护球。

（6）胯下运球

胯下运球常用于防守队员迎面堵截的情况，运用该方法以摆脱对手。

以右手运球为例。变向时，左脚在前，右手拍按球的右侧上方，将球从两腿之间运至身体左侧，然后上右脚，换手运球，加速前进。运动员进行胯下运球时，应注意球的击地点和动作的连贯性、协调性（图 8-5）。

图 8-5

（7）背后运球

背后运球多用于对手紧逼,无法用体前变向运球的情况下。

以右手运球,向左侧变向为例。变向时,右脚在前,右手将球拉到右侧身后,迅速转腕拍按球的右后方,将球从身后拍按至身体的左侧前方,然后换左手运球,左脚向前,加速前进。运动员进行背后运球时,右手按拍提拉球换手动作要协调,加快速度(图 8-6)。

图 8-6

2. 运球技术动作常见错误与动作纠正

（1）掌心触球（拍球时有声响）

手型没有呈半球形;手没有主动迎接从地面反弹起来的球,随球上引缓冲动作处理不到位;没有用第一指节触及球。

动作纠正:讲清正确动作概念,做正确示范,帮助分析原因;多做(体会)手指、手腕随球上引和柔和按拍的动作,如对墙连续拍球、坐在小凳上拍球等。

（2）原地或行进间运球时低头看球

控制球不熟练,或降低重心时只弯腰、不屈膝。

动作纠正:教师要强调大胆运球,鼓励队员不看球,在快速运球中培养队员手指的球感,这样才能使视野开阔;要强调屈膝降重心。

（3）带球跑

没有正确理解带球跑的概念,或衔接其他动作时脚步动作不清楚,球运得太高。

动作纠正:运球教学要结合规则进行,讲清概念,并对易犯的几种违例现象进行示范、分析;训练中要严格要求,发现走步违例要及时纠正、重做,反复训练;运球时用力要适度。

（4）两次运球

手接触球的部位不正确,因注意力不集中或紧张而导致停止运球时没有接稳球;双手运球。

动作纠正:结合规则讲清两次运球的概念,并多做正确和错误的示范、模仿,严格要求,及时纠正,以使队员养成良好的习惯。

（5）运球时脚踢球

手控制球的能力较差,球的落点不好;注意力不集中。

动作纠正:反复训练,提高控制球的能力;强调落点在前脚的外侧前方。

（三）运球技术的训练

1. 运球技术的训练方法

（1）原地做高运球、低运球训练。

（2）左、右手交替在体前做横向运球训练。

（3）直线跑动中高低运球训练。

（4）原地或行进间两手各运一个球训练。

（5）在体侧做纵向前拉后推运球训练。

（6）在行进间连续做各种运球变向训练。

（7）对抗运球训练。两人一组,每人运一球,在保证自己的球不被对方打掉的前提下,伺机打掉对手的球。此种方法也可若干人在固定区域内同时进行训练。

（8）全场一对一攻防训练。

2. 运球技术训练需要注意的问题

（1）在加强防守的训练中,要从消极防守到积极防守,在不断加强对抗的训练中,逐步提高队员的应变能力。

（2）运球训练中,应着重抓好运球基本功的训练,提高队员控制球和支配球的能力。在队员初步掌握运球动作以后,要求他们抬头运球,用手的感觉来控制球,并在训练中严格要求,使他们养成运球时目视前方、观察场上情况以及屈膝的习惯。

（3）在篮球运球技术中,应牢抓运球的关键,并结合各种熟识球性的辅助性训练,练好手上功夫和脚步动作的快速与灵活性。应特别加强对水平较弱队员的运球训练。

（4）运球必须与传接球、突破、抢篮板球以及投篮等技术结合起来进行训练。结合战术训练时,应注意培养队员运球的战术意识,掌握好运球的时机,不滥运球,应根据全队战术配合的需要进行合理运用。

二、传接球技术的教学与训练

（一）传接球技术的动作原理分析

传接球是篮球运动中重要的进攻技术之一。一次成功的进攻往往要经过多次准确、及时地传、接球创造出攻击时机才能实现。

1. 传球技术分析

传球是将球从自己手中抛射向同伴手中的球的位移运动,在这个过程中,不论是单手传球还是双手传球,给予球作用力的大小和时间长短都决定球的飞行速度和距离。传球的方向取决于手对球作用力的作用点位置和腕、指动作(一般在球体后方,与传球方向相反)。出手角度应略高于水平方向,以克服飞行过程中重力对球的影响。出手速度取决于传球动作开始前动作的速度和作用力。传球应优先使用屈腕弹指和伸肘肌肉的力量,它们是能最快速发力的部位。长传球时,才使躯干和腿部肌肉参与工作,作用时间也较长。传球的屈腕弹指动作,会使球在飞行中产生一定的旋转。传球出手高度是由传球者的身体特征和选择的传球方式所决定的。在传球动作方法中,前臂的动作有伸、摆、绕等不同的用力方法。运用这些方法可以增加出球点,扩大出球面。由于传球目标的距离和方向的不同,所以传球用力的大小和用力方向也有所不同。传球目标距离远,用力大;目标距离近,用力小。传平直方向的球是向正前方用力,传高球是向前上方用力,传低球是向前下方用力。由于传球用力的方向不同,使球在空中呈直线、弧线或折线飞行。传球时,应根据接球队员的位置和移动速度,决定传球的用力大小和用力方向。一般将球传到接球队员的胸部位置,如果将球传给移动中的队员,就需要判断队员的移动速度,要做到人到球到,人球相遇。

2. 接球技术分析

接球是终止球在空中运行的方法。不论是双手或单手接球,都必须沿着球飞行的相反方向对球施加相应的阻力,使来球的速度减弱为零。球作用在手上的力与手的缓冲距离有一定的关系(功=力×距离),接球时减小这个力就要增大对这个力的作用距离。伸臂屈肘迎球和顺势向后引球,进一步屈肘缓冲,正是减弱来球力量至零的过程。如果来球力量较大,速度较快,则要加大迎球幅度,以便有更长距离来缓冲。

(二)传接球技术的教学

1. 传接球技术的具体方法

(1)传球技术

①双手胸前传球

两手手指自然分开,拇指相对成八字形,用指根以上部位持球,手心空出。两肘自然弯曲于体侧,将球置于胸腹之间的部位,身体成基本站立姿势。传球时,在后脚蹬地、身体重心前移的同时前臂迅速向传球方向伸出,拇指用力下压,手腕前屈,食指和中指用力拨球将球传出(图 8-7)。

图 8-7

②单手肩上传球

双手持球于胸前,两脚平行而立,传球时(以右手传球为例),左脚向传球方向迈出半步,右手托球,同时将球引到右肩上方,肘部外展,上臂与地面近似平行,手腕后仰。左肩对着传球方向,重心落在右脚上,右脚蹬地,转体,右前臂迅速向前挥摆,手腕前屈,通过食指、中指拨球将球传出(图 8-8)。球出手后,右脚随着身体重心前移而向前迈出半步,保持基本站立姿势。

图 8-8

③双手头上传球

双手手指尖朝上,从球侧面持球于头顶,肘部微屈,向传球方向跨步同时手腕后转,球移至脑后,将球向前抛出,手腕下转发力,做好随球动作。

④单手体侧传球

以右手传球为例。两脚开立,膝微屈,双手持球于胸前。传球时,右手持球后引,经体侧向前作弧线摆动,手腕前屈,用食指、中指的力量拨球,将球传出。

(2)接球技术

①双手接球

双手接球时,两眼注视来球,手指自然分开,两拇指相对成八字形,两手成半圆形。来球前,主动伸臂迎球,肩、臂、腕、指放松。接球时,指端先触球,同时两臂随球后引缓冲来球的力量,并做好衔接下一动作的准备姿势(图 8-9)。

图 8-9

②单手接球

以右手接球为例。右脚向来球方向迈出,接球时右臂微屈,手掌成勺形,手指自然分开,迎球的方向伸出,同时迈出左脚。当手指触球后,手臂顺势后撤,同时收肩,上体微向右后转动。然后用左手帮助将球握于胸前。跳起用单手接高球时,可采用手指尖触球后顺势卷腕的手法,把球引到胸前成双手持球(图 8-10)。

图 8-10

③跑动接球

在跑动过程中,脚尖朝着前进方向,上体侧转面向来球,双臂伸出,主动迎接来球。

④摆脱接球

无球进攻队员利用脚步动作(如变向跑、转身、停步等)或同伴的掩护摆脱防守后接同伴传来的球,并采用相应的停步动作以衔接下一个攻击动作。

2. 传接球技术动作常见错误与动作纠正

(1)在掌握动作规格的基础上,要注意把培养学生良好的观察能力和判断能力、善于隐蔽自己的传球意图,以及运用假动作等个人战术行动与提高传接球技术结合起来。

(2)在教学过程中要狠抓传球手法,先教传平直球的用力手法,再教传折线球的用力手法,最后教高吊球(弧线球)的用力手法,并以三种传球路线交替进行练习。对动作规范和要领要严格要求,促使学生形成正确的传球手法,为掌握多样化的传球方式打好基础。

(3)传接球练习方法应根据学生实际情况进行安排,并在练习中注意培养学生之间互相默契配合的意识。

(4)在传球的教学中,要重视接球环节的教学与训练,形成正确的接球手法;养成接球结束就是传球或其他进攻动作开始的习惯。

(三)传接球技术的训练

1. 传接球技术的训练方法

(1)原地徒手双手持球动作的模仿练习。体会不持球时,能否正确地做出双手持球的徒手模仿动作。

(2)成双手持球的徒手模仿动作,做向来球方向伸臂—主动回收手臂的徒手模仿接球动作。

(3)原地双手持球基本姿势的练习。每人一球,双手持球于胸前,体会双手持球的正确动作方法。

(4)每人一球,成基本站立姿势。双手持球于胸前,做传球发力时的抖腕动作,但球不离开手。

(5)两人一组一球,距离 4 米逐渐扩大到 8 米,然后再从 8 米逐渐缩小到 4 米,用双手胸前传、接球。

(6)两人一组一球,相距5米左右,用双手胸前传、接球,在1分钟内看哪组传球次数多(记两人总次数)。

(7)两人一组一球,两人四只手共持一球,一人做传球动作,一人做接球动作,两人的手都不离开球,像拉锯一样一传一接连续做。

(8)两人一组一球,一人原地传球,另一人向左、右、前、后移动做接球练习。两人相距4~6米,传接球一定次数后,相互交换。

(9)全场三人传接球练习。每传一次球都要通过中间人。在3人传球推进的过程中,要保持好三角队形,中间人保持在稍后,两边在前(图8-11)。

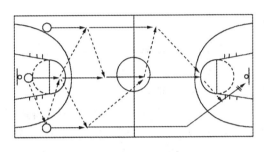

图 8-11

(10)迎面上步传接球练习。练习者排成纵队,教师持球距纵队5~7米。排头队员上步接教师传来的球并回给教师,然后跑回队尾,接着第二名队员进行练习,以此类推。此练习还可要求练习者跑动接球、急停、上步传球,以加大练习难度。

(11)一人原地传球,另一人向左、右、前、后移动做接球练习。两人相距4~6米,传接球一定次数后,相互交换(图8-12)。

(12)三角传接球练习。每组4~5人。按逆时针方向传球和换人。接球时要上步,接传动作要连贯,不得走步(图8-13)。

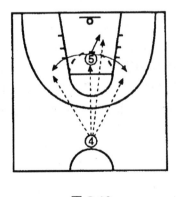

图 8-12

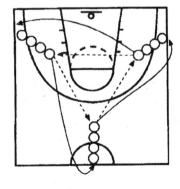

图 8-13

(13)全场四角传接球。④斜插接⑤的球后传给对角的⑥,并跑到⑥的排尾;⑤传球给④后跑向④的排尾(图8-14)。依此反复进行。

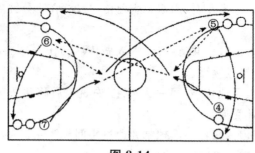

图 8-14

2. 传接球技术训练需要注意的问题

(1)在掌握动作规格的基础上,运动员应养成良好的观察能力和判断能力、善于隐蔽自己的传球意图,以及运用假动作等个人战术行动与提高传接球技术结合起来。

(2)在训练过程中要狠抓传球手法,先训练传平直球的用力手法,再训练传折线球的用力手法,最后训练高吊球(弧线球)的用力手法,并以三种传球路线交替进行训练。对动作规范和要领要严格要求,从而有助于形成正确的传球手法,为掌握多样化的传球方式打好基础。

(3)运动员应根据自身的实际情况进行传接球技术训练并在训练过程中注意培养与队员之间互相默契配合的意识。

三、持球突破技术的教学与训练

(一)持球突破技术的动作原理分析

持球突破技术主要包括蹬跨、转体探肩、推按球和加速四个大环节。

1. 蹬跨

进行突破前,队员的双脚要保持左右开立,且略宽于肩,屈膝降低身体重心,重心落于两脚之间,两脚踵稍提起。双手持球于胸腹间,注意保护球。进行突破时,用虚晃或瞄篮等假动作吸引对手,用移动脚前脚掌内侧蹬地的同时,中枢脚用力碾地,上体前倾并转体,重心前移,以带动移动脚迅速向突破方向跨出。第一步跨出的步幅要稍大些,以缩小后蹬腿与地面所成的角度,增加后蹬力量,争取第一步就接近甚至超越对手。第一步落地后,膝关节要保持弯曲,脚尖指向突破方向,以便于第二步的蹬地加速。

2. 转体探肩

转体探肩动作需要与蹬地跨步、上体前移同时进行,使身体重心继续前移,加快突破速度,同时占据空间有利位置来保护球。

3. 推按球

在做蹬跨、转体探肩动作的同时,将球由体前推引至远离防守队员的一侧,并在中枢脚离地前推按球离手,球落于跨出脚前的外侧,用远离对手一侧的手运球,使球的反弹高度在腰膝之间。

4. 加速

在完成上述动作后,已获得起动的初速度,此时中枢脚应进行快速、有力地蹬地,加速超越对手。

在持球突破过程中,蹬跨、转体探肩、推按球和加速这四个环节几乎是同一时间完成的,彼此之间紧密衔接,相互影响。只有熟练地掌握这四个环节,并做到动作连贯顺畅,才能实现快速突破的目的。

(二)持球突破技术的教学

1. 持球突破技术的具体方法

(1)原地持球顺步(同侧步)突破

以左脚做中枢脚为例。准备姿势和突破前的动作要求与交叉步相同。突破时,右脚向右前方跨出一步,向右转体探肩,重心前移,右手运球,左脚前脚掌迅速蹬地,向右前方跨出,突破防守(图 8-15)。

图 8-15

在做该技术动作时,运动员应注意移动脚向前跨步,转体探肩,重心前移。

(2)原地持球交叉步突破

以右脚做中枢脚为例。两脚左右开立,两膝微屈,身体重心降低,持球于胸腹之间。突破时,左脚前脚掌内侧迅速蹬地,上体稍向右转,左肩向前下压,重心向右前方移动,左脚向右侧前方蹬地,将球引于右侧,中枢脚蹬地向前跨出,迅速超越防守(图 8-16)。

图 8-16

在做该技术动作时，运动员应注意屈膝降重心，移动脚迅速蹬地，中枢脚向前跨出。蹬、转、探、拍、蹬。

（3）行进间突破

行进间突破是在同伴传球的配合下，利用突然移动中的接球急停，抢占或主动创造有利位置，然后结合运用持球突破进行攻击的一种技术方法。与原地持球突破相比，突然性和攻击性较强是行进间突破的优点。在快速移动中，看到同伴传来的球，应快速向来球方向伸臂迎球，同时用一脚（侧向移动时用异侧脚）蹬地，两脚稍离地腾起，向侧方或前方跃出接球，形成与防守队员的位置差，两脚先后或同时落地。落地后，屈膝降重心，保持身体平衡并注意保护好球。根据防守队员的位置和具体情况，快速选择交叉步或同侧步突破。

在做该技术动作时，运动员应注意摆脱移动、伸臂迎球和跨跳的衔接要协调连贯；接球急停要稳；突破起动要快速、突然，并保护好球，根据防守位置，运用交叉步或同侧步突破防守。

（4）转身突破

①前转身突破

以左脚做中枢脚为例。突破前的准备动作与后转身突破相同。突破时，重心移至左脚，右脚脚前掌内侧蹬地，左脚为轴碾地，右脚随着前转身而向球篮跨步时，上体左转并压左肩。右手向右脚侧前方推按球，离手后左脚蹬地，向前跨出突破对手。

在做该技术动作时,运动员应注意重心要稳,转身与突破动作的衔接要紧密。

②后转身突破

以左脚做中枢脚为例。背向球篮站立,两脚平行或前后开立,两膝弯曲,身体重心降低,双手持球于腹前。突破时,以左脚为轴后转身,右脚向右侧后方跨步,脚尖指向侧后方,上体后转并压右肩。右手向右脚前方推按球,左脚内侧迅速蹬地,向球篮方向跨出,换左手运球快速突破防守。

在做该技术动作时,运动员应注意重心平稳,转身与突破动作要衔接紧密。

2. 持球突破技术动作常见错误与动作纠正

(1)第一步较小,重心过高

纠正方法:

①讲解示范法:讲解持球突破时第一步大的优越性,并进行正确的动作示范,使学员建立正确概念。

②诱导法:教练员通过语言诱导,提示动作要点,让学员在消极对抗情况下进行持球突破练习。

③限制法:借助障碍架限制练习。学员在距篮5米位置站成一路纵队,距排头1米远放一个丁字形障碍架(或由人以双手侧平举姿势站立代替)进行持球突破练习。要求学员第一步到达规定的距离。

(2)不敢贴近对手切入,而绕一个弧远离对手

纠正方法:

①讲解示范法:教练员通过讲解正确的动作方法,并做示范,使学员建立正确的动作概念。

②对抗练习:增加练习强度。两人一组,一人持球突破,一人消极防守(帮助性防守)。持球突破速度不要求很快,但身体要用力紧贴进攻者切入。

③诱导法:两人一组相对站立,相距约1米,一人持球进行模仿练习,一人当障碍物帮助进行练习。要求持球突破的队员紧贴防守队员切入。

④限制法:让每位学员在自己前面画出正确的持球突破路线并根据自己的身高、步长情况画出放球的落点。练习时根据所画标记进行。

(3)中枢脚移动或放球晚导致走步违例

纠正方法:

①讲解示范法。教练员讲解正确动作的方法,并做示范,让学员建立正确动作概念。

②意念练习:使学员在脑海里重复正确的蹬地、推拍球动作。在其对动作有了很清晰的了解后再实际练习。

③诱导法:信号诱导练习:让学员站成一排横队,并根据教练员的口令进行练习,口令“一”跨步落地的同时运球;口令“二”,蹬地还原。模仿诱导练习:让动作错误和动作标准的学员一起在大镜子前做蹬地、推拍球的模仿练习,以观察、分析、对比正确和错误动作。使动作错误的学员看清自己的错误并加以改正。

(4)转、探肩不到位,不注意保护球

纠正方法:

①讲解示范法:教练员通过对转、探肩动作的正确讲解与示范,使学员建立起正确的概念。

②对抗练习:两人一组,一攻一守,让进攻队员在消极防守情况下体会正确的转、探肩的动作

要领。

③诱导法：让水平较低的学员与技术较好的同学在大镜子前一起做持球突破的模仿练习。以使动作错误的学员能清楚地看到自己的错误动作，并加以改正。

(三)持球突破技术的训练

1. 持球突破技术的训练方法

(1)有防守时的持球突破训练方法

①一对一接球急停突破训练

如图 8-17 所示，⑤传球给⑥后移动到黑圈面前接⑥的传球急停，并根据黑圈的防守位置，用交叉步或同侧步突破上篮。投篮后自抢篮板球运回队尾，依次进行。

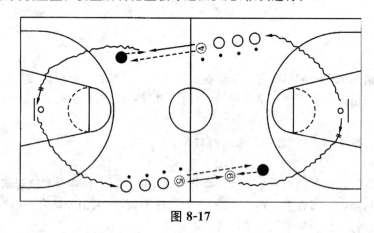

图 8-17

②转身突破训练

如图 8-18 所示，④持球观察同伴行动，当⑤提至罚球线附近时，④及时传球给⑤，⑤接球后，转身突破上篮，④跟进抢篮板球。④⑤交换位置练习。

图 8-18

图 8-19

③运球中后转身突破上篮训练

如图 8-19 所示，后卫队员①接②的传球后欲运球超越防守队员❶，❶积极堵截。①则运用假动作迫使❶侧重于自己左侧防守，这时，①突然以右脚为轴做后转身上篮。同样的方法，也可以做左转身突破上篮。

(2)无防守时的持球突破训练方法

①每人一球，做原地持球交叉步和同侧步突破练习。体会突破动作的技术要领以及身体各

部位的协调配合。

②接球急停突破练习。两人一组一球。无球队员向有球同伴示意接球方向,然后移动接球急停做交叉步或同侧步突破,轮流进行。

③突破上篮练习。学生成一列纵队,面对球篮,每人一球,按顺序做原地持球交叉步或同侧步突破接行进间投篮。抢篮板球后运球回队尾。

④两人一组一球,相距2米面对站立,轮流做同侧步、交叉步突破练习。相互检查中枢脚是否移动,跨步、转体探肩是否正确,推按球是否及时。

2. 持球突破技术训练需要注意的问题

(1)在持球突破时,学员应注意技术动作要正确和规范,教练员应教会学员两脚都能做中枢脚,以及明确规则对技术动作的要求,并能够正确、合理地运用。

(2)教练员应积极培养学员良好的突破意识,提高其观察判断能力,掌握合理的突破时机,以不断提高持球突破的能力。

(3)注意培养学员果敢、顽强的作风,敢于在贴身紧逼中运用突破技术。同时还应当培养学员灵活的突破技巧,使其逐步学会利用位置差、时间差、节奏变化以及假动作等方法,发挥突破的作用与威力。

四、投篮技术的教学与训练

(一)投篮技术的动作原理分析

投篮是以正确的动作将球抛掷入篮圈之中,由于投篮的出手点一般低于篮圈的高度(扣篮及特殊的投篮除外),而要将球投进篮圈之中,就必须有正确的持球方法、瞄篮点、全身的协调用力、合理的出手角度和出手速度、规律性的旋转、适宜的飞行弧线和入篮角度。

持球时,要让球尽可能在手中保持稳定,便于与其他攻击技术结合,有利于球出手时合理、准确地用力。

瞄准点是指在眼睛注视着篮圈或者篮板的一个点进行投篮,它是提高投篮命中率的重要环节。由于投篮分为直接命中和碰板命中。瞄准的方法也因为投篮命中的方式不同而不同。直接投篮的瞄准点是篮圈离投篮队员最近的一点,通常是指篮圈前沿的正中点。碰板投篮以接近30°角的地方适宜。

投篮时,球离手的刹那球体的重心抛物线切线和水平面的夹角叫做出手角度,它决定球在空中的飞行弧线和入篮角的大小。投篮人的身高、投篮方法以及出手速度的不同都会影响出手的角度。

投篮时,在球出手的一刹那,身体各部位综合肌力给予球的初速度叫做出手速度。出手速度是投篮的关键,投篮出手速度的运用,应在提高出手角度的基础上,加快出手速度,同时要善于根据方位、距离、投篮方法及防守形势等具体情况的不同,在投篮用力的部位、力量大小和投篮动作的幅度与速率等方面进行合理调控。

投篮时,球的旋转是依靠手腕前屈,手指拨球动作所产生的力作用于球体,使球产生一种有规律性的旋转。一般中、远距离高手投篮时,大都是使球围绕横轴向后旋转,以保持飞行的稳定性,提高飞行弧度。投篮时综合身体各部位协调配合也是非常关键的。任何一种投篮方法,最后都是运用肩、肘、腕、指关节的活动来实现的。不同的投篮方法主要由肩、肘关节的活动和角度而定。

投篮时,投篮抛物线的高低,直接关系到能否取得合适的入篮角,这对投篮命中率有极其重要的影响。而抛物线的高低取决于投篮出手角度、出手力量和出手速度。因此,投篮时必须根据距离的不同,投出不同的抛物线。实践证明,中等投篮弧线是最理想的,它的入篮角适中,球与篮圈的径向间隙可达最大值,球心与篮心的偏差最小。同时,由于运动员的身高、投篮距离、投空心篮与碰板投篮的不同及受防守干扰等原因,运动员要从实战出发,既熟练掌握投篮弧线的一般规律,又要善于区别情况,灵活处理。

(二)投篮技术的教学

1. 投篮技术的具体方法

(1)原地单手肩上投篮

以右手投篮为例。双脚原地开立,右脚稍前,身体重心落在两脚中间,屈肘,手腕后仰,掌心向上,五指自然张开,持球于右眼前上方,左手扶球侧,两膝微屈,上体放松并稍后倾,双眼正目视篮点。投篮时下肢蹬伸,同时依势伸腰展腹,抬肘上伸前臂,手腕前屈带动手指弹拨球,最后通过食指、中指柔和用力将球投出,球离手后右臂应有自然跟进动作。在进行原地单手肩上投篮时,运动员应注意手腕要有力,球的飞行要有弧度(图 8-20)。

图 8-20

(2)原地双手胸前投篮

该动作要求两脚左右或前后站立,两腿微屈,前脚掌着地,上体稍向前倾,眼睛注视瞄准点,两手五指自然张开,捏球两侧稍后部位,两拇指相对成八字形,用手指和手掌接触球,手心空出,持球于胸前,屈肘靠近身体。投篮时,两脚蹬地身体伸展,同时两臂向前上方伸出,两拇指向前上方用力推送,手腕稍有外翻,使球从拇指、食指、中指的指尖投出,球向后自转飞行。在进行原地双手胸前投篮时,运动员应把握好弧度不然有碍于投球的命中率的提升,注意对手的站位。

(3)行进间投篮

在快速移动过程中完成投篮动作,投篮前无停顿,是行进间投篮的主要特点。投篮队员要充分利用速度与弹跳,身体充分伸展,敢于挤靠,有很好的滞空能力,采用不同的出手方式,闪开或隔开对手的干扰和封盖,争取空间高度和空隙位置,保持相对平衡,快速或换手并通过腕、指控制支配的技巧,将球投入篮圈。在中、近距离或突破至篮下时均可运用行进间投篮技术。在篮下有较多的投篮方法,有低手、高手、勾手等不同出手方式。

①行进间单手肩上高手投篮

在篮球比赛中,行进间单手肩上高手投篮是运动员切入到篮下时常用的一种投篮方法。

以右手投篮为例。当球在空中运行时,右脚向来球方向或投篮方向跨出一大步,同时接球,左脚向前跨出一小步,脚跟先着地,上体稍后仰,并用力蹬地起跳,右腿屈膝,左脚蹬离地面。同时双手向前上方举球,腾空后,右臂向前上方伸展,腕、指动作同原地单手投篮。投篮出手后,两脚同时落地,两腿弯曲,以缓冲落地的力量。在行进间单手肩上高手投篮时,应力求节奏清楚,起跳充分,举球、伸臂、屈腕、拨球动作连贯,用力适度。

②行进间单脚起跳单手低手投篮

行进间单脚起跳单手低手投篮常常在快速移动中超越对手并接近篮下时运用。

以右手投篮为例。行进间右脚跨出一大步,同时双手接球,并用身体保护球,接着左脚迈出一小步制动,同时用力起跳,随之充分伸展身体,右臂伸直向篮圈方向举球(手心向上),当举球手接近篮圈时,用向上挑腕和以中间三指为主的拨球动作使球通过指端投出(图8-21)。在投碰板球时,运动员应注意控制球的不同旋转。一跨二跳接球牢,挑拨球时力要巧。

图 8-21

③行进间勾手投篮

行进间勾手投篮技术是运动员持球突破至篮下或空切至近篮区背向或侧向篮圈接球后常采用的一种篮下投篮方法。

以右手投篮为例。接球或停止运球后,以左脚向便于投篮的方位跨出一步并起跳,用左肩靠近防守队员,右腿顺势自然上提,注视篮圈,左手离球,右手持球向右肩侧上方伸出,当举球至头的侧上方时挥前臂,以屈腕、压指动作通过食指、中指拨球将球投出。如在篮侧投碰板球,则要利用手指不同的拨球动作,使球向相应方向旋转碰板入篮。在行进间勾手投篮时,运动员应注意跨步蹬地、起跳要与举球动作的协调一致;腕、指动作和力量对球的旋转方向、弧线及落点的良好控制。

(4)跳起投篮

跳起投篮又称跳投,它可以在不同距离和各种角度情况下运用。跳起投篮主要指跳起单手投篮,其出手动作与原地单手投篮基本相同,只是在动作结构上增加了起跳部分,投篮动作要在空中完成(图8-22)。

以右手投篮为例。双手持球于胸腹之间,两脚左右(或前后)开立,两膝微屈,身体重心落在两脚之间,上体放松,眼睛注视篮圈。起跳时两膝适当弯曲(两脚前后开立时也可上一步再做此动作),接着脚掌蹬地发力,提腹伸腰,向上迅速摆臂举球并起跳,双手举球于肩上或头上,左手扶球左侧。当身体升至最高点或接近最高点时,左手离球,右臂向前上方伸直,同时用暴发性力量屈腕、压指,使球通过指端投出。球离手后身体自然落地,屈膝缓冲,准备冲抢篮板球或回防。在进行跳起投篮时,运动员应注意身体的稳定性,球出手时腕、指柔和而准确地屈拨用力。

图 8-22

(5)扣篮

扣篮是直接将球由上向下灌入篮内的一种投篮方法。扣篮要求运动员必须具备良好的身体素质,特别是弹跳力和控制球能力。扣篮主要有以下几种方法。

①原地双脚起跳双手扣篮

该方法要求运动员双手持球双脚用力蹬地向上跳起,同时将球上举,充分伸展身体,将球举过头顶至最高点并与篮圈构成最佳入射角时,双臂用力前屈,用突发性屈腕、压指的动作,将球扣入篮圈内。球离手后注意控制身体和落地屈膝缓冲。扣篮动作关键:掌握好起跳的时机,身体协调一致并充分伸展,屈腕、压指要有突发性和力度。

②行进间单脚起跳双手扣篮

该方法要求运动员行进间一脚跨出一大步同时接球,接着另一脚向篮圈方向跨出一小步蹬地尽力高跳,随之在空中充分伸展上体,双手举球至最高点,当球举过篮圈高度时,立即用突发性动作挥动双手前臂接着屈腕、压指,将球自上而下扣入篮圈。球离手后注意控制好身体平衡,落地屈膝缓冲。要尽力高跳并充分伸展上体。是否加挥臂动作要视球体超过篮圈的高度而定,主要靠腕、指动作。

③行进间单脚起跳单手扣篮

以右手为例。该方法要求运动员行进间右脚跨出的同时接球,紧接左脚迈出一小步制动并用力蹬地向上跳起,上体充分伸展,高举手臂将球举至最高点,超过篮圈的高度并有适宜的入射角时,立即用突发性向下屈腕和压指的动作,将球自上而下地扣入篮圈之中。球离手后特别要注意身体的控制和落地屈膝缓冲。

2. 投篮技术动作常见错误与动作纠正

(1)双手胸前投篮易犯错误与纠正方法

易犯错误:

①持球手法不正确,肘外张,手臂僵硬,手腕动作紧张。

②投篮时两手用力不一致,伸臂不够充分,出球时手指没有自然分开。

③投篮时用力不集中,由于用不上力量而形成推球动作。

纠正方法:

①讲解示范法。对双手胸前投篮技术的难点和关键进行详细讲解和分析,并通过不同的示范(侧面、正面、重点示范,结合持球动作、腿、腰腹、臂的协调用力和手腕、手指的最后用力动作),使学员在建立正确技术动作概念的同时,加深对技术动作细节的理解。

②诱导法。进行徒手模仿练习:学员成体操队形,面对教练员站立,根据教练员口令做向前上方伸臂及翻抖手腕的动作。纠正伸臂不充分、两臂用力不一致、动作僵硬的错误。进行持球模仿练习:学员两人一组一球,相互进行对投练习。

③变换法。进行分解、组合练习:学员成体操队形,持球面对教练员站立,根据教练员口令做持球与伸臂练习;两手持球手臂伸直,做最后出球时手腕、手指外翻拨球的动作练习;完整动作练习(将球拨出)。矫枉过正练习:让学员在距离球篮6米左右的地方进行远投练习,并认真体会全身协调用力。

(2)跳起投篮易犯错误与纠正方法

易犯错误:

①起跳后髋关节弯曲,形成"后坐"和"挺腹"动作。

②起跳后身体重心控制不稳,失去平衡。

③起跳时的蹬地时间与举球、伸臂动作配合不协调。

④投球出手过晚,身体在空中下降时球才出手。

纠正方法:

①讲解示范法。对跳起单手投篮技术的难点和关键(起跳——引球上举;空中保持身体平衡)进行详细讲解和分析,并通过不同的示范(侧面、正面),使学员在建立正确技术动作概念的同时,加深对技术动作细节的理解。

②诱导法。起跳和空中平衡练习:学员成体操队形,根据教练员口令,连续做原地起跳、空中维持身体重心平衡的练习。该练习也可采用持球模仿练习的方法。纠正起跳与引球上举的配合不协调和跳起时身体重心不稳的错误。辅助性练习:学员两人一组,面对面站立,一人持球做原地跳投的模仿动作,另一人则用手扶住同伴腰部两侧,使其体会身体在空中的平衡感觉,纠正起跳后身体重心不稳,髋关节弯曲,形成"挺腹""后坐"的错误动作。

③变换法:减小蹬地力量,降低起跳高度和缩短投篮距离的投篮练习。学员在距离球篮3米左右处,做轻跳投篮,重点体会在跳起的最高点投球出手。纠正投篮出手过晚和身体下降时球出手形成"挺腹""后坐"的错误动作。

(三)投篮技术的训练

1. 投篮技术的训练方法

(1)原地徒手模仿投篮技术动作训练。

(2)原地模仿跳投训练。

(3)两人一组一球,相距4~5米对投训练。

(4)自抛自接球后做急停跳投训练。

（5）在篮下左、右侧碰板投篮训练，距离可不断调整。

（6）五点晋级投篮训练，在球篮周围设五个点，靠近边线的一点开始，每个队员在第一个点投中后，方能晋升到第二点投篮。先投完五个点者为胜。

（7）近距离传、接球做行进间高手和低手投篮训练。

（8）运球做行进间单手高手、单手低手投篮训练。

（9）在罚球线上做原地单手肩上投篮训练。

（10）在运球中做运球急停跳投训练。

（11）在传、接球中做急停跳投训练。

（12）运球、传球、投篮组合训练，以培养学生综合运用技术的能力。

（13）在消极防守和积极防守情况下做各种投篮训练。

2. 投篮技术训练需要注意的问题

（1）进行投篮训练时，在正确投篮技术动作定型的基础上，应将投篮与摆脱防守、传球、接球、运球、突破、抢篮板球、脚步动作以及假动作等技术结合起来运用，以培养学员的应变能力。

（2）在战术背景下进行投篮训练，培养学员的配合意识，以提高其运用投篮技术的能力。

（3）在投篮训练过程中，应随时注意观察，发现错误动作，找出其产生原因，及时采取针对性的措施加以纠正，以免形成错误的动力定型。

（4）重视学员投篮时的心理训练，提高投篮的命中率。通过比赛和一些特殊的训练手段，提高学员的抗干扰能力，使他们能够在一定的心理压力下，保持较高的投篮命中率。

第二节　篮球运动防守技术教学与训练

一、抢、打、断球技术的教学与训练

（一）抢、打、断球技术的动作原理分析

现代篮球运动防守向攻击性方向发展。其防守技术发展的特点，体现在对持球人的防守上，即紧逼持球人，防切、防投并重，富有攻击性地破坏持球人所有的进攻动作（投、切、传、运）。

抢球、打球和断球是防守中具有攻击性的技术，它是积极性防守战术的基础。随着篮球运动的发展，防守越来越被重视，因此，抢、打、断球技术在比赛中运用也越来越多。

防守时，不仅要干扰和阻挠对方传球、运球和投篮，其最终目的是获得球权转守为攻，而获得球权的直接方法就是从对方手中抢、打、断球。

在比赛中，抢、打、断到对方手中的球，不仅是获得了一次球权，破坏了对方一次进攻，更重要的是在精神上、心理上战胜了对方。而被抢、断、打掉球者，在精神上、心理上会产生一定的压力，有时还会影响下边技术水平的发挥。所以要重视抢、打、断球技术在比赛中的作用。

总的来说，抢球、打球、断球都是由准确的判断、快速的移动、合理的手部动作三个环节组成。

准确的判断是有效地抢、打、断球的前提。首先应看准球所在的位置、球的移动路线以及球

的速度和球到的位置,了解对方的配合、意图及习惯动作,然后不失时机地、准确地出击。

在篮球快速的移动时,起动要突然,移动的步频要快。不管抢球、打球或断球,突然性很重要,它是抢、打、断球成功与否的关键。突然跃出,才能使对方猝不及防。

手部动作正确与否,是获得球的重要因素。手臂的伸、拉、挡、截,手腕和手指的拍击、点拨、扭转、封盖等动作要迅速果断。手臂动作幅度不要太大,身体用力不要过猛,要控制身体平衡,以免犯规。

需要指出的是,抢、打、断球还具有各自的动作原理与特点,具体如下:

1. 抢球及其动作原理

一般来说,当对方刚接到球时;当对方持球转身时;当对手跳起接球下落时;当对方运球停止时;当持球队员只注意防守他的队员,而忽略其他防守队员时,都可以抢球。

抢球分从对方手中抢球和与对方争抢地板上的球。其中,抢对方手中球又可分为拉抢和转抢两种。

（1）拉抢

拉抢是防守队员从持球队员持球的空隙部位,迅速用两手抓住球后向自己怀里突然猛拉,将球抢到手中。因此拉抢时,首先要看清对方持球的方法,看准持球的空隙部位,然后拉抢。

拉抢球动作主要由三个动作环节组成:一是出击,二是抢球,三是回拉胸前。

出击时,要求运动员两手分上下握住球的空隙部位。用力要快速突然。两手带动前臂和上臂向前伸出。

抢球时,运动员要一手握住球的上部,一手握住球的下部,手指抓紧球,用前臂带动手指手腕急促用力,将球从对方手中拉出。

从对方手中拉出球后,两臂快速地继续用力回收,将球拉到胸前。

（2）转抢

转抢和拉抢一样,只是在握住球后有一个转动的动作,靠转的力量从对方手中将球抢下来。

2. 打球及其动作原理

打球就是击落对方手中球的方法。当进攻队员持球、运球、投篮时,防守队员可以用快速的脚步移动,抢占有利位置,掌握好时机,进行打球。打球时,动作不可过大,用力不要过猛。

打球可分打掉对方手中的球和打掉对方投篮的球。打掉投篮的球通常称"盖帽"。

打掉对方手中的球有两种方法:一种是由上向下打掉对方手中的球,一种是由下向上的挑掉对方手中的球。盖帽是当投篮队员的球刚离手的一刹那或球飞向篮圈而未下落时,防守队员立即跳起将球打落的一种方法。

（1）打掉对方手中的球

打掉对方手中的球主要分为抢位、出击和击球三个动作环节。

要想打掉对方手中的球,必须抢占有利的位置。因此打球前应采用快速灵活的脚步移动和身体姿势抢占有利的打球位置。

抢占有利位置后,手腕带动前臂和上臂向球的方向快速出击。

手指一触到球,手腕即快速挥动将球打掉。

（2）打掉对方投篮的球（即盖帽）

一般来说，"盖帽"前要根据进攻队员的投篮动作及其身高和弹跳等特点，迅速接近对手，选择好恰当的位置，准确地判断球出手时间，及时起跳将球打落。

选择有利的位置。"盖帽"之前，与进攻队员之间的距离，要看进攻队员是处在内线还是外线，是面向球篮还是侧向球篮。对方离篮较近或侧向球篮时，以距对方 30～40 厘米为宜，如果对方离篮较远或面向球篮时，可离他较远些，以 50 厘米左右或更远些为宜。除此之外，还要考虑双方的身高、弹跳和伸展能力。总的来说对手伸臂投篮时，防守队员要能打到球，这是最适合的距离。

合理把握起跳时间。当进攻队员起跳时，立即随之起跳或晚些起跳。如何掌握起跳时间，做到不早不晚，恰到好处，这决定于准确的判断。这就需要运动员眼睛要多注意球的移动，不要被对方假动作迷惑。对投篮出手慢的队员，起跳时间可适当晚些，对出手动作快的队员，可以早些起跳。打不到球，也给对方一个威胁，影响其投篮动作和出手角度。

依据不同情况采取不同的打球方式。盖帽可根据不同情况采用按压式、上挑式、侧击式、封盖式进行拍打球。

3. 断球及其动作原理

断球是截获对方传球的一种方法，根据防守队员与对手之间的位置关系，可将其分为横断球、纵断球和封断球。其中，纵断球又分为向前的纵断球和向后的纵断球。总起来说，不论是从接球对手的侧面或后面进行断球，还是封堵传球队员的传球，都要有积极的移动步法来配合，跃出获球或接近封堵都要准确地判断传球队员传球出手的时机。横断球和纵断球要注意跃出的步法，蹬地要快而有力，用身体将接球对手挡在后面。封断球则要求手臂动作快速拦截。截获球后要注意身体平衡，迅速转入下一个动作，反守为攻。

断球技术动作主要由起跳、手触球和落地三个技术环节组成。

（1）起跳

起跳分向侧、向前、向后和向上起跳几种。正是因为这几种起跳方式，所以才把断球分为横断球、纵断球和封断球。

起跳的方法有单脚起跳和双脚起跳。

（2）手触球

起跳后，快速伸展肢体，同时两手快速伸向球。手指一触到球，两手紧紧握住，手臂用力向自己胸前回收。单手断球也是如此，只是单手难度更大些。

（3）落地

落地采用双脚落地。落地时注意控制身体平衡，并注意马上衔接下一个动作。

（二）抢、打、断球技术的教学

1. 抢、打、断球技术的具体方法

（1）抢球技术方法

①拉抢

在进行拉抢前，防守队员看准对手的持球空隙部位，迅速用两手抓住球后突然猛拉，将球抢夺过来。

②转抢

防守队员抓住球的同时,应迅速利用手臂后拉和两手转动的力量,将球从对方手中抢过来。抢球时,为了加大夺球的力量,可以利用转体动作,迫使对方无法握球。如果抢球不成功时,应力争与对手造成"争球"。在转抢时,防守队员还应注意动作的快速、准确和突然。

（2）打球技术方法

①打掉对方手中的球

打持球队员手中的球:当进攻队员接到球的一刹那,保护球不好或因观察场上情况而失去警惕时,防守队员突然上步打球。一般来说,当进攻队员持球部位较高时,防守队员可采取由下而上的方法打球。打球时,掌心向上,手指和指根击球的下部。如持球较低,则多采用由上而下的方法打球。打球时,掌心向下,用手指和手掌外侧击球的上部。打球时,防守队员应注意上步要迅速、突然,并适时运用相应的打球方法。

打运球队员手中的球:以右手运球为例。当运球队员向前推进时,防守队员用侧后滑步移动,用右手臂堵住运球队员左面,防止他向自己的右侧变向运球,左手臂干扰运球,当球刚从地面弹起,尚未接触运球队员的手时,及时用手指、手腕和前臂的力量从侧面将球打出,并及时上前抢球。注意干扰对方运球,以造成打球机会,并及时上前抢球。

打行进间投篮队员手中的球:当进攻队员运球上篮时,防守队员要随进攻队员移动,当防守队员跨出第一步接球时,应及时靠近他,当他跨出第二步起跳举球时,迅速移动到他的左侧稍前方,用手从他的胸部向下将球打落。在打球过程中,防守队员的脚步应伴随投篮队员移动,保持适当的距离,以便更好地掌握打球的时机和取得有利的打球位置。

②盖帽

防守队员在进行盖帽时,应注意降低身体重心,快速移动,并选择有利方位,判断对手起跳和投篮出手时间,及时起跳,起跳后,迅速伸展身体,手臂高举,当对方球出手时,用手腕动作将球拍出或打掉。注意手臂和身体充分伸展,用前臂、手腕、手指动作打球,动作应做到短促而有力。

（3）断球技术方法

①横断球

横断球时,要求球员屈膝身体重心下降,当球刚由传球队员手中传出的一瞬间突然起动,单脚或双脚用力蹬地跃出,身体伸展,两臂前伸,将球截获。如距离较远,可加助跑起跳。在进行横断球时,运动员应注意屈膝降重心,把握球出手时机要准确,用力蹬地,伸展两臂迎球。

②纵断球

当防守队员从接球队员的左侧向前断球时,左脚向左侧前方跨出半步,然后侧身跨右脚绕到接球队员的前方,右脚或双脚用力蹬地向前跃出,身体伸展,两臂前伸,将球截获。在纵断球时,防守队员应注意蹬地要快而有力,伸展身体,并保持平衡。

③封断球

防守队员进行封断球时,是当持球队员暴露了自己的传球意图,或传球动作较大或较慢,防守队员可在对方球出手的一瞬间,突然起动,伸臂封盖或将球截获。封断球时,防守队员应注意掌握好断球时机,动作应快速突然。

2. 抢、打、断球技术动作常见错误与动作纠正

常见错误:

（1）抢、打、断球前,时机判断不准确,如过早暴露行动意图,失去良好的行动机会。

（2）抢、打、断球时，起动慢、移动的步频不快，整个动作缺乏突然性，以致抢、打、断球的时效性差。

（3）手臂动作幅度过大，身体作用力过猛，身体平衡控制不好，造成犯规。

纠正方法：

（1）加强视野训练，注重意识的防守（即防意图），提高行动的预见性。可采用针对性的协助防守的进攻方法，反复练习，提高对时机判断的准确性。

（2）提高脚步动作的突然性、快速性、灵活性及上肢、下肢动作的协调性。

（3）掌握正确、合理的抢、打、断球的手部动作。可采用一些辅助练习，提高手臂伸、拉，手腕和手指的拍击、点拨、扭转等动作的突然性、果断性。

（三）抢、打、断球技术的训练

1. 抢、打、断球技术的训练方法

（1）抢球技术训练

①2 名队员为一组，相距 1.5 米，面对面站立，一人双手持球于腹前，另一人按抢球的动作要求，突然止步将球抢夺回来。持球队员由正常握球开始，逐渐加大握球力量，使抢球队员体会和掌握拉抢和转抢的动作方法。每人抢若干次后，攻守交换进行训练。

②原地抢球训练。将训练者分为 2 人一组。持球队员在原地做投切结合的脚步动作，防守队员体会抢球动作的要领。训练数次后，互换攻守。要求进行抢球时，要保持正确防守位置，控制身体平衡，抢球动作要果断，主要以小臂、手掌、手指短促动作突然抢球。

③抢空中球训练。3 名队员为一组，一人持球与其他 2 人面对站立，距离 3～4 米，持球队员将球抛向空中，另外 2 名队员迅速起动、选位、起跳、抢球。

④抢地滚球训练。队员在端线两侧面对面站成两列横队。教师在端线中点向场内抛球，左右对应的 2 个队员快速冲向球，抢到球的队员向对面篮筐进攻，未抢到球的队员进行防守，依次轮流进行训练。同时，为了训练训练者的快速反应能力，可以把两边的队员编上号，当教练叫喊到某号时，两边同号的队员立刻起动抢球，抢到球者进攻，未抢到球者进行防守。

⑤3 名队员为一组，2 人相距 1 米，中间 1 人持球向两侧摆动，两侧无球队员根据球的部位，及时抢球。然后持球队员逐步改做转身跨步和摆脱护球动作，另外 2 名队员伺机抢球。完成一定次数后，进行攻守轮换训练。

⑥4 名队员为一组，2 名进攻队员互相传接球，另外 2 人进行防守，当进攻队员接球刹那，防守队员立即上步抢球，不成功时，立刻后撤保持正确的防守位置和姿势，训练一段时间后，再进行攻守交换训练。

（2）打球技术训练

①接球时的打球训练。两人一组，相距 1.5 米。持球人作出传球动作后，另一队员立即上步打球，二人轮流练习。

②正面打运球队员的球的训练。在半场或全场一攻一守的训练中，防守队员紧紧跟随运球队员。当球刚从地面弹起时，突然打球，2 人轮流进行攻守训练。

③从背后抄打运球队员的球。2 人一组，一人持球突破，一人防守。当进攻队员持球突破的一刹那，防守队员利用前转身上步，从运球队员身后，用靠近运球的手由后向前抄打球，然后上步

抢球。2人轮流进行打球训练。

　　④抢篮板球下落时的打球训练。2人一组站在篮下,一人将球抛向篮板,另一人跳起抢篮板球。当获得球下落转身时,投球者立刻打球。2人轮流进行打球训练。

　　(3)断球技术训练

　　①基本断球动作训练。2人传球,2人在侧面或后面训练断球。体会横断球和纵断球的步法和手臂动作,攻守交换进行训练。注意开始训练时,传球距离远些,速度慢些,防守队员距进攻队员近些,然后逐步加大难度。

　　②断球运球上篮训练。④和⑤互相传球,⑥和⑦互相传球,当④把球传给⑤时,❽断球后运球上篮。⑥、⑦、❾一组用同样方法同时进行训练。投篮后站在另一组的排尾。攻守相互交换并轮流进行训练(图 8-23)。

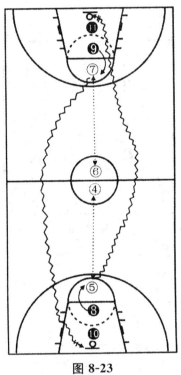

图 8-23

　　③4名队员为一组,采用三攻一守战术,防守队员站在限制区中间,④可把球任意传给⑤、⑥,❹要快速向侧面跃出断球。如未断到球则迅速后撤,保持正确的防守位置和姿势(图 8-24)。

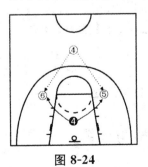

图 8-24

④断球结合反击训练。6 人一组,④和⑤传球,❹和❺防守。❹或❺断球后,2 人快速向前场推进,到罚球线附近,原地互相传球,⑥和⑦断球反击。原进攻者④和⑤在原地变为防守队员,准备断⑥和⑦的传球反击。攻守相互转换并连续进行训练(图 8-25)。

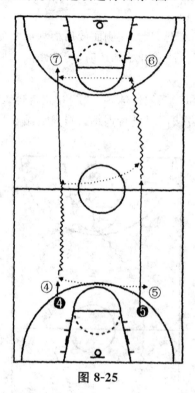

图 8-25

2. 抢、打、断球技术训练需要注意的问题

(1)注意观察对方的意图,判断要准确。

(2)抢、断、打球之前注意隐蔽自己的意图。

(3)抢、断、打球要起动快,移动快,出击快,使对方还没反应过来时,把球拿到手。

(4)有时是借抢、断、打球的动作,给对方造成心理压力,使其失误或投篮不准。这时不要盲目抢、断、打球。

(5)抢、断、打球应与本队的战术配合结合起来,以创造更多的机会。而获得球权后应与快速反击结合起来,提高获球后的进攻意识。

(6)抢、断、打球对队员的篮球意识、身体能力(起动、速度、爆发力等)有较高的要求,因此在练习中应有意提高队员这方面的能力。

(7)抢、断、打球是攻击性很强的防守技术,但运用不当易造成犯规,所以在运用这些技术时,一定要注意及时抢占有利的抢、断、打球位置。

二、抢篮板球技术的教学与训练

在抢篮板球技术中,抢防守篮板球可由守转攻,创造快速反击机会,争取篮球比赛的胜利。

（一）抢篮板球技术的动作原理分析

在篮球比赛中,抢得篮板球是攻守矛盾转化和比赛胜负的关键,也是衡量运动员个人和全队整体实力的标志。凶悍的争拼和控制篮板球是现代篮球运动当代化的重要特征。

抢篮板球,是指比赛双方在空间争抢投篮未中的球。进攻队员在空间争抢到投篮未中的球,称之为前场篮板球或进攻篮板球;防守队员在空间争抢到投篮未中的球,称之为后场篮板球或防守篮板球。

一般来说,抢篮板球技术主要包括抢占位置、起跳动作、空中抢球动作和获球后动作四个环节。

1. 抢占位置

无论抢进攻篮板球还是抢防守篮板球都应抢占对手与球篮之间的有利位置,力争把对手挡在身后。抢占位置时,应根据对手和投篮队员所处的位置,正确判断篮板球的反弹方向、距离,运用快速的脚步动作。

需要指出的是,抢占有利位置一定要考虑球的反弹规律。其规律主要有以下几点:中远距离投篮时,球弹出的距离较远;篮下投篮时,球弹出的距离较近。如图 8-26 所示,在球篮一侧 45°角进行投篮时,一般球弹出的方向是另一侧 45°角地区或是反弹回同侧地区;如图 8-27 所示,如在正对球篮区投篮时,反弹出的方向是在罚球线附近地区;如图 8-28 所示,在底线 0°角投篮时,一般球弹出的方向是在球篮的另一侧地区或同侧地区。

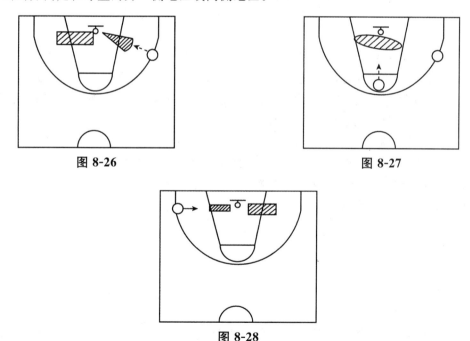

图 8-26　　　　　　　　　　　　　　图 8-27

图 8-28

2. 起跳动作

起跳动作是抢位后紧随进行的一个连续动作。起跳不仅要求在起跳腾空后,身体能够达到一定的高度,而且要根据球的反弹高度、方向和落点,采取不同的起跳蹬地用力的方向,使起跳后抢球手有利于在空中接近球反弹的方向和落点。

通常情况下,防守队员多采用原地上步、撤步或跨步的双脚起跳;进攻队员则多采用助跑单脚起跳或跨一两步双脚起跳。

3. 空中抢球动作

通常用背或肩挡住对手,双手在头上张开,根据进攻或防守的位置和球的反弹方向,采用双手、单手和点拨球等方法进行抢球。

(1)双手抢篮板球

双手抢篮板球要求运动员跳起在空中时,应腰腹用力控制身体平衡,身体充分伸展尽量占据空间面积,两臂用力伸向球落点的方向,当身体和手到达最高点时,双手将球握紧,腰腹用力,迅速收臂将球拉回身前,两肘稍外张注意保护球。

(2)单手抢篮板球

单手抢篮板球要求运动员起跳后身体和手臂在空中充分伸展,抢球手臂伸向球的落点,当身体达到最高点指端触球时,用捻指、屈腕、屈肘动作,迅速握住球,将球拉回胸前,另一手迅速护球。

(3)点拨球

点拨球的动作方法与单手抢篮板球相似。当遇到身材较高大或球的落点离自己较远而不易获球时,可用指端点拨球的侧下方,将球点拨给同伴,或将球挑拨到便于自己接获球的位置。

4. 获球后动作

运动员在得球后落地要稳,同时保持身体平衡,注意保护球。进攻队员抢到篮板球后应及时投篮或在空中直接补篮。如无投篮机会应迅速传出或运出,重新组织进攻。防守队员抢到篮板球,最好在空中即将球传出。如果空中不能传球,落地后应侧对前场,观察场上情况,先看远处,后看近处,迅速将球传出,或运球突破后及时传球。

此外,进攻队员一般位于防守队员外侧,处于不利于抢篮板球位置。因此,进攻队员抢篮板球要突出一个"冲"字。当同伴或自己投篮时,近篮的进攻队员首先要准确判断球的落点,运用身体虚晃的假动作,摆脱防守队员的阻挡,绕、跨、挤到对手的前面或侧前方,抢占有利位置,借助跨步或助跑起跳补篮或抢篮板球。

(二)抢篮板球技术的教学

1. 抢篮板球技术的具体方法

(1)抢进攻篮板球(图 8-29)

处于篮下或内线队员抢进攻篮板球,当同伴或自己投篮时,靠近篮下的队员要及时判断球反弹的方向,同时以假动作绕胯挤到对方的身前,利用跨步或助跑起跳,跳到最高点进行补篮或直接获取篮板球。

处于外线位置队员抢篮板球,当同伴投篮时,如进攻队员面向球篮,则首先要观察判断球的反弹方向、速度和落点后,突然起动冲向球反弹方向进行补篮或抢获篮板球。以从防守人身后左侧冲抢为例,进攻队员面向球篮时,右脚向右侧跨步,向右侧做假动作,随后以左脚为支撑脚,右脚向左跨出一小步,重心移至左脚,同时右脚立即向前跨步绕前,挤靠防守人,跳起抢篮板球或补篮。总之,进攻队员抢篮板球要准确判断时间,绕步冲阻,及时起跳,补篮或组织第二次进攻。

图 8-29

（2）抢防守篮板球

处于篮下防守,当进攻队员投篮时,根据对手移动情况和位置,运用上步、撤步和转身等动作把进攻队员挡在身后,并抢占有利位置。在篮下抢位挡人时,一般采用后转身挡人,降低重心,两肘外展,抢占空间面积,保持最有利的起跳姿势。

外围防守队员抢篮板球,当进攻队员投篮、防守队员面向对手时,首先要观察判断对手动然后采用合理动作利用转身阻止对手向篮下移动,并抢占有利的位置。起跳抢球时在两臂上摆的同时两脚前脚掌用力蹬地,身体和手臂尽力向球的方向伸展,达到最高点时,用单手、双或单手点拨球的方法抢球。最好在空中将球传给同伴,完成发动快攻第一传;如不可能,则落地时应侧对前场,观察情况,迅速传球发动快攻或运球突破摆脱防守及时将球传给同伴。

2. 抢篮板球技术动作常见错误与动作纠正

(1)抢篮板球得球后,护球意识差,遭对手抢、打球失误

动作纠正:

①讲解示范法。该方法主要通过重点讲解球后正确的护球方法,以提高学生保护球的意识。

②诱导法。采取一对一训练,一名队员自抛球跳起得球落地后,另一名队员上前打、抢球,得球队员进行闪躲护球训练。

③变换训练法。一名队员自抛自抢之后,两名队员上前围抢,要求得球队员把球举高或远离身体进行闪躲护球训练。

(2)没有掌握好起跳时机,失去抢篮板球的机会或没有在最高点抢球

动作纠正:

①讲解示范法。采用该方法时,教师应先着重讲解早起跳,身体在空中要充分伸展,并在最高点时进行抢球。

②重复训练法。自投自抢,或一人投两人抢,要求起跳时机准确和起跳后空中身体充分伸展,在最高点抢球。

(3)缺乏抢位意识,只看球而忽略先挡人以便抢占有利位置

动作纠正:

①讲解示范法。教师通过讲解抢篮板球挡人的重要性,示范挡人的正确方法,以提高学生挡人的意识和正确运用挡人方法。

②对抗训练。该训练方法要求进攻队员和防守队员按两人一组,一对一分布在罚球线圆圈的周围,球放在罚球线中间,当教师发出抢球的信号后,双方开始抢球,这时防守队员要运用转身、撤步等脚步动作,通过利用背、臀、臂、腿等身体部位将进攻者挡在身后。

③重复训练法。两名队员为一组,一攻一守站在罚球线后,教师投篮后,攻守双方积极抢篮板球,防守队员运用各种手段将进攻者挡在身后再抢篮板球。

(4)双方在争抢篮板球时,出现推人、撞人和拉人等动作而造成犯规

动作纠正:

①讲解示范法。教师应通过讲解的方法使学生理解抢篮板球时正确的挡人和冲抢动作,并通过做示范来提高学生抢占位置的认识和建立正确的概念。

②重复训练法。进行一对一、二对二或三对三抢篮板球训练。进攻者投篮后,双方都抢篮板球,要求攻守双方在规则允许的范围内进行挡人或冲抢训练。

(5)对对手投篮不中没有预测或视野狭小,对球反弹后落点判断不清而盲目移动。

动作纠正:

教师应重点讲解篮板球反弹落点的一般规律,多次重复训练投篮不中后,根据对手和投篮队

员所处的位置,正确判断篮板球反弹的方向和距离,运用快速的脚步移动抢占有利的位置。

(三)抢篮板球技术的训练

1. 抢篮板球技术的训练方法

(1)队员站成两列横队,根据教师口令做徒手原地双脚起跳,进行单、双手抢篮板球动作模仿训练。

(2)队员持球向篮板或墙上抛球后,上步起跳,用双手或单手在空中抢反弹回来的球。

(3)队员站成两列横队,要求面对面,保持一步间距,2人一组进行训练。根据教师的信号,前排训练者做前转身、后转身挡住后排训练者。连续数次后进行交换训练。

(4)队员站成两列横队,每人一球,向头上抛球后起跳,用双手或单手做空中抢球训练。

(5)抢占位置的训练。2人相距1米,对面站立,进攻队员运用假动作设法摆脱防守,抢占有利位置,防守队员利用转身设法将攻方挡住,并起跳模仿抢篮板球的动作。做一定次数后,攻守交换。

(6)2人一组,站在篮下两侧,轮流跳起在空中用双手将球托过篮圈,碰板传给同伴,须跳到最高点时托球,连续托球15～30次。

(7)3人一组在篮下分散背对球篮站立,当教师向篮板掷球后,3人同时转身拼抢篮板球,抢到者立即投篮,其余2人进行防守。投篮不中,3人继续拼抢,直到投中。

(8)队员在球篮两侧45°角成纵队站立,排头背对球篮。训练时教师向篮板掷球,排头迅速转身挡人起跳抢篮板球,抢到球后将球回传给教师,站到各自队尾,各队第二人再背对篮依次进行训练。

2. 抢篮板球技术训练需要注意的问题

(1)在进行抢篮板球技术教学与训练时,应注意与其他技术相结合,如抢防守篮板球和一传、运球突破技术相结合,抢进攻篮板球和补篮或二次进攻相结合训练。

(2)抢篮板球训练应在战术背景下进行,同时应结合战术进行训练。

(3)强调抢篮板球技术的实战训练,加强抢篮板球的对抗训练,抢防守篮板球强调先挡人后抢球,抢进攻篮板球强调先冲抢占据有利位置再进行抢球。

三、防守无球队员技术的教学与训练

(一)防守无球队员技术的动作原理分析

防守无球队员的目的只有一个,即尽一切努力破坏对方接球,努力抢球,转守为攻。为此,防守无球队员进攻的任务只能是积极抢占有利位置,利用快速灵活的脚步动作与对手争夺时间和空间,全力阻挠和破坏对手接球,并在"主动防御"的思想指导下,积极抢、打、断球,发动反击。

总的来看,在进行无球队员的防守时,防守队员采取的动作主要有以下几个环节。

1. 防守位置的选择

防守无球队员时,位置的选择非常重要。正确合理地占据有利位置,是进行主动防守的重要条件。通常情况下,防守队员应根据对手、球篮和球的位置与距离,以及对手的身高、速度、进攻特点、战术需要和防守队员自身防守能力来选择防守的位置和距离。为了做到人球兼顾,应与球和对手保持一定的角度和距离。站位于对手与球篮之间偏向球一侧的位置上。

防守的距离要视对手与持球人距离而定。根据球在场上的位置,可将球场分为强侧和弱侧。球所在的一侧为强侧,远离球的一侧为弱侧(图8-30)。

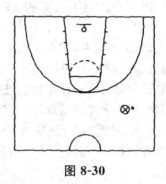

图 8-30

(1)强侧防守位置的选择

强侧防守无球队员的位置选择,应站在对手与篮筐之间,偏向球一侧。离球近则近,离球远则远。对手与持球队员之间没有进攻队员,防守时要能达到干扰对方之间传递球(图8-31),形成球、对手与防守者之间的三角型关系。

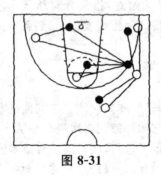

图 8-31

(2)弱侧防守位置的选择

弱侧防守无球队员的位置选择,应站在与对手相对远的位置,靠近篮筐。

2.防守姿势

正确的防守姿势能保证扩大控制面积和及时向不同方向移动。选择防守姿势与对手和球的距离远近有关。

(1)强侧(有球侧)防守姿势

防守距离球较近的对手时,一般采用面向对手侧向球的斜前站立姿势(图8-32)。具体姿势为,靠近球侧的脚在前,屈膝,重心在两脚之间,便于随时起动,堵截对手摆脱移动的接球路线。伸右侧手臂,拇指朝下,掌心向球,封锁传球路线,干扰对手接球。特殊情况下,为了不让对手接球,在弱侧防守时也采用这种防守姿势。

图 8-32

（2）弱侧（无球侧）防守姿势

防守距离球较远的对手时，为了便于人球兼顾和协防，经常采用面向球，侧向对手的站立姿势。具体姿势为，两脚开立，两腿稍屈，两臂伸于体侧，掌心向着球的方向。密切观察球、人的动向，并随着球或人的移动而不时通过滑步调整自己的防守位置。

3. 移动步法的运用

防守时，防守队员要根据球和人的移动，合理地运用脚步动作来保证及时占据有利的防守位置，争取主动。防守无球队员常用的移动步法有滑步（前、后、横滑步）、撤步、碎步、快跑和转身等。每种步法的运用都是针对一定的进攻行动的。

综上所述，不难看出，在防守无球队员时，防守队员的防守位置、姿势与移动步法三者有着十分密切的内在联系。因此，在防无球队员时，一定要了解自己所处的位置是在强侧还是弱侧，再采用相应的防守姿势，确定自己的防守重点，然后根据进攻队员的移动，变化防守步法和动作，以限制无球进攻队员摆脱或接球进攻，达到控制对手的目的。不同位置、不同姿势、不同步法的运用与变化，构成了对无球队员的完整防守。

（二）防守无球队员技术的教学

1. 防守无球队员技术的具体方法

（1）防接球

防接球是防守无球队员的首要任务。首先，要求预测性强并积极采取行动去限制或减少对手接球，特别是在有效攻击区内的接球；其次，当接球队员处于被动情况时，防守队员也要积极跟防、追堵，破坏对手顺利地接球。

防接球时，要注意始终保持对手和球在自己的视线范围之内，要做到"人球兼顾"，保持良好的防守姿势，屈膝降低重心，随时能够向任何方向起动，要特别注意起动与移动步法的衔接和平衡的控制，在动态中始终保持在对手与球之间偏向对手一侧的断球路线上，同时伸出同侧手臂形成"球—我—他"的钝角三角形的防守选位（图 8-33）。

（2）防摆脱

防摆脱，是指对无球进攻队员摆脱的限制和封堵。通常情况下，进攻队员在后场的摆脱，主要是快下接球攻击，防守队员必须积极追防，并注意传向自己对手的球，抢在近球侧的路线上准备堵截。在篮球比赛中，要想完全控制进攻队员无球时的行动是很困难的，关键是不能失去防守队员有利的位置。如阵地进攻时，对手采取先下后上、先左后右的摆脱，即便是对手接到球，但还可以继续进行防守;内线队员向外移动,可以采取错位防守或利用绕步、攻击步抢前防守,近球一侧手臂干扰其接球,另一手臂则应伸出防其转身、背切等行动,关键在于不让他抢占有利位置,尽可能封堵接球路线,不让他轻易接到球。

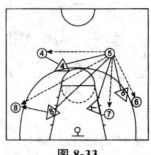

图 8-33

(3)防切入

防切入,是指对进攻队员试图切入或已摆脱切入的防守。防切入最忌看球不看人,因此一定要严格遵守"人球兼顾、防人为主"的原则,一旦对手有所行动,必须采取个步堵截、凶狠顶挤、抢前等防守方法,使其不能及时起动或降低其速度。如果对手迎球方向切入,则主动堵前防守,背对球方向则防其后,目的都是切断对手接球路线。对手切入后只要没有获球,其威胁会大大降低。关于溜底线的切入,主要有两种跟防方法:一种方法是,背向球,面向对手、观其眼神,封阻其接球。另一种方法是,用后转身,面向球,背靠防守用手触摸,紧贴其身跟随移动。防反切则以后脚为轴快速向内侧转身,快速堵逼,抢占近球内侧位置,不让对手接球,并准备断球和打球。

2. 防守无球队员技术动作常见错误与动作纠正

(1)防守时的自身不正确,视线范围有限,人和球不能同时兼顾,或移动步法混乱而造成漏人或犯规,不能抢占有利的防守位置。

动作纠正:

①讲解示范法:教师可通过反复讲解和示范的方法,使队员明确防守无球队员的基本要求与方法,建立正确的防守概念。

②直观法:教师可通过播放一些高水平比赛中防守无球队员的正确站位方法录像的方法,以使队员建立正确的防守位置概念。

③意念法:利用正确的选位方法做意念训练,纠正错误的站位。

④限制法:教师可通过采取进攻者固定站位(限制区附近右侧45°位置),防守队员盯防,通过外围球的转移,调动防守队员随球调整防守位置的方法,使防守队员时处于人、球兼顾的防守位置,并做到近球紧远球松。

(2)在限制区内,防守队员不能采取贴身紧防以防止让对手挤过接球。

动作纠正:

①讲解示范法:教师可通过反复讲解和示范,使防守队员明确在限制区内防守无球队员的基本要求与方法,强调进攻队员在限制区接球的威胁性,建立在限制区要紧贴对手防守的概念。

②直观法:教师可播放一些高水平比赛中阻止无球队员在限制区接球的正确抢位方法录像,以使队员建立正确的防守概念。

③意念训练法:教师应使队员通过利用正确的贴身防守方法进行意念训练,纠正不敢贴身防

守的错误。

④对抗训练法：一对一在限制区内做防守接球对抗训练，形成正确的防动作。

（3）当对手空切时，不能提前堵截，让对手在身前接球。

动作纠正：

①讲解示范法：教师可通过反复讲解示范，使防守队员明确防守无球队员空切的基本要求与方法，以建立正确的防守概念。

②直观法：教师可通过播放一些高水平比赛中防守无球队员空切时的正确抢位方法录像，使防守队员建立正确的防守概念。

③意念训练法：教师可使防守队员运用正确的堵截进行意念训练，纠正错误的堵截方法。

④限制法：在场地上画出攻防队员落位及移动路线，防守队员根据对手空切路线及时抢占有利的防守位置。

（二）防守无球队员技术的训练

1. 防守无球队员技术的训练方法

防守无球队员的训练方法主要包括防守位置训练、防守横切训练、强侧和弱侧的防守训练、抢位与防底线突破训练四种。

（1）选择防守位置训练

如图 8-34 所示，一攻一守，半场内可安排两组同时进行。⑥⑦可在半场内移动摆脱，△△则进行选位练习。⑥⑦摆脱接球后先不进攻，可迅速回传球给教师，练习一定次数后，攻守双方交换。

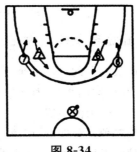

图 8-34

（2）强侧、弱侧的防守训练

进攻队员在外围传球，可做摆脱接球动作，但不能穿插、掩护。防守队员根据球的位置做相应选位，积极防守摆脱接球，进行数次的反复训练后进行攻守互换。防守队员应根据球的情况随时调整防守位置，始终做到人球兼顾，并做到防守姿势正确。

（3）防守横切和防溜底线训练

如图 8-35 所示，在半场内两人一组进行练习。外围队员转移球的同时，④横切或溜底线以锻炼△的防守能力。开始练习时，④接球后不进攻，可及时将球回传给教师，然后再规定④接球后可以进攻。练习一定次数或防守成功一定次数后，攻守双方交换。

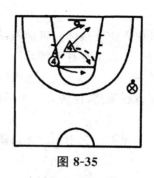

图 8-35

2. 防守无球队员技术训练需要注意的问题

（1）在一般情况下，防守队员应防止对手摆脱接球，但同时要注意人球兼顾，用眼的余光观察、判断掌握球的队员和其他进攻队员在场上的变化，以便及时采取相应措施。

（2）防止对手摆脱接球，坚决不让对手在其有效攻击区和篮下 4～5 米的区域内轻易接到球，且应积极阻截对手移动接球。

（3）进攻者积极移动接球时，防守者要及时运用各种防守步法抢占有利的防守位置，抢占对方的移动路线，一旦对方接球。要尽可能破坏对手接到球后的身体平衡，使他即使接到球也不便于衔接下一个进攻动作。同时积极地与对方争抢球。

（4）注意及时、果断运用协防、补防、换防以及夹击、围守的集体配合方法，形成强有力的集体配合。

四、防守有球队员技术的教学与训练

（一）防守有球队员技术的动作原理分析

在球篮球防守技术中，防守有球队员的目的只有一个，即尽一切努力主动争取控制球权，制造对方的错误或抢到球并发动反击。在篮球比赛中，对运用传球、运球、投篮、突破等技术进行进攻的有球队员进行防守的任务，总体上可分为两种情况二：一种是主动破坏对方的进攻意图与行动，最大限度地降低对方的得分率。第二种是积极抢、打、断、封盖、夹击围守，力争转守为攻。

进攻队员的主攻和助攻，防守队员的干扰和破坏，形成有球队员和防守队员之间的控制与反控制的激烈对抗，进而也成为对抗双方实力较量上水平高低的重要标志。

具体来说，在进行有球队员防守时，主要有以下几个方面的动作环节。

1. 防守位置的选择

当进攻队员接球的一瞬间，防守队员应及时站位于对手与球篮之间，保持适当的距离，并用正确的防守姿势，积极移动，阻截和干扰对手进攻。同时，防守的位置要根据所防对手的特点和本队战术的需要作适当的调整，以能控制对手为原则。如进攻队员投篮较准而运球突破技术较差，应大胆靠近投篮队员，封盖其投篮；如进攻队员运球突破技术强，又习惯于向右侧突破，防守队员应距离对手稍远些，并站在其向右侧突破的路线上；如进攻队员不习惯于左手运球，防守队员在移动过程中应尽量迫使其用左手运球，以便制造进攻队员的失误或给本队造成夹击的机会。

2. 步法的运用

防守有球队员的步法,要根据进攻队员在场上的位置、距离球篮的远近、持球队员的特点等进行合理选用。通常采用的步法有平步和斜步两种。不管采用何种步法,都要以灵活的脚步动作作为基础,抢占有利的防守位置,争取防守的主动权。

(1)平步步法

两脚平行开立。这种步法的优点是:防守面积大,便于左右移动,防对方突破较有利。

(2)斜步步法

两脚前后开立。这种步法便于前后移动,对防投篮较为有利。

此外,在防有球队员时,还需要掌握以下几个方面的原则:

最大限度地阻挠、干扰、破坏有球队员的传球、运球、投篮、突破等动作,策略上做到逼停球、逼减速、逼边线角、逼违例、逼失误;

及时发现和摸清有球对手的技术特点,以便尽快确定防守对策,如要弄清对手是善投还是善切,是善运还是善突,善于用什么方式、在何处投篮,善于用什么方式、从哪一侧突破防守等,只有如此才能掌握主动;一旦对手运球后停球、或球成"死"球时,一定要上前积极封堵,并与同伴一起进行夹击围守。

(二)防守有球队员技术的教学

1. 防守有球队员技术的具体方法

(1)防传球

防传球的重点应放在不让对手轻易地把球传向篮下有攻击威胁的内线区域。当进攻队员接球后,防守队员首先要正确选择位置,保持适当距离和调整好身体重心,眼不离球,并根据对手的位置、动作和视线,判断其传球意图,挥动手臂进行干扰与封堵,特别要防范对手向内线渗透性的传球,尽可能迫使其向外做转移性传球。如果进攻队员运球成"死球"时,应立即逼近,封其传球出手路线。当对手传球出手后,千万不要看球不看人,要防止其摆脱切入。

(2)防运球

防运球的主要任务是降低其运球速度,改变其运球方向和不让进攻队员向篮下运球,防范他在运球中突破。一般情况下,防守队员要积极超前追防,并在移动中降低重心,侧对或面对运球者,保持身体平衡。注意不要用交叉步移动,而要用撤步与滑步,同时要抢在运球者的前面半步到一步距离进行阻堵,迫使其向边线、场角或双方队员比较拥挤的地方运球。特别在新规则对防守队员由前场退防至自己后场有技术性要求后,就要格外注意超前距离的追截堵位。在这个过程中,不要轻易去打球,以免失去平衡或犯规。当进攻队员利用变速变向、急起急停等方法来摆脱自己防守时,在他变换动作时要及时抢前向后移动,占据好有利位置和控制好身体平衡,合理而迅速地变换步法继续进行阻截。此外,在防运球过程中还应遵循以下 2 条原则:一是堵强手,迫使其换弱手运球,变被动为主动;二是堵中放边,控制其速度,终止其运球。

(3)防投篮

防投篮的根本目的就是不让对方得分。因此,防守队员在对手接球后首要的任务是要做到球到人到。一般采取斜步防守贴近对手(一臂距离,能伸手打到球),并举臂挥动,干扰进攻队员投篮的意图,迫使其改变动作,同时又要用另一臂伸向侧方,防对手运突或传球。要准确判断对手是否真正要投篮,识别其真假动作,及时起跳伸直手臂进行干扰,封堵其出手角度,改变投篮的飞行弧线,降低其投篮命中率。在进攻队员起跳前,不应抬高自己的身体重心。防投篮的关键在于对手投篮球出手瞬间手臂及时地干扰和封盖,反应要快。手臂的伸展与角度,要起到破坏对手投篮飞行预定路线的作用。

此外,在防守对手时还应注意以下几点:一是要有顽强的意志和主动攻击的精神;二是要掌握规律,了解对方,有预见性;要有谋略,做假动作,迷惑对手,变被动为主动;三是要防住重点,抓住对手特点,避实就虚。

(4)防突破

防突破主要指防守进攻队员的持球突破。当进攻队员获得球后,有背对球篮和面向球篮两种情况,要分别采取不同防守方法。

①防守背对球篮突破的持球队员

通常是在近篮区背向或侧向球篮接球时的防守,防守队员要保持"你—我—篮"的有利位置,不宜紧靠对手,要有适当的距离。对手接球后是两脚前后站立时,如果后脚可以做中枢脚转身突破,则必须对其转身一侧多加防范,与对手同侧的脚向后撤半步,手臂侧伸,另一手臂封锁住对手一侧。当他转身变向突破时,防守队员随之后撤,前逼、侧跨步阻截。如果对手接球时两脚平行站立,则要根据对手接球位置离篮的远近进行防守,近以防投篮为主,远以防突破为重点,要注意对手的假动作和向两侧转身的突破。

②防守面向球篮的持球队员

对防守队员来说,进攻队员接球的瞬间往往是突破最有威胁的时机,特别是跳停接球,常常利用错位进行突破。此时,防守队员的选位尤为重要,要根据进攻队员接球的位置、与球篮的距离和角度、来球的方向以及同伴防守位置的情况,堵强手,放弱手,放一边,保一边,迫使对方改变方向,变换突破步法,降低起动速度,以利自己及时抢角度,利用撤步或滑步,使其无法超越。

当进攻队员接球后采取"三威胁"姿势企图突破时,要求防守队员应根据对手的习惯和技术特点,判断其中枢脚和可能的突破方向,不要受其假动作的欺骗,要采取相应的对策。关键在防好对手突破的第一步,要抢前后撤在对手的侧前方,要快而凶狠。当对手跨出第二步时,要迅速用力蹬地,利用滑步紧贴对手,使其不易加速度,阻止其起跳并伺机打球。

总的来说,防突破的关键是选好位(选择有利的位置与适当的距离),堵强手(一般是堵右手运球突破),放一边(即让他向外侧突破),快移动(要及时果断地采用侧滑步、撤步等步法)以及堵路线(堵截对手突破的路线)。

2. 防守有球队员技术动作常见错误与动作纠正

(1)防守时身体的基本姿势不正确,防守位置、距离选择不当,没根据对手动作采取相应动作。

纠正方法:

①直观法:采用录像对练习者的错误动作进行录制并播放,同时对比正确动作促其纠正。

②诱导法:2人一组交换练习,持球人在相对球篮的不同的位置和距离做原地运球、持球、投篮的动作,防守者做相应的防守动作。练习时,由教练员进行语言提示诱导练习者按正确方法去做。

③讲解示范法:通过反复讲解防守的基本理论和方法,使练习者明确防守有球队员的基本要求与方法,建立正确的防有球队员概念。多做分解示范,使练习者看清防守位置和距离,不同的进攻行动选择不同的位置和运用不同的动作。

(2)防守时两臂下垂,两腿未能合理屈膝,身体重心高,不能及时移动、积极抢位和主动用力,或脚下移动步法混乱难以追堵,造成手臂犯规。

纠正方法:

①讲解示范法:通过反复讲解防守的基本理论和方法并做示范,使练习者明确防守有球队员的基本要求与方法,建立正确的防守概念。

②直观法:采用录像对练习者的错误动作进行录制并播放,同时对比正确动作促其纠正。

③限制法:根据不同身高采用不同高度的限制绳,让练习者在绳下做练习。要求练习者训练时肩不得碰绳,而手臂则交替举起。

(3)防对手突破时撤步角度不合适。

纠正方法:

①讲解示范法:讲解并进行正确动作示范,使练习者明确正确的基本概念,了解正确的动作方法。

②直观法:观看录像中的正确动作,明确防守时如何撤步才能阻截对手。

③限制法:画出撤步的正确角度,练习者根据该角度做撤步训练。

(二)防守有球队员技术的训练

1. 防守有球队员技术的训练方法

(1)综合训练

5人一组成一路纵队站在罚球线延长线外,❶持球用地滚球或反弹球给①后,立即迎前进行防守。①接球后做投、切假动作,然后根据情况从❶左、右突破投篮或突破急停跳投。❶全力防突破、防中投。①投篮后抢篮板球,将球传给②后立即防守。❶至队尾,③④依此进行训练(图8-36)。注意防守、突破和投篮时,尽快摸清进攻者的习惯动作,制约对手特长的发挥。

图 8-36

(2)"二防三"防传球训练

如图8-37所示,5人一组,进攻队员成三角形站位相互传球,2人在中间防守,一个防持球队员。另一人一防二。一防二的人要根据防持球人的防守站位和封球角度来决定一防二的防守策略。注意防守队员要正确选位,积极移动。

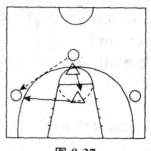

图 8-37

（3）追防底线突破训练

如图 8-38 所示，防守队员在端线外站立。进攻队员在罚球线延长线靠边线内站立。每人持一球。开始练习▲快速跑向④的身前，用手触摸④手中的球，当▲碰到球后，④即向底线做快速的强行突破。▲立即追防，抢堵④突破路线。注意▲要快跑到④的身前，在接近④时用前滑步，重心偏后；④突破快速、凶狠；▲追防反应要快，用脚抢堵④的突破路线，用胸阻挡④的肩，并做倒地动作。

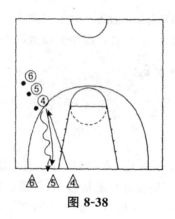

图 8-38

（4）沿 3 分线防运球训练

如图 8-39 所示，2 人一组，运球队员①沿 3 分线运球，并不断变化运球前进的速度，以配合防守队员进行防运球训练，第二组队员以此进行。

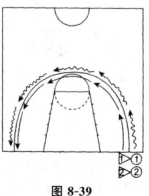

图 8-39

(5)半场一对一攻防练习

如图 8-40 所示,⑤传球给④,此时防守队员要重点防守对手持球突破。

图 8-40

(6)防投篮训练

①全队成 2 排,教练在前面带着做,进行防投篮的模仿动作训练。

②2 人一组。一攻一守,持球队员做投突动作,防守队员做干扰球和撤、滑步动作。

③半场一防一训练。在前锋位置上摆脱防守得球后一打一,防守队员练习在接近比赛情况下的一对一防守能力。

2. 防守有球队员技术训练的注意事项

(1)防守队员应注意观察、判断持球者的意图,并及时作出有利措施,使自己始终处于主动防守的局面。

(2)防守队员应注意防守对方直接突破。

(3)在任何情况下,防守队员都要用一只手罩着对方的球,使对方不便做动作或变换技术。

(4)当对方传球后,防守队员应注意防对方空切。当对方投篮后,要挡对方抢篮板球,并积极抢防守篮板球。

(5)一旦对方运球,应迫使其停球,使球变为"死球",而一旦成"死球",要紧逼对方,封其传、投球。

第九章 篮球运动基本战术教学与训练

第一节 篮球运动进攻战术教学与训练

一、进攻基础配合

在篮球比赛中,进攻可以由个人完成,也可以由多人配合完成。个人进攻需要运动员具备出色的个人技术以及适时选择合理的技术运用的能力。尽管个人进攻在比赛的某个时机内具有突出的效果,但是由于个人进攻的完成难度很大,在面对多人防守时的成功率较低,因此,在篮球进攻中,仍旧以团队进攻为主。

团队配合是由两人或两人以上进行的有目的的技术组合。其中,基础配合一般由二至三人完成。因此,为了使球员的进攻战术配合能力和战术意识从整体上得到提升,首先应将基础配合娴熟的掌握。

(一)进攻基础配合运用

1. 传切配合

传切配合,是指进攻球员之间利用传球和切入技术组成的简单配合。当对方篮下较空,或失去防守位置时运用传切配合,往往能够取得理想的战术运用效果。需要注意的是,在运用传切配合时,要注意掌握适宜的切入时机和动作。

（1）一传一切配合

一传一切配合,是指持球球员传球后,利用起动速度或假动作摆脱防守,向篮下切入接回传球投篮的配合。⑤传球给④后,立刻摆脱对手❺向篮下切入,接同伴④的回传球投篮(图9-1)。

图 9-1

（2）空切配合

空切配合，是指无球球员掌握时机摆脱对手，切向防守空隙区域接球投篮或作其他进攻配合。④传球给⑤时，⑥乘其对手❻不备之机，突然横切或从底线切向篮下接⑤的传球投篮（图 9-2）。

2. 突分配合

突分配合，是指持球球员持球突破后，利用传球和同伴配合的方法，就是突分配合。这种配合方法的灵活性较强，在比赛中的运用也较为广泛。

如图 9-3 所示，⑤从防守者❺的左侧突破，④协防，封堵⑤向篮突破的路线，此时④及时跑到有利的进攻位置，接⑤的球投篮，或做其他进攻配合。

图 9-2

图 9-3

3. 掩护配合

掩护配合，是指掩护球员采用合理的行动，用自己的身体挡住同伴的防守者的移动路线，使同伴借以摆脱防守，或利用同伴的身体和位置使自己摆脱防守的一种配合方法，就是掩护配合。这种配合方法的运动形式很多，可以根据场上实际情况进行灵活的调整和变换。

（1）给持球球员做侧掩护

如图 9-4 所示，⑤传球给④后跑到❹的侧面做掩护，④接球后做投篮或突破的动作，吸引❹的防守，当⑤到达掩护位置时，④持球从❹的右侧突破投篮。⑤掩护后及时移动到有利的位置去接球或抢篮板球。

图 9-4

图 9-5

（2）给无球球员做侧掩护（反掩护）

如图 9-5 所示，⑤传球给④后，跑去给同伴⑥做掩护，当⑤跑到⑥侧面掩护到位时，⑥贴着⑤切入篮下，并接④传来的球投篮。④接到⑤传来的球后，要做投篮、突破假动作吸引自己的防守人和调整配合时间，当⑥借助⑤掩护插入篮下无人防守时，④及时将球传给⑥投篮。⑤掩护后要根据防守的情况及⑥的移动情况采取相应地战术行动。

4. 策应配合

策应配合,是指进攻球员背对或侧对球篮接球后,与同伴的空切或绕切相结合,借以摆脱防守,创造各种进攻机会的一种配合方法,就是策应配合。

如图9-6所示,④摆脱防守插到罚球线作策应,⑤将球传给④,并立即空切篮下,接④的策应传球投篮。

如图9-7所示,④传球给策应者⑤,并从⑤身边切入篮下,⑥向底线下压后绕出,⑤可将球传给④做篮下进攻或传给⑥进行外围投篮,也可自己进攻。

图 9-6

图 9-7

(二)进攻基础配合教学步骤

(1)为了更好的学习进攻基础配合,应该讲这部分内容安排在篮球基本技术教学之后、防守战术基础配合之前进行。首先通过讲解和演示的方法使学生明确基础配合的概念、配合方法、移动路线、动作的时机、行动的顺序等等。

(2)进攻战术基础配合的教学步骤是,先进行传切和掩护的教学,再进行突分配合的教学,最后进行策应配合的教学。在教掩护配合时,应先教无球队员之间的掩护,再教有球和无球队员之间的掩护。教策应配合时,先教两人配合,后教三人配合。

(3)在教学中要强调抓配合训练的重点,如传切配合重点强调如何摆脱对手及传球技术用;突分配合重点掌握突破分球的时机、传球方法及切入队员的路线;掩护配合重点强调掩护动作、距离、位置、角度和掩护后的转身及移动方向;策应配合重点强调策应技术动作的运用、绕切的路线及传球的方法。

(4)在选择教学方法时,首先在固定条件下练习配合的方法、路线、时机,然后再设置假设的对手或标志物,进行以简单对抗条件为背景的练习。

(5)在掌握基本的配合方法之后,增加对抗性的练习,以巩固提高配合质量,掌握配合变化规律。

(6)在教学过程中,要随时强调学生合作意识的培养。另外还要具体讲解每种配合使用的时机,不断提高配合的质量、运用和应变的能力,以此避免学生在实战比赛中机械性的选择配合方式。

(7)加强教学组织管理,对每个重要教学环节要严格要求,提高战术意识,为学习整体战术配合打好基础。

（三）进攻基础配合训练

1. 传切配合训练方法

（1）如图 9-8 所示，全队分成两组。⑤将球传给移动上来的④后，向左做切入的假动作后，突然快速从右侧切入。④接球后做传球给切入球员⑤的假动作，然后把球传给⑤组的第二人⑦，接着做假动作，然后突然向篮下切入。以此类推，切入篮下的球员分别跑到另一组队尾，依次进行练习。

（2）如图 9-9 所示，⑤、⑥两组每人一球，⑤传球给④后反方向切入接⑥的球投篮，⑥传球后快速横切接④的传球投篮。④、⑥抢篮板球后按顺时针方向换位，依次进行练习。

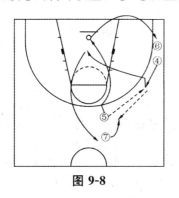

图 9-8

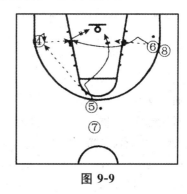

图 9-9

2. 突分配合训练方法

（1）如图 9-10 所示，⑦接④的传球后，沿底线突破，当遇到固定防守球员❹的阻截时，及时传球给④投篮，⑦抢篮板球并与④交换位置，依次进行练习。

（2）如图 9-11 所示，④接⑥的传球后，中路突破，当❻补防时将球传给⑥投篮，防守球员抢篮板球，④和⑥回原位防守⑤和⑦，依次进行练习。

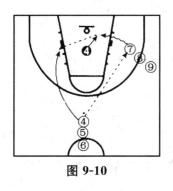

图 9-10

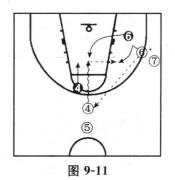

图 9-11

3. 掩护配合训练方法

（1）如图 9-12 所示，练习者分成左右两组，⑦将球传给④，④瞄篮或向左侧虚晃，当⑦掩护到位时，④突然向右运球突破投篮或传球给⑦，⑦后转身跟进准备接回传球或抢篮板球。④、⑦交换位置，依次进行练习。

（2）给无球球员做后掩护，如图 9-13 所示，3 人一组，⑤传球给⑥，④给⑤做后掩护，⑤做向左切入假动作吸引❺的防守，突然变向从右侧利用④的掩护切入篮下接⑥传来的球投篮。顺时针换位进行练习。

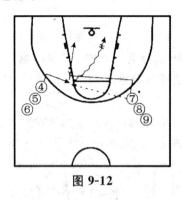

图 9-12

图 9-13

4．策应配合训练方法

（1）如图 9-14 所示，练习者分成两组，⑦、⑧、⑨每人一球，当④上提至罚球线时，⑦传球给④，然后向左侧虚晃，再从右侧绕切接④的球，④策应传球后转身下切，⑦可投篮、突破或传球给④，投篮后④、⑦交换位置，依次进行练习。熟练掌握之后再做攻守对抗练习。

（2）如图 9-15 所示，3 人一组，⑤和⑥在外围互相传，当球传给⑥时，④突然摆脱防守，上插罚球线后接⑥的传球做策应。⑥传球后摆脱对手切入，并与⑤交叉后接球进攻。⑤切向④的侧前方准备接球进攻。④根据情况传球给⑥或⑤均可，出现机会也可以自己进攻。

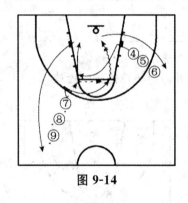

图 9-14

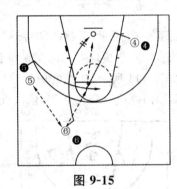

图 9-15

二、快速进攻战术

快速进攻，是指球队防守状态中以最快的速度、最少的传递转入进攻状态，以此形成在人数上以多打少或攻防人数相等的优势组织攻击的一种战术。

现代篮球运动的发展趋势越发朝着快速攻防的方向发展。这也是由于球员身体素质越发出色和技战术水平越发过硬带来的发展变化，在这种变化中，稳扎稳打的阵地攻防变得越来越困难。因此，快攻是现代进攻战术中最锐利的武器，最篮球比赛中最重要的反击得分手段。

（一）快攻战术运用

1. 长传快攻

长传快攻，是指球员在后场得球后，采用一次或两次传球，将球传给最接近对方篮筐的同伴并快速完成投篮的一种配合。如图 9-16 所示，抢篮板球后长传快攻。④抢到篮板球后，首先应观察全场情况，掌握发动快攻的时机，⑦和⑧及时快攻超越防守。④根据情况，长传球给⑦或⑧进行投篮。④⑤⑥应随后插空跟进。

2. 短传快攻

短传配合具有灵活多变、层次清楚、易成功的特点。如图 9-17 所示，④抢到篮板球后，将球传给接应的⑥，⑥又把球传给插中路的⑤运球推进。⑦和⑧沿边线快下，⑤根据情况将球传给⑧或⑦投篮，④和⑥随后跟进。

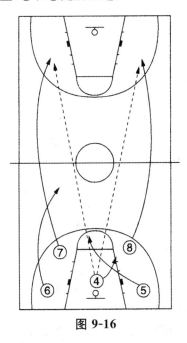

图 9-16

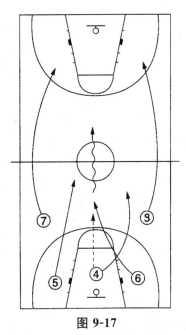

图 9-17

3. 运球突破快攻

中路与边线结合推进。如图 9-18 所示，④抢到篮板球后，⑤插中接应并将球传给沿边线跑动的⑧，⑧再回传给⑤从中路推进，⑦和⑧沿边线快下，⑥和④随后跟进。

（二）快攻战术教学步骤

（1）快攻战术的使用时机是在由守转攻的时候，也可以说这是一项衔接守与攻的战术。因此，快攻战术应安排在攻、守战术基础配合之后教学较为合理。快攻教学应结合技术教学反复练习，技术是完成战术的基本保证。

（2）快攻战术突出一个"快"字，而在篮球技术中运转球最快的技术就是长传。因此，在练习快攻战术时应重点练习长传快攻,在此基础上再安排短传和与运球相结合快攻的练习;先教快攻的发动与接应,再教快攻的结束阶段,最后学习快攻推进与全队配合。

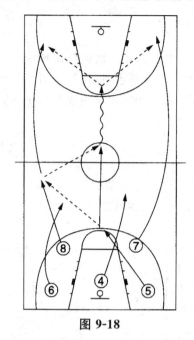

图 9-18

(3)快攻战术教学应先在固定形式下练习快攻的基本方法,如抢得防守篮板球后本队两名后卫或前锋球员沿球场两边路快下,持球球员固定将球传至对方两个三分线 45°位置,快下球员接球后直接上篮或做一次传递后上篮。在此基础上再逐步过渡到机动情况下练习,先从无防守再过渡到消极防守,直至在积极防守情况下进行练习。

(4)快攻教学以抢后场篮板球发动快攻、短传与运球结合的推进、以多打少的结束阶段为教学训练的重点。

(5)在教学中要及时提醒全队队形的分散和队员跑位,重点抓中路推进的分球与突破;结束阶段要抓三攻二和二攻一等配合。

(6)在快攻教学训练中,要注意培养学生的快攻意识,以"快"为中心,接应快、队形分散快、分球快,把身体素质、心理素质和作风训练等有机结合起来。

(7)要重视结合实践的各种形式进行训练,提高快攻意识和强化应用配合的能力。

(三)快攻战术训练

训练并提高快攻战术运用能力的方法主要有以下几种。

1. 抢篮板球长传快攻

如图 9-19 所示,④和⑦各持一球,各自抛向篮板,并自抢篮板球后分别长传给沿边线快下的⑤和⑧投篮,然后站到⑥和⑨的队尾,⑧和⑤自抢篮板球再传给快下的⑥和⑨。

2. 边路接应,中路运球三线推进

如图 9-20 所示,④抢篮板球后迅速传给拉边球员①,①及时将球再传给插中的②,②接球后快速从中路向前场运球推进,④和①沿边线快下并随时准备接②的传球上篮。

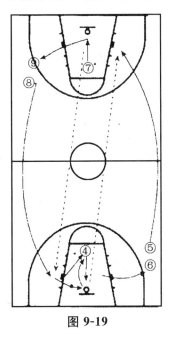

图 9-19

3. 中路接应,中、边传运结合三线推进

如图 9-21 所示,④抢篮板球传给插中的②后沿左边线快下,②接球后向前场运球中及时传给沿边线快下的①,①接球后快速运球上篮或将球传给④或②投篮。

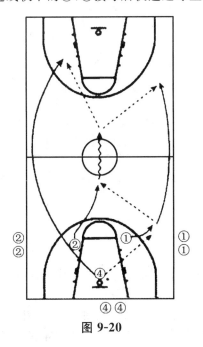

图 9-20

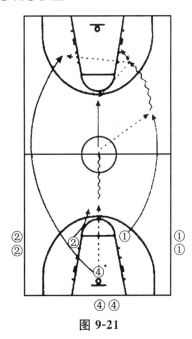

图 9-21

4. 快攻结束阶段战术训练方法

(1)半场二攻一训练

在中线站成二路纵队,篮下设一个固定人防守,两队的第一人开始用传球或运球向篮下进攻,依次进行。

(2)全场二攻一训练

如图 9-22 所示,④和⑤快速传球向前场推进,⑥去堵截⑤,⑤及时传球给④投篮。⑥抢篮板球后和⑦以同样的方法进攻,⑧或⑨防守,依次进行。

(3)半场三攻二训练

分三组站在中线后边,篮下设两人防守,各组的第一人开始由中线发动,根据不同的防守站位队形进行攻击。

(4)全场三攻二训练

如图 9-23 所示,④、⑤、⑥为一组短传结合运球推进,⑦和⑧防守。进攻结束后,防守的⑦和⑧与⑨迅速转守为攻,①和③防守,往返进行练习。

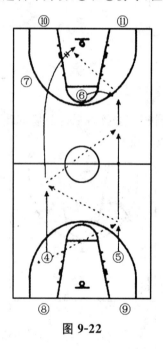

图 9-22

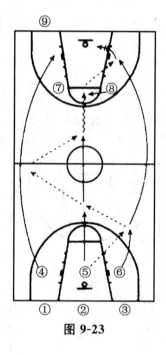

图 9-23

三、进攻人盯人防守战术

进攻人盯人防守是根据对方人盯人防守的范围、阵势和球员的防守能力,再结合本队实际,以我为主设计的一种有组织的全队进攻战术。

进攻人盯人防守战术的运用形式主要有两种,一种是进攻半场人盯人防守,一种是进攻全场人盯人防守。这种选择进攻人盯人防守战术的方式是被动的,它取决于对方的防守安排,此后进攻方再根据对方的防守形式选择适当的应对方法。其中在常规时间内,防守方更多的会采用半场人盯人防守。全场人盯人防守则更多的应用在比赛时间不多且两队分差不大的情况时,以达到最大限度延缓进攻方组织进攻时间的目的。

（一）进攻人盯人防守战术运用

1.进攻半场人盯人防守战术

进攻半场人盯人防守是基本的进攻战术，它是由进攻方球员每人牵扯一名对方防守球员，然后采用各种传切、突分、掩护、策应等基础配合组成的全队战术。

这种进攻战术的运用形式多种多样，具体可以根据场上的实际情况进行适当的调整。其主要的战术有以下四种：

（1）传切、策应连续进攻法

如图9-24所示，⑦传球给⑥后，切入篮下。如果⑦未能接到球，则⑥运球突破做一打一（图9-25）。如果⑥未能突破对手，则运球后转身做策应。此时，由于⑦切入，⑥运球突破，防守必然会缩小。⑧切向⑥转身策应处，接⑥递给他的球，在外线投篮。如果不能投篮，④上移，⑤拉到左腰，⑧传球给④，④传球给⑤（图9-26）。

图 9-24

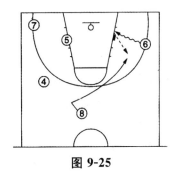
图 9-25

（2）单中锋进攻法

以2—1—2落位（图9-27）为例：中锋⑥落外中锋位置。后卫球员⑤传球给外中锋球员⑥后，利用前锋球员⑧的后掩护向篮下空切，⑥策应接球后转身，并将球传给空切篮下的⑤，⑤接球后上篮。另一后卫④注意向弧顶一带移动，其目的一是可与⑥打策应跳投，二是保持攻守平衡。另一前锋⑦应向左侧45°移动调整位置，另外可以向篮下移动冲抢篮板球。

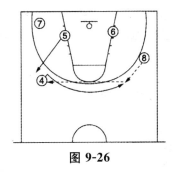
图 9-26

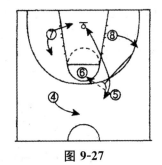
图 9-27

（3）双中锋进攻法

双中锋进攻法有"1—3—1"、"1—2—2"和"1—4"落位队形。双中锋落位一般是一内一外，或落在两个内中锋位置上，如"1—3—1"落位（图9-28）：后卫球员④将球传给外中锋⑦，⑦接球后转身面对篮,这时内中锋⑧突然摆脱空切篮下,⑦应将球及时传给⑧进攻。同时前锋⑤和⑥也视机会向底线或篮下移动接⑦或⑧的分球投篮。投篮时⑥⑦⑧应冲抢篮板球,这时,④⑤应注意保持攻守平衡。

(4)拉空一侧进攻

如图9-29所示,⑦传球给⑧后,利用中锋做定位掩护切入篮下,⑧传球给⑥,⑥假做传球给切入的⑦,使强侧防守球员加强协防,密集一侧。然后⑥突然回传球给⑧,由于⑦跑到强侧,使弱侧位空,中锋⑤成一对一局面,⑧迅速运球到传球角度最佳位置,传球给中锋⑤投篮。

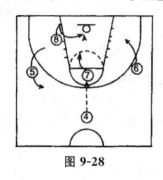
图 9-28

图 9-29

2. 进攻全场紧逼人盯人防守

进攻全场紧逼人盯人防守,是指进攻队根据防守队在全场范围内进行紧逼人盯人时所采用的进攻方法和行动。下面就介绍几种比赛中较为常见的组织形式和具体运用方法。

(1)快速进攻法

快速进攻法,是指由守转攻时用快攻战术展开攻击的方法。其具体的战术运用方法与快攻基本相同。

(2)"逐步"进攻法

在由防守状态转换成进攻状态时没有找到快速反击机会时,球员迅速落位,有目的地运用传切、突破、掩护、策应等配合去突破对方紧逼人盯人防守的方法,就是所谓的"逐步"进攻法。

①掩护、突破、策应进攻

如图9-30所示,⑥利用⑤的掩护摆脱❻接④的传球,⑥运球突破遇阻时,可运球给④做掩护,④看到⑥给自己做掩护应及时反跑,并利用⑥的掩护摆脱接⑥的传球后,从中路突破,如遇阻,⑦及时上提做策应接④的传球。⑦策应后转身可传球给两侧快下的⑤或⑥进攻,如机会不好,把球传给组织后卫,迅速部署进攻阵形展开攻击。

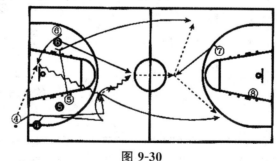
图 9-30

②两侧掩护结合中路突破进攻

如图 9-31 所示,⑧掷端线界外球,⑥、⑦在罚球线两侧接应一传,④、⑤分别站在距⑥、⑦3～4 米处。配合开始时,④、⑤同时给⑥、⑦做掩护,⑥、⑦摆脱快下。⑤掩护后转身摆脱防守接⑧的传球,④斜插中路接⑤的传球,并从中路运球突破到前场。④如不能直接突破投篮,可传球给两侧快下的⑥、⑦进攻。如机会不好,④把进攻节奏减慢,把球传给组织后卫组织进攻。

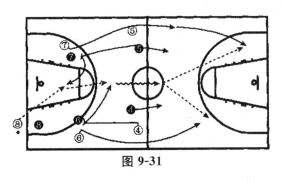

图 9-31

(3)固定配合进攻法

①发端线界外球时的固定配合(图 9-32)

⑧发端线界外球,⑥④⑤三名球员在罚球线面对⑧站成屏风式的掩护横队,⑦佯做接应,突然利用屏风做定位掩护,快速摆脱防守球员切入篮下,接⑧的平直传球上篮。如果没有远传球机会,⑤可利用④⑥做定位掩护,⑥则利用④做定位掩护,各自到两侧接球。

②发边线界外球时的固定配合(图 9-33)

⑧发边线界外球,④利用⑤做定位掩护,快速摆脱防守切入篮下。⑤则准备接边线球。⑦利用⑥做定位掩护,摆脱防守切入篮下。⑥则准备接边线球。⑧可以根据场上的变化传球给任何一名球员进攻紧逼盯人。这种"一"字形的固定配合有多种跑动方法。

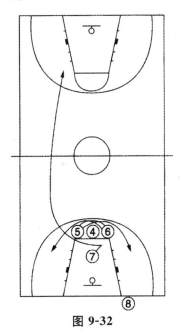

图 9-32

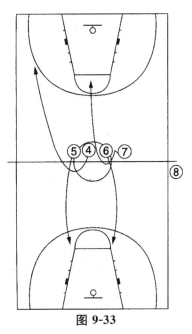

图 9-33

(二)进攻人盯人防守战术教学步骤

(1)进攻人盯人防守的教学,应放在人盯人防守后面进行。这将有助于提高球队对于人盯人防守和进攻的理解;有助于个人和集体的进攻质量以及培养学生战术意识;有助于培养学生积极主动、勇敢顽强的作风。

(2)教学中可以更多的尝试使用分解教学法。具体步骤为先学习前场和中场的配合方法,再学习整体战术配合方法。练习时,重点加强后场和中场的掩护、传切、突分和策应配合的训练,同时加强由守转攻时的反击速度和意识的训练。

(3)在进攻人盯人防守的教学中,应将重点放在使学生了解进攻全场紧逼人盯人防守战术的特点和要求,通过练习熟练掌握快速进攻法与"逐步"进攻法。

(4)在积极对抗练习中,掌握进攻变化规律。教练员应严格要求,完成进攻的具体指标后攻守交换。必要时,对于出现的共性问题,可让队员分组讨论,研究解决,以提高他们的战术意识及分析问题、解决问题的能力。

(5)在完成以上练习后,可以安排指定内容的教学比赛,在实战中检验队员对全队战术理解和掌握的程度。通过比赛的信息反馈,检查教学训练效果,及时总结、分析在实战中出现的问题,为今后的针对性训练提供可靠的依据。逐步培养战术意识,提高队员的战术水平。

(三)进攻人盯人防守战术训练

训练和提高进攻人盯人防守战术的运用能力的方法主要有以下几种。

(1)传切练习。将球员分成两组,由每组排头开始,依次进行。每组练习后,练习者排到另一组后面。要求反复进行训练。

(2)半场一对一摆脱接球。将球员分成两人一组,先由一组球员进行练习,练习一定次数后,换一组进行练习。要求反复进行训练。

(3)5人在无防守的情况下,初步熟悉进攻战术的路线和方法,明确主攻点、关键和难点,以及战术的变化。要求反复进行训练。

(4)二对二、三对三练习局部配合,如前锋与中锋,后卫与中锋,后卫与前锋,后卫、前锋与中锋等。要求反复进行训练。

(5)半场五对五攻守。将球员分成5人一组,先由两组进行练习。进攻的一组按预定的配合方法进行练习,要熟悉进攻练习,了解不同的机会。防守的一组要人盯人,开始可以消极一些,但一定要跟着对手跑动。练习一定时间后,换两组上场练习。要求反复进行训练。

(6)全场五对五攻守。将球员分成5人一组,先由两组进行练习。全场五对五练习时,可结合快攻反击,把全场进攻与半场进攻有机地结合起来,注意进攻的衔接训练,提高进攻的组织速度。要求反复进行训练。

四、进攻区域联防战术

区域联防是阵地战中运用较广的防守战术。简单地说,区域联防就是防守方的五名球员在场上站好五个防守区域位置,当攻方有人进入自己防守的区域中时进行防守。对于进攻方来说,当面对阵地战时,进攻区域联防是针对区域联防的特点、阵势和变化所采用的进攻方法,这是篮球进攻战术体系的重要组成部分。

（一）进攻区域联防战术运用

进攻区域联防的阵型有四种,在比赛中经常见到的有"3—2""2—3""1—3—1""2—1—2"等联防方式,其中"3—2""2—3"比较常见。那么对这些联防的进攻方法的应用主要有以下几种。

1. 组织中锋策应进攻

如图9-34所示,外围球员将球传给中锋⑥,⑥接球后,除个人攻击外有三个传球点,第一点传给横切球员⑧,第二点传给空切篮下球员⑦,第三点传给后卫球员④,在策应过程中也可个人进攻。

2. 组织背插、溜底线进攻

如图9-35所示,外线球员④、⑤、⑦在传球过程中调动防守,组织中、远距离投篮,迫使对方扩大防区。如果没有机会,当⑤接球时,⑦背插至右侧底角,接⑤的传球后,可传给⑥或⑧,也可以远投或回传给⑤重新组织进攻。

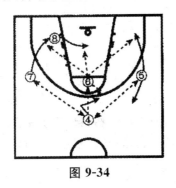
图 9-34

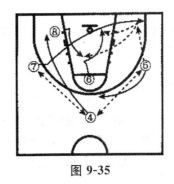
图 9-35

（二）进攻区域联防战术教学步骤

(1)区域联防的防守效果明显,运用范围较广。因此,首先应向队员详细讲解进攻区域联防的目的和方法,使队员真正了解完整的战术概念。

(2)在教学中首先确定"1—3—1"队形的进攻方法为教学重点。根据本队的具体情况,确定进攻战术方法和队员的位置分工。

(3)战术的分解练习。由于区域联防的特点为站位防守,防守时的移动为整体移动模式。因此,针对联防的这些特点就需要进攻方强调球的支配和转移,以此达到寻觅守方整体移动时出现空当机会的目的。在练习中应先练习运用传球调动防守,在局部形成以多打少的机会。

(4)练习穿插移动,通过不停的移动,造成局部负担过重,打乱防守部署,以多打少。

(5)练习远投技术。这是根据区域联防的漏洞而对进攻方提出的技术要求。由于联防的整体移动,势必会在守方半场的两个边路位置留下较大的空当,而这个空当正是远投手利用的好机会。正因如此,远投也就成为了破区域防守的法宝。

(6)在球和人都动的情况下,进行完整战术的练习。

（三）进攻区域联防战术训练

1. 半场四对四

如图 9-36 所示，将球员分成 4 人一组，先出两组球员进行练习。防守站成"2—2"的联防阵势，进攻站成"1—2—1"阵势。进攻组要快速传球调动防守，创造投篮机会，或者利用穿插移动造成一侧防守负担过重，创造以多打少的投篮机会。防守可以由消极过渡到积极防守。要求反复进行训练。

图 9-36

2. 四对三纵切与背插的练习

如图 9-37 所示，④、⑦相互传球，然后把球传给⑤，吸引防守球员❹、❺、❻上来防守。⑤将球传给⑥，⑤立即向篮下空切，拉空罚球线位置，⑦从背向插入罚球线，⑥根据防守情况，将球传给⑤或⑦投篮。要求反复进行训练。

3. 半场五对五

如图 9-38 所示，将球员分成 5 人一组。练习时，防守站成"2—1—2"的联防阵型，进攻站成"1—3—1"的阵型。进攻组运用传球、穿插、突破、策应来创造内外线攻击投篮机会，防守组由消极防守过渡到积极防守。要求反复进行训练。

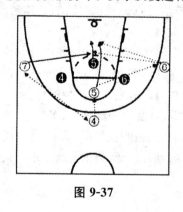

图 9-37

图 9-38

第二节 篮球运动防守战术教学与训练

一、防守基础配合

(一)防守基础配合运用

防守基础配合,是指在篮球比赛中两人或多人为破坏对方进攻配合所采用的协同防守配合方法。它主要有以下几种方法。

1. 防守掩护配合

(1)穿过配合

穿过配合是破坏掩护配合及时防住自己对手的一种配合。当进攻球员进行掩护时,防守去做掩护的球员要及时提醒同伴并主动后撤一步,让同伴及时从自己和掩护球员之间穿过,以便继续防住各自的对手。

如图 9-39 所示,⑤传球给⑥后去给④做掩护,❺要提醒同伴,并离⑤远一点。❹当⑤掩护到位前一刹那主动后撤一步,从⑤和❺中间穿过,继续防守④。

(2)挤过配合

挤过配合是破坏掩护配合的积极有效方法之一。在防守战术中的运用较为广泛,运用得好,往往能够取得较为理想的训练效果。

如图 9-40 所示,④传球给⑤后跑去给⑥做掩护,❹发现后要提醒❻注意。❻在④临近的一刹那,迅速抢在④之前继续防守⑥。

图 9-39

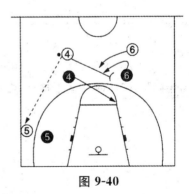
图 9-40

如图 9-41 所示,⑤接球后向右侧运球,④上前来掩护,此时❹要及时提醒❺,❺在④临近的刹那,迅速靠近⑤,从④和❺之间抢过,继续防⑤,❹配合行动。

(3)绕过配合

绕过配合是破坏对方掩护配合及时防守自己对手的又一种配合。当进攻球员进行掩护时,防守做掩护的球员主动贴近对手,让同伴从自己的身旁绕过,继续防住各自的对手。

如图 9-42 所示,⑥传球给⑤并去给他做掩护,⑤传球给④后利用⑥的掩护向篮下切入,❺从

⑥和❻旁绕过。

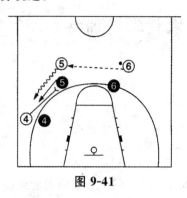

图 9-41

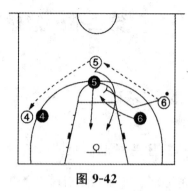

图 9-42

如图 9-43 所示,⑤传球给⑥后利用④的掩护切入篮下,❺封堵⑤向内切的路线,迫使其向另一侧切入,此时❹要贴住④,❺从④和❹身旁绕过继续防守⑤。

(4)交换防守配合

交换防守配合是为了破坏进攻球员的掩护配合,防守球员之间及时地呼应交换自己所防守对手的一种配合方法。

如图 9-44 所示,⑤去给④做掩护,❺要主动发出换人信号,及时封堵④向篮下突破的路线,此时❹应及时调整自己的防守位置,防止⑤向篮下空切。

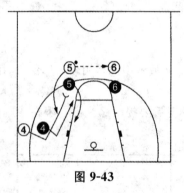

图 9-43

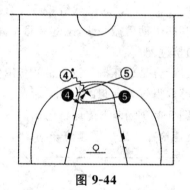

图 9-44

如图 9-45 所示,④传球给⑤后利用⑥的定位掩护切入篮下,此时❻看到❹被掩护住了,应主动招呼同伴换防,❻防④在篮下接球,❹调整位置防⑥。

图 9-45

2. 关门配合

关门配合主要用于趋于联防,是一种两名防守球员靠拢协同防守突破的配合方法。通常在区域联防和半场人盯人防守战术中运用。

如图 9-46 所示,当⑤向右侧突破时,❹和❺进行"关门";向左突破时,❻和❺进行"关门"。

3. 夹击配合

夹击配合,是指两个以上的防守球员,利用对手在场地边角运球或运球停止时,突然快速上前封堵和围夹持球者的一种防守配合方法。

如图 9-47 所示,④从底线突破,④从底线突破,❹封堵底线,迫使④停球,❺同时迅速向底线跑去与❹协同夹击④,封堵其传球路线,迫使其违例或失误。

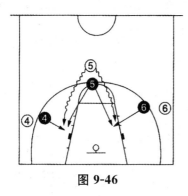

图 9-46

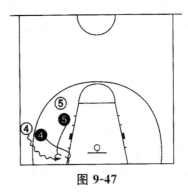

图 9-47

4. 补防配合

补防配合,是指当防守球员被对手突破或出现漏防时,邻近的同伴放弃自己的对手,及时快速的去补防那个漏防的进攻者,而漏人的防守球员应及时换防另一进攻者的一种协同配合防守方法。

如图 9-48 所示,⑤传球给④后,突然摆脱❺的防守插向篮下,此时,❻放弃对⑥的防守而补防⑤,❺去补防⑥。

图 9-48

（二）防守基础配合教学步骤

（1）防守战术基础配合的教学，首先通过讲解和演示等方法，使学生明确基础配合的概念、方法、移动路线、行动顺序和运用时机等内容。

（2）在对进攻战术基础配合的提高环节中适时讲解防守战术基础配合的教学内容，如此攻守互动式的讲解能够使学生更加直观的感受进攻与防守的关系。

（3）防守战术基础配合的教学训练，首先应掌握单个基础配合的基础教学，再重点进行基础配合之间的衔接教学，然后再进行防守基础配合的组合与综合变化的教学，最后过渡到基础配合的对抗教学训练。

（4）根据进攻方式使用的几率，在安排防守基础配合教学时可以将挤防守过配合为重点教学内容，将防守穿过配合和交换配合为一般教学内容，其他作为介绍和自学内容。在教学过程中除防守战术的任务安排外，还要注意培养学生建立独立思考和协作配合的意识，掌握基本配合方法，并在对抗练习中提高战术意识和配合质量。

（三）防守基础配合训练

1. 防守掩护配合训练方法

（1）挤过配合练习

如图 9-49 所示，⑥给④做掩护，❹挤过防守后到右路排尾，❺到左路排尾，④、⑥掩护后，④防⑦，⑥防⑤，⑦给⑤做掩护，依次进行练习。挤过时要积极主动，腰、髋和脚步动作应快速有力。

（2）穿过配合练习

如图 9-50 所示，④传球给⑥，然后向左侧移动给⑦做掩护时，❹后撤与❼做穿过配合，继续防守自己的对手。完成防守后，抢篮板球换位至排尾，进攻球员④和⑦快速回原位防守⑤和⑧，依次进行练习。

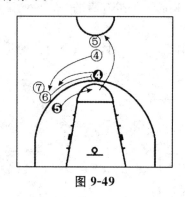

图 9-49

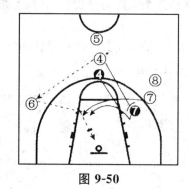

图 9-50

（3）交换配合练习

如图 9-51 所示，⑥传球给⑧，然后移动到左边给④做横向的底线交叉掩护，此时❻及时发出信号与❹交换防守，⑧可将球传给④或⑥，进攻结束后④和⑥立即回原位防守⑤和⑦，依次进行练习。

2.夹击与补防配合训练方法

(1)夹击配合练习

如图 9-52 所示,④传球给⑤,⑤传给⑥,⑥向底线运球停止后,❻与❺夹击⑥,❹及时防守近球球员⑤,⑥传球给④,防守回原位,依次进行练习。练习数次后,调整防守位置或攻守交换。

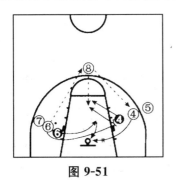
图 9-51

图 9-52

(2)补防配合练习

如图 9-53 所示,④从中路突破❹时,❺立即补防,❻向篮下移动补防⑤,❹补防⑥,完成防守后,❺抢篮板球,防守球员按顺时针方向换位至排尾,进攻球员立即回原位防守,依次进行练习。

3.关门配合训练方法

如图 9-54 所示④持球突破,❺、❹"关门",④传球给⑤,待❺防守回位时⑤突破,❺、❻"关门"。依次进行练习,练习数次后,攻守交换。训练时,防守球员要积极移动,快速回位。"关门"时不留空隙,熟练掌握后,进攻球员可随意选择突破方向,增加难度,提高质量。

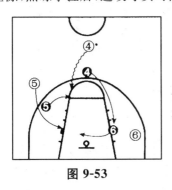
图 9-53

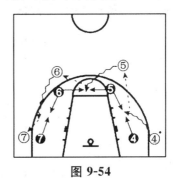
图 9-54

二、防守快攻战术

防守快攻战术,是指由攻转守的瞬间及时组织防守阵形,以主动阻止和破坏对方组织快攻的防守战术。

(一)防守快攻战术运用

以二人防三人为例。防守快攻战术的二防三配合的战术运用形式主要有三种,即两人平行站位防守、两人斜线站位防守、两人重叠站位防守。

1. 两人平行站位防守

如图 9-55 所示，❺防守⑤运球突破，❹兼顾⑥和⑧的行动，随球的转移，积极防守有球球员。由于这种防守战术运用形式具有中路防守较弱的特点，因此，通常适用于对付两侧边线突破能力较强的球员。

2. 两人斜线站位防守

如图 9-56 所示，当④和⑤进行短传推进时，❹先选择偏左的位置防守，当⑤将球传给④时，❹要立即移动堵截④，❺选择有利位置兼防⑥和⑤。

图 9-55

图 9-56

3. 两人重叠站位防守

如图 9-57 所示，当⑥中路运球推进，⑦和⑧沿边线快下时，❹上前堵截中路，❺在后兼顾⑦和⑧的行动。当⑥将球传给⑦时，❺则立即前去防⑦，❹后撤控制好篮下并兼顾⑧和⑥。

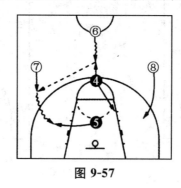

图 9-57

(二)防守快攻战术教学步骤

(1)要与快攻教学结合进行，一般在快攻教学完成之后，再教防守快攻，以提高攻守质量。

(2)防守快攻教学应先采用分解法，然后再进行整体防守战术的教学。

(3)通过教学比赛，不断提高防守快攻的质量。

(4)把培养队员防守快攻的意识、坚韧不拔的意志和积极拼抢的作风贯穿于整个教学之中。

(5)在初学阶段，首先把防守快攻的方法、基本要求讲清楚，使队员对防守快攻有初步的了解,能够合理地使用防守技术。教学中应以一守二攻、二守三攻作为练习的重点。在整个教学训练的过程中,应始终注意加强拼抢篮板球、防运球突破、补防、以少防多等防守技术和配合的训练,提高防守快攻的质量。

(6)采用五人防快攻训练,要提高集体防守的攻击性和控制对方速度的能力,以及重视攻守转换速度的意识训练。

(三)防守快攻战术训练

1. 堵截快攻发动与接应阶段训练方法

(1)二对二练习

如图 9-58 所示,固定人△将球投向篮板,当❹抢到篮板球时,④应立即转攻为守,积极迅速上前挥臂干扰❹的传球路线或迫使其向边线运球,延误其发动时间。⑤则积极去堵截❺接应一传。练习一定的时间或次数后,两组交换攻守练习。要求反复进行多次练习。

(2)三对三练习

如图 9-59 所示,固定人投篮未中,当防守球员❹抢到篮板球时,④立即转攻为守,迅速上前挥臂封其一传,⑥和⑤分别堵截❻和❺接应一传。两组练习一定的时间或次数后,两组交换练习。要求反复进行多次练习。

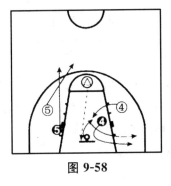

图 9-58

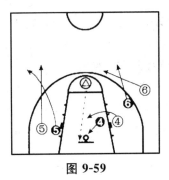

图 9-59

(3)三对三夹击第一传练习

如图 9-60 所示,当❹抢到篮板球时,④和⑤迅速夹击,⑥放弃快下的❻,而及时去堵截❺的接应,并随时准备断❹传出的球。要求反复进行多次练习。

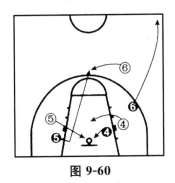

图 9-60

2.防快下球员的训练方法

如图 9-61 所示,△投篮未中立即上前抢到篮板球时,①和②立即起动沿边线快下,而❶和❷也随即快退,并在退防时密切观察场上情况,准备断△的长传球。每次练习后,两组分别回到对组排尾,攻守交换练习。

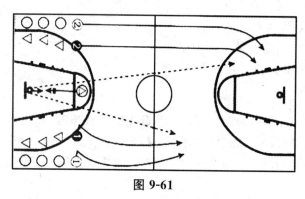

图 9-61

三、人盯人防守战术

在篮球防守战术中,区域联防曾经流行了很长一段时间。然而随着篮球运动各方面的不断发展,传统的区域联防已经出现了许多漏洞,如区域联防对于本方半场的两个底角的防守存在空当,极易被对方投手利用。

人盯人防守战术,是指防守球员一对一盯住进攻球员并与同伴相互协作的一种全队防守战术。从战术意图上看,人盯人防守在理论上能够使防守不出现漏人和使进攻方得到较大空当。因此,这种防守方式就取代了区域联防战术,成为了现代篮球防守战术中的主流。

(一)人盯人防守战术运用

根据场上形式的需要,人盯人防守战术可以分为半场人盯人防守和全场人盯人防守。一般而言,半场人盯人防守应用于常规时间;全场人盯人防守更多的应用于特殊时间,如本队落后且比赛时间所剩不多;本队领先且比赛时间所剩不多。其中,前者的目的在于在全场人盯人防守中压迫对方以意图使攻方控球球员出现运球或传球失误,守方断球打反击得分;后者目的在于最大限度延缓对方推进时间,打乱对方进攻战术部署。

1.半场人盯人防守战术运用

半场人盯人防守是一种非常有效的整体防守战术,具有分工明确,针对性强、协同互补性强的特点,半场人盯人防守战术,就其伸缩性而言,又可分为扩大人盯人防守战术和缩小人盯人防守战术。因此,在现代篮球比赛的常规时间内,半场人盯人防守战术被广泛采用。

(1)扩大人盯人防守

①球在正面时的防守

如图 9-62 所示。当⑥持球时,❻要紧紧地看住他。❼、❺、❹也要紧逼对手,卡断对手接球的路线。❽可适当地缩回,准备协助同伴防守。

②球在底角时的防守

如图 9-63 所示,❹将运球球员④逼入左底角,近球防守。❺要迅速移动夹击④,❻准备断④传给⑤的球,并要防止自己所盯的⑥切入,❼准备断④传给⑥的球,并要防止自己所盯的⑦切入,❽防止⑧插向异侧进攻。

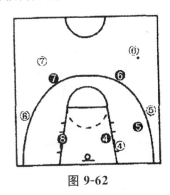

图 9-62

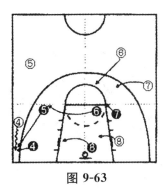

图 9-63

③球在 45°角时的防守

如图 9-64 所示,当⑥传球给⑤后,❺要紧紧看住⑤,不让他投篮或从容地传球,并严防他从底线突破。❻在紧逼⑥的同时,还应注意,如果⑤从内侧突破,要及时后撤"关门"。❼防离球远的⑦可以稍缩回一些,但要防止⑦插向篮下。❽可远离⑧,靠近篮下,随时准备截断⑤传给④的高吊球。❹防守中锋④,为了不让④在篮下接到球,应当果断地绕前防守。

(2)缩小人盯人防守

①球在正面时的防守

如图 9-65 所示,球在正面右侧罚球线延长线以上的④手中,❹逼近④,用手干扰④。⑤与⑥位于强侧、罚球线延长线以下的进攻区域,因此,❺要错位防守⑤,阻止⑤接球,掌握近球者紧的防守尺度,❻要侧前防守⑥,切断其接球路线,掌握球在强侧紧的防守尺度。⑦与⑧位于弱侧,因此,❼要向纵轴线靠近④方向后撤,协助④防止④从中路突破,❽要向篮下靠近⑥方向后撤,协助❻防止⑥反切篮下,并要控制⑧的行动,防止⑧背插限制区进攻。

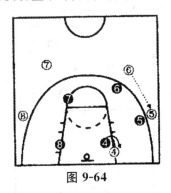

图 9-64

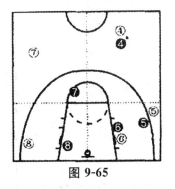

图 9-65

②球在底角时的防守

如图 9-66 所示,⑦将球传给⑧。此时,❽要防止⑧投篮或从底线运球突破,❼要缩下来协防⑧,阻止⑧从上线突破,❻、❺、❹都应紧缩篮下,"面向球、兼顾人、堵背插",严密防守⑥、⑤、④插入空腹地区进攻。

③中锋接到球时的防守

如图9-67所示,当对方中锋④在限制区腰上得球时,❹要紧紧盯住他,不让他投篮和突破。❺和❻应果断迅速地暂时放弃自己的对手而突然后撤,同❹一起夹击④。❼稍向❻的位置靠近,兼防⑥和⑦,❽向篮下靠拢,以便补入和抢篮板球。

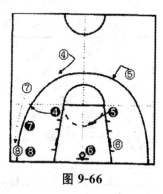

图 9-66

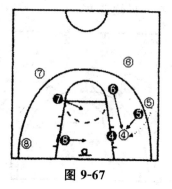

图 9-67

2. 全场人盯人防守战术运用

全场人盯人防守是由攻转守时,防守球员在全场范围内各自紧逼自己对手的一种攻击性较强的防守战术。

(1)前场紧逼防守

前场防守是全场紧逼人盯人防守的重要阶段。如图9-68所示。当④掷界外球时,❹主动放弃④,充当"游击球员",站在两个接球球员的前面,或者站在后面,但必须与❺和❻配合好,❹要判断④的传球意图,以及谁接球的可能性大,及时移动进行夹击或断球,❼和❽应站在⑦和⑧的侧方防守,随时准备断长传球和补防。如果对方已将球掷进场,而夹击又不成功,❹和其他球员应及时调整位置,恢复原来的紧逼人盯人防守。

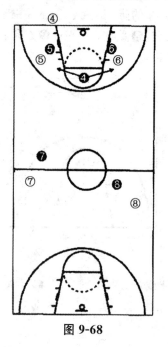

图 9-68

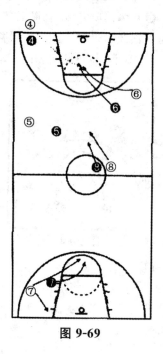

图 9-69

（2）中场紧逼防守

中场紧逼防守是此战术成功的关键阶段。如图 9-69 所示。攻方采用高大球员在第二道防线中路策应进攻。掷界外球的球员④传球给⑥，⑥准备传球给在中场线附近的高大球员⑤，企图用中路策应的配合攻破第二道防线。此时❻要积极封堵⑥向中路的传球路线，❽要错位防守，切断⑧策应的接球路线，如果⑧接到球，❻与❺都要防止⑥与⑤空切。❼要紧盯⑦，割断策应球员⑦再度从第三道防线中路策应的接球路线，并防⑦空切篮下。

（3）后场紧逼防守

通常情况下，在后场应继续扩大防守，对持球球员积极封堵，尤其在底线场角，防守球员应积极组织夹击，破坏对方的进攻，逼迫其出现失误，继续给对方心理上施加压力。其他球员要大胆错位和补位防守，防止进攻球员空切篮下接球，并伺机抢断球，组织反击。如果在前、中场防守时，由于交换盯人、轮转补防出现错位防守，可以寻找适当的时机进行调整，以巩固后场的防守实力。

（二）人盯人防守战术教学步骤

（1）加强队员身体素质的训练，提高体能，以确保战术教学与训练任务的完成。

（2）掌握与提高半场人盯人防守配合方法，首先应从个人脚步动作、防守技术运用及防守战术基础配合抓起，在此基础上学习半场人盯人防守战术配合。在半场或全场的对抗练习中掌握和提高全队防守战术配合的能力和意识，在教学比赛中提高队员的实战对抗能力。

（3）要重视在教学训练的一定时间内，安排针对性的实战练习和实战比赛，培养战术行动意识，巩固与逐步提高应变能力。

（三）人盯人防守战术训练

1. 半场、全场二对二练习

进攻者掷端线界外球，两防守者或各紧逼自己的对手，不让接（发）球；或两人夹击接应者，争取断球或使对方违例。

2. 半场五对五攻守对抗练习

进攻投篮命中后从中圈发球继续进攻，进攻球员抢到前场篮板球，可以补篮或二次进攻。防守球员抢到后场篮板球或抢断成功，应从中圈开始发球进攻。

3. 全场三对三练习

如图 9-70 所示，❷、❸侧前防守，❹帮助夹击②、③或伺机断球。进攻组可利用摆脱和掩护接球在全场攻击，防守组练习夹击、换防或补防，分 3～4 组轮换。根据球员防守能力发展情况，可要求进攻者进行全场的突破、掩护及策应配合，提高球员全场紧逼防守的配合攻击能力。

4. 全场五对五练习

根据全场人盯人防守的要求，在全场范围内模拟抢篮板球或掷界外球开始展开全场紧逼盯人防守各种配合训练。根据具体问题逐一改进、完善和提高防守质量。

5. 切断底线突破练习

如图 9-71 所示,前锋④拿球向底线切入时,④尽量堵住他的切入。同时,最近的防守者❺(中锋和前锋)要在必要时助防,如进攻球员要投篮,必须在他出手之前强行顶住。

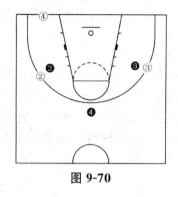

图 9-70

图 9-71

四、区域联防战术

区域联防战术,是指在由攻转守后,防守球员退防后每名球员都有自己专属的防守区域,严密防守进入该区域的进攻球员,并用一定的队形把每一个防区有机地结合在一起所组成的全队防守战术。区域联防不是将球员死死地固定在某个区域位置上,它也是需要通过移动来达到整体防守的目的,然而需要注意的是区域联防的移动是整体性、联动性的移动,它需要球员们在移动时保持整体防守队形不变,队形要随着球的转移而移动,并且全队的整体阵型在移动中也不能混乱。

(一)区域联防战术运用

区域联防的阵型种类较多,常见的有"2—3"联防、"3—2"联防、"2—1—2"联防、"1—3—1"联防等。不同的联防阵型决定了不同的防守配合和方法。下面就以"2—1—2"联防为例来介绍区域联防战术运用。

1. 球在正面弧顶时的防守配合

如图 9-72 所示,⑧持球进攻,❼应上步防守⑧,❺应上步防守❼,⑧应防守⑥兼防❺,❻应上步防守外中锋❺,❹防守底线的④。

图 9-72

2. 球在底角时的防守配合

如图 9-73 所示，⑥传球给底角④，❹上步防守④，防止④底线突破。❽应退后协防，❻严密防守。如⑤在内线接球，则❺向篮下移动防止⑦背插。❼向限制区中间移动，防止⑧⑦插入篮下。

3. 球在侧面两腰时的防守配合

如图 9-74 所示，⑧传球给⑥，❽迅速上去防守⑥。❼退回原来位置或协防⑤，以防⑤下移后⑦背插进攻。❺要防止⑤下移接球，设法切断⑤的接球路线。❹阻止④接球，❺向有球一侧的篮下移动。运用中，可以抢断⑥给⑦的横传球。如果⑥投篮，❹、❺、❻在篮下形成三角形包围圈，挡抢篮板球。

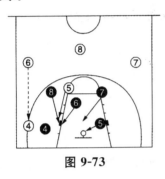
图 9-73

图 9-74

4. 防守溜底线的配合

如图 9-75 所示，⑧传球给⑦，④溜底线向有球一侧切入，❹要防溜底线的④。❹上步防守⑦，❺等到⑦回防⑦时再从右腰撤回篮下防守溜底线过来的④。

5. 防守外中锋的配合

如图 9-76 所示，⑧传球给外中锋⑤，❻要上步阻止⑤投篮，❼、❽协防⑤，❹要防止④插入内线，❺防止⑦切入内线，迫使外中锋⑤将球传上线。

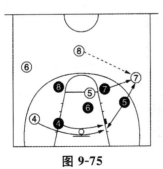
图 9-75

图 9-76

(二) 区域联防战术教学步骤

(1) 由于区域联防已经不是防守战术中的主流战术了，尽管如此，在比赛中忽然将防守战术变为区域联防也会让进攻方粗措手不及,一时间难以适应。所以,区域联防也有其训练的必要。对于它的教学应安排在人盯人防守及进攻人盯人防守之后进行,并与防快攻紧密结合。

(2)在进行练习前,应向学生讲清楚区域联防的队形和战术配合方法的完整概念,让队员掌握区域联防的基本原理,明确各种防守阵型、战术特点及作用。

(3)接着进行区域联防的分解练习。一般以"2—1—2"区域的教学为主,在此基础上学习其他的防守阵型。

(4)区域联防的整体移动是这种防守方式的精髓,因此在练习中可以先练随球移动的防守,后练随进攻队员移动的防守,再练随球和进攻队员同时移动的防守。

(5)在练习中,先做随球移动的选位练习,然后在进攻队员移动的情况下练习如何防守持球队员的投篮、突破、传球,如何防守无球队员的背插、溜底线以及"关门"配合等,最后通过教学比赛巩固和提高战术质量。

(6)在练习时可以首先进行消极进攻条件下的区域联防练习,然后在积极进攻条件下进行区域联防练习。

(三)区域联防战术训练

1. 局部防守配合的训练方法

(1)堵截护送盯人练习
两名球员扮演进攻球员在篮下来回溜底线跑位,两名防守球员用人盯人方法来回跟踪防守。

(2)盯人与补位配合练习
进攻球员溜底线或空切时,处于该区的防守球员紧随跟踪,当进攻球员向这一区域移动时,临区的防守球员及时进行补位。可以选择三人对三人,在两侧交换练习。

(3)交接防守对方溜底球员配合练习
如图 9-77 所示,进攻球员⑦和⑥相互传球,进攻球员⑤溜底,防守球员❽跟踪护送,到篮下时交给同伴❹,随后去防守❹的区域。练习时⑤可以来回溜底,防守球员❽和❹往返进行交接配合。

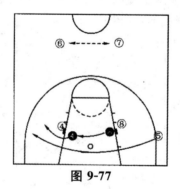

图 9-77

2. 防中锋的训练方法

(1)交换防守中锋配合练习
如图 9-78 所示,进攻球员⑦和⑥外围传球。进攻队中锋④向罚球线另一侧空插时,防守球员❹先堵跟,然后交给同伴❻防守。进攻球员④可根据球的位置来回空插,防守球员连续进行交接配合,不让④接球。

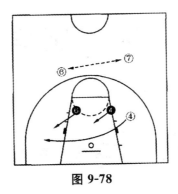

图 9-78

(2)围守中锋配合练习

如图 9-79 所示,进攻球员④和⑥外围传球,球到⑥位置时,防守球员❹回缩到对方中锋⑧的侧前方,帮助同伴❻夹击对方中锋。防守队的中锋❽则向进攻队中锋⑧的右侧移动。球传到④位置时方法相同。

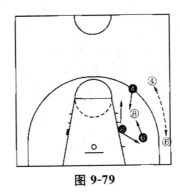

图 9-79

3.攻守转换的训练方法

可采用二对二、二对三、四对四、五对五半场攻守的练习方法。刚开始时,进行两队攻守练习,一队进攻,一队防守。练习一定时间后教师发出信号,进攻组球员听信号后转为快速退防,迅速抢占有利位置。按二人、三人、四人、五人联防的原则和方法进行防守。练习时可往返进行,也可以提出特殊要求和规定。

第十章　篮球运动体能素质训练

第一节　篮球运动力量素质训练

一、篮球运动力量素质的分类

由于篮球运动对抗激烈,所以力量素质是篮球体能素质中的首要素质,对其他素质的发展也起着重要作用。篮球力量素质的提高,有助于提高其他素质的水平,同时,对于提高篮球技术、战术水平也有极大的推动作用,篮球比赛中,任何技术动作与战术配合的完成都离不开力量素质。力量素质的发展,是篮球运动员的专项对抗能力、专项速度、专项技术掌握和完善的基础和保障。而且对于防止肌肉拉伤和意外事故的发生具有预防作用。同时对提高高校学生的心理素质、增强拼搏精神具有保证作用。总之,力量素质提高对篮球运动有着非常大的意义。

按不同的分类标准,可将篮球力量素质分成不同的种类。力量种类不同,其训练的原理和方法也不尽相同。按运动时肌肉克服阻力的表现形式,可把力量素质分成最大力量、速度力量、力量耐力等。

(一)最大力量

最大力量也称绝对力量,是指无论体重大小,身体或身体某一部分肌肉克服最大阻力的能力。随着肌肉体积的增加,最大力量一般也会得到相应的提高。

(二)速度力量

速度力量是指肌肉在运动时快速克服阻力的能力。速度力量是力量和速度有机结合的一种特殊力量素质。速度力量最典型的表现形式就是通常所说的爆发力。爆发力要求学生在运动时,在尽可能短的时间内,爆发出尽可能大的力量。肌肉在运动时克服阻力的过程中,阻力越大,速度越慢。

(三)力量耐力

力量耐力是指肌肉长时间克服一定阻力而保持准确有效工作的能力。

如果按肌肉在克服阻力时的收缩形式分类,可分为静力性用力(等长收缩)和动力性用力(等张收缩)两种。

二、篮球运动力量素质的特点

对于篮球运动员来说,全面发展力量素质是保证完成各项技术动作的基础,它要求运动者的上肢、下肢、腹部和背部肌群均衡发展。在40或48分钟的比赛中,不管是对运动员的奔跑能力、跳跃能力还是对抗能力都有很高的要求,也就是说,对肌肉速度、肌肉力量和肌肉耐力都有很高的要求。

人体要发挥最大力量和最大爆发力,是通过各运动环节、各工作肌群间的协调配合与共济用力的综合结果。要让运动者跑得快、跳得高、对抗强度只是训练腿部肌肉或主动肌是不够的,应对影响躯干力量的腰腹肌和背肌、对抗肌和协同肌进行加强训练,因为这些肌群对篮球运动员的体能与比赛能力都非常重要。

三、篮球运动力量素质训练的要求

(一)力量训练的系统观和整体观

首先,人体力学认为,人体要发挥最大力量和产生最大爆发力,单一环节的力量是远远不够的,它是各运动环节、各种功能和作用肌群间的协调配合、共同用力的综合结果。跑得快、跳得高等都是由一系列肌肉共同参与的,而不是某一肌肉或肌肉群单独工作的结果。因此,树立力量共同发展的整体观,不仅要发展主要肌群,而且还要发展小肌肉群的力量。此外,人体的躯干力量(腰腹肌和背肌)也不应该被忽视,因为这对篮球运动员也是特别重要的。

其次,训练学的理论认为,力量训练应坚持系统性。因为力量的增长与系统训练有关,训练了就增长,停止了就消退。间隔时间是系统训练的关键问题,因此,力量训练的计划性、系统性和连续性(不间断性)是训练中核心问题。

最后,篮球项目的特征也需要运动员具备全面的力量素质。现代篮球运动中,高大运动员越来越多,他们需要一定的最大力量来维持庞大的身体进行运动,同时,篮球又是准确类项目,小肌肉的敏感性也十分重要,要全面发展篮球技术和战术,就要全面发展运动员的力量。

(二)篮球力量训练阶段性任务

确定力量训练的目标、内容、方法应根据力量发展的各阶段而定,以满足运动员发展的不同阶段对不同种类力量的需要,有助于最合理地提高运动成绩。

1. 基础阶段力量训练

一般来说,制定任何一个力量训练计划,都应从基础阶段开始,它是整个力量训练的准备阶段。其目的主要是全面提高各部肌肉的健康水平和负荷收缩能力,为以后难度更大的专项训练打下全面基础。因此,应安排一个包括所有肌肉群都参加的全面力量训练计划,以保证肌肉、肌腱、关节韧带能接受接踵而来的艰苦而紧张的训练任务。在这个阶段应采取多种形式的练习。训练负荷从小到适中,逐步增加,持续时间可安排为2~4周。值得注意的是,青少年运动员以及力量训练基础较薄弱的运动员基础阶段应该长一些。通过该阶段的训练后,一方面为后继训做好准备和奠定基础,另一方面是可以减少以后训练中的运动损伤。

2. 提高最大力量阶段

第二阶段是提高最大力量阶段,提高肌肉克服最大阻力的能力。竞技运动的力量训练,要求爆发力,又要求力量耐力。篮球运动要求的爆发力和力量耐力这两种力量都与最大力量密切相关。最大力量发展不够,爆发力便不能达到很高的要求。因此,在这一阶段的目标应当是将最大力量发展到运动员所能达到的最高水平。篮球运动员最大力量训练阶段的持续时间为 2 个月左右。最大力量训练不是篮球运动力量训练的目标,它是为快速力量和弹跳力服务的。

3. 全面发展阶段

根据篮球运动的需要和特点,训练获得最大力量必须转变为专项所需的爆发力或快速力量耐力。应通过专门训练方法,使最大力量为掌握完善专项技术服务。篮球运动需要爆发力与快速力量耐力两种力量成分同时得到发展,在训练的时间和方法安排上,应体现出两种练习的合理比例,也就是要以爆发力为主,以快速力量和耐力为辅。最大力量的转变阶段则应开始于提高阶段的后期,并持续到比赛阶段的开始。

4. 保持阶段

保持阶段的主要任务是保持前面各阶段中已经获得的力量训练水平。该阶段的力量训练计划可根据篮球专项运动特点的要求、运动员的运动技能和力量训练水平,选择 2~4 种练习。根据比赛期的任务安排力量训练计划,着重发展和激活专项动作的主动肌群、上肢的下压力量(抢篮板球)、膝关节的屈伸肌群、踝关节肌群、躯干肌群。保持已经获得的力量训练水平,并为在整个比赛期中发挥作用做进一步努力。

5. 过渡阶段

在篮球力量训练的过渡阶段,其主要任务是消除疲劳,进行全身各部肌肉的营养性训练。

(三)重复性

篮球运动员在承受大负荷的力量训练中,必须多次数、多组数反复进行大负荷的练习,以增加对肌肉刺激的深度。大负荷次数或组数不足只能保持原来的水平,从而无法提高力量素质能力。发展力量素质最根本的目的是使运动员承受大负荷,在数量上不断积累,由增加次数或组数的不适应到适应,再增加负荷由不适应到适应,使运动员力量素质逐步发展。

(四)符合专项特点

这种特点包含两个方面:第一是,篮球力量训练过程中要力求选择与篮球运动技术、结构相一致的动作方法;第二是,要把运动员的一般运动素质转化为篮球运动员的专项力量能力,即跑跳能力和对抗能力。

四、篮球运动力量素质的训练方式

(一)篮球运动最大力量素质训练的主要方式

篮球运动员的最大力量训练要根据肌肉收缩原理,提高骨骼肌的收缩力,其收缩能力受参加工作的运动单位、神经冲动频率和强度的影响。运动单位的肌纤维分布在整个肌群内,一个运动单位受刺激时,运动单位内所有的肌纤维都会引起收缩。参加肌肉工作的运动单位越多,肌肉收缩力越大。

在高校学生发展最大力量训练时,一般采取两条途径:一种是通过增大肌肉生理横断面增加肌肉收缩力量;第二种是改善肌肉的内协调能力,提高神经系统指挥肌肉工作的能力,动员更多的运动单位参加工作。这两条途径最常用的手段是以动力性向心工作形式进行的。

1. 增加肌肉生理横断面的最大力量训练

为取得增加肌肉生理横断面发展最大力量的训练效果,必须科学地确定负荷强度、练习重复的次数与组数、练习的持续时间及组间的间歇时间。

(1)负荷强度。以负重量为指标,要采用本人最大极限负重量的$60\%\sim85\%$的强度进行重复练习,这样能促使肌肉功能性增大,增加肌肉的生理横断面。100%的极限负荷强度应慎用和少用,一般可每周穿插进行$1\sim2$次。慎用的目的在于减轻运动员的心理负担和防止受伤,少用的目的在于动员更多的运动单位参与工作,提高肌纤维的同步化工作程序和运动员的心理适应能力。

(2)练习重复的次数与组数。每组$4\sim8$次,可做$5\sim8$组。最后几组和次数必须坚持完成,这样肌肉的能量供应才能得到充分改善,从而造成肌肉横断面增大。因为进行最后几组和次数的练习时,参加工作的运动单位能够达到最多,与完成极限负荷时用力是相似的。

(3)练习的持续时间。每次练习的动作速度要稍慢一些,并使动作做得流畅,不停滞。通常在4秒左右完成一次动作,这样有利于工作的肌纤维变粗,肌肉横断面增大。

(4)组间的间歇时间。在上一组练习肌肉所产生的疲劳得到基本消除之后,再进行下一组练习为宜。高水平运动员一般$2\sim3$分钟即可,力量水平较低的运动员可适当延长。间歇时间里,可做一些轻微活动和放松练习,以加快恢复。

2. 改善肌肉内协调能力的最大力量训练

(1)负荷强度。一般用本人最大极限负重量的85%以上强度。这种强度刺激能加速中枢神经系统发放冲动的频率及增加强烈程度,动员更多的运动单位参加工作。

(2)练习的重复次数与组数。每组$1\sim3$次,可做$5\sim8$组。组数以完成既定强度的次数为准。一些高水平运动员,则可根据具体情况适当增加练习的组数。

(3)练习持续时间。每次练习的动作速度要适当加快,通常在2秒左右完成一次动作。

(4)组间的间歇时间。通常在3分钟左右,或稍长一些。如果是局部肌肉参与工作,间歇时间可短一些,反之则长一些。总之,要使负荷的肌肉得到恢复,再进行下一组练习。间歇时间里也可做一些轻微活动和放松练习。

在训练中,应先做增加肌肉生理横断面的训练,有了一定的力量基础,再进行肌肉内协调能力的训练,这样可防止受伤。

发展最大力量还可采用静力性等长练习和等动性练习。

静力性训练多采用大强度和极限强度进行练习,每次动作持续时间为 5～6 秒钟,总的练习时间控制在 15 分钟以内。等动性训练的运动速度保持不变,肌肉都能在训练过程中发挥出较大力量,训练强度要大,每组练习 4～8 次,做 5～8 组,组间休息要充分。

(二)篮球运动力量耐力训练的主要方式

由于力量耐力主要是有氧供能,其发展不仅依靠肌肉力量的发展,而且要依靠血液循环、呼吸系统机能的改善和有氧代谢能力的提高,以满足长时间工作的肌肉所需氧气和能源的供给。

最大力量与力量耐力有关,不同运动员在完成同一负重时的重复次数,取决于其最大力量的大小。最大力量大的运动员练习中重复的次数多,表现出的力量耐力好。所以力量耐力水平的提高,也依赖于最大力量的发展。篮球力量耐力训练的基本方法主要有以下几点。

(1)练习的强度。如果是发展克服较大阻力的力量耐力,则可采用本人最大力量的 75%～80% 的负荷进行重复练习;如果是发展克服较小阻力的力量耐力,则其最小负荷强度不能小于本人最大负荷强度的 35% 的负荷强度,否则练习效果不大。

(2)练习的重复次数与组数。一般要达到极限的重复次数,即坚持做到不能再做为止,这样才能改善血液循环和呼吸系统的供氧能力及糖酵解供能机制,保证力量耐力的增长。练习的组数也应视具体情况而定,一般是在保证每组达到极限的重复次数前提下确定练习的组数。

(3)练习的持续时间。如果是采用动力性练习,则由练习的次数和组数确定,以完成预定的次数、组数为其练习持续的时间;如果是采用静力性练习,则单个动作的持续时间一般是 10～30 秒。这取决于负重的大小,负重大则持续时间短一些,负重小则持续时间长一些。

(4)组间的间歇时间。要在未完全恢复的情况下就进行下一组练习,以达到疲劳积累、发展力量耐力的目的。若进行几组练习后,运动员感到相当疲劳,可适当延长组间休息时间。

(三)篮球运动速度力量训练的主要方式

速度力量是力量和速度有机结合的一种特殊力量素质,因此具有速度和力量的综合特征。篮球运动员在完成某一个动作时所用的力量大、速度快,则其所表现出的速度力量就大。只有使最大力量和速度两方面都提高,才能取得篮球速度力量训练的最佳效果。训练中提高力量相对比提高速度容易一些。因此,提高速度力量往往广泛采用发展力量的练习,在力量提高的同时注意发展动作速度。

速度力量训练的主要方法包括负重练习和不负重练习两种。

1. 负重练习发展篮球速度力量的方法

(1)负荷强度要适宜。如果负重过大必然影响动作完成的速度,负重过小又难以加强速度力量。一般多采用本人最大力量的 40%～60% 的强度,这可兼顾力量和速度两方面的发展。练习中还应要求运动员尽量体会最大用力和最大速度感,如要发展爆发力,其强度伸缩性较大,既可用较大的负荷强度,也可用低于 40% 的强度。在使用较大的负荷强度(如 70%)训练时,要注意动作完成的速度,如动作速度变慢,动作变形,则应适当减少负荷。

(2)练习的次数和组数。一般每组重复练习5~10次,做3~6组。但组数的确定应以运动员不降低完成动作的速度为限,如动作速度下降,则可停止练习。

(3)组间的间歇时间应较充分,但也不宜过长,过长会导致中枢神经系统兴奋性下降,影响下一组练习。一般以2~3分钟为宜。

(4)练习的动作要求协调、流畅、正确,并尽量与专项技术动作结合。

2. 不负重发展速度力量的方法

不负重练习可采用发展下肢速度力量克服自身体重的练习,如单、双足跳台阶和跳深练习等;也可采用发展上肢和躯干的练习,如投掷重复出手、排球扣球的鞭打练习。用小重量(如垒球、小石块、小哑铃、滑轮拉力器)以通过发展动作速度发展力量为目的训练也可包括在内。

(1)跳深练习。主要用于发展运动员的下肢速度力量,特别是爆发力。训练实践中多采用跳深和连续不停顿地跳过障碍物的方法。

跳深练习实际上是一种超等长的练习方法,也就是先使肌肉做离心工作(拉长肌肉),紧接着做向心工作(收缩肌肉),这可动员更多的运动单位参加工作,使篮球运动员的肌肉产生短促而有力的收缩,表现出很大的爆发力。

跳深练习一般可从50~60厘米的高度跳下,双足落地后,立即往另一个100厘米左右的高度上跳。落地时主要用脚掌先触地,而后过渡到全脚。注意防止脚跟先着地,避免脚跟挫伤和脊椎震动过大造成运动损伤。以6~10次为一组,做6~10组,组间间歇2~3分钟。

连续跳越障碍物的高度要适宜,障碍物的间距以不停顿能连续跳过下一个障碍物为准。跳台阶(楼梯)也要保持动作的连续性和具有爆发用力的特征。这些练习可用双足跳,也可用单足跳。练习前要做好充分的准备活动,防止肌肉拉伤和踝关节扭伤。

(2)完成专项比赛性动作的快速练习。这种练习可以是徒手的,也可以带轻器械(轻器械的重量一般不超过比赛器械)。其主要目的在于通过发展动作速度来发展快速力量。练习6~10次为一组,做6~10组,组间间歇2~3分钟。练习中要注意动作快速有力,并符合专项比赛动作的技术要求。

(四)篮球运动综合性力量训练方式

所谓综合性力量训练方式,是指不单纯对某一种训练因素起作用,而是具有多种训练目的的训练方式。它大多采用两种以上训练方式混合安排。篮球运动员综合性力量训练,主要采用耐酸性的肌肉增粗法,然后再进行绝对力量训练,最后再发展相对力量,改善肌肉用力的协调性和肌肉持续用力的能力。这种方法能逐步使肌肉发挥最大力量,充分动员肌肉运动单位参加工作,达到最佳状态,并防止准备活动不充分,避免运动伤害发生。

1. 混合训练练法

混合训练法是采用两种以上力量能力的训练方法,如先做肌肉增粗法3~4组,再做快速力量法4~8组。

2. 塔式训练法

塔式训练法是进行次极限和极限的肌肉收缩,逐渐提高负荷重量,最后采用的练习重量仅仅只能完成一次,然后再减少负荷重量,增加重复练习次数的训练方法。

如最大负荷的全蹲为 100 千克,则可选 60 千克做 20 次 1 组,70 千克 12 次 1 组,80 千克 10 次 1 组,90 千克 3 次 1 组,100 千克 1 次 1 组,然后选择 80 千克,直到做不起来最后一个为止。做 1 组或 2 组。

3. 结合专项力量素质的训练

(1)利用专门器材进行技术训练。常见的有用加重的篮球练习投篮、传球,穿沙衣进行篮球各种技、战术训练。

(2)结合球的爆发力量训练。一般采用结合球的各种跳跃训练,如中场三级跳投篮,连续抢篮板球、扣篮和抢断球等。

(3)提高身体对抗能力的训练。通过对抗性的练习,强化运动员在移动中的时空感觉,掌握动作用力的时机,使正确的用力方法与比赛的要求一致。通常采用以下几种主要的练习手段。

①以少打多的训练方法:在教学的组织中安排一打二、二打三、三打四,或者以小打大、以弱打强,设置训练障碍,增加对抗用力的频率和难度。

②辅助阻力的训练方法:通常在各种基本技术训练中,人为地制造阻力,提高有碰撞的技术能力,如在挤、压、推、拉的条件下强行突破投篮,在顶挡的情况下拼抢篮板球、挤过、穿过、绕过等练习。

③模拟比赛要求:一般多采用激励的方法增强对抗积极性,如篮下有对抗投篮规定得 3 分、内线与外线队员得分分开记录成绩的教学比赛等。

篮球专项力量练习,必须使练习动作幅度、用力方向与技术动作的要求一致,练习时负荷要大于比赛要求,使动作用力在技术要求的关键环节中得到充分的发挥。

4. 循环训练法

循环训练法是设立若干个力量练习点,综合安排不同训练内容,多维地影响不同肌群的力量能力。

五、篮球运动不同部位力量素质训练方法

(一)发展手指手腕力量练习方法

(1)手指用力抓空练习。

(2)两人一球,用单手手指互相推球(手指自然张开,用手指的力量用力推球)。

(3)两人坐着用指腕力量传篮球或实心球。

(4)左、右两手互相对抗。用力抓夺篮球。

(5)双手握杠铃杆,直臂做快速屈伸手腕练习。

(二)发展上肢力量的练习方法

(1)负重推举(两人面对站立,距离适当,互相推手)。

(2)卧推(两人一组,一人仰卧,另一人用体重下压适量,让同伴推起)。

(3)两人一组,一人侧平举,另一人用力压手腕对抗。

（4）负重伸屈臂。

（三）发展腰腹力量练习

（1）仰卧举腿，仰卧折体，仰卧挺身。
（2）跳起空中收腹、手打脚、转身、空中传球或空中变化动作上篮等等。
（3）单、双脚连续左右跳过一定高度。
（4）利用杠铃负重转体、挺身。

（四）发展下肢力量练习

（1）徒手半蹲或背靠墙半蹲。
（2）徒手单腿深蹲起。
（3）两人一组，利用人的体重进行负重半蹲起。
（4）负重提踵。
（5）深蹲跳。

（五）综合器械练习

1. 上斜卧杠铃提举

从器械架上抓取杠铃，屈肘，使杠铃下降至上胸部，向上推举杠铃至手臂伸直，还原。要求按照上述方法反复进行训练（图 10-1）。

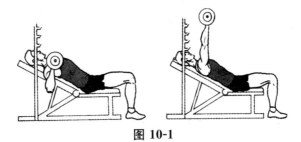

图 10-1

2. 坐式夹胸器夹胸

推动活动臂在胸前夹拢闭合，然后使两活动臂向后，还原。要求按照上述方法反复进行训练（图 10-2）。

图 10-2

3. 直立提踵

通过踝关节尽量跖屈使足跟抬高,坚持片刻,至小腿有拉伸感时足跟下落。要求按照上述方法反复进行训练(图 10-3)。

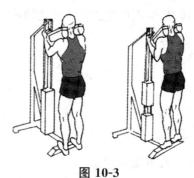

图 10-3

4. 坐式双臂平拉

肘关节保持屈曲±10°,手握手柄尽力后拉,还原。要求按照上述方法反复进行训练(图 10-4)。

图 10-4

六、篮球运动核心力量的专项训练

(一)俯姿平撑

俯卧,双臂屈肘 90°支撑身体,双腿伸直诈拢用脚尖撑地,直体固定腹背部,要求保持 20~30 秒。(图 10-5)。

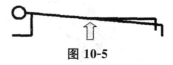

图 10-5

(二)俯姿平撑提腿

俯卧,双臂屈肘 90°支撑身体,双腿伸直并拢用脚尖撑地,直体固定腹背部,提起一条腿,双腿交替练习,提起每条腿时,保持姿势 10 秒(图 10-6)。

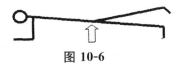

图 10-6

（三）仰姿桥撑

仰卧，双臂在体侧伸直，双手掌心向上支撑身体，双腿屈膝、并拢，用脚撑地。提起髋部离地，身体成桥形姿势固定，保持 20～30 秒（图 10-7）。

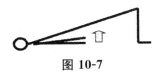

图 10-7

（四）仰姿臂撑提腿

仰卧，双臂屈肘支撑身体，双腿伸直、并拢，用脚撑地。提起髋部离地，身体成直体姿势，再提起一条腿，膝关节伸直、固定，双腿交替练习，提起每条腿保持 5～10 秒（图 10-8）。

图 10-8

（五）侧姿臂撑

侧卧，单臂屈肘支撑身体，另一只臂屈肘侧举，双腿伸直、并拢，用一只脚外侧撑地。提起髋部离地，身体成直体姿势，膝关节伸直、固定，身体两侧进行交替练习，每侧保持 20～30 秒（图 10-9）。

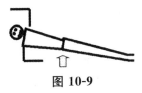

图 10-9

（六）侧姿臂撑提腿

侧卧，单臂屈肘支撑身体，另一只臂屈肘侧举，双腿伸直、并拢，用一只脚外侧撑地。提起髋部离地，身体成直体姿势，再提起一条腿，膝关节伸直、固定，身体两侧交替练习，每侧保持 20～30 秒（图 10-10）。

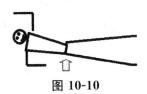

图 10-10

（七）侧卧弯月姿势两头起

侧卧，双臂伸直，双手于头上合拢，双腿伸直、并拢。提起双腿和双臂离地，身体成香蕉姿势，膝关节伸直、固定。身体两侧进行交替练习，每侧保持 20～30 秒（图 10-11）。

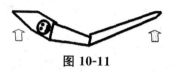

图 10-11

（八）仰卧瑞士球持实心球体前屈

双脚于双髋间距，躯干仰卧在瑞士球上，双臂水平伸直持实心球于头后。形成体前屈姿势，双臂垂直伸直持实心球于头上。保持姿势 20～30 秒（图 10-12）。

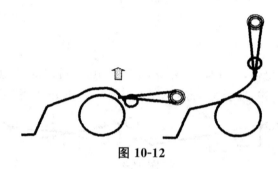

图 10-12

第二节　篮球运动速度素质训练

一、篮球运动速度素质的分类

在篮球运动中，按照动作过程来分，可将速度素质分为反应速度、动作速度和移动速度三种。反应速度是从外部接受各种刺激到开始动作的速度；动作速度是指运动员完成篮球技术动作的速度；移动速度是指篮球运动员在短时间内发挥出最大位移的能力。三者反映了篮球运动员速度能力既相互依存，又相互独立的不同方面。反应速度是动作速度和移动速度的前提，动作速度和移动速度直接影响到速度过程的快慢。

（一）反应速度

反应速度是指运动员对种种外界刺激（声、光、触等）快速应变的能力，也就是作出反应的潜伏时间。这种能力取决于信号通过神经传导所需时间的长短，即机体的感受器感到刺激时，由感觉神经元传入至中枢神经，由中枢神经发出指令，经运动神经元传出至效应器肌肉，肌肉产生运动。这在运动中又称为反应时，反应时长反应速度慢，反应时短反应速度快。如短跑运动员听到枪声后快速反应到起动；乒乓球运动员能在 0.15 秒内根据对方的击球动作和击球声音（通过视觉和听觉），非常迅速、准确地判断来球的落点和旋转性，同时做出相应的技术回击，这就是良好的反应速度的表现。

反应速度以神经过程的反应时（其中包括感觉时间、思维判别时间和动作始动时间）为基础。反应时受遗传的因素影响较大，遗传力高达 0.75 以上。另外，反应时的长短与刺激信号的强度和注意力的集中程度与指向有关。

（二）动作速度

动作速度是指运动员完成单个动作或成套动作的快慢以及单位时间内重复动作次数多少的能力，如铁饼、链球投掷的旋转动作时间，篮球运动员转身和三步上篮时间。因此，动作速度又分为单个动作速度、成套动作速度及动作速率三种。

一般来说，动作速度除了决定于信号在各环节中神经传递速度之外，还与神经系统对人体运动器官指挥能力关系密切。如兴奋冲动强度大，加之传递速度快，协调性好，即指挥的能力强，动作速度必然快。此外，动作速度的快慢还与人体各器官系统的准备状态，快速力量与速度耐力水平以及动作熟练程度有关。

在技术动作中，动作速度可分为瞬时速度（其速度产生于一瞬之间，如篮球的起跳速度）和角速度（运动时人体在单位时间内旋转的角度）等。

（三）移动速度

通常所说的移动速度，是指单位时间内运动员通过一定距离的能力，它是上述三种速度素质综合表现的一种快速运动能力，而且受力量、耐力、柔韧性和动作技术的影响。运动员位移的快慢，受起跑的快慢（听到哨声后的反应速度）、跑的动作频率、腿部力量、柔韧性、跑的技术，以及后程的耐力等诸多因素的影响。

从物理学上讲，移动速度是表示物体运动快慢的物理量，它是距离（S）与通过该距离的时间（T）之比，可用公式 $V=S/T$ 表示。移动速度与人的神经过程的灵活性关系密切，神经兴奋与抑制过程灵活性越高，转换能力越强，人体两腿交换频率越高，移动速度也就越快。运动员的跑速与其步幅、步频及二者的比例，肌肉放松能力和运动技能巩固程度有关。移动速度也受到遗传因素影响，有的资料表明，50 米跑速的遗传力为 0.78。

在技术动作中，移动速度可分为平均速度（V），加速度（a）和最高速度（Vt）。构成速度素质的反应速度、动作速度、移动速度之间既有联系又有区别。移动速度本身就是由各个单个动作速度和动作速率组合而成。如途中跑的后蹬速度、前摆腿动作速度、摆臂速度和重复次数的组合。反应速度又往往是移动速度的开始，反应速度在运动时，已经成为反应后的第一个动作速度。因此，在发展移动速度时，要考虑三者之间的相互关系，就移动速度而言，反应速度是前提条件，动作速度则是基础。

二、篮球运动速度素质的特点

篮球速度能力主要表现为局部速度和综合速度。局部速度主要反映篮球运动员的反应起动能力、快速动作能力以及在完成快速动作中的位移能力。综合速度能力就是指上述三种能力整合速度的快慢。由此，不难看出一般速度（反应、起动、加速、途中跑、冲刺）能力是篮球专项速度的物质基础,局部速度是综合速度的构成要素。综合速度是篮球速度素质的最终目标。

篮球运动员的速度素质特点是重心低,不断改变运动方向,在短距离内发挥最大的速度能力。因此,篮球专项速度能力的训练必须在一般速度发展的基础上,重点提高比赛要求的快速技术能力和快速的反应起动能力。通过发展速度与技术动作的协调,降低直线运动速度的损耗。篮球运动速度素质的训练主要是发展基本速度能力,改善技术动作结构的速度要素和提高比赛中的判断反应时间。

此外,篮球运动员的速度在激烈比赛中主要表现为连续反复的快速度冲刺。这种基本能力不仅要求磷酸肌酸供能,而且要求糖酵解供能。因此,篮球运动员在临场中表现出起动速度快,长时间的变速能力强。

篮球速度素质要求运动员对复杂的运动过程判断清晰,对篮球技术动作的时空特征熟悉,对对手的动作行为事先就有感知,对球场、球速和个人控制的空间范围都能准确地把握。

三、篮球运动速度素质训练的要求

速度是篮球运动的灵魂,是其生命活力之所在。能否在高速度、高难度、强对抗下准确、迅速地完成每一次进攻和防守是现代篮球比赛制胜的关键。但篮球运动的快跑速度不同于田径的短跑速度,田径的短跑是在无任何干扰的情况下,专心致志以创造最高速度为唯一目的。在篮球运动中,跑动中有激烈的对抗,要突破防守,在快跑中还要重视防守动作随机应变,同时还要有高度的稳定性(抗冲撞),所以篮球运动中的速度具有应变性、稳定性、隐蔽性和突然性的专项特点。篮球运动员的专项速度主要体现在:①位移速度;②反应—起动速度;③单个技术动作速度;④进攻速度;⑤防守速度;⑥攻防转换速度;⑦防守反击速度;⑧运球速度;⑨传球速度;⑩投放速度等。其中,进攻速度是灵魂,防守速度是保障。防守是为了进攻.进攻是要得分,防守中要有进攻,进攻中要有防守。篮球比赛是以得分多少评定胜负的,进攻的次数越多,则成功的概率越高,得分也越高。要增加进攻总次数,必须提高每次进攻和防守的速度。为此,篮球运动员的速度,只有在符合比赛快速攻、防要求的前提下,才有可能实现技术与战术的发挥。为了达到这种要求,运动员在比赛中通过观察、判断、反应以使动作速度更加迅速敏捷,使技术、战术的运用更加娴熟。由此可见加速度、加速跑的速度是篮球运动速度的核心,而不是绝对速度。

四、篮球运动速度素质的训练方式

(一)局部速度训练方式

1. 反应起动速度训练

篮球运动员的反应主要有:简单的信号反应,如同伴获得球后,快速起动跑;简单的预测反应,如同伴长传球后,迅速起动,根据传球的速度、高度、远度判断接球落点,调整动作速度,有控制、有准备地衔接接球后的动作;复杂的选择反应,如根据对手的变化,不失时机地快速作出正确的判断选择,就像投篮时遇对手封盖,突然变化为传球;复杂的分化反应,这种反应是指运动员根据自己的经验,对动作的时空特征进行判断,做出相应的动作,如进攻运动员向左做假动作通常会向右切入,防守队员不受欺骗,直接堵截右面,迫使对手进攻受阻,达到防守目的。篮球运动员反应速度的训练,主要通过与专项技术动作结构一致的速度练习,增加信息量,训练运动员感知的能力,对运动员的不同技术动作特点进行判断,并迅速发挥运动过程中的动作速度。因此,篮球运动员的反应起动速度的训练方式主要有以下几种。

(1)熟练各种专项动作,增加运动技术动作的信息量,从而提高人体的积极感知能力,缩短反应时的潜伏期。如熟悉球性和运球过人技术动作,以及在变化的防守面前随机应变地起动突破。

(2)缩短动作各环节,尤其是关键环节的反应时间。主要通过各种专项技术动作结构的强化训练,如开始的准备姿势、迅速发力的快速动作,提高反应速度。在篮球专项训练手段中,广泛采用追逐球、起动跑、抢篮板球后第一传起动跑、运球起动、各种防守步法和变向起动等。

(3)提高运动员对时空动作相互影响的预测能力,如通过大量的比赛和各种技术动作细微特征训练,以及一般技术动作规律分析,使运动员对各种动作的结果,能有比较强的预见性,从而主动地预先作出判断,弥补被动判断反应的不及时。

2. 移动速度的训练

篮球运动员的位移是非周期性运动,移动速度与运动的频率和各项技术动作的幅度有直接关系。运动频率的快慢和各项技术动作的幅度大小,要根据个人的身体条件、技术动作的掌握程度和身体素质情况而定。

动作频率的训练方式:在保证一定动作幅度的情况下,通过改进技术,提高素质,在一定时间内尽量多地完成各种动作次数,如直线运球往返上篮 10 秒以内完成等等。

动作幅度的训练方式:主要采用改进技术动作,提高肌肉的伸展性、关节的灵活性,以及肌肉的力量素质,最大限度地利用篮球运动员的身体条件。如中线快速行进间跨步投篮,要求步幅大,投篮动作尽量伸展。

3. 动作速度训练

篮球运动技术动作速度(动作速率和转换动作的速率)主要有单个技术动作速度和组合技术动作速度,单个技术动作速度对组合技术动作速度有决定性影响,篮球运动技术结构关键技术环节的速度都是以快速完成动作为基础的,因此,发展篮球技术动作的速度要重点提高关键技术环节的速度。

提高动作速度的训练方式通常有以下两点。

(1)反复加强单个动作的关键环节和组合动作的衔接动作速度,提高完成动作速度,如运球中变向后的加速、投篮快出手和传球的抖腕等等。

(2)提高完成动作的频率。在规定的时间内完成动作的次数,或者在规定完成的动作次数中缩短完成的时间。如在距离墙 3 米处 1 分钟内完成传球 60 次以上;又如两点原地运球,运动员两脚开立比肩稍宽,运球至左右脚的外侧,30 秒完成 30 次以上等方法。

(二)综合速度训练方式

综合速度是篮球比赛所需要的整体速度,包括进攻速度、防守速度、攻守转换速度、战术配合速度、各种战术意识的反应速度,以及运动员的技术动作速度等。

综合速度的训练方法主要以下几种。

（1）全面提高运动员的个人快速技术，使运动员的基本功扎实，动作娴熟，运用自如，方法多样，如通过快攻以多打少和三人直线快攻发展运动员的快速技术。进攻中只要出现机会，就做到人到球到，避免因完成技术动作的速度慢而错过战机。

（2）加强配合速度的训练，形成和建立队员之间的默契。如移动进攻速度、交叉配合速度、反跑配合速度和全场人盯人时夹击补位速度等。

（3）战术反应速度的培养。主要通过教练员的严格要求，培养运动员对比赛规律性的认识，熟悉各种配合方法，使运动员战术反应速度提高。如在训练中不断变化防守阵形，使运动员能按照配合路线较快地进入角色；又如通过快攻二打二或三打三培养运动员攻守转化速度，迅速进行两三人的配合，并使这种配合顺利地与阵地战术衔接。

五、篮球运动速度素质的训练方法

（一）篮球运动反应速度训练

1. 两人拍击

两名运动员面向开立，听到开始口令后，设法拍击对方背部，而又不被对方击中自己。在规定时间内（每次 1 分钟左右），拍击对手多者为胜（图 10-13）。

图 10-13

2. 截断球

由教练员扔不同方向的球，运动员随时起动断球。

3. 抢球训练

用实心球围成一个圆圈，球数比练习人数少一。练习开始运动员绕球圈外慢跑，听到信号各人就近抢球谁没有抢到便被淘汰，并去掉一球继续进行。每进行一轮成功者得一分，得分多为胜（图 10-14）。

4. 反应起跳

运动员围圈面向圈内站立，圈内 1 至 2 人，站在圆心附近手持小树枝或小竹竿（竿长超过圈半径）。训练开始，持竿者将竹竿绕过站圈人脚下划圆，竿经谁脚下即起跳，不让竿打上脚，被打即失败进圈换持竿者。训练时，持竿者也可突变划圈方向（图 10-15）。

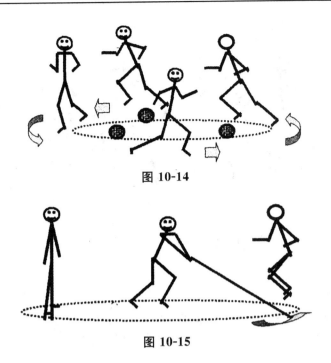

图 10-14

图 10-15

5. 抢接球练习

几人成一排,教练身后向前抛球,运动员见球后快速起动抢接球。

6. 贴人游戏

由若干运动员成两人前后面向圈内站立围成一圆圈,左右间隔 2 米。两人在圈外沿圈跑动追逐,被追者可跑至某两人的前面站立,则后面的第三者即逃跑,追者即改追这第三者,如被追上为失败(图 10-16)。

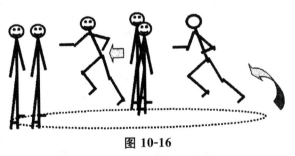

图 10-16

7. 反应突变练习

运动员听各种信号做各种滑步、上步、交叉步等移动、转身、急停、接球、上步垫球等模仿练习。

8. 喊数抱团

运动员绕圈进行跑动,根据教练喊出的数字,进行配对组合。不符合组合人数者为失败,需接受一定的惩罚性活动,如俯卧撑等(图 10-17)。

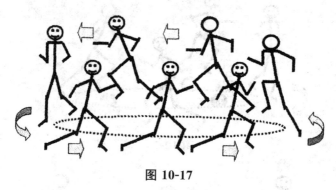

图 10-17

(二)篮球运动动作速度训练

1. 快速体侧传接球

两人相距 3～4 米站立,用 2～3 个篮球,按顺时针方向,做快速体侧单手传接球练习。

2. 斜立扩胸

运动员将两个瑞士球左右相邻放在地面上,然后俯卧用双扶住球面支撑上体。双脚脚掌支撑地面,身体屈膝,并向球倾斜。将两个球向外侧滚动,打开双臂,直到自己能够控制的动作幅度。然后回收双臂,将球滚回开始位置(图 10-18)。

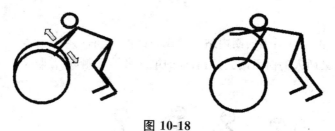

图 10-18

3. 快速传接实心球

参加训练的运动员与同伴相对站立,稍微屈膝,2 人间距约 3～4 米。双手持实心球于胸前,进行连续传接练习(图 10-19)。

图 10-19

4. 转身起跳击球

吊球悬挂在距墙 3 米处,高度因人而异,原地起跳用手击吊球后空中转体 180°落地,接着转身起跳击球。

5. 跨步跳

运动员双脚交替起跳和落地。跳起高度不要太高,摆动腿大腿与地面平行,步长大于正常跑进。在脚落地时运动员不要前伸小腿,并采用主动扒地方式快速落地(图 10-20)。

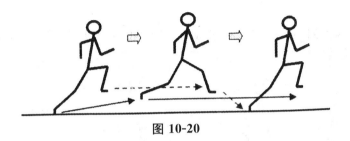

图 10-20

6. 移动断球

两名队员相距 6 米站立,做快速不间断传球。中间一名防守者在移动中断球,如得到球后将球传给传球者。

7. 前抛实心球或铅球

运动员面对抛掷方向,双脚左右开立约一肩半宽,直臂双手持实心球或铅球举过头顶。团身下摆实心球或铅球至两小腿间并接近地面。迅速蹬腿、挺身、挥臂向身体前上方抛出实心球或铅球(图 10-21)。

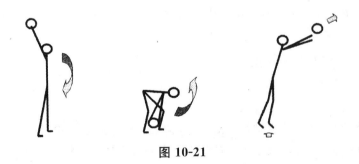

图 10-21

8. 后抛实心球或铅球

运动员背对抛掷方向,双脚左右开立约一肩半宽,直臂双手持实心球或铅球举过头顶。团身下摆实心球或铅球至两小腿间并接近地面。迅速蹬腿、挺身、挥臂向身体后上方抛出实心球(图 10-22)。

图 10-22

9. 跳起转体接实心球

运动员背对接球方向,双脚左右开立紧紧夹住轻实心球。迅速跳起,用双腿将轻实心球抛向空中,身体落地迅速转体接住实心球(图 10-23)。

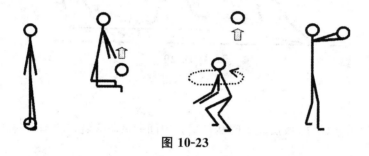

图 10-23

10. 移动打球

6 人站成相距 2 米的等边六角形,5 人体前各持一篮球,听信号后徒手队员快速移动循环拍打站立者手中的球。每次移动打球 20 次,计算完成时间,依次进行。

11. 运球绕障碍

篮球场上纵向放置 5 个障碍物间距 2 米,听信号后做快速运球绕过障碍物往返跑,可以竞赛方式计时,不得触碰障碍物。

(三)篮球运动移动速度训练

1. 后踢腿

运动员从慢跑开始,使摆动腿脚跟拍击臀部,膝关节在弯屈过程中向前上摆动。练习时,运动员要注意上体保持正直,可以根据运动个人能力来适当加快步频(图 10-24)。

图 10-24

2. 高抬腿跑绳梯

运动员以短跑动作前后摆臂进行快速高抬腿,肘关节弯曲大约90°。前摆手摆到约肩部高度,后摆手摆到臀部之后。大腿摆到与地面平行姿势。并且双脚在同一格内落地,尽快跑过每格约50厘米间距的绳梯或小棍(图10-25)。

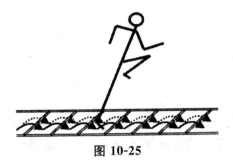

图 10-25

3. 缓坡上坡跑

运动员在一定坡度的跑道上进行跑进(图10-26)。要注意发展最大速度采用的坡度要控制在3°以下。发展加速能力采用的坡度可以适当增加。

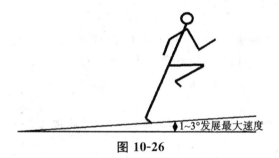

图 10-26

4. 拖轮胎跑

运动员在腰部系上绳索,拖动一个汽车轮胎进行跑动(图10-27)。注意训练时要强调正确跑进动作技术。轮胎不可太重,保持跑进的加速节奏。

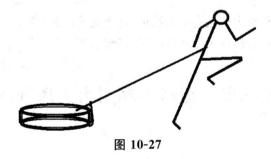

图 10-27

5. 运球接力

篮球场端线站立,听信号后快速运球跑到另一端线折回,手递手收球传给第二人,两人循环往返。

6. 全场运球上篮

从端线开始,听信号做全场运球上篮,投中后返回,不中要补进。要求不准带球跑。

7. 起动运球跑

背对球场在端线蹲立,手持篮球,听信号后立即转身做全速运球跑,到中线后折回端线。要求起动速度快,运球速度快,球不得远离身体。

8. 运球追逐跑

以 10 米为半径画一个圆圈,两人在圈外相距 4 米做原地运球,听信号后转身沿弧线运球追逐跑,后面人追上前面的人用手拍击背部,则两人同时转身运球交换追逐。

9. 起跳冲跑

篮下站立,听信号后连续起跳,手摸篮板 5 次,后接冲刺跑到中线折回。要求起跳动作不得有停顿,一气呵成。

10. 滚球接力

篮球场端线站立,球放在地上。信号开始用手滚动球到另一端后返回,手递手将球传给第二人,依次进行。要求球不能离开地面,以竞赛方式计时进行。

11. 两人推进上篮

端线开始,两人做快速跑动传接球上篮。不准运球,规定传球 3～4 次以内,不得走步违例。

12. 快速跑动传接球

5～8 名队员均匀分布在 15 米直径的圆圈上,持球者在圈内跑动,依次向各位置队员做传接球。要求不运球,传球快速准确。

13. 接球上篮

端线传球站立,把球传给中圈站立的教练员,迅速向前冲跑,接教练员的高抛、地滚等难度较大的传球上篮。要求侧身跑进,在不减速情况下,接球上篮。

第三节　篮球运动耐力素质训练

一、篮球运动耐力素质的分类

耐力素质是指运动员在运动中长时间抵抗神经、肌肉疲劳的能力。它是篮球运动员的重要素质。疲劳是训练后的必然结果,没有疲劳就没有训练。但疲劳又会使有机体的工作能力下降,而不能保持长时间地工作,所以疲劳又是训练的障碍。运动员在训练和比赛过程中抗疲劳的能力,反映了他的耐力素质水平。

篮球运动员必须具备良好的耐力素质,才能在比赛中始终保持充沛的精力和旺盛的斗志,从而保证技术、战术水平的正常发挥。运动训练过程中由肌肉工作引起的体力上的疲劳,是耐力素质训练所要克服的主要疲劳。耐力素质的发展对篮球运动成绩的提高具有十分重要的意义。一般来说,篮球耐力素质的分类主要有以下方法。

(一)从器官系统进行分类

从生理学的角度看,耐力素质可分为心血管耐力和肌肉耐力。从供能特征角度又可将心血管系统耐力分为而心血管耐力又包括有氧耐力、无氧耐力和有氧与元氧混合耐力。

1. 有氧耐力

有氧耐力是指有机体在氧气供应比较充分的情况下,坚持长时间工作的能力。有氧代谢能力可归结为氧气的吸收、运输和利用的有关机体特性的综合。有氧耐力训练的目的在于提高运动机体输送氧气的能力,促进有机体的新陈代谢,为今后运动负荷的增加创造条件。

2. 无氧耐力

无氧耐力是指有机体在氧气供应不足的情况下,能坚持在较长时间内工作的能力。无氧耐力工作是在机体长时间处于供氧不足的状态下进行工作,所以无氧耐力训练的目的在于提高运动员机体承受氧债的能力。

3. 有氧与无氧混合耐力

有氧与无氧混合耐力是介于无氧供能和有氧供能之间的一种耐力。其特点是持续时间长于无氧耐力而短于有氧耐力。

肌肉耐力是指运动员肌肉系统在一定的内部与外部负荷的情况下,能坚持较长时间或重复多次数的能力。肌肉耐力和力量水平的发展关系极为密切,发展肌肉的最大力量能有效地促进肌肉耐力水平的提高。根据运动时参与工作的肌肉群数量或身体活动部位,肌肉耐力可分为局部耐力和全身耐力。

(二)从训练学进行分类

从耐力素质与篮球运动的关系,可分为一般耐力和篮球专项耐力。

1. 一般耐力

一般耐力是一种多肌群、多系统长时间工作的能力。无论专项特点如何,良好的一般耐力都有助于各种形式的训练取得成功。但是,由于一般耐力是不同形式耐力的综合表现,对不同的运动项目来说,项目特点对它也有不同的要求。因此,在进行一般耐力训练时,应充分考虑一般耐力与专项耐力之间的关系。

2. 专项耐力

篮球专项耐力指运动员在其专项比赛中或训练中所要求的时间内,坚持高强度工作的能力。运动员的无氧耐力水平也取决于有氧代谢状况、能源物质储存及支撑运动器官对长时间大强度工作的承受能力。篮球运动员在发展专项耐力的训练中,要特别注意专项总体代谢特点,科学合理地安排训练。

二、篮球运动耐力素质的特点

篮球运动员的耐力素质主要体现在速度耐力方面,所以篮球运动员的耐力素质主要以糖酵解的供能形式为主。因此,在篮球专项耐力的训练安排中,要以最大耐乳酸的能力训练为主,有氧氧化供能形式的训练为辅,并且要处理好两者之间的训练关系。有氧氧化供能形式的训练是糖酵解供能形式训练的基础,有氧氧化能力强,运动员在比赛和训练中的恢复能力就强,而糖酵解供能是保证篮球运动员在比赛中保持长时间快速能力的物质要素。

篮球运动员的身材高,体重大,通常左心室壁较厚,而且心脏房室的容量大。运动过程中做功多,运动员的心肺功能强,表现出每搏输出量大。许多优秀的篮球运动员在安静时表现为运动性的心跳徐缓,基础代谢率低。快速的运动中,在加快心率的同时,每搏射血量较其他运动项目的运动员更大。

三、篮球运动耐力素质训练的要求

(1)在阶段训练计划中,在准备阶段前期应更多地发展有氧耐力,在准备阶段后期和赛前阶段则应更多地发展无氧耐力。在周训练计划中,每周一般只安排 2～3 次强度大或者持续时间较长的大运动量耐力训练。要充分考虑负荷的指标要求、运动员的营养状况、睡眠情况、身体的恢复是否适应新的刺激等因素,避免产生过度疲劳而影响其他素质和技术、战术的训练。

(2)篮球运动员的耐力训练首先要提高有氧耐力水平。在达到一定的耐力能力水平后,再采用无氧阈的训练方法,不断提高篮球专项耐力水平。有氧耐力持续时间,应考虑不同运动员的训练水平,过长时间的连续训练会使耗氧水平下降,组织活动不协调,影响训练效果。在发展无氧耐力时,要根据不同的训练目的,按一定顺序安排运动强度。如果是发展乳酸供能系统并维持较高值,则运动时间可由短变长;否则,如果为了迅速地动员乳酸供能系统,则可相反安排。

(3)篮球运动员的耐力训练,要突出专项耐力。专项耐力训练要先增加运动量,再增加运动负荷的强度。在每次的训练中,要逐渐增加练习的次数和组数,然后再增加训练的强度要求。合理地分配体力,使运动机能节省化。

(4)耐力训练要长年进行,练习内容要多种多样,逐步提高对各种新异刺激的适应性,避免因练习内容单调,使训练积极性不高,引起思想上的厌倦。

篮球运动员耐力素质训练安排,原则上要使每次训练后机体充分恢复再安排下一次耐力训练。然而,在篮球运动实践中,运动员每次进行耐力训练并不一定都完全恢复,这就要求运动员具有较强的有氧氧化供能的能力,使体力迅速得到恢复。

四、篮球运动耐力素质训练的方式

(一)持续负荷训练方式

持续负荷训练是指负荷强度较低、负荷时间较长、无间断地连续进行练习的方式。持续负荷训练通常用于发展一般耐力素质,可提高有氧代谢系统供能能力以及该供能状态下有氧运动的强度;可为进一步提高无氧代谢能力及无氧工作强度奠定坚实的基础。

这种训练的基础是保持最大吸氧量水平,提高人体有氧代谢水平,心率控制在 150 次左右。方法是采用匀速跑、变速跑和超越跑。如长时间安排快攻、防守步法、趣味性活动,又如折线跑、8字围绕、连续跑动 28 米折返、连续碰板 100～200 次。

(二)重复负荷训练方式

重复负荷训练是指多次重复同一练习,两次(组)练习之间安排相对充分休息的练习方法。通过多次重复练习,不断强化运动条件反射的过程,有利于掌握和巩固技术动作;可使机体尽快产生较高的适应性机制,有利于发展和提高身体素质。构成重复负荷训练的主要因素有:单次(组)练习的负荷量、负荷强度及每两次(组)练习之间的休息时间。休息的方式通常采用静止、肌肉按摩或散步。

这种训练方法的基础是无氧代谢。负荷最大心率达 28 次/10 秒以上,组间休息 5 分钟左右,心率下降至 15 次/10 秒左右,再进行下一次的负荷刺激。如 400 米做 5～10 组,计时。采用不同的强度安排各种重复性的练习。在篮球训练中常有 3 人直线快攻,可安排 1～5 个往返,然后再安排 5～10 个往返,即每组逐步增加往返次数,然后由最大到最小,强度随重复往返的次数而增减。还有连续抛接困难球 10 个等。

(三)循环负荷训练方式

循环负荷训练是指根据训练的具体任务,将练习手段设置为若干个练习站,练习者按照既定顺序和路线,依次完成每站练习任务的练习方式。这种方式可有效地激发练习情绪、累积负荷痕迹、交替刺激不同体位。其结构因素有:每站的练习内容、每站的运动负荷、练习站的安排顺序、练习站之间的间歇、每遍循环之间的间歇、练习的站数与循环练习的组数。运用循环负荷训练练习法可有效地提高练习情绪和积极性;可以合理地增大运动训练过程的练习密度;可以随时根据具体情况因人而异地加以调整,做到区别对待;可以防止局部负担过重,延缓疲劳的产生,并有利于全面身体训练。

这种训练方法的特点是,各练习站有机联系,各个练习站平均负荷强度相对较低,各组循环内各站之间无明显中断,一次循环的持续负荷时间较长。负荷强度高低交替搭配进行。循环组数相对较多。上下肢练习、前后部练习顺序的配置或集中安排或交替进行。组织方式可采用流水式或轮换式。可提高疲劳状态下连续作战的能力以及有氧工作强度;可提高有氧代谢系统供能的能力、有氧工作强度以及有氧代谢供能状态下的力量耐力。

（四）间歇负荷训练方式

间歇负荷训练是指对多次练习时的间歇时间作出严格规定，使机体处于不完全恢复状态下，反复进行练习的方法。合理应用间歇负荷训练，可使心脏功能得到明显的增强，使机体各机能产生适应性变化；使糖酵解代谢供能能力、磷酸盐与糖酵解混合代谢的供能能力、糖酵解与有氧代谢混合供能能力和有氧代谢供能能力得以有效的发展和提高；使机体抗乳酸能力得到提高，以确保在保持较高强度的情况下具有持续运动的能力。

这种训练的基础是有氧和无氧的混合代谢。间歇时间是在没有完全恢复的情况下再进行下一次练习的刺激。如 400 米跑、100 米快速跑、100 米放松跑，反复进行。又如采用各种连续跑动 40 秒钟左右的练习，重复进行。如 3 人直线快攻 3 个或 4 个往返为 1 组完成 5~10 组，两点移动快速投篮投中 10 个为 1 组完成 5 组；再如，连续篮下一打一或者一打二进 10 个球。

（五）变换训练方式

变换训练方式是指变换运动负荷、练习内容、练习形式以及条件，以提高练习者积极性、趣味性、适应性及应变能力的训练方式。

通过变换运动负荷，可使机体产生适应性变化，从而提高承受运动负荷的能力。通过变换练习内容，可使不同运动素质、运动技术和运动战术得到系统的训练和协调的发展。

依据变换的内容可将变换练习法分为负荷变换练习法、内容变换练习法和形式变换练习法。

负荷变换练习法的特点是：降低负荷强度，有利于学习和掌握运动技术。提高负荷强度及密度，可使机体适应大强度工作的需要。另外，可通过变换练习动作的负荷强度、练习次数、练习时间、练习质量、间歇时间、间歇方式及练习组数等变量方式，促使运动素质、能量代谢系统的发展与提高。

内容变换练习法的特点是：练习内容的动作结构可为变异组合，也可为固定组合，练习的负荷性质符合专项特点，练习内容的变换符合体能发展的需要，练习动作的用力程度符合专项的要求。

形式变换练习方法的特点是：形式变换练习法的运用主要反映在场地、线路、落点和方位等条件或环境的变换上。通过变换练习环境、变换练习气氛、变换练习路径、变换练习时间和变换练习形式进行训练。通过变换训练方式，使各种技术更好地串联和衔接起来；对训练者产生新的刺激，激发起较高的训练情绪，进而促使神经系统处于良好的准备状态；促使训练者产生强烈的表现欲望，提高训练质量。

五、篮球运动耐力素质的训练方法

（一）篮球运动一般耐力素质训练

1. 有氧耐力训练

（1）根据最大摄氧量，进行连续练习和间歇练习的方法

最大摄氧量是指身体发挥最大功能水平，每分钟摄入并供给组织细胞消耗的氧气量，它是有

氧代谢能力的基础。一般人的最大摄氧量为 2～3 升/分,经常参加体育锻炼的人可达 4～9 升/分。运动员在进行有氧训练时,可以把最大摄氧量作为参考指标确定运动强度。

(2)运用无氧阈进行锻炼

无氧阈是人体在进行递增性体育锻炼过程中,由有氧代谢供能开始到大量动用无氧代谢供能的转折点,这一转折点相当于一般人心率在 140～150 次/分钟时的运动强度。也就是说,体育锻炼时心率在 150 次/分以下,主要是发展有氧耐力;心率在 150 次/分以上,则主要是发展无氧耐力。因此,不管采用何种体育锻炼方式来发展有氧耐力,心率不宜超过 150 次/分。

2. 无氧耐力训练

(1)乳酸供能练习法

练习强度一般达到身体负荷的 80%～90%,心率可达到 160～175 次/分,每次练习的时间可控制在 35～120 秒,练习 2～4 次,练习 3 组左右,组间休息 15 分钟左右。如 200 米跑,3 次一组,练习两组,每次跑间歇时间保持一致,也可逐次缩短。

(2)非乳酸供能练习法

练习负荷强度在 90%～95%,练习时心率可达 180 次/分钟以上,练习持续时间是 3～8 秒,重复次数 2～4 次,练习组数 3～5 组。如 30 米快跑,每组 3 次跑 4 组,每次间隔 1～2 分钟,组间休息 7 分钟左右。

(二)篮球运动专项耐力素质训练

1. 有氧耐力训练

(1)匀速持续跑

跑的负荷量尽可能多,运动时间在 1 小时以上。心率控制在 150 次/分左右。要求匀速连续地跑。

(2)变速跑

通常在场地上进行。快、慢跑距离和地点根据专项任务与要求制定。负荷强度由低到高,心率控制在 130～150 次/分、170～180 次/分左右。练习持续时间在 30 分钟以上。

(3)3 分钟以上跳绳或跳绳跑

在跑道上做两臂正摇原地跳绳 3 分钟或跳绳跑 2 分钟,4～6 次,间歇 5 分钟。强度为 45%～60%。

2. 无氧耐力训练

(1)原地或行进间间歇车轮跑

原地或行进间做车轮跑,每组 50～70 次,6～8 组,组间歇 2～4 分钟。强度为 75%～80%。

(2)间歇后蹬跑

行进间做后蹬跑,每组 30～40 次或 60～80 米,重复 6～8 次,间歇 2～3 分钟。强度为 80%。

(3)高抬腿跑转加速跑

行进间高抬腿跑 20 米左右转加速跑 80 米。重复 5～8 次,间歇 2～4 分钟。强度为 80%～85%。

（4）反复起跑

蹲踞式或站立式起跑 30～60 米，每组 3～4 次，重复 3～4 组，每次间歇 1 分钟，组间歇 3 分钟。

（5）反复连续跑台阶

在每级高 20 厘米的楼梯或高 50 厘米的看台上，连续跑 30～40 步台阶，每步 2 级，重复 6 次，每次间歇 5 分钟。强度为 65％～70％。要求动作不间断，也可定时完成。

3. 有氧、无氧混合耐力训练

（1）持续接力

以 100～200 米的全力跑，每组 4～5 人轮流接力。要求注意安全和练习过程中的协调配合。如果运动员人数充足也可以分成若干组进行训练比赛。

（2）力竭重复跑

采用专项比赛距离，或稍长距离，以 100％ 强度全力跑若干次。每次之间充分休息。

（3）间歇跑

固定练习中间休息时间，随着训练水平提高逐渐缩短中间休息时间。要求，如在 400 米练习中，用规定速度跑完 100 米后，休息 20～30 秒，如此循环反复训练。当运动员的能力可以缩短练习中间休息时间时，调整休息时间为 15～25 秒。

4. 肌肉耐力训练

（1）1 分钟立卧撑

由直立姿势开始，下蹲两手撑地，伸直腿成俯撑，然后收腿成蹲撑，再还原成直立。每次做 1 分钟，4～6 组，间歇 5 分钟，强度为 50％～55％。要求动作规范，必须站起来才算完成一次练习。也可以穿上沙背心做该练习。或做立卧撑接蹲跳起，则强度稍大，做 30 次为一组，组间歇为 10 分钟。

（2）连续半蹲跑

成半蹲姿势（大小腿成 100° 角左右），向前跑进 50～70 米，重复 5～7 次，每组间歇 3～5 分钟，强度为 60％～65％，不规定速度，走回来时尽量放松，在进行下次练习前，可做 15 秒贴墙手倒立。

（3）沙滩跑

在沙滩上做快慢交替自由跑，每组 500～1 000 米，也可穿沙背心跑，速度变化和要求可因人而异，做 4～6 组。组间歇 10 分钟，强度为 50％～55％。

第四节　篮球运动柔韧素质训练

一、篮球运动柔韧素质的分类

柔韧素质是指人的各个关节的活动幅度、肌肉和韧带的伸展能力。肌肉和韧带的伸展能力对关节的活动幅度有较大影响,但关节的活动幅度更受关节结构的制约。

篮球运动是一种综合性活动,要求运动员做动作时既能较大幅度地伸展,又能及时地收缩变化;动作既要有力,又要协调。为此,必须注意加强运动员关节韧带,特别是腰、胯、肩、踝关节韧带的锻炼。拉长韧带、加强韧带的弹性,不仅可提高灵活性,而且对提高力量,避免受伤,都有重要作用。实践证明,柔韧素质差是一些运动员灵活性差,且易受伤的主要原因之一。因此,教练员和运动员必须对提高柔韧素质给予足够的重视,特别是对青少年运动员更需要注意。

(一)一般柔韧素质与专项柔韧素质

一般而言,柔韧素质从其与专项的关系看,通常可分为一般柔韧素质和专项柔韧素质两种。

一般柔韧素质是指适应各项目一般身体。技术、战术训练所需的柔韧素质。可以说它包括机体各关节的活动幅度和肌肉、韧带的伸展性。

专项柔韧素质是指各专项所特殊需要的柔韧素质。专项柔韧素质是掌握和提高专项技术必不可少的素质。因为专项柔韧性具有较强的选择性,所以,同一身体部位具有的柔韧性由于项目的需求不同,在幅度、方向等表现上也有差异。

由于人体各关节的活动幅度和各部位肌肉、韧带的伸展性在各专项运动中都能表现出来,只是所要求的活动幅度和伸展性的大小不同,人们才根据各专项对柔韧性的特殊需要将柔韧素质分为一般和专项两种。专项柔韧素质是建立在一般柔韧素质基础上的。一般柔韧素质发展得好,有利于专项柔韧素质的提高。

(二)动力性柔韧性和与静力性柔韧性

柔韧素质从其外部运动状态的表现看可分为动力性柔韧性和静力性柔韧性。

所谓动力性柔韧性,是指肌肉、肌腱、韧带根据动力性技术动作需要,拉伸到解剖学允许的最大限度能力,随即利用强有力的弹性回缩力来完成所要完成的动作。所有爆发力前的拉伸均属于动力性柔韧性。

所谓静力性柔韧性,是指肌肉、肌腱、韧带根据静力性技术动作的需要,拉伸到动作所需要的位置角度,控制其停留一定时间所表现出来的能力。如体操中的控腿、俯平衡动作、"桥"、劈叉,体育舞蹈中的各种造型,跳水运动员保持体前屈的姿势等就是这种能力的体现。动力性柔韧性建立在静力性柔韧性的基础上,但必须要有力量素质的表现。静力性柔韧性好,动力性柔韧性不一定好。

(三)主动柔韧性与被动柔韧性

从完成柔韧性练习的表现上看,柔韧素质又分为主动柔韧性和被动柔韧性。

主动柔韧性是指人主动运动中表现出来的柔韧素质水平。被动柔韧性则是指在一定外力协助下完成或在外力作用下(如教练员协助运动员做压腿练习)表现出来的柔韧水平。主动柔韧性不仅反映对抗肌的可伸展程度,而且也可反映主动肌的收缩力量。通常情况下,主动柔韧性比被动柔韧性要差,这种差距越小,说明柔韧素质的发展水平越均衡。

从柔韧素质在身体不同部位的表现看,又可分为上肢柔韧性、下肢柔韧性、腰部柔韧性、肩部柔韧性等等。

二、篮球运动柔韧素质的特点

一般来说,篮球运动要求运动员有较好的柔韧性,特别是手指、手腕、肩、腰、踝及腿部的柔韧性要更好。篮球运动员身材高大,身体健壮,肌肉粗大。篮球运动员柔韧性的解剖学特性与一般人群并无差异,它主要受到对抗肌维持姿势的肌紧张、牵拉性条件反射而引起肌肉收缩的限制,以及神经过程的兴奋与抑制的协调性,对肌肉收缩与舒张的影响。因此,篮球运动员的柔韧性受到肌肉、肌腱、韧带、关节囊的弹性的影响,与其他运动项目相比稍差,尤其是身材高大的运动员如果缺少柔韧训练就会更差。

三、篮球运动柔韧素质训练的要求

首先,篮球专项柔韧素质训练要早期专门化。篮球运动是一个对灵活性、协调性要求很高的项目,并且运动员身材高大,肌肉健壮。因此,柔韧训练应从少儿时期开始改善关节的灵活性,提高韧带、肌腱的弹性和肌肉的伸展性。由于少年儿童的软组织质量更有利于柔韧性的发展,因此,早期柔韧性训练容易取得事半功倍的效果。

其次,篮球专项柔韧素质训练要持之以恒。篮球运动员柔韧性的重要性容易被人忽视。肌肉韧带的牵拉过程伴有疼痛,长期系统地训练要有较大的意志力,况且柔韧性还受力量、耐力和身体发育的影响,年龄变大,柔韧性会变差。因此,保持和改善篮球运动员的柔韧性是长期艰苦的过程,在训练中要坚持课课练,经常进行专门的柔韧训练课。

最后,篮球柔韧素质训练要与其他素质结合进行,特别是要与力量素质训练相结合,使肌肉、韧带柔而不软,韧而不僵,刚劲有力,使关节的活动幅度掌握自如。

四、篮球运动柔韧素质的训练方式

改善肌肉的伸展性和弹性,提高运动技术的动作灵活性和动作幅度,预防和减少运动损伤现象的发生是篮球运动柔韧性训练的主要目的。其常用的训练方法主要包括被动训练法、主动训练法和混合训练法。

(一)被动性练习法

柔韧的被动训练法是通过身体的重力、辅助器材和同伴的协助,使肌肉韧带被拉长的锻炼方法。

(1)各种负重和不负重的悬垂练习。例如利用器械的重力悬垂,把重物放在直角压腿的膝关节下,让大腿后群肌肉被动拉长;又如利用身体的重力做单杠、双杠、肋木上正反肩关节的悬垂练习;再如轻负荷的提拉,下放时对脊柱后肌群有拉长作用。

(2)在同伴协助或者助力下,维持某种动作姿势。如一人平躺在地上挺直,抬举双腿放在另一人肩上,用臂或肩向前下方推压,进行直角压腿练习。

（二）主动性练习法

主动性训练是指通过人体肌肉快速收缩所获得的惯性，让肌肉的各个放松部位获得伸展和牵拉。

（1）通过肢体的各种摆和振动，如各种绕环、踢腿、推墙等，达到拉伸肌肉和韧带的效果。

（2）协调发展小肌群轻力量，使放松的对抗肌和参加完成动作的肌群协调配合，并利用惯性，使关节柔韧度达到最大限度。如手腕力量练习，使手背肌群放松，并使手背肌群牵拉，爆发性惯性越大，肌群拉伸越大。

（三）混合性练习法

混合训练法是指在外力作用和自主肌肉收缩的共同影响下，两者共同加大拉伸效果。如直角悬垂压腿，既利用上体的重力下压，又通过腹肌的收缩加力，使腹后肌群拉长；又如负重仰卧起坐的前压腿练习，对脊柱后群肌肉、腹后肌群和韧带都有良好的牵拉作用。

五、篮球运动柔韧素质的训练方法

（一）肩关节柔韧性训练

1. 背向压肩

运动员背对墙站立，向后抬起双臂，与肩同高直臂扶墙，手指向上。呼气，屈膝降低肩部高度。重复练习（图 10-28）。

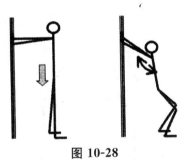

图 10-28

2. 内向拉肩

运动员站立或坐立，抬起一只臂肘关节至肩部高度，屈肘与另一只臂交叉。另一只臂抬起至肩部高度抓住对侧肘关节，呼气，向后拉。换臂重复练习（图 10-29）。

3. 向后拉肩

运动员站立或坐立，在背后双手合掌，手指向下吸气，转动手腕使手指向上。吸气，向上移动双手直最大限度，并后拉肘部。重复练习（图 10-30）。

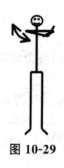

图 10-29

图 10-30

（二）手指、手腕柔韧性训练

1. 跪撑正压腕

运动员双膝和双臂直臂撑地，双手间距约与肩同宽，手指向前。呼气，身体重心前移。恢复开始姿势重复练习（图 10-31）。

图 10-31

2. 向内旋腕

运动员站立，双臂伸直，双手合掌。呼气，尽量内旋双手手腕，双手分离。重复练习（图 10-32）。

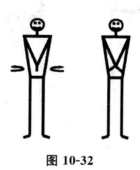

图 10-32

（三）背部、胸部柔韧性训练

1. 站立伸背

运动员双脚并拢站立，上体前倾至与地面平行姿势，双手扶在栏杆上，略高于头。四肢保持伸直，屈髋。呼气，双手抓住栏杆下压上体，使背部下凹形成背弓（图 10-33）。

图 10-33

2. 跪拉胸

运动员跪在地面,身体前倾,双臂前臂交叉高于头部放在台子上。呼气,下沉头部和胸部,一直到接触地面。重复练习(图 10-34)。

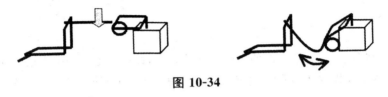

图 10-34

3. 开门拉胸

运动员在一扇打开的门框内,双脚前后开立,双臂肘关节外展到肩的高度。双臂前臂向上,掌心对墙。呼气,身体前倾拉伸胸部。重复练习(图 10-35)。

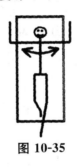

图 10-35

(四)腰部、腹部柔韧性训练

1. 跪立背弓

运动员在垫上跪立,脚尖向后。双手扶在臀上部,形成背弓,臀部肌肉收缩送髋。呼气,加大背弓,头后仰、张口,逐渐把双手滑向脚跟。重复练习(图 10-36)。

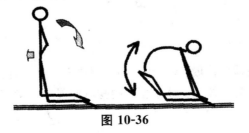

图 10-36

2. 站立体侧屈

运动员双脚左右开立,双手交叉举过头顶向上伸臂。呼气,一侧耳朵贴在肩上,体侧屈至最大限度。向身体另一侧重复练习(图 10-37)。

图 10-37

3. 俯卧转腰

运动员俯卧在台子上,躯干上部伸出边缘之外悬空,颈后肩上扛一根木棍。双臂体侧展开固定木棍。呼气,尽量大幅度转动躯干,不同方向重复练习(图 10-38)。

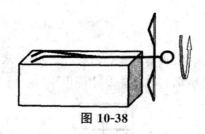

图 10-38

(五)髋部、臀部柔韧性训练

1. 台上侧卧拉引

运动员侧卧在台子边缘,双腿伸展。呼气,上部的腿直膝分腿后移,悬在空中。换腿重复练习(图 10-39)。

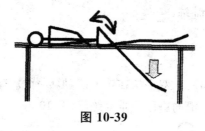

图 10-39

2. 垫上前后分腿

运动员坐在垫上,双腿体前伸展,双手在髋部两侧地面支撑。右腿大腿外展,接触垫子屈膝,使脚接触左腿膝部。吸气,双臂撑起身体。左腿向身后伸展,大腿上部、膝盖、胫前部和脚掌内侧接触垫子(图 10-40)。

图 10-40

3. 弓箭步压髋

运动员弓箭步站立,前面腿膝关节成 90°,后面腿脚背触地,脚尖向后。双手叉腰。屈膝降低重心,后面腿的膝触地。呼气,下压后面腿髋部。换腿重复练习(图 10-41)。

图 10-41

(六)大腿柔韧性训练

1. 长凳坐压腿

运动员坐在长凳上,一条腿伸膝放在凳上,另一条腿脚接触地面。双手头后交叉。呼气,上体前倾贴近长凳上伸展腿的大腿上部。重复练习(图 10-42)。

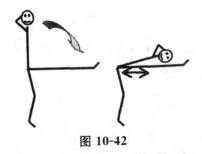

图 10-42

2. 直膝分腿坐压腿

运动员双腿尽量分开坐在地面,呼气,转体,上体前倾贴在一条腿上部。交换腿拉伸,重复练习(图 10-43)。

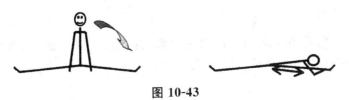

图 10-43

3. 弓箭步拉伸

运动员弓箭步站立,双脚间距约 60 厘米,后面脚外旋 90。,双手叉腰。呼气,前脚继续前移,后面腿的髋部下压。换腿重复练习(图 10-44)。

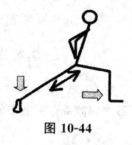

图 10-44

4. 扶墙拉脚

运动员一只手扶墙站立,一条腿屈膝,使脚跟靠近臀部。呼气,另一只手抓住屈膝腿提起的脚背,吸气,缓慢向臀部方向提拉(图 10-45)。

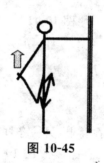

图 10-45

5. 坐立后仰腿折叠

运动员臀部坐在垫上跪立,后倒身体到躺在垫上,脚跟在大腿两侧,脚尖向后。身体后倒过程中呼气,直到背部平躺在垫上。重复练习(图 10-46)。

图 10-46

(七)小腿柔韧性训练

1. 单脚跪拉

运动员跪下脚趾向后,坐在脚跟上,双手在地面支撑。一只脚平放地面缓慢前移,呼气,膝关节下压并向脚趾前面移动。双腿轮流练习(图 10-47)。

图 10-47

2. 扶墙拉伸

运动员面对墙壁站立,双手扶墙支撑身体,双脚始终贴在地面,脚趾指向墙。呼气,屈肘前移重心,两前臂贴墙,身体斜靠在墙上。重复练习(图 10-48)。

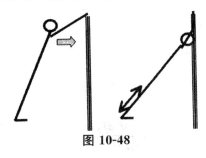

图 10-48

3. 体前屈足背屈

运动员两脚相距约 30 厘米前后开立,前脚背屈,脚跟支撑地面。呼气,体前屈,力图双手触摸前脚,胸部贴在腿上。换腿重复练习(图 10-49)。

图 10-49

(八)脚、踝部柔韧性训练

1. 脚趾下部和小腿后部拉伸

运动员面对墙双脚相距约 50 厘米前后开立,前脚距墙约 50 厘米。双手扶墙,身体向墙倾斜。后脚正对墙,脚跟贴在地面。呼气,提起后脚的脚跟,将体重移到后脚的脚掌上,并下压。双腿轮流练习(图 10-50)。

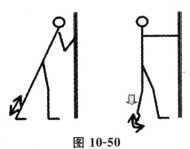

图 10-50

2. 跪撑后坐

运动员跪在地面,双手撑地,双脚并拢以脚掌支撑。呼气,向后下方移动臀部(图 10-51)。

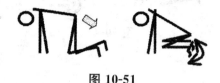

图 10-51

3. 踝关节向内拉伸

运动员坐下将一条腿的小腿放到另一条腿的大腿上。一只手抓住踝关节上部小腿,另一只手抓住脚的外侧。双脚轮流练习(图 10-52)。

图 10-52

第五节 篮球运动灵敏素质训练

一、篮球运动灵敏素质的分类

灵敏素质是指在各种突然变换的条件下,运动员能迅速、准确、协调地完成动作的能力。这是一种典型的复合素质,是运动技能、专门的运动感觉和各种素质在运动中的综合表现。篮球运动员宽阔的视野是迅速、准确、协调地改变身体运动能力的基础。篮球运动员的灵敏素质实质上是经过视觉感受在大脑皮层神经过程的转换,使已形成的各种准确有效的动作动力定型适应突然变化的运动情况。换句话说,篮球运动员的灵敏素质包含有快速的反应过程和较准确的运动过程。灵敏素质有助于掌握、运用各种复杂技术、战术和提高场上的应变能力,对篮球运动有着重要作用。

根据与专项的关系,灵敏素质可分为一般灵敏素质和专项灵敏素质。

(一)一般灵敏素质

灵敏素质是由力量、反应、速度、协调性等多种素质组合而成的,它是灵敏素质发展的基础。提高灵敏素质水平的基础是全面发展各种运动素质,因此要加强全面身体素质训练。

（二）专项灵敏素质

专项灵敏素质,是指运动员在专项运动中,迅速、准确、协调自如地完成专项各种技术和战术动作的能力。它是在一般灵敏素质的基础上,多年重复技战术训练和提高专项技能的结果。各专项运动对灵敏素质有着不同的要求。一般来说,篮球运动员发展灵敏素质应从培养运动员视觉判断等各种能力入手,其中包括视觉反应能力、掌握动作的能力、平衡能力和节奏感等。这就要求在结合技术训练和其他专门训练中,运用各种信号和手段,加强反应速度练习。提高运动员神经系统迅速集中和分散的能力,使大脑皮层的灵活性与神经过程的转换能力都得到进一步提高。同时,还要熟练掌握各种攻守技术和战术,不断提高机动灵活的战术意识和运用能力。

二、篮球运动灵敏素质的特点及影响因素

（一）篮球运动灵敏素质的特点

1. 精确性高,动作反应快

篮球运动员专项灵敏素质的精确性,反映自身运动与周围环境的感知能力,不仅要求视觉宽阔和目标的准确性,而且要求反应的快速性,表现为准确的投篮得分。

2. 运动时空感觉强

篮球运动的灵活性,要求运动员能感觉得到内在结构和由此而产生的快速协调与精确性的协调。在精确地完成动作的同时不降低速度要求。通过人体的本体感觉控制篮球运动员的身体姿势和平衡能力,例如在行进间急停跳投中,速度快、控制平衡能力强是投篮命中率高的重要保证。另外,篮球运动员的空间感觉好,优秀的篮球运动员对球场的位置感、距离感、球感、节奏感、灵敏感强,能感知球的落点、同伴和对手的位置、同伴和对手所能达到的空间高度和远度。

通常来说,篮球运动员的灵活性存在个性差异。中锋、前锋和后卫,在时间和空间的灵活性的要求上侧重点不同,它是篮球运动员的特殊体形所决定的。

（二）篮球运动灵敏素质的影响因素

篮球运动中影响灵敏素质的因素很多,其中主要包括解剖、生理、心理、运动经验及其他身体素质发展水平等。

1. 解剖因素

（1）运动员的体型:由于各种体育项目不同,要求运动员的体型也就不同,所以从身体形态来看有其显著的项目特点,也就是说专项技能与身体形态相一致。篮球由于篮高的原因,要求运动员身材高大,这有利于专项技术的发挥,能在本专项中表现出高度的灵敏素质来。因此很难说哪一种体型的人灵敏素质好,哪一种体型的人灵敏素质差,但就一般人来说,过高而瘦长的,过胖的或梨形体型的人缺乏灵敏性,"O"型腿、"X"型腿的人缺乏灵活性,肌肉发达的中等或中等以下身高的人,往往有高度的控制力而表现得非常灵活。

（2）运动员的体重："体重＝脂肪＋水＋矿物质＋肌细胞"，其中以脂肪和肌细胞的增长最为显著,脂肪的增长是每日进食超过一天所需能量,其多余部分转变为脂肪,而肌细胞的增长是通过锻炼促进肌细胞增长。脂肪过多影响肌肉收缩效率,增加了不必要的体重等于增加了运动时的阻力,从而影响了身体的灵活性,因此必须进行合理的训练增加肌肉比重,再配以低热量进食逐渐减少脂肪。

2. 生理因素

生理因素主要是大脑皮质神经过程的灵活性。高度的灵敏素质是在其巩固运动技能的基础上表现出来的,也就是在大脑皮层分析综合能力高度发展的情况下体现的。大脑皮层的分析综合能力是在时间和空间上紧密结合进行的,因此在学习每一个动作时都必须按一定顺序进行,大脑皮层概括动作的难易度所给予的刺激也按一定顺序正确地反映出来,多次重复会形成熟练的动作。例如在进行三步上篮时,运动员用视觉判断上篮时的距离及篮的高度,用位觉感觉起跳后身体空间方位,用皮肤触觉感知地面硬度及手投篮的力量,这些刺激所引起的兴奋传到大脑皮层相应区,都按严格的时间和顺序产生兴奋、抑制,经过多次强化,各感觉中枢与运动中枢的动觉细胞产生暂时联系而形成运动技能。通过大量各种动作练习形成许多熟练的运动技能,把这些动作变换,并在变化的环境中完成,使大脑皮层的兴奋和抑制的转换能力加强,从而提高大脑皮层神经过程的灵活性。这样,在任何条件下,任何环境中都能熟练地把这些动作表现出来。

人体在完成做动作时,肌肉产生收缩,通过肌肉肌梭(感知肌纤维长度、张力变化)、腱梭(感知牵张变化)产生的兴奋传入神经中枢进行分析综合活动而感知身体在空间的位置、姿势以及身体各部位的运动情况,并与视觉、位觉、触觉以及内感受器相互作用,实现空间方位感觉。在肌肉感觉及空间方位感觉基础上,大脑皮层才能随环境变化调节肌紧张,以保证实现各种协调精确动作。运动分析得越完善,则运动员对肌肉活动用力大小、快慢的分析能力越高,完成动作时间的判断越精确。一些运动员即使闭上眼睛也能完成某些动作,充分体现了运动分析的作用。

3. 年龄、性别

（1）年龄

从幼儿开始学习走路到6、7岁平衡器官得到充分发展。从7岁到12岁灵敏素质稳定提高,人们在这个年龄段有利于提高动作频率、反应速度及单个动作速度,体操运动员应尽量多体会一些难度较大的翻转动作。13到15岁为青春期,身高增长快,灵敏素质相对有所下降以后随年龄增长又稳定提高至成人。

（2）性别

在儿童期,男孩女孩灵活性差不多,在青春期,男孩比女孩稍灵活些,在青春期以后男子的灵敏素质高于女子。女子进入青春期,由于体重增加,有氧能力下降,内分泌系统变化,灵敏素质会一度出现明显的生理性下降趋势。根据这一变化规律,在青春期以前就应加强女子的灵敏素质练习,以便使其得到较好发展。

4. 疲劳程度

疲劳将导致中枢神经系统灵活性与机体活动能力降低。由于大脑皮层的能源供应不足(缺乏 ATP),从而产生保持性抑制,使肌肉力量不能发挥,反应迟钝,速度下降,动作不协调等,灵敏性显著降低。因此,在发展灵敏素质练习中和练习后都要注意恢复,及时消除疲劳。一般来说,在人体兴奋性较高,体力较充沛时发展灵敏素质效果最好。

5. 情绪

人的情绪在高涨时显得特别灵敏,而情绪低落时,灵敏性也会降低。由于练习比赛环境的变化及其他生理、心理原因会导致情绪的变化,可能会过度兴奋,使兴奋扩散不能集中,造成身体失控;也可能过度抑制,精神不振,造成动作无力不协调、因此一个优秀的运动员应该学会自我情绪调节,使自己在竞技状态中具有相适宜的情绪。当处于这种状态时,运动员头脑清楚,身体充满力量,对完成动作充满信心,身体觉得轻快灵活。如篮球运动员怎么投篮怎么进,达到这种情况除了身体素质好、技术熟练外,还要有良好的情绪。但这种状态有时不是人的意识所能预计的,应加强心理训练,提高对环境的适应能力和学会调节自然情绪等方法。

6. 其他身体素质发展水平

灵敏素质是人体的力量、速度、耐力、柔韧以及协调性等能力的综合表现。在神经中枢调控下的肌肉活动能力与灵敏素质有密切关系,其中任何一种身体素质较差,对灵敏素质的提高都会造成不利影响。

7. 运动技术的熟练及运动经验的丰富

实践发现,一个人掌握基本技术越多、越熟练,不仅学习新的运动技能快,而且技术运用也显得更灵活,更富有创造力,表现出的灵敏素质也就越高。由于长期学习、运用各种技术动作和提高运动技能,可以丰富人的运动实践经验,增加身体素质和技术动作"储备",从而促进灵敏素质水平的不断提高。

8. 气候

一般来说,气候阴雨潮湿,天冷温度太低,也会降低关节的灵活性与肌肉韧带的伸展性,造成灵敏性下降。

三、篮球运动灵敏素质训练的要求

篮球运动员的灵敏素质训练要全面提高与灵敏素质相关的反应速度、柔韧、爆发力,改善肌肉的弹性和关节、韧带的伸展性,使篮球运动员的素质能力均衡、协调地发展。

(1)篮球灵敏素质的负荷强度较大,持续时间不宜过长,练习安排应放在每次课精力最充沛的阶段,避免在身体疲劳和大脑不兴奋状态下安排练习,以便提高练习的效果。

(2)篮球运动员的灵敏素质要求特别重视专项灵敏素质的发展,应使运动员参加各种形式的比赛,了解篮球运动技术、战术的时空特征,从而能在复杂的条件下随机应变。

(3)经常进行篮球专项的脚步动作练习,提高身体重心的转换能力,从而提高神经过程的转换速度,在神经中枢的参与下使手脚协调配合,完成各种高难动作。另外,还要加强弹跳训练,并提高人体在空中的控制能力。

四、篮球运动灵敏素质的训练方式

（1）分解训练方式。主要通过各种基本技术动作、战术配合的分解和完整组合的训练，提高运动员的各种感觉（球感、用力感、动作感、距离感、速度感等），如各种基本技术和基础配合训练。

（2）全面发展各项身体素质，特别是对形成灵敏素质有重要影响和相关素质，如快速的反应起动速度、协调的手脚配合和良好的爆发性弹跳速度等。

（3）形成最有利的篮球专项移动动作的姿势，提高各种运动动作的平衡和身体重心的转移能力。如持球的基本姿势，防守的基本姿势，采用滑步、交叉步、抢断球、变向跑、变速跑等发展身体重心的转移能力。

（4）通过换项训练培养运动员在新异和复杂环境下的主动性和创造性，发展灵活机动的能力。如采用足球训练发展脚步的灵活性，采用排球训练发展各种爆发弹跳速度；再如采用丰富多彩的各种游戏。

五、篮球运动灵敏素质的训练方法

发展篮球灵敏素质须从专项特点出发，重点综合发展提高反应、平衡、协调等能力。

（一）提高反应判断的训练

（1）按有效口令做动作。

（2）按口令做相反的动作。

（3）原地、行进间或跑步中听口令做动作。例如，喊数抱团成组；加、减、乘、除简单运算得数抱团组合，看谁最快等。

（4）听信号或看手势急停、急跑、转身、变换方向练习。

（5）听信号的各种姿势起跑。如站立式、背向、蹲、坐、俯卧撑等姿势。

（6）一对一追逐模仿。

（7）一对一互看对方背后号码。

（8）一对一脚跳动猜拳、手猜拳、打手心手背、摸五官等练习。

（9）跳绳。例如，两人摇绳，从绳下跑过转身，从绳上跳过等。

（10）各种游戏，如叫号追人、追逃游戏、抢占空位、打野鸭、抢断篮球等。

（二）发展平衡能力的训练

（1）在平衡木上做一些简单动作。

（2）在肋木上横跳、上下跳练习。

（3）各种站立平衡，如俯平衡、搬腿平衡、侧平衡等。

（4）一对一面向站立，双手直臂相触，虚实结合相互推，让对方失去平衡。

（5）一对一弓箭步牵手面向站立，虚实结合互推互拉使对方失去平衡。

（6）急跑中听信号完成急停动作。

（三）发展协调能力的训练

（1）模仿动作练习。

（2）各种徒手操练习。

（3）做不习惯方向的动作。

（4）一对一背向互挽臂蹲跳进、跳转。

（5）双人头上拉手向同方向连续转。

（6）简单动作组合练习。例如，原地跳转 360°接跳远，前滚翻交叉转体接后滚翻，跪跳起接挺身跳等。

（7）脚步移动练习。例如，前后、左右、交叉的快速移动，单脚为轴的前后、转体的移动。左右侧滑步、跨跳步的移动。

（8）跳起体前屈摸脚。

（9）做小腿里盘外拐的练习。

（10）选用武术中的"二踢脚""旋风脚"动作进行练习。

（11）双人跳绳。

（12）改变动作的连接方式。

（13）双人一手扶对方肩，一手互握对方脚腕，各用单脚左右跳、前后跳、跳转。

（四）借用体操动作进行训练

（1）前滚翻、后滚翻、侧滚翻、连续前滚翻或后滚翻、连续侧手翻、前手翻、头手翻、后手翻、团身后空翻。

（2）双人前滚翻，即一人仰卧，另一人分腿站在仰卧人的头两侧，双方互握对方的两脚踝，然后作连续的双人前滚翻或后滚翻。

（3）鱼跃前滚翻（可越过一定高度的障碍物）。

（4）一人仰卧，两人各抓一只脚，同时用力上提，使其翻转站立。

（5）跳马、跳上、挺身跳下，分腿或屈腿腾越，直接跳越器械，跳起在马上做前滚翻。

（6）在低单杠上做翻上、支撑腹回环、支撑后摆跳下、支撑摆动向前侧跳下等简单动作。

（7）在低双杠上做肩倒立、前滚翻成分腿坐、向前支撑摆动越杠下，向后摆动越杠下等简单动作。

（五）利用跳绳进行训练

（1）跳波浪绳，即教练与一名运动员双手握一根长绳，并把绳子上下抖动成波浪形，运动员必须敏捷地从上跳过，谁碰到绳子，与摇绳者交换。

（2）交叉摇绳。运动员两手交叉摇绳，每摇 1～2 次，单足或双足跳长绳一次。

（3）集体跳绳，即两名运动员摇长绳子，其他运动员连续不断地跳过绳子，每人应在绳子摇到最高点时迅速跟进，跳过绳子，并快速跑出。

（4）双人跳绳，即同集体跳绳，要求两名运动员手拉手跳 3～5 次后快速跑出。

（5）跳蛇形绳，即教练与一名运动员双手握一根长绳，并把绳子左右抖动，让绳子像一条蛇在地上爬行，数个运动员在中间跳来跳去，1 分钟内触及绳子最少者为胜。

（6）跳粗绳（或竹竿），即教练双手握一根粗绳或竹竿，运动员围成一个圆圈站立，当教练握绳或竿做扫圆动作时,队员立即跳起,触及绳索或竹竿者为败。

(7)"扫地"跳跃。运动员将绳握成多段,从下蹲姿势开始,将绳子做扫地动作,两脚不停顿地做跳跃练习。

(8)后摇两次,双足跳一次,俗称"后双飞"。

(9)走矮子步,即教练与一名运动员将绳拉直,并把高度适当降低,队员在绳子下走矮子步和滑步动作。

(六)利用灵敏性游戏进行训练

在灵敏性游戏的选择、设计、运用中,要注意把思维判断、快速反应、协调动作、节奏感等内容有机地结合起来。进行游戏时,要严格执行规则,防止投机取巧,注意安全。

1. 传球触人

为了提高高校运动员快速传接球的能力和灵活性。参加游戏者分散在场内任意跑动,指定两人传球,在不准走步、运球的情况下,传球人通过传球去追逐并及时用球去触及场上跑动的人,被触及到者参加到传球人的行列,最后看谁没被触及到。在游戏中,徒手队员不准超出规定的场地线,否则算被触及到;传球人只能用传球去"触及"徒手队员,否则无效。

2. 攻守投篮

提高高校运动员的灵敏性和应变能力。可将其分为人数相等的两队,每队8人,双方各有一名队员手持球站在本方半场的端线外准备发球。游戏开始,当裁判员鸣笛后,各自发球开始比赛,两队同时在场上传球、运球、突破,力求将球投入对方篮内得分;同时又要设法阻截和防止对方将球投进本方篮内,并积极抢断对方的球,组织反攻。在规定时间内,进球多者获胜。如果比赛中出现犯规、违例、传球出界等情况时,均判对方在犯规、违例方的半场发界外球。

3. 你抓我救

提高运动员的跑动速度和灵敏性,以及反应和躲闪能力。制定球场的中圈为"禁区",选出参加游戏中的5人为追逐者,其余人作为被追逐者将在场内任意跑动。追逐者把抓到的被追逐者送到"禁区"内。没有被抓到的被追逐者可设法避开守在"禁区"旁边的追逐者去营救"禁区"内的同伴。直到所有被追逐者全被抓完送进"禁区",或"禁区"内的被追逐者全被营救完为止。另换一批追逐者和被追逐者继续游戏。

4. 卡位抢球

提高运动员的快速反应能力和拼抢卡位能力。将运动员分为两人一组的各个小组,两人相距约1米间隔站立,每组之间也相距1~2米,每组的两人间前方2米处放一个篮球。开始为基本站立,然后听哨声响后同时去抢球,抢到球者获胜。在游戏中只准用手抢球,否则判为负;避免冲撞,如有意冲撞对方则立即判其出局。

第十一章 篮球运动心理素质训练

第一节 篮球运动意识及其培养

一、篮球意识概述

(一)篮球意识的概念

参加篮球运动,篮球意识是必不可少的。所谓"篮球意识",就是在篮球运动中经过大脑积极思维过程而产生的一种正确反映篮球运动规律性的特殊机能和能力。它是运动员在长期篮球实践活动的认识过程中提炼积累起来的一种正确心理和生理机能的反射性行动的总称。简而言之,篮球意识就是运动员对篮球运动比赛规律客观现实的主观反映。它是篮球比赛中指导正确行动的"活的灵魂"。

篮球意识的形成有一定的规律,需要经过长期的、科学的、系统的训练才能形成。篮球意识随着篮球技能的形成过程而产生,也随着篮球技术、战术的发展过程而提高,并形成自己的特点、规律和构架。由此可见,训练与实践是"正确篮球意识"的源泉,"正确篮球意识"的形成是从感觉阶段的概念、判断到推理阶段的决断过程。反映到心理学上,就是从感觉到知觉的过程。运动员在比赛中行动的正确与否,绝大部分情况下取决于感觉、知觉和思维加工的正确与否,思维加工认识正确,形成的意识就强。对国内外众多优秀篮球运动员的研究发现,他们在篮球比赛中所表现出的那种超群才能,都体现出其"正确的篮球意识"。因此,篮球运动员要想提高篮球运动的能力,必须在日常训练中加强自己篮球意识的培养。

(二)篮球意识的特点及作用

1. 篮球意识的特点

人的有目的的、有意识的行动,是通过大脑思维对客观事物的反映,引起感觉、表象、判断而决定的。运动员在比赛场上的行动,实质上是对比赛中出现的各种复杂情况,通过本身具有的篮球意识的推理、判断而决定行动的。运动员篮球意识的形成,是随着他在长期篮球实践活动中积累知识和经验的过程而发展起来的,并以观念的形式存在于运动员的头脑中,平时看不见、摸不着,具有潜在性。而在篮球比赛中,运动员所具有的篮球意识就会由潜在变为显形,并自觉地对运动员的行动起指挥作用。

（1）能动性特点

运动员在比赛中,通过意识的运用积极地、创造性地调整自己的战术行为,既能使己方最大范围地限制对方的优势发挥,又能最大范围地充分发挥自身的技术优势、素质优势和其他方面的优势,并可使运动员在自己处于相对弱小的情况下,通过意识活动将自己的局部或个别环节上的优势放大,从而战胜在整体上比自己强大的对手。这就是篮球运动意识能动性的表现。

（2）连续性特点

篮球比赛中的进攻和防守,以及攻防转换行动都是在篮球意识支配下进行的。因此,运动员在连续的行动过程中,必然会产生连续的意识活动,以支配不间断的行动。一次战术行动的结束,往往就是下一次战术行动的开始,运动员进行思维和决策,必然要在获得特定的战术行动决策信息的基础上,经过分析判断方能最后作出决定。信息是思维过程得以进行的基本资料。没有各种信息,思维就难以进行。这就要求运动员在篮球比赛中必须积极不断地思考,采取各种对策来应对各种战术行为。

（3）瞬时性特点

篮球运动节奏很快,攻防转换迅速,各种行动常发生在转瞬之间。因此,这就要求运动员的意识活动必须敏捷,即从观察、判断、思维到决策等一系列意识活动必须瞬间完成,否则,将会贻误战机。特别是在激烈对抗的情况下,运动员往往是运用直觉思维的形式来进行意识活动的,直觉思维具有非逻辑性、突发性、下意识性等特征,这些都表现出篮球意识的瞬时性特点。

（4）择优性特点

篮球比赛异常复杂,比赛中常会出现各种各样的突发状况,当出现某一战术局面时,运动员通过篮球意识的作用,会从几种可行的具体的行动方案中选择其中一种"相对最好"的行动方法。其基本原则为:进攻中取其威胁较大、方法较简单、成功可能性大的,防守中取其利大弊小、效果好的。这就是篮球运动意识择优性特点的体现。

2. 篮球意识的作用

加强篮球运动员意识的培养对比赛的顺利完成具有重要的作用,篮球意识的作用主要表现为以下几点。

（1）支配性作用

篮球运动意识的支配性作用主要表现在,具有正确篮球意识的运动员,通常在训练和比赛中,就能以正确的潜在意识支配自己的合理行动,决断应变时机,自觉主动并创造性地根据已经变化或预测可能变化的情况,及时调整自己的思路与决策行动,从而更针对性地、有效地发挥与发展自己和全队的特长,表现出高度意识化的主观行动能动性作用和对篮球技术、战术与谋略运用的放大性作用,达到在激烈复杂的比赛对抗下始终把握全局的主动权的目的。

（2）行动选择作用

在篮球比赛中,运动员对攻守对抗情况的判断是依据比赛分层次、分轻重缓急和有选择的。一般情况下,运动员首先意识到当时的攻守对抗态势,在复杂的情况中重点意识到与自身行动意向最为密切的信息,进而作出准确的判断和选择,为朝向攻守目标的个人战术行动作出正确的定向。

（3）行动预见作用

篮球意识不但是对比赛对抗现实情景的主动反应,同时还能预见到攻守态势的下一步发展和某种可能。通过对攻守态势发展和可能的预测,来决定采取的个人战术行动,进而实现对技、战术行动的主动调节。

(三)篮球意识的结构要素

篮球意识的结构要素主要包括三个方面,即知识体系、实践经验和心智活动能力。

1. 知识体系

完善和丰富的知识体系是运动员进行意识活动的物质基础。作为一名运动员,需要掌握的理论知识主要有:篮球运动的专项基础理论知识和应用理论、发展前沿和趋势、基本的技术和战术方法原理、技术和战术运用的规律、篮球规则和裁判知识等。

2. 实践经验

实践经验是指篮球运动员在长期参与运动实践的过程中积累的,对比赛中技术、战术运用和应变的规律的实战体验与经历,是运动员对攻守信息进行思维判断的基础。

3. 心智活动能力

心智活动能力,是指运动员进行意识活动的大脑的机能能力。主要包括以下几个方面。

(1)观察

运动员在比赛中的反应或者所采取的一切行动,都取决于其观察所获得的信息。因此,改善和提高运动员的观察能力至关重要。改善和提高运动员的观察能力,最重要的是对运动员的视野范围进行训练。一开始就应注意对运动员进行观察习惯的训练,形成宽阔的观察能力,在一般观察能力的基础上,再进一步培养运动员视觉的选择能力,使之在全面观察的基础上,把视线集中在重点的位置、区域和人身上,把场上其他攻守队员的行动收入自己视野范围内,从中进行选择与分辨,然后决定如何行动,这样才能在瞬时作出正确的行动。

(2)分析判断能力

篮球比赛对抗强度大,比赛过程异常激烈,运动员在正确观察到场上情况的同时,还需要作出正确的判断,这样才能收到良好的效果。在培养篮球意识过程中,提高运动员对场上情况的分析判断能力极为重要。运动员首先要理解技、战术的特点及运用变化规律,并结合场上的具体情况进行预测和判断,以期能准确地估计出双方行动的意图,提高分析判断能力。

(3)反应应变能力

在篮球运动中,运动员只有具备良好的反应能力才能作出快速反应,这样才能及时、准确地抓住战机。从观察场上情况进行分析判断,到将分析判断的结果经过运动神经传导至肌肉产生相应的应变行动,这是一个复杂的神经活动过程,训练可以加速这一活动过程。

(4)战术思维能力

战术思维能力,是指运动员在实施战术方案时,充分调动和运用自己的各种心智能力去预见可能发生的情况和预测形势的发展,并迅速准确地考虑对手、自己及全场的情况,然后明确自己的战术意图、选择战术手段的一种能力。战术思维能力对运动员来说是非常重要的,良好的战术思维能力有利于更好地贯彻教练员的战术意图。

（四）篮球意识的形成过程

运动员在比赛过程中的篮球意识主要表现为意识和行动的相互作用。这主要体现在以下两点。

第一，运动员的自我意识活动。时刻意识到自己在全队中的地位和作用，同时必须意识到在攻守双方对抗中以我为主的战略思想，还要意识到自己在对抗中所处的位置、条件和应该采用的行动方法，这是意识对行动实施调节作用的前提。

第二，运动员意向指引下的积极行动。运动员在主观意向的指引下，意识活动时刻都在主动获取攻守情况变化和行动结果的反馈信息，进而在战术思维的参与下，选择更为有效的行动方法。当所采取的行动奏效时，效果信息将使意识得到进一步强化和提高。

总之，篮球意识发展的过程是由观察感知——思维判断——行动应答——效果反馈等环节有机构成的（图11-1）。

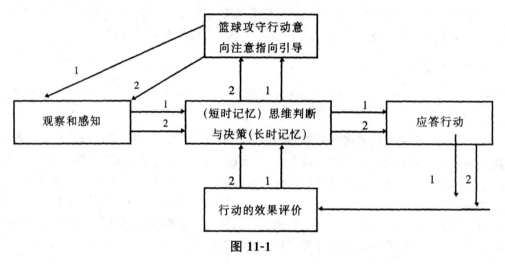

图 11-1

运动员意识形成的具体过程主要包括以下几个方面。

1. 在训练比赛中的观察感知

在篮球比赛中，运动员主要是通过视觉观察的感知来获得场上信息，这就需要运动员。一般来说，优秀的运动员普遍具有良好的观察能力，他们的视野范围超过普通人，这是多年训练实践中反复磨炼的结果。另外，运动员的观察感知具有选择性的特点。比赛中的诸多信息，可能同时进入运动员的视野，但不可能都被注意到。哪种信息首先被视觉感知，取决于它与运动员主观意识中比赛目标意义的相关程度。通常与目标意义相关程度高的信息，被首先感知到的可能性较大；反之，可能性则小。一般情况下，运动员在主观意向的指引下，首先感知到视野范围内的是那些与主观意向相关的攻守对抗信息，而对于其他信息则忽略不计。在篮球比赛中，运动员的观察感知是非常重要的，这种观察感知的能力主要受运动员主观意向的指引，运动员在日常训练中要多做一些提高自己观察感知能力的练习。

2. 运动员的思维判断与决策

在篮球比赛中，运动员的思维与决策行动必须能跟上比赛的形势，要能时刻意识到复杂情况的变化。运动员在观察感知比赛情景的基础上,要善于在瞬间完成对情况的分析、综合等思维过程,通过思维对情况作出准确的判断,进而作出行动的决策。这一过程是在瞬间实现的。具有良好篮球意识的运动员,善于应对比赛场上发生的各种变化,采取必要的措施和手段来解决问题。这是他们在多年训练和实战比赛中积累起来的高度精密的意识活动的反映。因此,运动员的瞬时判断、思维与决策过程是篮球意识活动的核心,培养篮球意识必须重视围绕提高瞬时的思维与决策能力来进行。

3. 积极、合理、准确的行动应答

篮球意识对比赛的能动作用,表现在运动员能够针对场上情况作出准确合理的攻守行动的强烈欲望应答。对比赛事态的观察感知与思维判断的目的,是为了进行决策和行动,因此,行动的合理性、积极性,是运动员的意识水平和实战对抗能力的标志。在篮球意识与对抗行动的相互作用关系中,尽管行动是第一性的,但行动离不开意识的主导,行动只有在一定意向的指引下才能成为有目标的主动行动。否则,就会使行动失去目标,成为无意识的或是错误意识指引下的盲目行动。应该指出,意识主导下的行动需要一定的物质条件。比赛中运动员的行动受自身身体素质和机能能力的影响,当运动员身体机能不佳、出现过度疲劳而使体能下降时,行动会受到影响,常常出现"心有余而力不足"的情况。这种现象更进一步说明,在篮球运动的物质与精神、存在与意识关系中,物质与存在是第一性的,精神与意识是第二性的。没有物质与存在作为基础,意识与精神就不能发挥应有的作用。

4. 意识行动效果的评价与反馈

在篮球比赛中,运动员的篮球意识伴随着比赛的始终。依据意识的规律和特点,由于大多数技术动作是由无意识机能控制的,因此,运动员往往意识不到行动的过程,而行动的结果常常成为意识活动的重点。这是由于运动员攻守行动的结果与行动的意向目标密切相关,因此,运动员会始终意识到攻守过程的成效。在运动员的大脑中枢内,存在着与行动结果相对应的智能评价模型,这些模型是篮球意识的重要组成部分。具体来说,运动员依据评价模型能够意识到哪些行动是奏效的,而哪些是失败的,因此,评价与行动时刻相伴。成功的行动可对意识进行强化,失败受挫的行动可使意识中的智能模型得到修正,运动员的篮球意识在不断的评价—反馈过程中得到完善。

(五)影响篮球意识的因素

篮球运动员的运动意识主要受运动员感知、记忆等因素的影响。科学地分析运动员比赛中的注意和记忆功能的特点,对于培养和提高运动员的篮球意识具有重要的意义和作用。

1. 感知与注意

在篮球比赛中,运动员可通过各种感官来感知场上攻守对抗情况的变化,通过感官所得到的各种信息来判断场上的实际情况。在运动场上,在各种感官的运用中,视觉最为关键。另外,运动员的注意力也是非常重要的,一般来说,注意是指对比赛场上诸多感知信息进入意识领域的选择和局限,运动员的注意指向受主观意向的指引。主观意向就是在比赛攻守目标的控制下,决定注意对有关信息进行取舍的评价体系。

在篮球比赛中,运动员的注意力通常集中于具有较高评价效果的攻守战术及技术运用结果的有关信息,而把自身行动和对球的控制过程放在注意的边缘,使技术动作和战术意识水平不断提高,技术的自动化使意识的注意指向得到了解放,大脑高级神经中枢的有意识注意指向集中于与战术目标更为密切的对抗情节信息,而把其他相对次要的运动操作信息交给较低级的神经中枢来进行控制。在运动员的注意品质中,注意的广度和敏锐性反映运动员对比赛情况变化的洞察能力,优秀运动员由于具有较好的视野基本功而使注意的广度增加,平时篮球运动训练中所形容的"眼观六路,耳听八方",就是指注意在广阔的视野范围内捕捉有效信息的能力。比赛中,由于运动员视野和注意范围的增大,使其能够意识到最隐蔽和最有利的攻击机会,在传出出其不意的好球的同时,把防守者的注意力吸引到不利位置上来,为同伴进攻得分创造良好的条件。

在篮球训练中,影响注意分配的重要因素是篮球运动特有的专门性知觉,即手、脚、腰、眼基本功的扎实程度。例如手对球的控制能力是手与球之间的专门性知觉,熟练的手上功夫可使运动员不必通过意识来实现对球的控制,即使在对手严密防守和抢夺时,也能熟练自如地进行控制,并能保护球的安全,而把意识的注意重点放在如何超越和攻击上。此时运动员的注意不在球的安全,而是采用行动后对手的位置变化。当意识到机会到来时立即抓住,实施有效的攻击行动。因此,具有良好的专门性知觉和基本功是建立篮球意识的重要条件,教学训练中必须给予高度的重视。

2. 记忆与思维

记忆和思维对篮球篮球运动员篮球意识的形成有着重要的影响。人的记忆可分为短时记忆和长时记忆,短时记忆一般指注意指向所感知到的一切信息,这些信息在记忆中停留很短时间就会被新的信息所取代,在篮球运动比赛中则表现为对瞬息之间情况变化的感知和记忆。长时记忆是指经过检索被意识到有价值的信息,这些信息通过记忆在头脑中长期保留,使用时可随时提取,是深刻的感知和学习的结果。运动员的长时记忆中储存的信息一般是关于技术、战术打法的智能模型,这些模型是在平时教学训练中积累起来的。比赛中技术、战术运用的成功体验也可以成为智能模型,在长时记忆中储存,当遇到类似的情景时,就会立刻被激活和提取,成为引导行动的意向。与篮球意识有关记忆的内容主要有以下两部分。

(1)篮球运动的相关知识

人们对客观存在现实的认识是意识的核心,而对客观存在的正确认识常表现为各种形态的知识。篮球意识的建立和培养,也必须以有关篮球运动知识的学习为基础,在运动员的头脑中建立丰富的篮球知识体系。当运动员掌握了有关篮球的社会文化知识,就会对篮球运动产生正确的情感,进而形成正确的篮球实践动机;当运动员掌握了关于比赛攻守对抗技术、战术运用规律的知识,就能正确地反映比赛的现实,用知识来指导攻守行动;当运动员掌握了正确完成技术的方法以后,就能够进行有意识定向的练习,进而是使技术水平迅速提高。因此,学习和掌握篮球知识,可以强化记忆、促进思维,对于培养正确的篮球意识具有重要的意义。

(2)临场实战对抗的经验和体验

篮球比赛临场经验和实战对抗体验是一种特殊的知识形态,具有只能意会、不能准确表述的特点。它是在比赛场上获得的,是运动员在与对手的实战较量中运用技术、战术配合和身体的体能实施攻守行动时得到的体会,这种亲身体验被运动员意识到并进入长时记忆。体验的长期积累就形成了宝贵的实战经验。在运动员的记忆中,实战经验以智能模型的方式进行储存,每当在新的实战比赛中,当运动员感知到经历过的相似对抗情况时,储存于头脑中的智能模型会立即被意识提取,成为唤起和指引行为的主观意向,由此产生意识主导下的个人战术行动。

3. 行动与反馈

运动员的意识对其行动具有一定的调节作用,这是运动员能动性的发挥。另外,正确的行动又可以反过来影响篮球意识的形成,这是行动效果对意识的反馈作用。因此,行动与反馈是运动员意识形成过程中不可缺少的关键因素。

(1)运动员的战术行动受意向的指引

在篮球比赛中,运动员在行动之前就在意识中产生与目标相关的行动意向,这样才能使战术行动具有明确的目的性。由于篮球运动比赛具有复杂多变的特点,就使行动意向必须具有明确的目的性。也就是说,在攻守总目标之下,运动员可同时具有多种行动的可能,与目标最为贴近的行动意向优先被意识提取和采用。因此,篮球意识水平高的运动员在比赛场上总是能够作出快速、准确、合理的行动,而篮球意识水平低的运动员由于感知和注意等方面的原因,经常产生错误的意向,致使所采取的行动屡屡受挫。

(2)运动员的战术行动需要体能、技能和意志力的保证

运动员的个人战术行动是在篮球意识的指导下进行的,而运动员意识的形成则需要一定的体能和技能做保证。在激烈的对抗和竞争中,当双方都意识到应采取的行动时,双方行动的效果除了意识和智慧作用之外,很大程度上取决于体能和技能,体能强、技术好的一方行动容易奏效。因此,仅仅有良好的篮球意识,而缺乏必要的身体素质和持续大强度运动的能力也难以在比赛中争取主动。要提高篮球意识水平,就要加强身体素质和体能的训练,使篮球意识与身体运动能力同步发展。

(3)无意识控制机能对个人技术、打法运用的控制

在学习篮球的初始阶段,运动员完成技术动作要依赖意识的控制,这是学习篮球必然要经历的过程。而经过长期的训练后,技术动作逐步熟练,则动作渐渐脱离有意识的支配,控制动作过程的神经中枢逐渐下移,进入无意识机能控制领域。例如,优秀运动员在抢篮板球时,无需注意起跳用力的过程和方法。在技术动作进入自动化阶段之后,一般无需思维和注意来关注动作,只有在动作出现意外问题时才重新唤起意识的注意。因此,技术动作的反复实践和练习,本质上也是对运动技能进行长时记忆的过程,只是它进入长时记忆储存时,不是语言、词汇的形态,而是体验的形态。运动员技术训练的目的,就是使更多的技能动力定型进入长时记忆,使更多的技术动作在完成时脱离意识的控制,由无意识机能来控制和支配。

在篮球运动中,运动员的无意识是指那些不需要注意指向来调节的神经中枢控制机能,运动员无意识控制机能的高度发展是篮球运动训练的必然结果,也是评价运动员竞技水平的重要标志。运动员在训练和比赛中练就的打法和成功经验,在意识的主导下历经大量的练习,在熟练的过程中也可以逐步脱离意识的控制。进入无意识控制领域,成为由无意识机能控制的自动化操作过程。这样,就可以使运动员的意识关注更为重要的比赛情况,在激烈的争夺中去意识那些更为复杂、更加新颖和对本队获得比赛胜利目标意义更大的信息。可见篮球运动教学和训练过程,就是发展运动员无意识机能对运动行为进行控制的过程,运动员无意识控制机能的高度发展是其长期从事篮球运动实践的结果,只有使无意识控制机能得到适当的发展,篮球意识才能加速建立起来。

二、篮球意识培养的途径及评定

(一)篮球意识培养的途径

篮球运动意识的形成有自己特有的规律,需要运动员长时间的培养和锻炼才能形成,运动员意识的培养和提高,需要经过教师长期科学、系统地进行思想、文化、科技熏陶及在训练、比赛中渗透,以及运动员主动在篮球运动实践中自我积累、提炼和加工。它随着运动员运动技能的形成而产生,也随着技术、战术能力的提高而不断地提高。只有对运动员进行有计划、有目的的培养,才能使运动员的意识与身体、技术、战术得到有效和谐的发展。篮球运动实践是形成篮球意识的源泉,篮球意识的形成是带规律性的认识过程,即从感觉阶段到概念、判断和推理阶段的过程。运动员在比赛中行动正确与否,取决于感觉、知觉和思维加工。思维加工的过程短而正确,意识活动过程的时间就短,建立的意识反射能力就强,行动就正确。篮球意识随着运动员运动技能的形成而产生,也随着技术、战术能力的提高及在比赛实践中经受磨炼而提高。

运动员在日常训练中要加强对篮球意识的培养,将篮球意识贯穿于技、战术训练的始终,这样才能更好地提高篮球训练和比赛的效果。在技术训练中渗透意识培养,是培养运动员篮球意识的基本途径;反复练习战术配合是培养与提高运动员篮球意识的主要手段;丰富运动员的理论知识,改善和提高运动员的知识结构,重视与心理训练的结合,可以促进运动员篮球意识的形成与深化。

从运动员的意识活动过程看,从对攻守信息的感知(观察场上情况)到以"标准模式"为依据的思维决策,直至具体行动,都与运动员的观察能力、分析判断能力、反应能力、战术思维能力密切相关,这些正是篮球意识结构中心智活动能力的要素。可见,培养运动员的篮球意识,就是要在训练和实战过程中使其建立正确的"思维模式",使其在正确思维模式的引导下不断总结,积累实战经验,巩固正确的篮球意识行动。

1. 将篮球意识贯彻在日常技、战术训练中

(1)技术训练中篮球意识的贯彻

篮球意识不是一时一日而成的,需要长期、有计划地在整个篮球训练过程中不断渗透才可形成。要想培养和提高自己的篮球意识,需要将篮球意识充分贯彻在日常技术训练中。一名运动员参加篮球运动训练,教师都在不间断地采取各种手段和方法潜移默化地对其进行篮球意识的培养与熏陶,这就是对运动员不知不觉地进行点点滴滴的意识加工、渗透与提炼,使之产生和形成一种正确的潜意识。运动员之所以能在球场上随心所欲地运用与应变技术、战术,正是其潜意识的作用。而最初的技术基础训练阶段是关键。在篮球技术训练的过程中,要高度重视对运动员观察能力和思维分析能力的培养。

①培养观察能力

在篮球比赛中,运动员的应变与反应能力,首先取决于能否周密地瞬间作出正确的观察。为此,在技术训练初期就必须重视观察习惯和能力的培养,加强视野训练,并且在训练一般观察能力的基础上,要进一步培养运动员的视觉选择能力。

A. 加强运动员的视野训练

篮球比赛瞬间万变,绝大多数情况下主要用眼睛余光来观察全场情况的变化,捕捉战机,及时应变,如观察运动员的面部表情、移动速度、方向、角度、节奏、球的落点、配合的路线、攻守特点等。所以要特别强调培养运动员用眼睛的余光来扩大视野,提高用余光观察的能力。在技术训练中,可用有助于扩大视野的技术动作来培养运动员的余光观察能力,如:在练习运球技术时,要求运动员用余光照顾球或不看球,观察的重点是场上双方全面的攻守情况;在练习传接球技术时,可采用多人快速传接球(加防守)练习,要求用余光观察接球人及其防守情况,接球后立即将球传出,并要求传球及时、准确到位。在两个技术动作以上的组合性技术衔接中,特别要注意观察能力的培养,这对提高运用技术的应变能力极为重要。如运球突破——传球或运球突破——急停跳投,要求运动员不仅要考虑自己的被防守情况,而且还要观察场上同伴的位置、移动及其被防守的情况,以便于及时、准确作出判断。

B. 培养运动员的视觉选择力

视觉选择力是在全面观察的基础上,把视线集中在特别重要的位置、区域和队员身上的能力。培养运动员的视觉选择力,就是要训练善于把场上其他队员的行动收入自己的视野范围内,并从中进行选择与分辨,以便正确决策行动。实践证明,运动员在比赛中对攻守信息的获取是有先后顺序的。如在篮球训练中,运动员抢到后场篮板球时,观察的一般规律是:首先观察前场,然后是观察中场,最后观察后场这种依次"观察模式";在突破和投篮时,要重点观察篮下的变化;抢篮板球时,要考虑投篮队员的距离,以及自己和篮圈所形成的角度、对方队员抢篮板球的组织特点和队员的位置等,但观察的重点是球的落点。在技术训练中,不断总结带有规律性的"观察模式"组合成某种练习方法应用于教学训练之中,是培养运动员篮球意识的重要任务和有效方法。

②培养运动员的分析判断能力

通过技术动作的实战运用训练,可培养运动员的分析判断与运用技术的应变能力。基本技术中的每个动作方法都有其特点、应用范围、条件及"规格"标准,在比赛中具有相对独特的战术价值。这些既是运动员在比赛中意识活动的物质基础,又是技术训练中培养运动员篮球意识的重要内容。

篮球比赛激烈多变,每个技术动作在运用方式上不可能一成不变,同一动作在不同时间、不同位置、不同条件下都可能千差万别。所以,要重视从技术动作个性训练中培养篮球意识,在对抗因素和对抗条件中培养篮球意识,在运用真假技术的变化中培养篮球意识。这就要求教师对运动员在掌握正确动作"规格"的基础上,还要使技术动作具有对抗性、应变性和实效性,以简练适时的方式去解决临场的各种具体问题。通过技术动作的实战运用训练,可使运动员在掌握"规格"标准的技术动作基础上,进一步强化技术运用的特点、范围、条件及变化规律,为在比赛情况下合理地运用与应变技术、创新发展变异性个性绝招技术打下物质基础。同时,不断培养运动员在各种攻守具体情况下的分析判断和应变能力,积累技术运用与应变的实践经验,就能使运动员在篮球比赛中分析判断及时、准确,应变合理,运用有实效,达到在技术动作的运用训练中既掌握动作应变方法又培养应变意识的目的。

(2)战术训练中篮球意识的贯彻

在战术训练中培养和贯彻篮球意识也是非常有效的手段之一,在进行战术训练时,教师要贯彻运动员基本的篮球战术知识,促使他们了解篮球战术的结构及配合的规律、方法、特点和每个战术位置上的职责、作用,提高战术变化的灵活性。

战术训练最重要的任务就是培养和提高运动员个人和整体协同作战意识的战术行动能力，提高运动员整体竞技水平，而发展运动员的战术能力要以培养运动员的篮球意识为主。战术训练不仅是熟练一种或多种战术配合方法，更要重视培养战术素养，提高运动员的篮球意识。在比赛中，运动员的每一个行动都属于战术性的活动，有其明显的战术目的。在与同伴的战术配合中，意识起着支配行动的作用，决定战术的实现。篮球意识的核心要素是战术思维能力，所以在战术训练阶段培养运动员的篮球意识，应主要发展运动员的战术思维能力。

运动员在篮球训练和比赛中，要充分贯彻好篮球意识。一方面需要用已有的概念、原则、原理等理论知识去思维，形成理论思维；另一方面，运动员意识活动时的思维决策又需要用从运动实践中获得的诸多经验知识去思维，进而形成经验思维。此外，运动员在比赛中的战术行动是极其丰富繁杂的，在对抗状态下进行战术思维活动，常常要以经验的"直觉"的方式进行思维决策，去解决自己面临的战术任务，即形成直觉思维。篮球意识活动时思维类型不同，对于运动员的思维决策起的作用也不相同。理论思维运用知识、概念等进行思维决策，在意识活动中主要从"宏观"的角度上发挥作用。"直觉思维"是在运动员对情况不明、时间紧迫和对抗激烈状态下解决小范围个人战术行动时发挥"随机应变"的作用。

为此，教师在组织运动员进行战术训练时，要将每一种战术配合都建立一个基本的"标准模式"，用这个"标准模式"去衡量运动员的战术行为是否适当，能否利于整个团队的战术行动。运动员应在思维决策过程中以"标准模式"的思想语言方式进行活动。实际上，运动员接受教师的指导和训练的过程，就是运动员在战术决策及行动方面向"标准模式"趋近的过程。

篮球比赛中攻守转换非常快，几秒内就可完成一次进攻，运动员全场都要保持高度的注意力，以免跟不上场上的发展变化。运动员在不同的位置和不同的攻守对抗状态下的战术思维决策，应有不同的合理"思维模式"，随着情况和位置的变更其战术思维决策的"思维模式"也在变更，进行思维决策的主导因素也是不相同的。即随着情况的改变，战术思维决策活动的主导因素主次作用是变化的，由其主次作用的变化形成思维决策活动过程的变化。在不同情况下，相应改变思维决策的主要因素和思维决策活动中的主次地位以及前后序列，不但可以"简化"战术思维决策活动过程，提高战术思维决策活动效率，而且能够使运动员在复杂的环境下尽快地获取自己所需要的战术决策信息并尽快作决策。对运动员来说，在平时训练中依照教师的"思维模式"进行战术思维活动，是提高篮球意识的有效途径。这就要求教师在篮球战术训练过程中，有计划、有步骤地将各种战术行动的"标准模式"以思维决策的形式传授给运动员，并通过比赛的反复磨炼，不断总结经验，就能不断提高运动员的篮球意识。

总之，教师在篮球战术训练中要使运动员掌握不同战术的运用时机、结构、特点、配合规律及变化，明确自己在整个战术行动中的位置和关系，要加强现代篮球战术打法的训练，选择典型战术应用演示，提高战术意识。

2. 将篮球意识贯彻在心理素质训练中

篮球意识是运动员心智能力的集中表现，因此，良好的心理素质是运动员篮球意识得以发展的重要因素。篮球意识的培养和形成需要运动员长时间的训练和比赛，它是随着篮球技、战术的学习而逐步形成的，加之认知训练、意志训练和心理调整训练等一般心理辅助训练，可使组成运动员篮球意识结构要素的心智能力得到改善和提高，为篮球意识的提高打下坚实的基础。

在运动员篮球心理素质训练中，要注意对篮球意识的培养和贯彻。通过有目的的一般心理素质训练,可以提高运动员的感知觉能力的反应速度。而运动员专门化知觉能力的建立和提高,是培养篮球意识的重要内容,为此,教师应加强运动员球感和临场感的培养。其中反应速度是指运动员意识活动的应答时间,缩短应答时间可提高意识活动的效率。培养运动员的意志品质,提高自我调节能力和情绪控制能力,学会调节心理状态的方法,以创造临场时的良好心理环境,为比赛中的正确意识活动作好必要的心理准备。

总之,加强运动员心理素质的训练是培养和提高篮球意识的主要手段之一,即通过赛间、临赛的心理训练,促使运动员的心理处于最佳的状态,保证运动员在正确的篮球意识支配下采取自己的行动。

3. 将篮球意识贯彻在作风训练中

篮球运动是一项注重身体对抗的运动,在比赛中,运动员必须要具备顽强的作风,这样才能为比赛的顺利进行打下坚实的基础。在篮球运动中,篮球意识与良好比赛作风都是运动员头脑中必备的精神素质,是一个事物中的两个不同的侧面,既有区别又有密切联系。

我国篮球运动曾经提出的"积极主动、勇猛顽强、快速灵活、全面准确"十六字方针,是我国篮球运动发展的经验总结,符合世界篮球运动发展的总趋势和我国篮球运动的国情。在高校篮球运动训练中,也同样要加强运动员篮球作风的训练。在十六字方针中"积极主动、勇猛顽强"就是指运动员必备的精神面貌和比赛作风,而"快速、灵活、全面、准确"则是指运动员又要具备的篮球意识指导下表现出的技术特点和战术风格,从而构成了中国式的篮球运动。可见技术和战术的特点、风格和意识与作风之间是相辅相成的,运动员没有良好的作风,就不可能在比赛中体现出篮球意识,而没有篮球意识作指导,要想反映出良好的作风和最大限度地发挥技术、战术的作用也是不可能的。

当然,顽强的作风并不是鲁莽地蛮干和粗野的犯规,而是"智谋"与"勇敢"行为相结合。而"谋略"正来源于篮球意识,是篮球意识具体而生动的反映。思想作风好才能有政治观、责任观,为国争光;战斗作风好,才能敢于斗争,遇强不馁,遇弱不懈。然而长期以来,不论是在我国的篮球职业联赛中还是运动员篮球联赛中,都未能真正理解这种辩证关系,把作风训练与意识培养有机地统一起来,所以有些优秀运动员,在关键时刻该"拼"而"拼"不上去,该"抢"而"抢"不下来,其原因固然有技术等方面的因素,但平时缺少培养作风与培养篮球意识相结合的训练,却是个关键。我国原五连冠女排和我国女足获世界杯亚军、乒乓球队长盛不衰正在于作风强、技术强等诸强因素的统一结合才确保他们获得优异的世界级成绩,他们是值得学习的榜样。

4. 加强文化理论知识的学习

运动员篮球运动意识的培养和提高同文化理论知识的学习和掌握也有一定的关系。现代科学技术以及体育各学科的发展都推动着各专项体育运动不断向前发展,在这样的情况下,篮球运动当然也受社会科学、自然科学以及其他综合学科的影响,从而不断发展和变化着。一名运动员掌握知识的深广度、一个球队整体的知识结构水平的高低,是直接影响着教师能否用现代化科学知识培养运动员的一个重要因素。因为运动员头脑形成的某种意识和功能,都是以相应的某些文化科技知识结构作基础的。知识结构不同,功能也就不同。尤其是现代篮球比赛的高度集体性和综合化,需要运动员具有更聪明的才智和意识,而掌握必要的知识基础对提高他们的篮球意识修养起着保障作用。从国外篮球资料获悉,当前各国篮球劲旅,都十分重视队伍的文化知识结构。例如:美国职业队和业余队中绝大部分运动员,以及南斯拉夫等世界先进水平队伍中许多优秀运动员,无不都是有相当文化知识的运动员。运动员通过学习和训练掌握综合文化、理论知识和形成合理的、必备的知识结构(知识的深度和广度),提高专项素养,是形成和丰富篮球意识的重要因素。

运动员在篮球意识培养和提高的过程中,活动时的理论思维必须善于运用概念、原理、原则、规律等思维语言,这些思维语言是属于理论知识范畴,是以相关文化科技知识作基础的。由于理论知识在一定的时期内是相对稳定、较为系统的,具有高度概括性和普遍指导意义,有助于使运动员在相对较短的时间内掌握其内涵意义,从而促使运动员的篮球意识快速发展。因此,在训练中重视文化科技理论知识的传授,有利于加速培养和发展运动员的篮球意识。

运动员从事篮球运动需要掌握的理论知识主要包括:篮球运动的常规知识,篮球专项运动的发展趋势,篮球技术和战术的特点、原理、专项运动规律以及规则裁判法,掌握各种相关学科基础理论知识;掌握马克思主义哲学的基本观点、唯物辩证法的基本原理和逻辑学;还要阅读一些古今中外的兵法、战例等。运动员通过对这些理论知识的学习和掌握,可以从中吸取营养,丰富智慧,增加灵感,提高想像力、理解力和创造力。这不仅要加强运动员必备基础知识,而且还要特别重视通过训练把他们具备的知识充分地运用到篮球实践上,通过理论知识的学习,使每名运动员都成为既具有共性又具有个性的不同知识结构的人。

需要注意的是,仅仅在篮球训练中对运动员进行篮球意识的培养是很难起到出众的效果的,运动员篮球意识的提高涉及诸多因素,例如运动员的观察能力、分析判断能力、对教师作战意图的理解能力、综合分析能力、抽象思维能力、理论知识水平及实践经验等,这些都需要运动员在日常教学与训练中注意各种综合素质的培养和提高。对高校篮球高水平运动员来说,迫切需要重视的是如何解决提高他们的基础文化知识和基础的相关科技知识,克服通常存在的竞技高水平、文化低层次、素质待教养的状态。一名具有良好意识的优秀运动员,其综合分析能力和抽象思维能力必须是较强的。为了提高运动员的篮球意识,篮球管理部门和教师必须重视他们的文化素质的提高。智商不改善,意识层次也难提高,所以随同训练和比赛要花一定的时间与精力来帮助队员充实智商,只有高智商的运动员才能达到高水平的竞技能力。当然,教师平时训练中结合实际战例分析、传授理论知识,提高运动员的综合分析和抽象思维能力,也是培养和丰富运动员篮球意识的有效途径。

(二)篮球意识培养的评定

1. 篮球意识的评定原则

意识活动是在大脑中进行的,人们不能直接看见意识活动的内容,但这并不是说就不能对篮球意识进行评定。意识是人的头脑中主观观念的形式和客观实在的内容的对立统一,虽然意识的形式是主观的,但其反映的内容是客观的,并且人的行动是受意识支配的。通过观察行动表现,可以间接地了解意识活动的情况。运动员在比赛中的观察、判断、思维决策等意识活动内容,只能通过运动员在篮球意识支配下所做出的"应答式"行动来反映。因此,行动的正确与否是篮球意识的评定信息,是评定篮球意识的主要依据。所以,运动员的篮球意识应以在其意识指导下行动的正确性为原则来评定。

篮球比赛中的每一名队员的战术行为都是在篮球意识支配下的行动。个人行动也不能仅理解为单独存在的、无意识的活动,任何行动都是处在集体配合当中。技术的合理运用和应变,完全是通过战略决策和战术组织体现出来的,球场上每项技、战术的运用,都是受一定的篮球意识支配的。因此,对于比赛中运动员的每一个行动,都必须超脱单纯的技术概念,而应将它们视为体现篮球意识的反馈信息。

运动员在良好篮球意识支配下的行动应表现为:行动的正确性、行动的目的性、行动的预见性、行动的隐蔽性、行动的应变性、行动的创造性行动的实效性和配合的协调性。通过观察判断这几方面信息的反馈,便能较客观地评定出运动员的篮球意识水平。

2.篮球意识的评定方法

要培养篮球运动员的意识,评定篮球意识是少不了的。目前,教师在评定运动员的篮球意识时,大多是依靠自身的经验或临场技、战术行动效果统计分析,没有一种比较客观的量化性评定方法。通常采用战术录像片的方式,为运动员提供一些"逼真"的战术配合场景,让运动员根据战术场景确定自己的决策行动,以此考查运动员的意识水平。还有采用战术配合示意图的方法测试评价运动员的意识水平,这也只是战术录像方法的简便替代。从测试的内容及方式来看,它们都带有较明显的局限性和随意性,并且战术情景示意的仿真程度较低。因为,篮球运动是一种对抗性极强的项目,队员之间的对抗是动态的,而非静态的,完全脱离比赛的实际情况而单独对运动员的意识水平作出评定,不仅不能客观地对运动员的意识作出评定,而且这样的评定结果也是无意义的。因为,行动是篮球意识的根本归宿和最终表现,篮球意识的评定应以在意识指导下行动的正确性为原则来进行。对运动员篮球意识的评定必须与比赛的实际结合起来,只有通过运动员在比赛中的意识表现才能真正反映其意识水平,运动员的篮球意识只有在比赛的实际运用中才具有价值。

对运动员的篮球意识评定是一个难以定量的问题,目前还没有一种客观的定量评定方法,尚需进一步探讨和研究。

3.篮球意识评定的意义

在日常教学训练中培养运动员的篮球意识,必须改变对意识自然成长的传统认识,建立科学培养运动员篮球意识的观念与观点。如果能对运动员的篮球意识水平作出客观的评定,就能有目的、有计划、有针对性地对其进行意识的培养,同时,还能检验培养方法的实际效果。客观地评定运动员的篮球意识,是教师控制意识训练过程的一项重要内容。通过对运动员的篮球意识评定,可以找出运动员在篮球意识方面存在的问题,向教师提供分析资料,以便对运动员的篮球意识培养实施有效的控制。这对改变教师在训练中单凭经验、直观感觉的传统方法,使之能较客观地、因人而异地调节和控制意识训练过程,加快提高运动员的篮球意识,起到积极的促进作用。

第二节　篮球运动专项心理素质训练

一、心理素质训练概述

(一)心理素质训练的概念

通过对一些重大赛事以及一些高水平篮球联赛中比赛的分析,可以看到,当参与比赛的两个运动队的技术、身体素质和战术实力不相上下时,对比赛胜负起着决定性作用的因素往往是心理素质的稳定性。因此,加强篮球运动中队员的心理训练对于提高篮球运动水平,取得比赛的胜利具有重大的意义。

通常情况下采用一些固定的方法和手段,对篮球运动中队员的各种心理素质进行有意识、有目的的培养、发展和完善的训练过程,就是我们所说的篮球心理素质训练。我们对篮球队员进行心理素质训练,就是为了使篮球队员发挥自身最高运动水平的能力得到进一步的提高,使那些会对训练、比赛造成影响的不良心理因素消除掉。在心理训练的过程中,我们经常会用到改善心理过程,挖掘心理潜力,掌握心理自我控制调节等策略与方法,来提高篮球运动中队员的心理活动水平,达到获得与发挥最佳竞技水平的最终目的。

随着现代篮球运动竞赛水平的不断提高,篮球的心理训练得到了大家越来越多的重视,它已经与篮球运动的技战术训练具有同等重要的地位。对抗性越来越激烈凶悍,技战术水平越来越高,是现代篮球竞赛的最大特点。这就使得队员生理技术方面的能力已经几乎极限,从而导致在技战术和身体方面势均力敌的比赛越来越多,因此,对比赛胜负起着决定性作用的因素,也就成为了球员的心理素质训练水平。在训练上,队员也开始认识到,单纯地加大运动训练强度是不能达到更好的训练效果的,只有走提高训练效果、促进赛场上水平正常发挥的道路才是正确的选择,而球员发挥最大的潜力就在于其心理素质的提高。在我国,由于篮球队员心理训练水平不高,在较为重要的国际大赛中输掉比赛的情况屡见不鲜。而在我国的职业篮球队伍中心理训练也处于无章无序的状态,并没有得到教练和球员的广泛关注。因此,这就要求一定要对我国优秀篮球运动队伍的专门心理训练加强力度,这是当前较为重要的一项任务。

(二)心理素质训练的任务

在篮球运动心理训练中,为达到篮球比赛所需要的心理准备,有一些训练任务,具体来说,这些训练任务主要有以下几个方面。

第一,培养出运动员在瞬间作出准确时空判断和较好的"时机感"。

第二,通过适应训练,使运动员保持住比赛活动情绪的稳定性和适宜的兴奋状态。

第三,培养出运动员调节和消除自己在训练和比赛中紧张状态的能力。

第四,使运动员的专门化知觉、记忆、想象、思维等心智能力进一步提高。

第五,使运动员完成篮球技术动作的自控能力得到提高。

第六,培养运动员坚强的意志品质,在训练和比赛中为实现既定的目标克服困难而努力。

一般情况下,在运动员进行心理训练的过程中,需要针对比赛的需要和运动员的个体差异进行一定的操作性调整,在激励的基础上,还要结合具体比赛任务去增强动机。只有通过运动员和教练员的共同努力,才能达到较为理想的训练目的。

(三)心理素质训练的作用

在现代的竞技运动中,心理状态对机体活动有着越来越明显的影响和作用。自控能力与心理稳定可以使运动员保持技战术水平的良好发挥,可以作为一个运动员成熟的标志。通常情况下,加强对篮球运动中运动员的心理训练具有非常重要的作用,具体来说,其主要表现在以下几个方面。

1. 对运动技巧的掌握有积极的促进作用

心理训练对促进运动员完善地掌握运动技巧,提高形成运动技巧的特殊心智能力具有重要意义。篮球运动中的技巧动作都有一个较为复杂的结构系统,不但需要有生理机能的良好发展,也需要有心理机能的良好发展。只有在两者的有机结合中,才能发挥出运动员的最大运动潜能。

2. 对良好竞技状态的形成有积极的促进作用

通过心理训练,可以有效的提高运动员的心理品质,使运动员保持良好的竞技状态。具体来说,就是通过心理训练,消除焦虑,保持稳定的情绪,保持心理稳定性等,为进入良好的竞技状态提供保证。

3. 对心理状态的调整有积极的促进作用

通过篮球运动的心理训练,可以使运动员拥有更多的心理能量,并实现一个较高水平的储备,从而满足训练和比赛中所需要的心理状态。在篮球运动的训练和竞赛中,在消耗大量的身体能量的同时,也要消耗大量的心理能量。因此,通过心理训练,可以帮助运动员的心理品质得到更好的发展,在激烈的竞赛中体现出更强的适应性,达到竞赛要求的竞技状态,保持持续参加活动需要的心理能量,消除心理疲劳。

二、篮球专项心理素质训练的内容

(一)专门化感知觉训练

所谓专门化感知觉,是指运动员所从事专项运动的某些心理特殊感受知觉。篮球运动员的专门化感知觉主要包括球感与时空感等。

1. 球感

长期从事篮球运动,会使运动员产生一种专门化的知觉,而这种知觉就是球感。球感是一种复合知觉,它从侧面反应了运动员的各方面的身体素质,这种知觉只能在长期反复的训练中获得。而且在篮球技战术的运用中,球感的掌握程度关系到运动能力的发挥,因此,必须要掌握良好的球感。要想获得良好的球感,必须坚持长期触及球的训练,做到球不离手。

2. 时空感

篮球运动的时空感主要表现在运动员队时间、空间的判断能力。时间、空间感觉是紧密联系的,只有获得较强的时空感,运动员才能在比赛中,迅速自由的空间,获得主动权。篮球运动对时空感训练中的视动反应、预测反应、选择反应等有更高的要求,要视野范围广阔,有良好的深度知觉和方位感,对人和球的移动、方向、速度和距离等都要有准确的判断与把握。

(二)集中注意力训练

集中注意力是篮球运动中必须要具备的心理素质。尤其是在不断的攻防转换中,稍有不慎,可能会导致失败。因此对注意力的集中必须要加强训练,主要的训练方法有以下几种。

1. 纸板训练法

纸板训练法是利用纸板、视觉、神经相结合的方式,来提高注意力的集中。首先要剪一块方形黑纸板,边长 15 英寸。再剪一块方形白纸板,边长 2 英寸,将白纸板贴在黑纸板的中心,再将纸板挂在墙上,图案中心的高度与眼睛并齐。室内要求光线充足,保证人能清楚地看到图案。然后用放松方法使自己处于放松状态,闭眼两分钟,在脑海中想象有块温暖柔软的黑色屏幕,睁开眼睛,对着图案的中心集中注意力看三分钟,看图案时不要眨眼,也不要太用力。然后慢慢地将眼睛移开,看着空白的墙壁。这时在墙上会出现一个黑方块虚像,这是视觉缓冲的效果,当黑方块虚像消失后,要想象它仍在那里,闭上眼睛,在头脑中想象那个图像,使头脑中的图像尽量稳定,重复上述整个过程。

这个练习做一周,每天一次,每次约 15 分钟左右。

2. 五星训练法

五星训练法与纸板训练法相似,首先剪一块方形硬纸板,黑色,边长 15 英寸。再剪一个白色五角星,8 英寸宽,将白色五角星贴在黑色纸板正中间,将纸板挂在墙上。坐在距墙 3 英尺远的地方。进入放松状态。然后闭上眼睛,在头脑中想象一个黑色屏幕,再睁开眼睛,注意五角星的图案,凝视 2 分钟。把眼睛移开,看墙上的五角星虚像。闭上眼睛,在头脑中重现这个虚像。

这种方法也可在室外借助自己的影子训练,站或坐在阳光下,使自己身旁产生影子,盯着人影子的脖子看 2 分钟,然后看淡色的墙(如在室外,则看天空),注视影子的虚像,闭上眼睛,在脑海中重现图像。

3. 记忆训练法

记忆力训练法可以训练集中注意力和提高想像力,还可以帮助培养记忆力。记忆训练法是建立在观察图案训练的基础上,开始训练前,要至少先练习一周前边介绍的观察图案的技术。训练步骤如下。

(1)找一个僻静的地方,将灯光调暗,脸朝上躺着。

(2)做一节放松或集中注意力练习。

(3)闭上眼睛,想象有一个温暖、柔软的黑色屏幕。

(4)想象在屏幕上出现一个白方块,边长 12 英寸,距自己一尺远,努力使这个图像稳定。

(5)然后想象在屏幕上出现一个硬币大小的黑圆圈,集中注意力看这个白方块中的黑圆圈。突然整个图像消失,想象这时突然闪过脑海中的各种图像。

这种练习可以帮助回忆过去曾进入大脑的信息。进行回忆时先闭上眼睛自我暗示:"我一定要想起来(名字,事实,地点)",然后做记忆练习。

把图像保持几秒钟,使图像消失。闭上眼睛待 10～15 秒钟,看着自己是否记起自己遗忘的东西。

4. 实物训练方法

篮球运动员可以利用身边的体育用品来训练。如篮球,凝视手中球的形状、纹路、颜色等细节。也可以用身边的任何实物,闹钟、石头块、水果或电视机等。

（三）表象训练

表象训练是指有意识地、积极地利用自己的运动表象,回顾、重复、修正、发展、创造自己的动作。

表象训练的主要目的是使原有的暂时神经联系恢复,引起相应的肌肉活动,产生正确的动力定型效应,从而加快动作熟练和加强对难度动作的回忆。在进行表象训练时,篮球运动员的注意力要高度集中,表象训练的时间每次最多不要超过 5 分钟。下面对几种常用的表象训练法进行分析。

1. 卧室训练法

表象少年时期(12 岁)卧室中的陈设:我站在室内,观察我卧室的摆设,窗户下面有张床,铺着淡蓝色波纹布床单,整齐的被子叠放在床的一端,床头放着与床单配套的白色淡蓝波纹的松软大枕头。枕头旁有杂志和喜欢看的悬疑小说。床边有台电脑桌,桌上整齐的摆放着笔记本和一盏台灯,还整齐的摆放着日常阅读的书籍。桌子旁边有张旧椅子,靠近门旁有个编织筐,主要存放日常需要换洗的衣物,编织筐上放有一排整齐的挂钩,挂着外套、背包,每当我从外面训练回来,总是把外套和背包挂在上面……这种练习是要设法引起对过去事物的鲜明的形象性的视觉回忆,要特别注意各个细节的清晰性。

想象有一块六个面都涂了红漆的方木块,就像小孩玩的积木。

(1)用刀将它横切,一分为二,想一想,这时有几个红面? 几个木面?

(2)再用刀纵切,二分为四,这时有几个红面? 几个木面?

(3)再在右边两块中间纵切一刀,四分为六,这时有几个红面? 几个木面?

(4)再在左边两块中间纵切一刀,六分为八,这时有了几个红面? 几个木面?

(5)再在上部四块中间横切一刀,八分为十二,这时有了几个红面? 几个木面?

(6)再在下部四块中间横切一刀,十二分为十六,这时有了几个红面? 几个木面?

记录下提出问题结束至做出正确回答之间的时间(秒),标准答案(表 11-1)。

这种练习旨在提高对物体形象的操作能力和分析能力。应注意不要用数学方法推导出答案,而只凭表象操作。

表 11-1　表象训练记录表

序号	心理操作方法	所得红面	所得木面	总计面数	方块数	所需时间(秒)
1		10	2	12	2	
2		16	8	24	4	
3		22	14	36	6	

序号	心理操作方法	所得红面	所得木面	总计面数	方块数	所需时间（秒）
4		28	20	48	8	
5		38	34	72	12	
6		48	48	96	16	

2. 冰袋训练法

想象在一次篮球比赛中,脚部扭伤,伤得挺严重,脚踝处有强烈的烧灼感,疼痛难忍。拿来一个冰袋敷在脚踝周围,顿时感到一丝凉意,烧灼感和疼痛感在减轻……减轻……。慢慢地,脚在冰袋的作用下产生了麻木感,越来越凉,凉得发麻,凉得发疼,又渐渐失去了感觉,只要脚放着不动,就似乎是没有感觉了……没有感觉了……。然后你将冰袋拿走,脚仍觉得没什么,和刚才一样……。过一会儿,脚又慢慢有了感觉,似乎是又升始产生些微的疼痛,隐隐作痛……。这种练习的目的是主动唤起强烈鲜明的身体感觉。

3. 比率训练法

想象一下你最熟悉的朋友的的面孔、表情、身段、衣着、鞋袜、姿势……。现在把他(她)缩小,全身按比例缩小,和原来一半那么大……,再缩小,和两岁小孩那么大,但仍是个成年人的模样……,再缩小,和火柴盒那么大,但仍有鼻子有眼的,是个真人……。再把它放大回去,越放越大,又和正常人一样大了……,继续放大,比一般人还要大一倍,他(她)简直就是个巨人……。再把他(她)缩小……,慢慢缩小……,终于又恢复到原来的样子……。你对他(她)说:"对不起啊,这是在训练,放心,你成不了格列佛遇到的小人和大人。"这种练习的目的是培养表象的可控制性。

(四)意识训练

意识训练是一种形成运动技能的综合心理训练方法。主要的训练步骤:首先要建立正确概念,运用直观教学手段进行;其次用肌肉控制,通过想象有顺序地支配肌肉逐部位逐级放松;然后集中精神,在视觉中清晰地表象出一个动作,并定格一段时间;再利用视觉表象,眼睛盯住一个目标,在脑海里表象出自己正在做的动作,同时用语言形象描绘动作过程与方法;通过表象与运动器官的连结,视觉表象中每一个动作都有意识地与自己机体中完成此动作的肌肉、关节的感觉相联系,直到两者的感觉相一致;最后检查训练效果。

(五)意志训练

意志训练,是指运动训练中有目的地使运动员克服各种困难,调节运动员的心理状态,使其去从事达到预定目的的活动。培养意志品质,主要是通过克服运动实践中的困难和教练员有意出的难题进行的。运动员在进行意志训练时,可采用用鼓励法、暗示法、强制法和刺激法等几种方法。

第三节　篮球运动比赛中的心理训练

一、篮球运动员比赛时的心理状态分析

(一)比赛前的几种心理状态

(1)对弱队容易产生轻敌思想,主要表现在对困难估计不足。比赛中顺利时,又常表现得防守不积极,进攻中处理球随意。一旦遇到困难,特别是比分落后的被动局面时,就产生急躁情绪,也导致在防守时容易犯规;进攻中则消极松懈,不讲究基本打法,运用技、战术也失去正常的动作节奏,导致成功率降低,失误频繁,从而由此造成力量对比上强弱转化。

(2)对强队有两种心理状态,一种是敢于发挥自己的特点,在比赛中积极拼搏,斗志旺盛,从而发挥较好的或突出的竞技水平;另一种是"畏敌"情绪,缺乏取胜的信念,缺乏克服困难的积极性、主动性,往往导致临场出现斗志不高、动作犹豫、缩手缩脚的情况。

(3)对势均力敌的队,容易产生想赢怕输的不良心理状态。这种"怕"的情绪,主要来自信心不足、怕字当头,如怕失误、怕投篮不中,也怕自己发挥不好而影响全队的胜负等。而对如何去克服困难则想得少,得失心太重,导致球场决策行动不果断,反应迟钝。

赛前运动员会对比赛抱有不同的态度和想法,因此,教练员要善于在赛前与赛中做好思想上、心理上的调整工作,克服各种非正常情绪;对与比赛有关的情况,要充分估计,仔细观察,认真考虑,冷静对待。既要鼓励运动员轻装上阵,放下包袱迎接比赛,又要估计比赛中可能遇到的情况,及时采取措施,增强运动员的信心,全力投入到比赛中去。

(二)比赛中的几种心理状态

1. 比分领先时的心理状态

(1)全队充满信心,士气高涨,技术、战术发挥正常,得心应手,不断扩大战果。

(2)产生松懈情绪,表现在比赛中防守时不积极,进攻时随便处理球,使比赛转化为不利局面。

(3)盲目自信,臆想扩大战果,导致情绪急躁。当攻守暂时失利时,往往会产生急躁的心态,进攻时急于求成,防守时容易出现犯规现象等。

(4)由于思想松懈导致比分起伏时,情绪低落而显得不知所措。一种是表现得紧张、急躁,打法变乱,成功率低;另一种是表现得沉闷、消极,节奏混乱,士气下降。

对上述心理状态,教练员要分清场上主流与支流,及时采取预防、稳定措施,及时相应调整阵容和打法,采取应变策略。

2. 比分落后时常见的心理状态

(1)全队思想统一,攻防积极,充满信心,殊死一搏,顽强应战,士气高昂,从而变被动为主动。

(2)缺乏信心,攻守都缺乏主动性和积极性。

(3)队员之间相互埋怨,互不谅解和理解,导致球场上行动不统一,打法上不协调,全队实力无法发挥。

(4)随着战局与比分起伏,情绪与心理承受能力失控,导致个人或整体出现被动局面。

3. 比分相持和决战阶段时常见的心理状态

(1)全队思想行动一致,决心大,攻守成功率高,甚至能超常发挥。

(2)由于思想上胜负包袱重,导致思路较窄,出现意想不到的决策与攻防战术运用的错误。

(3)由于竞争激烈,导致情绪紧张,出现怕负责任的行为。

4. 比赛中的几种特殊心理状态

(1)有些运动员常因比赛开局或换上场开始时技术水平发挥得好坏而产生不同的心理状态,如发挥得好就信心十足,反之则信心不足,甚至一蹶不振。

(2)主力替补队员,常有战局变化不利于本队时渴望上场的强烈愿望,由此产生各种心理障碍,一旦上场有时由于过于自信而失常,有时能打出水平,而能正确对待自己。

(3)一些年轻的队员,由于缺少比赛实战的锻炼,一般心理比较紧张和胆怯,因此一旦上场比赛往往不知所措。然而也有一些年轻队员,性格开朗,跃跃欲试,敢于在场上展示自己与强手争高低的潜能。教练员调配使用时要区别对待。

二、篮球运动员赛前心理训练

在篮球比赛之前进行心理训练,可以采取的方法主要有自我认知训练、心理适应训练、模拟训练以及心理调节训练等。

(一)自我认知训练

在篮球运动的自我认知训练中,主要采用的是自我灌输法,这一训练方法的主要步骤是:告知自己有足够的实力参赛;自己的技战术水平和体能状况足以使自己超水平发挥;自己将采用何种技战术手段战胜对手;不管发生何种情况,我都不会受干扰等思想。

(二)心理适应训练

篮球运动中的心理适应性训练是一种促进参赛主体与其竞赛环境之间保持心理协调的心理训练方法。具体来说,训练方法主要有以下几种:适应场地设备的训练;适应生活的训练;适应观众的训练;适应裁判的训练;适应比赛气氛的训练等。

(三)模拟训练

篮球运动中的模拟训练是在对比赛环境条件及对对手特点进行了解和分析的基础上,安排相同情况下的适应性训练。模拟训练的主要目的是使运动员的临场适应性得到有效提高,运动员可以通过模拟训练在头脑中建立起合理的动力定型结构,来应对比赛中随时改变的临场情况,从而将自己的技战术水平重复发挥出来。具体来说,模拟训练的具体做法有很多,其中最主要的有以下几个方面。

1. 模拟对手

收集即将面对的对手的情报,例如观看对手以前的比赛录像等,然后安排一部分队员专门模拟对手的特点(技战术等方面),或挑选一些与对手特点相似的队员,让他们与即将参赛者进行训练比赛,使其做到知己知彼、心中有数,增强获胜信心。

2. 模拟赛场气氛

通常在篮球比赛时,运动员的注意力会受到在场观众的噪声的影响,使运动员出现注意力分散和产生紧张情绪的情况。因此,在训练时多邀请观众到场观看,造成一个热烈的氛围。亦可以采用放观众噪声录音的形式,音量从小到大地调节到接近竞赛时的实际程度,从而使参赛运动员适应赛场噪声的能力得到进一步的提高。

3. 改变赛场局势

现代篮球技战术水平已经发展到了一个较高的阶段,因此在比赛场上的情况也越来越复杂,经常会出现一些难以预测的情况,这就要求参赛者对于变化的情景有一定的适应能力。具体来说,可在教学比赛中有意识地采用改变比赛局势的方式,例如设计出教学比赛,由一方大比分领先开始,然后比赛中进行比分的调换,或者当与对方同处高比分时,立即宣布最后1球决定胜负等。通过这种训练方法,能够使队员临阵不慌和随机应变的能力得到进一步的锻炼和提高。

(四)心理调节训练

心理调节训练是一种有意识调节运动员赛前不良心理状态的训练方法,具体来说,有以下几种训练方法。

1. 心理自我调节

例如采用最舒适的放松姿势,按一定的放松和动员套语,促使肌肉放松,调节植物性神经系统机能,以缓解赛前过度兴奋、动机过强、神经高度紧张等不良心理。

2. 赛前谈话

通过友善的交谈帮助运动员将比赛任务和意义明确下来,激发其参赛动机,鼓舞其增力情绪,从而使其参赛信心得到进一步增强。

3. 信息回避

尽量回避外界干扰性信息,阻断干扰源,平衡情绪。

4.生物反馈训练

篮球运动的生物反馈训练是一种借助电生理遥测,具体来说,就是将运动员内部活动信息显示出来并反馈给其个人,然后以初期测定结果为主要依据,按照塑造成型原则进行反应期训练以及脱离生物反馈仪的训练,学会调节控制自己的情绪,从而达到消除赛前过度紧张、焦虑等目的的心理训练方法。

5.催眠放松训练

在比赛的隔日或当天由心理学专家将运动员引导至催眠状态,使运动员从赛前情绪紧张不安和恐惧感中解脱出来。

三、篮球运动员赛中心理训练

在篮球比赛过程中,运动员调节心理的方法主要有以下几种。

(一)调整呼吸法

如果运动员在篮球比赛时产生过度的紧张,往往会出现胸闷气短,呼吸急促的症状。这时候需要采取的方法就是:吸气时肌肉紧张和呼气时肌肉放松相结合的呼吸和肌肉的收缩与放松交替进行的呼吸调整法,这对于紧张、激动的心理状态的消除非常有帮助。

(二)自我暗示法

运动员如果在篮球比赛时出现情绪不稳定的情况,可采用具有针对性的如"我必须沉着、镇静""我感觉很好""这个动作我能完成好"等默念的方式来暗示自己,达到稳定情绪,驱散周围环境对自己心理上的不良刺激的效果。

(三)集中注意力法

当运动员在篮球比赛时遇到诸如观众、对手、裁判或同伴等劣性刺激时,要立即找出适合于自己集中注意力的对象,将所有外界刺激驱散,并且运用深呼吸和使肌肉紧张起来的方法,将注意力完全集中于将要进行的比赛中去,从而发挥出自身的技战术水平。

(四)思维阻断法

当运动员在比赛中由于消极思维而引起的情绪紧张,并且自己也察觉到时,就可采取积极思维来阻断消极意识。例如,运动员由于开赛后的一次失误而不断出现"糟糕,今天我是好不了了"的消极思维时,运动员又自我觉察了出来,此时就应在内心呐喊一声"不",并用"我将以最佳方式处理好每个球"这种积极思维来将消极的思维活动替代掉,从而达到良好的比赛效果。

(五)教练员树立榜样

教练员应在篮球比赛中做到临危不乱,遇险不惊,真正成为运动员的"主心骨"。运动心理学家曾说:"比赛的关键时刻,也是运动员最容易极度紧张的时候。此时运动员总会向你投来探寻和求助的目光。你的情绪会通过语言表情、身体动作表情向运动员传递着你的思想。哪怕一个鼓励性的语言表情,亦会使运动员信心倍增。而一个无可奈何的摇头,哪怕只是一晃而过,亦会使运动员感到大势已去。"不只如此,教练员还应该将暂停、局间休息和换人等途径有效利用起来,以临场运动员的情绪变化为主要依据来充分发挥语言指导的调控作用,从而使参赛运动员的心理受到积极的影响。

(六)自我宣泄法

当情绪过度紧张时,可通过擦脸、握拳、跺脚等动作及喊声等,并伴之以一定的自我暗示,将紧张情绪宣泄出来,达到情绪稳定的目的。

四、篮球运动员赛后心理训练

(一)冥想训练

篮球运动员选择一处僻静的环境,仰卧平躺,闭上双眼,将注意力从比赛环境中脱离出来并跃入一个轻松愉快的想象环境之中。该训练方法要求每天早晚各一次,每次 15～20 分钟。冥想训练法对加速神经系统活动的恢复,提高篮球运动员的知觉力、反应力和灵敏性,强化抗外界干扰能力以及稳定情绪具有重要作用。

(二)放松训练

放松训练是通过语言暗示(他人或自我的),引起运动员的肌肉放松,进而调节植物性神经系统的机能,使肌肉和精神都得到放松。随后再运用带有一定愿望的套语进行自我动员,使其重新振作精神,进入最佳的竞技状态。

放松训练的方法主要包括:闭目静坐,全身肌肉从下至上逐级放松;用鼻子呼吸,呼气和吸气时均默念"一";连续 20 分钟后,慢慢睁开双眼。每天 1～2 次,饭后两小时后进行。此法对促使运动员心理能量的恢复见效甚速。

(三)大脑皮层兴奋度弱化训练

大脑皮层兴奋度弱化训练,如赛后组织游览、观赏等活动,消除因激烈竞赛在大脑皮层中的强痕迹作用,以转移减弱紧张情绪,降低兴奋水平,使运动员逐渐恢复到正常的心理状态。

(四)激情疏通训练

激情疏通训练主要是采用谈话、书写等形式给篮球运动员提供合理宣泄自己内心过度气愤、愤慨、恼怒等不良情绪,解除其心中的抑郁和积闷。

第十二章 篮球运动比赛的分析与训练

第一节 篮球运动比赛的准备

篮球比赛的全过程是一项复杂的系统工程,教练员必须周密设计与预测比赛全过程可能的结果,采取可行性部署。

兵家曰:"凡事预则立,不预则废",即要求教练员遇战必须有计划,即针对性地做好比赛的各项准备工作,这是争取打好比赛,获取胜利的前提。具体来说,赛前准备工作主要包括三个方面,即组织思想准备、技战术准备以及开好准备会,具体如下。

一、组织思想准备

(一)组织准备

在比赛前数个月内将参赛队的各类主要人员确定下来,注册报名,就是所谓的组织准备。如果队伍是原有管理、训练、组织系统完备的俱乐部队,则可以以比赛性质、任务、参赛队伍对象的实力以及对比之中本队人员、制度存在的不足为主要依据,对组织准备进行相应的完善和调整;若原管理、训练、组织系统不完备的俱乐部队,则在正式报名前一个月左右的时间(根据竞赛举办单位的竞赛章程和运动员注册要求规定)及时充实调整确定下来,其中主要涉及的人员是参赛的领队、教练员、运动员以及有关工作人员的具体情况。

对于不同的参赛队,要有针对性地采取不同的组织方式。如果参赛队需要借聘引进外员、内员的,那么就要按照相关的规定办理临时转会手续,以免延误注册报名时间;对于制度建设不完备的俱乐部参赛队,更要制定或修订完善有关签约、训练、比赛胜负奖惩制度等等。只有在组织上作好参赛准备,使赛前的训练安排和整体磨合得到有力的保障,才能形成一支坚强队伍的群体形象。

(二)思想准备

参赛前在日常思想教育管理的基础上,根据队伍组建、训练目标方案、主力阵容配备、比赛任务和相互实力对比,以及队伍中产生的各种不同的思想状态等情况,进行针对性的思想工作,就是所谓的思想准备。需要强调的是,联赛推行主客场赛制后,竞赛已推向市场,而队伍构成的成员来源已不尽相同,其比赛性质不同、比赛场地更换、比赛对象多次移地交锋、胜负奖励各俱乐部形式与额度很不统一,这些都会对队伍参赛的思想活动产生一定的影响,并以各种形式在赛前、赛中、赛后得到反映。为此,作为教练员(包括领队与俱乐部负责人)应在比赛前对所存在的思想干扰,摸清真实情况,有针对性地分别轻重缓急,抓住主要矛盾耐心细致地做好思想疏导工作,以便在大原则、大问题上(包括对联赛成绩排位的目标确定,引进内、外员的态度,阵容的确定与赛前训练方案的实施,奖励金额与形式,以及对比赛任务所持的态度等)求得全体参赛人员的共同认识,形成一种全队上下任务明确、保障到位、思想统一、团结奋进、积极争优、士气高昂和精神饱满的迎战局面。

二、技术和战术准备

赛前技战术训练是日常训练的深化,是针对性极强的精雕细刻,是一种强化性、特殊性的训练阶段。完善本队基本打法,发挥优势,重点改进不足,是赛前技战术训练的根本目的。因此,训练既带有强制性,又讲求实效性,对针对性的重视程度也更高。具体来说,赛前技战术训练准备工作主要包括以下几个方面。

(一)采集信息,制定方案

1. 收集信息的意义

俗话说,"知己知彼,百战百胜",因此,赛前运用各种手段采集、侦察、掌握彼此情况,特别是对方的情况就显得非常重要且必要。现代篮球比赛过程始终贯穿着制约与反制约、发挥与制约发挥、争夺与反争夺的激烈多变的凶悍对抗,比赛双方都尽力发挥自身的技战术特点和风格,对对方的特长进行限制,真正做到"用己所长,攻彼之短,抑彼之长,避己所短",力争局部和全局的主动。做好信息收集工作,是达到上述目标的关键所在。

收集信息最好的方式是直观资料与观摩分析。直观资料分析的优点主要表现为:印象深刻,容易记忆,便于捕捉关键环节分析研究。所以,这就要求教练员千方百计创造条件观看对方的训练、比赛,并布置运动员分工观看与统计对手技术特点、战术风格,配合着较系统地观看技术和比赛录像、电影以及图片资料,并发动全队进行集体分析、研究,群策群力,鼓励运动员大胆表述自己的见解,使教练员能集思广益,制定出切实可行的作战方案,调动运动员积极性、自觉性,使球队实力得到充分发挥。

另外,在获得直观资料后,要对队员反应进行密切的观察,防止两种偏差的出现:一是轻敌麻痹思想,队员会私下议论"稳赢"的轻敌思想;二是遇到强手出现想赢怕输的"恐慌症"。这两种偏差都会对自己的手脚产生一定的舒服作用,这就要求教练员及时抓住苗头,正确做好思想工作,落实到策略打法上,鼓舞士气投入赛前训练。

2. 收集信息的内容

收集信息的内容有很多,其中,较为主要的包括以下几个方面。
(1)对方的队伍状况,主力阵容和替补队员身体条件。
(2)全队整体的竞技状态,基本打法与风格、配合特点。
(3)特殊队员的攻、守习惯动作,得分手段,区域活动范围,技、战术应变能力。
(4)战斗作风和心理承受能力。

（5）战绩资料，病伤情况等。

（6）同时要掌握对方教练员的临场指挥的素养、胆识、暂停与调度队员的习惯、应变战术的时机，以及其他种种能反映其指挥决策的谋略行动。

3. 调查的方法

调查用到的方法主要有以下四种。
（1）采用现场观摩赛情，并进行指标统计。
（2）放映录像与展示图片。
（3）收集有关对方比赛的统计资料及文章报道，侦察对方训练。
（4）邀约对方进行教学比赛或邀请知情者介绍情况等。

在广集信息的基础上，教练员应根据所留印象、所得资料，去伪存真、去粗取精，全面客观地认真进行实事求是的分析，权衡利弊，最后作出彼我对比的长短，分别类型，真实估计，下决心制定比赛训练计划和具体作战策略方案，并组织模拟训练。

（二）制定训练、比赛方案

制定赛前训练准备与对手的作战具体方案，是赛前工作进入细致部署阶段，也是对即将进行的比赛的总策划、总动员和总部署。

全国及洲际以上的大型比赛，赛前制定作战方案，要做到以下几个方面的要求：整体考虑的同时也要分段部署，抓住重点，逐个研究解决，要一场一场地部署，瞻前顾后设计，要坚定自己队伍的指导思想、风格特点，坚决贯彻方案意图。

具体来说，可以将这一项工作分为以下几个方面。

1. 将比赛策略确定下来

从实际出发确定每场比赛的策略指导思想。不同对手、不同场次的比赛，其指导思想和基本打法应不同，策略应从全局着手，要建筑在自己队伍的实际基础之上。首先要注意发挥战斗作风优势，力争主动，例如确定进攻突破口的选择、捕捉对手漏洞及弱点、主要战术的运用、创造打出小高潮的阶段、攻守转变的强攻时机、策略运用中的应变等等，都要建立在知己知彼和以我为主、积极主动地消灭对方有生力量、争取主动的指导思想基础之上。但通常在自己处于以弱战强的情况下，或均势时，要重视抑制对方进攻特长，格外加强防守，突出解决对对方重点人的具体防守手段和战术形式应变的时机等环节上。

2. 遵循扬长避短的原则，牢牢把握住优势

制定比赛作战方案的基本原则之一是扬长避短，全队与每名运动员的战术行动都不能偏离这个原则，所以在训练与实战进攻中要猛烈攻击对方的弱点，主动引导对方暴露短处而进行攻击；或者在防守时有意放弃对手的短处，以此来协助同伴加强另一局部的防守力量。如：对手不善远投，就应果断暂时松防他，去帮助同伴补防强攻手，争取干扰和抢断球机会。对速度缓慢的对手则利用节奏变化快速摆脱他，创造进攻良机。如对方善于突破，则在防守上可以采取联防加强协防，即使对手突破后还会遇到第二道、第三道防线，接连使对手处于被动绝境。或者采取缩小防区的人盯人防守来减少其攻击的杀伤力。若本队高大队员多，进攻与防守转换速度慢，则要

重视掌握节奏,迫使对方打阵地攻防,以高度优势强攻内线,并提高成功率,同时发挥制空拼抢篮板球二次进攻的优势,以此来控制对手特点,弥补本队的弱点,发挥自己的优势,使强弱关系向有利于本方转化。

3. 根据实际情况来组织相应的阵容,并及时进行调整变化

比赛的技战术运用主要表现在限制与反限制上,攻守有相持阶段,也会有进攻势如破竹、防守一泻千里的阶段,关键在于教练员能否审时度势,调配阵容的组织和采取应变的战术,如阵容配合运用恰当就能产生意想不到的效果。现代篮球比赛拼斗激烈,仅仅五名主力队员打球肯定是适应不了激烈争夺需要的,赛前战术打法、阵容的组织应针对不同类型的队,适时调配不同特点的队员上场,这样会让对手感到不适应,从而取得出奇制胜的效果。所以说及时变换阵容就能提高战斗力,教练员善于以变争取主动、以智争取胜利,就可以在指挥赛事中做出许多有声有色的好文章。

4. 时刻做好困难的准备,并采取相应的打法

赛前要作好各种困难的准备,例如当比赛出现低潮时,教练员应意识到恶战开始,决不能束手无策、优柔寡断、失去信心。而应遇危不惧,当机立断地采用特殊的打法以求过渡,缓和局势。这时打法上应简练实效、任务明确具体,尽量发挥优势搏斗。若防守上一时失利,对手全面攻击,换人也不见效时,要立即利用暂停,稳定情绪,变换战术打法,控制攻防速度,强调打成功率,并明确攻击重点,集中力量强攻,积极创造和掌握 3 分球的机会。若仍不成功,则可改为整场破坏性打法,不惜力量加强防守,在转攻时猛冲猛打几个回合,以求从心理上后发制人,抢占上风,试探可能获得摆脱困境的效果。或者以自己最熟练、最有把握的固定配合变换运用。总之,充分做好思想和打法变化上的准备,就能临危不惧。临场比赛中队员只要耐心组合,针对性强,作风硬,决心大,连续打出两三个有效配合,可能就起到扭转局面的作用。

5. 要做到以虚避实、出奇制胜,尽可能达到自己的攻击目的

教练员在比赛中,不仅要有准备在战机成熟时作出出奇制胜的战术部署,也要有防备对手派"黑马"、出"绝招"、发"冷箭"的准备。例如:埋伏神投手,利用经验突然打"蘑菇球";再如换上高中锋强攻篮下,而实则是为声东击西布置外线 3 分投篮。也可以借"明修栈道,暗渡陈仓"的计谋来以虚避实,转移对方注意力,从而达到自己攻击的目的。

(三)组织模拟训练

模拟训练的主要目的是对比赛中可能出现的各种情况下进行事先的预演,以有针对性地采取相应的措施。组织模拟训练的常见情况主要有以下几种。

1. 我强彼弱的情况

(1)我强彼弱的情况下对教练员的要求

遇到这种情况下,教练员首先要注意避免在赛前训练安排时的言行举止,绝不能盲目自傲,产生轻敌麻痹思想,以导致队员斗志松懈的情绪。正确的做法是:教练员要注意坚定战略指导思想,严肃认真地做好赛前准备、模拟训练以及针对性的思想教育工作。

（2）我强彼弱的模拟训练

比赛实战中，强弱转化是经常发生的，模拟的重点要全队警惕和防止强变弱的转化。模拟训练时要一丝不苟，认真进行。在熟悉对方战术打法、阵容配备的基础上，还要预见其攻守的套路变化，不能忽略其变化中每个配合的关键的细节。特别要强化本队防守意识，并部署具体防守任务，因为通常思想放松是从防守松懈开始的。模拟比赛中要重视模拟突发情况出现，思想上要事先有所准备。要重视在模拟训练中有针对性地做好思想工作和实战部署。

2. 我弱彼强的情况

（1）我弱彼强的情况下对教练员的要求

教练员要具有遇强不馁的精神，从战略上藐视对方，在战术上重视对方，树立敢打敢拼、力争胜利的信心，并严密组织赛前训练，落到人和区与位的实处。鼓励队员扬长避短，努力发挥优势，振奋士气，全力以赴。同时在策略、打法和人员配备上要注意反正为奇，出其不意排兵布阵，使对方措手不及，力求最大限度地打出水平，缩小比分差距，激励队员在强手面前磨炼成长。

（2）我弱彼强的模拟训练

对强队的比赛，首先要承认其强，工作要建立在以弱胜强的指导思想上，树立不畏强手、敢拼敢打的精神，心理上要有打强队比赛的挑战愿望，在此前提下认真研究对策。演练战术时要根据对手的整体和主要队员的技术特点，一个个、一环环地进行模拟演练。要善于抓住对方两三个攻守重点反复练，破坏其习惯配合、习惯动作。如对方强于快攻得分，则练习堵截其路线，分段堵发动、堵接应、堵推进，影响其速度，迫使其改变方向，这样，就会降低其得分率。如对方内线强攻实力雄厚，则专门练习破坏其内线攻击的习惯打法，全力破坏其向内线输送球的路线，派人埋伏在传球区与传球点上干扰，以减少其内线得球机会，并制造其强攻时犯规。同时也可缩小防区，加强防守伸缩性，使对手在狭小的区域内很难得分。演练进攻时要坚持打成功率和针对性配合，同时要演练突然打出高潮和低潮的模式，紧紧抓住攻守转换的环节咬紧比分，并乘对手急躁盲目之际扩大战果取而胜之。

3. 势均力敌的情况

（1）势均力敌的情况下对教练员的要求

教练员要坚定决战胜利的信心，要格外重视彼此情况的科学对比分析，切实把握对方整体和个人的特长优势，并最精确地采取对应的制约措施，把具体任务明白、扎实地落实到整体打法和区、位的每名队员身上，同时要强调随时作好战术应变和人员调配的准备，以及同心协力全员作好各种最艰难的作战准备。

（2）势均力敌的模拟训练

比赛双方实力相当而且彼此很熟悉。赛前模拟训练首先应在策略上先胜一筹，一切战术部署都要在保持自己队的实力、状态的基础上进行。对过去本队常规的重点攻守打法要略加改进，补充一些新的变化，使其更完善、更富于攻击性，使对手捉摸不透，打乱其战前部署。同时，尽力找出以往比赛中本队曾遇到的不利或不顺的环节，如防守中控制不住对方某个重要得分手等，对此则要采取换人防守，并注意解决防守的细节问题，准备两三名队员轮流追防之。在整体战术上如对方已较适应本队打法，则应主动在攻守区域和位置、人员上作某些调换，给对手产生意想不到的影响。比赛实践证明,在一两个环节上采取主动都会对全局产生主动作用。

4. 遭遇战的情况

(1)遭遇战的情况下对教练员的要求

当教练员在赛前无法了解与掌握对方实力情况和具体打法部署的情况下,比赛则出现遭遇状态,对此准备赛前训练时,应确定以我为主的决策原则,力争打好开局。为此,赛前训练应设计几套打法进行模拟实战比赛训练。具体战略部署上,首发阵容通常宜以主力出战为主(也可以组配试探阵容)。战术安排可选择某种最有把握的阵势,以求在比赛开局时的最短时间内占有攻守优势,并在掌握对方的基本打法后随机应变。

(2)遭遇战的模拟训练

由于双方过去没有直接交锋,这种比赛的模拟会有一定的难度,因此,教练员应尽量根据对手的阵容、战术、队员的技术特点,确立模拟性具体战术打法,并尽可能设计组织陪练队阵容模拟实战对抗,以求强化自己的打法,形成形象意识。在模拟训练中要边练习、边探讨,建立初步概念后,即可进行真实性很强的战前比赛对抗加深直观印象。在演练过程中,要与资料信息情报反复对照,并试验自己的攻守效果。在具有一定感性认识的基础上,确定比赛作战明确方案。方案要留有余地,主力队员出场,要讲策略,既要力求先发制人,又要有后发制人的部署,总之,要尽快发挥本队的攻守威力。

三、开好准备会

(一)开准备会的目的

(1)进行实战思想动员,内容应宏观简明,但对联赛实际进程、战绩、胜负名次排列也应客观分析。对其他相关的能影响队员心理情绪和调动积极性的因素,要以正面引导鼓舞士气解除正负包袱为主。

(2)明确战略指导思想,重点部署落实比赛方案,确定具体打法与应变谋略,组织好首发阵容及梯队人员配备,使每名队员都清楚了解自己在本场比赛中的攻守任务,做到个个心中有数,随时准备上场迎战。

(二)准备会的主要形式

(1)先召开各种形式的小组会,教练员分别下组听取意见,然后将小组会上队员的不同意见和建议,由主教练归纳分析,提出初步方案,在队的主要成员组成的决策会上进行研究确定。然后召开全队成员会,由主教练进行明确部署。若在作战指导思想和打法与部署上仍存在不同意见,可以在全队会上进一步让队员畅所欲言地发表意见,求得统一认识后予以确定。

(2)在准备会前,教练员分别向队员个别征求意见后,由主教练进行归纳,提出初步方案,然后提交队的主要成员决策会上研究,统一认识后再召开全体成员会,进行具体部署。

(3)召开在现场进行实战演练式的准备会,教练员边听取意见、边归纳、边部署。这种形式也可以与其他几种形式结合进行。

（三）开好准备会的基本要求

准备会主要目的是统一思想，明确打法，部署力量发挥优势，力求打出水平，争取最好效果。因此，准备会一定要充分发扬民主，听取队员意见，以求决策正确。至于采取何种方式，应从实际出发，各种准备会的形式都有一定的优点和缺点，教练员应因人、因时和因事采用为宜。总的要求，会议时间不宜太长，教练员表述要简明扼要，决策态度要坚定，充满信心，重点部署要突出，形式与内容要有利于调动积极性。力避准备会开得压抑、紧张，使队员背上种种包袱上场打比赛。

第二节　篮球运动比赛中的攻守转换

攻守转换是篮球比赛中双方对控制球权得与失之间的转换，这种攻守之间的相互转换构成了篮球比赛系统中的重要内容，反映在转换的思想意识、身体应激、技术动作、战术行动、配合方法、组织与变化上；同时也作为特殊的攻守组织形式被世界篮球界认可、采纳和重视。

帮助解决本队比赛中出现的由攻转守、由守转攻过程或环节中的问题，提高运动员的攻守转换意识和技术、战术运用能力，争取瞬间转换的时机与优势，获取篮球比赛中最大的攻守效益，是攻守转换训练的最终目的。

一、篮球比赛中攻守转换的特征

关于篮球比赛中攻守转换的特征，可以进攻与防守的各个阶段中得到充分的体现。需要强调的是，攻守转换是不规律、循环交替进行的。

（一）进攻的两个阶段

篮球比赛中进攻的两个阶段，一个是反攻，一个是落位，具体如下。

1. 反攻

由防守突然地获得球快速转入进攻称为反攻（或反击）。进攻的反攻时机有抢获后场篮板球，制造对方失误或犯规掷界外球，抢、断对手的球等。需要注意的是，进行反攻时，队员之间的行动是有所差别的，主要表现在有球队员和无球队员两个方面，具体如下。

（1）反攻时有球队员的行动

运用合理的方法、技术获得球者即称为有球队员。他的第一个行动是应当先看前方有无已经跑向前场较好位置的本队队员，如果有，则应及时、快速传球，并应注意选择合理实用的路线，同时精确控制落点；假如没有，或者快下队员位置不合理，其第二个行动就是应当快速、及时传出第一传，可以传给离自己较近的队员或传给赛前已安排好的接应队员。如若不传出第一传，其第三个行动应当是向中路运球快速推进，推进中一旦发现机会，应快速传球，使之顺利地进入前场。

（2）反攻时无球队员的行动

反攻时除一名队员获球（有球）外，其余四名队员均为无球队员。他们的行动应当根据战术需要和临场情况的变化而合理地分布。例如，有的应当积极地选择跑向前场的路线和抢占合理的位置接球投篮,有的则应当接应第一传,以便顺利地推向前场。总之,无球队员的行动,一定要围绕球、同伴及对手的变化,灵活机动地跑动与调整,一切行动都要有利于反攻的需要。

2. 落位(阵地进攻)

按本队已定的进攻战术配合方案各落各的位置,就是所谓的落位。进攻队要根据对方的阵地防守来有针对性地采取相应的应对措施。如对方的阵地防守是"2—3"联防,则进攻队可按"1—3—1"队形落位;若对方内线队员防守高度和能力差,则进攻队可按"1—2—2"进攻阵势落位。落位的目的是为了发挥本队的进攻特长,制约对方。落位的安排可根据防守战术实际和本队特点而定,使之有利于发挥本队进攻威力。在落位阶段,球一般是在外围队员控制中。

(二)防守时的两个阶段

在篮球比赛中,防守可以分为两个阶段,一个是封堵与退守,一个是落位与调整(阵地防守),具体如下。

1. 封堵与退守

进攻中失去了对球的控制而转化为防守行动时,首先对篮下获得篮板球的队员采用封堵第一传,阻止他顺利传球,推迟对方发动反攻。其他防守无球的队员应采用夹击接应队员或抢占合理位置快速退守,退守时应根据对手、球与球篮距离的变化而选择合理的位置和适当的速度。封堵与退守如果成功,立即就转入进攻;若封堵不成功,对方运球推进前场,即进入防守落位与调整阶段。

2. 落位与调整(阵地防守)

按本队已定防守战术配合方案各落各的防守位置,就是所谓的落位。如根据对手进攻的特点可按人盯人或区域联防落位,或者是按事先已安排的几号队员防几号队员的位置落位。落位的目的是为了发挥本队队员的防守特长,控制对手,阻止对方的进攻。

这一阶段,场上进攻队队员有外线和内线、无球及有球几种情况,因此,这就要求防守队员的防守位置应根据对手人、球及球篮三者的关系而及时调整。注意贯彻"人球兼顾,以球为主"的原则。这样的防守位置比较主动,对于控制对手的活动是较为有利的。

二、篮球比赛中攻守转换的方式

生理学研究表明,人体神经的转换首先是兴奋与抑制两大神经过程的转换。在现代篮球比赛实践中,不同的攻守条件下运动员的大脑神经反应具体如下:进攻时,运动员大脑皮层的运动中枢关于进攻的技、战术条件反射处于兴奋占优势状态;进攻结束时,运动员大脑皮层的运动中枢就会转换成六种起始状态的转换方式;防守时,运动员大脑皮层的神经条件反射就会处于另一方面的兴奋、集中占优势状态;防守结束时,运动员大脑皮层的运动中枢会换成另外的六种起始状态的转换方式。具体如图12-1所示。

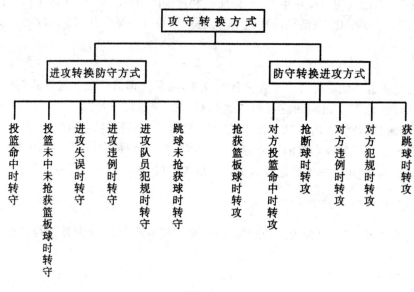

图 12-1

三、篮球比赛中攻守转换的类型

依据篮球比赛中反映出的状态,攻守转换的类型大致可概括归纳为如下几种。具体如图 12-2 所示。

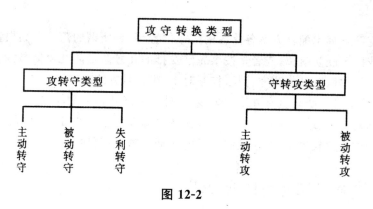

图 12-2

（一）攻转守类型

1. 主动转守

是指转守时的条件有利,投篮命中时转守。此时,无论是心理准备方面还是神经过程的转化方面都处于最佳状态。心理上由于投中得分,队员产生积极情绪,信心十足地迎接即将来临的进攻挑战。只要妥善诱导,神经过程此时也易于高度集中和灵活转换。另外,此时所处的攻守态势相对而言也有利于转守:人数对等,位置相宜,转守时间较充裕。上述条件为攻转守时采用全场攻击性防守提供了有利条件。能否抓住机会,充分利用有利因素,迅速调动运动员的积极性,展开先发制人的攻击性防守,是瞬间转守的关键。这时的场上,内有防守积极紧逼的压力,外有5秒违例的时间限制,往往能迫使对手失误。总之,主动转守要求场上5名队员同步动作,瞬间转守,迅速找人抢位,完成封传、控球、卡堵的任务。

2. 被动转守

被动转守是指本方转守时的条件比较被动,即在投篮未中而篮板球又被对方获得,或跳球时球被对方获球后转守。该转守形势下,运动员处于篮板球争夺的被动状态。

在被动转守的情况下,运动员应克服被动的心理因素,加快视觉信号的知觉速度,迅速预测和判断,采取针对性措施,全力制止比赛按对方预想的方案和节奏进行,积极有效地控制对方的进攻速度。只要转守反应快,动作协调,就能有效制约对方。

3. 失利转守

是指攻方传、接、运球失误,对方抢断球,直接转入反击时的防守。这时从攻守态势看,转守一方处于不利的劣势状态。攻击行动的失败往往导致心理因素的变化,出现心理惰性,注意力不集中,产生无力与自卑感,陷入追悔、自责的情绪中,这都直接影响攻转守的速度,而此时恰是对手反击的良机,所以这类转守难度最大。难就难在不仅要求队员具备极好的身体素质(尤其是起动速度),高超的以少防多技术,更主要的是队员必须具备顽强的意志品质、坚韧不拔的战斗作风。失利转守其条件艰难,其转化结果多为追防,其时间要求十分急迫,这一点是共性,所以在训练中应花大力气、下大工夫重点解决。对于各种情况的失利转守,必须进行不定期的强化训练,使队员身处逆境而无丝毫气馁的表现,在任何不利条件下都能应付自如,采取决断措施瞬间转守,并通过个人和全队的拼命追防扭转局面。

(二)守转攻类型

1. 主动转攻

主动转攻是指本方转攻时条件有利,在强守阻攻中抢、打、断掉进攻队员手中的球,或抢到后场篮板球、抢获到跳球的转攻。该转攻形势下,队员情绪振奋,呈增力态势。

在主动转攻的情况下,本方队员应迅速形成转攻意识,快速分散队形,发动快攻,趁对方人数难相等、位置不适宜、转守时间紧张的状态下,进行技战术的配合创造机会投篮得分。

2. 被动转攻

被动转攻是指本方不是在强守助攻的转换中获得球,而是由于对方出现的失误、违例、犯规或投中等的自然转换。该转攻形势下,双方的人数相等、位置相宜,本方进攻有一定难度。

在被动转攻的情况下,本方队员应坚持打快,力求在衔接阶段发动猛攻,给对方施加压力并伺机投篮得分。

四、篮球比赛中攻守转换的训练内容

为了发掘攻守转换中深层次的内涵,这里把相关的有可能转换的内容作如下叙述,如图 12-3 所示。

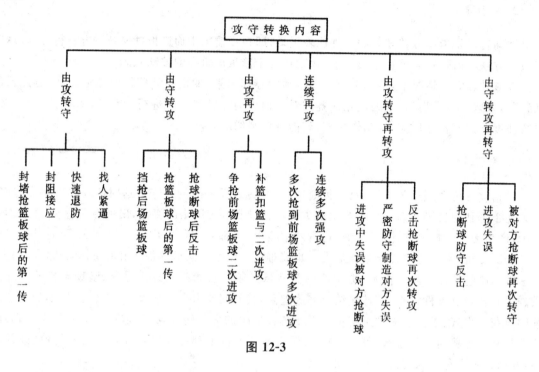

图 12-3

五、篮球比赛中攻守转换的训练方法

为了获得最大的比赛效益,提高攻守转换训练的质量,必须使运动员具备如下条件:一是具有快速的转换意识。意识是行动的先导,具有快速的转换意识才能出现快速转换的行动。二是具有良好的身体素质,尤其是速度素质,主要是具备高效的反应速度、起动速度和变化速度,同时具备良好的速度耐力。三是具有全面、扎实、准确、快速、熟练运用技术的能力。四是具有高度灵活、机动的支配运用能力。五是具有较强的应激与变化能力。

(一)由攻转守的训练方法

可以根据以下几种训练方法提高运动员由攻转守的能力。

(1)攻守转化速度训练:如图 12-4 所示,③传给④,④传给②,②投篮后,防守组迅速转守为攻,进攻组迅速转攻为守,教练员在端线发界外球,并读秒,要求防守组的运动员以每秒必争的速度紧逼防守各自的对手,教练员将球传给攻守速度转化最慢的运动员所防守的进攻队员,并罚该运动员做俯卧撑 10 次,该训练旨在强化运动员个人攻守转换速度。

(2)由攻转守个人行动训练:如图 12-5 所示,教练员⊗将球传给①,①突破或投篮,如果❷抢到篮板球,②马上由攻转守,❷运球突进,②防守❷运球。

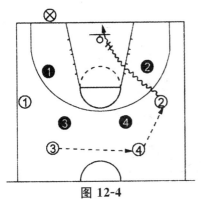 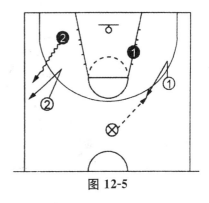

图 12-4　　　　　　　　　　　图 12-5

（3）上篮后转守的追防训练：如图 12-6 所示，全队分成两组，分别站位在两个球篮的端线外，④和❹站于前场前锋位置。④前进中接⑤的长传球上篮，上篮后立即转入防守并追防❹。④号上篮后，❺快速抢获篮板球，然后迅速长传给快下跑进的❹上篮。

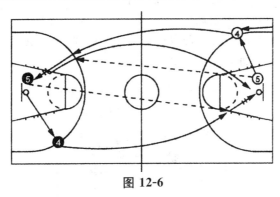

图 12-6

（4）由攻转守的一对一训练：如图 12-7 所示，两人一组一球落位于右前锋处，④突破上篮，在❹抢到篮板球就立即运球反击，将球传给⊗，然后快速摆脱❹，接⊗的回传球运球突破上篮。④突破上篮后如未抢到篮板球则应快速转入防守，防守❹的反击。④和❹攻守结束后排入队尾，下一组据此继续训练。

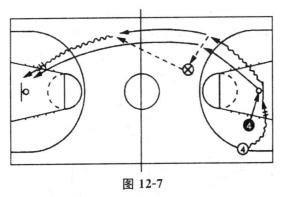

图 12-7

（5）由攻转守的一对一：如图 12-8 所示，全队分为四组落位，④运球上篮或急停跳投，❹防守，如果❹抢到篮板球可继续进攻，直至投中。如果❹抢到篮板球或④投中，❹快速发端线球传给❻时，④立即去防守❻，直至抢到篮板球或对方投中，然后换上❼做练习，依次进行。另一侧⑤和❺同时做。

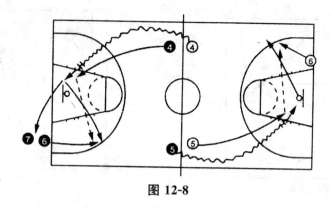

图 12-8

(二)由守转攻的训练方法

可以根据以下几种训练方法提高运动员由守转攻的能力。

(1)全场紧逼防守与进攻全场紧逼训练：如图 12-9 所示，①传球给②，②接球后突破上篮，❷迅速抢球后跑至端线抢发界外球，并与❶以最快的速度由守转攻，❶设法摆脱①接球，①与②转为全场紧逼防守，❶与❷转为进攻全场紧逼。

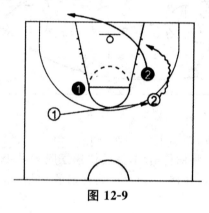

图 12-9

(2)二攻一训练：如图 12-10 所示，全队落位于四点处，⑥号站位对侧的弧顶附近防守，另二运动员⑦号也站在对侧靠近边线的位置准备快速反击。④与⑤号做短传推进二打一，⑥防守并出击抢断球或对方投中掷界外球时，快速长传给快下的⑦，投篮的运动员迅速退守防⑦的运球上篮或投篮。这一组练习做完后，下一组开始做。④与⑤顶⑥与⑦的位置。

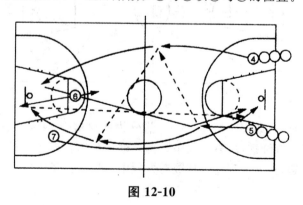

图 12-10

（3）三攻二训练：如图 12-11 所示，防守队组成"2—3"区域联防阵型，进攻队用两名运动员回传球后投篮，防守队抢到篮板球后立即发动快攻。进攻队的队员①与③传球后投篮，防守队的队员❸、❹、❺形成挡抢篮板球的三角形保卫区，抢到后场篮板球后立即发动快攻，进行三攻二训练。

（4）三攻三训练：如图 12-12 所示，防守队在外线防反掩护配合，当进攻队员③进行反掩护投篮后，防守队挡抢篮板球并发动防守反击，进行三攻三训练。

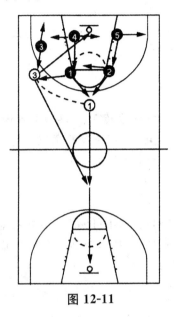

图 12-11

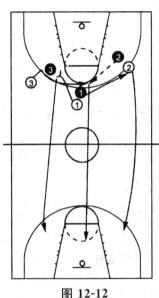

图 12-12

（5）由守转攻反击训练：如图:12-13 所示，防守队 3 名运动员对进攻队 3 名高大运动员，防守运动员利用堵卡阻挡运球突破的攻击性防守，把运用小 8 字进攻的高大队员朝外线顶出去，并设法使进攻者停止运球。结合封、断、抢进行由守转攻进行反击训练。

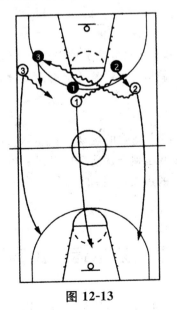

图 12-13

六、篮球比赛中攻守转换训练的要求

为了提高攻守转换训练的质量，对训练过程提出以下要求。

（一）渐进性

攻守转换训练应根据运动员的具体情况逐步增加攻守转换间的难度与条件，开始可先做徒手后做有球的训练，不加防守和进攻，逐步培养和提高运动员由攻转守和由守转攻的意识和能力。待运动员技能提高后再增加训练难度，使转换条件先易后难，先简单后复杂。

（二）结合性

与攻守技术训练紧密结合，在提高攻守技术运用的同时，强化攻转守、守转攻的意识；与攻守战术训练紧密结合，在提高攻守战术配合能力的同时，强化攻转守、守转攻的意识。力求在对抗训练中，解决攻守转换中技、战术的运用和质量问题，提高综合运用能力。

（三）均衡性

攻守转换训练应兼顾由攻转守和由守转攻两个方面，共同提高、不可偏废。安排有对抗的攻守转换练习时，无论是个人行动还是集体的战术配合，都必须同时要求攻转守和守转攻两个方面，保持攻守的均衡性，力求做到攻中有守、攻守转换、强守助攻。

（四）针对性

一是针对本队运动员在训练中全体攻守转换方面的弱点和难点，采用强化手段来解决；二是赛前模拟对手转换时攻与守的长处，反复进行针对性训练，以利于运动员产生适应能力，提高运用水平。

（五）辅助性

辅助性训练手段能有效地培养和提高运动员攻守转换意识和速度，在训练中，教练员可以通过音控指令调动场上的攻守转换，使运动员在教练员有意识设立和创造的特殊情况下进行训练。

（六）激励性

激励法主要是针对有一定技战术基础的运动员，主要通过限制比赛时间的方法进行训练。例如，在训练中规定 5 秒钟之内全队必须到达前场或退回后场；7 秒钟之内进攻方必须移动到各自进攻位置，防守方必须跟随自己的进攻队员；25 秒钟之内全场必须完成一次快攻和快攻防守成功等。

第三节　篮球运动比赛训练

篮球比赛训练是指组织竞争性的、有胜负结果的、以最大强度完成练习的方法，采用综合的训练方式,对运动员的身体素质、技术、战术和心理等方面进行整体的训练,全面提高运动员的比赛能力。

比赛训练是教练员专门组织和指导的教学训练活动,把比赛对运动员的身体素质、技术、战术和心理等方面的要求联系起来进行训练,使运动员的机体系统发生深刻的变化,保证运动员各方面的能力获得整体改善。

比赛训练的显著特点,就是具有强烈的针对性、实战性与竞争性。可以激发运动员的积极性,培养与检测其训练技能能力和智力,从而强化篮球意识,增长比赛才干。还可以充实运动员的篮球知识、技能和经验,发挥运动员的想象力、主动性和创造性。

一、篮球比赛训练的任务

(1)将篮球运动员从专项身体素质训练中提高的体能素质和运动技能,通过比赛训练,转变为篮球比赛中的对抗能力,使篮球运动员有能力积极地与对手进行对抗,同时保证篮球技战术的充分发挥。

(2)将篮球运动员从日常技术训练中掌握的技术动作组合运用,通过比赛训练,转变为"比赛技术",使技术的应用更加符合篮球比赛要求,培养运动员在复杂多变的比赛环境中合理地运用技术的意识及运用技术的时机,提高运动员运用技术的效率。

(3)将篮球运动员从日常战术训练中掌握的攻守战术打法与配合,通过比赛训练,转变为战术能力,使战术的应用更加符合篮球比赛要求。培养运动员在复杂多变的比赛条件下熟练运用某一种战术,且能从一种战术转变为另一种战术,从一种战术配合转变为几种战术配合的能力。

(4)通过比赛训练,提高篮球运动员的运动时间感觉。实践证明,运动员的比赛行动效果与运动感觉反应的指标联系紧密,运动感觉指标的整体是时间感觉。篮球比赛规则中明确的时间规定,如3秒、5秒、10秒、30秒等,篮球运动员应在比赛实践中根据比赛时间和比分,采用不同战术打法和攻守技术行动,这就需要通过比赛训练和提高篮球运动员的运动时间感觉。

(5)通过比赛训练,提高篮球运动员的适应能力。主要是结合不同比赛对手的技术特长、战术打法,结合不同比赛的地理位置、气候特征、时差、场地等情况,进行模拟比赛训练,以便提高运动员对不同特征的比赛的适应能力。

(6)通过比赛训练、培养篮球运动员良好的意志品质。比赛训练要求运动员在比赛的环境和条件下能提高学会自觉地严格遵守比赛规则,学会自我进行心理调试,学会尊重对手、裁判员和观众,敢于竞争、善于合作、不畏艰辛、重视创新的集体主义精神和道德品质。

(7)通过比赛训练,提高篮球运动队的整体实力,在训练中,提高篮球运动队员之间调配、组合阵容的能力,使运动员能够在拼争凶狠的现代篮球比赛中,提高组合技战术的能力、调动全体队员的积极性、发挥全队的整体实力。

二、篮球比赛训练的种类

篮球比赛训练有教学比赛、检查性比赛和适应性比赛,这些比赛训练都是服从和服务于正式比赛的。

（一）教学比赛

1. 教学比赛及其作用

教学比赛是教练员在训练课中专门有计划、有目的安排组织的比赛训练。教学比赛的训练方式较多，既可以在训练课的部分时间进行，也可以整课或按照正式比赛的形式组织训练；既可以在本队内部分不同组别进行，也可以邀请其他球队共同进行。教学比赛训练时间在训练计划中要占有一定的比重，所以，教学比赛训练对培养篮球意识，巩固、改进和提高技术动作与战术打法，树立自己球队的比赛风格，促进整体进入良好的竞技状态具有非常重要的作用。

2. 教学比赛的训练要求

（1）教学比赛训练应遵循教学训练规律。

（2）教练员应重视教学比赛训练时间在训练计划中的比例。

（3）教学比赛训练应按照训练内容和任务、篮球比赛特点等合理组织。

（4）教学比赛训练应针对比赛对手的技术特长、战术打法、比赛风格以及比赛的规程、环境、裁判、观众等进行。

（5）教学比赛训练应使运动员的各项身体素质、技战术水平以及心理素质等达到比赛要求。

（二）检查性比赛

1. 检查性比赛及其作用

检查性比赛训练是指在完成某一阶段训练任务之后，专门组织的一种比赛训练。它可以邀请几个球队进行，或是参加专门组织的循环赛。通过检查性比赛，检查一个阶段身体素质发展状况、技术和战术掌握的程度以及比赛心理负荷等等。比赛前，应该提出检查性比赛的任务以及具体的技术、战术指标和作风要求等。不应该把获胜作为检查性比赛的惟一任务，重要的是检查训练实效，培养作风，熟练打法，积累比赛的经验，根据检查性比赛的结果调整下一阶段的训练计划。

2. 检查性比赛的训练要求

（1）检查性比赛前，教练员或教师应提出比赛训练的具体任务以及具体的技术指标、战术指标和作风要求等。

（2）检查性比赛过程中，教练员或教师应重视检查训练实效的提高，如队伍作风的培养，技战术打法的掌握，比赛经验的积累等，而不是单纯地重视比赛结果的输赢。

（3）检查性比赛结束后，教练员或教师应真正分析检查性比赛中出现的问题和结果，及时调整下一阶段的训练计划。

（4）检查性比赛应该是在运动员完成阶段训练所规定的各项身体、技术、战术等训练指标的基础上进行，否则会影响训练效果。

（5）检查性比赛应该重视比赛对手的选择。实践证明，只有与不同技术特长、不同战术打法、不同比赛风格，并且具有较强实力和较高于自己水平的对手进行比赛，才能提高训练效果、积累比赛经验。

（6）不同训练阶段的检查性比赛的训练时间和场次要根据训练要求与比赛任务进行。比赛场次太少会影响检查训练目的的实现；比赛场次过多会影响整个训练计划的时间安排。一般的，7～10天中，安排5～6场比赛为宜。

（三）适应性比赛

1. 适应性比赛及其作用

适应性比赛是正式比赛前的总练习，它的任务是全面检查大赛前的各种准备情况。也称为热身赛。适应性比赛训练是使运动员的机体内、外环境不断地取得平衡的过程。在正常情况下，人体的各器官系统的活动相互制约、相互协调，处于一种相对平衡状态。运动员在大型比赛时，相对的外部环境发生了变化，机体内环境的相对平衡受到破坏，体内各种功能需要进行调整，以维持体内外的相对平衡。

2. 适应性比赛的训练要求

（1）适应性比赛应该针对比赛的地理位置、气候条件、时差、比赛日程、比赛对手、比赛场地及观众等情况组织训练，将运动员的竞技能力与水平调控到最佳状态。

（2）适应性比赛应该根据主、客观条件合理地选择与安排，使运动员能在模拟环境中充分了解对手的作战风格、组合阵容，客观地分析比赛双方彼此的情况，总结与发现模拟比赛中存在的问题以便及时改进，能以良好的生理和心理状态进入临战状态，更好地迎接正式比赛。

三、篮球比赛训练的方法

（一）提高技术运用能力的方法

为了提高运动员的技术运用能力，在教学比赛的一定时间里，应该对运动员运用技术提出具体要求，及时给予指导，并且采取鼓励或限制措施，如"加分""扣分"的特殊规定，以强化运动员运用技术的意识，合理地选择运用技术的时机，提高运用技术的能力。

1. 提高中、远投的能力

训练中，防守运动员扩大防守，进攻运动员则运用掩护、策应战术配合方法和个人战术行动，积极压缩对方的防区，摆脱防守，创造中、远距离投篮机会并实施投篮，投篮命中者计一分，得分高者胜。练习数次后攻守交换继续进行。

2. 提高运球突破的运用能力

在训练中，要求防守队采用扩大防守，进攻队运用传切、掩护战术配合方法和个人战术行动，吸引对手，拉开防区，创造运球突破机会。运球突破投篮或运球突破分球投篮，投篮命中给予"加分"。

3.提高中锋篮下强攻能力

训练中,防守运动员扩大防守,进攻运动员的外围队员运用传切、掩护战术配合方法和个人战术行动,在人、球不断地移动配合中,将球传给原地抢位或移动摆脱防守的中锋。中锋接球后运用运球、转身、跨步等技术积极投篮,投篮命中者计一分,得分高者胜。练习固定次数后换一人做中锋继续进行练习。

4.提高抢篮板球能力

在比赛中,一个球队抢篮板球次数的多少,已成为该队能否获胜的重要因素。所以,在训练中,除了强化抢篮板球意识手段训练外,要严格要求运动员提高积极拼抢篮板球的能力。对抢到篮板球的队员给予"加分"。

5.提高抢断球能力

训练中,进攻运动员快速进攻,防守运动员积极防守,并伺机抢断球,利用抢断球制造投篮机会以争取比赛的主动权。抢断到球的运动员计一分,得分高者胜。练习数次后攻守交换继续进行。

为了改善运动员运用技术的能力,在训练中,当运动员运用技术不合理时,教练员除给予具体指导外,还应该采取"扣分"的措施,用以强化运动员改善运用技术的意识,减少错误。例如:运动员持球时间过长、运球过多、延误进攻时机、进攻失误、违例、防守漏人、不必要的犯规,以及不文明的行为等要"扣分"。

(二)提高战术配合运用能力的方法

为了提高运动员运用战术配合的能力,在教学比赛的一定时间内,对运动员运用某些战术配合,应该提出具体要求,以便统一认识,控制训练过程,强化运用战术配合的意识,创造运用战术配合的机会,提高运用战术配合的连续性的应变能力。

1.提高传切配合运用能力的方法

训练中,防守运动员扩大防守,进攻运动员运用掩护、策应配合和个人战术行动来吸引对手,并拉开防区,创造传切机会。要求在一个进攻回合中,攻方必须至少运用一次传切配合,否则投篮无效。练习数次后攻守交换继续进行。

2.提高掩护配合运用能力的方法

在训练中,要求防守队采用扩大防守,并且不准交换防守,进攻队采用传切、策应配合和个人战术行动,吸引对手,创造掩护配合机会。在一个进攻回合中,进攻队必须完成内线和外线掩护各一次,否则进攻投中无效。

3.提高策应配合运用能力的方法

在比赛中,要求防守队采用扩大防守,进攻队采用传切、掩护的配合方法和个人进攻战术行动,吸引对方,创造策应配合机会。在一个进攻回合中,进攻队必须运用一两次策应配合,否则投中无效。

4. 提高运球突破分球配合运用能力的方法

训练中,防守运动员扩大防守,当攻方运动员运球突破时,守方运动员必须补防,攻方采用传切、掩护配合和个人进攻战术行动来吸引对手,拉开防区,创造运球突破机会。其中,运球突破队员根据防守运动员的补防情况,及时传球给合适的同伴投篮。要求在一个进攻回合中,攻方必须至少运用一次运球突破分球配合,否则投篮无效。练习数次后攻守交换继续进行。

5. 提高固定战术配合运用能力的方法

在教学比赛中,跳球、发界外球时,要求运动员必须运用固定战术配合,强化运用固定配合的意识。发界外球时,要迅速站好进攻战术阵形,观察裁判员和对手的情况。裁判员把球递交给队员,就是发动固定配合的开始信号。发动固定配合要全队思想统一,行动一致,及时果断。根据比赛时间,控制进攻速度,创造投篮机会。

6. 提高半场防守与全场防守的应变能力

在对方抢到篮板球或抢断球时,由进攻转为防守的队要快速退守,形成半场防守阵势。当对方发前场界外球时,由进攻转为防守的队,要迅速采用全场紧逼防守,积极进行封堵、夹击和抢断球,破坏对方的习惯进攻战术打法,培养运动员运用防守战术的意识,提高战术的应变能力。

7. 提高人盯人防守与区域联防转换的应变能力

训练中,培养运动员根据比赛形势变换战术的意识。当进攻方采用运球突破投篮连续命中或造成防守犯规时,防守方及时由人盯人防守变为区域联防;当进攻队采用中远距离投篮连续命中时,防守方及时由区域联防改变为扩大人盯人防守。练习数次后攻守交换继续进行。

8. 提高内、外结合的进攻能力

在训练中,要求防守队采用扩大与缩小相结合的伸缩性防守。当防守队采用扩大防守时,进攻队运用运球突破投篮或中锋篮下强攻;当防守队采用缩小防守时,进攻队可由运球突破投篮或中锋篮下强攻变为向外围传球,为外围创造中、远距离投篮的机会,培养运动员掌握比赛进程变换进攻策略和应变的能力。

9. 提高快攻与阵地进攻的衔接能力

在教学比赛中,要求防守队员抢到篮板球或抢断球后,立即发动快攻反击。如果快攻在前场受阻,则进攻不要停顿,后线队员要迅速跟进切入接球进攻,或抢篮板球、补篮或使快攻与阵地进攻顺利地连接起来继续发动进攻,不断地创造进攻机会。

10. 提高攻守转换能力

训练中,培养运动员攻守转换的意识,当进攻方由攻转守时,临近队员积极封堵原防守方发界外球或篮板球的第一传与接应,其他队员快速退守,形成阵地防守防止对方反攻。当防守方由守转攻时,要迅速发界外球或篮板球第一传,外围队员快下,受阻时与阵地进攻连贯起来组织进攻。

在比赛训练中,要求攻守双方连续几次创造攻守快速转换的局势,以培养运动员攻守转换的意识,提高攻守转换能力。

11. 提高控制比赛时间的能力

在教学比赛的一定时间里,根据比分,对比赛双方应该提出不同的要求,例如要求比分落后的一方,缩短进攻时间,加快进攻速度,增加进攻次数。还应该作出特殊规定,例如把规则规定的发界外球、由后场向前场推进和一次进攻的常规时间等减短并加以限制;减少持球时间、传球和运球次数,强调运用掩护、策应、运球突破分球的简练配合方法,创造投篮机会,保持得分优势,并积极拼抢篮板球力争第二次进攻,增加进攻次数扩大比分。在防守上,要求采用全场紧逼等积极主动的防守手段,以力争尽快地获控球权,并转入快攻反击。

(三)组织典型实战战例进行模拟训练的方法

模拟比赛训练应结合本队战术打法的需要和运动员的技术特长,有针对性地组织,实战中常见的典型战例模拟如下。

1. 实景模拟训练法

实景模拟法主要是针对比赛对手的实际,运用声、像技术设备(如摄像机、录像机等),记录对方主要运动员多次比赛中的技术特长、战术打法,然后运用计算机对收集的材料进行处理和分析研究,确定对方的技术、战术特点及运用规律,制定本队的对策和模拟训练的重点,进行有针对性的模拟比赛训练。实景模拟是一种针对性很强的训练方法,可以在准备期的教学比赛训练中进行,也可以在正式比赛前的比赛训练中进行。

2. 模拟比赛环境训练法

选择与正式比赛地点的地理位置、气候条件、场地等相似的环境,建立比赛环境的模拟模型进行训练,或者提前到达比赛地点进行模拟比赛训练,根据正式比赛的竞赛规程所规定的比赛的编排、特殊规定,以及作息时间等,建立模拟模型,进行模拟比赛训练,提高运动员适应比赛环境的能力。

3. 模拟比赛关键时刻的训练

比赛关键时刻模拟是指设计一些比赛关键时间的情景,根据比赛时间和比分制订一些相应的战术和策略,培养运动员的战术意识,提高运动员的应变能力,使运动员能够在复杂多变的比赛形势中从容应对各种局面。比赛关键时刻的模拟主要有以下三种形式。

以甲方为例,各种比赛关键时刻时的比赛能力训练如下。

(1)模拟比分落后时的训练方法

若比赛时间所剩不多(7秒钟),甲方落后两分,球权在甲方,由甲方发前场界外球,那么甲方要想取得比赛的胜利,最好的办法就是创造一次投中3分球的投篮机会。此时掩护、策应配合通常是创造3分球投篮的有效方法,球场两侧45°角之间至罚球圈顶位置是3分球投篮的最佳位置。此时,乙方通常采取严密的防守,积极封防发界外球的队员,紧逼接发球的队员和3分球投篮手。甲方应该根据乙方的防守情况和比赛时间,制定一次3分球投篮的方案。第一,要迅速站好进攻阵势。第二,要果断地运用发界外球的固定战术配合,用2～3秒钟的时间把球发进场内。第三,再用3～4秒钟的时间,运用本队最熟练的进攻配合,在3分球投篮最好的位置上,为3分球投篮最准的同伴创造一次3分球投篮机会,争取投中,反败为胜。

若比赛时间还剩7秒钟,乙方落后两分,甲方控制球,那么此时甲方可采用拖延比赛时间的策略,运用熟练的配合方法控制球,不投篮而把比赛时间消磨完,保持两分球的优势到终场。乙方必然采用紧逼防守,不惜采用犯规战术,积极地进行夹击、抢断球,创造一次反攻机会,投中3分,反败为胜;投中两分,打成平局,再打加时赛。但是,切忌篮下防守漏人。被对方轻易再得分。

(2)模拟比分平局时的训练方法

若比赛时间所剩不多(30秒钟以内),双方战成平局,球权在甲方,那么甲方首先要控制进攻时间,不到最后时刻不投篮,绝对不给乙方留下进攻时间。在进攻中,全队要思想统一、行动一致,要耐心地发动进攻战术配合,要在比赛结束前2、3秒钟的时间内,以本队最熟练的进攻配合,为本队投篮最准的队员创造投篮机会,争取投中,战胜乙方。如果投篮不中,比赛时间已到,仍然是平局,再打加时赛。切忌慌乱、失误、过早投篮。

若比赛时间所剩不多(30秒钟以内),双方战成平局,球权在乙方。首先,甲方要进行严密防守,紧逼乙方持球的核心队员,破坏乙方的习惯打法,不让乙方的"神投手"接球投篮,全力封盖投篮和抢篮板球,争取一次反击机会,切忌防守漏人和犯规。最后,比赛时间已到,仍然是平局,再打加时赛。

(3)模拟比分领先时的训练方法

若比赛时间还剩10秒钟,甲方领先3分,并且控制球,那么此时乙方通常采用紧逼防守,不顾及犯规的次数而凶猛、积极地进行夹击、抢断球,创造一次反攻机会,争取投中3分球,打成平局,以争取再打加时赛。甲方则应指定控制球能力最强的队员,采取最熟练的配合方法,以控制比赛时间至终场,保持3分的优势达到取胜目的。

若比赛时间还剩10秒钟,甲方领先3分,而球权在乙方,那么此时乙方通常采取3分球投篮的策略,利用最后2～3秒钟的时间,给远投手创造一次投篮机会,争取投中打成平局再打加时赛。甲方则要严防对方的3分球投篮手接球和投篮。一旦投篮手接球投篮时,甲方队员则要移步近身积极扬手封防投篮和抢篮板球。

四、篮球比赛训练的要求

教练员应该根据训练计划,按照不同训练阶段、月、周和课的训练任务、内容与要求,制定比赛训练方案,在专门身体素质、技术和战术训练要求的基础上,提出比赛训练的身体素质、技术和战术训练的要求与指标体系,并且按照运动员的实际能力,制定个人指标。例如,比赛的进攻速度,对抗强度,进攻次数与成功率,快攻次数与成功率及其占总得分的比例,中、远、近距离投篮次数与命中率及其占总得分的比例,抢篮板球、抢断球、盖帽及失误,犯规次数,以及总得失分率等等。教练员应该运用这些要求与指标控制比赛训练过程,这对于培养运动员的技术特长,形成球队的战术打法、比赛风格和竞技状态,都具有极其重要的意义。具体来说,篮球比赛训练的要求主要有以下几个方面。

(1)教练员应进行全面专项素质教育,培养运动员遵守比赛规则、服从裁判员的判决等体育道德品质。

（2）组织比赛训练前，教练员应根据训练计划，按照不同训练阶段、月、周和课的训练任务、内容与要求，制定比赛训练方案。

（3）组织比赛训练前，教练员应在专门身体素质、技术和战术训练要求和运动员实际能力评估的基础上，提出比赛训练的身体素质、技术和战术训练指标（如比赛进攻速度，进攻次数，对抗强度，犯规次数，快攻次数与成功率及其占总得分的比例，中、远、近距离投篮次数与命中率及其占总得分的比例，总得失分率等）。而且，指标应具体到每个运动员。

（4）组织比赛训练过程中，教练员对运动员在比赛训练中产生的技术、战术问题，要严肃、认真、及时地给予指导，在思想品德及战斗作风方面要及时进行教育。根据运动员的体力和技术发展情况，要随时调配阵容。暂停时，解决的问题要明确，方法要具体，语言要简明扼要，态度要坚决。

（5）组织比赛训练过程中，教练员应对该次比赛的作风、技术、战术应提出具体要求和指标，制定好战术打法和阵容匹配方案。

（6）组织比赛训练过程中，教练员应对该次比赛训练的比赛时间、比分、犯规次数等设置明显的标志，培养运动员对这些比赛因素的感觉意识和控制能力。

（7）组织比赛训练过程中，教练员应重视专门的技术、战术统计和录像收集，以便分析、研究比赛训练状况。

（8）组织比赛训练后，教练员应认真地进行总结，对照比赛训练方案的要求和指标，及时检验训练效果，积累比赛经验。

（9）组织比赛训练后，教练员应建立该次比赛的训练档案。内容包括比赛训练的时间、次数，占训练计划的比例，比赛训练的技术统计、录像资料和纪要，比赛对手的资料与评述，检查性比赛和适应性比赛胜负场次等，作为今后训练与比赛的参考资料。

（10）教练员应分别在比赛训练前、比赛训练中和比赛训练后测量运动员的心率，以便控制比赛训练的运动负荷。

第十三章　篮球运动游戏教学与训练

第一节　篮球运动游戏概述

一、篮球游戏的概念

篮球游戏,是指以篮球和篮球场为主要道具和场所的,有特定目标和任务,并在一定规则制约下组织的某种活动形式。

篮球游戏的内容丰富,形式多样,组织简便,氛围轻松,又由于其带有竞争性的因素,因此它对篮球教学训练有很大帮助,是篮球教学开始的热身运动或结束时的放松运动最好的选择。

篮球游戏大多是集体分队进行。篮球游戏在篮球训练中的意义在于,可以使球员通过游戏培养球员的集体主义精神;培养勇敢顽强的优良品德和作风;提高观察与判断能力;有利于篮球意识的强化和形成。这些都对篮球教学训练的顺利进行起着积极的作用。

二、篮球游戏的特点

篮球游戏是体育游戏与篮球训练的结合。因此,篮球游戏具备了篮球训练和体育游戏两方面的特点。除此之外,篮球游戏还具有一些专属于它自身的特点。主要体现如下。

(一)目的性

篮球游戏的娱乐性和进行时的轻松氛围会让人容易忽略它存在的目的。它并不单纯是一项娱乐游戏,而是在游戏中蕴含着许多训练内容。例如,增强篮球球员的体质和篮球技能的提高就是篮球游戏的意义之一。

不同的篮球游戏拥有不同的针对性。有的篮球游戏针对运球能力的培养,有的针对传球能力的培养等。此外,篮球游戏还具有合理安排运动负荷的作用,如在进行了大运动量训练后,安排一些篮球游戏予以调整球员的体能分配。

(二)灵活性

篮球游戏的灵活性体现在游戏中的动作、路线、规则及场地器材都是根据参加者的实际情况进行设计、选择和变化的。其具体表现如下:

(1)篮球游戏中的动作,可以根据参加者的具体情况和不同要求作相应变化,可以是正常的跑、跳、投;也可以是变异的各种跑、跳、投;可以提出严格的动作规范,也可以淡化动作规范等。

(2)篮球游戏中的路线,可以根据参加者具体情况和不同要求作相应的变动,可以是直线、曲线也可以是弧线、螺旋线;可以一次直接到达终点,也可以几个人接力到达终点。

(3)篮球游戏中的规则,需要简明扼要,不宜过分复杂。篮球游戏的规则可根据篮球游戏的目的,对活动的路线作不同限制,能产生不同的游戏效果。

(三)竞争性

篮球游戏的竞争性可以体现在比体能、技能与智力,或者是比与同伴协作的能力、集体写作能力和应变能力等。除此之外,篮球游戏还可以使弱者有机会成为获胜的一方,这也给实力强的一方提出新的挑战,必须充分发动思维积极思考游戏规则等内容,把握游戏的本质,也能反败为胜,在篮球游戏中可以更好地挖掘人的潜力。因此,篮球游戏不仅能提高参与者的活动能力,还能培养创造思维能力。

(四)趣味性

趣味性是一切游戏的根本属性,这也是篮球游戏中的重要属性。由于篮球游戏本身所具备的趣味性和休闲性,因此它可使球员在轻松愉快的氛围中进行,这对于情感调节、放松身心、娱乐休闲,开展趣味性竞争都有着积极地作用。球员轻松、自由、平等地参加游戏活动,把注意力集中于活动过程的乐趣上,从而获得自由表现的机会,并使参与者拥有一种轻松愉快的心境。篮球游戏过程中的随机性、偶然性,会使游戏参加者产生浓厚的兴趣和愉快成分,满足人们情绪、情感上的需求,产生愉快的情绪体验,这也是篮球游戏的魅力所在。

三、篮球游戏的任务与要求

(一)篮球游戏的任务

篮球游戏也是篮球教学与训练的内容之一,它的任务包括以下几点。

(1)正确、熟练地掌握篮球运动技术和技能。

(2)力求吸引球员始终保持持久的兴趣和旺盛的求知欲。

(3)调节和提高球员兴趣、减轻疲劳感,提高教学训练质量。

(4)提高球员的感觉器官和机能的敏感性、稳定性与思维能力。

(二)篮球游戏的要求

篮球游戏已经成为现代校园篮球教学和篮球专业运动队中经常使用的活动方法。在进行篮球游戏教学与训练时,应注意以下几方面的基本要求。

1. 满足篮球教学训练的需要

在制定篮球游戏教学计划时,要考虑到游戏的内容和方法是否符合球员所处年龄段的生理、心理两方面的发展需要。与此同时,还不能忽视篮球游戏对篮球训练的辅助作用,使游戏紧密配合篮球教学的任务,通过游戏提高球员的技能。游戏的内容不要过于复杂,否则会对教学效果产生一定的影响。

2．提高球员思维能力水平

通过篮球游戏,要充分发挥球员的想象力和创造力,发展思维,提高认识能力。做到这一点,要求教师在说教的同时,还要对球员进行积极的启发和诱导,从而提高球员的体力和智力水平,并有利于球员思维能力的形成和发展。

3．加强球员的思想品德教育

篮球运动是一个五人参与的团队体育项目,因此集体协作的特点就是篮球运动的本质属性之一。所以,在组织篮球游戏时也需要特别注意在游戏中包含团队和集体的意义在内。

在游戏中,球员之间需要团结互助、协同配合,加强集体观念。教练在篮球游戏教学中要做到因人施教,根据计划按部就班的进行;要尊重、关心球员,成为球员的良师益友;要做到公正裁判,准确评定成绩等,通过篮球游戏加强对球员的思想品德教育。

四、篮球游戏的创编步骤与原则

（一）篮球游戏的创编步骤

1．游戏任务的确定

作为一种具体游戏,篮球游戏的创编必须要有其具体的目的和任务。例如,为提高某项身体素质培养兴趣。

2．游戏素材的选择

篮球游戏素材要根据游戏的任务从篮球运动本体内容中来进行选择。例如,学习篮球某项技术,可以以该技术动作为素材。

3．游戏方法的确定

游戏方法通常包括游戏的准备、进行形式、队形及其变化、活动时间、空间地域范围及路线、接替方法和动作要求等内容。

4．游戏规则的制定

制定游戏规则时,要注意正规的篮球规则的基本要求,要有利于运用技术与战术的规范要求,要明确合理与犯规、成功与失败的界限,制定出对犯规者的处理办法。另外,规则要有利于维护游戏的安全。

5．游戏名称的确定

游戏名称要具有教育性、形象性、激励性和象征性,还要简单易懂,并能反映出该游戏的主要特点。

6. 游戏演试的示范

篮球游戏的创编，是为了更好的进行篮球游戏教学训练任务的进行，对游戏进行科学合理的示范和演试，是篮球游戏获得训练效果的基础。

(二)篮球游戏的设计原则

篮球游戏本身具有辅助教学的作用，这个观点已经开始逐渐被广大体育训练工作者认可和重视。随着篮球运动的不断发展、创新，随之而来有越来越多的篮球游戏被设计出来。一个好的，富有实效的篮球游戏的设计需要按照一定的原则进行，主要包括以下几点。

1. 针对性原则

篮球游戏的设计应注意遵循针对性原则。对游戏的设计为了符合这一原则，可根据本次教学和训练的目的和内容，球员的具体实际，教学训练的客观条件，如场地、器材、设备、天气等有针对性地设计游戏的内容、方法、规则，还可以针对不同的教育目的，有针对性地设计和选择不同的篮球游戏。

在篮球教学训练中运用和组织游戏的根本目的是使球员体能健康得到加强并有助于掌握技术，培养品质，发展与篮球有关的各种思维能力。因此。只有遵循针对性原则，教学训练的任务才能真正的落到实处。

2. 趣味性原则

趣味性是篮球游戏不同于篮球训练的根本因素，因此，设计篮球游戏时必须遵循趣味性原则。篮球游戏的趣味性更多地表现为具有较强的对抗、竞赛和竞争性。这种使人感到愉快的竞争、竞赛或对抗能有效地激发人的活力和潜在能力。

篮球游戏的趣味性，还在于设计者要设计和采用一些与日常习惯不同的动作、逐步提高难度的动作及难以协调的动作，或者还可以采用一些奇怪有趣的规则，使参与者能够全身心地投入到游戏之中，进而获得通过自己努力而取得成功的满足感。

3. 教育性原则

在设计篮球游戏教学活动中要考虑到它是否包含有教育性因素，即从游戏的设计、命名、形式、方法到具体要求，都要立足于它的教育价值，避免设计出的游戏过分强调趣味性。因此，在篮球教学训练游戏中，必须注意教育性原则。要重视培养参与者的道德品质、顽强作风、团结协作以及集体主义精神等。

4. 安全性原则

在设计篮球游戏时需要考虑到安全因素。开展篮球游戏一般会选择篮球场作为场所，篮球和标志杆作为器材，从表面上看是相对较为安全的，但在设计某些针对性强的游戏时，也一定要注意贯彻安全性原则，避免参与者受伤，保证其身体安全。

在以篮球运动技战术为素材的游戏中，球员往往会由于兴奋性高，出现不注重动作质量的问题。因此，在设计篮球游戏时尤其要注意从游戏规则上保证动作规格，控制过大、过猛动作的出现,使球员的精力全部投入做好游戏上面,从而达到学练统一的目的。

五、篮球游戏教学训练课的准备工作

(一)教学训练前的准备事宜

1. 课前准备

要想使篮球游戏体现出良好的效果,就需要篮球教练在课前做好各项组织工作的一系列准备。课前准备工作主要如下。

(1)分析主客观条件

为篮球游戏训练达到预期效果,在训练课课前教练就要对日常教学的实际情况以及对球员身体、心理等各种情况进行全面的了解。主要包括球员的人数、健康状况、体育基础、兴趣爱好、学习态度和威信、体育骨干的情况等。对这些情况的了解有利于确定游戏分组和引导人,以此为基础也能便于安排与之相适合的游戏内容,如教学中球员是固定分组还是自主分组,是球员推荐引导人还是教练指定引导人,都需要根据班级的特点,球员的情况来确定,以保证游戏教学井然有序,避免浪费太多的时间。另外,篮球教练还要对游戏所需的场地大小和需要道具的多少有一个预估。

(2)熟悉游戏方法

为了篮球游戏能够顺利的开展并取得理想的效果,就要求篮球教练在安排篮球游戏训练内容之前就要对所做游戏的一切环节了然于胸,这些环节包括游戏的目的、方法、规则等,并要对其进行深入认真地钻研,运用运动生理学、体育心理学、教育学等学科的知识对其进行分析,分析的内容包括游戏对人体机能及各方面素质的影响作用与价值。

教练在进行篮球游戏课时,需要确定教学的重点和难点,并采用合适的教学形式、方法和手段,把握游戏实质。另外,篮球游戏的本质目的是为篮球训练服务,因此,不能单一注重游戏的娱乐性,还要研究游戏与其他体育教学项目的关系,使篮球游戏的选择能够与主体的体育教学及篮球运动教学相配合,为主体体育教学及篮球运动教学服务,更好地完成体育课的教学目标。

(3)分析游戏结构和构成要素

教练在篮球游戏教学前,要对游戏的结构及构成要素进行分析,以便对游戏的结构和所包含的可变因素有所掌握。

对游戏进行思考时,重点要从场地器材、参加人数、游戏路线、活动方式、游戏规则等方面着手,它的意义在于通过掌握一种游戏的本质后,可以根据不同情况(人数不同等)衍生出更多的游戏,并最终形成一个含有同种特点或针对某项技战术实践的同类游戏,从而可以在教学中以场地器材和球员完成的情况等为根据进行衔接与变化。

(4)制定详尽的教案

教练安排篮球游戏前要细致对篮球游戏教材进行分析,因为教材上面的游戏方法更多的是一种参考,将其应用时还要结合球员和队伍的真实情况。因此,要保证教学任务的顺利完成,达到良好的教学效果,需要教练认真对待,深入钻研,做好充分的准备,就需要他们在教学之前制定详尽的教案。如果没有教材可以参考,那么,制定教案就显得更加重要。教案是课堂教学进程的

"说明书"，以文字的形式将所教教材的目的、任务、重点、难点、注意事项、组织教法、规则裁判等内容尽可能地表达清楚，以备课中所需。

2. 场地准备

篮球游戏教学需要在适宜的场地中进行。对篮球游戏来说，其所需场地大小不定，一般确定的依据是参加人数的多少及游戏活动范围的大小。篮球游戏中，不同的游戏项目对场地要求不同，其中大部分可用现成的篮球场地，还有一些游戏需要借助在地上画线，或摆设标志锥桶等方式标定范围。准备游戏场地时要注意以下几点。

（1）确保场地安全。场地安全中的最基本条件就是场地地面要保持平整，并要确保场地内没有碎石、没有明显沙土和结冰。另外，要保证场地周边有至少5米左右的"空白"地带，以此防止球员在游戏中不慎跌出场地边界时磕碰到场边建筑或物体。

（2）明确场地的界线。游戏场地的各种界线会对游戏中犯规及游戏胜负的评判有影响，因此游戏场地上的各种点、线（如边界线、起点与起点线、终点与终点线、中线、回转点等）都要描绘清楚。

（3）场地与教学区保持适当距离。篮球游戏训练是一项轻松、活泼、愉快的活动，因此，在做篮球游戏时难免会出现喧闹和嘈杂。为避免影响其他学科教学课的进行，在篮球游戏教学时一般要将游戏场地选择到远离教学区一些。好在大多数学校在初期建设时就充分考虑到这个问题，所以运动区的位置都相应的离教学区较远。

3. 道具准备

篮球游戏教学可能需要一些道具的辅助，因此对于游戏道具的管理要在课前计划、准备、安放。

篮球游戏的道具会用到常规器材，也有可能用到非常规运动器材。常规器材往往具备，但一些特殊器材则需要篮球教练或球员想办法解决。篮球游戏的道具的获得有以下几个途径。

（1）利用常规体育器材

常规体育器材是指运动队或学校经常用到的或常见的体育运动器材，如各种球类、球拍、栏架、跳箱、平衡木、垫子、接力棒、跳绳、收球筐等。

（2）自制游戏道具

自制游戏道具有三种做法。

①收集各种废弃物作为游戏道具如各种纸箱、瓦楞纸板、包装泡沫塑料、各种饮料瓶罐、各种包装绳、塑料袋、废报纸、汽车与自行车的旧外胎、竹竿等。这些生活废弃物既容易找，又不用花钱，有些可以直接用作游戏道具，有的稍加工后即可作为道具，可因陋就简。

②教练自己动手做道具。有些篮球游戏教学道具，既无法从各种途径找到现成的，在市场上也买不到，需要教练自己动手制作。

③发动球员准备。有些在篮球游戏教学中需要数量较多而球员又能自己做的道具，可以发动球员自己动手做，这样既能解决道具使用的问题，也能培养球员的动手能力。

（3）购买器材

在篮球游戏教学中，如果遇到所需道具不仅属于非常规器械而且又难于自制的情况下，在综合考虑教学效果和性价比后，可以选择在市场购买。例如，小塑料桶、松紧带、小皮球等。

4. 助手准备

有些篮球游戏的准备工作较为复杂,还有的对场地器材的布置工作较多,游戏时还要设置一个或两个裁判,这样教练一人很难照顾周全,游戏教学无法进行。因此,面对这种情况时需要找到几个助手帮忙,这个环节最好在游戏前完成,并将他们在游戏中要做的事情或裁判的方法与他们交代清楚。游戏的助手可以从以下几种球员中选择。

(1)队长(班长)、运动骨干。

(2)做分队游戏时,某些队多出的一人。

(3)因身上有伤病不能参加正常训练的球员。

(二)引导人的选择与角色的分配

1. 引导人的选择

引导人又叫做领头人或带头人,是篮球游戏开始时领头做游戏的人,或者是在篮球游戏中担任主角的人。引导人选择的好坏直接影响到篮球游戏的成功与否。选人的标准一般是那些较为机敏、有责任心的球员担当。挑选引导人的方法有以下几种。

(1)教练指定

教练对要做的篮球游戏和球员情况都很清楚,因此由教练指定引导人是一种较好的方法。如篮球游戏比较复杂,教练可选择一名组织能力较强、思路较敏捷的球员作引导人;追逐游戏要选择一名体力较好、速度较快的球员作引导人,这样可以使游戏顺利进行。

(2)球员推选

分队进行篮球游戏时,一般都由各队球员自己推选各队的引导人。球员自己推选引导人的优点是:球员之间对于各人的能力比较清楚,推选的人往往比较恰当。

(3)球员自荐

在一些对引导人要求不是很高的篮球游戏中,可由球员自荐当引导人。这种方法可以培养球员的胆量和在公共场所出面活动的能力。

(4)球员轮流担任

除第一次由教练指定外,以后可由胜者或败者轮流担任引导人,如在追逐游戏中被抓住的人作引导人等。

(5)抽签选择

采用抽签的方法确定引导人。该方法的随意性较强,它可以使每个人都有机会做引导人,并得到锻炼。但有时也会出现由于引导人相对能力差一些,直接影响篮球游戏的效果。同时在人多时,占用的时间较长,也较麻烦。

(6)按篮球游戏的性质选择

游戏要求有相应的基本素质,如跑得最快、投得最远、反应最灵敏等可作为引导人,将具备条件的球员推荐为该游戏的引导人,使其他球员信服,更能贯彻教练的意图,能更圆满地完成该游戏的组织教学工作。

引导人的选择不必完全固定,还可以根据游戏情况适时地更换引导人,这样做的目的一方面是可以使引导人体能不过度消耗;另一方面还可以使更多的球员通过担当引导人而得到锻炼,加强每个人的责任心。

2. 角色的分配

在篮球游戏中,尤其是在具有一定情节的篮球游戏中,游戏开始前,教练必须进行游戏角色的分配,让参与游戏的每一位球员承担相应角色,并了解自己在游戏中的活动范围、活动形式和应当遵守的规则。

游戏角色分配是否合理,直接影响球员参与游戏的热情和兴趣,也会影响游戏的教学效果。球员进行一段时间的游戏之后,要适时调整和变换游戏的角色或位置,使每一个球员都能得到不同角色及位置上的体验,获得不同的心理感受,避免因担当单一的角色而产生厌烦情绪而降低对游戏的兴趣。

(三)规则制定与裁判准备

1. 规则的制定

游戏虽然不是真正意义上的比赛,可是优秀的体育游戏也存在一定的竞争性。既然拥有竞争性的特点,那么就必须同时拥有一套保证公平公正的规则。每个篮球游戏都有明确合理的规则。规则必须根据球员的身体条件、游戏水平、场地器材等情况来制定。游戏规则的制定应简单易懂,根据球员的实际情况可对原已有的规则进行一定的修订,增加或减少一些限制条件,使游戏更富有趣味性和竞争性。参加篮球游戏的球员必须严格遵守游戏的规则,对违反规则的行为应该及时地指出或有一定的应对措施。教练在教学中要强调规则的重要性,对规则的执行情况给予及时评价,使球员在篮球游戏中不仅能够体验到体育活动的乐趣,充分发挥自己的技能和智慧,而且通过游戏逐渐养成遵守纪律、遵守社会行为规范的规则意识以及受到良好的思想品德教育。

2. 裁判的准备

在有了规则保证后,还要为规则的实施找到一个"法官",使篮球游戏规则得到严格的遵守。进行篮球游戏教学时,需要有裁判员执行游戏的规则,监督参与游戏者的行为,保障游戏的顺利进行,同时客观公正地评判游戏的结果。

裁判一般由教练(教师)担任,但有时为了培养球员公平竞争的意识和为篮球裁判实践活动做准备,还可以制定球员担任裁判工作。教练要对游戏的过程和裁判工作进行指导和纠正。裁判的准备,主要是熟悉篮球游戏的规则,了解球员容易出现的错误,需要具有较强的观察力。

第二节　篮球运动身体素质类游戏

一、力量素质游戏

(一)推小车

游戏目的:发展学生上肢力量,提高身体的协调性,培养团结精神。
游戏准备:篮球场1块。

游戏方法:如图 13-1 所示,把学生分成人数相等并为偶数的甲、乙两队,各队"1、2"报数,两人一组分前后站在端线后。各队数 1 者两手撑地,数 2 者将数 1 者两腿抬起扶于身体两侧。教师发令后,数 1 者双手交替支撑前进,数 2 者在后面将数 1 者"推"到中线,两人交换。数 1 者再以同样方法把数 2 者从中线"推"回到端线。然后站到排尾,先到者得 1 分。各队第二组的游戏者听到教师口令后继续进行,其他各组依此类推。积分多者获胜。

图 13-1

游戏规则:支撑前进的游戏者,两手必须超过中线或端线后,才能与对方交换。

游戏建议:根据学生的身体状况,可增加推车的距离。

(二)火车赛跑

游戏目的:发展腿部力量和动作的协调性。

场地准备:篮球场 1 块。

游戏方法:如图 13-2 所示,将队员分成人数相等的两队,各成纵队站在起点线后,每个队员都把自己的右(左)脚伸给前面的人。左(右)手用手掌兜住后面队员伸来的脚,右(左)手搭在前人的肩上。排头不伸脚,排尾兜脚,组成一列"火车"。听到出发口令,全队按照一个节拍向前跳动,排头可以走步。"车尾"先通过前场端线队为胜。

图 13-2

游戏规则:如遇"翻车"或"脱节",必须在原地接好后方能前进。列车完整通过终点才能计成绩。

游戏建议:此游戏应根据队员不同条件来确定跳跃的距离。

二、速度素质游戏

(一)追捕

游戏目的:提高学生的移动速度和灵活性。

游戏准备:篮球场地一块。

游戏方法:如图13-3所示,游戏者全部分散在球场上任意跑动,指定其中两人为追捕手。游戏开始,凡是追捕手触及的人必须用一手按住被触及的部位继续跑动,避开追捕手的触及。如果他第二次被触及,就用另一只手按住第二次被触及的部位继续跑动。在第三次被触及时他就要退出场外,等到第二个退出场外的人一起组成新的追捕手(组),再去追捕其他人。在新的追捕手上场时,被原追捕手触及的人即可"解放",跑动时一手或双手可不再按住被触及的部位,但若被新的追捕手触及则仍需要按住被触及的部位再进行跑动。

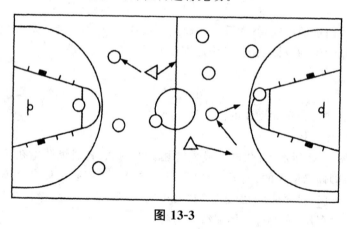

图 13-3

游戏规则:

(1)追捕手的手触及被追捕队员方算有效,不得推、抓、拍打人,否则罚其连续再追捕两人后方可替换。

(2)以球场为界,跑出球场算自动离场,按被第三次触及处理。

游戏建议:如果参加游戏的人数多,可分两队进行。

(二)追球比赛

游戏目的:提高学生的反应能力、起动速度和观察能力。

游戏准备:篮球场地一块,篮球1个。

游戏方法:如图13-4所示,把学生分为人数相等的两队,分别站于球场的两边线上,各队报数后每人记住自己的号数。游戏开始,教师把篮球投向篮板,同时高叫"×号",两队中的"×号"队员立即起动跑出接篮板球。如果是甲队的"×号"队员先接住球则先得1分,同时该队员立即持球跑到该队队尾并依次由后向前把球传至排头。与此同时,对方未抢到篮板球的"×号"队员则徒手绕过本队队尾跑到排头处。如果甲队的传球先到则甲队再得1分,以2:0结束这一回合;如果是双方几乎同时到达又难以分清先后,则双方不得分,甲队则以1:0结束这一回合。然后教师再叫另一号数,游戏继续进行。进行若干次或若干时间后计算双方得分,分多者获胜。

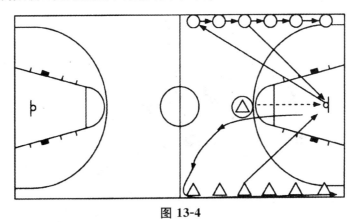

图 13-4

游戏规则:

(1)跑的队员必须在本队队尾绕过去,跑到本队排头处。

(2)队员必须依次传球,不得隔人传球。

游戏建议:抢篮板球后可运球跑。

三、耐力素质游戏

(一)跑跳跟进

游戏目的:提高学生的有氧代谢水平。

游戏准备:篮球场1块,篮球两个。

游戏方法:把学生分成3~10人为一队的两队,分别成纵队站立于篮板下左、右侧,两队排头各持一球。游戏开始,两队排头把球掷向篮板,随即原地跳起在空中接球,并把球再次投向篮板,其后一人跳起在空中接从篮板上反弹出来的球再把球投向篮板,其他人重复同样动作,每个人掷完后回到本队队尾,先到30次队获胜。

游戏规则:

(1)必须跳起连续在空中将球碰板才有效,否则取消已累加的次数,重新计算该队跳起打板碰板次数。

(2)不能落地,否则取消已累加的次数,重新计算该队跳起托球碰板次数。

游戏建议:可把两队分列于两端篮板下同时进行;提高游戏强度,可在球场另一端设一标志物,凡打板后必须跑步绕过标志物后方能回到该队队尾。

(二)淘汰赛跑

游戏目的:发展学生的速度耐力。

游戏准备:篮球场1个,画1个直径9~12米的圆,在圈外划一条线为起跑线。

游戏方法:如图13-5所示,游戏开始,队员站在起跑线上。当教师发令后,可规定每人跑两圈,最后一个人被淘汰,其他人继续跑。然后再规定每人跑一圈,最后一个人被淘汰,其他人再继续跑。直到游戏进行到只剩6~8人跑时结束,最后剩下的6~8人为获胜方。

图 13-5

游戏规则:

(1)听到信号后才能跑。

(2)超越别人时,应从右边越过。

游戏建议:根据人数适当安排场地的大小和规定跑的圈数。

四、柔韧素质游戏

(一)"斗鸡"

游戏目的:发展学生柔韧性和协调能力。

游戏准备:篮球场1块。

游戏方法:两人一组,都用右手在背后握住后屈的右脚脚背,只用单腿支撑。左臂屈肘贴住身体,用合理冲撞的方法,在规定的时间内把对方撞出圈外,或者使对方握脚的手脱开,并且使悬空的脚触及地面为胜。

游戏规则:各组之间不要乱撞,允许做假动作、躲闪动作等,握脚的手脱手而脚没有触及地面,允许重新握住,不算失败。主要用肩部、躯干、腿部进行冲撞。

游戏建议:组织大家熟悉几次再正式做,时间不宜太长,两腿轮换练习。握脚的方法可以变化,但不允许在体前提脚,以避免发生伤害事故。

(二)体前屈

游戏目的:改善学生的柔韧性。

游戏准备:篮球场1个。

游戏方法:两人一组相对坐在地上,两腿伸直,两脚与对方双脚接触,上体向前倾,双手手臂伸直与对方手指相扣保持静止,保持时间长者获胜。

游戏规则:两腿不得分开或弯曲。

游戏建议:根据具体情况可用两手触摸或握住脚尖。

五、弹跳素质游戏

(一)双人蹲跳

游戏目的:提高协调性及下肢力量,培养相互协作能力。

游戏准备:在场地上划两条相距5米的平行线,分别为起跳线与折回线。

游戏方法:如图13-6所示,将队员分成人数相等的两队,各成两路纵队站在起跳线后。每队由第一组开始,两人背对背下蹲,并以两肘相拷,准备做蹲跳。游戏开始,听到口令后,二人同时协调用力向折回线跳进,跳过折回线后,再迅速跳回。以先跳回的组为胜,胜者得1分。游戏按照上述方法依次进行,积分多的队获胜。

图 13-6

游戏规则:

(1)必须二人者跳过折回线,才能折回。

(2)蹲跳时二人不得站起。

游戏建议:游戏前,应试做双人蹲跳动作。要求队员二人肘要拷紧,跳跃时要协调一致。可以轻声喊:"1、2,1、2"以协调用力;双人蹲跳也可改为侧向的蟹行动作,即二人左、右脚同时依次向前走或跳进。

(二)双脚跳接力

游戏目的:提高学生跳跃能力和动作的协调性。

游戏准备:篮球场1块,跳绳若干。

游戏方法:把学生分成人数相等的两队,分别成纵队站在篮球场的端线外,排头持绳做好准备。听到口令后,双脚跳绳到前场端线然后返回,把绳交给第二人者,第二人按同样方法进行。

两组都完成后,以速度快慢分胜负。

游戏规则:

(1)跳绳必须在端线以外。

(2)只许双脚跳,不许单脚跳。

游戏建议:如器材允许,每人一根跳绳;可采用其他跳法或几种跳法结合进行。

第三节　篮球运动单项技术类游戏

一、传球类游戏

(一)迎面传接球

游戏目的:提高学生的原地传接球能力。

游戏准备:篮球场地1块,篮球2个。

游戏方法:如图13-7所示,将队员分成三人一组,①和③在罚球线延长线后,②在端线外,①持球。游戏开始,队员①传球给②,并从一侧跑到②后面,②接后传给③,也从侧面跑到③后面,如此往返传接球,在规定时间内传接球次数多者获胜。

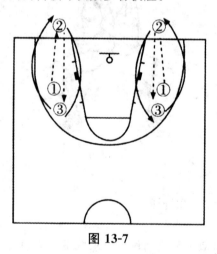

图 13-7

游戏规则:

(1)传球出手时不得踩线,不能边传边跑。

(2)传球方法可用双手胸前、双手头上以及反弹、体侧传球等方式。

游戏建议:教师可规定传球方式和增减传球距离。

(二)传球比多

游戏目的:提高学生在对抗中快速传接球的能力。

游戏准备:篮球场地1块,篮球1个。

游戏方法:如图 13-8 所示,学生分为人数相等的两队,比赛以中圈跳球开始,在整个篮球场内得球一方在本队队员之间连续传接球 15 次不被对方抢断,即得 1 分;如传接球未到规定次数而被对方抢断或自己失误,则取消已传次数,直到该队重新获得球再从头计起;在规定时间内得分多队获胜。

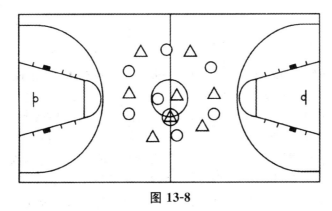

图 13-8

游戏规则:

(1)有球一方只能传球,不得运、投、带球走,否则算违规。

(2)抢断球时不得有犯规动作,否则抢到球无效,球交对方在犯规处重新开始比赛。

(3)同队之间传接球已超过规定次数,而球尚未被对方抢去,可继续传接得分。

(4)同队两人间传接球不得连续进行,否则所传违例。

游戏建议:教师可以根据游戏者的水平规定传接球的次数;也可不规定具体传接球次数,而改规定时间内传接球次数多的队获胜。

(三)传球追逐

游戏目的:提高学生快速传接球能力。

游戏准备:篮球场地 1 块,篮球 2 个。

游戏方法:如图 13-9 所示,学生分为人数相等的两队,相互交错站成一个圆圈,圆圈的直径约 10 米～12 米,每队各出一人手持一球背对背站立在圆圈中央。游戏开始,圆圈中的队员按同一方向传球给本队每一个人,该队的每个队员接球后又把球回传给圈中人,连续进行,两队所传的球互相追逐,超越对方的队获胜。

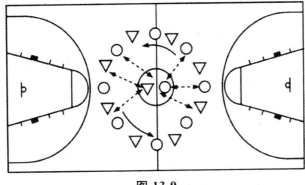

图 13-9

游戏规则:

(1)任何人不得故意干扰对方传球,否则算失败。

(2)圈中人只能在中圈内移动和逐一把球传给本队队员。

(3)传球失误或违例均算该队失败。

游戏建议:教师可规定传球方式。

(四)打"龙尾"

游戏目的:提高学生快速传接球的准确性,培养其灵敏和迅速反应的能力。

游戏准备:篮球场地 1 块,篮球 1 个。

游戏方法:如图 13-10 所示,学生分为人数相等的甲、乙两队,甲队首先围成一个直径约 10 米~12 米的圆圈,乙队在圆圈内排成纵队,后面的人抱着前面人的腰组成"龙",排头的队员为"龙头",排尾的队员为"龙尾"。游戏开始,圈外的人相互传球,捕捉时机用篮球掷"龙尾","龙头"则带领全队迅速奔跑、躲闪或用手挡、打来球,以保护"龙尾"不被球击中;若"龙尾"被击中则到排头担任"龙头",圈外的人再继续快速传球打断"龙尾";直到规定时间停止,计算被击中的"龙尾"有多少人;然后与圈外的甲队互换角色,再进行同样的时间后,游戏暂停,计算双方被击中的"龙尾"数,数量少者获胜。

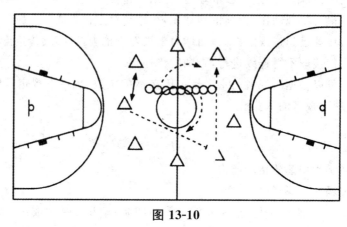

图 13-10

游戏规则:

(1)圈外人不得缩小圆圈的直径以进入圈内打"龙尾",否则打中无效。

(2)圈内的"龙"必须保持纵队队形,不能断开,"龙尾"也不能缩在队伍内,否则算被对方打中。

(3)只准打"龙尾"腰部以下的部位,否则打中无效。

游戏建议:如参加游戏的人数多,教师可把学生分为三个或更多的队轮流进行;也可采用在规定时间内被击中的人数少的队获胜的方法。

(五)两传一抢

游戏目的:使学生掌握隐蔽传球技术,提高传接球动作速度。

游戏准备:篮球场地 1 块,篮球每 3 人 1 个。

游戏方法:如图 13-11 所示,学生分为三人一组,其中两人为传球人,相距大约 3 米,相对而立,第三人为抢球者,站在两两个传球人中间。游戏开始,两传球人以各种方式相互传接球,不让中间的抢球者抢到球;位于中间的抢球者则以快速的来回移动抢截两传球人传出的球,如果其中一个传球人的球被抢球者手摸到,则两人互换角色继续。

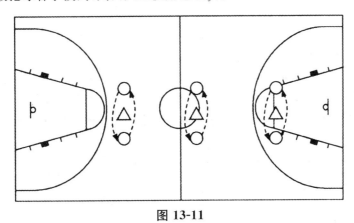

图 13-11

游戏规则:

(1)两传球人不得拉大传球距离,接球后中枢脚不得移动,违者算犯规。

(2)不得传高吊球,否则算犯规。

游戏建议:此游戏可演变为三传二抢、五传三抢和六传四抢,其规则可适当变动。

(六)两人传三球

游戏目的:提高学生传球技术和快速反应能力。

游戏准备:篮球场地 1 块,篮球每两人 3 个。

游戏方法:如图 13-12 所示,学生分为两人一组,相距 4 米～5 米,面对面站立。两人用 3 个球做原地的单手体侧传接球,要让球不停运转直到规定时间,累加其传球次数,次数多者获胜。

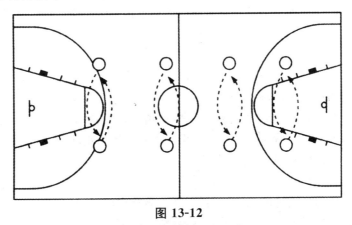

图 13-12

游戏规则:

(1)计算传球次数以开始手持两球的队员传球次数为准。

(2)传球失误时从失误处继续累加下去。

(3)3 个球要始终保持运转,不能有明显停顿。

游戏建议:此游戏适用于有一定技术水平的学生,传接球技术动作尚未规范时不宜采用;游戏中可根据球的数量,几个组同时开始或一个一个组进行。

(七)传球比准

游戏目的:提高学生长距离传接球的准确性和能力。

游戏准备:篮球场地 1 块,篮球若干个。

游戏方法:如图 13-13 所示,在篮球场的一个半场罚球线两端画两个直径为 2.5 米的圆圈,学生分成人数相等的两组站在篮球场后场端线后,每组派一名同学站在圆圈内,端线后的学生每人一个篮球向圈内的同学传球,接球人不能出圈接同组的长传球,在圈内接住一个球计 1 分。每组轮完一遍后得分多的组获胜。

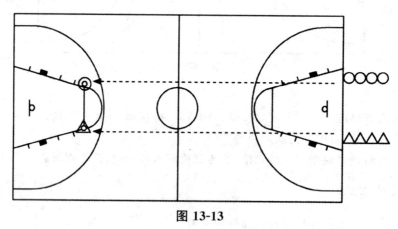

图 13-13

游戏规则:

(1)圈内接球人出圈接住的球无效。

(2)传球人不能越过端线传球。

游戏建议:教师可以根据学生的具体情况适当调整传球的距离;长传球时注意协调用力。

(八)传球触人

游戏目的:提高快速传接球的能力和灵活性。

游戏准备:篮球场地 1 块,篮球 1 个。

游戏方法:如图 13-14 所示,参加游戏者分散在场内任意跑动,指定两人传球,在不准走步、运球的情况下,传球人通过传球去追逐并及时用球去触及场上跑动的人,被触及到者参加到传球人的行列,最后看谁没被触及到。

游戏规则:

(1)徒手队员不准超出规定的场地线,否则算被触及到。

(2)传球人只能用传球去"触及"徒手队员,否则无效。

游戏建议:教师可根据参加人数决定开始时的传球人数;场地范围在开始时可先在半场内进行,以后随着传球人的增加可扩大至全场。

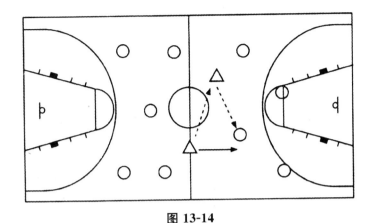

图 13-14

(九)传球接力

游戏目的:使学生掌握传接球动作要领。

游戏准备:篮球场地 1 块,篮球 4 个。

游戏方法:如图 13-15 所示,把学生分为人数相等的四个队,分别站立在半场的两边线、端线、中线后,四队均面向场内站立,每队各由一人手持一球面向本队站立于罚球圈内。游戏开始,圈中的队员按规定动作把球给本队第一人后,即跑回本队队尾,接球者马上起动把球运至圈内,再按同样的规定动作把球传给本队第三人,自己回到队尾,如此循环下去直至全队每人做一次,先做完的队获胜。

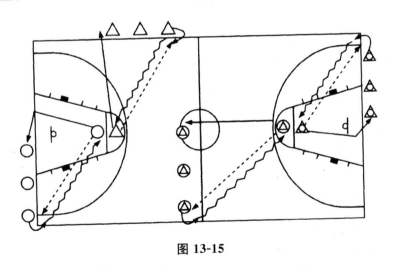

图 13-15

游戏规则:

(1)传接球失误,由失误的两人回到原处重做一次。

(2)传球或接球都不能越线,否则犯规者必须重做一次。

游戏建议:教师可规定不同的传球方式进行此游戏。

二、运球类游戏

(一)运球追逐

游戏目的:提高手脚协调配合、脚步移动和行进间控制球能力。

游戏准备:篮球场地一块,篮球 6 个或更多。

游戏方法:如图 13-16 所示,学生两人一组,每人 1 球,按图示路线相互追逐,追上得 1 分。然后恢复到原来的位置上,换另一只手运球追逐,这样重复练习。在规定的时间内,得分多者获胜。

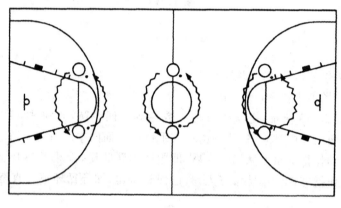

图 13-16

游戏规则:

(1)运球者只能在圈外运球追逐,不得踩线或进入圈内;凡出现 1 次踩线或进入圈内就算被对方追拍到 1 次。

(2)运球失误时要把球捡起来在失误处继续,此时追拍到前方者无效。

(3)必须用规定的手运球,否则追拍到前方者无效。

游戏建议:参加游戏的人数少,可只分两队进行对抗;参加游戏的人数多,可在球场的其他地方画几个同样大小的圆圈同时进行。

(二)运球打擂

游戏目的:提高学生的控制球能力。

游戏准备:篮球场地 1 块,篮球每人 1 个。

游戏方法:如图 13-17 所示,将学生分成若干组,每组 3 人。守擂一组的同学分别在篮球场的三个圈内运球,打擂一组的同学每个圈内进一人运球,同一个圈中的两个同学在运球过程中相互拍打对方的球,拍打到对方的球算胜,胜方得 1 分。每一组得到两分以上算获胜,负方下去,再换一组,如此反复直到最后算守擂成功。

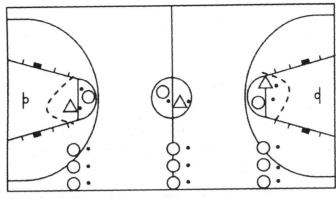

图 13-17

游戏规则：

(1)应主动拍打对方的球,不能消极进攻。

(2)运球相互拍打时不能出圈,否则对方得 1 分。

游戏建议:可以将拍打对方球换成摸对方后背;也可以将拍打对方球换成将对方挤到圈外。

(三)变向运球接力

游戏目的:提高学生快速移动中变向运球的能力。

游戏准备:篮球场地 1 块,篮球 2 个。

游戏方法:如图 13-18 所示,学生分成人数相等的两队,分别面向场内站在同一端线的两个场角上,排头各持一球。游戏开始,排头队员运球起动,在第一个障碍物前做变向换手运球,在第二个障碍物前做背后运球,在第三个障碍物前做后转身运球,然后运球分别到另一端线的两个场角,返回时仍按原路线和方法进行,并以手递手的方式把球交本队的下一名队员,直至全队每人轮完一次,以速度快的队获胜。

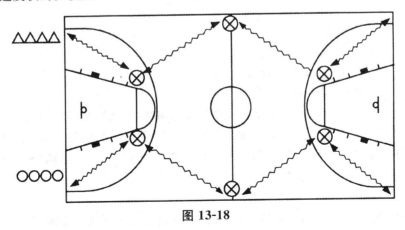

图 13-18

游戏规则:

(1)运球中必须有一只脚踏入罚球圈或踏到边线中点或前场场角,方能继续向预定方向运球前进,否则判为犯规。

(2)凡被判犯规者其所跑次数无效,判其在本队最后重跑一次。

(3)交接球必须以手递手方式进行,否则判为犯规。

游戏建议:可规定使用不同的运球方法进行此游戏。

(四)运球相互拍打

游戏目的:帮助学生熟悉球性,提高控制球和保护球的能力。

游戏准备:篮球场地1块,篮球每人1个。

游戏方法:如图13-19所示,全体学生人手一球分散于半场(或三分线以内)内,自己运球并随时伸手拍打周围同学的球,同时注意保护好自己的球不被别的同学拍打。凡拍打到同学的球者得1分,被同学拍打到1次失1分,持续3分钟后统计各人得分,分数多者获胜。

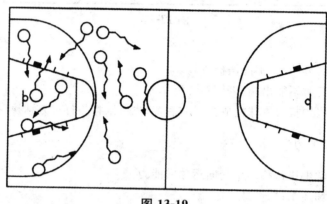

图 13-19

游戏规则:

(1)只准在规定区域内相互拍打,否则算自动退出比赛。

(2)累计得分多者获胜。

游戏建议:可进行几个3分钟,以提高游戏难度;可在计算个人得分的同时计算全队得分,全队得分高者获胜。

(五)运两球接力

游戏目的:发展和提高学生控制球能力。

游戏准备:篮球场地1块,篮球4个。

游戏方法:如图13-20所示,学生分为人数相等的两队,各队成纵队站在同一端线外面面向场内,排头队员手持两个球。游戏开始,排头队员左、右手各运一个球到中线,然后把两个球放在地上擦地面推回,推球时手不离球、球不离地。返回端线把球交给下一名队员,照上述方法继续进行,直至全队做完,速度快的队获胜。

游戏规则:

(1)运球时,如有一球滚离,必须拾回,在失误处继续运两球,实际运球距离不能减少。

(2)返回推球时双手均不能离球,两球均不能离地。

(3)必须有一脚踩中线才能返回。

(4)如违反上述三点之一者即为犯规,判其重运球一次。

游戏建议:此游戏适用于有一定运球基础的学生。

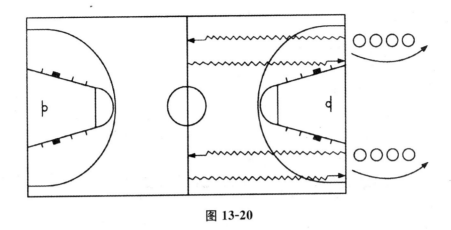

图 13-20

（六）运球障碍接力

游戏目的：针对性地提高学生的运球技术。

游戏准备：篮球场地一块，篮球 2 个，标志物 4 个。

游戏方法：如图 13-21 所示，在场地的两个半场的左右两侧各放一个标志物，学生分为人数相等的两队，面向标志物在同一端线后成一路纵队站立，排头各手持一个篮球。游戏开始，从排头起每个队员按图示路线依次把球运至立柱以规定动作做运球突破，返回时按原路线和动作进行，并以手递手方式将球交给下一名队员，直至全队每人轮一次，最先轮完队获胜。

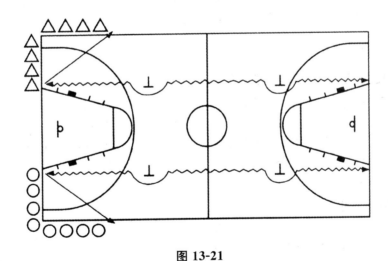

图 13-21

游戏规则：

(1)必须以手递手的方式把球交给下一名队员，否则判为犯规。

(2)必须按规定要求在立柱前运球做突破动作，否则判为犯规。

(3)运球至前场后必须有一脚踩端线才能返回，否则判为犯规。

(4)犯规者的运球被视为无效运球，必须重跑一次。

游戏建议：可有意识地规定多个不同的运球动作组合起来进行该游戏。

（七）"春种秋收"

游戏目的：发展学生在快速运球中控制球的能力。

游戏准备：篮球场1个，篮球2个，灌水的矿泉水瓶6个。

游戏方法：如图13-22所示，将每3个矿泉水瓶沿一直线分别间隔一定的距离放于场内，将学生分为人数相等的两队，成纵队面向场地站于端线后，排头持球。游戏开始，排头快速起动向对面端线运球，途中依次把3个瓶子推倒，运至对面端线后返回，再依次把3个瓶子扶起，至端线后将球交给下一位同学，依此类推，每人一次，先做完的队为胜。

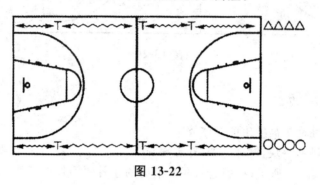

图 13-22

游戏规则：

（1）推瓶或扶瓶时，另一只手必须同时做低运球，不能持球。

（2）返回至端线后用双手低手传球的方式将球传给下一位同学。

游戏建议：可运球至障碍物处做急停急起。

（八）对抗出局

游戏目的：提高学生对抗中的运球能力。

游戏准备：篮球场1个，篮球若干个。

游戏方法：学生分为每两人一组，一人一球，同时在场内3个圆圈内运球。游戏开始，在控制好自己的球的情况下，两队员用肩膀互相挤推，力争把对方挤出圆圈，在规定时间内，将对方挤出圆圈次数多的同学为胜，另一人受罚。

游戏规则：

（1）只能用肩膀挤推，不能用手。

（2）对抗过程中，若队员运球失控，判出圆圈一次。

游戏建议：分组时要注意学生身高、体重和技术基本均等。

（九）运球绕场跑

游戏目的：提高快速运球能力。

游戏准备：篮球场1个，篮球2个，障碍架4个。

游戏方法：如图13-23所示，将队员分成4个小组按图中所示的队形站好。各组1号拿球，听到哨声后逆时针方向运球绕场地跑，跑完一圈后把球交给2号，2号也运球绕一圈把球交给3号，依此类推，看哪个队先完成接力赛。

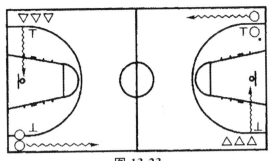

图 13-23

游戏规则:必须运球绕障碍架跑,否则返回重做。

游戏建议:此游戏可要求队员跑圈运球投篮和规定运球方式与运球手等进行。

(十)"死"球变活球

游戏目的:发展学生手指、手腕拍按球的能力。

游戏准备:篮球场 1 个,篮球每人 1 个。

游戏方法:把学生分成人数相等的两队成横排相对而立,每人面前地上放 1 个篮球。游戏开始,两排学生同时下蹲用最快速度把放在地上的"死"球拍"活"成原地高运球姿势站立,在规定时间内站起来的人数多的队为胜。

游戏规则:

(1)只能用手指、手腕的力量快速拍按球,使球变"活",不得把球拿起来。

(2)个人完成,同队队员间不得帮忙救"活"球。

(3)不得以任何方式干扰对方将球拍"活"。

(4)违反上述规定者为犯规,凡犯规者罚其把球连续拍"活"3 次后才计成绩。

游戏建议:如果参加游戏的人数多或无法做到每人一个篮球,可把参加游戏的人分成若干个小组,每个组的人数与现有的球数相同,采用淘汰的方法进行对抗。

(十一)运球沿线追拍

游戏目的:提高学生行进间快速运球以及运球急停、转身的能力。

场地器材:篮球场 1 个,篮球每人 1 个。

游戏方法:学生均匀地分散站立在球场的两条边线和两条端线上,每人手持 1 个篮球。游戏开始,全体学生按顺时针方向沿球场的界线运球快跑,后面的队员力求抓住前面一人。当听到教师鸣哨后马上运球急停、转身,沿球场界线做逆时针方向运球快跑,原来在后面的队员变成在前面的队员,反抓后面的人。如此反复进行,以被抓到次数少者为胜。

游戏规则:

(1)不管向哪个方向跑动,都只能沿球场的界线进行,否则算被抓到。

(2)只要是后面的人的手触摸到前面的人即为被捉到。

(3)若后面的人捉到前面的同伴而又运球失误时,捉住无效。

游戏建议:

(1)如果人多球少,可分为几队轮换进行。

(2)如果参加的学生人数多,可把球场上的各个圆圈都用上进行同样的比赛。

三、投篮类游戏

(一)三分领先赛

游戏目的:锻炼学生的心理素质,提高三分球命中率。

游戏准备:篮球场地 1 块,篮球若干个。

游戏方法:如图 13-24 所示,把学生分为人数相等的两队,在两个零度角三分线外投篮,比赛的顺序是甲 1、乙 1;甲 2、乙 2,……先进 5 个球的一方获胜。

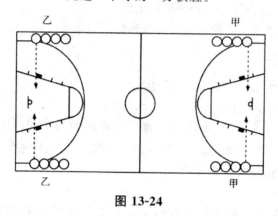

图 13-24

游戏规则:队员按顺序进行比赛,中途不得交换位置。

游戏建议:投篮点可改变,如在 45°角处、弧顶处;可要求各队大声报出本队投中数,给对方增加心理压力,同时鼓励本队。

(二)罚球比赛

游戏目的:提高学生原地投篮技术动作的质量和命中率。

游戏准备:篮球场地 1 块,篮球 2 个。

游戏方法:如图 13-25 所示,把学生分成人数相等的两队,两队面向球篮成纵队站立于罚球线后,排头各手持一个篮球。游戏开始,各队从排头开始依次罚球,无论投中与否都由投篮队员自己去抢篮板球传给下一个队员,如此循环下去,直到完成规定的投中个数,先完成者获胜。

游戏规则:按篮球比赛的罚球规则执行。

游戏建议:可规定全队每人投篮出手次数或时间,累计投中个数,投中个数多的队获胜。

(三)抢投 30 分

游戏目的:提高学生快速投篮的能力。

游戏准备:篮球场地 1 块,篮球 4 个。

游戏方法:如图 13-26 所示,把学生分为人数相等的四个队,每两队用一副篮筐,各队在距篮圈 5 米的 45°角纵队站好,排头各持一球。游戏开始,各队从排头起做原地跳投一次,罚球一次,自投自抢,无论投中与否,都要把球传给下一个队员,依次按同样方法进行。按跳投投中得 2 分、罚球投中得 1 分的分值累计,直到投满 30 分,以完成的快慢排列名次。

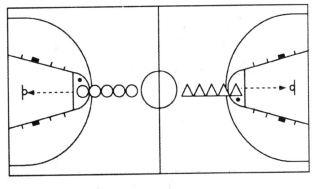

图 13-25

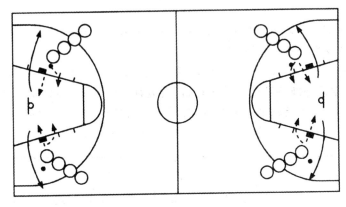

图 13-26

游戏规则:

(1)严格限制投篮距离,跳投时的起跳点不能越过规定范围。

(2)不得故意干扰对方投篮。

游戏建议:根据学生的水平,教师可对投篮距离提出不同的要求或规定。

(四)投篮升级比赛

游戏目的:帮助学生在不同角度、不同距离的投篮中改进动作,提高投篮的命中率。

游戏准备:篮球场地 1 块,篮球 2 个。

游戏方法:如图 13-27 所示,在距投篮区 5.5 米处,设 0°角、45°角、60°角、90°角五个投篮点。把学生分为人数相等的两队,分别成纵队站立于左、右两边的 0°角上,排头各持一球。游戏开始,两队自排头起依次按规定要求进行投篮,逐一投完五个点,最先回原起点的队获胜。

游戏规则:必须投中才能到下一个点投篮。

游戏建议:可按规定时间,计投篮中得多的队获胜。

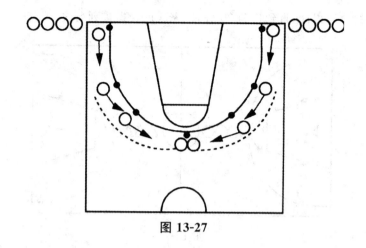

图 13-27

（五）攻守投篮

游戏目的：提高学生的灵敏性和应变能力及培养团队合作意识。

游戏准备：篮球场地一块，篮球 2 个。

游戏方法：如图 13-28 所示，将学生分为人数相等的两队，每队 8 人，双方各有一名队员手持球站在本方半场的端线外准备发球。游戏开始，当裁判员鸣笛后，各自发球开始比赛，两队同时在场上传球、运球、突破，力求将球投入对方篮内得分；同时又要设法阻截和防止对方将球投进本方篮内，并积极抢断对方的球，组织反攻。在规定时间内，进球多者获胜。

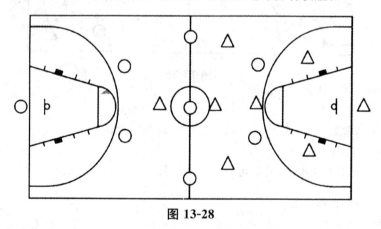

图 13-28

游戏规则：比赛中出现犯规、违例、传球出界等情况时，均判对方在犯规、违例方的半场界外发球。

游戏建议：裁判员 2 人～4 人；本游戏运动量较大，时间不宜过长。

（六）连续跳投

游戏目的：提高学生跳投的命中率。

游戏准备：篮球场地半块，篮球每人 1 个，标志物 2 个。

游戏方法：如图 13-29 所示，在半场的三分线内与端线相距约 2 米处放一标志物，把学生分为人数相等的甲、乙两队，各成纵队面向球篮站立于三分线外的左、右两侧，排头不持球，其余的队员每人持 1 球。游戏开始,各队排头向同侧标志物的方向做侧身跑,跑至标志物外接本队队员传来的球急停跳投,无论投中与否均去抢篮板球并返回本队队尾。如此连续不断进行,直到规定时间,命中次数多的队获胜,或先完成规定命中次数的队获胜。

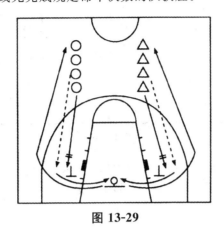

图 13-29

游戏规则:

(1)必须在标志物外跳投,在标志物内投中无效。

(2)必须依次传、投,超越顺序者投中无效。

(3)传接球失误,由失误者把球捡回再排列到队尾,不得原地再投,否则投中无效。

游戏建议:可采取三盘两胜制进行比赛,每局完后,双方互换场地;可在两个半场内同时进行比赛;也可降低难度规定为原地投篮。

(七)罚球比赛

游戏目的:提高篮球参与者原地投篮技术动作的质量和命中率。

游戏准备:篮球场 1 个,篮球 2 个。

游戏方法:把学生分成人数相等的两队,两队面向球篮成纵队站立于罚球线后,排头各手持一个篮球。游戏开始,各队从排头开始依次罚球,无论投中与否都由投篮队员自己去抢篮板球传给下一个队员。如此循环下去,直到完成规定的投中个数,先完成的队为胜。

游戏规则:按篮球比赛的罚球规则执行。

游戏建议:可规定全队每人投篮出手次数或时间,累计投中个数,投中个数多的队获胜。

(八)上篮积分赛

游戏目的:提高上篮命中率。

游戏准备:篮球场 1 个,篮球 2 个。

游戏方法:如图 13-30 所示,将学生分为两组,一组手持球站于中线与边线交接处,另一组站于罚球线上。游戏开始,持球的人传球至罚球线队员,然后起动接回传球上篮,上篮结束到罚球线,罚球线上的队员跟进抢篮板,抢完篮板手持球站到中线。上篮投中得 2 分,不中要补中,补中得 1 分,在规定时间内先得到 50 分为胜利队。

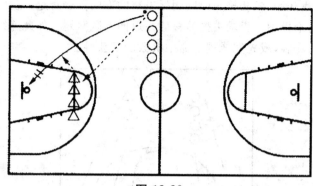

图 13-30

游戏规则:接球后直接上篮,不得运球,否则投中的球无效重新开始。

游戏建议:上篮方式可规定为低手上篮或高手上篮。

(九)运球急停跳投

游戏目的:提高参与者迅速移动中急停跳投的命中率。

游戏准备:篮球场 1 个,篮球 2 个。

游戏方法:把学生分为人数相等的两队,各成纵队站立于端线与三秒区线交接点外,排头手持一球。游戏开始,各队从排头起依次向前场快速运球,运至前场罚球线处做急停跳投,投中后再运球返回在原起点的罚球线外再次急停跳投,投中后把球交下一个队员,全队依次进行,直到每人都轮一次为止。先轮完的队为胜。

游戏规则:

(1)必须在两罚球线起跳投篮,否则命中无效;

(2)必须投中才能返回或把球交给下一个队员,否则罚其重新开始;

(3)不得走步、两次运球,否则命中无效;

(4)跳投不中不得在篮下直接补篮,必须运出罚球线外重新跳投。

游戏建议:

(1)可根据实际情况加长或缩短跳投距离。

(2)可改为在规定时间内投中次数多的队获胜。

(十)换球上篮接力

游戏目的:提高快速跑动中运球上篮的能力。

游戏准备:篮球场地 1 块,篮球 4 个。

游戏方法:把两个篮球分别放在中线上。把学生分为人数相等的两队,分别成横队面向场内站在两端线外,排头手持一个球。游戏开始,两队排头运球快跑至中线,放下手中的球,捡起地上的球快速运球上篮,投中后按原路线运回中线换球回运到起点处,将球交给下一名队员,每个队员按同样的方法依次进行,直到全队每人做完一次,先完成的队为胜方。

游戏规则:

(1)在端线手递手交接球后才能起动,否则此次运球上篮无效,该队员应在本队最后重做一次。

（2）每次投篮必须投中才能返回。没投中，可采用任何方法补中。

（3）还可把上篮改为运球至罚球线投篮，不进补中。

游戏建议：

（1）可投篮后直接运回将球交接。

（2）可将上篮改为运球至罚球线投篮，不进补中。

第四节　篮球运动综合能力类游戏

一、突围

游戏目的：提高学生的对抗力量、反应能力和灵活性。

游戏准备：篮球场地一块。

游戏方法：如图 13-31 所示，把参与者分为人数相等的甲、乙两队。先由甲队队员相互握手腕站成一个圆圈，把乙队全体队员围在圆圈内。游戏开始，乙队队员要设法从圈内挣脱出圈，甲队队员要设法组织防止对方从圈内向外突围。到规定时间为止，双方交换圈内外角色。一个回合后计算双方突围的人数，突围人数多的队获胜。

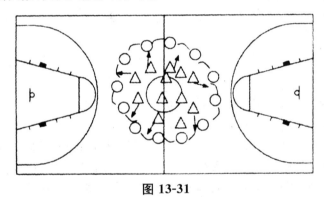

图 13-31

游戏规则：

（1）圈内的队员只能使用巧法而不是用手拉开对方握住的手腕突围，否则算犯规。

（2）圈外的队员可用握住的手拦住对方，但不可以松手抓对方，算犯规。

（3）若圈外队员犯规，算对方突围成功；若圈内队员犯规，则突围无效。

游戏建议：在参加的人数多的情况下，可分几个队同时进行。

二、"关门"

游戏目的：提高学生的防守技术，培养相互配合意识。

游戏准备：篮球场地一块，篮球若干个，在场地上画几个与中圈等大的圆。

游戏方法：如图 13-32 所示，在每个圆心放一个固定不动的篮球，每组分防守 4 人和进攻 3

人站于圆圈外。游戏开始,在两分钟时间内,攻方利用身体假动作、转身、急停及各种脚步动作设法进入圆圈触摸球,而防守则通过快速的移动及相邻两人的"关门"配合不让对方进入圆圈内摸球,计攻方进入圆圈触摸球的次数。到规定的时间,两队交换位置,游戏重新开始。最后摸球次数多的队获胜。

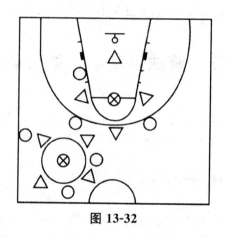

图 13-32

游戏规则:

(1)只能依靠身体快速的移动来防守对方进攻,不能用手臂阻止对手。

(2)进攻方不能有推人动作。

游戏建议:进攻和防守的人数可适当增加或减少,但防守队员至少比进攻队员多一人。

三、双人抢球

游戏目的:培养学生的抢球意识,提高抢球能力。

游戏准备:篮球场地一块,篮球每2人1个。

游戏方法:如图 13-33 所示,把学生分为人数相等的甲、乙两队,相距1米左右成横排站立。两队的队员间也相距1米左右。在甲、乙两队队员间放一个篮球;然后在教师带领下两队一起做操或小步跑,听到哨声响后同时去抢球,抢到球者获胜。胜次多的队获胜。

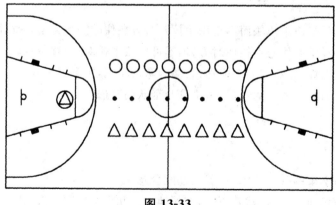

图 13-33

游戏规则：

(1)队员只准用手抢球,否则判为负。

(2)注意安全,如有意冲撞对方则立即判其出局。

游戏建议:两队面对面站立作肩绕环,从正面抢球;两队背对背做腹背运动,从胯下抢球;两队面对面做深蹲,双手从胯下抢球;背对背原地小步跑,转体180°抢球。

四、21分比赛

游戏目的:培养学生攻守转换意识,提高快攻能力。

游戏准备:篮球场地一块,篮球1个。

游戏方法:如图13-34所示,全场5对5进行21分比赛,在比赛中通过快攻进球算3分或4分,其他方式进球按照篮球规则进行,先到21分的队获胜。

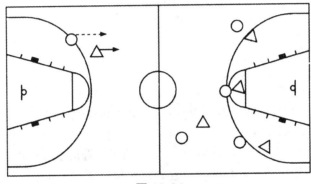

图 13-34

游戏规则：

(1)通过抢断球和发球发动的快攻进球算3分。

(2)通过抢到后场篮板球发动的快攻进球算4分。

游戏建议:教师要鼓励学生尽可能地通过传球进行快攻;控制对手形成快攻。

五、齐心协力

游戏目的:提高学生的柔韧性和协调能力。

游戏准备:篮球场地1块。

游戏方法:如图13-35所示,把全队分成两人一组的若干组,两人成以下姿势分别站在球场的同一端线后:两人肩并肩,相邻的手相互搂住同伴的后颈,两腿分开,上体前倾,外侧手从相邻的两腿后面紧紧拉住,形成两人"三"条腿。听到出发的信号后,各组以此三条腿走路的方式向前行进,以到达场地另一端端线的先后顺序排列名次。

游戏规则：

(1)两人在相邻的两腿后紧拉的手不得脱离,否则要在原地接好后方能继续前行;

(2)以两人的三条腿到达场地另一端端线后方为到达终点的标志。

游戏建议：

(1)此游戏可改为两队三条腿走路迎面接力比赛。

(2)游戏不应在硬质地面上进行，以防受伤。

(3)可采用布条捆绑相邻两条腿的方法将游戏改为三人四足跑或五人六足跑。

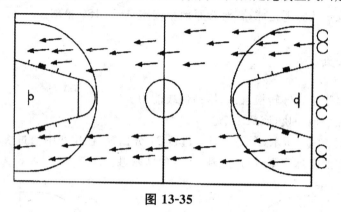

图 13-35

六、你抓我救

游戏目的：提高学生的跑动速度和灵敏性，以及反应和躲闪能力。

游戏准备：篮球场地一块。

游戏方法：如图 13-36 所示，制定球场的中圈为"禁区"，选出参加游戏中的 5 人为追逐者，其余人作为被追逐者将在场内随意的跑动。追逐者把抓到的被追逐者送到"禁区"内。没有被抓到的被追逐者可设法避开守在"禁区"旁边的追逐者去营救"禁区"内的队员。直到所有被追逐者全被抓完送进"禁区"，或"禁区"内的被追逐者全被营救完为止。另换一批追逐者和被追逐者开始继续游戏。

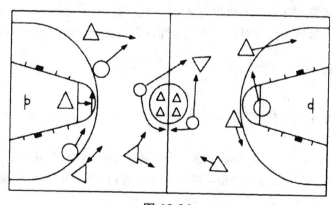

图 13-36

游戏规则：

(1)在"禁区"外的人用手拍"禁区"内的人的手掌为营救成功。

(2)在"禁区"外的人在营救"禁区"内的队员时又被追逐者抓到，同样要进入"禁区"内等待同伴的营救。

（3）进入"禁区"内的人不得自行离开。

（4）追逐者只有抓住被追逐者才算抓到，仅仅拍到无效。

游戏建议：此游戏可设计各种动作方式进行追逐，如快跑、竞走或单脚跳等方式。

七、绕队快跑

游戏目的：提高学生的集中注意力。

游戏准备：篮球场地1块。

游戏方法：如图13-37所示，把学生分为人数相等的两队，成两列横队站好，两队间相隔约3米。游戏开始，两队从排头队员起依次按如下规定快跑：从队列前跑过—绕过队尾—经队列后—绕过排头—返回自己原来的位置—紧靠其后的下一人起动，如此反复循环，直至全队每个人进行一次，以先轮完的队为胜。

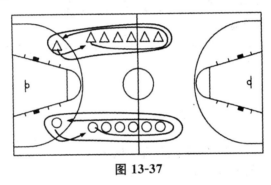

图 13-37

游戏规则：

（1）必须按规定路线跑动，否则判其重跑一次。

（2）必须在前一人的双脚踏回原位置后，紧跟其后的下一人才能起动，否则判其返回原处重新起动。

游戏建议：若参加的人数多，可多分几队同时进行，以完成的先后顺序计成绩。

八、抬"木头人"

游戏目的：增强学生的腹背力量和持续的张力。

游戏准备：篮球场地1块，体操垫子2块。

游戏方法：如图13-38所示，在球场的中线外并排放置两张体操用的垫子，两垫子相隔约6米～8米。把学生分为人数相等的两队，分别成纵队站立于球场中线的另一侧，正对各自的垫子，两队排头首先跑至垫子上仰卧挺直，称为"木头人"。游戏开始，两队在起点上的第一人迅速起动跑至垫子上用两手托头把仰卧在垫子上的同伴抬成直立，并迅速以同样方法在垫上仰卧；被托起的人则快速回到本队击下一人的手后，排回本队队尾；被击掌的队员又快速跑到垫子上托起仰卧在垫子上的队员……如此反复进行，直到最先仰卧在垫上的队员把本队最后一名队员抬起并一同返回本队为止。先完成游戏的队获胜。

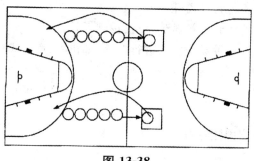

图 13-38

游戏规则:

(1)"木头人"只有被抬起成直立后方能跑动,不得自己爬起来,否则为犯规。

(2)抬"木头人"者只有把队员抬起后方能躺下,否则为犯规。

(3)起点处的队员只有在被击掌后方能启动,否则为犯规。

(4)凡被判犯规者,必须重做一次。

游戏建议:可用两人抬"木头人",抬起"木头人"后其中一人躺下当"木头人",另一人和原"木头人"跑回。

九、"手球"比赛

游戏目的:提高学生的对抗能力和全队配合意识。

游戏准备:篮球场地一块,手球 1 个。

游戏方法:如图 13-39 所示,在篮球场上进行手球比赛,在两条端线的中部各画宽 3 米的球门,每队各 6 人,其中有一名为守门员,按照手球规则进行比赛。比赛进行 8 分钟,得分多的队获胜。

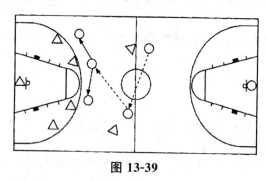

图 13-39

游戏规则:

(1)可以按照手球规则进行比赛。

(2)不能用过分夸张的动作,造成伤害事故。

游戏建议:

(1)参加比赛的人数可以适当调整。

(2)学生要尽可能地通过配合完成进攻。

十、"大象"走路

游戏目的:提高学生的注意力。

游戏准备:篮球场地一块。

游戏方法:如图 13-40 所示,把学生分为两队,成两列横队站立。全队按教师的口令学"大象"走路:即左右两脚开立,与肩同宽,体前屈,两手掌撑地。走路时手、脚按以下顺序依次进行:前移右手—前迈左脚—前移左手—前迈右脚,后退时动作相同但方向相反。大象走路方法作前后进退,或左右横移,做错者扣该队 1 分,最后计算各队被扣分数,扣分少的队获胜。

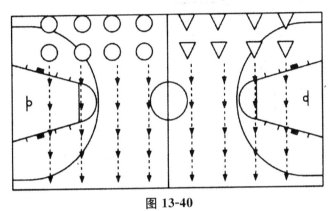

图 13-40

游戏规则:

(1)进退中四肢移动顺序不能颠倒,否则视为做错。

(2)全队动作要整齐一致,节奏清楚,手脚配合协调,否则视为做错。

游戏建议:在开始时不强调速度与距离,熟练以后可逐渐强调速度或距离;后退行走的难度较向前走的难度大,可逐渐提高难度要求;可只算个人的成功与失败而不必计算全队的胜负。

十一、占有地盘

游戏目的:针对性的提高学生的防守与护球能力。

游戏准备:在场地上划若干个直径为 1 米的圆圈,篮球 20 个。

游戏方法:如图 13-41 所示,二人一组,圆圈中央站着的一个人是"守"方,圈外 5 米处也站着一个人,手中持球,待信号一发,立刻持球跑向圆圈,企图将球放在圈中央,时限 1 分钟。守方在圈内尽量阻止对方进来,可用推、挤、撞的方法或其它方式击退对方,如果对方将球放在圈中央,就算胜。

游戏规则:

(1)按教师指定的方式来阻挡对方。

(2)按教师要求的方式持球进攻。

图 13-41

训练建议：

(1)充分做好准备活动,注意安全。

(2)如果一种球不够,可采用其它球代替。

(3)也可采用分组对抗的形式进行。

第十四章　篮球运动员培养与选材

第一节　篮球运动中锋、后卫的分析与培养

一、中锋队员技术分析

在现代篮球运动中,中锋对于一支球队的重要性不言而喻,这点从球队大部分的战术布置都与中锋球员有关就能看出,另外,一支篮球队如果拥有了一名具有统治力的中锋将必定会带领球队获得优异的成绩。

然而,一名出色的中锋优势非常难以培养的,作为球队的"支柱",他在场上要承担更多的角色和责任。为了更好的完成这些任务,他需要掌握更多的技术,其中包括对脚步动作、抢位与接球、策应与传球、投篮、防守和抢篮板球技术等。下面就主要针对中锋对于每种技术的掌握需求进行分析。

(一)脚步移动

1. 脚步移动分析

篮球运动发展到今天,它的攻防转换速度和身体对抗的强度已经远远超过以往。这就使得进攻者和防守者之间的距离越来越小,尤其是中锋在限制区内处于贴身攻防的状态。因此,现代中锋脚步移动的特点是在小范围内有极大阻力的情况下完成移动步法,移动技术必须快速、灵活、多变,在短距离内急停、转身、变速、变向相当灵活,各种步法衔接快、转化快、动作力量强,以利于在激烈的身体对抗中争得行动的自由和占据有利的位置。防守时身体重心低、步幅宽、滑动步伐大而快,尤其是第一步跨出大而及时,步法转换迅速,富有极强的攻击性。

2. 脚步移动的运用要求

(1)合理的准备姿势

准备姿势是两脚左右(或前后)开立,距离约同肩宽,两膝弯曲成 135°左右,前脚掌着地,上体微向前倾,两臂屈肘,置于身体两侧,两眼平视。这样的姿势既能维持身体平衡,又能快速起动,向欲前进的方向迅速移动。

(2)观察范围广,判断准确

观察、判断是正确运用移动技术的前提,它贯穿于整个比赛的每项技术和战术配合之中。观

察时,首先要看清对手所处的位置和距离,同时要观察进攻队员及其防守者的位置和阵势。观察要有主有次,由点到面,由局部到全局,然后根据所得的情况进行综合分析,作出正确判断,采取果断行动。如中锋抢到后场篮板球,观察的重点是本队的快下队员及接应队员和防守者的分布,由此决定传球给谁和自己的跟进路线;在半场阵地进攻中观察的重点是本队的主攻方向及防守者的破坏行动,根据观察的结果决定自己是拉开牵制佯攻移动,还是空切、掩护等。

(3)快速多变,突然性强

移动技术的运用必须突然快速,出其不意,攻其不备,才能取得良好效果。灵活变化表现在能根据场上的不同情况,由一个动作迅速地转化为另一个动作。例如前进中受阻,就要改变方向前进;变方向后又碰到防守者时,应及时变为转身前进。这一连串的变步法、变方向跑和转身等要结合运用,应变自如,衔接连贯,并富有攻击性。

(4)假动作的灵活使用

移动技术的运用如能真真假假、虚虚实实、声东击西,往往会取得事半功倍的效果。例如中锋在右侧做摆脱空切时,右腿向右跨出,同时上体虚晃,接着左腿向左横跨一步,然后右腿立即插向防守者的身前,侧肩蹬地起动,从他的右侧切入。如果左腿向左横跨步时被堵,那么不再从防守者的右侧切入,而改为用左腿继续用力蹬地向右侧跨出,侧肩从防守者的左侧切入。这种假变真的做法,往往能达到切入目的。

(二)抢位与接球

抢位与接球是中锋最基本、最重要的技术。其中,抢位是接球的基础和准备,接球则是抢位的目的。中锋在攻防两端的抢位环节中要善于利用脚步动作和身体优势摆脱或卡住对方,用身体的合理部位紧贴对手,抢占有利的位置接球(抢球)。进攻中锋能否争得主动,首先取决于他所掌握的抢位接球技术的熟练程度。

1. 抢位与接球的动作方法

(1)固定抢位与接球

中锋站位可分为内中锋站位(低位、中位)和外中锋站位(高位)两种,如图 14-1 所示。

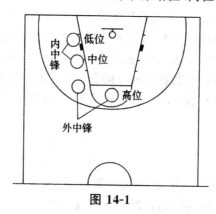

图 14-1

内中锋在背对防守者接球时,要求两脚开立,膝微屈,上体伸展,腰、臂用力,保持重心稳定,防止对方挤压;一手上举示意传球落点,另一手置于身侧后,感知对手的位置和动向,并随时挡开对手伸臂在体前干扰接球。靠近对手一侧的腿、臂要及时横出,卡住对手绕前脚上步抢位;接球时陕速向来球方向出步,伸臂近球,触球后指、腕用力,握球于身前,两肘侧张。

如对手在身侧,则必须抬起靠近对手的臂,屈肘顶住挤靠的对手;对手在身前防守时,内中锋要侧对篮站立,近人臂略弯曲保持空间,接球时向球的落点方向跳起,尽量靠近球篮接球。

外中锋接球,应根据对手的防守位置和脚步,灵活变化,抢占有利位置。要求重心略低,扩大两腿和接球手的伸展幅度。

（2）移动抢位与接球

移动中抢位要根据球的动向决定起动时间,一般有三个方向、四至五条移动路线,如图14-2、图14-3所示。

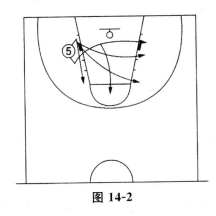

图 14-2　　　　　　　　　　　　　图 14-3

抢位接球方法主要有三种。

①交叉步转身抢位接球。以内中锋面向篮从防守者左侧抢位为例:开始左腿向左跨出,同时上体虚晃,紧接着左脚掌用力蹬地,同时向右转胯,插臂侧肩,左腿迅速插向防守者身前卡位,背向篮接球。如果防守者抢前卡位,交叉步转身抢位受阻,则可立即以右脚蹬地,左腿向左侧跨出反切篮下接吊传球。

当背向或侧向防守者接球时,要保持低姿势,臂上举侧张,以背、臀挤靠对手,滑动抢位。

②后转身抢位接球。以内中锋面向篮从防守者左侧抢位为例:左腿向左跨出,同时上体虚晃,接着右腿插向防守者两腿之间,以右脚为中枢脚,紧贴防守者做后转身,将其挤在身后,两臂高举侧张接球。

③横跨步抢位接球。当内中锋上插外策应位置时,面对防守者向球移动,在即将到达位置时,外侧脚快速出一小步,同时内侧脚用力蹬地横跨在防守者身前,以身体的有力转动将对手挤在身后伸双手接球。

2.抢位与接球的要求

（1）掌握好抢位时机。同伴刚接到球做瞄篮或突破假动作时突然起动抢占有利位置。

（2）动作凶狠有力,先发制人。突然起动,以合理的身体接触和暗劲阻止对手的破坏。

（3）真假结合,灵活变化。要保持正确的准备姿势,准确观察、判断场上情况,做到声东击西、真假结合;当一个方向受阻时,立即变换其他位置,灵活运用各种抢位步法。

（三）策应与传球

中锋的策应,是指以中锋为枢纽并以中锋作为组织核心的进攻战术配合。中锋一般可以利用身体优势要位于三秒区附近,这一位置属于防守的危险地带,因此中锋在这一位置会有更多的进攻选择,可以是自己单打投篮,也可以是串联其他队友组织配合。因此,中锋必须善于通过接传球把左右和内外的其他队员联系起来,组织全队进攻配合。

1. 策应与传球技术动作方法

中锋的策应动作应是两脚平行站立,两膝弯曲,上体稍前倾,两肘微屈,两眼平视,开阔视野,两手持球于腹前,利用身体和两肘保护球。这样的策应动作站得稳,不至于因防守者碰撞而失去平衡,并且有利于保护球和衔接下一个动作。

中锋在半场策应的范围,一般多在限制区两腰和罚球线及其延长线的附近。

中锋传球以指、腕发力为主,在熟练掌握各种传球技术的基础上,重点提高单、双手头上传球,击地传球,单手胸前和单、双手低手传球等多种传球方式。要求传球面广,出球点灵活、多变,传球和其他技术结合得自然而紧凑,传球隐蔽性强。

2. 策应与传球技术运用要求

(1)中锋必须具备较强的攻击能力做出攻击动作,吸引防守中锋的注意力,为传球创造有利的机会。

(2)中锋应熟练地掌握各种传球动作,使传球的点多、面广,传球应突然、快速和隐蔽。

(3)中锋要掌握良好的传球时机,当同伴摆脱防守的瞬间或抢在防守者的身前时,应立即传球。

(4)传球的落点要准确,应根据同伴及防守者的位置和移动速度及时准确地将球传到位。一般球传到远离防守者一侧的位置。

(四)投篮

1. 投篮技术分析

投篮在篮球运动中是得分的唯一途径。中锋之所以在篮球队中的位置最为重要,是因为他经常处在离对方篮球筐最近的位置上,因此,中锋一旦掌握了娴熟的投篮技术,将会给对方的防守带来巨大的"灾难"。中锋所采用的一切进攻技术和战术的最终目的都是为了寻找良好的机会投篮,或将球传出让队友获得最佳的投篮机会。这里重点讲解中锋投篮的技术分析,在现代篮球中,中锋应掌握至少三类投篮动作。

(1)贴身投篮

贴身投篮是在防守队员贴身防守时,持球中锋在规则允许的范围内,用身体的某一部分(如腿、臀、肩、背、臂等)挤、顶、靠、压对手,在与对手发生身体接触时投篮的总称。贴身投篮多数是在篮下,进攻中锋在身高、体重相对略占优势或相等时运用。贴身投篮主要包括前转身、后转身插步挤投,勾手投篮,侧身投篮,突破投篮和扣篮等。

(2)节奏差投篮

节奏差投篮包括利用时间差或空间差获得偷懒的机会。它是在激烈的对抗中,进攻中锋以快速、连续的移动和持球假动作,造成自己与防守者在动作节奏的时间上和占有位置的时间上出现短暂的时、空差别时投篮的总称。这种投篮多数是在限制区内,进攻中锋因身高和体重相对防守中锋略显劣势时运用。时、空差投篮包括前、后转身投篮,横跨步投篮和跳起后仰投篮等。

(3)中距离跳投

这种投篮方式通常不会与防守球员发生身体接触,是通过中锋快速移动、掩护和接突破分球等创造投篮机会。因此,这种投篮方式的优点就在于受干扰程度小,但同时它的不足之处在于,运用这种投篮方式时通常都不会离篮筐很近,因此命中率会受到很大影响。

2. 投篮技术运用要求

(1)观察和判断选择良好时机

观察和判断是中锋正确运用技术的前提,它贯穿于整个比赛的每项技术之中。观察是把场上的其他 9 名队员的活动看清楚,主要利用眼睛的余光,要求视野开阔。特别是中锋对自己的对手所处的位置、距离、重心、形态、身体素质等要了如指掌。判断是根据观察所得的信息,综合分析对手的动向,判断他们的意图,预见他们的行动,然后做出正确动作。良好的时机是指在时间和位置上,对手干扰不到或干扰较小的情况下完成动作,取得最佳效果的机会。

(2)合理运用假动作,迷惑对手

中锋运用技术时,应善于合理运用假动作,隐蔽自己的真实意图,迷惑对手。中锋利用自己的身体、动作、球甚至面部表情和眼神,做出各种动作,使对手产生错觉,致使其在位置、距离、重心和动作等方面跟着发生变化,然后自己改变动作和方向实现真实意图。

(3)对抗中主动用力,保持出手稳定

中锋的活动位置一般都在对方三秒区附近,而这一地带是整个攻防环节的必争之地,在这一地带中可能聚集了许多防守球员,因此中锋各项技术的运用更多的是在贴身攻防中完成的。要想在这种条件下完成技术动作就必定要学会主动用力,这不仅是保护自己的方法,又是在进攻中获得利益的手段。

在做动作时,身体接触的部位应紧张用力,用身体的合理部位,如腿、臀、臂、腰、背来挤、顶、靠、压对手,保持自己动作的稳定,又可造成对方犯规,没有接触的部位应协调放松,保持动作的准确性。

(4)一点两面,灵活变化

中锋各项技术的运用,必须灵活多变,在方向上能左能右．在距离上能远能近,当一个方向被堵死时,能很自然地转移到另一个方向进攻。一点两面增加了进攻的方向,扩大了攻击点。如中锋做插步挤投,如果没有遇到防守,可以顺利完成投篮;如遇到防守,则可向反方向做横跨步勾手投篮或转身投篮。也可以利用动作节奏的变化,突然地加速或减速进行攻击,以取得良好效果。

(5)在战术组织下,主动攻击

中锋处于阵地进攻的腹地,许多球队的战术配合都是通过中锋进行的,例如通过中锋策应、掩护和强攻等配合。在这种战术组织下出现的投篮、传球或突破时机,中锋如能果断行动,往往会取得良好效果。

(6)内、外结合,发挥整队优势

中锋在篮下持球时,往往会受到夹击,此时中锋不要勉强进攻,而应及时传球给被漏防的同伴,为他创造一个无人防守的投篮机会,做到内外结合。有时中锋也可以突然跑到外线,把篮下拉空,给同伴创造空切、背切和突破的机会,使战术配合更加灵活机动。

(五)防守

1. 防守技术分析

中锋的防守站位一般在篮下,这一位置是遭到进攻球员攻击频率最高的地带。在防守时,中锋不仅要防住对方中锋,还要适时与队友协防或是给被突破的队友补防。

中锋防守的具体任务是:积极抢占有利的防守位置,堵截和干扰进攻中锋的移动路线;破坏和减少进攻中锋在限制区附近接球,封盖和干扰进攻中锋投篮、传球和突破;积极协防、补防和拼抢后场篮板球。

中锋在防守时,常规对位的防守可以分为两种,一种是防守无球中锋,另一种是防守有球中锋。这两者的具体区别如下。

(1)防守无球中锋

防守无球中锋分三种情况,即防强侧内中锋、防弱侧中锋和防外中锋。不论哪种情况,防守的脚步动作都是滑步、上步、撤步、绕前步、绕后步和转身等。防守强侧内中锋时的位置应在对手的侧面或前面,前脚的同侧臂伸在传球路线上,干扰其接球,另一手臂屈肘贴顶在对方的腰胯上,尽量和对手保持一定的距离,不让进攻队员靠近自己的身体。防守外中锋时要保持一定的距离,不使进攻队员靠近自己的身体,防守时的位置应在对手的侧面或后面,和球同侧的手伸出,封锁传球路线,另一只手屈肘贴顶在对手的腰胯上,尽量和他保持一定的距离。防守弱侧中锋时的位置应在人和球之间偏向球的一侧,防守距离和球的远近成正比,近球侧的脚稍向前,两臂向侧张开,保持人球兼顾。当进攻队中锋空切时,应贴身防守。防纵切时,一臂屈肘顶在对手的腰腹部,另一臂伸出在对手的接球路线上;防横切与插上时,一臂屈肘顶在对手的腰腹部,另一手臂伸在对手接球路线上,伸臂的同侧脚抢在对手的移动路线上。当对手未接到球,进行反切或溜底线时,要面对进攻中锋运用转头、换臂保持人球兼顾,使自己始终处于球和对手之间的位置上。

(2)防守持球中锋

防守持球中锋时应处于对手和球篮之间的位置上,面对对手,用平步防守。对手背向球篮时要贴近防守,对手面对或侧向球篮时应保持半臂距离。防守中锋投篮时,距离要近些,一只手上举,积极干扰其持球;另一只手侧举,防守传球和突破。当中锋投篮时,应及时跳起封盖。投篮后要顶人抢篮板球。防中锋突破时应降低重心,加宽步幅,两臂侧张,滑步堵截。当持球中锋进入限制区内时,应贴紧防守,胸部用力顶住对方的挤压,两臂上举,迫使其远离篮下。若对手投篮时,要调整好脚步,用力起跳封盖。对手投篮手要拼抢篮板球。防中锋传球时要贴近他,一手上举,一手侧举,两手轮流上下挥摆封堵。当中锋传球后,要立即向传球方向移动一步,以阻止对手向篮下空切。

2. 中锋防守技术运用要求

(1)提高脚步移动的灵活性、速度和各种脚步动作的变换与衔接能力。

(2)提高观察判断能力,根据球和进攻中锋的站位与意图,选择有利的防守位置。在强侧防固定中锋时,要保持若紧若松状态,既能主动用力,又可行动自由,便于抢占有利位置。

(3)当进攻中锋空切时,应提前堵截防守。进攻中锋进入限制区时应贴身防守,胸、臂、胯和腿主动用力,阻止他在限制区内接球。

(4)防守无球中锋时应树立"防一半人"的观念,除了防住进攻中锋以外,还应协防或补防同伴的漏人。

(5)投篮后应积极拼抢篮板球,得球后首先寻找是否有可以发动快攻的长传机会,如果有本方后卫或前锋快下则应迅速将球传出,如果没有快攻机会则应稳稳地将球交予本队后卫球员。另外需要注意的是,在没有寻找到恰当的出球点时,应保持双手持球高举的动作,以此防止对方小个球员盗球。

（六）抢篮板球

中锋队员抢篮板球技术动作同其他各个位置队员基本相同,但对中锋抢篮板球还有特殊要求。

(1)中锋球员必须具备勇猛顽强的作风、强烈的意识和愿望。篮板球的争抢是发生身体接触最频繁和最激烈的时刻,抢篮板球时应不惧怕身体对抗。加强抢篮板球的意识和愿望,就是懂得抢篮板球的规律,准确判断投篮不中球的反弹方向与落点,及早抢占良好的位置,并养成外投内抢、左投右抢、右投左抢、有投必抢的良好习惯。

(2)中锋球员应该在训练和比赛实践中留意篮板球的弹跳规律,以此可以提早判断球的飞行方向,提早移动,占据有利抢球位置。

(3)增强"挡抢"和"冲抢"意识,占据良好位置。抢占良好位置是抢篮板球最关键的环节。抢后场篮板球的关键是挡抢,抢前场篮板球关键是冲抢。当投篮出手时,应力争抢占对手和球篮之间的位置,把对手挡在身后,如果抢不到内线的位置,也应力争抢占对手侧面的位置。抢到前场篮板球后不要把球拿到腰以下,以持球在肩以上为最好,这样便于保护球和快速投篮。

(4)提早起跳、连续起跳。抢篮板球看似简单,实际上它里面包含着许多技术,其中意识和判断是非常重要的。中锋在抢篮板球时应尽快移动到位,到位后在准确判定落球点时应尽量先于防守球员起跳,这样做的目的在于可以提早占据空间位置,以此压制防守球员的起跳高度。另外,在没有占据有利位置抢球时,可以采用连续起跳点拨球技术,经过几次点拨将球拨到己方容易控球的位置,或直接将球拨向本方队友。

二、后卫队员应具备的条件与培养方法

（一）后卫队员应具备的条件

1. 生理条件

(1)身体形态:体格健壮、体形匀称。
(2)身高:男运动员一般在 1.80～1.95 米之间,女运动员一般在 1.70～1.80 米之间。
(3)年龄:男运动员一般在 24～32 岁之间,女运动员一般在 22～28 岁之间。
(4)肌肉类型:具备极强的弹性,其肌肉类型应是以白肌纤维为主的混合型。
(5)身体素质特征:身体素质全面,速度、力量和灵敏素质更为突出。

2. 心理条件

(1)气质类型:以"多血质"类型为主,具备很高的灵活性,容易适应变化的环境和条件,同时应具备"胆汁质"类型的优点。

（2）时空知觉：对物体和空间的形状、体积、距离、深度、方位及时间的延续性和顺序性反应敏感。

（3）情绪特征：具有积极向上、克服困难、战胜对手的激情。比赛时能够调动一切力量，思维清晰、明确，活动积极，具备应付各种挑战的应激能力。

（4）个性品质：有理想、有事业心，勤奋、谦虚、自信，并且有毅力，有凝聚力和舍己精神，有为国争光、勇夺冠军的追求。

（5）性格类型：从心理机能来确定为"情绪—意志"型，外向，以冷静的理论思考而行事，以理智来支配行动，活泼、开朗，善于交际。

（6）意志品质：有作战勇敢、勇于拼搏、临危不惧的优良作风。

3. 人文条件

（1）人格特点：具有较强的自尊心，有很强的表现欲，不服输，有极强的获胜欲望，同时有大局观，不自私。

（2）领袖才能：具有领袖的品质，举止、谈吐优雅，处理各种情况及时、果断、准确，考虑问题及决策公正、全面，能够服众。

（3）威望：享有极高的声誉，对同伴极具亲和力，外部推崇、队内仰慕。

4. 技 术 条 件

核心后卫必须掌握全面的、熟练的、正确的技术，才能自如地施展指挥才能。主要应掌握好以下几种技术。

（1）控制球

一般指掌握球的能力，主要体现在运球的技巧上。运球是持球队员取得行动自由的手段，是压住阵脚的重要手段。运用有效的急停、急起、变向、变速等运球技术，不仅是发挥个人攻击力的重要手段，而且是组织集体配合和创造机动灵活多变

（2）支配球

一般指对球的处理，主要体现在传球技巧，特别是助攻传球的能力上。传球是指导全队组织配合的关键技术，一切配合都必须通过传球来完成。但组织配合机会的出现往往是瞬间即逝，球必须在瞬间传递到位。因此，核心后卫必须掌握各种传球技术动作，做到熟练、隐蔽、准确、快速、舒适、及时和变化莫测。

（3）攻击能力

核心后卫不仅应是一位优秀的助攻手，而且还应是一位强有力的得分手。若核心后卫没有进攻威胁，防守队员就会将其防守注意力放在协防他人上，这样就会加大其他进攻队员的压力，影响进攻组织配合的灵活性。因此，不具备锐利进攻能力的核心后卫，是不全面、不称职的。准确的中、远距离投篮是核心后卫攻击能力的主要表现，它可以吸引防守者，为同伴进攻创造机会，便于助攻传球和组织配合，具有重要的战略意义。把中、远距离投篮与突破技术有机结合起来，并与全队配合紧密衔接，就能更好地发挥核心后卫组织指挥的作用。

（4）防守

防守是阻止对方得分、保持优势与取得胜利的保证。积极的防守不仅能创造反击的机会，而

且能激励全队的斗志,提高士气,增加取胜信心。核心后卫不仅是进攻的组织者,也是防守的指挥者,他不仅要防住自己的对手,而且还要洞察全局,发现对方的主要打法、主攻方向、主要得分手段和攻击点,以便组织有效的集体防守。因此,核心后卫除具备良好的防守技术外,还要具备良好的集体防守意识,较强的机动防守能力,比如换防、堵位、夹击、抢断,做到"眼观六路,耳听八方"。

(二)后卫队员的培养方法

核心后卫的培养是一个长期系统的工程,必须遵循运动训练的客观规律和科学原则,如选材与训练相统一的原则、专门训练的全面性原则、阶段性训练与长期训练相结合的原则和训练与比赛相结合的原则。

1. 从实际出发,不拘一格选人才

每位优秀的核心后卫在其发展和成熟的过程中,都要经过长期磨炼。只要队员肯于动脑和苦练,有进取心和较广阔的视野,在训练和比赛中有勇猛顽强的拼搏劲儿,并具有良好的身体素质、优良的心理品质和快速掌握技巧的能力,就要大胆培养和重用。对技术稳定程度、心理承受能力和比赛经验等方面的不足,可以通过合理的训练和实战锻炼逐步解决。

2. 从小抓起,重视遗传因素

国内外著名核心后卫大多数从七八岁开始参加篮球运动,实行多年程序化训练,并按阶段目标序列演进规律打好身体素质和基本技术基础。与运动能力相关的指标,包括体形、生理功能、生化指标、身体素质、智力和个性特征等有 70%~95% 的遗传度,所以科学合理地选材,特别是选择优秀篮球运动家族的后代,无疑能获得更大的成功。同时,在选材方面要注意:同等条件下,力求提高核心后卫的身高,向培养技术全面的高后卫方向发展,这样可使他们具备能里能外的本领,扩大活动范围,有利于灵活多变战术的应用。

3. 坚持高标准,敢于严要求

核心队员的培养必须坚持"严出于爱,爱寓于严"的原则,刻苦磨炼,重点对待。在日常生活、训练和队伍管理中教育其严以律己,身体力行,树立良好的形象和威信。要求核心后卫系统掌握比赛的一般规律和各种战术的变化,在主动或被动的情况下,通过技术手段、战术运用或语言信号等调动全体队员同心协力,实现教练员的意图和既定的作战方案。因此,教练员要敢于坚持标准,严格要求。训练安排上应加大难度和强度,弥补薄弱环节,让他们通过刻苦练习和不断总结,练就过硬的本领。教练员应清楚:任何姑息和放任都有害于核心后卫的成长及全队水平的提高。

4. 重视比赛环节,在实战中锻炼提高

篮球运动在技能类集体同场对抗性项目中,由于场地相对较小,所以攻防速度、技术精确度和战术变化更显得复杂。一般来说,技术的掌握与巩固提高较易显效,而要达到熟练运用和真假变幻的成熟阶段则要经历更艰难的过程。特长和绝招的形成,意识和心理承受力的提高,对抗技术运用及其应变能力的增强不可能以几种单一训练模式达到完善。核心后卫应多打比赛,敢打敢拼、不怕打错才会增长经验,技术、意识和心理素质总是在不断纠正错误和频繁克服困难中培养起来的。按"用脑筋苦练→频繁的比赛→反复分析总结"多次循环,辅以教练员的合理指导,可

作为核心后卫向成熟阶段过渡、提高全面素质的综合性训练模式。

5. 注意延长优秀核心后卫的运动寿命

一名优秀的核心后卫的培养及其成长,是个人天资及后天努力等多种因素和机遇长期塑造的结果,由于他们的特殊作用关系到一个队的成功,因此目前各队都非常重视延长他们的运动寿命。应尽量减少大龄核心后卫的伤病,努力保持他们的体能,尽量使他们发挥更大的作用。

6. 具体培养措施

(1)加强学习

①提高文化修养,多看、多学篮球书刊和理论,了解和掌握发展趋势,提高专项理论水平。

②多看世界先进水平的比赛(包括录像),吸取经验教训,提高意识和运用能力。

(2)转换角色

转换角色,即督促核心后卫换位思考,创造机会让他们用教练员的思路去分析问题。

①临场评论。在观看高水平比赛时,教练员有意识地提出问题,让核心后卫以教练员的身份分析场上形势及应采取的对策。

②客串教练员。在教学比赛或不重要的练习比赛中,让核心后卫布置战术打法,暂停时由核心后卫来重新布置全队打法。

(3)安排工作

即让核心后卫承担一定的工作,目的是通过核心后卫在工作中传达教练员的意图、管理本队队员,使队内同伴产生角色认同,提高核心后卫的威望。

①担任队长。管理日常事务,为全队服务。

②临时助理。充当临时助理教练员,独立完成一定量的训练任务。

③参与决策。参与制定本队计划,研究攻守战术,与教练员交换看法,了解、熟悉本队的打法及个人特点,提高运用技术、组织配合、指挥比赛的能力。

④发表意见。在赛前准备会、赛后总结会的分析、布置与总结时,核心后卫要大胆发言,主动提出攻守战术意见。教练员要鼓励并适当采纳核心后卫的意见与建议。

总之,核心后卫是教练员场上的代言人,是教练员的得力助手,要给予他们足够的权力,敢于放手,充分信任,支持他们的工作。核心后卫应充满自信,敢于负责,身体力行,勇挑重担。

第二节　青少年篮球运动员的选材与训练

一、青少年篮球运动员的选材

(一)选材的基本原则及方法

1. 选材的基本原则

青少年篮球运动员选材是一项严谨的工作,选材的准确性如何甚至会影响一个优秀青少年篮球人才的一生。因此,选材时必须依据一定的原则进行。只有这样才能更好地进行择优汰劣,选择真正具有发展潜力的运动人才。一般来说,在运动选材的过程中主要应遵循以下几个基本原则。

(1)公平公开原则

任何活动只有在公平公正公开的原则下才能服众,特别是对于篮球运动员的青少年选拔工作,往往入选的名额是有限的,因此,能否充分利用有限的名额选拔出理想的人才就是这项工作的关键。

公平公开原则是针对选拔方法而言的。运动员选材这项工作是极其严肃和认真的,所以在运动员选材过程中,要想分辨出英才和庸才,实现择优录用的目的。如果选拔过程中出现不公平的情况,以假乱真,则会使真正有才华的青少年遭到埋没。只有建立在公平公开的基础之上,并由主持公道、公正无私的人来负责,运动员选材的一切方法制度才能发挥最大作用。与此同时,客观的标准在选材过程中要受到重视,必须做到实事求是,秉公办事。因此,只有公平公开的原则严格遵循,在选拔运动员时才能更加准确合理。

(2)注重潜力原则

针对运动后备人才的发展来说,除了要对现有技术和身体条件作出评价外,还要注重发现青少年运动员的潜力水平。因此,注重潜力原则是很重要的,它是后备人才培养和发展的最重要的条件之一。运动人才成长的高度就是由潜力的大小决定的,这就要求在选拔运动人才时,不能只重视人才现在的发展程度,还要注意发现和挖掘具有潜力的人才,只有这样才能为某项运动的持续发展奠定坚实的基础。

近些年来,我国各运动队的青少年运动人才的选拔理念还不够科学,更多的选拔标准是以身体素质和已掌握的技术水平作出评判的。这两点确实也属于考察标准,但是相比于潜力水平,这两点所占的份额应该更小一些。否则,仅仅被表面现象"迷惑"的话,在未来很可能出现青少年运动水平发展遭到"瓶颈"的情况,或者运动表现出更多的机械性,缺乏灵气,最终被运动项目要求所淘汰。这无疑是对体育资源和有潜力的运动员人才的浪费。

(3)有利发展原则

在选材时,需要考虑多种因素,如运动员的实际情况,项目需要引进什么样的人才,引进人才的比例等等,这些都是在选材时将某项运动以后的发展考虑进来,这也就是"有利发展"原则的内容。通过在整项运动的大计划中选择运动员,人才的选择才能更加具有明确性和目的性,合适的人才才能找到。

(4)德才兼备原则

"德才兼备"是针对人才素质而言的,在运动领域中也有"人品决定运动水平"的说法。人们识别与发现人才的基本要求历来都是"德才兼备",这也是运动员选材必须坚持的一项基本原则。

"德",是指政治标准,选拔人才要以它为前提,被选的人才一定要达到一定的政治标准,并有一定的德育要求,否则一些有才无德的人就可能得到录用,对运动员的选材工作造成损失,从而不利于运动的持续发展。

"才",是指业务标准,是运动员选材的必备条件。具体来说,篮球后备人才的"才"包括专项运动能力,除此之外,运动员的形态、素质、机能、心理、技术、战术、智力和情感等多方面也是其必须包括的内容。也就是说,在运动员选材中,要进行系统的选材,一定要兼顾选择那些与提高专项成绩相关的重要指标。

2. 选材的方法

教练员、科研人员和管理人员共同完成选材任务需要的方法就是运动选材的方法,掌握正确的选材方法,是顺利完成运动员选材的任务的重要条件。目前,运动员选材主要有以下几种方法。

(1)遗传选材法

遗传选材方法有很多种,家族选材法、皮纹选材法、遗传力选材法、环境选材法、染色体选材法、性别选择法、相关选材法、经络选材法等都是其包含的。下面主要介绍家族选材法、皮纹选材法和遗传力选材法三种遗传选材法。

①家族选材法

家族选材法,是指通过对备选者家族情况的调查,对影响运动员运动能力的某个或某些因素(性状)的遗传规律、遗传方式和遗传情况进行了解,从而对运动员的现状和未来发展趋势进行测评,决定取舍的方法。该方法是当对某个选材对象的某个指标(性状)进行调查时,调查这个人家庭中若干代直系和旁系与这个指标的关系和表现,再对调查结果进行分析研究。

②皮纹选材法

通过对皮肤纹式的研究,探讨其与组成竞技能力各性状之间的关系,并运用这些特征和规律对备选对象的状况进行辅助测评,从而准确地选拔优秀运动员的方法就是皮纹选材法。

③遗传力选材法

遗传力选材法,是指通过对组成运动能力的性状的遗传力的研究,结合对备选对象直系或旁系亲属有关性状的了解,评定运动员在某方面运动能力的方法。最佳选材指标的优选是遗传力选材方法主要适用方向。

(2)测试竞赛法

被选者通过考试或者竞赛的方法进行比较,优胜劣汰选出人才就是测试竞赛法。公平公正、直观简单、利于使用是这种方法的优点,因此适合于大规模的初级人才的选拔,但这种方法也存在着对人才的选材比较片面的缺点。

①目测法

考官根据已有的经验,通过眼睛目视进行选材的方法称为目测法。目测法主要用于运动人才的初期选材,因为通过目测,可以对具有一定体育基础的学生的外形特征和一般体育能力进行了解,对其建立起初步认识。

②考试问卷法

考试问卷法,是指通过答卷、问答以及难题求解等方法选拔篮球人才。它通过考试(包括文化课考试和专业理论、专业技术考试),智力水平高、运动技术好、基础知识雄厚、具有较强的分析和解决问题能力的学生能够被选拔出来。经过专业的学习和训练,他们可以成为可用的优秀人才。考试问卷法是一种较为公平而准确的运动员选材的方法,因为该方法的考试和录取制度都非常严格,选拔条件人人平等。

③公平竞赛法

在竞技篮球的后备人才选拔中,遵照一定的规章制度,在同等条件下,通过公平竞争,裁判出优胜者并加以录用的方法是公平竞赛法。它通过各种规模、各种形式和各种级别的竞赛,选拔出那些成绩优异且具有发展潜力的学员,并对其进行重点培养。

公平竞赛通常以成绩论高低,优胜劣汰,同时也对学员的未来发展的潜力的考查非常注重,通过对影响学员成才的各种积极的和消极的因素的了解,在全面分析学员的各种利弊条件后,再进行取舍,因此具有比较准确的选拔结果。在选拔运动人才时,这是一种最常见,也最有效的方法。

(3)年龄选材法

年龄选材法是通过对人体生长发育的年龄特征、发育程度的鉴别以及各运动项群的适宜选材年龄的确定进行运动选材的方法。了解人体生长发育和运动素质发展的年龄特征以及对少儿发育程度的鉴别方法是该方法的应用关键。对其发育程度进行鉴别,常用的判断依据是日历年龄与生物年龄的关系以及青春发育高潮期起始时间和持续时间的长短。骨龄法、齿龄法以及用睾丸和"第二性征"法是鉴别发育程度常用的方法。

(4)形态选材法

形态选材法是指根据运动员的体型或未来体型的发展趋势,对其进行测量、评定的选材方法。形态选材法主要有以下几种。

①体型测量法。

A. 长度测量。常用直尺或卡尺来测量。主要是身高、臂长、下肢长、坐高、手长、足长、跟腱长等的测量。

B. 宽度测量。常用测径尺来测量,主要是肩宽、手宽、足宽、骼宽、髋宽等。

C. 围度测量。常用皮尺进行测量,主要是胸围、臂围、腿围、臀围等。

D. 充实度测量。即通过对肌纤维类型的测试,对肌肉中红白肌的比例进行判断。

②体型预测法。

A. 身高预测。

该方法包括:用父母身高预测子女未来成人身高法;用儿少当年身高预测未来成人身高法;用儿少肢体发育长度预测未来成人身高法;在判断发育程度的基础上预测未来身高法。

B. 体宽预测。

该方法主要通过对不同年龄段的体宽指标占成人体宽的百分比来计算。

③体型评价法。

评价身体的胖瘦、高低及身体各部分的比例等多用提醒评价法。常采用体型的外在特征和体型指数来评价。

(5)机能选材法

通过对运动员生理机能的测评选拔优秀运动员苗子的方法称为机能选材法。机能选材法中,生理机能测评的指标很多,常用的测评指标有呼吸系统机能测评法和心血管系统机能测评法两种。

①呼吸系统机能测评法。

肺活量测定法、五次肺活量测定法、最大摄氧量测定法等。

②心血管系统机能测评法。

30秒三次蹲起机能试验法、60米跑心功指数法、哈佛台阶试验法、联合机能试验法等。

(6)素质选材法

身体素质选材法,是指通过对运动员身体素质的测评,决定运动员取舍的选材方法。身体素质的测评指标应根据不同专项而不同。常用的指标有:握力、背肌力、腿力、引体向上、俯卧撑、仰卧起坐、屈臂悬垂、纵跳、跳远、不同距离跑、体后屈等。

（7）心理选材法

心理选材法，是指运用现代心理学的理论，从心理素质方面选拔优秀运动员后备人才的方法。心理选材的测评内容主要有以下两大方面。

①个性心理特征测评

运动员个性心理特征主要包括：性格、气质、神经类型、兴趣、能力、意志品质等方面。其特征常用个性测试量表及运动员专项个性测试量表来测评。如神经类型测定方法有感觉测定法、视听觉测定法、问答题测定法、数字划消法、声响记录法等。

②心理能力测评

运动员的心理能力主要包括：注意力的集中和持久性、运动记忆的准确与牢固性、运动知觉的广度与深度、运动反应的速度与稳定性、运动表象的完整与清晰性、运动感觉的敏锐与稳定性、运动思维的迅速与实效性等。

运动员心理能力又包括一般心理能力和专项心理能力。专项心理能力的具体测评指标有视觉反应时、起跑反应时、动作反应的迅速性与准确性测试、臂腿动觉方位辨别、动作频率及频率感、肌肉用力感、速度感测定、动觉时间估计、注意力测定、平衡力测定、计数耐力测定、空间定向能力测定、动作稳定性测定、九洞仪测定、抗干扰听力、记忆测定、时间知觉测定、视觉深度知觉测定、动觉时间估计准确性测定、时间节奏感测定等。

（8）技能选材法

技能选材法，是指通过运用科学诊断和经验判断，对备选运动员的技术和战术能力进行分析和评价，从而选拔优秀运动员苗子的方法。运动技能选材法通常在中级选材过程中运用。

（9）综合考查法

综合考查法，是指通过对被选拔者的摸底预测、综合信息的分析等方法选出后备人才的方法。该方法选拔客观，可全方位地考查被选拔者的整体情况，但操作复杂，费时费力，一般只适用于少量中高级人才的选拔。具体包括以下几种方法。

①摸底预测法

摸底预测法，是指根据竞技篮球人才应有的素质要求，较大面积地对应选人员的有关指标进行测定，预测出未来的发展潜力的一种方法。运用摸底预测法选材难度较大，需要有科学的理论作指导，有专门的仪器进行测检，还要有相关专家的配合，但它的科学性较强，被选出的篮球运动员成才率较高。

②训练观察法

它是通过运动训练，对学员运动能力进行考察的方法。学员是否适合从事运动训练，能否成才，只有通过训练观察其表现来作判断，如对运动素质、心理素质、思想品质、作风、对运动的感受和接受能力等综合素质进行观察。

③信息跟踪法

人才不是一个孤立的、封闭的系统，它总是不断地向外界输出有关信息。从信息论的角度看，发现竞技篮球后备人才的过程，就是对人才输出的信息（对发现者来说就是信息输入）进行收集、整理、分析和判断的过程。

总之，篮球运动员的选材方法有很多，在实际操作中为了提高选材的正确性，一般在选拔人才时，往往把两种或者两种以上的选材方法综合起来加以运用，从而提高运动员的成才率。

（二）选材的步骤及内容

由于运动员选材是一项严谨、细致的工作,因此,一般情况下运动员选材包括从初选到最后确定的整个过程需要持续两至三年,甚至更长时间。除在人才极为匮乏,急需补充后备力量的情况下,通常不建议采用短期判断选材的方式。

运动员选材工作主要可分为初级选材阶段和专业选材阶段。

1. 初级选材阶段

初选阶段是整个篮球运动员选材过程中的开始。简单地说,这是一个海选的阶段。尽管如此,这也不代表无论什么样的人都可以入围这个选材阶段。该阶段是培养优秀运动员的早期阶段,这一时期的好坏直接影响到今后培养出优秀运动员的多少与优劣。初选阶段的工作具体有以下几方面内容。

（1）初选阶段准备工作

①制定初试方案

制定详尽的选材实施方案和计划,是选材工作能够有目的、有组织、有计划、有步骤进行的关键。具体的内容主要有以下几点。

A. 明确培养目标,明确挑选具体运动项目的人数以及最终要达到的水平。

B. 确定选材的地区和单位,选材人数以及年龄。

C. 制定测试表,包括测试项目、方法以及调查内容。

D. 设定报名时间、地点、方法、测试时间与地点。

E. 制定报名表,其内容应包含选材条件、家庭情况、运动经历和成绩、学习成绩以及填写报名表等。

F. 确定参加测试人员名单,参加测试人员分工与实施测试办法。

G. 配合选材进行宣传,吸引更多的人与社会关注,提高选材质量。对宣传的内容、方式、方法都应有详尽计划。

H. 整个测试项目应安排得科学与合理,以便能准确测出所选对象的真实状况和水平,应尽量准确,减小误差。经过科学的论证,得出最佳方案经有关领导审批后严格执行。

②评定、录取阶段

A. 在测试后准备全面分析所选对象各方面情况并进行综合评定,同教练员共同确定试训名单,报上级审批。

B. 领导审批后,发出试训通知,并办理有关手续。

C. 整个初选阶段的工作要充分利用各方面的力量紧密合作,广泛听取所选对象的体育教师、教练、班主任以及家长等的意见。

（2）初选阶段测试内容

初选阶段的测试内容主要包括以下几个方面。

①身体形态

身体形态,是指人体的骨骼长度、宽度及其比例以及身体围度和充实程度等。根据各运动项目对身体形态要求不同,所选测试内容以及具体要求也不尽相同。就篮球运动来讲,根据运动的时空争夺性和身体对抗性特点,在选择运动员时都无疑会对人才的身高及其未来身高发展走向做出评判。因此,对于篮球运动的选材,身高(包括父母的身高)都是需要考察的内容。可见这一指标的重要性。

②生理功能

生理功能,是指人体各器官系统的机能状况,是影响运动能力的重要因素。在初选时,生理功能测试的指标不宜过多,一般测试的指标主要有肺活量、血压、脉搏等。篮球运动对抗性强,比赛时间较长,运动负荷强度大,因此,心肺功能是选材的重要指标。

③身体素质

身体素质是运动员掌握和提高技战术水平的基础。一般身体素质测试内容主要有力量测试、速度测试、爆发力测试、耐力测试、柔韧素质、灵敏素质、专项技术、心理素质和身体发育趋势等。

(3)初选阶段发育程度的鉴别

初选阶段发育程度的鉴别方法主要有以下两种。

①拍摄骨龄片

在初选的体格检查期间,对初选队员进行骨龄拍摄作为入队资料保存的重要参考依据,随后每年定时拍摄一张骨龄片进行生长发育和成熟度对照,采用国人 CHN 法行业标准加以评价和鉴定发育程度。

②利用第二性征出现的顺序

应用乳房、阴毛、睾丸、牙龄的分度标准,对初选队员进行检查,并与骨龄进行对照,结合月经初潮和第一次遗精出现的时间来评价第二性征。

(4)初选阶段家系调查

实践证明,遗传因素对运动能力有很大影响,因此,首先要进行选材对象的家系调查。用遗传学的观点和方法来对运动员进行家谱、家族特征调查内容主要有以下几方面。

①了解初选对象家系的形态特征

了解初选对象的父母、祖父母、外祖父母、兄弟姐妹的身高、体重、体型、身体健康水平,以及是否患急、慢性疾病等情况。

②了解初选对象家系的运动能力与兴趣爱好

主要包括初选对象父母、祖父母、外祖父母、兄弟姐妹的劳动能力等,特别是对体育世家和运动员的后代,看能否再现亲代的运动特征或超越亲代的运动能力。

③调查初选对象的出生情况

A. 初选对象出生时是否顺产、难产还是早产,难产由于出生时的困难易导致窒息缺氧,会在心血管系统中留下隐患,而早产儿容易出现体质弱的现象。

B. 初选对象孕育期母亲的健康水平也会直接对后代健康产生影响。

C. 初选对象出生后的健康状况,有无各类急、慢性疾病。出生时的身高、体重是多少;出生第几个月开始出现乳牙;几岁开始换牙;了解乳牙和换牙时间出现的早晚与今后的骨龄进行对照,判断未来生长发育状况。

D. 初选对象父母亲从事职业及经济条件。因为经济条件较好的家庭可为入选运动员提供一定的物质条件。

下面是运动员家系调查表(表 14-1)和运动员健康状况登记表(表 14-2),以供选材工作人员与教练员参考选用。

表 14-1　运动员家系调查表

姓名　　　　性别　　　　出生　年　月　日　　　　专项

教练员姓名　　　　从事业余训练开始时间

与运动员的家庭关系	父亲	母亲	祖父	祖母	外祖父	外祖母	兄弟	姐妹
身高(厘米)								
体重(千克)								
体型倾向(胖、稍胖、结实、瘦、特瘦)								
性格(内向、外向、中间型)								
怀孕时父母亲的年龄(周岁)			/	/	/	/	/	/
母亲怀孕期间的健康状况	/		/	/	/	/	/	/
父母职业和职务								
父母文化程度								
兴趣爱好(限填体育或文艺)								
母亲月经初潮年龄(周岁)	/		/	/	/	/	/	/
健康状况(是否患过急慢性疾病)								

表 14-2　运动员健康状况登记表

出生情况:第　胎	脊柱生理弯曲:正常　前屈　后屈
顺产　早产　剖腹产　钳产	胸廓形态:正常　鸡胸　桶胸　漏斗胸
出生时的健康状况:	两侧肩、髋是否对称:
出生时身高　厘米;体重　千克	肘关节有否过伸(伸直程度):
第　个月开始出现乳牙:	下肢是否呈 X 型腿或 O 型腿:
(　)岁开始换牙:	膝关节有否过伸(伸直程度):
有否患过急、慢性疾病或传染病:	足弓扁平情况:
备注: 说明:	

填表人:　填表日期:

(5)初选阶段体格检查

在初选阶段时,体格检查的主要内容包括:检查身体形态、心血管系统和呼吸系统的功能、肝功能、血常规、尿常规等有关指标和个人病史等。

初选阶段体格检查的目的在于了解选材对象的一般健康情况和发育水平,以及有无影响运动能力和技术发展的疾病和缺陷。检查内容主要包括以下几方面。

①呼吸系统

A. 胸、肺透视,排除胸、肺部疾病。

B. 听诊,呼吸次数(每分钟),肺部有否湿罗音或哮鸣音。

C. 肝功能检查,排除肝脏疾病。

D. 血液常规检查:红细胞、白细胞计数,血色素指标检查。

E. 尿常规检查:是否有血尿和尿蛋白。

F. 五官科检查:视力、色盲、听力。

②心血管系统

A. 心率是否正常,有无心律失常现象,可借助听诊器、心电图检查。

B. 心音有无收缩期或舒张期杂音,判断是否属于生理或病理性,可进一步用超声心动图来鉴别。

C. 血压是否处于正常值范围。一般收缩压在(90＋年龄数)毫米汞柱以下,舒张压不得高于90毫米汞柱。

上述属于健康常规检查,作为初选运动员的健康依据。体检资料应该归档保存。

(6)初选阶段综合指标评价

选材指标测试后数据是十分重要的信息。选材人员应该认真、仔细地做好数据的整理、输入和统计,并将做出的评价分析信息及时地反馈给教练员和上级业务训练主管部门。

①数据管理

A. 测试后,选材人员应及时收回原始测试表。按照各运动队的运动项目归类。

B. 输入数据前必须对原始表上数据进行检查,核准与剔除原测试表中有漏、有疑、有误的数据,及时补测、校对并填上。特别是初选队员神经类型的测定以后不再重测,所以选材人员应提前将该运动员的神经类型评价结果填好。

C. 将骨龄或用第二性征推导的发育程度填写在骨龄栏目中,以作评价的依据。

D. 统一选材指标的测试单位。

E. 输入数据进行统计。录入时要求两人,一个负责读取数据,一个负责输入,保存前要校对一遍。

②指标评价

A. 发育程度指标评价

按照骨龄或用第二性征推导的发育程度与运动员实际生活年龄作比较,评价出正常、早熟还是晚熟。对照其形态、功能、素质等的评价。

B. 单项指标评价

根据运动员的性别、发育程度和各项指标的测试值(派生指数)、求出相应同龄人的标准值,即可得到该指标所达到的等级和分数。

通过单项指标的评价,可以分析该运动员的优势和弱势。选材人员应把这些信息及时反馈给教练员,使教练员在制定训练计划时作参考。

C. 综合指标评价

综合评价是指根据该运动员形态、功能、专项、素质等各大类选材指标所测得的数据进行一个总的评价。

2. 初级选材的复选阶段

初选结束后便进入到了复选阶段。在复选阶段中,其主要的测试内容与初选阶段基本一致,不同的地方在于测试的内容更加具体和细致。

复选阶段主要任务是通过一些测试方法和基础训练,重点观察和了解初选对象身体形态、生理功能、身体素质、心理水平、身体发育等情况变化,以及在运动训练中学习掌握运动技术的能力,从而初步确定可以进行系统训练的运动人才,把具有运动潜力和发展前途的运动员挑选出来。复选阶段具体内容主要有以下几方面。

(1)健康检查

所选对象有某种严重影响运动能力的疾病时必须淘汰。如乙型肝炎,对表面抗原阳性的人也要淘汰,以免造成事故。其余内容还包括血压、血红蛋白、视力、传染病、沙眼、鼻病、牙齿、扁桃体、心脏、肺、肝、脾、肠胃、胸透、辨色力、运动器官严重伤病以及所选对象的受伤史、疾病史、遗传病史等情况。

(2)身体形态

在复选中需要对身体形态进行定期测试,测试内容与初选时基本相同。

(3)身体素质

身体素质的测试也要定期进行。除对一般身体素质进行测试外,还应根据运动项目的特点安排一些专项身体素质测试。需要增加比初选不同、难度大一些的内容。

(4)生理功能

根据运动项目和测试条件选定生理测试指标。除初选指标外,还应增加血乳酸、最大吸氧量、血型等生理功能指标。

(5)发育程度

应继续测定骨龄,追踪对象的发育程度。每一年定期进行。

(6)运动技术

运动技术水平应定期进行测试,测试内容根据运动项目的特点进行设计。

(7)智力水平

智力水平主要反映运动员的学习能力、对技战术的理解和接受能力以及独立见解和创新钻研能力等,也是运动员选材过程中应重视的指标。

通过观察所选对象在训练中掌握动作的快慢、好坏,以及在比赛中根据赛场情况随机应变的能力,还可以通过学习成绩来了解所选对象的智力,尽可能对所选对象的智力水平进行全面评价。

(8)心理品质

心理品质是影响运动员技战术水平发挥的重要因素,尤其在高水平的比赛中其作用更大。运动员的反应能力、思维能力、神经类型和意志品质等都是选材的重要指标。

在复选阶段除要进行神经类型、气质、向型测试外,对运动员的心理过程也要测试,如视觉深度、动作反馈、注意分配等。

(9)综合评价

定期对身体形态、身体素质、运动成绩等方面测算上述各方面的增长速度进行测算。其测算公式为:

$$T = \frac{100(TT_2 - TT_1)}{0.5(TT_1 + TT_2)}\%$$

其中,T 为增长速度;TT_1 为原始值;TT_2 为经一年或二年以后的终值。

根据第 1.5～2 年运动成绩的增长速度,对以后 4～4.5 年的运动成绩作出较满意的预测和综合评价。要注意增长速度与发育程度加以对照,有时增长速度快是由于身体发育加速造成的,早熟型的人高增长速度难以持久。

3. 初级选材的终选阶段

初级选材的终选阶段也被称为"定向阶段"。在这个时期,青少年的运动能力获得显著提高,并呈现出很明显的专项特点。

这个时期的主要任务是,组织一些经过精心设计的训练和各种比赛,全面观察运动成绩、身体素质、心理水平、智力水平、成绩稳定性,以及身体形态等因素,对每个运动员的运动能力和发展水平作出准确的预测,最后选定专项。此后将那些预测在选定专项上具有发展前途的运动员留下来继续参加训练,淘汰发展前途较小者。

4. 专业选材阶段

专业选材是初级选材阶段的深化和延续。在这一阶段中要求选材工作者和教练员继续深入研究运动员的运动能力,对运动员的训练水平和发展潜力作出准确的评定,预测其将来的运动成绩,把最终能达到优异成绩的运动员选进专业运动队。

(三)选材的相关注意事项

1. 选择应更倾向于遗传度大的人才

人体的内外在表现是由遗传基因和外部环境共同影响形成的。其中有的人受遗传因素影响更大,有的则被后天外部环境改造的影响更多。因此为了估计遗传和环境对人某种表现所起影响作用的大小可以用百分比来表示,这就是性状的遗传度。

遗传度值的大小表明该性状受遗传因素和后天因素影响比例的多少。在选材中,青少年的年龄越小,层次越低,越不容易分辨受哪种因素影响的程度更大,就越要注意遗传度大可塑性小的性状因素,因为这些优势性状在其发展的"敏感期"内会得到训练环境的诱发和促进,为其运动成绩的提高和达到预定目标打下坚实的基础,是育才工作的高起点,但随年龄和训练时间的增长,可塑性大的因素对其成绩的提高变得越来越重要。并关系到能否达到高目标。所以,对层次较高、训练年限较长的候选者,应逐步向遗传度小、后天影响大的选材指标转移。这样,才符合人体发育的规律,符合运动训练的规律。

2. 根据篮球运动特点选择与之相匹配的人才

篮球运动的发展趋势越发关注球员对于时间和空间的争夺,其中对于空间的争夺还延展到了对高空空间的争夺。这就需要篮球运动员具有一定的身高和弹跳能力才能适应这种趋势,因此,身高与指距—身高为形态选材的重要指标。

除身高指标外,为了能够适应越来越频繁的身体对抗,还需要将去脂体重也作为形态指标加以考察。将身高与体重(去脂体重)按最有比例结合,努力将运动员的身体形态训练得既高大又强壮,既有力又灵活。

在机能选材中采用了心功指数、最大摄氧量和血乳酸三项指标,是针对我国运动员在世界大赛中经受不住快速攻守速度的冲击,在激烈对抗中体能、技术跟不上去的状况,力图从选材、训练双管齐下提高心肺功能和无氧代谢水平,为此,应加强对我国篮球运动员身体机能的研究工作。

神经系统和心理选材目前没有更实际、更准确、更有效的方法来确定某些应达到的准确指标,还只能从现有测试手段和应用理论方面来表达篮球运动对神经系统和心理品质的要求。

对运动素质和专项技术的选材指标,都遵循了训练和比赛的规律,再加上教练员的经验评定,使选材工作做到更加客观和实用。

3. 正确处理简单测试与复杂测试的关系

实际上目前没有一种绝对可靠和准确的方法可以判断一名运动员苗子未来在运动领域的发展前途,现今存在的多种测试方法也只是提高了选材的成功率而已。

在选材测试工作中,根据被测对象的年龄特点和选材指标的特征,能够用简单方法测试的就不要追求复杂,如对心功指数和最大摄氧量的测定都可以在实验室分别采用哈佛台阶试验法与功率自行车来完成,后经试验对比,与用蹲起测验法和 12 分钟跑测得的这两项指标的成绩并没有显著性差异。而后两种方法显然既简便实用,又便于推广。除对心功指数和最大摄氧量的测定外,对于力量测定方法也很多,如 BIODEX 力量测定仪是目前世界上先进的仪器,可以精确地测出人体多环节肌肉向心和离心收缩时的用力情况。但这种测试的不足为测试仪器价格昂贵,一般的基层选材组织无力配置,在此情况下,可以选择效果相当且简便易行的立定跳远和杠铃负重法所得到的数据也能满足初级选材的信息量。所以,从实际出发、以实效为准是处理不同测试方法的准则。

二、青少年篮球运动员的训练

(一)青少年篮球训练的基本特征

青少年篮球运动训练是与青少年的身心发育特点结合起来进行的,因此青少年篮球训练的特点也与青少年的身心发育特点有着一定的关联。青少年篮球心理的基本特征主要表现为以下几点。

(1)青少年抽象思维较差、模仿能力强。因此,篮球训练则表现为多讲解、多示范、多看高水平比赛和优秀篮球运动员的技术录像的训练特征。

(2)青少年灵巧性好、可塑性大。篮球训练则表现为改正不正确观念,随时纠正错误动作的训练特征。

(3)青少年兴趣不稳定,篮球训练则表现为训练方法多样、新颖,富于趣味性和刺激性,多采用竞争性游戏形式的训练特征。

(4)青少年处于骨骼、肌肉发育期,篮球训练则表现为 15～16 岁之前少练或不练专门性力量的训练特征。

(5)青少年处于心血管系统发育期,篮球训练则表现为少练无氧耐力,专门性身体训练不可太多等训练特征。

(6)青少年神经兴奋与抑制转换快速,篮球训练则表现为注意加强发展速度素质的训练特征。

(7)青少年自我评价能力低,篮球训练则表现为多鼓励、少指责,培养自信心等训练特点。

(二)青少年篮球训练的基本原则

根据青少年自身的特点,青少年篮球运动员训练时应注意以下几项原则。

1. 趣味性原则

兴趣是最好的导师。对于青少年篮球运动员来说,要想使他们热衷于参与篮球训练,首先就应让他们对篮球运动本身产生极大的兴趣,只有在兴趣的引导下,青少年才会心向篮球,吸引他们奔向球场。从生理和心理学上来讲,兴趣可诱发机体内驱力,如此才能使得青少年篮球运动员在训练过程中充分调动身体机能,并且养成勤于思考、好动脑筋的良好习惯,发展较好的理解能力和理性思维。

在篮球训练过程中,教练员应不断提高执教艺术,注意营造生动活泼的氛围,善于创造沟通互动的环境,训练的形式应实现多样化,通过安排趣味性游戏、竞争性练习、小型比赛等训练形式,激发青少年篮球运动员的兴趣,增强其自信心,提高篮球技战术能力,从而在篮球文化的熏陶中,体验篮球运动的乐趣,最终实现有提高篮球训练效果的目的。

2. 直观性原则

在青少年篮球训练中,直观性原则也是需要遵循的重要原则,这主要是由青少年阶段思维特点决定的。青少年篮球运动员的神经灵活性高,大脑皮质的兴奋性高于抑制,接受与模仿能力强,因此学习动作较快。对青少年篮球运动员来说,正确的示范、录像等直观教学方法的作用更为突出,相比其他方法更有利于动作技能的学习和掌握。

研究结果表明,人们行为活动不同的记忆中通过听力完成的占 20%,通过视觉完成的占 30%,通过听觉和视觉完成的占 50%,通过自己阐述完成的占 70%,通过亲身体验完成的占 90%。由此可以看出,直观的示范方法可以让青少年篮球运动员进行模仿,这样更有利于他们动作技能的习得。因此,直观性原则对青少年篮球训练的作用不容忽视。

3. 系统性原则

系统性原则,是指在长期的训练过程中应围绕一个总体目标的要求,将各阶段的训练任务、内容、指标等系统衔接起来,并通过长期的训练逐步达到总体目标的要求。篮球运动的技战术能力训练和体能训练均是由易到难,由简到繁,循序渐进地发展和提高的。训练目标和目标任务越清晰可行,目标距离越接近,就更容易提高青少年篮球运动员训练的动力、自信心和成就感。

篮球运动的项目特点决定了青少年篮球运动训练需要坚持系统性训练原则。篮球技术动作多、难度大,需要长时间磨炼才能掌握,全队的战术打法,篮球意识的形成,都是在长期系统训练中获得的。

4. 重复性原则

对于青少年篮球运动员来说,反复的练习有助于其巩固已经建立起来的条件反射,从而逐步形成正确的动力定型。

重复性训练往往是通过多组的间歇训练,多回合、多重复、快转换的小型比赛,加大技术在对抗、移动条件下的重复,对身体产生多点的复合刺激,这种刺激能有效加强神经肌肉的联系,强化训练痕迹的效应,提高神经对肌肉的控制力,促进肌肉本位感觉更加精细,更能符合比赛的需要。

重复性训练无论是对于初学篮球运动员还是优秀的篮球运动员来说,均有着十分重要的作用。对初学篮球的青少年运动员来说,重复训练可以先完成简单的任务;而对于优秀球员来说,重复训练却可以解决复杂的比赛问题。这种能力的升华,就是重复性训练强化的结果。重复性练习的依据是运动技能形成规律,机理是机体的应激性适应。训练是一个循序渐进的过程,运动技能由浅入深,由简单到复杂,由量变到质变,靠的就是不断的训练刺激。因此,对于技战术有待提升的青少年篮球运动员来说,重复性训练有着不可替代的重要作用。

5. 细节性原则

细节性原则在青少年篮球运动训练中较为重要。这主要是源于青少年时期对于运动的理解还没有形成完整的概念,如果在此阶段的训练中忽视了细节,那么在青少年的技术动作或战术思想成形后,就难以再改正,如此会影响他们今后在篮球运动中的发展。

在细节性原则的指导下,篮球教练认真制定训练计划,将计划细化为训练的实施细则。训练的细节,要有严格细致地要求,并认真贯彻于训练中去,做到一丝不苟。青少年正值运动能力的敏感期,这一阶段也是打好基础的最佳时期,因此青少年篮球训练必须从细做起,精益求精,打好基础。

在青少年篮球训练过程中,抓细节是为了纠偏正错,防微杜渐,使青少年的身心都能够健康发展,从而达到理想的训练效果。通过抓小抓细,不断修正青少年对篮球认识上的偏颇和意识上的偏差,不断改进训练中的差错,弥补能力上的差距,从而使青少年篮球运动员形成正确的篮球观和良好的篮球习惯,从而为提高训练水平创造良好的条件。

6. 一般训练与专项训练相结合原则

青少年篮球训练要遵循一般训练与专项训练相结合的原则。一般训练目的是增进健康,促进身体形态、机能和身体素质的全面发展;而专项训练是提高专项素质,掌握篮球专项技战术技能和培养战术意识。在训练过程中,必须将两者紧密结合起来,以促进青少年篮球运动员技战术水平的提高。

贯彻一般训练与专项训练相结合的原则,主要应注意以下几点。

(1)根据青少年篮球运动训练特点,在各不同周期中有所侧重,合理安排两者训练的比重。

(2)在青少年篮球训练内容和手段的选择上,不仅要有利于促进队员身体形态、机能素质的全面发展,同时还应有利于篮球运动员掌握专项技术技能。

(3)青少年篮球训练方法应具有多样性、灵活性和实效性特点,并能够体现以练为主、以赛促练的训练指导思想。

7. 运动负荷合理性原则

训练负荷是体育运动训练的特征,任何没有负荷的训练都不能称之为训练。决定训练负荷的因素很多,如训练时间、动作或套路的重复次数、训练密度、单位时间内的训练强度以及完成动作的质量等。

青少年篮球运动训练不同于成年运动员,这主要是由青少年群体尚处在身体发育期决定的。因此,对于青少年篮球训练就需要选择适宜的运动负荷,而对这种负荷的安排是否合理,也是检验一名篮球教练员训练水平的标准之一。

总的来讲,篮球教练(体育教师)在针对青少年篮球运动训练过程中的负荷安排原则,主要应注意以下几个方面。

(1)在篮球训练中,要按照青少年篮球运动员的训练水平确定适宜的运动负荷,并注意循序渐进。

(2)在青少年篮球训练过程中,应采用大、中、小相结合的负荷周期,合理安排和调控运动量。

(3)训练时应正确处理动作数量与质量、密度与强度、训练与休息的关系。并注意合理安排训练时间。

(三)青少年不同时期篮球训练的阶段划分

保证各个训练阶段的紧密衔接是培养高水平篮球运动员的关键。

根据青少年篮球运动员的训练阶段性特征,并参考相关指导教材,可将我国青少年儿童篮球运动员的训练划分为以下四个阶段:儿童时期(6—10岁);青春前期(10—12岁);青春期(第一阶段12—14岁、第二阶段14—16岁);青春后期(16—18岁),如表14-3所示。

表14-3 青少年不同时期篮球训练阶段的划分

阶段	年龄
儿童阶段	6—10岁
青春前期	10—12岁
青春期	第一阶段12—14岁
	第二阶段14—16岁
青春后期	16—18岁

(四)青少年篮球训练中常用的几种方法

1. 模仿训练法

模仿训练法,是指队员徒手或用球跟随教练员、挂图、电影或录像片的动作而练习的训练方法。

少年儿童的第二信号系统发育不完善,第一信号系统的活动占优势,直观形象思维能力较强,善于模仿,而抽象思维能力较差,对示范等直观形象教学容易接受,通过模仿训练,有利于形成规范的技术动作。模仿训练法最好在儿童、少年初学动作时或纠正错误动作时运用。例如:在学习原地单手肩上投篮技术时,可首先让队员徒手模仿持球动作;其次让队员徒手模仿举球动作,即把球由胸前举至肩上;再次让队员徒手模仿伸臂、翻腕和拨指动作;最后练习完整的投篮动作。

2. 纯化训练法

纯化训练法,是指在运动员学习过程中,教练员使他们将注意力集中在身体各环节的用力顺序、大小和姿势上,而不过多考虑准确性和动作完成质量的训练方法。

少年儿童正处于生长发育期,肌肉水分较多,蛋白质和无机盐较少,肌肉较柔软,横断面积较小,肌纤维较细,肌肉力量小,大脑皮层的抑制过程虽得到发展,但由于分化能力不强,肌肉运动感觉不够精细,协调性不强,注意的范围不大,注意的分配能力差,所以对掌握复杂精细的技术动作比较困难。而篮球技术动作比较复杂,对技术动作的准确性要求也高。让少年儿童在完成技术动作的同时还要有很好的准确性,这很难达到,很容易出现为了准确性而使动作变形的错误。所以在训练时可让运动员先进行单纯的动作练习,培养他们完成动作时的动作感觉,不强调动作的准确性,等技术动作基本定型以后再进行目标的完整动作练习。例如:学习原地单手肩上投篮时,不要直接就对篮练习投篮,而是让儿童、少年运动员在无篮的情况下做模仿投篮练习,按投篮动作的顺序做双脚蹬地、伸膝、展体、伸臂、扣腕、拨球动作,将球投向前上方,而不强调准确性,排除其他干扰,将注意力集中在投篮时身体各环节的用力顺序、大小和动作基本正确性上。

3. 诱导训练法

诱导训练法,是指以某种条件为诱因对运动员的动作进行限制,以帮助运动员形成正确的动作定型的训练方法。

儿童神经活动过程不稳定,抑制过程占优势,兴奋和抑制过程在大脑皮层很容易扩散,神经活动的强度和集中都较弱,因此活泼好动,注意力不易集中,做动作时不协调、不准确,容易出现多余动作,建立条件反射快,消退快,重新恢复也快。通过设立一定的诱因可以减少或防止运动员出现错误动作,使运动员形成正确的动作概念。例如:在进行侧滑步练习时,儿童、少年运动员易出现在滑步过程中重心升高和两脚并步的错误动作,这时教练员可以让队员在一定高度的网下面并且两脚之间夹一定宽度的木板(木板可以用绳子系住两端挂在队员脖子上)进行滑步练习,迫使运动员的重心保持在一定高度上,而不出现重心升高的动作,并使两脚间在滑步时保持一定宽度,避免出现并步的错误动作。

4. 游戏和比赛训练法

游戏和比赛训练法,是指以游戏和比赛的方式进行训练的方法。游戏和比赛这两种方式联系密切,许多运动项目的正式比赛,都是由最初的游戏方式发展而来的。这里所指的比赛,不仅是那些有严格规则限制的正式比赛,而且包括一些简化或附加了某些规则的,或改变了原有场地条件的非正式比赛。例如:为提高队员在比赛中传接球意识和能力,可规定在比赛训练时进攻队员只能传球而不能运球,若运球则属于违例,从而达到训练目的。

游戏和比赛训练法最显著的特点就是具有兴趣性和竞争性,对提高运动员练习的积极性和进取精神起很大作用,而且游戏和比赛一般都是在不断变化的环境中进行的,除了规则规定的条件外,运动员还可以发挥自己的主动性和创造性,以适应不断变化的环境,这对于培养运动员的独立思考和判断能力都有积极的作用。

(五)青少年不同时期篮球训练的指导

1. 儿童阶段(6—10岁)

对于处在6—10岁的儿童篮球运动员来说,篮球运动有着很大的吸引力,他们对篮球运动有着浓厚的兴趣且注意力也相对集中,他们喜欢运动和打球,具有一定的创造性,教练员应该善于发现他们的兴趣所在,并不固定使用某些篮球的训练模式。

6—10 岁的儿童篮球训练应采用简单的、小规模的比赛方式进行,必须让儿童篮球运动初学者清楚大型比赛的复杂性。在这些小型比赛中,应将比赛的要求降到最低,同时让儿童篮球运动员明白进行比赛的目的就是要战胜对方。

在篮球比赛过程中,教练员不应给他们过多的纠正和指导,这有利于形成个人特点。训练过程中教练员必须允许儿童篮球运动员在没有指导的情况下进行尝试和适当犯一些错误。

2. 青春前期(10—12 岁)

对处于 10—12 岁的青少年来说,青春前期是篮球运动员掌握与发展技术的最佳年龄段。此时他们表现出适合的身体条件,在各个方面的发展都很均衡,可以学习不同的内容,应教会他们灵敏地运球并灵活运用各种篮球技术。应教育他们尊重别人,有时间观念并树立目标,青春期阶段是很多素质发展的敏感期,教练员必须抓住这一敏感期对他们进行系统的培训。

3. 青春期(12—16 岁)

对处于 12—16 岁的青少年篮球运动员来说,这一阶段也是身体进入快速发展的时期,篮球运动员的实际年龄和生理年龄之间会存在着极大的差别,并且在行为品质和篮球专项能力方面也存在相似的差别,表现出明显的个体差异。在这一年龄段,特别是在第一阶段内,青少年篮球运动员表现出运动神经系统不稳定与身高增长迅速的特征,肌肉协调能力也会受到很大的影响,反应速度和平衡能力下降。因此教练员应该采取相应的措施予以调控和弥补。青少年篮球运动员的心理在这一阶段,尤其是到第二阶段有着很大的起伏变化,因此要求教练员采取相应的改进措施,以保持和加强他们对篮球训练的兴趣。

4. 青春后期(16—18 岁)

处于 16—18 岁青春后期的篮球运动员,其生理和心理等各方面已趋于稳定。为了提高篮球训练水平,需要在青春前期训练的基础上适当增加训练负荷,以确保青少年篮球运动员能够适应成人的比赛。此年龄阶段的青少年篮球运动员需要一个富有挑战性、强大的运动环境来保证他们篮球运动能力得到进一步提高,也只有在更高要求的竞争环境中才能使其篮球技战术水平达到完美,因此要做到比赛和训练的有效结合。此时对篮球比赛的设计更要考虑训练负荷的要求,以使他们在身体、智力以及心理等各方面适应篮球比赛的需要。此外,在青少年篮球训练中还应建立一个竞争激烈的训练气氛,并适当增加比赛密度,以促使青少年篮球运动员运动能力的提高。

第十五章　篮球运动队伍的管理

第一节　体育管理的一般知识

一、体育管理的基本原理

体育管理的基本原理有很多,主要有系统原理、人本原理、动态原理、效益原理、责任原理和竞争原理,这些原理各不相同,对事物的反映也不同,如系统原理主要反映现代管理对象;人本原理反映现代管理核心;动态原理反映现代管理过程;效益原理反映现代管理目的;责任原理反映现代管理权责关系;竞争原理反映现代管理环境。

(一)系统原理

1. 系统原理的概念

现代管理的系统原理是运用系统理论对管理对象进行细致的系统分析,以实现现代科学管理的优化目标。我们知道任何管理对象都是一个特定的系统,管理系统的各要素不是孤立的、静止的,而是根据整体目标的要求,按一定的结构动态地组合在一起的,这是现代管理系统原理的理论基础。

系统理论中的整体效应观点是系统原理的理论依据。该观点认为:因为系统的诸要素经过合理的排列组合后,构成新的有机整体,具有其要素在孤立状态中所没有的新质(即新的功能、特性、行为等),产生了放大的功能,也就是产生了"1+1＞2"的效果。所以系统的整体功能之和可以大于各要素在孤立状态之和。至于所说的放大功能,功能的放大程度与系统的规模成正比,即系统的规模越大,结构越复杂,放大的功能就可能越大。而科学的管理则是功能能否放大的决定因素。

掌握系统原理,必须首先把握系统的基本特征,系统有目的性、层次性、整体性三个基本特征。

(1)目的性。任何管理系统都是一个目的系统并且一个系统只有一个目的。为了不导致管理的混乱,每个系统都要有自己明确的目的。要以系统的目的和功能为依据设置各子系统,建立其结构,各子系统的目的由系统的目的分解而来。

(2)层次性。凡是系统都有结构,而结构都有层次性。系统的层次性,要求管理必须分层次进行,建立层层管理、层层负责、各司其职、各负其责的管理秩序。从社会管理系统来说,可以划分为宏观管理、中观管理和微观管理三个不同的层次；从一个部门、一个单位的管理来说，可以划分为决策层的管理、管理层的管理和执行层的管理。各系统的层次之间有着密切的相互关系。

（3）整体性。整体性是系统的最基本的特征之一。从某种意义上讲，一般系统是关于整体的一般科学。整体性主要是对整体与局部、整体效应与个体效能的关系的揭示，要素与系统具有十分紧密、不可分割的关系，整体功能要大于部分功能之和。只有以一定的要素功能做基础，系统的整体功能才得以建立，没有要素的功能，就没有整体功能；但是，如果要素功能不协调，整体效应也就不能取得。因此，我们认识和运用系统原理的精髓就是把握系统的整体，着眼于整体效应。

2. 系统管理的应用

根据对系统原理的认识和理解，可以引申出符合该原理思想的管理原则，即整分合原则、优化组合原则和相对封闭原则。

（1）整分合原则

管理的功效要提高，必须充分细致的了解如何完成整体工作。以此为基础，再将整体分解为一个个基本要素，进行明确分工，使每项工作规范化，建立责任制，然后进行科学的组织综合。整分合的主要含义就是整体把握、科学分解、组织综合。进行"整—分—合"分析以下几点应该注意。

第一，树立整体观点。整体观点是大前提，扩大整体效应，实现整体目标是最终目的。

第二，抓住分解这一关键。规范要科学、明确，必须分解正确，分工合理。不善于分解，就不会合理分工，关键也就无法抓住，只能眉毛胡子一把抓，也就难以成功。

第三，分工与协作相结合。马克思曾经说过："由协作和分工产生的生产力，不费资本分文，这是社会劳动的自然力。"可见，强有力的组织管理是非常重要的，分工加上科学的组织管理，可以使各环节同步协调，有计划按比例地综合平衡，既分工又协作才能提高功效。

第四，明确分解的对象。我们所说的分解，不是对管理功能的分解，而是围绕目标对管理工作进行的分解。管理功能要求人、财、物等要素统一，肢解其中任何一个要素，管理都无法进行下去。

（2）优化组合原则

系统目标的实现，整体效应的提高，需要系统中分工与分级的科学，因此分工不能随心所欲，分级也不能没有标准，各级更不能任意组合。也就是说，必须做到系统的优化组合。优化组合，包括以下几方面。

第一，目标优化组合。实行目标管理的单位，制定科学的总目标时要发动群众，民主制定，然后以优化组合原则为根据，把总目标层层分解到下属组织或个人，使各自长处得以发挥，组成优化的目标体系。在实现目标中，为保证总体目标的完成，要注意各个分目标之间互相促进，互相协调。

第二，组织优化组合。管理跨度，是指一个上级能直接有效地领导下属人数的限度，这是优化组合必须贯彻的一个原则。管理者的素质、能力、精力、知识及管理对象的状况和分布距离等限制着管理跨度，管理跨度对组织的管理层次、人员数量起着决定作用，对组织结构的横向划分、纵向联系产生影响。一般说来，在一个管理三角形中，越是上层领导，直接管理的人就越少，越是往下，直接管理的人就越多，形成宝塔状的梯级结构。

第三，人才优化组合。现代管理者认为，传统管理的领导者中有着一些比较片面的观点，如不少人认为人才越多越好，人才素质越高越好。其实，在一个人才集体中，高、中、低人才的合理搭配和组合以及各种特长的人才的互相配合都要有，只有人之长，才能发挥人才组合的整体效应。要知道，用人要精，要充分发挥其潜能，人多并不好办事，一条十分重要的管理原则就是"不用多余的人"。

第四，环境优化组合。作为一种活动，管理由管理者、被管理者和管理环境三个要素组成，因此不容忽视的一点是环境的优化组合。何为环境优化组合，就是要将组织的外部条件（自然的、社会的、生态的）科学合理地组合起来，使管理工作在良好的环境中进行。

（3）相对封闭原则

相对封闭原则就是指任何一个系统内的管理手段必须形成一个由连续的相对封闭的回路构成的完整的管理系统，进而形成有效的管理运动。

管理系统主要存在以下两个方面的关系。

第一，管理系统与外部相关系统之间的关系。由于管理对象这一系统处在更大的系统之中，必然与外界相关系统发生输入与输出的关系，处于一种开放性状态。对于解决这些外部关系主要是"经营"的任务，属于"领导"的范畴。

第二，本系统内部各要素之间的关系。系统内部形成有效的管理运动，必须使系统内的管理手段、措施构成一个连续的封闭回路。就像电线一定要形成回路电子才能得以运动而产生电流一样，不封闭的管理，即使某个环节管理得再好，也不能形成管理系统内的正常运转，无法获得系统整体的效应。系统内部关系的解决主要是"管理"的任务。

（二）人本原理

1. 人本原理的概念

人本原理，就是要在管理中做到以人为根本。在管理系统中，不断地满足人们的物质需要和精神需要，实现人的全面发展是管理的最终目的，人不仅是管理的主体，同时也是管理客体中最主要的因素，各项管理措施和管理手段的运用，首先是作用于人，再通过人来发挥其能动作用，最终协调与其他管理要素的关系。人本原理就是对一切管理活动均应以调动人的积极性，做好人的工作为根本的规律的概括。

2. 人本原理的应用

在人本原理实践中，人本管理原理所要研究和解决的问题是如何体现以人为本的思想，使人性得到最完善的发展。在由其引申出来的主要管理原则的运用使人本原理的应用得到体现。人本原理的应用主要掌握以下几个基本原则。

（1）行为原则

人们表现出来的各种动作就是行为，它是人们思想、感情、动机、思维能力等因素的综合反映。其中意识是人们的内在行为，动作是人们的外在行为。人的动机支配支配着行为人的行为，而人的需要决定着人的动机。了解人的需要与动机，根据人的行为规律来进行管理就是行为原则的要求。行为原则的贯彻，必须对人的心理反应有所了解，使人的动机得到激发、心理适应性得到提高，进而扩大人的心理容量。

（2）能级对应原则

"能级"是一个现代物理学中的概念，能是做功的量。在现代管理中，机构、法和人也都有一个能量问题，能量大小就可以分级，低能级办低能级的事，高能级办高能级的事，做到能级对应，这就是能级对应原则。贯彻能级对应原则，对人的能级对应要尤为注意。人的能力有大小之分，安排工作时要以人的能力水平为根据，才能适得其所，各尽其能。

（3）动力原则

要推动管理活动的进行，必须要有动力，这是管理与物质运动相同的一面，这也就是所说的管理的动力原则。动力原则的贯彻要注意三种动力的掌握，分别为物质动力、精神动力和信息动力；这三种动力，各有特点，因此要综合运用。

①动力的种类

物质动力。就是以适量的物质刺激来调动人的积极性。物质动力是最基本的动力，因为物质基础决定上层建筑，也决定着人们的行为、意识。物质动力包括工资、奖金、福利等。把工作成果与物质利益有机结合起来，按劳分配，是有效地发挥物质动力的正确途径。但是应当看到的是，物质动力不是万能的，使用不当也会产生副作用，因此，物质动力应与其他动力结合使用。

精神动力。指用精神的力量来激发人的积极性。每个人都有一定的精神支柱，受一定思想、信仰的支配。因此，一个人的行为受到其精神状况的影响很大。精神动力包括诸如建立远大的理想、宗教信仰、爱国主义、受到尊重、组织关心等，在一定程度上可以弥补物质动力的不足。

信息动力。通过信息的交流而产生的动力。知识性动力、激发性动力和反馈性动力是信息动力包括的主要内容。知识性动力是最基本的动力。掌握知识越多，越有利于管理工作。激发性动力是最重要的动力，如通过体育比赛来了解运动项目的发展动向，比赛对手的训练和技、战术水平，以此来调整自己的训练和比赛方案。运动训练管理的各项工作，也要通过信息交流，不断激发工作的积极性。反馈性动力能使我们随时了解与管理目标的差距，不断地加强控制，以实现管理的目标。

②各种动力综合运用时的要求

第一，要掌握适宜的动力"刺激量"。要以能调动人们的积极性作为制定刺激量的标准：刺激量过小，起不到作用；刺激量过大，则没有必要，对以后的管理工作也不利；还不如不刺激。一般来说，随着管理环境和管理对象的变化，刺激量也要变化，以不断地调动人们的积极性。

第二，要正确认识和处理个体动力与集体动力之间的关系。在一定程度上，个体动力与集体动力是对立的，个体动力得到最大发展，往往就会损害集体动力；集体动力得到最大发展，就会抑制个体动力。让个体动力与集体动力在方向基本一致的前提下，得到充分发展，以求获得较大的集体动力是较为理想的效果。

第三，三种动力要综合、协调运用。对任何管理系统来说，三种动力都同时存在，但其比重有所差异。在具体运用过程中，可根据实际情况，有所侧重，即以某种动力为主，结合运用其他动力，优势互补，扬长避短。

（三）动态原理

1. 动态原理的概念

动态原理是指在管理活动中，注意把握管理对象的变化情况，不断调节各个环节，以实现整体目标的规律的概括。计划、组织、控制、协调等各个环节必须不断变化,因为人、财、物、时间、信息等管理对象处于不断变化、发展的过程之中,只有动态地适应管理对象的变化,管理目标的实现才能得到保证。

2. 动态原理的应用

(1)运用反馈对管理过程进行有效的抑制

系统把信息输送出去,又将其作用结果反送回来,并对信息的再输出起到调节控制的作用,这就是反馈。反馈控制原则就是通过信息的反馈,对未来行为进行控制,使行为不断逼近管理目标的过程。只有通过不断的反馈,管理才能促成管理目标的实现。

应用反馈方法进行控制,一般会导致两种结果的产生,即正反馈与负反馈。正反馈指的是应用反馈方法进行控制使系统的输入对输出的影响增大,造成系统偏离目标的运动加剧,导致系统振荡的反馈;负反馈指的是是系统的输入对输出的影响减少,使系统偏离目标的运动收敛,导致系统趋于稳定状态的反馈。从运动训练管理实践来看,负反馈的运用较多。

反馈是控制的前提,控制是实现管理目标的有效手段,两者是密不可分的。反馈与控制,又都离不开信息。信息是控制的基础,一切信息的传递其目的都是为了控制。运用反馈来达到有效的控制,反馈的灵敏、正确和有力是关键。

(2)在管理过程中要保持一定的弹性

管理过程中要留有余地,保持一定的弹性,这是因为管理环境具有不确定性,只有这样才能适应客观事物各种可能的变化,这就是所谓的弹性原则。弹性与原则性是相对的,在管理中如果弹性较大,就会具有较强的适应能力,适应环境的速度就会较快,但其原则性相应地就较差;如果弹性较小,适应能力相对较弱,其原则性就较强。因此,弹性的大小没有一个绝对的标准,要以不同的管理层次要求、不同的管理对象和不同的管理目标为主要根据确定。弹性有局部弹性和整体弹性之分,两者都要注意,在管理工作中采取遇事"多一手"的积极弹性,避免遇事"留一手"的消极弹性。

(四)效益原理

1. 效益原理的概念

创造最佳的社会经济效益是现代管理的根本目的,而任何管理都要以取得效益为目标是效益原理的实质所在。因此,为创造最大的社会经济效益,管理的各个环节、各项工作,都要紧紧围绕提高社会经济效益这个中心,科学地、节省地、有效地使用有限的人力、财力、物力、智力和时间信息等资源,这也就是效益原理的含义。这一原理贯穿于管理的全过程,比如,运动训练管理的目的是提高优秀运动员的利用率和训练成功率,以期用尽可能少的经费投入和物质消耗培养出更多的优秀运动员。

2. 效益原理的应用

(1)效益的评价

效益的评价没有一个绝对的标准,可以由不同的主体、从不同的角度去进行。不同的评价标准和方法,得出的结论也会不同,甚至相反。有效的管理首先要求对效益的评价尽可能公正和客观,因为组织对效益的追求受到评价结果的直接影响。一般来说,首长评价可能不够细致和具体,但有一定的权威性,全局性掌握得较好,其结果对组织的影响也较大;群众评价可能要花费较多的时间和费用,才能获得结果,但一般比较公正;专家评价可能只注重直接效益而忽视间接效益,但一般比较细致,技术性较强。显然,由于不同的评价都有它自身的长处和不足,为了获得客观公正的评价结果,应该进行综合运用。

(2)效益的追求

管理就是对效益的不断追求,因此,效益是管理的根本目的。这种追求是有规律可循的,实践中应注意以下要求。

①在实际工作中,管理效益的直接形态是通过经济效益而得到表现的。

②管理效益受到很多因素影响,其中主题管理思想正确与否,具有相当重要的作用。

③追求局部效益必须与追求全局效益协调一致。

④应该追求长期稳定的高效益管理。

⑤提高效益,确定管理效益观的核心。

(五)责任原理

1. 责任原理的概念

为了实现组织目标、挖掘人的潜能,应在合理分工的基础上明确规定各个部门及个人必须完成的工作任务和必须承担的与此相适应的责任,这就是责任原理。责任制在运动训练管理中已得到广泛的应用,如目标责任制、风险金等。它的制定就是以遵循责任原理为基础的。

2. 责任原理的应用

(1)每个部门和每个人的职责要明确

确定职责要以分工为基础,只有分工明确,职责划分才能明确。如作为系统工程的运动训练管理,任务重,头绪多,工作杂,必须进行明确分工。没有分工,工作无法开展;分工不明,工作必然混乱。但是,分工与职责并不等同。分工只是对工作范围作了形式上的划分,还不能完全地体现工作的数量、质量、完成的时间、效益等要求。职责是在分工的基础上,在数量、质量、时间、效益等方面有严格的行为规范。

(2)职位设计和权限委授要合理

"管理的基本原则是一定的人对所管的一定的工作完全负责",从列宁的话中可以得出责任原理的重要性,但是怎样才能做到完全负责,这是由权限、利益、能力等因素决定的。职责在明确以后,就要授予相应的权力,即一定的人权、物权、财权,否则已承担的职责便难以完成。对工作完全负责,仅合理委授权限是不够的,还让其必须承担风险。同时,在职位设计和权限委授的过程中,还要注意每个人承担的职责要与其能力相对应,才能做到人尽其责、物尽其用。

(3)奖惩要分明、公正、及时

要引导每个人的行为朝积极的方向,就要引入奖惩机制,即要奖优惩劣,不能好坏一个样;奖惩的公开、公正、及时非常重要,要受到特别重视,否则奖惩就失去了其本身的作用和意义。

(4)建立完善的责任制进行规范管理

为保证责任原理能够有效应用,管理制度体系的建立非常必要,这就要求建立相应的岗位责任制、考绩制、奖惩制,所组成的制度体系要环环相扣、相互配合。

（六）竞争原理

1. 竞争原理的概念

优胜劣汰是事物发展的一般规律。体育运动的突出特征就包括竞争,在体育运动管理中竞争无处不在。有竞争就有压力,有压力就要奋斗,就要拼搏。实践证明,竞争可以激发工作热情,激发人的进取精神;竞争可以挖掘人的潜能,使其创造性地工作,去克服各式各样的困难;竞争可以促进内部团结,增强团队的凝聚力;竞争可以使组织集体充满生机和活力。个人与个人之间,团体与团体之间、国家与国家之间,为了各自的目标和利益,相互竞争,以求取胜的理论就是竞争原理。

2. 应用竞争原理应注意的问题

（1）竞争的目的旨在增进交流、互相提高

增进参与人员之间的友谊、团结与合作,并培养其团队精神是任何体育竞争行为的共同目的。竞争原理对竞争过程中的互相交流和互相提高非常重视。

（2）竞争的标准、条件要一致

竞争条件一致性的保证,为同级别的运动员提供竞争标准要一致,这不仅能够使运动训练评价体系的公正性得到保证,而且也可以使运动训练系统的一致目标得以实现,促进运动训练的进一步发展。

（3）评价或制裁要公平、公正

检查、评价运动员的成绩与效率的管理制度就是评价或制裁制度,因此,应采用定性和定量相结合的方法进行评价或制裁,尽量采用定量,标准要做到公平、公正、合理、实际。

（4）防止投机取巧、不正之风

在体育管理的各个环节中,要按章办事、依法办事,做到既不姑息又不失准,保证其公信度。例如在运动赛事管理环节上,要提高对大型综合赛事的驾驭能力,确保比赛不出问题,使运动员的辛苦训练能得到一个公正的回报,使各个参赛队和观众在比赛结束后能够对比赛结果心悦诚服。

二、体育管理的一般方法

体育管理的方法有很多,包括基本方法和现代管理方法。其中基本方法包括行政方法、法律方法、经济方法、宣传教育方法,而现代管理方法主要指管理心理学方法、数量分析方法和信息系统管理方法。

（一）基本方法

1. 行政方法

体育管理的行政方法是指在进行管理活动时,依靠各级管理机构和领导者的权力,运用行政手段,按照行政系统规范。行政管理系统对其各子系统进行调节与控制主要采用命令、指示、规定、指令性计划和职责条例等行政手段。由于它是由上级发布命令,下级则要对上级服从,上下级之间有着非常清晰的关系。这就要求在运用行政方法上,上级对下级所下达的命令、指令或指令性计划等,一定要与本部门的实际和管理活动的规律相符合;更要求上级领导者,除了要有责有权外,还必须具有较好的领导素质,即有较高的理论政策水平和较强的组织管理能力。否则,管理的质量就会降低,管理的功效和目标的实现也会受到影响。

在体育管理中,行政方法主要有四个特点。

(1)权威性

运用行政方法进行管理,权威起着主要作用。因为管理者的权威决定着行政方法是否有效,决定着所发出指令的接受率以及上下级之间的沟通。因此,有效运用行政方法的基本条件之一就是使各级运动训练的管理机构不断地得到完善和健全,使职、资、权、利的有机统一得到强化,努力提高各级管理组织和管理者的权威性。

(2)强制性

行政方法对管理对象进行指挥和控制是通过各种行政指令来实现的。上级组织行使权力就是以这些指令为标志,下级必须贯彻执行。因而行政方法就必然具有鲜明的强制性。这种强制是"非执行不可"的意思,而不是官僚主义的强迫命令。它对人们的要求是在思想上和行动上服从统一意志,对原则上的高度统一重点强调。一般只对特定的下级部门或待定的所属对象,行政方法的强制性才会生效。

(3)纵向性

行政方法是通过行政系统对系统进行管理的。行政方法具有纵向性的特点,也称垂直性。行政命令的传达执行通常是通过垂直纵向逐层进行的。而且,下级只服从顶头上司,下一层次只听上一层次的指挥,对横向传来的命令、规定等,基本上可以不予理会。所以,在运用行政方法时,上级对下级的指挥和控制,一般对纵向的自上而下非常强调,而对通过横向传达命令非常反对。然而,在运动训练管理中,一些横向传达指令的情况往往会出现,导致条块矛盾、多头指挥等问题的产生,从而使行政指令失灵或无效。为此,保证管理目标的实现,需要沟通和协调。

(4)针对性

行政方法具有针对性,也称具体性。从行政命令发布的对象到命令的内容都是具体的,这是其具体性的表现。随着对象、目的和时间的变化,行政方法在实施的具体方式、方法上也会变化。因此,它往往只对某一特定时间和对象有用。这就告诉我们,在运用行政方法进行管理活动时,不能把它看成是唯一的方法,而要根据对象、目的和时间的不同而灵活运用。

2. 法律方法

在运动训练管理过程中,运用法律、法令、条例、决议和章程等各种形式的法规来进行管理的方法是运动训练管理的法律方法。强制性、普遍性、规范性和阶段性是运动训练管理的法律方法的几大特征。运动训练管理实行"法治"的重要内容之一就是运用法律方法管理运动训练工作。法律方法在运动训练管理中发挥着重要作用,主要表现在以下几个方面。

(1)正常管理秩序的建立、健全、保持、维护

提高竞技运动训练管理系统的功效,实现管理目标是运动训练管理的目的。而人、财、物、信息等的合理流通是提高管理功效的关键所在。通过法律形式把这种合理流通方式规定下来,通

过法律规范来调节各种关系,从而使正常的管理铁序得以建立,使整个竞技体育管理系统按照法律规范正常有效地运转,一个良性循环的运行机制便形成了。

(2)各种管理关系的规定和调节

国家、集体、个人之间纵向与横向的各种错综复杂的利益关系都是运动训练的内容,可见运动训练所涉及的范围是很广泛的。法规是运动训练管理中各种利益关系按照一定规范进行有效调节的依据,尤其是在不同行政管理系统、不同管理层次关系等方面的规定和调节上,法律方法更具有特殊的制约作用,这种情况下,那种互不买账、互相推诿、互相扯皮的不良现象可以得到有效地管理和消除。

(3)促进竞技体育的发展

对于竞技体育的发展来说,有一定的法规作保证是很有必要的。例如运动员的选拔与培养、运动员退役与安置、运动场馆设施的设计及建筑、体育场馆的管理和使用等,都应给予法律保护。而对如运动训练管理中责、权、利不清,信息不通,人、财、物浪费等那些有碍竞技体育发展的因素,应进行必要的法律制裁等。充分利用法律保护和发挥制裁功能是我国竞技体育事业的发展需要,因而对可促进竞技体育发展的有关法律条文的制定需要加强。

3. 经济方法

以客观经济规律的要求为依据,运用经济手段,对各种不同经济主体利益之间的关系进行调节,以实现管理目标的方法就是经济方法。这里所说的经济手段包括宏观经济手段和微观经济手段,不同的经济手段在不同的领域中发挥各自不同的作用。宏观经济手段主要包括价格、税收、信贷等,微观经济手段主要包括工资、奖金、罚款、经济合同等。

在社会主义市场经济中,经济方法有着巨大的意义,它可以使运动训练管理的效能得到有效地提高,使体育管理中过去那种单纯依靠行政管理的做法得到克服,使运动员、教练员的积极性、创造性和主动性得到调动和激发,使运动训练这一特殊的社会劳动价值得到充分的尊重和体现,从而使管理的活力不断增强。具体来讲,以下几个方面是经济方法作用的主要体现:

(1)有利于提高经济效益

对运动训练管理系统来说,提高经济效益就是要提高运动训练的投资效益。如对初级训练投资的经济效益进行衡量,指标有很多,包括培养和训练运动员的数量、输送运动员的数量、运动员的成材率等。培养和训练优秀运动员的数量、在国际国内重大比赛中获奖牌的数量等项指标都能反映高级训练的投资的经济效益。经济方法运用的正确、适当、科学、合理,各层次运动训练投资的经济效益就可以得到有效地提高。各级训练组织的积极性的调动、训练工作的效率的提高以及人、财、物的统筹安排都受到运动训练管理经济方法运用的直接影响。因此,运动训练管理的社会经济效益要不断提高,必须尽量做到少花钱,多办事,办好事,对那种大手大脚、铺张浪费的不良作风坚决克服。

(2)有利于强化管理职能

"对做出优异成绩的运动员、教练员等,要给予精神奖励和物质奖励,其中有特殊贡献的应予重奖",《1984年中共中央关于进一步发展体育运动的通知》的这一措施使广大运动员、教练员的积极性得到调动,从而推动了我国运动技术水平的迅速提高。这是上级运动训练管理机构通过使用各种经济手段来控制下级训练组织和被管理者的工作及训练情况,将他们的经济利益与必须承担的工作任务、本职责任挂起钩来,区别情况进行赏罚的重要体现,也就是所谓的管理职能强化的表现。经济方法既强化了上级训练管理机构对下级机构和被管理者的指挥、控制等职能，又促使下级机关和被管理者对上级部门指令和管理决策接受率的明显增加，体现了其有利于强化管理职能的作用。

（3）有利于适当分权

经济方法具有经济制约作用，这为给基层单位以相应的经济自主权创造了条件。例如实行费用定额管理、经费包干管理，既有利于对培养运动员的费用消耗和其他各种训练费用消耗的实际情况进行分析和比较，又有利于下级训练部门的自主权的充分发挥，搞活管理，较好的发挥管理的逆向作用。

（4）有利于客观地检查评价管理效果

由于运用经济方法对管理效果的反映是通过具体的经济指标来实现的，所以具有客观性、可比性的特点。为了充分调动下级训练部门和被管理者的积极性，一般来说，经济方法所采用都是公平的、有效的，具有明显的激励效能的各项经济技术指标和效果。此外，运动竞赛中的效益也是将经济收入作为评价效果好坏的依据之一。

4. 宣传教育方法

通过宣传和教育等方式，使人们围绕着共同目标而采取行动的方法就是宣传教育方法。宣传教育方法的客观依据是人们对思想活动的发展规律的正确认识。在运动训练管理系统中，为促进管理目标的实现，各项工作的进行都离不开采用灌输、疏导和对比等教育工作方法，激发行政管理人员、教练员、运动员的工作和训练热情。另一方面，宣传教育方法对其他管理方法的综合运用起着宣传、解释的优化作用。宣传教育方法是非常必要的，各种管理方法所具有的优点和缺点，如何兴利除弊、综合运用，如何适应现代运动训练管理的发展而不断完善等问题，都需要宣传教育方法发挥作用。运用宣传教育法，通过多种形式和途径向人们进行宣传、解释，使之能正确认识、客观对待、灵活运用，管理方法才能发挥它们的作用，提高运动训练管理整体功效。我国运动训练各级管理所应用的各种方法或者所制定的各种法规、方针、政策和规章制度等实施效果的好坏，都同宣传教育方法对其宣传、解释是否有力密切相关，这已得到实践证明。

与其他管理方法相比，宣传教育方法具有以下特点。

（1）先行性

宣传和教育是任何一种管理方法实行，管理决策制定，必须通过的途径。通过宣传教育一方面可以使被管理者对其有充分的了解，同时思考自己如何配合行动；另一方面，在管理过程中实施各项决策之前，通过宣传和教育，还可对人们可能产生的各种反应进行事先预测，通过相应的宣传教育措施的制定予以预防，从而使其正面效应得到强化，使可能产生的不良效应受到抑制。

（2）滞后性

在思想教育中，滞后性这一特点表现的尤为突出。由于人们的认识和思想是对客观事物的反映，所以在事情发生之后或有些苗头的时候，大量的思想教育工作才开展的。滞后性特点要求管理者实事求是地、科学地、正确地分析已经发生的问题，以理服人，这样才能使思想教育真正落到实处，从根本上使人们的动机得到激发。

（3）疏导性

对思想问题采取回避或捂堵的方式是不能奏效的，甚至还会导致矛盾的激化。教育的实效要达到,只有因势利导。因此开展宣传教育,要动之以情、晓之以理,启发人们的自觉性。

(4)灵活性

人的思想是复杂多变的,引起人的思想变化的多种因素又往往交织在一起发生作用。宣传教育工作必须根据不同的时期和不同的管理对象,确定宣传教育的内容和重点、形式和手段,保持灵活性和针对性。这是因为不同的时期和不同的管理对象,其思想基础、性格类型、价值观念和需求等也不同。

此外,表率性、真理性也是宣传教育方法具有的特点。在运动训练管理实践中,管理中的各种问题要及时地解决,必须正确地运用思想教育方法,把握思想教育的特点。思想教育不仅是领队的事,教练员同样负有思想教育的任务,而且思想教育应贯穿于运动训练的全过程。

(二)现代管理方法

现代管理方法属于一个方法体系,它是指在现代管理中所运用的方法的总称。对于现代管理方法,从理论上可以进行各种分类,如管理心理学方法、数量分析方法、信息系统管理方法等,这些现代管理方法已越来越广泛的应用到训练中来。

1. 管理心理学方法

管理心理学是一门科学,它的研究对象是管理活动中人的心理活动规律,其目的为调动人的积极性、开发人的潜能、提高工作效率和管理效率。管理心理学理论的应用,使管理思想活跃、发展,管理方法得到丰富,运动训练的管理得到促进。

(1)管理心理学方法的内容

①调查法。

根据调查的目的,通过问卷、谈话等方式,以获得材料的方法就是调查法,因此又分为问卷法和谈话法。

问卷法是指用明确的词语,叙述问题,编写一套问卷题目并规定评定的方法,问卷法是用文字来表达问题的,这些问题是引起被试者反映的动因,可以收到比较统一的效果,它可以同时施用于很多被试者,时间上比较经济。问卷结束所得的材料是比较简明的文字或符号,便于进行数量统计。但是,其效果常会受到问卷文字的难度或被试者的阅读程度的影响,往往不会有满意的回答,因此掌握一定的技巧在设计问卷时非常重要。

研究者与有关人员面对面交谈,听取意见,观察其态度和表情等就是谈话法,如对运动员的个性或训练态度问题进行研究,就需要向不同类型的运动员调查了解不同类型的材料。运用灵活,能及时发现问题是谈话法的优点,但谈话法运用以彼此信任为基础,调查研究者不能带有主观偏见。

②实验法。

实验法是一种控制一定情境的方法,也就是实验者控制或操纵一种自变量,又称实验变量,然后观察被试者因自变量而产生的因变的情形,利用统计学方法来处理资料,加以分析、归纳,最后得出结论。

实验法可分为实验室实验法和自然实验法。在运动训练管理的研究中,来自组织和团队内外环境及成员间所产生的交互作用等社会因素会对对象的心理活动产生影响,因此用实验室实验法来进行研究的可能性不大。

③量表测试法。

量表测试法是指采用标准化的量表所进行的心理测验,这种方法可以对被试者的有关心理品质,如智力、个性、性向和运动反应等进行测试。心理测验是布置一种刺激的情境,引起被试者反应,然后运用统计学的方法予以量化,求出其结果并对结果加以分析和解释,归纳成为结论。

④经验总结法。

一个人在特定条件下实践的结果就是经验,因此特殊性和局限性是其特点。通过总结个人经验,可以向更广阔的范围推广,如果也取得好的成效,那么从中就可发现具有普遍意义的规律。因此,我们要对运动训练管理过程中管理者、教练员、运动员所积累起来的丰富经验特别重视,但又不能停留在经验总结的水平上,而必须努力把它上升到科学理论水平。

(2)管理心理学方法的运用

①有助于加强以人为中心的管理,调动人的积极性、主动性和创造性。

组织中的人是多种多样的,人有丰富的感情和不同的能力,有独特的个性和不同的需要。运动训练系统中的管理者运动管理心理学方法可以对人的心理进行有效地把握,对处于其中个体的心理特点和组织的报酬体系对其训练效果的重大影响有着清晰地意识,实现对运动员的合理、优化的配置和管理,实现个体、团体的目标,并使个体获得最大的利益和发展。

②有助于知人善任,合理地使用人才。

组织中的每一个人都有不同的气质、能力、性格和兴趣爱好,即有着各自的个性特征。现在的年轻人比较敏感,爱发问,且兴趣和经验感受比较广泛,这与过去的年轻人有很大的不同。因此教练员必须对运动员在人与人之间的关系,以及动机心理学方面的问题比较敏感。教练员必须在赛季对他要进行训练的运动员所具备的各种不同的个性有个预先了解,只有这样才能针对不同的运动员采用合适的方法,发挥方法的作用。教练员在与运动员交往时,也应根据运动员和由这些运动员组成的球队所表现的不同个性和队风的情况,采用不同的形式、手段和教学方法。研究管理心理学个性心理及其测定方法,能帮助运动训练管理者对运动员的性格特点和能力所长进行全面了解,做到以事就人,人适其所,人尽其才,使每个运动员的能力、工作和总体效率都达到最佳水平。

③有助于改善人际关系,增强群体的凝聚力与向心力。

群体是个体活动的舞台,是管理者管理的基本单位。使全队能够齐心协力是一个教练员或训练管理者所面临的最困难的任务。虽然代表球队上场比赛的只有少数队员,但是首先它要有核心,且核心必须是愿意做出自我牺牲、善于合作和艰苦奋斗的队员。在这种合作和自我牺牲精神的指导下,让队员展开一场争当主力的竞争。为了组成一个齐心协力的球队,每个队员要把自己融化在球队这个集体之中。他不仅要甘当替补队员,而且还要把全队的利益放在个人利益之上。同时,在不损害球队利益的前提下,努力提高自己,使自己成为主力队员。即使他的个人目标未能达到,也不应有怨恨情绪的产生。管理心理学对群体心理与行为的研究,能帮助管理者对个体与群体、群体与群体间的互动关系有所认识,协调之间的关系,形成合力。通过高水平的群体或团队的建设,群体活动的效率可以得到有效地提高。

④有助于组织的变革和发展。

任何一个管理系统都需要根据内外部环境的变化而变化,进行变革和创新也是在适当的时候要做的,这说明管理系统不是封闭的,运动训练管理系统同样如此。管理心理学从人本的管理理念出发来对组织结构的形式对组织成员的心理影响、可塑性组织的能力及其设计、高层管理者在组织变革中的有效思考与行为、组织变革的基本模式与对策等进行研究,该研究方法和成果在设计组织、改造组织方面能为管理者提供帮助,促进组织双重目标的实现。

2. 数量分析法

(1)数量分析法的内容

一般来说,数量分析方法是指在一定的理论指导下,运用数学原理、数学公式、数学图形等,通过建立数学模型,并对模型进行计算和求解,从而为管理者提供满意选择的一系列方法、技术的总称。它是以定量分析为主的管理方法。数量分析方法具有丰富的内容和众多相对独立的分支,一般由以下四个基本部分构成。

①理论基础。

数量分析方法的理论主要包括基本理论和方法论两大类,其中基本理论涉及到哲学理论、经济理论和管理理论,而方法论主要包括系统论、信息论、控制论以及现代数学理论。数量分析方法就是以上述诸多理论的有关思想为理论基础,从而对某种方法从什么目的出发,能够解决什么问题,为什么能够解决这样的问题,以及如何解决等基本问题进行回答。

②数学模型。

几乎所有的数量分析方法都有自己不同的数学模型,这是因为数量分析方法对定量分析比较注重,其分析主要借助于数学模型来进行。对于数量分析方法的数学模型来说,它既符合一定数学原理,又能对客观事物间复杂的数量联系有比较准确的反映。

③方法步骤。

所有的数量分析方法,都要有一定的步骤。步骤是对某种方法解决问题所必须遵循的一般程序的体现。违背了这些程序,这种方法的作用就不能发挥,问题也不会很好地得到解决。

④管理手段。

数量分析方法中所运用的现代化的通讯设备和计算工具就是管理手段。如前所述,运用数量分析方法,进行大量而复杂的计算是必要的,只有电子计算机才能胜任这种计算,而必须有现代化的通讯设备和信息获取手段相配套,计算机才能得到运用,否则计算机的作用也不能得到充分发挥。为此,数量分析方法总是与现代化的管理手段相联系的。

(2)数量分析法的应用

数量分析法的应用非常广泛,下面主要讲解一下数量分析法中网络计划方法的运用。

网络计划技术是 20 世纪 50 年代后期发展起来的一种计划方法。图 15-1 是网络计划技术的基本步骤。网络计划技术的基本原理是把一项工作或项目分成各种作业,然后根据作业顺序进行排列,通过网络图对整个工作或项目进行统筹规划和控制,以便用最少的人力、物力、财力资源,用最高的速度完成工作。

网络计划技术之所以能被如此广泛的使用,是因为该方法有如下优点。

第一,该技术能对整个工程的各个项目的时间顺序和相互关系进行清晰的表明,并能明确指出完成任务的关键环节和路线。因此,管理者在制定计划时可以统筹安排,全面考虑,又不失重点。在实施过程中,管理者可以进行重点管理。

第二,可优化工程的时间进度与资源利用。在计划实施过程中,为了节省资源,加快工程进度,管理者可以调动非关键路线上的人力、物力和财力从事关键作业,进行综合平衡。

第三,可对达到目标的可能性进行事先评价。该技术能够指出计划实施过程中可能发生的困难点,以及这些困难点对整个任务产生的影响,有利于应急措施的准备,从而使完不成任务的风险大大减少。

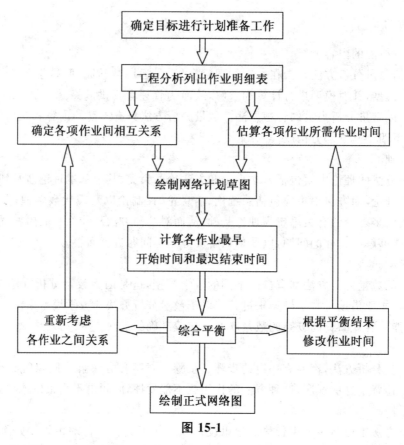

图 15-1

第四,便于组织与控制。管理者可以将工程特别是复杂的大项目,分成许多支持系统来分别组织实施与控制,从而可以达到局部和整体的协调一致。

第五,易于操作,并具有广泛的应用范围,适用于各行各业以及各种任务。由于在网络计划技术中,"条形图"的局限性得到克服,在计划的编制过程中,各项工作之间的逻辑关系可以得到反映,也能够抓住主要矛盾,从而便于对计划进行各种优化,并在计划执行中进行有效的控制与监督,保证人力、物力、财力的合理使用和工作的科学安排,因此它在实践过程中的应用也非常广泛。例如在一些大型的运动比赛过程中,由于参加人员广泛、比赛项目较多,如何合理安排工作,确保在有限的时间内完成比赛,许多人为此进行了不懈的努力。其中在比赛日程安排中,利用网络计划技术,就不失为一种有效的方法。

3. 信息系统管理法

(1)信息系统管理的含义

21 世纪是信息的时代,作为现代科技革命的基础和核心的信息技术,以多媒体计算机技术和网络通信技术为主要标志,已经渗透到社会的各个领域,影响着当代社会的各个方面,对人类社会的发展和进步有着极大的促进作用。

在我国,管理信息系统的概念体系是在 20 世纪 70 年代末 80 年代初期出现的。国内对它的比较一致的看法是:它是一个由人和计算机等组成能进行信息收集、传递、存储、加工、维护和使用的系统。管理信息系统能从全局出发,辅助组织或其他机构进行决策,利用信息,控制机构的行为,并帮助实现其规划目标。

（2）信息管理系统的特征与作用

①信息管理系统的特征

第一,以解决组织所面临的问题为基本目标。管理信息系统指定目标是组织面临的现实问题。它的目标是解决问题,对组织方方面面的信息集中存储、处理、分析作出决策。

第二,以数据库和数据处理技术为基础。现代化的数据存储理念是管理信息系统主要采用的理念,在此基础上优化整合数据,为各个部门访问所需要的数据提供方便,同时在分析处理数据时采用一定的数学方法以获取有用信息;准备和提供同一格式的信息时,简化各种统计工作,降低信息成本至最低;对大量信息进行全面保存,并能很快地查询和统计综合,提供信息支持以便组织进行决策;处理信息时利用数学方法和各种模型,以期预测未来和科学地进行决策。

②信息管理系统的作用

第一,大大减轻组织管理人员的工作强度,节省人力和物力。在手工条件下,分类、登记和计算都是组织人员需要进行的工作,在实现信息化后,计算机可以自动完成计算、分类、存储等工作,而操作人员只须将原始记录输入计算机。不仅大量的重复计算由计算机完成,而且输入数据后所有的数据处理也可由计算机系统完成,人工方式许多中间的处理环节就可以避免,从而大大减轻了工作人员的工作强度。

第二,提高组织管理的工作效率。计算机进行数据的处理,其速度是人工方式的数量级倍数,将使组织经营信息的提供更加及时。组织单位内部网络的建立,使部门之间的工作衔接更加紧密,业务办理速度大大加快。

目前,运动训练信息管理系统已得到广泛的应用,在运动训练的科学化和提高训练水平方面,正在发挥着越来越大的作用。随着社会和时代的发展,一些传统训练思想和训练方法已跟不上时代发展的步伐,迫切地需要现代科学技术的支持,可以看出现代科学技术在运动训练中将会发挥越来越重要的作用。

第二节　篮球运动队管理的基本理论

一、高校篮球运动队管理班子的构成与要求

（一）主教练

高校篮球队需要一个高素质的教师为教练。其应该具备高尚的职业道德,具备高度的政治责任心和敬业精神;要有明确的专业职责,制定球队的训练计划,决定球队的发展方向、球员的选拔和基本打法的战术阵势配合,对队员进行素质教育和各种技、战术的教授,确定比赛策略等;主教练还要有独特的篮球运动眼光和临场指挥艺术,以及良好的个性形象等。

（二）教练组成员

教练组成员主要包括教练员与助理教练员。高校篮球队伍管理工作中,教练员与助理教练员要互敬、互补,形成合理的结构。教练组成员除了要具有基本的职业道德和精良的篮球专业素养外,首先还应具备良好的心理素质。必须有当好助手的思想境界和积极主动的合作精神,要有奉献精神,能付出巨大的、艰苦的、细致的劳动,要能承受压力和风险,做到任劳任怨、乐于奉献。其次还要具有良好的知识素养,了解包括哲学、社会学、心理学在内的多种学科知识。最后还要具有较高的能力素质,包括感知能力、表达能力、组织管理能力、控制协调能力、教育激励能力、决策指挥能力、社会交际能力和创新发展能力等。

（三）领队

领队在高校篮球队员管理中地位很重要,是与主教练密切配合并工作在运动训练第一线的管理者。领队在运动训练管理中的主要职责是协助主教练做好思想政治工作,努力为队伍创造一个良好的工作、学习、生活环境。工作中,领队要妥善处理好与教练的工作关系,要注意尊重和支持主教练的工作。

（四）辅助人员

有条件的学校,其篮球队的组建管理,还需要安排一些辅助人员。这里主要介绍一下两方面的辅助人员。

①随队医生。其主要职责是进行医务监督,负责安排好运动员的营养调理、疲劳消除和运动损伤的康复治疗。

②心理医生或心理咨询人员。很多高水平球队都配备心理医生或心理咨询人员,其主要职责在于排除运动员在训练、比赛和生活中的心理障碍,调节运动员的心理活动强度,提高运动员的心理活动效率。

二、高校篮球运动队管理的目标与原则

（一）篮球队管理的目标

目标是指执行计划前所要求期望达到的较为具体的结果。高校篮球队管理目标是多方面的。其基本目标是增加运动员的群体意识,最终目的是最大限度地发挥球队的集体潜能,使队伍在比赛中获得成绩。

（二）篮球队管理的原则

1.系统管理原则

高校篮球队管理要根据球队性质制定系统的运筹规划,制定形成一个考虑周详的管理模式,这样才能达到管理的优化目标。因而要遵循系统管理原则。该原则具体又主要分两方面:一是整体分合原则。管理必须在整体规划下明确分工,在分工基础上进行有效综合。就高校篮球队而言,合理的分工和有力的协作,能够保证管理活动有序进行。二是相对封闭原则。高校篮球队管理是以竞赛活动为中心的周期性行为。一个管理周期内主教练应运用相对封闭原则,适度地控制运动员训练外的非合理性活动。

2. 控制管理原则

高校篮球队的控制管理表现为在训练比赛中组织、指导和指挥方面。其主要通过两个方面来落实:一是信息统计。运动员的训练和比赛中,要通过借助一些统计表格来获取个人和全队或参赛双方客观的技、战术运用情况,包括投篮、罚球、抢篮板球、抢断球、失误、违例、快攻、助攻、犯规等等。二是教师根据信息统计资料,对运动员的训练和比赛进行有效控制。

3. 动态管理原则

高校篮球队管管理并非是静态的,而是处于动态之中。高校篮球队内运动员的思想、行为状况复杂多变,要求管理者把握管理对象的变化情况,不断调节各个管理环节,以实现整体目标。

动态管理原则具体又分为两方面的原则:一是反馈原则。管理实质是控制,因而必然会存在着反馈问题。反馈要求管理者对各种变化作出应有的反应,因而灵敏、正确、有力的反馈是有效管理的保证。二是弹性原则。篮球队的管理必须保持充分的弹性,以便于及时适应客观事物各种可能的变化,才能有效地实现动态管理。

4. 人本管理原则

人是高校篮球运动队管理的实施者,也承受者,因而篮球队的管理应该把人的因素放在第一位,以调动人的积极性、做好人的工作为根本。

三、高校篮球队管理宗旨与管理内容

(一)篮球运动队的管理宗旨

1. 形成团队精神

篮球运动是集体项目,要求篮球队是一个相处融洽、互助互爱的群体,只有在这样的群体里,运动员才能同心协力、同舟共济,从而争取优异的成绩。因此,篮球队的管理应该培育球队形成一种优良的团队精神。

2. 培养球队核心

核心是赛场上球队的灵魂,是主要得分手和组织者。因而培养球队核心是高校篮球队训练的必然要求。

3. 保持球队的战斗力

强大的战斗力是篮球队管理良好的表现之一,也是管理的重要目的与任务。一支优秀的高校篮球队,战斗力强,不仅仅靠训练,管理必不可少。保持球队旺盛的战斗力要求有一个团结协作的管理班子,队伍有严格的制度保障,此外管理者要注意培养队员形成良好的职业作风,使队员始终保持旺盛的作战欲望和高昂的士气。

4. 创新管理方法

成功的搞笑篮球队管理还要根据管理条件、管理层次、管理对象和时间因素,进行创造性的灵活运用。如果篮球队的管理者只机械地照搬某种模式,忽视具体管理对象的特点和客观环境条件的变化,不讲求管理方法的创新,是难以取得管理成绩的。

(二)篮球运动队管理的常规内容

1. 篮球队的训练管理

训练是篮球队运动员出成绩的主要手段,因而对球队的训练进行有效的管理,有着重大的意义。训练管理的具体内容包括以下几方面。

(1)运动训练业务管理

篮球运动训练的业务管理指对运动训练过程进行专项技能能力形式的过程管理,其一般程序是规划目标及建立模型→选拔运动员→制定各类训练计划→有效地组织和控制训练过程。

(2)运动员的文化学习管理

加强运动员的文化学习,是篮球运动对管理中的重要内容,不仅关系到运动员的智力发展,更重要的是有助于运动员个人发展,提升我国运动员整体素质。运动员的文化学习管理要健全文化学习管理机构、建立一套包括考勤、学籍管理、奖惩等内容的完整的管理制度,并且要采取灵活多样的方式,科学地安排和落实学习时间。要注意的是,运动员文化学制安排要灵活多样,要从运动队的实际情况出发。

2. 篮球队的竞赛管理

篮球竞赛是实现篮球运动价值的重要途径,更是篮球运动发展的重要推动力。篮球竞赛需要投入大量的人力、物力、财力和时间等资源,只有良好的竞赛管理,才能有很好的综合效益。竞赛管理不善,会造成不良的社会影响和经济上的极大浪费。篮球竞赛管理千头万绪,要明确竞赛目标,做到合理分配人、财、物、时间等资源,制定周密的竞赛计划;对竞赛过程要实施科学化管理,保证竞赛各项工作紧密衔接、平衡协调;要调动社会举办竞赛的积极性,从而提高运动竞赛的社会效益和经济效益;还要做到科学地评估竞赛的效果,认真总结成功与失败的经验教训,改革竞赛管理方法与手段,不断提高管理水平。竞赛管理的要素主要有四个方面。

(1)观察目标值竞赛管理的主要任务是要对竞赛的目标进行考察,然后确定出具体目标,使目标既高度概括、鼓舞人心,又切实可行。

(2)制定竞赛计划。其应确定计划目标,明确竞赛活动所希望达到的境地。

(3)赛前模拟训练。模拟训练分为对比赛对手的模拟、比赛动作的模拟和比赛环境的模拟三类,一般按:明确被模拟的对象,确定被模拟系统的边界→设置动态系统并进行相似分析→主练系统与动态系统统一起来练习的程序进行。

(4)有效地控制竞赛过程,认真做好比赛过程中的临场指挥工作。

3. 篮球队的生活管理

(1)建立健全严格的生活制度

管理应该对球队的作息时间、请假审批、内务卫生、业务生活,以及运动员个人的生活习惯等作出具体、明确的规定。还要制定文明公约、卫生公约等辅助规定。

(2)做好训练后的恢复与营养安排

篮球队运动员的训练后恢复是生活管理中的一项重要内容。另外,管理者要注意运动员的营养安排。篮球队的营养师应根据运动员的实际情况和需要制定食谱。

(3)竞赛期间的生活管理

运动员参赛期间,其生活管理比平时训练的应该更为严格,特别要注意加强纪律要求。

四、高校篮球运动队管理的方法研究

(一)高校篮球运动队管理的基本方法

篮球队是高校开展体育活动和精神文明建设的窗口,相关部门和个人必须重视和关心其建设,建立切实可行的管理制度,以提高高校篮球队的运动训练水平。高校篮球队管理的基本方法包括以下内容。

(1)建立科学、合理的学习制度。有计划地安排运动员学习理论、方针、政策等有关文件;多安排一些辅导报告和专题讲座;请模范先进人物作报告和组织参观学习;向运动员推荐有教育意义的书籍和文章;定期组织讨论和要求写出心得体会。

(2)建立评比优秀运动员制度和其他评选先进的制度,开展各种竞优评选活动,给予优秀运动员必要的精神鼓励和物质奖励,培养出一大批先进的骨干力量,起到模范带头作用。

(3)制定合理的作息制度和训练计划,科学安排学习和训练时间。关心队员的学习和生活,加强与任课教师的联系,关心学生的学习、训练与生活。

(4)充分发扬民主,加强监督。创造条件,让运动员参与管理,定期评议,对全队工作起到监督作用。

(5)加强法制教育和制度管理,严格按规章制度办事。执行纪律时对运动员要一视同仁,公平公正,赏罚分明。

(二)高校篮球运动队人力资源管理的方法

篮球运动队人力资源管理人才的发现和甄别,是篮球运动队管理的重要内容。相对于其他人力资源来说,篮球运动队的人力资源管理要困难得多。尤其是在挑选高级经理时,就更无完整的方法可循。总经理所需要具备的素质众多,对高级经理的挑选方法也应有所不同。对高级经理的挑选虽然比较重视工作经历的背景调查,但印象和直觉判断的因素仍然占有很大比重。

管理人员的挑选和训练方法会随着管理层次的降低而变得容易。由于管理层次降低后,对管理人员的素质要求也降低了,并且具有更多的把握性,较易通过实验来检查挑选和训练方法的效果。

发现篮球运动队人力资源管理人才的方法,有测量和评定两大类。前者是指对有明确答案行为的标准化检验,后者是对无标准答案的行为进行考查和分析。测量的方法有:(1)智力测试。智力水平、知识水平能够反映人的素质。(2)想象力测试。看看应试者想象力,那么得到的结论就极有价值。因这项测试的结果与智力测试并无很多相关性,所以应将二者结合使用。(3)领导能力测试。对应试者的领导能力测试,关键了解应试者领导能力的背景材料。(4)情景测试,即工作实例测试。重点在于测试能力。

一般说来,应慎重筛选体育人力资源,综合运用上述各种方法,就可以对应试者做出准确、全面的判断。

第三节 篮球运动员与教练员的管理

一、篮球运动员的管理

(一)运动员的角色分析

1.运动员是运动队管理工作的主要对象

运动训练工作中的主体是运动员,运动员的参赛成绩是竞技体育系统中的一切工作成效的集中表现,因此,运动员训练、比赛的成功是全部管理工作组织和展开需要考虑的因素。运动员作为运动队管理工作的主要对象,应该遵守各项管理规章制度,与各种层次的管理工作人员协调配合,使训练工作的有序进行和训练目标的顺利实现得到保证。

2.运动员是运动队管理工作的积极参与者

在运动队的管理工作中,运动员是被管理者,也应该是管理工作的积极参与者。运动员应以主人翁的态度,对运动队的管理工作要自觉而主动的提出自己的意见,在组织有关活动时,也要与领队、教练员协同配合。运动员的积极参与可为运动队的管理工作带来巨大的活力,使得管理工作与运动训练的实际情况更加切合,有利于更为理想成效的取得。

(二)运动员应有的素质

1.高度负责的事业心和强烈的进取精神

竞技体育对它的从业者有着很严格的要求。运动员要想成为优秀竞技选手,必须付出艰辛的劳动,作出巨大的牺牲,坚持系统的科学的多年训练。这就要求有志投身于竞技体育事业的运动员具有高度负责的事业心和强烈的进取精神。

运动员的训练与国家的建设、民族的振兴及社会的发展关系密切,广大民众热切期盼着运动员的训练成果和优异成绩,运动员应该对此有深刻的理解并努力创造优异的运动成绩。

运动员从事训练的决心受到进取动机的直接影响,运动员要有夺取冠军的强烈愿望,树立远大的理想,并为此付出巨大的劳动与努力。要成为运动场上的最强者,运动员必须时时刻刻把强烈愿望化作激励自己的动力,从多次反复的训练中发挥自己的创造智慧,用创造性的劳动摘取竞技场上光荣的桂冠。

2. 坚韧不拔的顽强意志品质

对于运动员来说,坚韧不拔的顽强意志品质必不可少。众所周知,优异的运动成绩的取得并非易事,这是一个需要经过长期艰苦奋斗的过程。运动员必须承受很大的训练负荷,甚至需要付出常人难以想象的代价,这是现代运动训练最突出的特点所在。这是对运动员身体的考验,更是对其意志品质的磨炼。要战胜自身的惰性和形形色色的困难,必须具备坚韧不拔的坚强意志和顽强的拼搏精神。只有在艰苦的磨炼中,才能换来人格的升华,才可以达到运动技术水平的顶峰。

3. 强烈的学习追求与准确的独立分析、判断和理解能力

现代高水平的运动成绩是高科技、高技术、多学科知识的结晶与综合,运动员要对迅速发展的时代要求进行适应,必须在知识、文化和理想方面不断充实和提高自己。因此,在训练过程中,努力学习各种文化知识和专业知识是十分必要的,它是培养自己成为未来社会栋梁之材的重要条件。

运动员在训练中必须努力培养自己独立的准确的思维能力,学会分析、判断训练中的各种情况和问题,对教练员布置的各项任务、采用的训练手段与方法,要在理解的基础上自觉地、有创新地完成。通过对自己体会的总结,不断地提高训练水平。

4. 高度的自控能力和抵御不良思想、落后意识的能力

运动队是社会的一部分,社会上的一切,包括某些不良的思想、落后的意识也会在运动队中有所反映,运动员在运动队中生活,自然会受到这些思想意识的影响。由于运动员年轻,长期生活在思想比较单纯的运动队中,对某些事物的有着较弱的鉴别能力和抵抗力。因此,培养运动员的自控能力和抵御不良因素的能力是很重要的。

心理学知识告诉我们,在训练和比赛中,运动员经历的心理过程复杂,情绪多种多样,运动员心理状态的调节取决于自身的控制能力。运动员自控能力越强,越有利于保持稳定的心理状态,有助于训练与比赛,有助于创造优异的运动成绩。

(三)运动员管理的注意事项

运动员是整个训练体系的"终端",运动训练是围绕运动员竞技能力提高而展开的,运动员最终在竞赛中的表现水平是由运动训练的决定的。运动员的管理要注意以下几个方面。

1. 以人为本

"以人为本"就是教练员、体育管理人员、科研人员从思想上、感情上去关心爱护运动员,在训练中始终注意到他们是有血有肉、有个性、有疲劳、有痛苦、有思想、有感情的人,在此前提下进行运动训练。运动训练就应以人为本。运动员是一个生物人,也是一个社会人,在现代训练理论体系中,对运动员要从这两个方面进行考虑。如果单纯去研究运动训练的强度、负荷量,而对人的本身,人的运动,运动员训练时思想、意志、情感的感受和变化不去关心和考虑,是不会收到良好

效果的。

"以人为本"是以塑造受训练者的理想人格为着眼点,对人的身心发展规律进行了充分遵循和尊重,对人的权利进行了维护、对人的困难和痛苦进行了关怀、对人的弱点和缺点进行了容忍,同时发展了人的自主和独立意识,这对人的创造才能的生成和成熟是一种鼓励和促进。

2. 提高运动员的整体素质水平

运动训练的过程,也是对运动员进行全面培养教育的过程。我们不仅需要培养在竞技场上摘金夺银的健儿,更需要培养在生活中有较强的生存能力、适应社会能力的全面人才。物竞天择,适者生存,如果仅从生物学角度对运动员进行训练,而忽视对运动员的人文的培养,那么运动员结束运动生涯之后,他们的人生之路将陷入困境。对运动员,不是仅负责一阵子,而是要负责一辈子,走可持续发展的道路。要想做到这一点,就需要对运动员进行全面的培养教育。培养运动员树立远大理想,勇攀世界竞技体育高峰的宏伟志向,养成吃苦耐劳,不怕挫折,乐观向上的生活习惯。

3. 解决好读训矛盾

长期以来,我国实行由体育系统自办运动员文化教育的体制,与教育大环境相脱离,在不完善的教育环境下对优秀运动员这个特殊群体进行着不完善的特殊教育。实践证明,这种读书训练"一条龙"的管理模式存在着诸多的弊端,"读训矛盾"正是其中之一。在"一条龙"的管理模式下,规定课时得不到保证,运动队员经常因集训比赛而缺课,少则十天、多则一月,缺来缺去,七零八碎,学习时间所剩无几。

(1)读训矛盾的原因

读训矛盾的存在,其实原因很简单,利益关系在其中扮演了极其重要的角色。我国正处于社会转型期,这个时代,个人利益突显,社会盛行功利主义。体育界显性功利更为突出。运动员运动成绩的显性利益是以文件或法律形式加以保障的,一旦取得被认可的成绩,巨额奖金、住房奖励、上名牌大学就会随之而来。北大、清华就有众多奥运会冠军学生,这些学生是免试入学的。成名后的名人效应所带来的利益更是无法估量。运动成绩在给运动员个人带来巨大利益的同时,还给集体带来更大利益。运动员的成绩与各级领导、教练员、管理人员的自身的工作业绩的关系是非常紧密的,可谓是一荣俱荣,一损俱损。显然,想取得上面所说的种种利益,仅靠文化课学习是不大可能的,虽然一再强调打造人文素质,其对于一个人的一生也非常重要,但是这种重要毕竟是隐性的,利益也具有不确定性,不会像运动成绩那么直接。

(2)读训矛盾的解决途径

第一,领导重视、经费保障、管理到位。各级领导应给予运动员的文化课学习充分重视,齐抓共管,将文化课与金牌同等看待,充分认识到运动员退役后就业安置的前提是文化课学习;保证优秀运动队文化教育经费的足额投入,专款专用,并且逐年增加;对优秀运动队文化课教师待遇进行改善,以使师资队伍水平得到优化。

第二,教材改革,切合实际,增加实用内容。全日制中、小学教材是优秀运动队现行使用的教材,该教材已与优秀运动队的学生情况不相符合,应对部分内容进行精简,保留基础知识,增加职业内容及就业、生存教育的内容。对课程设置进行改革,调整教学内容,注重教学过程。基础知识和基本技能的传授与培养应该受到重视,并与运动员的特点和培养目标相结合,使人文社会学科和社会通用学科及实用学科的比重得到提高。在教学内容选择上,尽量与运动员实际情况和运动项目特点相结合,既要加强基础学习,又要突出重点。

第三,改革教学方法,多种形式授课。教师要提高教学技巧,把握学生思路,引导学生主动思考问题,使他们的学习兴趣得到激发。教学中以学生为主,教师为辅,注重活跃的课堂气氛的建立,使学生的注意力和思考问题的能力得到提高。在教学过程上,鼓励学生参与,注重学生的独立性和自主性的培养,引导学生养成终身主动参与学习的情感、态度、习惯以及科学的学习方法。在教学评价上,开卷考试与闭卷考试相结合,期末考核与平时考核相结合,并加大作业和读书笔记等平时成绩所占分值比例。教师对教材把握与理解要深刻,并抓住重点,在较短的时间内讲解完,给学生留有充分的做作业时间。布置作业要围绕讲课的重点,讲完马上练习,达到理解、巩固、提高的效果即可,时间要适中,不搞题海式。作业的完成要求在课堂上,并在老师的参与指导下进行,尽可能不安排课后作业。运动员学习时间少,上课注意力集中的时间不长,训练任务重,不想做过多的作业等实际情况是制订这些的根据。由于在训运动员还有着文化学习时间较分散的特点,因此要采取分段教学,实行单科累进的方法。这有利于运动员缩短时间,集中精力,打攻坚战,顺利获得相应的学分与完成学业,同时也有利于确保学科知识体系的连贯性与完整性。根据在训运动员的实际情况与特点,还要因时、因地、因队、因人制宜,以班级授课为主,辅之以随队授课、个别辅导、节假日集中补课等多种授课形式,确保每一个运动队甚至每一名运动员都可以获得保质保量的文化教育。

总之,"读训矛盾"不难解决;关键是能不能正确对待眼前利益与长远利益;正确对待运动员的物质关怀与人文关怀的深层次的问题;肯不肯下决心去解决这个问题。

二、篮球教练员的管理

(一)教练员的角色分析

1. 运动队伍管理工作的重要决策者

搞好训练是运动队管理工作的主要任务和核心工作,而教练员是训练过程的主要设计者和组织者,同样也是训练管理工作的重要决策者。教练员是运动队伍管理工作的重要决策者,主要体现在针对训练工作的发展方向、某一时间阶段内的工作内容和完成总任务的具体对象,教练员提出相应方案,并与领队等运动队中的其他成员密切配合,通力合作,带领运动队完成好训练任务。

2. 运动队伍管理链中的信息沟通者

教练员平时与运动员接触时间最长,最了解运动员的身体、生活和思想情况,因此在运动队中教练员对训练工作最具发言权,这就要求教练员时刻掌握本项目运动训练发展的最新动态和与本运动队有关的其他运动队的信息并及时向领队和其他管理人员通报信息。教练员将运动员的情况及时、全面地提供给领队等管理人员,有助于他们更好地组织全队的管理工作。

3. 教练员是运动队人际关系的协调者

调动运动员的积极性是运动队完成训练工作任务,取得优异的成绩的关键所在,这是从管理学角度得出的结论。但是由于种种原因,运动员之间容易产生矛盾;在执行运动队制定的许多规章制度时,队内各种成员产生一些矛盾和磨擦也是不可避免的。这时,教练员应该从维护正常训练工作秩序出发,协助领队做好其他人员,尤其是运动员的工作,化解矛盾,协调关系。

教练员与运动员之间也会产生矛盾,这在运动队中非常常见。在这种时候,教练员在处理与运动员之间的分歧和矛盾时,必须及时主动地,既要客观地对待自己,又要尊重运动员的个性,服从真理,特别要注意的是不应把个人的面子和"威信"放在不适当的地位上去。在对训练工作有不同看法,教练员不宜固执己见,应该对运动员的不同意见或设想多多听取,因为,作为训练的直接参与者,运动员往往有着更直接、更深刻的感觉,体会也更深。

(二)篮球教练员应具备的素质

1.篮球教练员的品德素质

(1)政治思想素质

教练员的政治思想素质主要是指教练员能对党和国家的体育方针政策有正确的认识和理解,明确社会主义市场经济条件下的竞技体育的功能,具有为社会主义体育事业服务和献身的良好道德品质。由于篮球是一项竞技运动,所以它的实际运动水平高低和国际比赛成绩的好坏,都对国家荣誉和国民心态产生影响,国家级球队的教练员应具有责任心和爱国主义精神是最基本的素质要求。不想为国家争荣誉、不想夺冠军的教练员决不是一名有为的好教练员。一名优秀教练员必须具有心怀祖国、放眼世界篮球运动竞技场,勇于超越主观,不断攀登世界篮球运动高峰的崇高理想,并为之刻苦钻研、艰苦奋斗,为培养高水平的优秀运动员和争取优异的比赛成绩而贡献自己的一切。如果教练员没有强烈和明确的爱国热情,并通过自身的言行等实际行动去影响自己的队员,那显然是缺乏政治思想素质的表现。篮球竞技运动的对外交流活动很多,在与不同意识形态的国家和地区的运动队交往的过程中,也需要教练员具有很高的政治觉悟和思想水平。

(2)职业道德素质

教练员的职业道德是指教练员在训练和培养运动员的工作过程之中,所必须遵循的行为准则和规范。教练员的职业道德具有两个作用,即对运动员的教育作用和对运动训练过程的调节作用。教育作用是指教练员与运动员朝夕相处,对运动员潜移默化的影响作用较大,教练员的言行不仅对运动员的品德形成和发展具有重要作用,而且可能对运动员的人生观、世界观,乃至他们的一生的成长产生影响。对训练过程的调节作用是通过社会舆论和内心信念两个因素来完成的,社会舆论是对教练员的行为进行道德评价的外在力量。若教练员的行为有利于培养高水平的运动员,则社会舆论会通过正反馈来促进这种行为;反之,教练员会受到社会舆论的谴责,并在这种外在的压力下改变自身的不符合职业道德的不良行为。但教练员是否遵守职业道德要求,主要决定于教练员的内心信念,只有使教练员真正认识到自身工作的崇高与伟大,才会焕发内心的高度自觉。

教练员职业道德的内容主要包括以下方面。

①热爱祖国,献身篮球事业。

为国争光是教练员职业道德的核心内容,作为一名合格的教练员,要具有强烈的事业心、高度的责任感和为体育事业献身的精神。教练员在这一前提下,要胸怀祖国、放眼世界、立足本职,发挥艰苦奋斗、无私奉献的精神,顾全国家大局,为培养优秀的运动员贡献自己的一切。

②勇于创新,开拓进取。

由于世界篮球运动水平的不断提高,若不及时认清形势、把握时机,中国的篮球实际水平与国外先进国家的差距就会有逐渐拉大的趋势。为缩小这种差距,我国的篮球教练员应具有积极的进取精神,锐意改革和创新,不断总结经验,不断学习新的知识,探索更为科学、合理的训练方法和手段,以形成自己球队的技术特点和战术风格,为中国篮球运动跻身世界篮球的先进行列而不断创新、开拓、进取。

③以身作则,严于律己。

无论是在教学训练中,还是在业余生活中,都要成为运动员的表率。为人师表既是教练员的职业要求,也是教练员工作的显著特征之一。教练员影响队员,不仅靠言教,更要依靠身教,要以崇高的人生理想、信念去启发运动员,用美好的情操去熏陶运动员,用严格的训练去塑造运动员。要尊重运动员的人格和个人爱好,在比赛和训练中如果运动员出现一些缺点和问题,教练员要客观地加以评价,并提出改正或改进意见,但是不要妄加批评和指责。教练员不仅要对运动员的技术和战术能力的提高倾注全部的热情和关心,还要对教练员的文化学习、个人生活给予积极的关注,越是在运动员面临困难和挫折时,越要对运动员进行鼓励和促进。总之,教练员的威信不仅来自于精湛的业务能力,更来自于以身作则、严于律己、为人师表、表里如一、作风正派等道德品质和人格魅力。

④团结协作,公平竞争。

不管对任何人或事,教练员都要做到公平和公正。因为一个篮球队的训练工作,既依赖于教练员的个人劳动,又依靠球队的整体协作,所以教练员必须处理好个人与集体的关系,特别是要处理好与其他教练员的竞争关系,做到公平竞争、共同进步、共同提高;处理好队员之间的相互关系,特别是明星队员和替补队员的关系;要一视同仁,奖惩分明。在比赛中,当出现一些不符合公平竞争的事件时,教练员要用符合体育道德和篮球规则的行为去处理。特别是在市场经济条件下,教练员要杜绝腐败,切忌弄虚作假,不打交易球和人情球,做到光明正大、公平竞争。

2. 篮球教练员的专业素质

(1)知识素质

智力是人认识客观事物并运用知识解决实际问题的能力,通常包含知识和能力两个方面,集中表现在文化程度、表达水平、思维层次、教授能力、审美意识、经验阅历等方面。教练员作为球队的指导者,应具备与其职责相适应的知识能力结构。"将不智三军大疑",在现代激烈对抗、充满竞争的篮球竞技场上,教练员的一切活动均以"智"为中心,以智慧和谋略去展开思维、决策、指挥等行动。

①宽阔的现代基础知识。

知识是人类认识和改造世界实践活动的经验总结,是人们对事物的系统认识,对某一学科的知识结构,即基本概念和基本原理的掌握。现代社会已经进入知识化、信息化、数字化的高科技时代,由于不少教练员的知识结构单一,浅而不专,即资料的占有、信息的收集和处理都带有片面性,工作缺乏条理性、概括性、抽象性和规律性,如不改变这种现状,是难以跟上篮球运动发展步伐的。由于现代篮球对抗类似战场格斗,因此篮球教练员特别应掌握一定的哲学的原理和方法论,以及政治经济学、社会学、军事学的基础理论。另外,应熟练掌握与运用"三论"和思维科学、行为科学的知识,以及相关的体育学科知识,如体育生物学科知识和体育社会学科知识等,形成多元素的知识结构,这对自己胜任高水平的训练尤其重要。

A. 系统论与篮球运动。

系统论认为系统是具有整体功能和综合行为的统一体,其内部是协同、有序、稳定的,篮球训练、比赛中的活动内容是复杂多样的,如身体素质、技术、战术、心理、营养等。教练员在进行球队的训练工作时,应预先科学地制定训练计划,进行总体设计,将篮球训练工作系统中的各组成部分合理地布局和规划,使各部分在运作时相互协调,最终使运动队的训练工作取得良好效果。对每一名运动员的训练也要以系统论的观点和方法对待,即从该运动员参训时就制定长远的训练计划,哪个时期以什么训练内容为主,事先都要有安排,实现训练的系统化、科学化。

B. 信息论与篮球运动。

在训练过程中,教练员必须根据采集的各种信息进行归纳、分析并作出决策,在运动员训练的过程中,再通过观察、测试,获得实际情况的信息反馈。训练过程实际上就是以上过程的重复,即通过信息的传递来掌握运动员的情况,控制运动员的行为。

教练员获取信息的态度将最终影响其行为的效果,如在放松状态,即缺乏对信息的紧迫感,不关心获取和分析信息,或把不熟悉、散乱的信息误认为有价值的信息,这样就会导致教练员进入困境;在惶惑状态,即面临风险时,教练员会有倾向性地处理信息和忽略不符合个人愿望的信息;在高度紧张状态,教练员也可能会盲目地不加辨别地收集信息加以处理,从而形成信息过载。

优秀的教练员应在戒备状态下,即有高度的压力,有充分的时间来考虑和选择方案,从容作出决策。具体讲应按以下步骤行事:全面细致地审查可能的策略方案,辨别权衡目标,积极搜索新信息,区分合意的和不合意的信息,进行潜在后果和影响的分析,考虑细致的执行措施。

C. 控制论与篮球运动。

控制论研究系统中的控制过程和信息过程,篮球训练过程中的许多内容在经过长期实践的基础上,可以形成自动控制,即教练员对运动员的操作行为的控制不是纯经验式的,也不是模糊的,而是可以定量表达和控制的。如可以通过运动员在运动中的心率或血液指标来掌握运动员的机能水平和承受负荷的状况,通过控制论可以更精确地实施篮球训练和比赛工作。

D. 思维科学与篮球运动。

思维是大脑的高级活动和重要职能,"心之官则思",教练员的决策和谋略是这些运动和职能中的一个极其重要的领域。在实际工作中,教练员要灵活运用逻辑思维、形象思维、灵感思维、动作思维等思维方式,同时防止一些思维的误区,如思维定式、从众思维、我向思维、思维惰性、思维多变等,形成自己的独特的思维风格。如我向思维,是指受个人的愿望和需要支配的思维,在比赛进行中,有很多的信息被教练员采集和加工,如果他不能根据场上的实际情况来思考对策,而一味地用事先计划好的方案去应付比赛,那肯定会脱离比赛的实际,从而丧失取胜的机会。

E. 行为科学与篮球运动。

行为科学是一门研究人的需要、动机和行为的科学,它运用社会学、心理学的实验观察方法,研究人的行为及其产生的原因,其目的是解释、预测和控制人的行为。虽然运动员的个性行为习惯因人而异,但经过研究还是有许多共同之处的。如队员之间会进行同类互比,在地位、待遇、享受等方面进行比较和攀比;相互回报效应,若教练员喜欢和关心运动员,那么队员也会喜欢和关心教练员。另外,教练员还可以利用近而亲效应来改善自己与队员的关系,因为一个人当他与另一个人交往和接触较多时,就会与该人更加亲近。教练员还应认识到队员中的责任扩散行为,即在多人共事而责任分工不明确时,会有人出现不负责任的行为,所以教练员在安排训练任务时一定要分工明确。

F. 相关的体育学科知识与篮球运动。

教练员是在与运动员打交道,因此必须以人为本,拓宽知识广度和深度,如体育社会学科知识,体育教育学、体育管理学、体育心理学、体育社会学等知识,这对教练员知识结构多元化十分重要。因为篮球运动是一项综合性人体运动,篮球教练员的主要的任务是进行运动训练,所以教练员还必须对体育生物学科如运动解剖学、运动生理学、运动生物化学、运动生物力学、运动营养学、运动保健学、运动医学等知识能熟练地掌握。教练员除了掌握以上相关学科的基础知识以外,还要经常关注其他人文学科、自然学科的最新发展和动态,及时地更新自己的知识结构,充实自身的知识体系,以适应迅猛发展的竞技体育对教练工作的要求。

②扎实的运动训练理论知识以及其他特殊的理论知识。

A. 篮球理念。

这是教练员把握篮球运动本质规律、超前展望篮球运动发展趋势、科学实践与总结自我执教经历所概括提炼而成的一种具有个性创新特点的信念和观点,它是教练员篮球智慧的结晶,是执教魅力的标志和训练理论与实践的依据。因此,每位有为的教练员都必须树有自己的篮球理念,并以此督促、检验自己的训练实践,进而形成自己和球队的特点。

B. 一般训练学原理。

篮球教练员应掌握一般的训练学原理,如训练的基本规律、训练的原则、训练的方法、训练的负荷原理、训练周期的理论等等。篮球运动固然有其鲜明的专业特点,但它应首先服从于一般训练学的规律和理论。因此,教练员要能够了解运动训练的周期性原则、系统性原则、区别对待原则等训练学的原理,以及讲解和示范方法、完整与分解方法、持续训练法、重复训练法、间歇训练法、循环训练法等多种训练方法。另外,还要掌握一般身体训练的理论和方法,如对力量、耐力、速度、柔韧、灵敏等素质训练的强度、次数、组数、间歇时间、动作要求等具体的训练方法都要了然于胸。总之,只有了解一般训练学的理论和方法,教练员才能合理、科学地指导和运作篮球的训练实践活动。

C. 篮球专项训练理论。

篮球专项训练知识是篮球教练员素质的构成内容,是其形成综合素质的前提。在了解一般训练理论和方法的基础上,教练员还要掌握篮球专项训练的理论知识,如篮球运动员的选材知识,根据不同的训练周期来制定运动训练计划的方法,组织和控制训练过程的方法,收集、处理和使用篮球信息的方法,篮球的特殊教育训练方法等。因为篮球是技能对抗性的项目,其特点是高速度、高强度、高身材、高技巧和强烈对抗,其本身的规律使得篮球的运动训练有别于体能速度类、体能耐力类和技能表现类的项目,因此,篮球教练员必须了解篮球运动的特点、规律以及篮球训练方法和技巧,并能够在训练中熟练运用。

(2)心理素质

在教练员取得成功的诸多因素中,心理素质是相当重要的一环。教练员心理素质和行为直接影响着教学训练工作的实施以及教练员的情绪。一名具备良好心理素质的教练员,会使运动队产生较强的向心力,推动运动员去完成各种训练任务;反之,则会使队员产生离心倾向,影响工作的顺利进行。

优秀的教练员应具备良好的性格、健康的情绪、积极的情感和坚强的意志。性格是指一个人在生活过程中形成的对现实的稳固态度,以及与之适应的习惯行为方式。教练员加强性格修养,对于在工作中作出正确的判断、形成良好的指挥风格、增强思维的灵活性,以及出色地完成各种任务都有重要的作用。教练员的良好性格是在社会实践中逐步形成的,受生理、环境和主观因素等各方面的影响。在性格形成的过程中,主观努力是主要因素,教练员可以克服生理因素中的某些弱点和社会因素中的不利条件,在较短的时间内培养出较好的适应教练员工作的性格来,如坚强、勇敢、严肃、耐心、细致、勇于克服困难和富有自我牺牲精神等。

人的心理感受在实践活动中的表现就是情绪,如兴奋、颓丧、激动、平静等。篮球教练员的情绪表现会影响队员积极的情绪,能使队员保持良好的精神状态,并感染他们积极投入训练和比赛的实践中。因此,教练员应始终保持积极乐观的情绪,避免消极悲观等不良的情绪,特别要提高自我控制能力,保持情绪的稳定,并且善于调节情绪,在出现运动队遭受失败、主力队员的伤病等干扰正常的训练工作进行的困难局面时,教练员可以通过听音乐、阅读文学作品、进行休闲运动等方式,转移自己的注意力,从而摆脱不健康的情绪。

教练员的良好情感素质主要表现在对篮球事业充满激情,热爱自身的教练员工作,对上级尊重和支持,对同事讲求宽容、协作和互帮互助,对队员爱护、关心和体贴。

意志是一个人自觉地确定目的,并支配和调节自己的行动,克服各种困难,实现预定目的的心理活动。坚强的意志品质主要表现在意志的坚定性、果断性、坚韧性、自制性和独立性等方面。由于篮球教练工作的复杂性和任务的艰巨性,教练员必须具备坚强的意志,在困难面前既要表现出钢铁般的坚强性,又能够表现出能屈能伸的坚韧性。

(3)能力素质

能力通常指完成一定活动的本领,包括一定活动的具体方式以及顺利完成一定活动所必需的心理特征。篮球教练员的能力结构由如下三个层次组成,即基础层次、中间层次和最高层次。基础层次包含自学能力、感知能力、理解能力和观察能力等,这些能力的主要作用是学习和掌握有关篮球的信息。中间层次包含科研能力、想像能力、选择判断能力和综合能力等,其作用在于运用思维对获取外界的篮球知识、信息,进行筛选、加工和组合。最高层次包含表达能力、组织能力、解决问题的操作能力和创造能力等,是指教练员在实践活动中,创造性地运用信息和知识解决实际问题的能力,即运用所获信息指导运动训练实践的能力。

教练员能力结构诸层次之间并不是孤立和分散的,而是相互联系、相互制约、相互作用的一个整体。三个层次之间既有因果关系,又有各自鲜明的特点,只有具备完善的能力结构,教练员才能够认识问题和解决问题。实际上,篮球教练员的教学训练工作就是不断发现问题、认识问题、研究问题和找出解决问题的方案与解决问题的过程。

①感知能力。

感知能力分为感觉和知觉。感觉是人脑对于直接作用于感觉器官的事物个别属性的反映。知觉是人脑的直接作用于感觉器官事物的整体的反映。通过感知能力,篮球教练员可以对国内外的篮球运动发展状况、队员的思想动向及要求、有关篮球运动的各种新的情况和动向作出及时而又清晰的判断。只有通过感知觉,教练员才能获得篮球的各种知识、理论、能力和技巧。教练员如果感知能力不强,在篮球训练比赛的实践中就不能正常和有效地收集信息、了解情况、分析问题和解决问题,所以感知能力是教练员取得事业成功的前提。

与教练员工作有密切联系的是教练员的社会知觉,所谓社会知觉,也称社会认知,是相对物体知觉而言,包括对他人的知觉、人际关系知觉和自我知觉。对他人的知觉,是指与他人交往时通过对他人的外部特征的知觉,进而判断他人的需要、动机、兴趣、情感和个性心理活动的过程。通过人际关系的知觉,教练员可以了解队员之间、队员与教练员之间、教练员与教练员之间、教练员与上级之间的关系是否融洽,也可以了解他人对自己的看法和态度。对自己的知觉,分为对自己的外在行为的观察、对自己内部精神状态的认识和对自己社会角色的认识。

教练员在运用社会知觉能力时,应注意避免产生各种偏差,因为社会知觉的效应会导致人际关系的变化,如果教练员和篮球队其他组成人员的社会知觉产生偏差,会使得球队内部产生互相猜疑、不信任、不合作等情况,从而给运动队的正常运作造成不良影响。由于社会知觉不是停留在认知对象的言语、面部表现及身体姿态等外在行为的表现上,还要对这些行为表现的内在需要、动机、情感和能力等人所特有的心理因素作出推测和判断,所以,教练员应认真研究人的心理活动规律,提高个人的心理素质,克服各种社会心理因素有可能造成的歪曲的社会知觉。

②观察能力。

教练员的观察能力是指教练员在长期的观察实践中逐步形成的特殊的、发展水平较高的知觉能力。教练员应具有迅速而又准确的注意到篮球训练和比赛中各种并不显著,但又非常重要的细节和特征的认知能力,即收集各种篮球工作中有价值信息的能力。

篮球教练员的观察能力有选择性、持久性、广泛性、深刻性和超前性的特点。在观察时,教练员要明确观察的目的和任务,就是在训练比赛中为什么观察、观察什么和怎样观察,以及在观察过程中可能遇到的心理障碍、客观阻力等,事先都要有预测和计划。如比赛中出现了某运动员投篮命中率低的问题,那么在平时的训练和生活中,教练员就要注意观察该运动员是否在营养状况、身体状态、技术运用和心理方面出现了问题,然后再针对出现的问题提出解决方案。教练员在观察时要遵循循序渐进的原则,从易到难,由表及里,并通过反复的多视角的观察来争取发现问题。观察时要进行全面的记录,把观察对象的存在条件、表现形态、时间演变、空间分布等细节尽量准确地记录下来,及时地把观察的结果进行整理和总结,找出本质性和规律性的东西。通过以上方法,教练员才会不断提高自己的观察水平和观察能力,为篮球运动训练的实践服务。

③表达能力。

表达能力是一个人通过口头语言、书面文字、行为、表情等来传递信息、表达思想感情,以实现个人意志的能力,是教练员的基本业务能力。篮球训练和比赛的指挥工作有节奏快的特点,如果教练员的表达能力不能够及时反映自己的思想,或表达的意思不明确、思路不清晰,就会妨碍与队员或其他人员的交流,会延误时间、丧失机遇。教练员的表达能力还要注重效果,善于说明和论辩,要使得自己的合作对象正确地领会自己的意图,并尽可能地化解工作中的矛盾,使队员、助理工作人员的主动性、积极性和创造性得以发挥。

教练员的口头表达能力包括演讲能力、交谈能力和辩论能力等,在运用这些能力时要吸引他人的注意力,把握好时机和语言环境,表达时用词要准确、重点鲜明、思路清晰、通俗易懂,从而实现预期的效果。比如,篮球教练员在临场指挥时的思想表达要根据场上的情况而定,如果队员的兴奋性不高,教练员就要通过短促、有力的叫喊去鼓舞士气;在暂停时的言语要言简意赅,让运动员迅速理解自己的意图,有时可以反复重申某一要点,强化这个信息在队员脑中的印象。与训练工作有关的书面表达能力,包括训练计划的制定和撰写、工作报告、小结、发言稿、申诉材料等,通过这些书面的材料使领导者、其他教练员、队员等更加准确地领会自己的意图。教练员书面表达能力的好坏主要看他的观点是否正确、用语是否精炼、选用的材料是否得当、论证是否符合逻辑、文字表现力如何、快速行文的能力如何等。

④组织能力。

篮球教练员的组织包含三层含义：一是篮球教学训练工作的组织行为，是为篮球的制胜目的而服务的，这个目的是教练员、运动员和其他辅助人员行为的归宿和准则，为全体人员所赞同，共同的目的是全体成员组织起来的凝聚力；二是篮球教学训练有其特定的结构，它是由我国目前的训练体制所决定，按照一定的规章制度和约定俗成的惯例，将全体人员给予适当的调配，形成教练员与运动员、教练员与系统内其他人员之间的稳定的规范的关系；三是篮球教学训练有其特定的活动方式，教练员按照训练计划的要求，将运动员合理分工，各司其职，相互配合，以期最终实现球队制胜的目的。

一名优秀的高级教练员，必须熟练掌握和运用直接的和间接的、指令式的和指导式的、强制式的和非强制式的组织手段，并在实际的运用中坚定不移地加以实施，使命令得到执行，但也要注意不要墨守成规、刻板行事。计划、命令是建立于最现实的情况上，因此，一切行动都应适应现实情况。"水因地而制流，兵因敌而制胜，故兵无常势，水无常形"，所以在训练或比赛中，教练员要根据实际情况的变化而灵活运用指挥手段。这种灵活性也不是主观随意的，必须符合教学、训练和比赛的客观规律，不可朝令夕改，随意和频繁地改变指挥命令，否则，教练员将失去权威性，同时也会使训练和比赛陷于混乱。

⑤管理能力。

篮球教练员的管理能力就是在篮球教学训练的实践中的多因素、多功能、多变化复杂的管理过程中，运用计划、组织、指挥、控制、协调等管理方式，进行有效管理所必备的工作能力。

优秀教练员必须掌握以下一些管理学原理，如系统整体性原理、要素有用原理、动态相关性原理、时空变化原理、信息传递原理、控制反馈原理、规律效应性原理等，通过学习，掌握这些管理学原理来指导自己的教学、训练和比赛的实践工作。

篮球队的管理要素包括计划、组织、指挥、协调和控制等方面，教练员要认识在工作中哪些要素的作用是普遍的，哪些要素是特殊的；哪些起有益的作用，哪些起有害的作用；哪些起实际的作用，哪些暂时不起作用，而起贮存的作用。以协调要素为例，教练员不仅自己要知道，还要通过教育让队员知道。为了在一个协调有序的良好的氛围中工作，一定要尊重裁判员、尊重观众、尊重比赛对手、尊重所有的服务人员。一名好的教练员与周围环境中的不同类型的人员都具有良好的人际关系，即教练员要掌握好四个协调：教练组内部关系的协调，与上级关系的协调，与辅助训练人员如场馆工作人员、营养师等的协调，与队员关系的协调。在教练组内部要注意情报工作和思想感情的沟通，处理好工作和个人私交之间的关系，避免互不信任、产生摩擦和其他削弱教练组领导集体的效能。在与上级领导交往时，应注意首先尽心尽力做好本职工作，为上级分忧，增强上级领导对自己的信任和依赖感。对待队员要一视同仁，经常利用民主生活会的方式与下级沟通情况，协调对策，解决具体问题。

⑥决策指挥能力。

教练员的决策应从经验型向科学决策型方向发展，科学决策减少了决策者个人因素的主观随意性所带来的不稳定、不科学，提高了决策的质量和水平。在现代篮球运动的训练和比赛的实践中，个人的经验作用已服从于篮球的理论规范，即教练员的行为要符合篮球的客观规律和发展趋势。但由于篮球运动的相关因素很复杂，所以指挥篮球训练和比赛的决策方法的规范化水平还不是很高，不得不靠人的因素来干预和处理的问题还很多，在可预见的未来，教练员的洞察力、判断力、创造力这一类智能因素，还不是任何技术装备和智能软件可替代的。

⑦教育激励能力。

教练员首先应是一名合格的教师,他通过自己的教学、训练工作,将技、战术理论和技能,以及相关学科的理论和方法等传授给运动员,即行使教师应尽的职责。教练员同时还要具备教育激励的能力,使运动员始终维持在一种兴奋的状态中,以发挥其积极性、主动性和创造性,充分挖掘其潜力。

教练员是否有效地运用了教育激励,就要看他的激励是否具有持久性、针对性、敏感性、及时性和真诚性。运动员的心理、动机、需要是不断变化的,因此,教练员应持之以恒、贯穿始终地运用激励作用。针对性是指教练员激励的目的要十分明确,因为每名运动员存在的问题不同,所以就要针对不同的对象和不同事件采取不同的激励方式。敏感性是教练员是否能细致入微地发现运动员何时需要进行激励。及时陛是通过源源不断的激励使运动员的多种需要得到满足。

优秀教练员是否具有良好的教育激励素质,要看他能否准确地运用激励的原则,即实事求是原则、公平合理原则、适时适度原则、情理原则、身教与言教相结合原则。教练员不要为了激励而激励,而应根据客观存在的需要,对运动员施以相应的教育与激励。公平合理的原则是指教练员给予运动员不管是物质还是精神上的奖励,都应公平和恰如其分,杜绝不公正情况的发生。在教练员实施激励时,要追求最佳适度,注意分寸,掌握火候,恰到好处,即符合适时适度的原则。情理原则是指教练员要发挥理性的作用,只有明理才能教育人,同时要充满感情,尊重队员、爱护队员、信任队员,并且善于说理和表达感情,做到吸引队员、感动队员,引起感情共鸣。

⑧训练能力。

教练员应具备将科学的理论、方法及先进技术应用于篮球运动训练的各个方面并有效地控制运动训练的全过程的能力。具体包含训练信息化、科学选材、科学诊断、制定科学的训练计划、有效组织与控制技术和战术及身体训练活动、科学组织指挥比赛、调配高效能的营养与恢复等多种能力。

科学选材是培养高水平运动员的基础,通过选材可以发现和选拔有前途的篮球苗子,及早地将他们吸收到运动队里来。科学诊断是训练活动的出发点,在对运动员的形态、机能、素质、心理、技术和战术能力进行诊断后,为科学制定计划提供依据。制定训练计划、有效地进行组织和控制训练活动才能产生具体的结果,并通过参加篮球比赛来使运动员掌握、运用谋略和技术与战术的能力得到提高。同时,教练员还要熟练地运用营养与恢复手段、心理训练手段,来使队员的竞技状态调整到最佳。高水平的篮球教练员在训练实践中还必须具备对篮球理论、技术、战术、训练方法和测试手段以及器材设备的创新能力。只有具备以上的训练能力,教练员才可能完全把握训练的实践活动,全面提高运动员的水平。

⑨交际、协调能力。

教练员交际、协调能力是指处理人际关系的能力,人际关系就是人与人之间进行精神和物质交往中发生、发展起来的联系。处理人际关系的能力,是教练员妥善协调人与人之间各种关系的各种技巧。处理好人际关系才能使训练、比赛工作得以顺利地进行,使球队产生合力,形成集体内部的能力互补。

处理人际关系时,教练员要首先遵循人本的原则,尊重人的尊严、价值、劳动和创造才能,理解他人的情感和意愿。具体方法上,教练员要注意在人际交往中的言谈举止,避免夸夸其谈、自以为是、固执己见,完善自己的个性风格。与上级交往时,注意服从而不盲从、规矩而不拘谨、尊重而不庸俗;与队员交往时,要不分亲疏、一视同仁,明确职责、严格要求,调动和发挥运动员的积极性和创造性;与同事交往时,要互相尊重、以诚相待、求同存异、顾全大局,只有做到以上几点,教练员才可能有一个宽松的人际关系,保持球队内外的平衡与和谐。

⑩创新能力。

创新能力就是创造的主体在实践活动中表现出并发展起来的各种能力的总和,主要指产生新思想、新方法、新结果的创造性思维和创造性技能。篮球教练员应具有不断开拓、勇于改革的精神,不应仅满足于传统的教学和训练方法,而应能在篮球教学训练实践中不断试验、探索,勇于改革和创新。一名创造力强的教练员,对新事物和新领域有强烈的探求兴趣,不为权威的结论所束缚,敢于标新立异、独树一帜。他的思维速度应较快,能在较短的时间内表达出较多的观念,并能举一反三、触类旁通,善于用反常规和不合逻辑的思维来创造出新的观点和方法。创造力强的表现还在于拥有敏锐的观察能力、统揽全局的思维、很强的求索答案的能力以及预见未来的能力,同时熟练掌握创造技法。要提高教练员的创新能力,必须克服主体方面的障碍,如创造力不足、循规蹈矩、思想僵化、视野狭小、缺乏勇气和信心以及从众心理等。

综上所述,篮球教练员应具有良好的品德和专业素质,以适应篮球教练工作的需要。但随着社会的发展和篮球运动竞争日趋激烈,教练员具备充沛的体力和集中持久的精力就越发显得重要,因为体力是教练员进行教学、训练工作的基础。"身体是寓思想之舍,是载知识之本",教练员工作的特点是体力和智力的有机结合,所以他要注意自己体力状况的改善,保证自身经常处于健康的状态。健康有两方面的含义,即身和心,教练员不仅要保持生理的健康,还要保持心理的健康,处事要冷静,看待问题要客观,不带成见,不计较个人的得失和恩怨,防止暴怒、埋怨、沮丧,以及丧失理智的行为。另外,教练员应杜绝非事业和工作所需要的生活习惯和不良嗜好,而应培养广泛的有助于身心健康的兴趣和爱好。

(三)篮球高级教练员执教要求

无数的比赛事例证明,篮球比赛的胜负,不仅取决于斗技、斗力、斗勇,也取决于斗志、斗智、比谋,只有头脑中的科技知识储备量多,才能做到胸有城府、老谋深算,只有富于韬略的教练员才会在比赛中掌握主动,取得先机,走上自由。篮球教练员要做到富于韬略,必须不断地充实和改善自己的智能结构,包括篮球专业基础知识、一般科技知识、专业应用技术知识等,具体讲有篮球基本理论、营养与保健知识、教育训练管理知识、统计和计算机知识、外语知识、信息论、系统论等。优秀篮球教练员的执教要求一般包括以下几点。

1. 正身

正身即身先士卒。作为教练员要严格要求自己成为运动员的楷模,也就是要先学会做人、处事、立业的道理。"其身正,不令而行;身不正,虽令不从",特别是在当今市场经济的条件下,社会上的拜金主义对篮球运动队伍腐蚀的威胁日益加深,若为师者不讲职业道德,无视为人品格,不遵章守纪,则其球队的管理必然走上歪道。一名教练员一定要把集体主义和爱国主义放在第一位,杜绝金钱第一和钱权交易的现象。严于律己的榜样形象是当代篮球教练员队伍必须强化和大力倡导的基本要求与必备的基本素质。"督人行者,己必先正"才能形成治军威严的形象,进而从难从严培养出优良的球队风尚和道德境界崇高的队员。目前阶段的不少明星队存在种种不足的根源,其一是他的个人志向模糊,缺乏敬业精神;其二是教练员正身不力,为人师表不够,统兵无术,科学知识贫乏;其三是教育管理无道,导致球队中人心涣散、竞赛搀假、不爱岗敬业之类情况大量出现。可见教练员的正身,对运动员的成才、成长至关重要。

2. 敬业

敬业即真正以篮球运动为终身的奋斗事业,而不仅是谋生的手段。高水平有为的教练员,都必须具备勇夺亚洲金牌,乃至世界冠军的志向,并且自尊、自信、自强,正如一著名教练员所说:我的梦想不仅是赢得冠军,更希望能以结合个人最钟情的篮球和心灵探索的方式,完成霸业。凡真正的敬业者要有崇高的思想追求,无私的奋斗精神,淡泊名利,把篮球运动作为一种事业,作为一种追求,而不仅仅是玩篮球、打篮球。对事业没有追求的漂浮者,是难以成才、立业的。一名优秀的篮球教练员,不仅在于一定的天赋,在于持之以恒、不懈追求,更在于后天的立志敬业和为之所付出的奋斗是多少。

3. 善思

善思即善于正确思维,独立刻苦创新钻研。教练员应思想不惰,思维开拓,思路清晰,勇于创新,对我国及世界篮球运动的过去、现在、未来善于总结研究和推陈出新,善于利用自己的天赋去开发创立独特的篮球立业之术,自成一家。如果教练员对当代篮球的特点、篮球竞赛的规律,或对现代相关的科技发展知之甚少或根本无从知晓,只是惯于墨守成规,那么他将不能胜任本职工作。教练员一定要下工夫钻研篮球运动的规律、特点、趋势、打法、特殊战例等众多篮球的组成元素,善于学习、记忆、联想、分析、思维、判断和归纳,并经过复杂的思维过程总结提炼,这样才能积累工作的经验而成为有智有谋、富有才华的教练员。随着篮球运动运行机制改革的深入和篮球俱乐部的成立,加速了篮球队伍职业化的进程,篮球已经不可逆转地进入了市场经济的范畴,运动队伍的管理也需要随之进行新的思考和采取新的改革措施。另外,竞赛制度的变化,如进行主客场的交替比赛,也需要教练员在诸如训练周期、训练量的控制等方面作出相应的变革。而篮球规则在不断地修订,比赛的总时间延长、节次增多、暂停次数增多等,对篮球技术、战术提出了新的要求,在种种出现的新问题面前如何改革、如何进行指挥调度,都迫使教练员进行思考,不思则退。球场上的善观风色和善择时机的聪明是不容易的,惟有虚心研究、善于思考的教练员才可以获得。实践证明,那些无谋的教练员在比赛前无预见,比赛中常常又以不变应万变,从而陷入被动挨打的局面,比赛后又不善于总结,都是他们缺乏正确思考的缘故。

4. 求知

求知即学无止境,不断追求知识更新,善于博采众家之长为己有。不善于学习、知识面狭窄、见识拙陋、克难无术的人,根本无从谈起他的思维创新。智谋是知识的积累,篮球运动的内涵充满着对立统一的辩证关系,当代篮球已经不是停留在打篮球、赛篮球的原始观念上了,其体系的科技含量在不断深化充实,只有持之以恒地学习当代体育科技的相关理论知识,学习各类球赛的正反战例,同时关联地学习哲学、兵法、管理学等知识,才能改变自己的智能结构,提高自身的智商水平。社会已进入数字化、信息化、网络化时代,随着篮球运动的发展,现代科技已全面地渗透到篮球运动的理论和实践的过程中,强化多因素的综合训练是现实的必需,也是既成的趋势。若教练员仍停留在以往积累的实践经验上,不了解"三论"的基本知识,对选材学、训练学、管理学的基本原则和最新动态知之甚微,甚至还高枕无忧、狂妄自大,那肯定就不能适应统帅当代篮球队并进行激烈比赛的要求了。只有做到广积知、深钻研、勤思考、探新途才能做到知识渊博、胸有成竹,面对强敌而不馁,镇定自若,临阵不乱。

5. 无畏

无畏即具有不惧不怯、有胆有识、无私无畏的心理素质。由于胜败与强弱、比分的起与落等,不断在实践中反复出现,如何体现出临危不惧、遇强不馁、遇弱不骄,不管战局如何变化都能保持自信和高昂的斗志,体现出大将的风度,是体现教练员专项素质的重要标志,同时也是稳定军心的一种谋略。高水平的篮球比赛,如美国 NBA、世界的其他大赛和我国的甲 A 联赛中,从赛前的排兵布阵,到赛中局面的千变万化,教练员的临场遣兵调度以及战术的变化,无不带有一定的风险,在恶战风险中捕捉战机,痛下决断,是每位想勇攀高水平的教练员所必须认真对待的。

6. 戒傲

戒傲即去除盲目性,自觉自明。从事篮球运动工作,特别需要有坚定不移的顽强意志。在篮球运动实践中,最常见的考验来自两个方面:一是错误和挫折的考验,二是成功和荣誉的考验。"将傲卒涣散,无备必有患",教练员若傲字领先,就不能保持清醒的头脑、常备不懈、谦虚谨慎、实事求是,并从实际出发认真调查研究,真正做到知己知彼。多年来我国篮球比赛中强负于弱的众多战例发人深省,虽然比赛的失利属兵家常事,但其中教练员或队员遇弱队后,自傲心懈终致溃败是我们不可忽视的问题。作为教练员一定要注意任何时刻都不能居功自傲、自以为是,不能缺乏自知之明而陷入盲目性。

7. 惜才

惜才即作为教练员要懂得识才、选材、育才、爱才。据统计,我国目前男篮 18 岁以下的高大少年人才并非缺乏,然而,在实战中排阵上场挑大梁的新秀却寥寥无几,其主要原因就是教练员不懂得育才和用才。有作为的教练员要有学伯乐求才识贤的能力,首先要具备识才和选材的专业基本素质,要重视以科学的理论和方法、丰富的实践经验选好苗材,并从篮球运动的特点、趋势、规律的需要出发,科学地使用各种生物科学(如形态、机能、素质)的指标,结合实际观察到的队员的现状,如是否真正热爱篮球事业、神经类型如何、身体生长的发育潜力怎样等进行全面的综合论证,不拘一格地选拔人才。教练员要重视运动员的个性发展,充分发挥他们专项运动的个性风格,使每名运动员都形成自身的篮球专项个性特点。在日常的训练过程中,教练员决不能随意带偏见地苛责于人。宽恕虽未必是教练员的首要素质,但优秀的教练员却能够用自己的爱去关心和尊重队员,这样才能释放运动员的能量,使他们尽兴去发挥自己的才能、技巧,无休止地责备、愤怒会使队员产生憎恨,久而久之会把自己与队员隔离,甚至被排除在球队的群体之外。一名篮球明星的产生,有国家的投入、组织的保障、教练员与管理人员的辛勤付出和队员家庭的协同,因此,教练员应懂得栋梁之才来之不易、得之可贵、训之艰难、失之可惜的道理,对他们既严于法纪,又一视同仁;不偏不倚,奖罚分明;技高不宠,技逊不弃;不以偏见分亲疏。

8. 通道

通道即篮球教练员能精通篮球专项训练与管理的规律,具有独到的执教之道。从广义的教育论来分析,篮球运动训练的过程,是一个特殊的教育过程,所以教练员要精通教育规律,掌握教育技巧和方法,其目的是在这一特殊的教育过程中,围绕篮球运动项目的运动规律,采取相应的科学训练与管理的手段,培养、塑造一批具有高超篮球竞技能力、能为国争光的篮球竞技人才。因此,一名篮球教练员,既要有管理教育篮球队伍的本领,又要有篮球训练的技艺和才华,做到"严格管理、科学训练"。凡有为的教练员都重视掌握现代相关的科学理论,运用科学的训练学、管理学、教育学、心理学的原则和方法,来联系自己的训练与管理的实践,总结成具有自己鲜明特点的执教之道。可见,作为统队的教练员,和统兵的将帅一样,要有一套治队的明确的思想与方法。只有将科学的严格管理与科学的严格训练相结合,形成自己的执教之道,才能成为一名名副其实的优秀篮球专家,才能业有所成。

总之,教练员既是一位教育者、领导者,从某种意义上说又是一位导演和演员,运动员日常生活、训练和球场舞台上的表演是教练员充当这些角色成效的真实表现。

(四)篮球教练员培训与管理

高级教练员在特定的实践活动中,形成的经验型知识与应掌握的基础文化知识之间具有差异;由特定的职业局限形成的动作操作思维和形象思维,与科学理论学习和研究所要求的逻辑思维和抽象思维之间也有差异,这使得他们一方面在篮球活动中是高级人才,另一方面他们也需要进行必要的学习和提高。作为加强篮球教练员队伍的建设,对篮球教练员进行培训与管理,其中重要的是要提高教练员队伍的素质。提高篮球教练员素质的途径有院校培训、岗位实践等。

1. 院校培训

只有高水平的教练员才能培养出高水平的运动员,现代篮球,特别是高层次的竞技篮球,越来越突出结合高科技来进行科研、教学和训练。有人认为,"未来竞技体育的竞争将是科学水平的较量",所以,篮球教练员应在文化知识、业务能力、管理水平和其他相关的高科技知识方面努力提高自己。院校培训可以发挥体育院校的科研、设备和人才的优势,同时结合多种形式的学习和深造手段,使篮球教练员得到培养和提高。院校培训通常有以下几种形式。

(1)全日制学习

对象是退役的优秀运动员或有培养前途的青年教练员,通过参加体育院校的本科或研究生学位班的学习,弥补自己在基础理论和专业知识方面的不足。

(2)单科学习

这种学习采取单科结业的学分制,学员若修满该科规定的学时数,经所在院校的考试合格,就可以获得该学科的学分,待修完本、专科或研究生的学分,再发给相应的学习证明。这种形式适合于中等以上教练员的在职培训。

(3)函授学习

对于仍在第一线而又迫切需要提高自身素质的教练员,通过函授学习是一条切实可行的途径。目前全国各体育院校招收函授学员工作有了较大幅度改观,具体表现在招收人数和招收的覆盖面都较以往有很大的提高,大多数的教练员可以通过这个途径来提高自己的知识水平和学历层次。

(4)各种层次的岗位培训

篮球教练员岗培既是提高教练员素质的一项有力措施,也是篮球运动管理中心培训教练员的一项基本制度。教练员岗培的指导思想是提高教练员思想、业务水平和管理能力,从我国的教练员队伍的实际出发,面向运动训练与竞赛的实际,强调针对性、实用性,贯彻学用结合、按需施教,注重教学训练、竞赛指挥、队伍管理和职业道德的培训。篮球教练员岗培分高级、中级、初级三个级别,各级别都有各自的培训计划、大纲和教材,国家体育总局篮球运动管理中心负责培训地区分布,并先后在首都体育学院、北京体育大学等院校实施培训计划,而且实行培训合格上岗规定。

2. 岗位实践

通过院校培训的教练员,最终要在教练员岗位上发挥自己的才能,通过岗位实践也能有效地提高教练员的素质。因为在实际工作中可能碰到许多意想不到的困难,也可能遭遇一些挫折和失败,但这种挫折和失败是难以避免的。在实践过程中,篮球教练员为适应赛程而针对性地制定训练计划,调整运动量的大小和运动员的心理状态,科学地安排运动员营养和赛后的恢复,以及处理好与上下级的关系等等。

（1）在实践中学习提高

实践是检验教练员水平高低,也是提高教练员基础和专业素质的惟一手段,教练员要重视岗位实践,在实践中学习和应用相关知识,在解决不断出现的各类问题中提高自己的能力。

（2）以老带新

在年轻教练员成长的过程中,少不了老教练员和专家的指导,通过他们的言传身教,可以帮助年轻的教练员尽快地成长。大量的实践活动和成功事例表明,老少搭配的教练员班子,有助于发挥老教练员的经验丰富和年轻教练员精力充沛、接受新知识快的特长,特别是年轻教练员可以在日常的工作中,细心观察其他年长教练员的工作指导思想、工作方法、指挥技巧等,并在自己的工作范围内加以试用和验证,通过老教练员的"传帮带"活动,可以使年轻的教练员少走弯路,早日取得成功。

（3）自学成才

通过对自身和他人在篮球训练和比赛中经验的积累和教训的总结,也会对提高篮球教练员的素质起到促进作用。无论是集体,还是个人所进行的总结,都要突出重点,实事求是。对于某一场失利的比赛,当事人和非参与者可以一起总结,客观地分析失利的原因,特别是当事人应将自己当时的所有想法和打算全盘托出,以供大家仔细分析和探讨,只有深入地剖析,才能真正接触到问题的实质,得出的结论才可能对下次的实践活动有用。

（4）择优选派中青年教练员出国留学

对于有培养前途的年轻教练员,可以事先制定计划,明确培训目的,定期地选送他们去篮球先进国家进行短期的培训。通过这种方法,可以让教练员较为系统地了解先进国家的篮球理论,亲身接触他们的篮球实践,学习成熟的篮球管理方法,提高自身的理论水平和实际操作能力。

第十六章　篮球运动竞赛的组织与管理

第一节　篮球运动竞赛概述

篮球运动竞赛攻守对抗十分激烈,具有较强的集体协同性、集约多变性、多元组合性等特点,激烈精彩,引人入胜。优秀篮球队之间的竞赛更受到人们的广泛关注,成为现代社会文化的一部分,越来越深刻地影响着人们对社会生活和经济生活的追求。

一、篮球运动竞赛的意义

(一)适应社会发展的需要

篮球运动竞赛作为一种特殊的手段,能够起到提高国家声誉、振奋民族精神和创造社会安定环境的作用;也能够起到改善和促进国家关系,以及充当和平友好及慈善使者的作用;还能够起到推动篮球竞技体育体制的改革和加快篮球运动项目走向市场的作用。

(二)推动体育产业的发展

篮球运动在推动体育事业的发展方面可起到积极的促进作用。从传统意义上来讲,组织篮球运动竞赛是一种消费。美国职业篮球联盟的经营效果,可以说为组织篮球运动竞赛从消费向生产转化树立了典范。在高水平的篮球队伍中,组织经营性的篮球运动竞赛,作为体育产业的一种形式,可使其成为社会经济生活的一部分。

(三)促进篮球运动的普及推广

篮球运动是较受欢迎、较易开展的一个体育项目,通过竞赛能够吸引更多的人,特别是青少年来参加这项运动,从而在更大的范围内推广这项运动;通过竞赛可以检查篮球教学训练的质量与效果,促进技术和战术水平、身体素质和心理素质等的提高;通过竞赛也可以互相观摩,交流学习,增进友谊。

(四)丰富人们的精神文化生活

篮球运动在满足人们健身的同时,还能作为一种文化生活满足人们的精神享受。观看激烈对抗的竞赛,欣赏竞赛中的精湛球技,也使人们的生活空间和余暇得到扩展及充实;公平激烈的竞赛本身就传播着平等竞争的文明风尚,也鼓舞着人们对真实、自信、进取和创新的向往;竞赛过程的变幻和竞赛结果的不可预测,还给人们带来极大的悬念与乐趣,引发和满足人们对身体健康和美好生活的追求。

(五)推动社会相关行业的发展

篮球运动作为一项职业性的竞赛活动,其能够创造巨大的经济价值,在为自身的生存发展创造了良好的物质条件的同时,还可以为传媒业、旅游业、宾馆业、商业、餐饮业、保险业等行业提供良好的发展机会。高水平、较大规模的篮球运动竞赛必然会促使举办地的基础设施更加改善,从而促进这些相关产业的发展。

二、篮球运动竞赛的种类

根据竞赛的性质和目的进行分类,篮球运动竞赛大体可分为非职业性竞赛和职业性竞赛两种类型。

(一)非职业性篮球运动竞赛

1. 篮球单项目竞赛

篮球单项目竞赛属于非职业性竞赛的一种类型,其反映了参赛国家或单位单项运动的水平。这种竞赛既有国际性的竞赛,也有全国性的竞赛以及省、地、市及基层单位的篮球运动竞赛。国际性的竞赛,如世界锦标赛、世界青年锦标赛、各大洲的锦标赛、各大洲的青年锦标赛;全国性的竞赛,如全国甲级联赛、全国乙级联赛、全国青年联赛以及各行业系统的竞赛;省、地、市及基层单位的篮球运动竞赛,如职工篮球运动比赛等。

2. 综合性运动会中的篮球运动竞赛

篮球运动作为综合性运动会中的一个项目,与其他项目一起在同一时期内进行竞赛,从侧面反映参赛国家或单位的体育运动整体水平。这种竞赛有国际性运动会中的篮球运动竞赛,如奥林匹克运动会、世界大学生运动会、世界中学生运动会、洲际和地区运动会中的篮球运动竞赛等;也有全国性运动会中的篮球运动竞赛,如全国运动会、解放军运动会、工人运动会、农民运动会、大学生运动会和中学生运动会中的篮球运动竞赛等;还有各个省、地、市及企事业、学校等基层单位运动会中的篮球运动竞赛。

3. 国内外交往性篮球运动竞赛

作为非职业性竞赛的一种,国内外交往性篮球运动竞赛的主要目的是为了加强交流,增进友谊,发展相互关系。有国际性的竞赛,如国家之间双边的访问竞赛,几个国家之间多边的邀请竞赛;也有国内省、地、市之间的协作性竞赛;还有基层单位之间的友谊竞赛和表演竞赛等。

除了上述几种篮球运动竞赛之外,还有少年儿童的小篮球运动竞赛、三对三的篮球竞赛、扣篮和投篮竞赛,以及专门的残疾人轮椅篮球、聋人篮球运动竞赛。

该类型的篮球运动竞赛的普及面较广,参加竞赛运动员的层次各不相同,技术水平也有较大的差异,能够吸引更多的人参与到篮球运动中来。

（二）职业性篮球运动竞赛

1. 国外职业篮球运动竞赛

国外职业篮球运动竞赛是一种典型的职业性篮球竞赛活动,其主要目的是为了依靠竞赛的票房收入和其他收入来维持球队生计与创造利润。在国外职业篮球运动竞赛中,最有代表性的是美国 NBA 男子职业篮球联赛;还有一些国家举办的职业联盟竞赛,如意大利、希腊、菲律宾、韩国的职业篮球联赛,以及一些国际性的俱乐部竞赛等。

2. 国内职业篮球运动竞赛

近年来,我国职业篮球运动竞赛获得了较快的发展,开展这种竞赛的主要目的是为了通过改革推动我国篮球运动跟上世界篮球运动的发展趋势,从管理体制、竞赛制度和方法等方面与国际接轨,从而提高我国篮球运动的整体水平。目前也是在篮球管理体制中实现从计划经济向市场经济的过渡。我国从 1996 年开始首次举办了男子 8 支球队参加的职业篮球运动竞赛,目前的 CBA 联赛和 WCBA 联赛就是这种职业性竞赛的延续和扩展。

从整体而言,职业性篮球运动竞赛所涉及的范围较窄,但参加竞赛运动员的技术水平比较高,它带有明显的商业性,对篮球运动的产业化有一定的促进作用。

第二节　篮球运动竞赛的方法与编排

科学的篮球运动竞赛方法和编排能够促进参与竞赛的球队在较为公平和合理的条件下展开激烈的竞争,从而使得各参赛队的竞技水平能够客观公正地反映出来。

一、淘汰赛的竞赛方法与编排

淘汰法是在竞赛中以胜进负退来确定竞赛名次的一种方法,即获胜队可以继续参加进一层次竞赛资格、失败队失去继续参加进一层次竞赛资格的方法。

（一）单淘汰赛的竞赛方法与编排

失败一次便失去继续参加竞赛资格的为单淘汰。

（1）确定竞赛场数。根据报名参加的队数,对照 $2^n \geqslant N$ 的关系式,来确定竞赛的场数、轮数和号码位置数（N 为参赛队数,n 为大于 1 的正整数）。

竞赛场数＝N－1,竞赛轮数＝n,号码位置数＝2^n。

（2）参赛队抽签,确定参赛队在竞赛中的号码位置,再按顺序将号码两两相连,列出单淘汰的轮次表,通过竞赛确定冠军和亚军。

例如,8 个参赛者（队）比赛,需进行 3 轮、7 场比赛,其具体排列方法如图 16-1 所示。

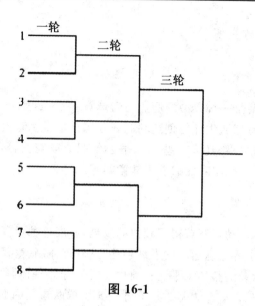

图 16-1

（3）采用附加赛的办法确定冠、亚军之外的其他参赛队的名次。附加赛的办法是在同一轮次中，胜队与胜队，负队与负队再进行竞赛，直到排出竞赛所需要的名次顺序。例如在 8 个队参加的淘汰赛中，需要排出 8 个队的名次，按照图 16-2 的方法进行附加赛，根据竞赛结果排列名次。

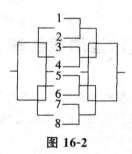

图 16-2

如果参加竞赛的队数少于 2^n，则将 2^n 作为号码位置数，但要在第一轮竞赛中设若干轮空队，以保证第二轮竞赛中不再有轮空队。根据 $2^n \geqslant N$ 的关系，轮空的队数应为 $2^n - N$。然后按照轮空位置表定出空号码位置，再由参赛队抽签确定各队的号码位置。

（二）双淘汰赛的竞赛方法与编排

失败两次便失去继续参加竞赛资格的为双淘汰。

双淘汰是为了使在第一轮中失败的队能够有机会继续参加竞赛，甚至参加到最后争夺第一名的竞赛，以减少单淘汰中产生的偶然性结果。

双淘汰第一轮的编排与单淘汰相同，从第二轮起，把失败的队再编起来竞赛，只有第二次失败的队才被淘汰。因而，即使在第一轮竞赛中失败的队，只要该队在以后的竞赛中能够保持不败，就有可能去争夺冠军（图 16-3）。不过，如果该队在冠、亚军决赛中获胜的话，还必须再赛一场才能最终分出仲伯。

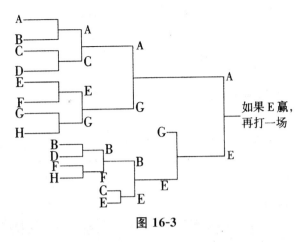

图 16-3

例如,8 个参赛者(队)进行双淘汰赛,需 7 轮、13 场比赛,其排列如图 16-4 所示。

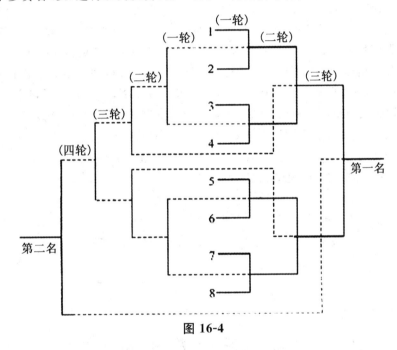

图 16-4

(三)多场淘汰赛的竞赛方法与编排

与同一对手竞赛时以 3 战 2 胜、5 战 3 胜或 7 战 4 胜的形式进行淘汰的为多场淘汰。多场淘汰通常是在竞赛水平比较高、双方实力相当,或者在一次篮球运动竞赛的后阶段竞赛中采用的方法。

多场淘汰的编排克服了单淘汰中两队之间交锋一场论胜负的偶然性缺陷,更加客观地反映了参赛队的整体综合实力。

(四)编排淘汰赛时的注意事项

淘汰赛的抽签工作结束后,紧接着就对全部比赛的场次进行编排,即确定全部比赛的日期、时间和场地,这项工作十分重要和细致,编排工作的质量直接影响到竞赛、观众、场地、交通等各个方面的工作效率,如何在规定的时间内科学合理地安排比赛秩序,必须经过反复考虑,最后由各方面的人员来综合检验,方能确定。进行淘汰赛的编排工作时,应注意以下几个方面的问题。

(1)在球类个人项目的淘汰赛中(如羽毛球、乒乓球等)由于竞赛项目和场次多,而且交叉进行,编排时容易出现重场、遗漏场和连场比赛等问题,因此要注意全面检查,认真核对,坚决杜绝重场、遗漏场和连场等差错。

(2)无论是单淘汰或双淘汰赛,比赛都应逐轮进行,以保持比赛进度一致。当遇到有"抢号"场次时,应提早安排;遇到"轮空"场次时,则"轮空"后的一场比赛,可适当推后一些进行,这样可以保证运动员有足够的间隙时间休息。

(3)安排好单项比赛的"决赛"。一次竞赛的决赛是整个比赛的高潮,应安排在观众最多的时候或竞赛的最后阶段进行。为了确保比赛的效果,各项决赛的具体时间可在决赛前再确定,不一定在赛前就具体排定,要尽量保证有更多的观众观看比赛。

(4)有兼项的比赛项目淘汰赛中,编排方案应立足于假设选手,在任何一个项目中的任何一场比赛中都有望取胜,以此来编排每个选手可能出现的最大比赛强度和极限量。不能突破规则和规程规定的该项目比赛的极限量。对于在一段时间中,可能进行两场或更多场次比赛的竞赛项目,选手在相邻两场比赛之间,应保证得到不少于规定的休息时间,同时也要避免过长的休息时间。

(5)对于一个场馆内安排若干个比赛场地的个人项目竞赛,特别要注意科学、合理地使用比赛场地。场地设置的数量不宜频繁变动。一般是随着比赛进程逐步减少场地的数量,避免忽多忽少。比赛场地的安置,要便于四周观众观看,不能过多地集中在某一侧。

二、循环赛的竞赛方法与编排

循环法是使参加竞赛的队,在整个竞赛中或在同一组的竞赛中,都能够相遇进行竞赛,最后根据各队在竞赛中的胜负场数,按一定的计分办法排列名次的一种方法。

(一)循环赛的轮数与场数计算

1. 循环赛的轮数

当所有参赛的队都赛完一场(轮空队除外),称为循环赛的一个轮数。正确地计算循环赛轮数,是科学、合理地安排整个比赛所需时间或期限,合理安排比赛日程的主要依据。

当 N 为偶数时: $Y=N-1$ 即: 轮次数=参赛队数-1

(注:N=参赛队数,Y=轮次数)

例如:8个队参加单循环赛,比赛总轮数为:$8-1=7$(轮)

当 N 为奇数时: $Y=N$ 即: 比赛轮数=参赛队数

例如:5个队参加单循环赛,比赛为 5 轮。

(注:双循环赛的轮数是单循环赛轮数的 2 倍)

2. 循环赛的场数

循环赛的场数是指参赛队之间互相轮流比赛全部结束的总场数。计算循环赛的比赛总场数,目的在于提前安排好人力、物力、比赛日程与场地。

$$X＝N(N-1)/2$$

即:单循环比赛场数＝参赛队数×(参赛队数-1)/2

(注:X 为比赛场数,N 为参赛队数)

(二)循环赛的编排方法

1. 单循环赛的竞赛方法与编排

所有参赛队都能相遇竞赛一场的为单循环。

单循环竞赛的总场数为 N(N-1)/2(N 为参赛队数)。

单循环竞赛的总轮数:若参赛队数为奇数,则竞赛轮数等于队数;若参赛队数为偶数,则竞赛轮数为队数减去 1。

(1)轮次表的编排

单循环竞赛的编排都是按照成对进行的。无论参加竞赛的队数是单数还是双数,都按双数编排,只不过如果参赛队数是单数,则在队数后面加一个"0"号,使总数成双。将成双的号数一分为二,前一半号数自上而下写于左边,后一半号数自下而上写于右边,两两对应相连,就是第一轮竞赛的编排。凡与"0"号相遇的队就是轮空队。第一轮排定后,后面几轮的编排是以前一轮的"1"号位置固定不动,其他号码逆时针方向轮转一个位置,再两两相连,就组成整个竞赛的轮次表。8 个队循环竞赛的轮次可参考表 16-1 所示。将整个竞赛的轮次再重复一次,便是双循环的轮次表。

表 16-1　8 个队循环竞赛的轮次表

第一轮	第二轮	第三轮	第四轮	第五轮	第六轮	第七轮
1～8	7～8	6～8	5～8	4～8	3～8	2～8
2～7	1～6	7～5	6～4	5～3	4～2	3～1
3～6	2～5	1～4	7～3	6～2	5～1	4～7
4～5	3～4	2～3	1～2	7～1	6～7	5～6

(2)单循环竞赛的抽签定位

单循环竞赛根据队数及相应的轮转方法编排好轮次后,应将比赛队具体地安排进轮次表,通常情况下把比赛队安排进轮次表,并采用以下两种方法。

抽签法:在不知道参加比赛队的实力情况或竞赛规程规定必须抽签时采用该方法。抽签时按参赛队数做好相应的号签,抽到相应号码的队则对号入座,按抽签结果排入轮次表内。

成绩顺序法:如果知道各参加比赛队的实力情况(即按各参赛队或个人近期竞赛成绩的排名顺序),一般将各参加比赛队年度比赛的名次排列作为各队进入轮次表的代号,如第一名为 1 号、第二名为 2 号、第三名为 3 号,依此类推,分别对号入座。

为使比赛逐步走向高潮的效果,在确定最后比赛轮次时应尽量把实力接近的比赛靠后安排,直到比赛打到最后一轮才能确定各队名次,这就有必要对比赛的轮次进行适当的调整。但特别要注意的是,在做比赛调整时,必须将整个轮次一起调整,绝不能只将某轮次中的一场比赛调整到另一轮次中进行。

(3)竞赛日程表的编排

单循环赛轮次表填好后,把各轮次的比赛编成比赛日程表(比赛的日期、场地等)印发给各队(见表 16-2)。

表 16-2　竞赛日程表

日期	时间	组别	参赛队	场地

2. 双循环赛的竞赛方法与编排

所有参赛队都能相遇竞赛两场的为双循环。双循环竞赛的总场数和总轮数比单循环增加一倍。

双循环一般在参赛队伍较少而竞赛时间较长时采用,所有参赛队均相互竞赛两次,最后按各队在全部竞赛中胜负场数、得分多少排列名次。

双循环制的竞赛场数和轮次均为单循环制的倍数;竞赛轮次的编排与单循环编排相同,但要分别排出第一循环和第二循环轮次表;计分方法和名次排列也和单循环制相同,但遇两队积分相等且相互间胜负场次也相等的情况,则按两队间竞赛的胜分多少来确定名次,胜分多者名次列前。

3. 分组循环赛的竞赛方法与编排

在参赛队数较多而竞赛时间有限的情况下,往往把参赛队分为若干小组,分组进行单循环,这就是从单循环衍生出来的分组循环。

分组循环是把参赛队分成大致相等的若干组,分别进行单循环竞赛,排出小组名次后再进行第二阶段竞赛。分组循环通常分第一阶段和第二阶段。

(1)第一阶段

按竞赛规程规定将参赛队分为几个小组,各组参照单循环编排。排出小组比赛表,然后确定种子队的位置。分组循环赛一般按分组数或分组数的 2 倍数确定种子,若种子数与组数相等,则将种子队分别安排在各小组的 1 号位置,如种子队为组数的 2 倍,应采用"蛇形编排法",将种子队依次排列在各小组的 1、2 号位置上,非种子队也应抽签后定位。

①抽签方法。首先在领队会上协商确定种子队:种子队的队数一般等于分组数。为了使比赛更合理,也可以多选出几个种子队,但必须是组数的倍数。种子队先抽签,确定各种子队的组别,然后其他各队再抽签确定组别。例如,20 个队分为 4 组,除 8 个种子队外,其他 12 个队再抽签。签号分为 4 组,每组有相同的 3 个签,由 12 个队抽签确定组别,然后再把各队按组别填入各组的比赛轮次表中。

②另外一种分组方法为蛇形排列分组,即按上一届名次进行分组。将各参加比赛队年度比赛的名次排列作为各队列入轮次表的代号,如第一名为 1 号、第二名为 2 号、第三名为 3 号,依此类推,分别对号入座。例如,有 16 个队分为 4 个组时,其排列方法可参考表 16-3 所示。

表 16-3 16 个队分四组比赛编排表

第一组	第二组	第三组	第四组
1	2	3	4
8	7	6	5
9	10	11	12
16	15	14	13

（2）第二阶段

各队在第一阶段分组循环赛中的名次,将决定其进入第二阶段比赛的位置。在第一阶段已经相遇过的队,比赛成绩依然有效,第二阶段不再进行比赛。其常用的比赛方法有:同名次赛、分段赛、交叉赛、录取名次赛等。

①同名次赛。同名次赛是将各小组第一阶段分组循环赛中相同名次编在一起进行比赛,如第一阶段分组循环赛 4 个组的第一名编成一组进行单循环赛,决出 1~4 名,各小组的第二名编在一起决出 5~8 名,余类推。

②分段赛。分段赛是将各小组的名次分为几段,同一段名次的队编在一组进行循环赛决出总名次。如第一阶段分组循环赛两个组的 1、2 名编在一起决出 1~4 名,两个组的 3、4 名编在一起决出 5~8 名。

③交叉赛。交叉赛是根据各组的比赛成绩交叉排列进行下一阶段比赛,例如将第一阶段分组循环赛每组出线前两名进行交叉比赛,甲组的第一名对乙组的第二名,甲组的第二名对乙组的第一名,然后将两场比赛胜者排列进入决赛争夺第 1、2 名,两场比赛负者排列进行比赛决出第 3、4 名,甲、乙组的 3、4 名用同样方法决出第 5~8 名,其余类推。

④录取名次赛。录取名次赛是根据竞赛规程规定的录取名次限制,在各小组录取一定数量的队(或个人)进入决赛,参加第二阶段决赛队(或个人)的数量应等于或略高于录取名次的队(或个人)数。例如 16 个队(或人)参赛,规程规定录取前 8 名,预赛分为 2 个组,则每组前 4 名的队,进入第二阶段决赛,其余的队不再进行比赛。

4. 混合赛的竞赛方法与编排

混合竞赛法是在一次竞赛中把淘汰法和循环法结合起来运用的方法。通常是把竞赛分为几个阶段,各个阶段采用不同的方法。

混合竞赛法的编排比较多见的是先采用循环竞赛法,后采用淘汰竞赛法。无论采用哪种方法,参赛队抽签后,都要将各队队名填到轮次表中,竞赛日程的编排可参考表 16-4 所示。

表 16-4 竞赛日程表

日期	组别	时间	竞赛队	竞赛场地	雨天场地

总之,无论采用哪种方式和方法,篮球运动竞赛的编排都要根据篮球运动开展的实际情况来确定。

(三)循环赛日程编排需要注意的事项

(1)循环赛要求每个参赛队(或个人)和其他参赛队之间都要进行比赛。从所有参赛队的角度上考虑,保证了所有参赛队均等的机会,但是在比赛顺序和比赛条件上仍存在着机会不均等的问题。如强队与弱队、强队与强队相遇时间的先后问题;实力相近两队之间决定性比赛前,各自体能消耗的问题(指各自在前一场比赛对手的强弱和休息间隔时间的不均等);各参赛队比赛进度先后不一致问题以及比赛场地条件的优劣和各队对场地条件适应能力等问题。要做到各方面条件绝对均等是不可能的,但在编排工作中应尽量将这些可能出现的不均等因素降到最低程度,使整个运动竞赛获得更好的效果。

(2)为了尽可能降低因编排工作因素可能出现的不均等问题,在编排工作中应注意下列事项,当参赛队为奇数时,不宜采用1号队固定的逆时针旋转法来编排比赛顺序。目前各级各类比赛中,凡采用循环法比赛,都是以左上角1号队为基准点固定不动,其他队(或个人)每轮按逆时针方向依次旋转一个位置。这种编排方法的优点是能保证每轮都有实力相近的两个队进行比赛,1号种子强队所遇的对手由弱到强;最后一轮保证有1号与2号两强相遇,比赛推向高潮。

这种安排可能会造成其中某一队连续多次遇到的对手,都是前一轮轮空的队,造成该队在体能恢复方面处于不利地位。例如,有7个队参赛时,6号队在7轮比赛中,后4轮全部与前一轮轮空的队进行比赛,具体内容可参考表16-5所示。上述情况对6号队在体能恢复方面的条件上是不公平的。

表16-5　参赛队与轮空队比赛轮转表

第一轮	第二轮	第三轮	第四轮	第五轮	第六轮	第七轮
1～0	1～7	1～6	1～5	1～4	1～3	1～2
2～7	0～6	7～5	6～4	5～3	4～2	3～0
3～6	2～5	0～4	7～3	6～2	5～0	4～7
4～5	3～4	2～3	0～2	7～0	6～7	5～6

如果是5个队参赛,4号队将有两轮连续与上一轮的轮空队比赛;若有9个队参赛,则8号队将有6轮连续与上轮次比赛的轮空队相遇。

克服这个不合理现象的具体方法是,改为顺时针旋转法,或是固定右上角0号队不转动,其他队则可用逆时针旋转来进行编排。不同运动项目的比赛,场与场之间每队最低限度的休息时间是不相同的。其中足球休整的间隙最长,排球、篮球、手球等次之,乒乓球等小球项目则较短。编排时应注意保证各队的间歇时间,尽可能使比赛双方相近,以防造成恢复体力时的不均等待遇。

除上述几个方面,在进行编排时,还需要对比赛条件、场馆、观众、时间的安排做到统筹兼顾,尽可能使各队基本上达到均衡。在安排赛程时,要使比赛能逐步推向高潮,各轮次都应保持有势均力敌的比赛场次,不使比赛出现冷场,让比赛越打越紧张。

第三节　篮球运动竞赛的制度与组织

一、篮球运动竞赛的制度

篮球运动竞赛制度能够有系统、有计划、有目的地组织推动篮球运动竞赛的顺利开展,并实现篮球运动竞赛的社会化和多样化,它根据篮球项目的特点和要求,规范篮球运动竞赛性质、等级和周期。通常情况下,篮球运动竞赛制度可分为赛会制、赛季制和混合制三种类型。

(一)赛会制

把参加比赛的球队集中在一个地方,用几天或十几天的时间,连续进行比赛的一种竞赛方式,即赛会制。

1. 赛会制的特点

(1)适用范围广。综合性运动会的篮球比赛、国内大多数的篮球单项比赛、国际性的篮球锦标赛多采用的都是赛会制。

(2)比赛队伍集中,为运动员创造了观摩、学习、交流的好机会。

(3)比赛地点固定,可以避免参赛队的旅途奔波。

(4)比赛场次连续,比赛强度大,调整、恢复时间短,容易产生疲劳。

(5)赛会制的比赛为承办方提供了持续的社会公众注视热点,从而能带来相应的社会效益和经济效益。

(6)赛期短,场次少,运动员锻炼的机会少些。

(7)比赛方法具有一定的局限性,参赛队实际水平的发挥会受到一些偶然性因素影响,可是这种偶然性因素也给参赛队提供了一定的有利机会。

2. 组织工作的要求

(1)针对比赛规模大、管理工作责任重且复杂的情况,要仔细制定好全面的组织方案,规划好各部门的工作范围、工作职责、工作关系。

(2)针对比赛赛期短,赛程紧凑,赛间可能出现的问题比较集中的情况,要求各方面工作要具体、细致,要有很强的时间观念,要始终处于紧张的运转状态,保证比赛的顺利进行。

(3)针对参赛队和人员多的情况,后勤工作部门要以全天候的方式保障参赛运动员有良好的休息和充沛的精力。

(4)针对于承办大规模、高水平、国际性的篮球比赛,要事先进行大量的基本建设投入,根据赛会制比赛的要求,做好基础设施建设。

(5)承办赛会制比赛,要有市场经济意识,要以经营的观念来做好组织管理工作,实现经济效益和社会效益的双丰收。

(二)赛季制

竞赛时间较长,参赛队不集中,分别在参赛队各自的赛地进行比赛,参赛队每赛完一场后伴有若干休整日的分主客场的一种竞赛方式,即赛季制。

1. 赛季制的特点

(1)这种类型的竞赛制度主要是采用主客场的形式进行比赛。这种主客场的形式可以使参赛队都能够有机会凭借主场的天时、地利、人和,充分发挥球队的竞技水平。

(2)该类型的竞赛制度的竞赛赛期较长,一般为半年左右,通常是跨年度的,可以根据比赛性质、时间、水平安排比较多的比赛场次,为运动员的成长、锻炼和发展提供了更多的机会。还能使参赛队避免一些偶然性因素的影响,较客观地体现出实际水平。

(3)该类型竞赛制度的赛间有休整,对运动员持续性体能要求较高,对运动队的训练安排也有较高的要求。

(4)赛季制的承办需要有雄厚的经济实力作为基础,以便于球队往返于不同赛地,所以赛季制比赛一般只是在一个国家内最高水平的比赛中运用。

2. 组织工作的要求

(1)针对赛季制比赛赛场分散,各赛地比赛的持续时间长、次数相对较少,但工作任务延续时间跨度大的特点,比赛组织机构应当精干,要保持很强的机动性,随时能进入程序化的运作状态。

(2)针对参赛队不集中、赛地不同的情况,在比赛的管理上,要加强对主场工作人员和运动员的职业道德教育、加强对观众的宣传教育,倡导文明观赛。

(3)针对赛季制主客场比赛的形式,要把比赛作为一项业务来经营,组织管理应当成为经营者的一项工作,促使篮球运动竞赛真正的市场化。

(三)混合制

这种类型的竞赛制度是赛会制和赛季制二者相结合实施的一种,它通常是竞赛前期采用集中在一起进行比赛,竞赛后期采用主、客场的形式进行比赛。

我国目前举办的全国男子篮球联赛(简称 NBL)实行的就是混合制。

二、篮球运动竞赛的组织结构

(一)篮球队伍组织结构

篮球队伍的组织结构主要是由主教练、助理教练、领队、队长和辅助工作人员组成。组织结构中,主教练是核心,其他工作人员应以主教练的训练、竞赛计划为主要工作,辅助主教练做好球队的管理工作。

1. 主教练的职责

主教练主要负责球队的训练、竞赛以及管理等工作。有利于队伍的团结和发挥助理教练与辅助人员的作用,同时还要有明确的分工,团结协作共同完成球队的各项工作。

2. 助理教练的职责

助理教练充分发挥助手的作用,分工负责球队一定的训练工作,同时还要负责一些事务性工作,辅助主教练做好队员的思想教育工作,出现问题能够及时向主教练提出合理化建议。

3. 领队的职责

领队要负责全面的思想教育、生活、财务管理的工作,协调工作人员之间各个环节的关系,同时还要负责全队对外、对上级联络和协调工作。

4. 队长的职责

球队的队长一般是由运动员中优秀突出的队员,辅助教练做好球队的训练,使得教练员与队员有很好的沟通。

5. 其他管理人员的职责

球队的其他管理人员包括医生、心理师、辅助工作人员等,其职责是治疗伤病与康复、消除疲劳、心理咨询、诊断与治疗、营养调理和生活服务管理等方面的工作。

(二)篮球运动竞赛的要求

1. 组织篮球运动竞赛的要求

(1)遵循篮球运动竞赛的客观规律

篮球运动竞赛的组织工作需要建立在遵循篮球运动竞赛的客观规律的基础之上。竞赛日期应该根据上一级体育组织所制定的竞赛计划来安排的,与上一层次的竞赛时间错开。组织高层次的竞赛,要考虑季节、气候、持续时间的因素,要考虑竞赛规模、方式、方法和相关的其他活动。要通过组织竞赛来提高训练水平,促进后备人才的培养和成长,以竞赛带动训练,以训练促进竞赛。

(2)保证篮球运动竞赛的整体质量

要完成竞赛的任务、达到竞赛的目的,具备必要的"硬件"之外,同时还要有相应的"软件"来保障。要有一支有素养、有效率的工作队伍,使竞赛工作能够有序地进行。也要有完善的规章制度,使竞赛能够在公平、公正和公开的环境中进行。

(3)提供篮球运动竞赛的良好环境

良好的环境是篮球运动竞赛顺利开展的基础条件和保证。对于篮球运动竞赛而言,场馆(地)设施器材和具有一定的观众基础是最基本的两个条件。举办大型甚至国际性的竞赛,场馆设施、器材设备必须符合一定的标准,举办地要能够提供良好的食宿、便利的交通、通讯和良好的治安环境。

(4)创造篮球运动竞赛的综合效益

要以组织篮球运动竞赛来推动和引导这项运动更广泛地开展,丰富人民群众的业余文化生活,宣传积极向上的精神,获得精神文明建设的成效。也要以组织篮球运动竞赛来拓展社会办竞赛的渠道,减少政府财政支出,开发商机和走市场化的道路,获得丰富的物质财富。

2. 篮球运动队管理的要求

对篮球运动员的管理,在采用合理方式的同时还应注意以下几个方面。

（1）要根据篮球运动员的年龄和性别，有针对性地进行管理教育工作。同样的问题对不同对象管理的方式和方法有所区别对待。对不同类型的篮球运动员，教育与管理的方法应有所不同，外向型胆汁质类型的篮球运动员和内向粘液质类型的篮球运动员对待批评与表扬会有不同的反映，因此，教育与管理时应根据具体情况来决定。

（2）管理中应以教育为主，处罚为辅，主要是表现出更多的关爱与交流。

（3）管理中应先建立各项规章制度，做到有章可依据。建立规章后就要来严格执行。

（4）篮球运动队的管理应该得到社会和家长的积极配合，相互交流和沟通，从而达到良好的效果。

三、篮球运动竞赛的组织工作

（一）竞赛前的准备工作

在篮球运动竞赛开始之前，需要做的准备工作主要包括制定组织竞赛计划和实施计划。篮球运动竞赛前，应根据篮球运动竞赛的规模和特点，成立相应的办事机构，包括建立竞赛组织机构、确定组织方案、制定竞赛规程和拟订具体工作计划等，明确各类人员的分工和职责。

1. 建立竞赛组织机构

首先要成立筹备委员会，即竞赛开幕后的组委会，它对竞赛的全过程起组织领导作用。然后在它属下，再设立具体的工作机构。这些工作机构负责整个竞赛过程中的各项具体事务，协助领导小组完成竞赛任务。凡是与竞赛有关的事务，都要有相应的部门或人员负责管理。

2. 制定竞赛组织方案

篮球运动竞赛的领导小组要对竞赛的任务、规模、水平，承办单位的硬件、软件质量，组织竞赛经费等情况有全面的了解，并且要本着实事求是、精简高效和勤俭节约的原则，对竞赛期间各项活动内容、各项收支作出计划、安排、预算。

一般情况下，组织方案的内容包括：拟定竞赛的目的、任务、名称、主办单位、承办单位（或协办单位）；根据工作需要确定组织机构，包括组织形式和人员安排；具体列出每项工作的实施步骤和完成的时限；根据财力和实际工作需求制定预算方案（经费预算主要包括场地器材费、交通费、食宿费、裁判员酬金、工作人员津贴、运动员奖金、招待费、广告制作费及文印、通讯等费用）。

3. 制定竞赛规程

科学严格的竞赛规程是保证篮球运动竞赛顺利开展的指导性文件，是竞赛过程中一切活动的依据。竞赛所需要的一些特殊的规定时，也要写入规程。规程一经审定，就应保证其严肃性和权威性。竞赛规程应提前下发有关单位，以便各参赛单位做好赛前准备工作。

一般而言，竞赛规程主要包括下列内容：篮球运动竞赛的全称，竞赛日期和地点，竞赛的目的和任务，主办单位和承办单位，参加竞赛的单位及人数限定，参赛运动员的资格，明确报名及报到日期，竞赛所采用的竞赛办法和竞赛规则，录取名次和奖励办法，抽签日期和地点，交通、住宿和经费开支等有关规定，国内职业联赛中还包括对运动员的转会、外援引进人数、更换及上场时间和人次的规定,注意事项。

4. 拟定工作计划

各个工作部门建立后,应根据整个竞赛工作各阶段的进行顺序,按照不同分工,分别拟订具体的工作计划,明确任务与分工。

(1)竞赛部门

竞赛部门的主要工作包括:接受各队报名单;对运动员资格进行审查;做好竞赛的编排,安排好竞赛日程、时间、场地;检查场地、设备、器材的准备情况;确定参加技术统计工作的人员并组织学习,准备好各种设备;编印竞赛秩序册,秩序册的基本内容应包括竞赛规程、组委会名单、工作人员名单、裁判员名单、代表队名单、竞赛日程、成绩记录表等;制定大会日程表,包括竞赛、休息、会议、参观学习、文娱活动、报到和离开日期、作息时间等;绘制成绩记录表、裁判员安排表,参赛队赛前及休息日训练场地安排表等各种表格;召集领队、教练员会议,公布竞赛成绩;仲裁竞赛争议。

(2)裁判部门

裁判部门的主要工作包括:对裁判进行公正准确、无私无畏的职业道德教育;组织裁判员的赛前学习竞赛规程和体能测试,保持良好的精神和身体状态;记录台的工作人员要熟悉各种器材设备的操作使用,做到及时准确地反映竞赛进行情况。

(3)场地部门

场地部门的主要工作包括:按竞赛要求检查、落实竞赛场地,保证竞赛顺利进行(记录台和球队席、换人席的设置);检查、落实器材设备,如计时钟和备用钟、计分器和计分牌、30秒或24秒计时器、犯规牌、全队犯规装置、锣或蜂鸣装置等。竞赛需要的其他物品,如竞赛用球、拖把、干毛巾等。

(4)会务部门

会务部门的主要工作包括:布置赛场,宣传竞赛法规,编辑简报,安排广播电视、报刊的报道,组织新闻发布,渲染竞赛气氛,吸引更多的人关注,扩大竞赛影响;安排好医务人员和医疗用品,制定安全保卫工作方案、落实值班人员;落实交通、食宿、票务工作,及时订制奖杯、奖牌、锦旗和奖品。

(5)总务部门

总务部门的主要工作包括:做好后勤服务工作;做好食宿安排、物资供应、交通调度、安全保卫、医务保障、门票订购等;做好财务管理工作,掌握收支、控制标准、执行预算等。

(二)竞赛期间日常工作

在篮球运动竞赛期间,从竞赛开幕到闭幕,所有组织工作都要在领导小组的领导下进行,为保证篮球运动竞赛的顺利正常开展而积极努力。

1. 竞赛管理

(1)仲裁委员会要妥善处理赛场上出现的各类纠纷和申诉,并及时将仲裁结果报各有关部门和参赛队。

严格按照篮球运动竞赛的法规、规则来管理竞赛,建立良好的竞赛秩序,使参赛的运动队能够在平等的条件下竞争。

（2）竞赛部门要经常与各队联系,定期召开领队或其他会议,处理和解决有关问题;遇到特殊情况需更改竞赛场地、日期和时间,须及时通知各队;及时登记公布竞赛成绩,遇有淘汰赛和交叉赛时应及时将对阵表下发各队。

对赛场中可能出现的假球、赌球、"黑哨"和乱扔杂物、干扰竞赛正常进行、围攻裁判员等有损文明行为的突发事件也要有充分的估计。

（3）组织裁判员每天开好准备会和小结会,及时总结,努力提高执裁水平;安排好第二天的工作。

裁判员的公正、公平和敬业态度反映了竞赛的严肃性,鸣哨的准确程度体现了判罚的权威性,执法的松紧程度影响着竞赛的对抗性,判罚时的待人态度影响着运动员的竞赛情绪。因而加强对裁判员队伍的管理,除了赛前的学习教育之外,赛间的及时检查、小结与监控,是保证竞赛健康发展的重要措施。

（4）场地部门对场地、设备、器材进行例行检查,并及时作必要的维护和修理。

（5）总务部门要听取各队对生活、交通等方面的意见,及时改进;加强医务监督,及时处理伤病事故;做好赛场、住地的安全保卫工作,保证竞赛顺利进行。

不能因为工作人员的疏忽而使竞赛情况得不到正确及时的反映,也不能因为器材设备的故障而使竞赛延误、停顿、脱节。

2. 非竞赛管理

在篮球运动竞赛期间,组织管理人员还应当采取合理的方式对非竞赛活动进行严格的管理,从而保证篮球运动竞赛活动的顺利开展。涉及各工作部门的非竞赛活动需要进行组织管理的工作主要包括以下几方面。

（1）赛事服务的管理

其管理内容如下:对竞赛场地器材设备的检查、保养和维修;对食堂进行食品卫生检查,预防肠道传染疾病的发生;对住地和赛场休息室进行相应的封闭治保,避免闲杂人员的干扰,保证参赛人员的休息和安全;组织好每次竞赛后的新闻发布会,尽快地处理和传递当日竞赛的信息,安排好每场竞赛中间歇时间内的表演;为参赛人员提供某些特殊的服务项目。

（2）赛场观众的管理

其管理内容如下:做好文明观赛的宣传工作,引导观众讲礼貌、守纪律,为竞赛双方加油;做好应对观众可能出现的过激行为的应急准备;组织好安全保卫和观众的疏导工作。

（3）开幕式、闭幕式的管理

其管理内容如下:开幕式和闭幕式的主题要明确,安排要紧凑,场面要热烈;开幕式和闭幕式的组织任务与要求是扩大篮球运动的影响,提高篮球运动的社会地位,加强篮球运动员的责任感。

（三）竞赛后的结束工作

竞赛后的结束工作主要包括以下几个方面:编制和印发总的竞赛成绩表、某些单项技术评比名次和其他一些获奖名单;组织召开闭幕式,宣布竞赛成绩并颁奖;办理参赛队伍的离会手续、交通安排等事宜;对竞赛器材设备的整理,做好相关竞赛技术资料处理和归档工作;对竞赛的收支进行财务决算;进行竞赛工作总结,为组织高一层次的队伍选拔人员。

第十七章　篮球运动规则与裁判法

第一节　篮球运动的基本规则

一、球场和器材

(一)球场

1. 比赛场地

比赛场地应是一块平坦、且无障碍物的硬质地面(图 17-1)。其尺寸是长 28 米、宽 15 米,从界线的内沿丈量。

2. 后场

某队的后场由该队本方的球篮、篮板的界内部分,以及由该队本方球篮后面的端线、两条边线和中线所界定的比赛场地部分组成。

3. 前场

某队的前场由对方的球篮、篮板的界内部分,以及对方球篮后面的的端线、两条边线和距离对方球篮最近的中线内沿所界定的比赛场地部分组成。

4. 线

所有的线应用白色画出,宽 5 厘米并清晰可见。
(1)界线
比赛场地是由两条端线和两条边线组成的界线所限定。这些线不是比赛场地的部分。
任何障碍物包括在球队席就座的人员距比赛场地应至少 2 米。
(2)中线、中圈和罚球半圆
中线应从两边线的中点画出并平行于两端线。它向每条边线外延伸 0.15 米。中线是后场的一部分。

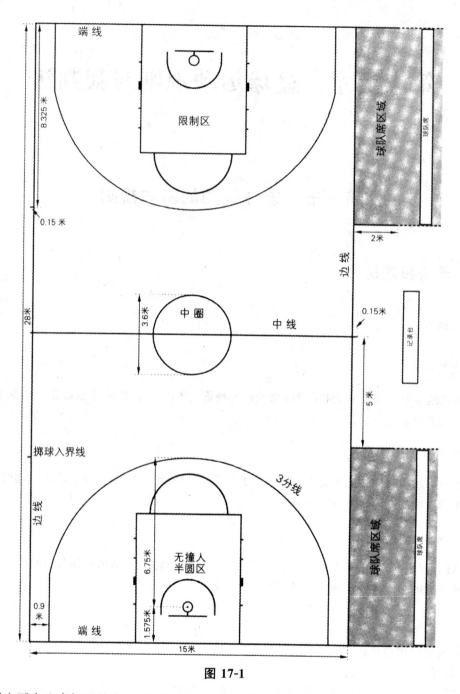

图 17-1

中圈应画在比赛场地的中央,半径为 1.80 米(从圆周的外沿丈量)。如果中圈里面着色,它必须与限制区内的颜色相同。

两个罚球半圆应画在比赛场地上,半径是 1.80 米(从圆周的外沿丈量),它的圆心在两条罚球线的中点上(图 17-2)。

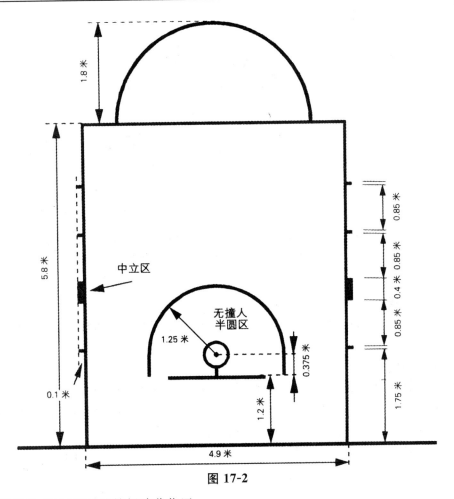

图 17-2

（3）罚球线、限制区和抢篮板球分位区

罚球线应画成与每条端线平行。从端线内沿到它的最外沿应是 5.80 米，其长度是 3.60 米。它的中点应落在连接两条端线中点的假想线上。

限制区应是画在比赛场地上的一个长方形区域，它由端线、延长的罚球线和起自端线（外沿距离端线中点 2.45 米）终于延长的罚球线外沿的线所限定。除了端线外，这些线都是限制区的一部分。限制区内必须着同一种色。

罚球时留给队员们的沿限制区两侧的抢篮板球分位区，应按图 17-2 标出。

（4）3 分投篮区域

某队的 3 分投篮区域（图 17-1 和图 17-3）是除对方球篮附近被下述条件限制的区域之外的整个比赛场地的地面区域。这些条件包括：从端线引出的两条垂直于端线的平行线，其外沿距离边线的内沿 0.90 米；以对方球篮中心正下方场地上的点为圆心，画一个半径（圆弧外沿）是 6.75 米的圆弧。此圆心距离端线中点的内沿是 1.575 米，且该圆弧与两平行线相交。

3 分线不是 3 分投篮区域的部分。

（5）球队席区域

球队席区域应由两条线在场外画出（图 17-1）。

球队席区域内必须有 14 个座位提供给球队席人员使用。球队席人员包括教练员、助理教练员、替补队员、出局的队员和随队人员。任何其他人员应在球队席后面至少 2 米处。

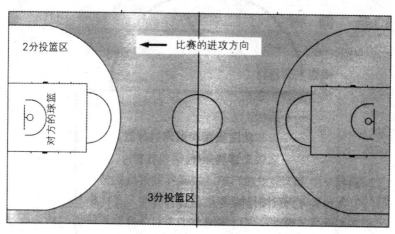

图 17-3

(6)掷球入界线

两条 0.15 米长的掷球入界线应画在记录台对侧、比赛场地外的边线上,其外沿距离最近端线内沿是 8.325 米。

(7)无撞人半圆区

无撞人半圆区应在场地上画出,其界线是:以球篮中心正下方的场地上的点为圆点,以半径(半圆内沿)为 1.25 米的半圆;与端线垂直的两条平行线,内沿距球篮中心正下方的场地上的点距离是 1.25 米,其长度是 0.375 米并距离端线内沿 1.2 米。

无撞人半圆区由与篮板前沿平行的假想线和上述平行线末端连接封闭构成。

无撞人半圆区的界线不是无撞人半圆区的一部分。

5. 记录台和替换椅子的位置(图 17-4)

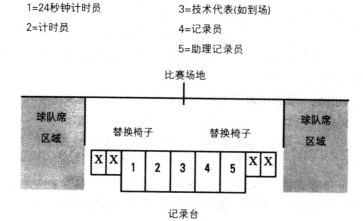

记录台和它的椅子必须设在一个平台上。比赛解说员和（或）统计员(如到场)可坐在记录台的一侧和（或）后面。

图 17-4

（二）器材

篮球运动中需要的器材主要包括以下这些方面。

(1)篮板。

(2)含有抗压篮圈和篮网的球篮。

(3)篮板支撑构架(包括包扎物)。

(4)篮球；比赛计时钟。

(5)记录板。

(6)24 秒计时钟。

(7)供暂停计时用的计秒表或适宜的(可见的)装置(不是比赛计时钟)。

(8)两个独立的、显然不同的、非常响亮的声响信号。

(9)记录表。

(10)队员犯规标志牌。

(11)全队犯规标志牌。

(12)交替拥有指示器。

(13)比赛地板。

(14)比赛场地。

(15)足够的照明。

二、球队

（一）球队

1. 定义

(1)当一名球队成员按照竞赛组织部门的规程(包括年龄限制)已被批准为某队参赛时,他是合格参赛的球队成员。

(2)当一名球队成员的姓名在比赛开始前已被登记在记录表上,并且他既没有被取消比赛资格,又没有发生 5 次犯规,是有资格参赛的球队成员。

(3)在比赛时间内,一名球队成员:当他在比赛场地上,并且有资格参赛时,是一名队员;当他未在比赛场地上,但他有资格参赛时,是一名替补队员;当他已发生 5 次犯规,并且不再有资格参赛时,是一名出局的队员。

(4)在比赛休息期间,所有有资格参赛的球队成员,被认为是队员。

2. 规定

(1)每个队应按下列要求组成:不超过 12 名有资格参赛的球队成员,包括一名队长;一名教练员,如果球队需要,可有一名助理教练员;最多 5 名有专门职责的随队人员可坐在球队席上,如球队管理、医生、理疗师、统计员、翻译等。

(2)在比赛时间内,每队应有 5 名队员在场上并可被替换。

（3）一名替补队员成为队员和一名队员成为替补队员：当裁判员招呼替补队员进入比赛场地时；在暂停或比赛休息期间，一名替补队员向记录员请求替换时。

3．服装

（1）球队成员的服装应符合下述要求。

①背心前后的主要颜色相同。所有队员必须把他们的背心塞进他们的比赛短裤内。允许穿着连体的服装。

②短裤前后的主色相同，但没有必要与背心的颜色相同。

③球队所有队员穿着主色相同的短袜。

（2）每一球队成员应穿前后有号码的背心，其清楚的单色号码与背心的颜色有明显的区别。号码应清晰可见，并且要符合以下几点要求。

①后背的号码应至少高20厘米。

②前胸的号码应至少高10厘米。

③号码应至少宽2厘米。

④球队应使用4～15的号码。国家联合会为举办竞赛，有权批准最多两位数字的任何其它号码。

⑤同队队员不应佩戴相同的号码。

⑥任何广告或标志离号码应至少5厘米。

（3）球队必须至少有两套背心，并且要符合以下几点要求。

①秩序册中队名列前的队（主队/或"A"队）应穿浅色背心（最好白色）。

②秩序册中队名列后的队（客队/或"B"队）应穿深色背心。

③但是，如果两队同意，他们可以互换背心的颜色。

4．其他装备

（1）队员使用的所有装备必须合乎比赛要求。任何被设计成增加队员的高度或延伸范围的，或用任何其它方法得到不正当利益的装备是不允许的。

（2）队员不应佩戴可能使其他队员受伤的装备（物品）。

①下列物品不允许出现以下几种情况下。

A．手指、手、手腕、肘或前臂部位的护具、模件或保护套，它们由皮革、塑料、软塑料、金属或任何其它坚硬的物质制造，即使表面有软的包扎。

B．能割破或引起擦伤的物品（指甲必须剪短）。

C．头饰、头发饰物和珠宝饰物。

②下列物品是允许的。

A．肩、上臂、大腿或小腿部位的保护装备，如果其制作材料被充分地包裹了。

B．与背心主色相同的弹力护肘。

C．与短裤主色相同的弹力长筒袜。如用于保护大腿，则要高于膝盖；如用于保护小腿，则要低于膝盖。

D．被适当包扎的膝关节保护架。

E．伤鼻保护器，即使是用硬质材料制成。

F. 不会对其他队员造成危险的眼镜。

G. 无色透明的牙套。

H. 由不会发生擦伤的单色棉布、软塑料或橡胶制成的头带,最宽是 5 厘米。

I. 无色透明的手臂、肩膀及双腿的运动贴布。

(3)比赛中,任何商业广告、促销产品或慈善团体的名称、标记、徽标或其它标识,包括上面提到的但不限于这些,都不允许显示在队员的肢体上、头发中或其它部位上。

(4)本条中没有明确提到的任何其他装备,必须被国际篮联技术委员会批准。

(二)队员受伤

(1)如果队员受伤,裁判员可以停止比赛。

(2)如果球是活球时发生了受伤情况,裁判员应等到控制球队投篮、失去控制球、持球停止进攻或球成死球时才能鸣哨。但是,当有必要去保护受伤队员时,裁判员可立即停止比赛。

(3)如果受伤队员不能立即(大约 15 秒钟)继续比赛,或如果接受治疗,他必须被替换,除非该队场上队员被减到少于 5 名。

(4)球队席人员经裁判员允许可进入比赛场地,在受伤队员被替换前照料他。

(5)如果医生判断受伤队员需要即时治疗,医生不经裁判员允许可进入比赛场地。

(6)比赛期间,正在流血或有伤口的队员必须被替换。该队员只有在流血已经停止并且受伤部位或伤口已被全面安全地包扎后,才可返回比赛场地。

如果在记录员发出替换信号之前,任一队获得了暂停,在此期间,该受伤队员或任何一名正在流血或有伤口的队员恢复了,该队员可以继续比赛。

(7)已经被教练员指定为比赛开始时上场的队员如果受伤了,他可以被替换。在这种情况下,如果对方也希望替换,他们有权替换相同数量的队员。

(三)队长的职责和权力

(1)队长(CAP)是一名由教练员指定的在比赛场地上代表他的球队的队员。在比赛期间,他可与裁判员联系以获得信息,做此举要有礼貌,但是只能在球成死球和比赛计时钟停止时。

(2)如果球队抗议比赛的结果,队长应在比赛结束时立即通知主裁判员并在记录表上标有"球队抗议队长签名"栏内签名。

(四)教练员的职责和权力

(1)至少在预定的比赛开始前 20 分钟,每位教练员或他的代表应将该场比赛中合格参赛的球队成员的姓名和相应的号码,以及球队的队长、教练员和助理教练员的名单交给记录员。所有在记录表上填入姓名的球队成员有权参加比赛,即使他们在比赛开始后才到达。

(2)至少在预定的比赛开始前 10 分钟,每位教练员应以在记录表上签字来确认已填入的他们球队成员的姓名、相应号码和教练员们的姓名。同时,他们应指明比赛开始上场的 5 名队员。主队/或"A"队教练员应首先提供这个资料。

(3)只允许球队席人员坐在球队席和停留在他们的球队席区域内。

(4)教练员或助理教练员可在比赛期间去记录台以获得统计资料,但是只能在球成死球和比赛计时钟停止时。

（5）只允许教练员或者助理教练员其中一人在比赛期间内保持站立。在比赛期间,他们可与队员们讲话,只要他们停留在他们的球队席区域内。助理教练员不得与裁判员讲话。

（6）如果有助理教练员,他的名字必须在比赛开始前填入记录表内（不需要他签字）。如果教练员因任何原因不能继续工作,助理教练员应承担教练员的所有职责和权力。

（7）当队长离开比赛场地时,教练员应通知裁判员担任场上队长的队员号码。

（8）如果没有教练员,或如果教练员不能继续工作,并且记录表内没有填入助理教练员或后者不能继续工作),队长应担任教练员。如果队长必须离开比赛场地,他可以继续担任教练员。如果队长在取消比赛资格的犯规后必须离开,或如果他因为受伤不能担任教练员,替换他的队员替代他当教练员。

（9）在规则没有限定罚球队员的所有情况中,教练员应指定本队的罚球队员。

三、比赛通则

（一）比赛时间、比分相等和决胜期

（1）比赛应由 4 节组成,每节 10 分钟。

（2）在预定的比赛开始之前,应有 20 分钟的比赛休息期间。

（3）在第 1 节和第 2 节（上半时）之间,第 3 节和第 4 节（下半时）之间,以及每一决胜期之前,应有 2 分钟的比赛休息期间。

（4）两个半时之间的比赛休息期间应是 15 分钟。

（5）一次比赛休息期间开始于:预定的比赛开始之前 20 分钟;结束一节的比赛计时钟信号响时。

（6）一次比赛休息期间结束于:第 1 节开始,在跳球中,当球离开主裁判员的手时;所有其它节的开始,是当掷球入界队员可处理球时。

（7）如果在第 4 节比赛时间结束时比分相等,比赛有必要再继续一个或几个 5 分钟的决胜期来打破平局。

（8）如果结束比赛时间的比赛计时钟信号响时,或恰好之前发生了犯规,在比赛时间结束之后应执行最后的罚球。

（9）如果作为此罚球的结果需要一个决胜期,那么,在比赛时间结束后发生的所有犯规应被视为在比赛休息期间发生的,在决胜期开始之前应执行罚球。

（二）比赛或节的开始和结束

（1）在跳球中,当球离开主裁判员的手时第 1 节开始。

（2）所有其它节比赛,当掷球入界队员可处理球时,该节开始。

（3）如果某一队在比赛场地上准备比赛的队员不足 5 名,比赛不能开始。

（4）对所有的比赛,在秩序册中队名列前的队（主队/或"A 队"）应拥有记录台（面对比赛场地）左侧的球队席和本方球篮。然而,如果两队同意,他们可互换球队席和/或球篮。

（5）在第 1 节和第 3 节前,球队有权在对方的球篮所在的半场做赛前准备活动。

（6）球队下半时应交换球篮。

（7）在所有的决胜期中，球队应继续进攻与第4节比赛方向相同的球篮。

（8）当结束比赛时间的比赛计时钟信号响时，一节、决胜期或比赛应结束。当篮板四周装有光带时，光带信号应优先于比赛计时钟信号。

（三）球的状态

（1）球可以是活球或死球。

（2）球成活球，当：跳球中，球离开主裁判员抛球的手时；罚球中，罚球队员可处理球时；掷球入界中，掷球入界队员可处理球时。

（3）球成死球，当：

①任何投篮或罚球中篮时。

②活球中，裁判员鸣哨时。

③在一次罚球中球明显不会进入球篮，且该次罚球后接着有另一次或多次罚球时；进一步的罚则（罚球和/或掷球入界）时。

④比赛计时钟信号响以结束每节时。

⑤某队控制球24秒计时钟信号响时。

⑥投篮中飞行的球在下述情况后被任一队的队员触及时：裁判员鸣哨；比赛计时钟信号响以结束每节；24秒计时钟信号响。

（4）不成死球情况，当：

①投篮的球在飞行中，并且裁判员鸣哨；比赛计时钟信号响以结束每节；24秒计时钟信号响。

②罚球的球在飞行中，裁判员因除罚球队员之外的任何规则违犯而鸣哨时。

③对方队员在做投篮动作并控制着球时，一名队员对任何对方队员犯规，并且他以连续运动完成犯规发生前已开始的投篮。

球不成死球，如中篮即得分。如果在裁判员鸣哨后做了一个全新的投篮动作；一名队员在做连续的投篮动作中，结束一节的比赛计时钟信号响起或24秒计时钟信号响起。此规定不适用，并且如中篮不计得分。

（四）队员和裁判员的位置

（1）一名队员的位置由他正接触着的地面所确定。当队员跳起在空中时，他保持当他最后接触地面时所拥有的相同位置。这包括界线、中线、3分线、罚球线、标定限制区的各线和标定无撞人半圆区的各线。

（2）一名裁判员的位置的确定与一名队员的位置的确定相同。当球触及裁判员时，如同触及裁判员所位于的地面一样。

（五）跳球和交替拥有

1. 跳球的定义

（1）在第1节开始时，一名裁判员在中圈、在任何两名互为对方的队员之间将球抛起，一次跳球发生。

（2）当双方球队各有一名或多名队员有一手或两手紧握在球上，以至不采用粗野动作任一队员就不能获得控制球时，一次争球发生。

2. 跳球程序

（1）每一跳球队员的双脚应站立在靠近该队本方球篮的中圈半圆内，一脚靠近中线。

（2）如果一名对方队员要求占据其中一个位置，同队队员不得围绕圆圈占据相邻的位置。

（3）然后，裁判员应在两名互为对方的队员之间将球向上（垂直地）抛起，其高度超过任一队员跳起能达到的高度。

（4）在球到达它的最高点后，球必须被至少一名或两名跳球队员用手拍击。

（5）在球被合法地拍击前，任一跳球队员都不应离开他的位置。

（6）在球触及非跳球队员或地面前，任一跳球队员都不得抓住球或拍击球超过两次。

（7）如果球未被至少一名跳球队员拍击，则应重新跳球。

（8）在球被拍击前，非跳球队员的身体部分不得在圆圈上或圆圈（圆柱体）上方。

违反第（1）、（4）、（5）、（6）和（8）是违例。

3. 跳球情况

一次跳球情况发生，当：

（1）宣判了一次争球时。

（2）球出界，但是裁判员无法判定谁是最后触及球的队员或意见不一致时。

（3）在最后一次或仅有一次不成功的罚球中，双方队员发生违例时。

（4）一个活球夹在篮圈和篮板之间时（罚球之间除外）。

（5）任一队既没有控制球又没有球权球成死球时。

（6）在抵消了双方球队的相等罚则后，没有留下其它要执行的犯规罚则，以及在第一次犯规或违例之前，任一队既没有控制球也没有球权时。

（7）除第 1 节外，所有节将开始时。

4. 交替拥有定义

（1）交替拥有是以掷球入界而不是以跳球来使球成活球的一种方法。

（2）交替拥有掷球入界。开始于：掷球入界队员可处理球时。结束于：球触及场上队员或被场上队员合法触及时；掷球入界发生违例时；掷球入界中活球夹在篮圈和篮板之间时。

5. 交替拥有程序

（1）在所有跳球情况中，双方球队将交替拥有在最靠近发生跳球情况的地点掷球入界权。

（2）在跳球后未在场上获得控制活球的球队应拥有第一次交替拥有球权。

（3）在任一节结束时，拥有下一次交替拥有球权的队应在记录台对侧的中线延长线以掷球入界开始下一节，除非有进一步的罚球和球权罚则要执行。

（4）应由指向对方球篮的交替拥有箭头来指明对交替拥有掷球入界有权的队。当交替拥有掷球入界结束时，交替拥有箭头的方向立即反转。

（5）某队在它的交替拥有掷球入界中违例，使该队失掉交替拥有掷球入界。交替拥有箭头应立即反转,指明违例队的对方在下一次跳球情况中对交替拥有掷球入界有权。于是将球判给违例队的对方在最初的掷球入界地点掷球入界继续比赛。

(6)在除第1节之外的其它每节开始前,或交替拥有掷球入界中,任一球队犯规不使掷球入界队失掉交替拥有掷球入界。

（六）如何打球

1. 投篮的定义

在比赛中,球只能用手来打,并且球可向任何方向传、投、拍、滚或运,但受本规则的限制。

2. 规定

队员不能带球跑,故意踢或用腿的任何部分阻挡球或用拳击球。然而,球意外地接触到腿的任何部分,或腿的任何部分意外地触及球,不是违例。违反此规定是违例。

（七）控制球

当某队一名队员在控制活球中正拿着或运着一个活球;或可处理一个活球时,球队控制球开始。

当某队一名队员控制一个活球时,或球在同队队员之间传递时,是球队继续控制球。

当一名对方队员获得控制球时,或球成死球时,或在投篮或罚球中,球已经离开队员的手时,是球队控制球结束。

（八）队员正在做投篮动作

1. 定义

投指队员手中持球,然后朝对方球篮将球投掷入空中;拍指用手直接把球打向对方球篮;扣指用一手或双手迫使球向下进入对方球篮。拍和扣也被认为是投篮。

2. 投篮动作

开始于:队员通常在球离手前开始做投篮连续动作,根据裁判员的判断,他已经向对方的球篮投、拍或扣球,开始得分尝试时。

结束于:球已离开队员的手时,如果是跳起在空中的投篮队员,他必须双脚落回地面。虽然投篮队员被认为是在做得分尝试,但他的手臂可能被对方队员抓住,以此来阻碍他得分。在这种情况下,球是否离开队员的手不是关键因素。

在跑动的合法步数和投篮动作之间没有联系。

3. 投篮动作中的连续运动

开始于:球已在队员手中停留,并开始投篮动作(通常是向上)时。

在投篮尝试中须包括队员的手臂和/或身体运动。

结束于:球已离开队员的手时,或者,做了一个全新的投篮动作时。

（九）球中篮和它的得分值

1. 定义

（1）当活球从上方进入球篮并停留在球篮内或穿过球篮是球中篮。

（2）当有极少部分的球体在篮圈中并在篮圈水平面以下时，就认为球在球篮中。

2. 规定

（1）球已进入对方的球篮，对投篮的队按如下计得分：

①一次罚球中篮计 1 分。

②从 2 分投篮区域中篮计 2 分。

③从 3 分投篮区域中篮计 3 分。

④在最后一次或者仅有一次的罚球中，球触及篮圈后，在球进入球篮之前被一名进攻队员或者防守队员合法触及，中篮计 2 分。

（2）如果队员意外地将球投入本方球篮，中篮计 2 分，登记为对方队的场上队长名下。

（3）如果队员故意地将球投入本方球篮，这是违例，中篮不计得分。

（4）如果队员使球整体从下方穿过球篮，这是违例。

（5）为了使队员在掷球入界获得球权时，或者最后一次，或者仅有一次罚球后抢篮板时可以尝试投篮，比赛计时钟必须显示 0：00.3（3/10 秒）或者更多。如果计时钟显示 0：00.2 或者 0：00.1，唯一的投篮方式就是拍球或者直接扣篮得分。

（十）掷球入界

1. 定义

由界外掷球入界队员将球传入比赛场地内时，掷球入界发生。

2. 程序

（1）裁判员必须将球递交给执行掷球入界的队员或置于他可处理。只要：裁判员距执行掷球入界的队员不超过 4 米；执行掷球入界的队员是在裁判员指定的正确地点。裁判员也可将球抛或反弹给执行掷球入界的队员。

（2）队员应在最靠近违犯或比赛被裁判员停止的地点执行掷球入界，正好在篮板后面的地点除外。

（3）只有在下列的情况中，在记录台对面的中线延长线执行掷球入界：在非第 1 节的所有节的开始；由技术犯规、违反体育道德的犯规或取消比赛资格的犯规引起的罚球之后。

掷球入界的队员应在记录台对侧，双脚分别跨立在中线延长线的两边，并有权将球传给场上任地点的同队队员。

（4）在第 4 节和每一决胜期的比赛计时钟显示为 2：00 分钟或少于 2：00 分钟时，在后场拥有球权的队暂停之后，随后的掷球入界应在记录台对侧，该队前场的掷球入界线处执行。

（5）控制活球队的队员或拥有球权队的队员发生侵人犯规后，随后的掷球入界应在最靠近违犯的地点执行。

（6）每当球进入球篮，但该投篮或罚球无效，则随后的掷球入界应在罚球线的延长线执行。

（7）投篮成功或最后一次或仅有一次的罚球成功后：

①非得分队的任一队员应在该队端线后的任一地点掷球入界。这也适用于成功的投篮或成功的最后一次或仅有一次的罚球后的一次暂停或任一比赛的中断之后，在裁判员将球递交给执行掷球入界的队员或将球置于他可处理后。

②执行掷球入界的队员可横向移动和/或后移，并且球可在端线后的同队队员之间传递。但是，当界外第一位队员可处理球时，5 秒钟计算开始。

3. 规定

（1）执行投掷球入界的队员不应有以下行为。

①超过 5 秒钟球才离手。

②球在手中时步入比赛场地内。

③掷球入界的球离手后，使球触及界外。

④在球触及另一队员前，在场上触及球。

⑤直接使球进入球篮。

⑥在球离手前，从界外指定的掷球入界地点（投篮成功或最后一次罚球成功后，从该队的端线后掷球入界除外），在一个或两个方向上横向移动总距离超过 1 米。然而，只要情况许可，执行掷球入界的队员从界线后退多远都可以。

（2）在投掷球入界中其他队员不应有以下行为。

①在球被掷过界线前，将身体的任何部位越过界线。

②当掷球入界地点的界线外任何障碍物和界线之间少于 2 米时，靠近执行掷球入界的队员在 1 米之内。

违反规定即是违例。

4. 罚则

将球判给对方队员在原掷球入界的地点掷球入界。

（十一）暂停

1. 定义

教练员或助理教练员请求中断比赛是暂停。

2. 规定

（1）每次暂停应持续 1 分钟。

（2）在暂停机会期间可以准予暂停。

（3）当有一下情况时，一次暂停机会开始。

①（对于双方队）球成死球，比赛计时钟停止以及当裁判员已结束了与记录台的联系时。

②（对于双方队）在最后一次或仅有一次的罚球成功后，球成死球时。

③对于非得分队,投篮得分时。

(4)当队员在掷球入界或第一次或仅有一次的罚球可处理球时,一次暂停机会结束。

(5)在上半时的任何时间每队可准予 2 次暂停;在下半时的任何时间可准予 3 次暂停,以及每一决胜期的任何时间可准予 1 次暂停。

(6)未用过的暂停不得遗留给下半时或决胜期。

(7)除了对方队员投篮得分并且没有宣判违犯后准予的暂停外,应给首先提出暂停请求的教练员的队登记暂停。

(8)在第 4 节或每一决胜期的比赛计时钟显示为 2∶00 分钟或少于 2∶00 分钟时,在一次成功的投篮后比赛计时钟停止时,不允许得分队暂停,除非裁判员已停止了比赛。

3. 程序

(1)只有教练员或助理教练员有权请求暂停。他应与记录员建立目光联系或亲自到记录员处清楚地要求暂停,并用手做出正确的常规手势。

(2)一次暂停请求只可在记录员发出该次暂停请求的信号之前被取消。

(3)暂停时段:

①当裁判员鸣哨并给出暂停手势时开始。

②当裁判员鸣哨并招呼球队回到比赛场地上时结束。

(4)暂停机会一开始,记录员就应发出信号,通知裁判员已提出了暂停请求。如果某队已请求了暂停,在对方队投篮得分时,计时员应立即停止比赛计时钟并发出信号。

(5)在暂停期间以及第 2 节、第 4 节或每一决胜期开始之前的比赛休息期间,队员们可以离开比赛场地并坐在球队席上,被允许在球队席区域内的球队席人员可以进入比赛场地,只要这些球队成员留在他们的球队席区域附近。

(6)如果第一次或仅有一次罚球,球置于处理队员可处理之后,任一队请求了一次暂停。如果:

①最后一次或仅有一次的罚球成功。

②最后一次或仅有一次的罚球随后还有在记录台对侧的中线延长线的掷球入界。

③在多次罚球之间宣判了犯规。这种情况下,应完成多次罚球,在新的犯规罚则执行之前。

④在最后一次或仅有一次的罚球后,在球成活球前宣判了一次犯规。这种情况下,在执行新的犯规罚则之前。

⑤在最后一次或仅有一次的罚球后,在球成活球前宣判了一次违例。在这种情况下,在执行掷球入界之前。

这次暂停应被准予。

如果一个以上的犯规罚则造成连续的罚球单元和/或球权,每个单元分别处理。

(十二)替换

1. 定义

替补队员请求中断比赛成为队员是一次替换。

2. 规定

(1)在替换机会期间球队可以替换队员。

(2)一次替换机会开始：

①(对于双方队)当球成死球，比赛计时钟停止，以及裁判员已结束了与记录台的联系时。

②(对于双方队)在最后一次或仅有一次的罚球成功后，球成为死球时。

③(对于非得分队)在第4节或每一决胜期的比赛计时钟显示为2：00分钟或少于2：00分钟，投篮得分时。

(3)一次替换机会结束于掷球入界的队员可处理球时，或第一次或仅有一次的罚球可处理球时。

(4)队员已成为替补队员和替补队员已成为队员，分别不能重新进入比赛或离开比赛，直到一个比赛的诗钟运行片段之后球再次成为死球为止。除非：

①某队场上队员已被减少到少于5名。

②作为纠正失误的结果，拥有罚球权的队员已被合法地替换后坐在球队席上。

(5)在第4节的最后2分钟或每一决胜期的最后2分钟内，在一次成功的投篮后比赛计时钟停止时，不允许得分队替换，除非裁判员已停止了比赛。

3. 程序

(1)只有替补队员有权请求替换。他(不是教练员或助理教练员)应到记录台清楚地要求替换，用双手做出常规替换手势或者坐在替换的椅子上。他必须立即做好比赛的准备。

(2)一次替换请求可以被撤销，但只可在记录员发出该次替换请求的信号之前。

(3)替换机会一开始，记录员就应发出信号通知裁判员替换请求已提出。

(4)替补队员应停留在界线外，直到裁判员鸣哨、给出替换手势和招呼他进入比赛场地。

(5)已被替换的队员不必向裁判员或记录员报告，允许他直接去他的球队席。

(6)替换应尽可能快地完成。已发生第5次犯规或已被取消比赛资格的队员必须立即被替换(大约30秒钟)。根据裁判员的判断，如果有不必要的延误，应给违犯的队登记一次暂停。如果该队没有剩余的暂停，可登记教练员一次技术犯规。

(7)如果在一次暂停或非半时的比赛休息期间中请求替换，该替换队员必须在比赛前向记录台报告。

(8)如果罚球队员因为：

①受伤了。

②已发生第5次犯规。

③已被取消比赛资格。

他必须被替换。罚球必须由替换他的替补队员执行，并且该替补队员在比赛的下一个计时钟运行片段前，不能再次被替换。

(9)第一次或仅有一次的罚球，球置于罚球队员可处理球之后，如果任一队请求暂停，则在下列情况下替换应被准予：

①最后一次或仅有一次罚球成功。

②最后一次或仅有一次罚球随后还有在记录台对侧的中线延长线掷球入界。

③在多次罚球之间宣判了犯规。这种情况下，多次罚球应完成，在新的犯规罚则执行之前允

许替换。

④在最后一次或仅有一次的罚球后,在球成活球前宣判了一次犯规。这种情况下,在执行新的犯规罚则之前允许替换。

⑤在最后一次或仅有一次的罚球后,在球成活球前宣判了一次违例。这种情况下,在执行掷球入界之前允许替换。

如果一个以上的犯规罚则造成连续的罚球单元,每个单元分别处理。

(十三)比赛因弃权告负

1. 规定

如果球队:

(1)在预定的开始时间后 15 分钟,球队不到场或不能使 5 名队员入场准备比赛。

(2)它的行为阻碍比赛继续进行。

(3)在主裁判员通知比赛后拒绝比赛。

那么,该队由于弃权使比赛告负。

2. 罚则

(1)判给对方队获胜,且比分为 20∶0。此外,弃权的队在名次排列中应得 0 分。

(2)对于两场比赛(主和客)总分定胜负的一组比赛和季后赛(3 战定胜负),在第 1 场、第 2 场或第 3 场比赛中弃权的应使该组

比赛或季后赛因"弃权"告负。这不适用于季后赛(5 战定胜负)。

(3)如果在一次联赛中,一个球队弃权两次,该队应被取消比赛资格,并且该队在所有比赛的结果都视为无效。

(十四)比赛因缺少队员告负

1. 规定

在比赛中,如果某队在比赛场地上准备比赛的队员少于 2 名,该队因缺少队员使比赛告负。

2. 罚则

(1)如判获胜的队领先,则在比赛停止时的比分应有效。如判获胜的队不领先,则比分应记录为 2∶0,对该队有利。此外,缺少队员的队在名次排列中应得 1 分。

(2)对于两场比赛(主和客)总分定胜负的一组比赛,在第 1 场或第 2 场比赛中缺少队员的队应使该组比赛因"缺少队员"告负。

四、违例

(一)违例

1. 定义

违例是违犯规则。

2. 罚则

将球判给对方队员在最靠近发生违例的地点掷球入界,但正好在篮板后面的地点除外,除非本规则另有规定。

(二)队员出界和球出界

1. 定义

(1)当队员身体的任何部分接触界线上、界线上方或界线外的除队员以外的地面或任何物体时,即是队员出界。

(2)当球触及了:

①在界外的队员或任何其他人员时。

②界线上、界线上方或界线外的地面或任何物体时。

③篮板支撑架、篮板背面或比赛场地上方的任何物体时。

是球出界。

2. 规定

(1)在球出界、以及球触及了除队员以外的其它物体而出界之前,最后触及球或被球触及的队员是使球出界的队员。

(2)如果球出界是由于触及了界线上或界线外的队员或被他所触及,是该队员使球出界。

(3)在争球期间,如果队员移动到界外或他的后场,一次跳球情况发生。

(三)运球

1. 定义

(1)运球是指一名队员控制一个活球的一系列动作:掷、拍、在地面上滚动球或者故意将球掷向篮板。

(2)当在场上已获得控制活球的队员将球掷、拍、滚、运在地面上,或故意将球掷向篮板并在球触及另一队员之前再次触及球为运球开始。

当队员双手同时触及球或允许球在一手或双手中停留时运球结束。

在运球的时候球可被掷向空中,只要掷球的队员用手再次触及球之前球触及地面或另一队员。

当球不与队员的手接触时,队员可行进的步数不受限制。

(3)队员意外地失掉并随后在场上恢复控制活球,被认为是漏接球。

(4)下列情况不是运球。

①连续的投篮。

②一次运球的开始或结束时漏接球。

③从其他队员的附近用拍击球来试图获得控制球。

④拍击另一队员控制的球。

⑤拦截传球并获得控制球。

⑥只要不发生带球走违例,将球在两手之间抛接并在球触及地面前允许在一手或者两手中停留。

2. 规定

队员第一次运球结束后不得再次运球,除非在两次运球之间由于下述原因他已在场上已失去了控制活球。

(1)投篮。

(2)球被对方队员触及球。

(3)传球或漏接,然后触及了另一队员或被另一队员触及。

(四)带球走

1. 定义

(1)当队员在场上持着一个活球,其一脚或双脚超出本规则所述的限制,向任一方向非法移动是带球走。

(2)在场上正持着一个活球的队员用同一脚向任一方向踏出一次或多次,而其另一脚(称为中枢脚)不离开与地面的接触点时是旋转(合法移动)。

2. 规定

(1)对在场上接住活球的队员确立中枢脚。

①双脚站在地面上时,一脚抬起的瞬间,另一脚成为中枢脚。

②移动:如果一脚正触及地面,该脚成为中枢脚;如果双脚离地和队员双脚同时落地,一脚抬起的瞬间,则另一脚成为中枢脚;如果双脚离地和队员一脚落地,于是,该脚成为中枢脚。如果队员跳起那只脚并双脚同时落地停止,那么,哪只脚都不是中枢脚。

(2)对在场上控制了活球并已确立中枢脚的队员的带球行进。

①双脚站在地面上时:开始运球,在球出手之前中枢脚不得抬起;传球或投篮,队员可跳起中枢脚,但在球出手之前任一脚不得落回地面。

②移动时:传球或投篮,队员可跳起中枢脚并一脚或双脚同时落地。但一脚或双脚抬起后在球出手之前任一脚不得落回地面;开始运球,在球出手之前中枢脚不得抬起。

③停止时哪只脚都不是中枢脚:开始运球,在球出手之前哪只脚都不得抬起;传球或投篮,一脚或双脚可抬起,但在球出手前不得落回地面。

(3)队员跌倒、躺或坐在地面上。

①当一名队员持球时跌倒和在地面上滑动,或躺、或坐在地面上获得控制球是合法的。

②如果之后该队员持着球滚动或试图站起来是违例。

(五)3秒钟

1. 规定

(1)当某队在前场控制活球并且比赛计时钟正在运行时,该队的队员不得停留在对方队的限制区内超过持续的 3 秒钟。

（2）队员在下列情况中应被默许：

①他试图离开限制区。

②他在限制区内，当他或他的同队队员正在做投篮动作并且球正离开或恰已离开投篮队员的手时。

③他在限制区内已接近 3 秒钟时运球投篮。

（3）为证实队员自身位于限制区外，他必须将双脚置于限制区外的地面上。

（六）被严密防守的队员

1. 定义

一名队员在场上正持着活球，这时对方队员采用积极的防守姿势，距离不超过 1 米，该队员是被严密防守。

2. 规定

一名被严密防守的队员必须在 5 秒钟内传、投或运球。

（七）8 秒钟

1. 规定

（1）当：

①一名队员在他的后场获得控制活球时。

②在掷球入界中，球触及后场的任何队员或者被后场的任何队员合法触及，掷球入界队员所在队仍拥有在后场的球权。

该队必须在 8 秒钟内使球进入该队的前场。

（2）当：

①没有被任何队员控制，球触及前场时。

②球触及或者被双脚完全在他前场的进攻队员合法触及时。

③球触及有部分身体在他后场的防守队员合法触及时。

④球触及有部分身体在控制球队前场的裁判员时。

⑤运球队员在后场往前场运球的过程中，球和双脚完全进入前场时。

就是球队使球进入该队的前场。

（3）当先前已控制球的同一队由于下列情况的结果被判在后场掷球入界时，8 秒钟应从剩余时间处连续计算：

①球出界。

②一名同队队员受伤。

③一次跳球情况。

④一次双方犯规。

⑤双方球队的相等罚则抵消。

（八）24 秒钟

1. 规定

（1）当：

①一名队员在场上获得控制活球时。

②在一次掷球入界中，球触及任何一名场上队员或者被他合法触及，掷球入界队员所在的球队依然控制着球，该队必须在 24 秒钟内尝试投篮。

一次 24 秒钟内投篮的构成：在 24 秒计时钟的信号发出前，球必须离开队员的手，而且球离开了队员的手后，球必须触及篮圈或进入球篮。

（2）在临近 24 秒钟结束时尝试了一次投篮，并且球在空中时 24 秒计时钟信号响。

①如果球进入球篮，没有违例发生，信号应被忽略并且计中篮得分。

②如果球触及篮圈但未进入球篮，没有违例发生，信号应被忽略并且比赛应继续。

③如果球未碰篮圈，一次违例发生。然而，如果对方队员即时和清楚地获得了控制球，信号应被忽略并且比赛应继续。

关系到干涉得分和干扰得分的所有限制应适用。

2. 程序

（1）如果裁判员停止了比赛：

①因为不控制球的球队犯规或者违例（不是因为球出界）。

②因为任何不控制球的球队有关的正当原因。

③因为任何与双方球队都无关的正当原因。

球权应判给先前控制球的球队。

如果掷球入界在其后场执行，24 秒计时钟应复位到 24 秒。

如果掷球入界在其前场执行，24 秒计时钟应按照下述原则复位：

①当比赛被停止时，如果 24 秒计时钟显示为 14 秒或者多于 14 秒，24 秒计时钟不应复位，而且从被停止的时间处连续计算。

②当比赛被停止时，如果 24 秒计时钟显示为 13 秒或者少于 13 秒，24 秒计时钟应复位到 14 秒。

然而，如果根据裁判员的判断，如果对方将被置于不利，24 秒计时钟应从停止的时间连续计算。

（2）如果某队已控制球或双方队都未控制球时，24 秒计时钟错误地发出信号，此信号应被忽略并且比赛应继续。

然而，如果根据裁判员的判断，控制球队已被置于不利，应停止比赛，24 秒计时钟应被纠正，并且把球权判给该队。

（九）球回后场

1. 定义

（1）某队前场的活球，当：

①球触及后场时。

②球触及或者被有部分身体接触后场的进攻队员合法触及时。

③球触及有部分身体接触后场的裁判员时。

是球进入该队的后场。

(2)当一个控制活球队的队员在他的前场最后触及进入前场的球,随后他或他的同队队员又首先触及进入后场的球,球已非法回到后场。

这个限制适用于在某队前场的所有情况,包括掷球入界。然而,它不适用于队员从他的前场跳起,仍在空中时建立新的球队控制球,然后落在该队的后场内。

2. 规定

在前场控制活球队的队员不得使球非法地回到他的后场。

3. 罚则

球应判给对方在他的前场最靠近违犯的地点掷球入界,正好在篮板后面的地点除外。

(十)干涉得分和干扰得分

1. 定义

投篮或发球:

(1)开始于:球离开正在做投篮动作的队员的手时。

(2)结束于:球从上方直接进入球篮并且停留其中或穿过球篮时;球不再有进入球篮的可能性时;球触及篮圈时;球触及地面时;球成为死球时。

2. 规定

(1)在一次投篮中,当一名队员触及完全在篮圈水平面之上的球时,并且:

①球是下落飞向球篮中。

②在球已碰击篮板后。

干涉得分发生。

(2)在一次罚球中,当一名队员触及飞向球篮的、触及篮圈前的球时,干涉得分发生。

(3)干涉得分限制适用于:

①球不再有进入球篮的可能性前。

②球触及篮圈前。

(4)当:

①在一次投篮、最后一次或者仅有的一次罚球中,当球与篮圈接触时,队员触及球篮或篮板。

②在一次罚球(随后还有进一步的罚球)后,球有进入球篮的可能性时,一名队员触及球、球篮或篮板时。

③队员从下方伸手穿过球篮并触及球时。

④当球在球篮中,防守队员触及球或球篮从而阻止球穿过球篮时。

⑤队员使篮板颤动或者抓球篮,根据裁判员的判定,这种手段已妨碍球进入球篮或者使球进

入球篮时。

⑥队员抓球篮打球时。

干扰得分发生。

(5)当：

①球在投篮队员的手中或者一次投篮的飞行中,裁判员鸣哨时。

②投篮的球在飞行中,结束一节的比赛计时钟信号响时。在球已触及篮圈之后仍有进入球篮的可能性时,队员不得触及球。

涉及干涉得分和干扰得分的所有限制应适用。

3.罚则

(1)如果一名进攻队员发生违例,不判给得分。将球判给对方队员在罚球线延长线掷球入界,除非本规则另有规定。

(2)如果一名防守队员发生违例,应判给进攻的队：

①当球在罚球中出手时,得1分。

②当球在2分投篮区域出手时,得2分。

③当球在3分投篮区域出手时,得3分。

判给的得分就如同球进入球篮一样。

(3)如果防守队员在最后一次或仅有一次的罚球中发生干涉得分违例,应判给进攻队得1分,随后执行防守队员技术犯规的罚则。

五、犯规

(一)犯规

(1)犯规是对规则的违犯,含有与对方队员的非法身体接触和/或违反体育道德的举止。

(2)一个队可被宣判任何数量的犯规,不考虑罚则,犯规者的每一次犯规都应被登记,记入记录表并相应地被处罚。

(二)接触的一般原则

1.圆柱体原则

圆柱体原则定义为一名站在地面上的队员占据一个假想的圆柱体内的空间。它包括该队员上面的空间,并受下列限定:前面由手的双掌。后面由臀部,和两侧由双臂和双腿的外侧(图17-5)。双手和双臂可以在躯干前面伸展,其肘部的双臂弯曲不超过双脚的位置,因此两前臂和双手是举起的。双脚间的距离应依据身高有所不同。

2.垂直原则

在比赛中,每一队员都有权占据未被对方队员已经占据的任何场上位置(圆柱体)。

这个原则保护队员所占据的地面空间和当他在此空间内垂直跳起时的上方空间。

队员一离开他的垂直位置(圆柱体)并与已经建立了他自己的垂直位置(圆柱体)的对方队员发生身体接触,离开他的垂直位置(圆柱体)的队员就对此接触负责。

图 17-5

防守队员垂直地离开地面(在他的圆柱体内)或在他自己的圆柱体内把双手和双臂伸展在他的上方,则不必判罚。

无论是在地面上或在空中的进攻队员不应用下列方式与处于合法防守位置的防守队员发生接触。

(1)用他的手臂为自己创造额外的空间(清除障碍)。

(2)在投篮中或紧接投篮后伸展他的双腿或双臂去造成接触。

3. 合法防守位置

当一名防守队员:面对对手,并且双脚着地时。

他就占据了最初的合法防守位置。

合法防守位置从地面到天花板,垂直地伸展到他(圆柱体)的上方。他可将他的双臂和双手举过头或垂直跳起,但是他必须在假想的圆柱体内使手和臂保持垂直的姿势。

4. 防守控制球的队员

当防守控制(正持着或运着)球的队员时,时间和距离的因素不适用。

每当对方队员在持球队员面前占据了一个最初的合法防守位置(甚至是一瞬间完成的),持球队员必须料到被防守并必须准备停步或改变他的方向。

防守队员建立一个最初的合法防守位置,必须在占据位置前没有造成接触。

一旦防守队员已建立了一个最初的合法防守位置,他可移动以便防守其对手,但他不得伸展双臂、双肩、双髋或双腿,并通过这样做来造成接触以阻止从他身边通过的运球队员。

判断一起涉及持球队员撞人/阻挡情况时,裁判员应运用下列原则:

(1)防守队员必须以面对持球队员并双脚着地来建立一个最初的合法防守位置。

(2)防守队员为保持最初的合法防守位置,可保持静立、垂直跳起、侧移或后移。

(3)在保持最初的合法防守位置的移动中,一脚或双脚可以瞬间离地,只要该移动是侧向或向后的,而不是朝向持球队员前移的。

(4)接触必须发生在躯干上,在这样的情况下,防守队员将被认为是已经先在接触地点了。

(5)已建立了合法防守位置的防守队员可以在其圆柱体之内转身,以避免受伤。

在上述任何情况中,应认为该接触是由持球队员造成的。

5. 防守不控制球的队员

不控制球的队员有权在球场上自由地移动,并占据任何未被另一队员已经占据的位置。

当防守不控制球的队员时,时间和距离的因素应适用。防守队员不能如此靠近和/或如此快地在移动的对方队员的路径中占据一个位置,以致后者没有足够的时间或距离停步或改变其方向。

此距离与对方队员的速度直接成正比,不要少于正常的1步。如果一名防守队员在占据最初的合法防守位置中不顾及时间和距离的因素,并与对方队员发生接触,他对该接触负责。

一旦一名防守队员已经建立了一个最初的合法防守位置,为防守对方队员他可移动。他不得在对方队员的路径中伸展臂、肩、臀或腿去阻止该队员从他身边通过。他可以在他的圆柱体内转身以避免受伤。

6. 腾空的队员

从球场某地点跳起在空中的队员有权再落回同一地点。

他有权落在场上的另一地点,只要在起跳时落地点以及起跳和落地点之间的直接路径上,在起跳的时间尚未被对方队员占据。

如果一名队员已跳起并落地,可是他的冲力使其接触了在落地地点之外已占据了一个合法防守位置的对方队员,则该跳起队员对此接触负责。

在队员已跳起在空中后,对方队员不得移动到他的路径上。移动到腾空队员的身下并造成接触,通常是违反体育道德的犯规,某些情况下可能是取消比赛资格的犯规。

7. 掩护:合法的和非法的

掩护是试图延误或阻止一名不持球的对方队员到达他希望到达的场上位置。

当正在掩护对手的队员:

(1)发生接触时是静止的(在他的圆柱体内)。

(2)发生接触时双脚着地。

是合法的掩护。

当正在掩护对手的队员:

(1)发生接触时正在移动。

(2)在静止对手的视野之外做掩护,发生接触时没有给出足够的距离。

(3)发生接触时,对移动中的对手没有顾及时间和距离的因素。

是非法的掩护。

如果在静止对手的视野之内做掩护(前面的或侧面的),做掩护的队员可按自己的意愿靠近对手以建立掩护,只要没有接触。

如果在静止对手的视野之外做掩护,做掩护的队员必须允许对手向掩护迈出正常的一步而不发生接触。

如果对手在移动中,时间和距离的因素应适用。做掩护的队员必须留出足够的空间,以便被掩护的队员能通过停步或改变方向来避免掩护。

要求的距离是不得少于正常的 1 步,不得多于正常的 2 步。

与已经建立掩护的队员的任何接触,由被合法掩护的队员负责。

8. 撞人

撞人是持球或不持球队员推开或移动到对方队员躯干的非法身体接触。

9. 阻挡

阻挡是阻碍持球或不持球对方队员行进的非法身体接触。

如果试图做掩护的队员在移动中与静止或后退的对方队员发生接触,则判罚掩护队员一起阻挡犯规。

如果队员不顾球,面对着对方队员并随着对方队员的移动而移动他的位置,除非包含其它因素,该队员对所发生的任何接触负主要责任。

所谓“除非包含其它因素”,是指被掩护的队员故意推人、撞人或拉人。

队员在场上占据位置时,把手臂或肘伸在其圆柱体之外是合法的,但当对方队员试图通过时,手臂或肘必须被移到其圆柱体之内。如果手臂或肘是在他的圆柱体之外并发生接触,这是阻挡或拉人。

10. 无撞人半圆区

球场上画出无撞人半圆区的目的是,指定一个特定的区域用于解释篮下的撞人/阻挡情况。

向无撞人半圆区的任何突破情况中,当:进攻队员腾空并控制着球,并且他试图投篮或者传球,并且防守队员的双脚在无撞人半圆区内。

进攻队员与防守队员在无撞人半圆区内的身体接触不应被宣判为进攻犯规,除非进攻队员非法地使用他的手、手臂或者身体。

11. 用手或手臂接触对方队员

用手触及对方队员,本身未必是犯规。

裁判员应判定引起接触的队员是否已经获得了不公正的利益。如果队员引起的接触在任何方面限制对方队员的移动自由,这样的接触是犯规。

当防守队员处于防守位置,并且其手或手臂放置在持球或不持球的对方队员身上并保持接触以阻碍其行进,就发生了非法用手或非法伸展手臂。

反复地触及或“戳刺”持球或不持球的对方队员是犯规,因为这可能会导致粗暴的比赛。

当持球进攻队员:

(1)为了获得不公正的利益,用手臂或肘“勾住”或缠绕防守队员。

(2)为了阻止防守队员的防守或试图抢球,或为了在他和防守队员之间创造更大的空间而“推开”防守队员。

(3)运球时,用伸展的前手臂或手去阻止对方队员获得控制球。

这是持球进攻队员的犯规。

当不持球的进攻队员为了：

(1)摆脱去接球。

(2)阻止防守队员的防守或试图抢球。

(3)扩展更大的个人空间。

而"推开"防守队员，这是不持球进攻队员的犯规。

12. 中锋位置的攻防

垂直原则(圆柱体原则)适用于中锋位置的攻防。

位于中锋位置的进攻队员和防守队员必须尊重彼此的垂直位置(圆柱体)的权利。

位于中锋位置的进攻队员或防守队员用肩或髋将对方队员挤出位置，或用伸展的肘、臂、膝或身体的其它部位去干扰对方队员的活动自由，是犯规。

13. 背后非法防守

背后非法防守是防守队员从对方队员的背后与其发生的身体接触。防守队员正试图去抢球的事实，不证明从背后与对方队员发生接触是正当的。

14. 拉人

拉人是干扰对方队员移动自由的非法身体接触。这种接触(拉人)可能发生在身体的任何部位。

15. 推人

推人是队员用身体的任何部位强行移动或试图移动控制或未控制球的对方队员时发生的非法身体接触。

(三)侵人犯规

1. 定义

侵人犯规是：无论在活球或死球的情况下，攻守双方队员发生的身体接触的犯规。

队员不应通过伸展手、臂、肘、肩、髋、腿、膝、脚或将身体弯曲成"不正常的姿势"(超出他的圆柱体)去拉、阻挡、推、撞、绊对方队员，或阻止对方队员行进；也不得放纵任何粗野或猛烈的动作去这样做。

2. 罚则

应登记犯规队员一次侵人犯规。

(1)如果对没有做投篮动作的队员发生犯规：

①由非犯规的队在最靠近违犯的地点掷球入界重新开始比赛。

②如果犯规的队处于全队犯规处罚状态，则应运用第41条(全队犯规：处罚)的规定。

(2)如果对正在做投篮动作的队员发生犯规，应按下列所述判给投篮队员若干罚球：

①如果投篮成功：应计得分并追加 1 次罚球。

②如果从 2 分投篮区域的投篮不成功：2 次罚球。

③如果从 3 分投篮区域的投篮不成功：3 次罚球。

④在结束一节的比赛计时钟信号响时或恰好响之前，或当 24 秒计时钟信号响时或恰好响之前，投篮队员被犯规了，此时球仍在该队员的手中，并且随后投篮成功：中篮不应计得分，应判给 2 或 3 次罚球。

（四）双方犯规

1. 定义

双方犯规是两名互为对方的队员大约同时相互发生侵人犯规的情况。

2. 罚则

应给每一犯规队员登记一次侵人犯规。不判给罚球。比赛应按下列所述重新开始。

在发生双方犯规的大约同一时间，如果：

（1）投篮得分，或最后一次或仅有一次的罚球得分，应将球判给非得分队从端线的任何地点掷球入界。

（2）某队已控制球或拥有球权，应将球判给该队在最靠近违犯的地点掷球入界。

（3）任一队都没有控制球也没有球权，一次跳球情况发生。

（五）违反体育道德的犯规

1. 定义

（1）根据裁判员的判断，一名队员不是在规则的精神和意图的范围内合法地试图去直接抢球，发生的接触犯规是违反体育道德的犯规。

（2）在整场的比赛中，裁判员必须对违反体育道德的犯规解释一致并只判定其所作所为。

（3）判断犯规是否是违反体育道德，裁判员应运用如下原则。

①如果一名队员不努力去抢球并发生身体接触，这是一起违反体育道德的犯规。

②如果一名队员在努力抢球中造成过分的身体接触（严重犯规），这是一起违反体育道德的犯规。

③如果防守队员试图阻止一次快攻，从对方队员身后或侧面与其发生身体接触，并且在进攻队员和对方球篮之间没有防守队员，这是一起违反体育道德的犯规。

④如果一名队员正合法的努力去抢球（正常的争抢）发生了犯规，这不是违反体育道德的犯规。

2. 罚则

（1）应给犯规队员登记一次违反体育道德的犯规。

（2）应判给被犯规的队员执行罚球，以及随后：

①在记录台对面的中线延长线掷球入界。

②在中圈跳球开始第 1 节。

应按下述原则判给若干罚球。

①如果对没有做投篮动作的队员发生犯规:2 次罚球。

②如果对正在做投篮动作的队员发生犯规:如果中篮应计得分并追加 1 次罚球。

③如果对正在做投篮动作的队员发生犯规,并且球未中篮:2 次或 3 次罚球。

(3)当队员被登记 2 次违反体育道德的犯规时,他应被取消比赛资格。

(4)如果队员在(3)情况下被取消比赛资格,应只处罚违反体育道德的犯规的罚则,不追加取消比赛资格的罚则。

(六)取消比赛资格的犯规

1. 定义

(1)队员、球队席人员的任何恶劣的违反体育道德的行为是取消比赛资格的犯规。

(2)已被取消比赛资格的教练员应由登记在记录表上的助理教练员接替。如果记录表上没有登记助理教练员,应由队长(CAP)接替。

2. 罚则

(1)应给犯规者登记一次取消比赛资格的犯规。

(2)每当犯规者依据这些规则的各个条款被取消比赛资格,他应去该队的休息室,并在比赛期间留在那里,或者,他也可以选择离开体育馆。

(3)罚球应判给:

①如果是一起非身体接触犯规:由对方教练员指定的任一本队队员。

②如果是一起身体接触犯规:被犯规的队员。

以及随后:

①在记录台对面的中线延长线掷球入界。

②在中圈跳球开始第 1 节。

(4)罚球的次数应按如下规定:

①如果对没有做投篮动作的队员犯规:2 次罚球。

②如果对正在做投篮动作的队员发生犯规:如果中篮应计得分并追加 1 次罚球。

③如果对正在做投篮动作的队员发生犯规,并且球未中篮:2 次或 3 次罚球。

(七)技术犯规

1. 行为规定

(1)比赛的正当行为要求双方球队的成员(队员和球队席人员)与裁判员、记录台人员以及技术代表(如到场)有完美和真诚的合作。

(2)每支球队应尽最大的努力去获取胜利,但胜利的取得必须符合体育道德精神和公正竞赛的要求。

（3）任何故意的或再三的不合作，或不遵守本规则的精神，应被认为是一次技术犯规。

（4）裁判员可以通过警告或甚至宽容那些明显是无意的并不直接影响比赛的、轻微的违纪来预防技术犯规的发生，除非在警告后又重复出现同样的违犯。

（5）如果在球成活球后发生了一起技术违犯，比赛应停止并登记一次技术犯规。应将技术犯规视同发生在它被登记的时候一样来执行罚则。在违犯与比赛停止之间的间隔内无论发生了什么都应保持有效。

2. 暴力行为

（1）比赛中可能发生与体育道德精神和公正竞赛相违背的暴力行为。裁判员应立即制止，如有必要，通过负责维持公共秩序的保安人员来制止。

（2）无论何时，在队员和球队席人员之间，在比赛场地上或其附近发生暴力行为，裁判员应采取必要的措施去制止他们。

（3）任何上述的人员公然地挑衅对方队员或裁判员，应被取消比赛资格。主裁判员必须将此事件报告给竞赛的组织部门。

（4）保安人员可以进入比赛场地，只要裁判员要求这样做。然而，如果带有明显采用暴力行为意图的观众进入球场，保安人员必须立即干预以保护球队和裁判员。

（5）所有其它区域，包括入口、出口、过道、休息室等，由竞赛组织部门和负责维持公共秩序的保安人员管辖。

（6）裁判员绝不允许队员、球队席人员可能导致比赛器材损坏的粗野行为出现。

当裁判员观察到这类行为时，应立即给违犯队的教练员一次警告。

如果重复该行为，应立即宣判有关的违犯者一次技术犯规。

3. 定义

（1）技术犯规是没有身体接触的犯规，行为种类包括但不限于：
①无视裁判员的警告。
②无礼地触碰裁判员、技术代表、记录台人员或球队席人员。
③与裁判员、技术代表、记录台人员或对方队员交流中没有礼貌。
④使用很可能冒犯或煽动观众的粗话或手势。
⑤戏弄对方队员或在他的眼睛附近摇手妨碍其视觉。
⑥过分挥肘。
⑦在球穿过球篮之后故意地触及球或阻碍迅速地掷球入界以延误比赛。
⑧跌倒以"伪造"一次犯规。
⑨悬吊在篮圈上，致使队员的重量由篮圈支撑，除非扣篮后，队员瞬间抓住篮圈，或者根据裁判员的判断，他正试图防止自己受伤或另一名队员受伤。
⑩在最后一次或仅有一次的罚球中防守队员干涉得分，应判给进攻队得1分，随后执行登记在该防守队员名下的技术犯规罚则。

（2）球队席人员的技术犯规是与裁判员、技术代表、记录台人员或对方队员交流中没有礼貌或无礼地触碰他们的犯规；或是一次程序上的或管理性质的违犯。

(3)当出现下述情况时,教练员应被取消比赛资格:

①由于自身违反体育道德行为的结果而被登记了2次技术犯规时。

②由于其他球队席人员的违反体育道德行为而被累积登记了3次技术犯规。

(4)如果教练员在(3)情况下被取消比赛资格,应只采用技术犯规的罚则,不追加取消比赛资格的罚责。

4.罚则

(1)如果:

①判罚队员技术犯规,应作为队员的犯规登记在该队员名下,并计入全队犯规中。

②判罚球队席人员,应登记在教练员名下,并不计入全队犯规次数中。

(2)应判给对方队员2次罚球,并随后:

①在记录台对面的中线延长线掷球入界。

②在中圈跳球开始第1节。

(八)打架

1.定义

打架是两名或多名互为对方队的人员(队员、球队席人员)之间的肢体冲突。

本条款仅适用于在打架中或在可能导致打架的任何情况中离开球队席区域界限的球队席人员。

2.规定

(1)在打架中或在可能导致打架的任何情况中,离开球队席区域的球队席人员,应被取消比赛资格。

(2)在打架中或在可能导致打架的任何情况中,为了协助裁判员维持或恢复秩序,只允许教练员和/或助理教练员离开球队席区域,协助裁判员维持或恢复秩序。在这种情况中,他不应被取消比赛资格。

(3)如果教练员和/或助理教练员离开球队席区域,并不协助或试图协助裁判员维持或恢复秩序,他应被取消比赛资格。

3.罚则

(1)不论由于离开球队席区域而被取消比赛资格的球队席人员的数量有多少,应给教练员登记一次单一的技术犯规。

(2)如果双方球队的球队席成员在本条规定下被取消比赛资格并且没有留下其它要执行的犯规罚则,比赛应按下面所述重新开始:

由于打架而停止比赛,大约在同一时间,如果:

①投篮得分,应将球判给非得分队从端线的任何地点掷球入界。

②某队已控制球或拥有球权,应将球判给该队在记录台对侧的中线延长线掷球入界。

③任一队都没有控制球也没有球权,一次跳球情况发生。

(3)所有的取消比赛资格的犯规,应按照规定记录,并不计入全队犯规次数中。

(4)所有涉及在场上打架的队员或在打架之前发生的任何情况的可能存在的犯规罚则,应按第42条(特殊情况)处理。

六、一般规定

(一)队员5次犯规

(1)一名队员已发生了5次侵人犯规和/或技术犯规,裁判员应通知其本人,他必须立即离开比赛,并且必须在30秒钟内被替换。

(2)先前已发生了第5次犯规的队员的犯规,被认为是一名出局的队员的犯规,并登记在教练员名下和在记录表上记入"B"。

(二)全队犯规:处罚

1. 定义

(1)在一节中某队全队犯规已发生了4次时,该队处于全队犯规处罚状态。

(2)在比赛休息期间发生的所有全队犯规,应被认为是随后一节或决胜期比赛中的犯规。

(3)在决胜期内发生的所有全队犯规应被认为是发生在第4节内的。

2. 规定

(1)当某队处于全队犯规处罚状态时,所有随后发生的对未做投篮动作的队员的侵人犯规应被判2次罚球,代替掷球入界。

(2)如果控制活球队的队员或拥有球权队的队员发生了一次侵人犯规,这样的犯规应判对方队员掷球入界。

(三)特殊情况

1. 定义

在一次违犯后的同一个停止比赛计时钟期间又发生了一次或多次犯规时,可能出现特殊情况。

2. 程序

(1)应登记所有的犯规,并确认所有的罚则。

(2)应确定所有犯规发生的次序。

(3)双方球队所有相等的罚则和所有双方犯规的罚则应按照它们宣判的顺序被抵消。一旦罚则已被抵消,就认为它们从未发生过。

(4)作为最后罚则一部分的拥有球的权利,应当取消任何先前的拥有球的权利。

(5)在第一次或仅有一次的罚球中,或在掷球入界中,一旦球已成为活球,那么该罚则就不能再用来抵消另一罚则。

(6)所有剩余的罚则应按它们被宣判的次序执行。

(7)如果双方球队抵消了相等的罚则后,没有留下其他要执行的罚则,比赛应按下述原则重新开始:

第一次违犯发生的大约同一时间,如果:

①投篮得分,应将球判给非得分队从端线的任何地点掷球入界。

②某队已控制球或拥有球权,应将球判给该队在最靠近第一次违犯的地点掷球入界。

③任一队都没有控制球也没有球权,一次跳球情况发生。

(四)罚球

1. 定义

(1)一次罚球是给予一名队员从罚球线后的半圆内的位置上,在无争抢的情况下得1分的机会。

(2)由一次单一的犯规罚则带来的所有罚球和/或随后的球权被定义为一个罚球单元。

2. 规定

(1)当宣判了一起侵人犯规,应按下述原则判给罚球:

①被侵犯的队员应执行全部罚球。

②如果被侵犯的队员被请求替换,他必须在离开比赛前执行完该罚则的全部罚球。

③如果被侵犯的队员由于受伤、已发生他的第5次犯规或已被取消比赛资格必须离开比赛,替换他的替补队员应执行罚球。如果没有有效的替补队员,应由他的教练员指定任意一名同队队员执行罚球。

(2)当宣判了一起技术犯规时,由对方队的教练员指定他球队中的任一队员执行罚球。

(3)罚球队员:

①应在罚球线后并在半圆内占据一个位置。

②可用任何方式罚篮,并且以这样的方式使球从上方进入球篮或球触及篮圈。

③在裁判员将球置于他可处理后,在5秒钟内应将球出手。

④不应触及罚球线或进入限制区,直到球已进入球篮或已触及篮圈。

⑤不应做假动作罚球。

(4)在分位区的队员们有权占据这些空间的交错位置,这些分位区的深度应被看作是1米深(图17-6)。

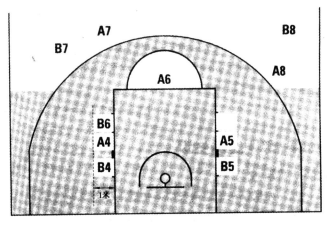

图 17-6

在罚球中,这些队员们不应该:

①占据他们无权占据的分位区。

②在球离开罚球队员的手前进入限制区、中立区或离开他的分位区。

③用他的行为扰乱罚球队员。

(5)不在分位区内的队员们应留在罚球线的延长线和 3 分投篮线后面,直到罚球结束。

(6)在罚球后接着有另一罚球单元或一次掷球入界,所有队员应在罚球线延长线后面和 3 分投篮线后面。

违犯第(3)、(4)、(5)和(6)是违例。

3. 罚则

(1)如果罚球成功并且罚球队员违例,中篮应不计得分。任何其他队员的违例,无论在罚球队员的违例发生之前、几乎同时或者之后都应被忽略。应将球判给对方队员在罚球线延长线掷球入界,除非还要执行后续的罚球或者球权。

(2)如果罚球成功并且除罚球队员针的任一队员发生了违例:

①如果中篮,应计得分。

②违例应不究。

如果是最后一次或仅有一次的罚球,应将球判给对方队员从端线的任何地点掷球入界。

(3)如果罚球不成功并且发生违例:

①罚球队员或他的同队队员在最后一次或仅有一次的罚球中违例,应将球判给对方队员在罚球线延长线掷球入界,除非该队有进一步的球权。

②罚球队员的对方队员违例,应判给罚球队员再罚一次。

③双方球队在最后一次或仅有一次的罚球中都违例,一次跳球情况发生。

（五）可纠正的失误

1. 定义

如果仅在下述情况中某条规则被无意地忽视了，裁判员可纠正该失误。

(1)判给不应得的罚球。

(2)没有判给应得的罚球。

(3)不正确地判给得分或取消得分。

(4)允许不该罚球的队员执行罚球。

2. 程序

(1)要纠正上述提到的失误，它们必须在失误后且开动了比赛计时钟之后的第一次死球后球成活球之前被裁判员、技术代表（如到场）或记录台人员发现。

(2)发现了一起可纠正的失误时，裁判员可立即停止比赛，只要不把任一队置于不利。

(3)在失误发生了之后到失误被发现之前，可能发生的任何犯规、得分、用去的时间和附加的活动，应保持有效。

(4)在失误纠正之后，除非规则另有规定，比赛应在为纠正失误时而被停止的地点重新开始，应将球判给在纠正失误停止比赛时拥有球权的球队。

(5)一旦一个可纠正的失误被发现了，并且：

①如果涉及纠正失误的队员已被合法替换后坐在球队席上，他必须重新进入比赛场地参加该失误的纠正，此时他成为一名队员。

在完成纠正后，他可以继续留在比赛中，除非已再次请求了一次合法的替换，在此情况下他才可以离开比赛场地。

②如果该队员因为受伤、5次犯规或者已被取消比赛资格而被替换，替换他的队员必须参加该失误的纠正。

(6)主裁判员已在记录表上签字后，可纠正的失误不能被纠正。

(7)主裁判员在记录表上签字前，记录员在记录中或计时员在计时中的任何失误，包括比分、犯规次数、暂停次数、消耗或遗漏的时间，裁判员们可在任何时间改正。

3. 特殊程序

(1)判给不应得的罚球

由于失误而执行的罚球应被取消，并且比赛应按下述原则重新开始：

①如果失误之后比赛计时钟没有开动，应将球判给罚球被取消的队从罚球线延长线掷球入界。

②如果失误之后比赛计时钟已开动，并且：在失误被发现时控制球（或拥有球权）的队与该失误发生时控制球的队是同一队；或在失误被发现时没有球队控制球，应将球判给在失误发生时拥有球权的队。

③如果比赛计时钟已开动，并且在该失误被发现时控制球（或拥有球权）的队是在失误发生

时间控制球的队的对方球队，一次跳球情况发生。

④如果比赛计时钟已开动，并且该失误被发现时，判了一个包含罚球的犯规罚，应该执行罚球。然后，将球判给在该失误发生时控制球的队掷球入界。

（2）没有判给应得的罚球

①如果在该失误发生后球权没有改变，在失误纠正后应如同任何正常的罚球后一样地重新开始比赛。

②如果在错误地判给了掷球入界的球权之后，该队得分了，则失误应不究。

（3）允许错误的球员执行了罚球

该执行的罚球应被取消，并将球判给对方在罚球线的延长线掷球入界，除非还有另外的违犯罚则要执行。

第二节　篮球运动裁判法及裁判员培养

一、篮球运动裁判法

（一）裁判员的职责和权力

1. 主裁判员的职责和权力

住裁判员的职责和权力主要有以下几个方面。

（1）检查和批准在比赛中使用的所有器材。

（2）指定正式的比赛计时钟、24秒计时钟、秒表，并确认记录台人员。

（3）从主队提供的至少2个用过的球中挑选比赛球。如果2个球中没有一个适宜作为比赛球，他可在提供的球中挑选最好的。

（4）不允许任何队员佩戴可能对其他队员造成伤害的物品。

（5）执行跳球开始第1节和管理掷球入界开始所有其他节。

（6）当情况需要时有权停止比赛。

（7）有权判定某队弃权。

（8）在比赛时间结束时，或在任何他认为有必要的时候，仔细地审查记录表。

（9）在比赛时间结束时核准记录表并在上面签字，终止裁判员对比赛的管理以及裁判员和比赛的联系。裁判员的权力应从预定的比赛开始时间前20分钟到达比赛场地时开始，当结束比赛的计时钟信号响并被裁判员认可时，裁判员的权力结束。

（10）在签字之前，在记录表的背面记录：

①任何弃权或取消比赛资格犯规。

②任何队员、球队席人员在早于预定比赛开始前20分钟或者在比赛时间结束和核准记录表并签字之间发生了违反体育道德的行为。在这种情况下，主裁判员（技术代表，如果到场）必须向

竞赛的组织部门送交详细的报告。

(11)每当有必要或裁判员的意见不一致时做出最终的决定。为做出最终的决定,他可与副裁判员、技术代表(如到场)和/或记录台人员商量。

(12)在他在记录表上签字之前,有权批准和运用技术设备(如果提供)决定每一节或任一决胜期结束时的最后一次投篮是否在比赛时间内和/或最后一次投篮算 2 分还是 3 分。

(13)有权对本规则中未明确规定的任何事项作出决定。

2. 裁判员的职责和权力

裁判员的职责和权力主要包括以下几个方面。

(1)裁判员有权对不论发生在界线内或界线外(包括记录台、球队席以及紧靠线后的区域)所发生的对规则的违犯做出宣判。

(2)当发生一起违犯规则、一节结束或裁判员发现有必要停止比赛时,裁判员应鸣哨。在一次成功的投篮、一次成功的罚球之后或当球成活球时,裁判员不应鸣哨。

(3)当判定身体接触或违例时,裁判员应在每一个实例中遵循和权衡下列基本原则:

①规则的精神和意图以及坚持比赛完整的需要。

②运用"有利/无利"概念中的一致性,裁判员不应企图靠不必要的打断比赛的流畅来处罚附带的身体接触,况且这样的接触没有给有责任的队员以利益,也未置对方队员于不利。

③在每场比赛中运用常识的一致性,要记住有关队员的能力,以及他们在比赛中的态度和行为。

④在比赛控制和比赛流畅之间保持平衡的一致性,对于参与者们正想做什么以及宣判什么对比赛是正确的,要有一种"感觉"。

(4)如果其中一个队提出抗议,主裁判员(或技术代表,如果到场)应该在比赛时间结束后的 1 小时内,向竞赛的组织部门报告该抗议。

(5)如果一位裁判员受伤或因任何其它原因,在事故发生的 5 分钟内还不能继续执行职责,比赛应继续。剩余的裁判员应一直执裁到比赛结束,除非有符合资格的替补裁判员替换他的可能性。在与技术代表(如到场)商议之后,剩余的裁判员将决定该可能的更换。

(6)对所有的国际比赛,如果有必要用口语使宣判清楚,则应使用英语。

(7)每一裁判员有权在他的职责范围内做出宣判,但无权漠视或质问另一(两)裁判员做出的宣判。

(8)裁判员所做的决定是最终的,不能被争辩或漠视。

(二)裁判员的手势

在本规则中阐明的手势是唯一正式的手势。它们必须被所有的裁判员在所有的比赛中使用。记录台人员也要通晓这些手势。

1. 得分(图 17-7)

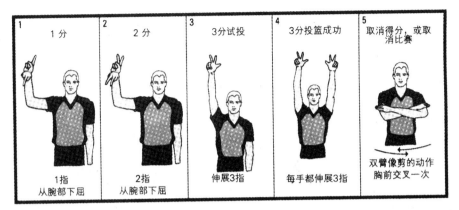

图 17-7

2. 有关时钟(图 17-8)

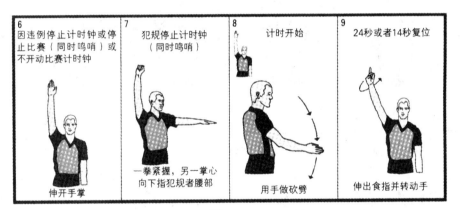

图 17-8

3. 管理(图 17-9)

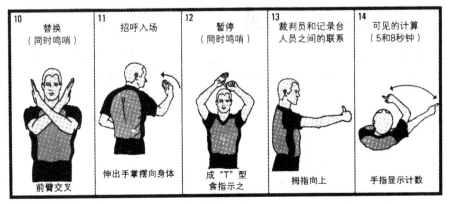

图 17-9

4. 违例的类型(图 17-10)

图 17-10

5. 向记录台报告一起犯规

这需要按照以下三个步骤进行。

(1)第 1 步:队员的号码(图 17-11)。

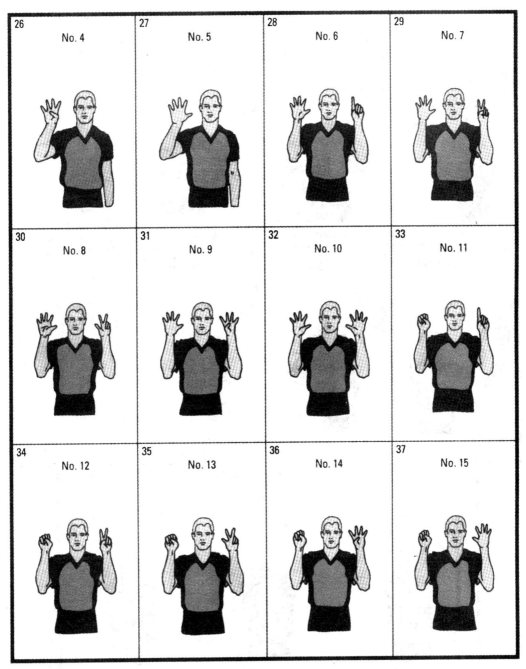

图 17-11

(2)第 2 步:犯规的类型(图 17-12)。

图 17-12

(3)第 3 步：判给罚球的次数(图 17-13)或比赛的方向(图 17-14)。

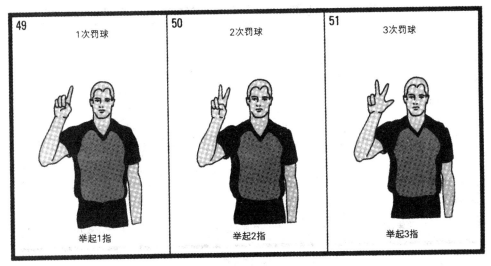

图 17-13

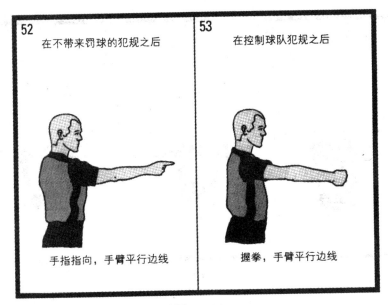

图 17-14

6. 罚球管理

这需要按照以下两个步骤进行。

(1)第 1 步:在限制区内(图 17-15)。

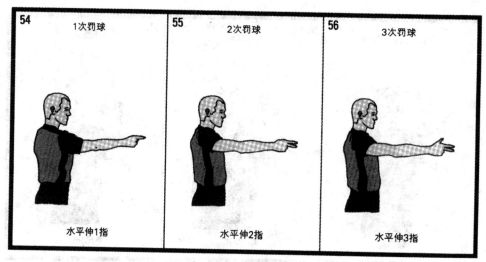

图 17-15

(2)第 2 步：限制区外(图 17-16)。

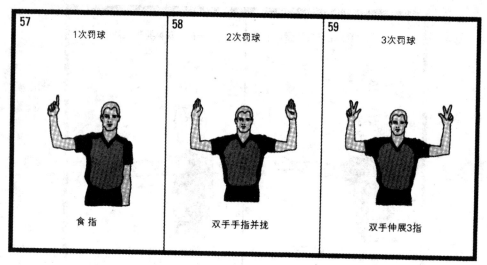

图 17-16

(三)抗议程序

在国际篮联正式比赛中，如果某队认为裁判员(主裁判员或副裁判员)的某个宣判或在比赛中发生的任何事件已对该队不利，则必须按下列方式进行。

(1)该队队长(CAP)应立即在比赛结束时通知主裁判员：他的球队对比赛的结果提出抗议，并在记录表上标示"球队抗议队长签名"的空格内签字。

为了使这个申诉有效，国家篮球联合会或俱乐部的正式代表需要在比赛结束后的 20 分钟内给出这个抗议的书面确认。

书面确认不需要详细的说明，类似这样写就可以了："×国家篮球联合会对 X 队和 Y 队之间的比赛结果提出抗议"。然后，付给国际篮联的代表或技术委员会主席一笔总额相当于 1500 瑞士法郎的保证金。

质疑的球队的国家篮球联合会或俱乐部必须在比赛结束后 1 小时内向国际篮联的代表或技术委员会主席提交该抗议文本。

如果该抗议被接受,保证金将退还。

(2)主裁判员应在比赛结束后的 1 小时内向国际篮联的代表或技术委员会主席报告引起抗议的事件。

(3)如果提出质疑的球队的国家篮球联合会或者俱乐部或对方球队的国家篮球联合会或者俱乐部不同意技术委员会的决定,可以向仲裁委员会提出上诉。

为使上诉有效,上诉必须在技术委员会的决定发出后的 20 分钟内以书面材料提出,并随同交付相当于 3 000 瑞士法郎的保证金。

仲裁委员会应对上诉作最后的审理,它的裁决是最终的决定。

(4)录像、影像、照片或任何光学的电子\数字设备或者其他的设备,都只能用于:

①决定每一节或者任一决胜期结束时最后一次投篮离手是否在比赛时间内,和/或最后一次投篮的算 2 分还是 3 分。

②在比赛结束后,为确定违纪事件的责任或达到教育(训练)的目的。

二、篮球运动裁判员的培养

在篮球竞赛过程中,依据篮球竞赛规程和篮球规则,对参赛双方运动员(队)在竞技活动中表现出来的行为和动作,作出正确的裁断及处理并最终评定胜负的人员,就是所谓的篮球裁判员。

篮球比赛,是在篮球规则约束下进行的,而篮球规则是抽象的条文规定,只有通过裁判员的创造性实践,才可能发挥它应有的功能和作用。因此,可以说,篮球裁判员是篮球比赛的重要组成部分,具有非常重要的作用和意义。具体来说,没有篮球裁判员的参加,就没有正式的篮球比赛;没有篮球裁判员,也就谈不上篮球运动的高度发展。

我国《裁判员技术等级制度》规定,篮球裁判员技术等级称号分为国家级裁判员、一级裁判员、二级裁判员、三级裁判员。另设荣誉裁判员称号。国际裁判员,需经国际篮联(FIBA)考试批准。

(一)篮球裁判员应具备的基本素质

篮球裁判员首先需要具备一定的基本素质,这样,才能够为能力的形成和发展奠定基础,同时,也为做好篮球裁判工作的提供有利的条件。具体来说,篮球裁判员应该具备的基本素质主要包括以下几个方面。

1. 思想品德素质

思想品德素质是篮球裁判员必须具备的最基本的素质。具体来说,其主要从以下几个方面得到体现。

(1)热爱篮球事业,忠诚裁判工作

篮球运动,是我国人民最喜爱的体育运动项目之一。篮球裁判员,绝大多数都对篮球运动有浓厚的兴趣。兴趣,可以使他们更加积极地愉快地从事裁判活动,但仅有兴趣还不够,还要对裁判工作的意义有正确的认识,并由此建立坚定的事业心,产生巨大的工作热情。

篮球裁判员,在我国是业余的,是靠自觉性来坚持学习和工作的,如果说立志要做篮球裁判员,投入和付出的就会更多,基本上是靠个人的奉献精神来支持。另外,裁判员是在纠纷与利益交织在一起的争斗中充当公证人,而且要廉正齐平,禁暴止过,这可不是一件轻而易举的事情,会受到来自各方面的干扰和压力。只有裁判员认识到,裁判工作作为一项事业,它关系到篮球运动的存在与发展,关系到篮球技术、战术水平的提高,关系到运动员优良的体育道德作风的养成,关系到亿万人民的身体健康,关系到国家的声望和荣誉,他们才会更加热爱和忠诚裁判工作,并执着地专心致志地从事其业。正是他们思想端正,敬业爱岗,才能从奉献中感到欣慰,从裁判的公正准确中得到满足,从不断的提高中受到鼓舞。换句话说,他们从工作本身就得到了奖赏。

(2)有较高的职业道德修养

《中华人民共和国体育法》第四章第二十四条规定:体育竞赛实行公平竞争的原则。体育竞赛的组织者和运动员、教练员、裁判员应当遵守体育道德,不得弄虚作假、营私舞弊。由此可以看出,这条规定,对裁判员遵守职业道德提出了基本要求。

篮球裁判员遵守职业道德,具体来说,应该做到以下几个方面的要求。

第一,全心全意为篮球事业服务,不弄权渎职以业谋私。

第二,严守法规,不徇情枉法。

第三,秉公持正,不偏袒一方。

第四,廉洁自爱,不索贿受贿。

第五,学风端正,不拉拉扯扯。

此外,篮球裁判员在处事待人方面也应该有较高的修养,这对于正确地妥善地处理好球场上发生的问题也是非常有利的。

2. 业务素质

篮球裁判员的业务素质主要是对其业务水平的反映。具体来说,应该包括以下几个方面的内容。

(1)对规则、裁判法较为精通

规则,是裁判员执行工作的依据。裁判法[《裁判员手册》(裁判方法和技巧)],是国际篮联为全世界篮球裁判员准备的现代裁判方法和执裁技巧。目的在于帮助裁判员获得最佳的位置,以便对违反规则的动作和行为作出正确的宣判。

裁判员是受托在规则的框架和裁判法的指导原则下对比赛进行监察的,为提高裁判水平,裁判员必须把规则和裁判法这两门基本课程学深学透。许多事实表明,裁判员的错判、漏判、反判,究其原因,多是由于对规则理解不深,对裁判方法运用不当造成的。

学习规则,不能停留在简单的背记上,也不能满足于对规则的一知半解。强调精通,就是要用心钻研,着重领会规则的精神实质,并把握住条文之间的联系,还要与规则解释及各种判例相结合,达到对整个规则融会贯通的目的。

《裁判员手册》(裁判方法和技巧),是全世界篮球裁判员的智慧结晶和经验总结,也是国际篮联为使篮球运动达到统一和规范所采取的举措,所有的篮球裁判员都必须精读它,并且在执裁中认真地加以贯彻和使用。

（2）对技术、战术知识与方法精通

裁判员临场执裁，一定要根据事实，以规则为准绳，客观而正确地对运动员在比赛中表现出来的动作和行为进行评判。

从规则的角度来说，技术是合乎规则要求的正确动作，战术是合乎规则要求的正确配合（如掩护战术）。裁判员为了正确地鉴别技术、战术动作的是与非，必须拥有篮球技术、战术方面的知识。

对技战术的通晓程度，决定着裁判员的业务水平。同时，通晓技战术对于裁判员来说意义重大。裁判员懂得技术，才能对某些动作是否合理和必要进行分析，从而才能将违犯的主因找出来，避免被表象和假象所迷惑。裁判员只有懂得战术，才能够及时地把握住宣判重点。比如时间余留不多，落后的一方请求暂停，裁判员应预见到他们可能打紧逼。紧逼防守中无球队员的犯规可能多些，就要注意无球队员的行动。凡事预则立，思想上有了准备，宣判就不会失去重点。

除技术、战术外，裁判员还要熟悉比赛双方，乃至每个队员的特长和风格。比如某队善于快攻，裁判员就要特别注意行进间的动作，特别是外围切入和跟进的动作，对防守队员是否占据合法的防守位置尤应注意。篮球比赛中有那么多人，场地又大，而且视线常被遮挡，只有具备预见性，才能提前到位，抓住主要矛盾和矛盾的主要方面。

（3）对比赛的一般规律和特点能够熟练掌握

规律是客观的，是事物本身所固有的。篮球比赛，作为一种社会现象，也有自己的发展规律，认识和掌握比赛的一般规律和特点，对于做好裁判工作和提高裁判水平是必不可少的。

通常，篮球比赛有开场、相持、高潮、结尾这几个阶段，各阶段都有其不同特点，也就是说对裁判工作有不同的要求。如比赛开始阶段，要求裁判员的尺度掌握得恰到好处。过松，场面会乱，队员难以正常地发挥技术和打出水平；过严，会束缚队员的积极性，限制猛打猛冲、顽强拼搏的作风和打法。双方相持阶段，裁判员的精神要高度集中，力争不出现错判。一个错判，就有可能使有利的形势转眼间就转到另一方，从此出现另一种比赛局面。双方争夺进入高潮阶段，裁判员更要勤跑动、抢角度，宣判和手势都要与比赛的节奏保持同步。结尾阶段比赛最紧张，裁判员也最感疲劳，这时裁判员尤应振奋精神，全神贯注，坚持把裁判工作准确无误地进行到底。另外，在比赛过程中，裁判员一定要注意，切忌粗心大意，急慢处理，导致功亏一篑。

（4）具备一定的英语表达能力

篮球规则第8条注解3款中规定：在所有的国际比赛中，如有必要用口语使宣判清楚，则必须使用英语处理。英语，被国际篮联规定为国际比赛中的官方语言，因此，英语是国家级裁判员，尤其是国际级裁判员应学习的必修课目。

语言，是一种工具。多掌握一种语言，就多了一些能力，国际篮联对国际裁判员申请人的笔试和口试都是用英语进行的，不懂英语就很难应试。即使成了一名国际裁判员，如果不懂英语，也较难走出去。即使有机会担任重要角色，也多由于不懂语言而放不开，对裁判水平的发挥会产生较为直接的影响。除此之外，如果无法进行交际和联络，会对行建立友谊和交流经验产生一定的妨碍。

3. 心理素质

篮球裁判员的心理素质也是非常重要的基本素质之一。良好的心理素质往往能够促使裁判员做出正确、准确的评判。具体来说，篮球裁判员的良好的质主要包括以下几个方面。

（1）自信、自强

裁判员作为篮球比赛的"法官"，必须自信。自信，就是自己相信自己，有信则不见疑。如果裁判员缺乏自信心，在宣判上表现得犹豫不决，或者虽作出了宣判却又表现得不够理直气壮，这样，运动员执行宣判的行动将受到影响，也会对裁判员的宣判产生猜疑，比赛将会变得难以控制。

自信，能够稳定情绪、获得威仪，能够鼓舞斗志、战胜困难，能够控制行动、发挥能力，是裁判员必须具有的意志品质。

（2）反应迅速

反应泛指有机体对刺激的回答。反应是指裁判员发现问题快，分析原因快，作出处置快，即在很短的时间内作出正确的反应（宣判）。

篮球比赛速度快，变化多，有些情况稍纵即逝，裁判员只有反应迅速，才能将反规则的情况及时的捕捉到，从而才能有条件作出正确的宣判。基于篮球比赛的特点和要求，裁判工作就要求做到反应的迅速性、准确性和灵活性。

（3）思维敏捷

在表象、概念的基础上进行分析、综合、判断、推理等认识活动的过程，就是所谓的思维。思维敏捷，是指裁判员迅速地把感觉和感知到的现象，经过去粗取精、去伪存真、由此及彼、由表及里的加工，从而得出正确的认识和作出正确的判断。

除了宣判外，裁判员在比赛中会遇到各式各样的问题，有些问题是单凭感觉和知觉解决不了的，这时候就应该依靠思维。在比赛中不容许裁判员有足够的时间进行思考，必须当着观众的面作即时的解决，而且越快越好。由此可以看出，思维敏捷对于裁判员的重要性，因此，一定要注重这方面的训练。

（4）果断

适时采取决定并执行决定，就是所谓的果断。果断，对裁判员来说，就是在看清情况的时候，当机立断，绝不犹豫。

裁判工作的特点是瞬间反应。如果优柔寡断，就会错过时机，形成"漏判"。如果草率妄断，又会时机不成熟，形成"错判"。只有善于观察，辨别是非，选择时机，又能当机立断的裁判员，才称得上是优秀的裁判员。

果断，是以思考和勇敢为前提的。果断，可以使运动员对裁判员的宣判不会有两种理解，行动起来也不会三心二意。

（5）沉着、镇静

沉着，可以理解为从容不迫。在比赛中，裁判员遇到异常事件或出乎意料的事件时，不慌张、不急躁、不失态，而是有修养、有克制、有举措。裁判员面对的是众多的激情高涨的观众、教练员、运动员和错综复杂、难以理清的纠纷。如果裁判员缺乏沉着应付、冷静对待的意志品质，在处理比赛中的问题时就会顾此失彼。裁判员只有遇变不惊，举止有度，处置得当，才能防止矛盾复杂化和激化，也才能赢得所有参赛者的敬重和好评。

4．身体素质

篮球裁判员的身体素质非常重要，只有具有良好的身体素质，才能使裁判员参与到比赛中，并保证裁判工作的顺利完成。篮球运动队裁判员的身体素质的要求主要包括以下几个方面。

（1）速度快

篮球比赛中运动员跑动快，战术变化快，攻防转换快，高速度是篮球比赛的特点之一。

《裁判员手册》（裁判方法和技巧）要求前导裁判应总是位于比赛的前方，这需要他"快中求快"，尽可能快地跑在前面，让比赛朝他而来。要求追踪裁判在比赛向前推进时，保持在球的左右方，大约离球3至5米。显而易见，速度素质对裁判员最为重要。裁判员必须跑得快，动作频率快，而且时快时慢富有节奏。

（2）耐力好

篮球比赛整场40分钟，而且赛况紧张，争夺激烈，裁判员几乎大部分时间是在高速奔跑中度过的。如果耐力不足，特别是速度耐力不足，就会感到身体疲劳，反应迟钝，跟不上比赛的速度，自然也就做不好裁判工作。所以，耐力素质对裁判员保持和提高工作效率是不可缺少的。

（3）灵敏及敏捷

篮球运动对裁判员灵敏及敏捷的要求主要表现在两个方面：一方面，裁判员在比赛中要疾跑、骤停、转身、侧移、后退；另一方面，要准确地对比赛的活动情况作出判断，并适时规范地做出手势裁断。

（二）篮球裁判员临场工作的要求

国家体育总局对各项裁判工作提出"认真负责，公正准确"的要求，这是针对裁判工作的特殊性提出来的，非如此便不能做好裁判工作。

裁判工作对比赛的胜负起到重要的影响作用，是众人关注的事情。做裁判员，不仅要细心察核，而且还要依法办事，来不得半点粗心和马虎。

对待裁判工作积极认真，责任心强，这是裁判员必须具备的最重要的工作态度，也是成为裁判员的必要条件。具体来说，对篮球裁判员临场工作的要求主要表现在以下几个方面。

1. 一定要做好充分的赛前准备

裁判员接到工作通知后，应保证充分的睡眠，以便做好身体和精神的准备。还应在预定的比赛开始时间前至少1小时到达比赛地点。到达后，裁判员要彼此会晤，并开好准备会。赛前热身运动是重要和不可缺少的，它既能活动身体防止受伤，也能振奋精神以便进入临赛状态。高度的自我激励和激情是必需的，它只能来自裁判员本身。

2. 对比赛场地进行仔细的检查，保证安全

裁判员必须在比赛开始前20分钟一起进入比赛场地，以便仔细地检查比赛设备和监督球队的热身练习。这些事情都必须认真负责地去做，稍有疏忽，就有可能在比赛中出现事故，解决起来是很棘手的。

3. 一定要严格依照职责进行评判

比赛中，裁判员要积极跑动，努力抢好角度，使每一次宣判都是很负责任地作出，并严格地按规定的职责和程序处理。裁判员必须保持公正，做到尺度一致。裁判员这种严肃认真、一丝不苟的工作态度，不仅会引起人们的尊重，也会使宣判更加令人信服。

4. 对比赛结束工作也要认真完成

当比赛进入最后阶段，心身疲劳也会使裁判员精力分散，这时候就更需要全神贯注和全力以赴，工作中不能有任何怠慢和草率。比赛结束后，一定要认真地核查记录表，防止留下差误，给比赛带来难以克服的困难。还要认真做好赛后总结，不断地提高裁判水平。

（三）篮球裁判员的培养方法

篮球裁判员，在多数国家都是业余工作人员，他们来自社会的各个阶层。实践证明，行业并非是选择和培养篮球裁判员的条件。据统计，目前我国许多行业都培养过出类拔萃的篮球裁判员。他们首先是喜爱篮球裁判员工作，理解篮球运动规律，掌握篮球技术、战术原理，熟悉篮球教练员和运动员比赛心理，对比赛规则与方法有正确的理解和判断力，并具备必备的气质修养、个性风格、身体形态与体能素质，这些对于他们成为优秀篮球裁判员和出色完成裁判任务的条件都起到非常积极的推动作用。

可以说，篮球裁判是一项特殊活动，对人的素质和能力都有着较好的要求，在选择和培养篮球裁判员时，一定要对基本的素质条件高度重视。

培养和造就篮球裁判员，应该有计划有步骤地进行，有关竞赛部门和裁判委员会要制定发展计划，提出培养措施，规范教学内容与方法，使培养工作制度化。

目前，对裁判员的培养采取的途径与方法主要有两个方面，一个是短期培训，一个是实践锻炼，具体如下。

1. 短期培训

对篮球裁判员的短期培训，具体的形式可以分为以下几种。具体要根据培养目标的实际情况和需要进行有针对性的选择。也可以综合起来运用。

（1）赛前临时培训

在我国对裁判员的培训主要是伴随着联赛进行的。如在赛前，由中国篮球协会或指定的具有高等级称号且有实践经验与相关理论知识的裁判员组织短期训练班，对参赛的裁判员进行职业道德教育和规则、裁判法的学习与考核。

（2）有计划地组织学习

有计划地组织学习，包括有计划、有目的、有目标地进行自我要求、自觉学习和自学成才。另外，由主管部门有计划有制度地组织学习，如国际篮联规则每隔四年要修改一次，通常在我国实施篮球新规则之前，由中国篮球协会举办全国优秀裁判员训练班。学习期间，重点研讨规则修改的主要精神和特征以及对比赛的影响，以便提高认识，明确尺度，提高裁判水平。

（3）派出参加国际裁判员训练班学习

国际篮联为培养合格的国际裁判员，经常在各大洲举办国际裁判员训练班。亚洲篮球联合会有时也举办规则研讨会、训练班等。为培养我国的篮球裁判员，通常国家体育总局派出年轻裁判员参加这种训练班，以便我国有更多优秀裁判员获得出国参加世界性比赛的机会。有时，中国篮球协会也受国际篮联或亚洲篮联的委托，举办这种训练班，这使我国有更多的青年裁判员受到教育和训练。

2. 实践锻炼

篮球裁判员通过参与到实践中进行锻炼,能够有效提高其评判比赛的能力。一般来说,实践锻炼的形式可以大致分为以下三个方面。

(1)临场实践

篮球裁判员,除必须掌握规则、裁判法等知识外,还必须掌握裁判执法技能。只有不断通过有意识的临场实践活动,才能巩固对规则的理解和记忆,建立正确规则概念与具体动作的正确裁判技能,积累经验,达到公正、正确、公平裁判自动化,从而提高实践执裁的能力。所以说临场实践是篮球裁判员提高执裁水平的主要手段。

(2)观摩学习

除临场实践操作外,就是向同行学习。多观摩同行裁判,特别是多观摩优秀裁判员临场工作,也是提高裁判水平的重要途径。

(3)总结提高

裁判员在临场实践中会接触到许多问题,包括成功的经验和失败的教训。这就要求通过对这些方面进行分析研究,加强对规则的理解,掌握规则与技战术之间的关系,对实际裁判能力的提高起到积极的促进作用,积累丰富的经验,形成自己的风格和实际才干。由于人们对客观事物的认识要经历一个螺旋式上升过程,而裁判员提高裁判水平也不是一次性完成的。它也必须经过千锤百炼,边学习、边实践、边观摩、边总结。这是提高裁判水平的必由之路。

参考文献

[1]张瑞林.篮球运动.北京:高等教育出版社,2005

[2]孙民治.篮球运动教程.北京:人民教育出版社,2007

[3]郭永波.篮球运动教程.北京:北京体育大学出版社,2004

[4]张锐,吴治.篮球.北京:北京体育大学出版社,2004

[5]朱国权.篮球.北京:北京师范大学出版社,2007

[6]于振峰,李国岩.现代篮球教学.北京:人民体育出版社,2005

[7]孙民治.球类运动——篮球.北京:高等教育出版社,2001

[8]王家宏.球类运动——篮球.北京:高等教育出版社,2005

[9]张月英.篮球专选课的组织与教法.北京:人民体育出版社,2005

[10]李承维.篮球运动教学与训练.武汉:华中科技大学出版社,2012

[11]王梅珍.篮球基本战术.北京:人民体育出版社,2000

[12]谢铁兔.篮球技术教学训练步骤与方法.北京:北京体育大学出版社,2003

[13]黄志安,房殿生,蔡友凤.高校篮球运动理论与实践.北京:原子能出版社,2008

[14]肖信武.高校篮球技战术教学与实战训练.北京:人民体育出版社,2010

[15]王家宏,胡红等.篮球.桂林:广西师范大学出版社,2003

[16]全国体育院校教材委员会审定.篮球运动高级教程.北京:人民体育出版社,2000

[17]张英波.现代体能训练方法.北京:北京体育大学出版社,2006

[18]南仲喜.身体素质训练指导全书.北京:北京体育大学出版社,2003

[19]孟国荣等.基础体能训练方法解析.哈尔滨:哈尔滨地图出版社,2008

[20]于振峰等.体育游戏.北京:高等教育出版社,2007

[21]高松山.篮球排球足球游戏.北京:教育科学出版社,2008

[22]周建林.球类运动体育教程.南京:南京师范大学出版社,2005

[23]武国政.篮球游戏.北京:北京体育大学出版社,2005

[24]樊文刚,李建伍,袁春泰.球类运动教学与训练.北京:中国商务出版社,2009

[25]陈雪红,周兴富.球类运动教学与训练.哈尔滨:哈尔滨地图出版社,2007